주석학개론 2

고전적정리이론총서 004

주석학개론 2

왕요남汪耀楠 지음 | 신승운 외 옮김

한국고전번역원

일러두기

1. 이 책은 1997년 북경어문출판사(北京語文出版社)에서 간행한 왕요남(汪耀楠)의 《주석학강요(注釋學綱要)》(제2판)를 번역한 것이다.
2. 독자의 이해를 돕기 위하여 원서의 편집 체제를 일부 수정하였다.
3. 번역문은 되도록 평이한 현대문으로 하되, 전문용어는 그대로 사용하는 것을 원칙으로 하였다.
4. 인용문의 원문 병기는 1911년 중국의 신해혁명(辛亥革命)을 기점으로 이전의 저작이거나 저자가 그 이전에 출생한 경우에만 하는 것을 원칙으로 하였다. 다만 그 이후의 원문이나 백화문도 필요한 경우에는 병기하였다.
5. 인용문 원문의 '於'와 '于'는 가급적 교감하지 않고 저본을 따랐다.
6. 본문과 인용문에서 저자가 ( )로 묶어 제시한 보충설명 및 인용문의 원주(原註)는 '원주'라는 표제어를 잡아 주석으로 처리하였다. 다만 짧은 경우에는 독자의 편의를 위하여 원래의 위치에 두었다.
7. 인용문에서 오자가 분명한 것은 수정하여 번역하고 주석으로 근거를 제시하였으며, 오자로 의심되는 것은 그대로 두고 관련 근거를 주석으로 제시하였다.
8. 인용문이 아닌 본문에서 저자의 실수로 판단되는 오류나 표점의 오류는 바로잡고 주석으로 처리하지 않았다.
9. 인명과 지명은 우리말 한자음으로 표기하였다.
10. 맞춤법과 띄어쓰기는 한글 맞춤법과 표준어 규정을 따르는 것을 원칙으로 하였다.
11. 이 책에 사용된 문장부호와 표점부호는 한국고전번역원 원칙을 준용하였다. 단 고리점(。)은 마침표(.)로 대신하였다.
12. 주요 인명과 서명에 대해서는 책 말미에 '인명 해설'과 '서명 해설'을 부록하였다. 인명 해설과 서명 해설에 참고한 주요 공구서는 다음과 같다.
    - 오영광(吳榮光) 편, 진원(陳垣) 교주(校注), 《중국고대명인생졸역사대사연보(中國古代名人生卒歷史大事年譜)》(北京圖書館出版社, 2002)
    - 임종욱 편, 《중국역대인명사전》(이회문화사, 2010)
    - 장위지(張撝之) 외 주편, 《중국역대인명대사전(中國歷代人名大辭典)》(上海古籍出版社, 1999)
    - 정천정(鄭天挺) 외 주편, 《중국역사대사전(中國歷史大辭典)》(上海辭書出版社, 2010)
    - 최석기(崔錫起) 외, 《중국경학가사전(中國經學家事典)》(景仁文化社, 1999)

주석학개론 2

차례

주석학개론 1

제7장

통가의 규명

제1절 통가通假의 소속 범위

통가(通假)는 문자학의 문제이며, 또한 음운학과 어휘학의 문제이다. 한자의 구조를 말할 때는 '육서(六書)', 즉 상형(象形)·지사(指事)·회의(會意)·형성(形聲)·전주(轉注)·가차(假借)에 대해 말해야 한다.

육서에서의 '가차' 개념은 '조자(造字)'의 방법과 규칙이라는 측면에서 말한 것이다. '용자(用字)'의 측면에서도 '가차'가 있는데, 바로 상고 시대에 별자(別字)[1]를 쓰던 현상을 뜻한다. 이렇게 별자를 쓰던 현상은 고문자학 연구에서 중시해야 하는 과제이다. 그러므로 통가자(通假字)를 고문자학의 문제라 말하는 것이다.

상고 시대에 별자를 쓰는 데에는 결코 원칙이 없는 게 아니었다. 그것은 반드시 음이 같거나 비슷한 것을 전제로 한다. 이 때문에 고한어(古漢語)를 연구하고 선진·양한 시대의 고적에 주석을 달 때에는, 글자의 표면상 뜻이 통하지 않는 글자에 대해 종종 이 자음(字音)이라는 단서로부터 별개의 글자(즉, 본자(本字))를 탐구한다. 본자를 알아내야만 문의(文意)를 분명히 알 수 있다.

그렇다면 옛사람들이 음이 같거나 비슷한 별자를 쓴 데에는 어떠한 상황이 있으며, 준수할 만한 규칙이 있었는가? 이는 고음운학에 대한 연구가 있어야만 확실한 답을 내놓는 데 도움이 될 수 있다. 통가는 또 '고음통가(古音通假)'라고도 부르는데, 이 때문에 통가는 또 음운학의 문제라고 말하는 것이다.

1 별자(別字) : 정자(正字)와 다른 글자를 가리킨다. 본래 어떤 글자가 들어가야 할 자리인데, 그 이외의 글자로서 글자의 음이 같거나 비슷하여 대신 써진 글자를 말한다. 정자의 획을 가감하거나 특정 부분의 위치를 바꾸어 쓰는 '착자(錯字)'와는 다르다. 《唐作藩 主編, 中國語言文字學大辭典, 中國大百科全書出版社, 2007, 36쪽》

글자(어휘)의 의미라는 측면에서 보면, 한자는 매 글자마다 자신의 본의(本義)를 가지고 있으며, 또한 많은 글자가 인신의(引申義)를 가지고 있다. 인신의는 본의가 변하고 발전한 것이다. 이런 현상을 '일사다의(一詞多義)'라고 부르는데, 이러한 여러 가지 의미들은 서로 관계가 있다. 그러나 종종 보는 것처럼, 어떤 글자들은 본의에서는 무엇이라는 뜻을 인신해 낼 수 없지만 고적의 용례를 보면 단지 그 무엇이라는 뜻으로 해석할 수밖에 없는 경우가 있다. 예를 들어 '숭고(崇高)'의 '숭(崇)'을 어떤 곳에서는 '종결(終結)'의 '종(終)'으로 해석할 수밖에 없는데, 이 '종(終)'이라는 뜻은 '숭(崇)' 자의 본의에서는 인신할 수 없는 것이다. '숭(崇)'의 본의와 그 인신의를 가지고 말하자면, 이 '종(終)'의 뜻은 마치 먼 타지에서 온 손님과 같다.

어휘학의 임무 중 하나는 어의(語義)가 인신되는 법칙을 연구하는 것이다. 그런데 먼 타지에서 온 이 손님과 같은 의미가 이미 인신과 무관하다면, 근원을 탐구하여 이 어의의 유래를 찾아야 한다. 이 유래가 바로 '통가'이다. 이 때문에 통가는 또 어휘학[2]의 문제라고 말한 것이다.

2 원주 : 당연히 사전학(詞典學)을 포괄한다.

제2절 상고 시대에 통가를 사용한 상황

음이 같거나 비슷한 글자를 사용하여 본자를 대체하는 것이 상고 시대에는 보편적인 현상이었다. 주준성(朱駿聲, 1788-1858)의 《설문통훈정성(說文通訓定聲)》〈풍부(豐部)〉에 등재된 326자만 가지고 통계를 내 보아도, 가차의 조목으로 열거한 '단사형황자(單辭形況字)',[3] '중언형황자(重言形況字)',[4] '쌍성연어(雙聲連語)',[5] '첩운연어(疊韻連語)',[6] '탁명표지자(托名幖識字)'[7]에 해당하는 글자는 통계에 포함하지 않았는데도 통가와 관련된 글자가 132자나 된다.

서사(書寫)의 형식으로 보면, 갑골문(甲骨文)·금문(金文)·석각(石刻)·죽간(竹簡)·백서(帛書)에서 모두 광범위하게 통가자를 사용하였다. 그리고 글의 내용으로 보면, 품사가 무엇인지, 내용의 근엄성 여부가 어떠한지, 글

3 단사형황자(單辭形況字) : 《설문통훈정성》 〈가차〉에서 든 예에 따르면, '幡然〔신속하고 철저하게〕'의 '幡'은 본래 '觚巾〔모난 수건〕'을 뜻하는 말이 아니다. 이처럼 '幡然'에서의 '幡'과 같은 글자를, 주준성은 '단사형황자'라 하였다.

4 중인형황사(重言形況字) : 《설문통훈정성》 〈가차〉에서 든 예에 따르면, '朱朱'는 '朱'의 본의를 떠나 '닭 우는 소리의 의성어'로 쓰인다. 이처럼 '朱朱'에서의 '朱'와 같이 중첩하여 형용사로 쓰이는 글자를 주준성은 '중언형황자'라 하였다.

5 쌍성연어(雙聲連語) : 《설문통훈정성》 〈가차〉에서는 이 예로, 《주역》에 많이 보이는 '次且〔머뭇거리며 나아가지 않다.〕'와 《서경》에 최초로 보이는 '叢脞〔번쇄하다〕'를 들었다. 이와 같은 단어들을 주준성은 '쌍성연어'라 하였다.

6 첩운연어(疊韻連語) : 《설문통훈정성》 〈가차〉에서는 이 예로, '艸寇〔산적〕'와 의미상 아무런 관련이 없이 쓰이는 '蒙戎〔난잡하다〕'을 들었다. 이와 같이 '蒙戎'과 같은 단어들을 주준성은 '첩운연어'라 하였다.

7 탁명표지자(托名幖識字) : 《설문통훈정성》 〈가차〉에서 든 예에 따르면, '戊'는 '戈'에서, '癸'는 '兵'에서 따온 글자이다. 이와 같이 '戊', '癸' 등과 같은 글자들을, 주준성은 '탁명표지자'라 하였다.

자가 표시하는 대상의 등급 차이가 어떠한지도 따지지 않고 거의 대부분 거리낌 없이 사용하였다.

예를 들면, '황제(皇帝)'나 '황천(皇天)'의 '황(皇)'은 '횡(橫)'의 뜻으로 가차할 수 있으며, '군주(君主)'의 '군(君)'은 '군(群)'의 뜻으로, '황천후토(皇天后土)'의 '후(后)'는 '전후(前後)'의 '후(後)'의 뜻으로 가차할 수 있었다. 사천성(四川省) 도강언(都江堰)의 물길이 나뉘는 곳에 "珍水萬世焉.〔만세토록 물살을 진압하리라.〕"이라는 구절이 새겨진 석상(石像)이 하나 있는데, 이는 '진(珍)'을 '진(鎭)'의 뜻으로 가차한 것이다.

장사(長沙) 마왕퇴 백서(馬王堆帛書)에 쓰인 열두 달의 명칭은 《이아》〈석천(釋天)〉에 보이는 열두 달의 명칭과 열 글자나 다르다.

> 《이아》: 正月爲陬, 二月爲如, 三月爲寎, 四月爲余, 五月爲皐, 六月爲且, 七月爲相, 八月爲壯, 九月爲玄, 十月爲陽, 十一月爲辜, 十二月爲涂.
>
> 정월은 추(陬), 2월은 여(如), 3월은 병(寎), 4월은 여(余), 5월은 고(皐), 6월은 차(且), 7월은 상(相), 8월은 장(壯), 9월은 현(玄), 10월은 양(陽), 11월은 고(辜), 12월은 도(涂)이다.

이 열두 달의 명칭은, 마왕퇴 백서에서는 각각 '取', '女', '秉', '余', '好', '叡', '倉', '臧', '玄', '杈', '姑', '荼'로 썼다. 마왕퇴 백서 《역경》에 보이는 64괘의 이름 중에도 33개 괘가 통행본과 다르다.

통가자의 총수는 현재까지도 정확한 통계가 없다. 전국부분고등사범원교(全國部分高等師範院校)에서 함께 편찬한 교재인 《고대한어참고자료(古代漢語參考資料)》〈상견가차자표(常見假借字表)〉에서는 256자를 수록하였다. 그러나 통가자의 총수는 당연히 이뿐만이 아니다. 《설문통훈정성》과 《사통(辭通)》을 살펴보면 대체적인 상황을 알 수 있을 것이다.

상고 시대에 사용한 가차자는 음이 같거나 비슷한 글자만 사용했는데, 음이 같거나 비슷한 글자가 또 매우 많았기 때문에, 가차자를 운용할 때는 또 한 글자가 여러 글자의 뜻으로 사용되거나 여러 글자가 한 글자의 뜻으로 사용되는 두 가지 현상이 있었다. 예를 들어 '돈(敦)' 자로 가차할 수 있는 글자로는 《설문통훈정성》에서 모두 '대(憝)'·'단(端)'·'돈(惇)'·'순(諄)' 등 20자를 열거했으며, '재(才)' 자로 가차할 수 있는 글자로는 '재(材)'·'재(財)'·'재(哉)'·'재(載)'·'재(裁)' 등이 있다.

제3절 통가자가 생겨난 원인

한자는 '형(形)'이 중요한 역할을 하는 형(形)·음(音)·의(義)가 결합된 문자이다. 그런데 가차자의 운용에서는 형·음·의의 결합이 구체적으로 드러나지 않아, 독서를 어렵게 하므로 문자의 정상적인 기능을 방해한다. 그렇다면 소통하기에 불리한 이런 문자가 왜 만들어졌으며, 대량으로 존재하기까지에 이르렀는가?

중국의 문자는 은나라의 갑골문과 청동기 명문(銘文)에서부터 시작되어 진시황 26년(기원전 221) 전국의 문자를 통일[8]하기까지 대략 1400년의 시간이 걸렸다. 이 시기에는 중앙집권 국가가 아직 형성되지 않아, 문자의 형태가 다르고 자음(字音)이 다른 현상이 불가피하게도 매우 심각하였다. 준수할 만한 규범이 없었기 때문에 일자다형(一字多形)과 일자다용(一字多用)이 매우 보편적이었다.

진 시황이 중국을 통일하고, 진나라의 전서(篆書)로 전국의 문자를 통일하였으며, 한대(漢代)에는 또 예서(隷書)가 통행되었다. 그런데 왜 진·한 시대에도 여전히 대량으로 가차자를 사용하였는가? 이는 당시의 문화와 교육이 아직 충분히 발달하지 못했던 것과 직접적인 관련이 있다. 그때는 지금처럼 이렇게 통일된 교과서나 통일된 글자 모형 인쇄가 있었던 것이 결코 아니었다. 가르치고 배우는 것은 종종 입과 귀를 통해 전해졌으며, 더구나 학파마다 경전이 다르고 경전마다 스승이 달라 파벌에 사로잡힌 견해가 매우 심하였다. 진나라의 분서(焚書) 이후 경서들이 대부분 불타 버렸으므로, 한대에 이르러 육경을 찾을 때에는 늘 사람들의 기억과 암송에 의지하였다. 이

8 원주 : 같은 문자를 사용하는 것이다.

렇게 되자 삼가시(三家詩)·《춘추》 삼전(三傳)과 같은 전적의 이문(異文)들이 자연히 많아지게 되었다.

언어를 기록하는 부호에는 규범이 있어야 한다. 하나의 어휘는 표준 독음, 표준 해석, 표준 형태가 있어야 하는데, 이러한 표준을 우리는 '규범'이라고 부른다.

문자의 규범화 작업은 청동기 명문 시대에 이미 시작되었다고 말해야 할 것이다. 주나라 선왕(宣王) 시대의 《사주편(史籒篇)》[9]은 정부의 이름으로 반포한 규범 글자표라고 할 수 있다.

이러한 작업은 진·한 시기에 매우 많았다. 예를 들어 진 시황 시대의 《창힐편(蒼頡篇)》[10]·《원력편(爰歷篇)》[11]·《박학편(博學篇)》,[12] 서한 시대 사마상여(司馬相如, 기원전 179-기원전 117)의 《범장편(凡將篇)》과 사유(史游, ?-?)의 《급취편(急就篇)》[13]은, 모두 상용자를 모은 뒤 운어(韻語)를 사용하여 배열하였을 뿐만 아니라, 또 어떤 곳에서는 글자의 편방 구조에 따라 각각 부(部)를 배치하는 방법으로 글자들을 배열하였다.

이러한 글자표에 훈석(訓釋)을 더하면 자전(字典)과 비슷해진다. 이러한 글자표는 어린이에게 글자를 학습시키는 기능이 있을 뿐만 아니라 문자를 규

9 사주편(史籒篇) : 저록에 보이는 가장 이른 시기의 자서(字書)이다. 대략 춘추전국 시대에 성서(成書)되었다.

10 창힐편(蒼頡篇) : 어린이에게 글자를 교육시킬 목적으로 만들었던 자서로, 진(秦)나라 때 이사(李斯)가 지었다.

11 원력편(爰歷篇) : 진나라 때 거부령(車府令) 조고(趙高)가 지은 자서의 하나로, 지금은 전하지 않는다.

12 박학편(博學篇) : 진나라 때 호모경(胡毋敬)이 편찬한 자서이다. 주로 《사주편》을 참고하여 엮었다.

13 급취편(急就篇) : 서한(西漢)의 사유(史遊)가 지은 자서이다. 당시의 상용한자 약 1900자를 31장으로 나누어 수록하였으며, 물명(物名)·성명 등을 운에 맞추어 배열하였다. 오늘날 전하는 것 가운데 가장 오래된 자서이다.

범화시키는 기능도 있었다.

문장을 쓸 때에는 어떻게 어휘를 선택해야 할지, 어떤 글자를 써야 할지에 대해 모두 일정한 표준이 있어야 한다. 그러나 저자가 잠깐 부주의하여 우연히 별자를 쓰거나, 본래의 자형(字形)을 망각하여 별개의 동음자로 대체하기도 했는데, 이는 필기도구가 무거웠던 당시 상황을 감안해 볼 때 누구나 이해할 수 있는 점이다. 그래서 오류를 오류가 난 채로 계속 전하고〔以訛傳訛〕 오류를 그대로 답습하고 고치지 않아〔習訛不改〕, 심지어는 가차한 뜻이 통행되고 본의는 쓰이지 않게 되었으며, 가차자가 통행되고 본자는 쓰이지 않는 지경에까지 이르게 되어 수습할 수 없게 되었다. 이는 규범화의 관념이 희미했다는 반증이라 하지 않을 수 없다.

청대의 뛰어난 언어학자 주준성은, 가차에는 '우연히 다른 글자를 쓴 경우〔偶書他字〕'와 '오류를 답습하여 고치지 않은 경우〔習訛不改〕' 등 몇 가지 정황이 있다고 말하였는데, 이는 가차자를 쓰는 것이 완전히 정상적인 일이라고는 생각하지 않는 그의 관점을 대략 보여 준다.

문자에는 세 가지 유형, 즉 표형문자(表形文字)·표의문자(表意文字)·표음문자(表音文字)가 있는데, 이 세 가지 유형은 문자 발전의 3단계를 나타낸다. 한자는 세계에서 가장 오래된 문자 중 하나로, 이미 6천 년 정도의 역사를 지니고 있다. 은나라의 갑골문과 조금 뒤에 나타난 금문(金文)으로부터 계산해 보면, 한자는 표형(表形)에서 표의(表意)까지 3천여 년의 역사를 지닌다. 그러나 이런 장구한 시간 속에서 한자는 줄곧 표의의 단계에 머물렀다.

표형에서 표의에 이르고, 표의에서 표음에 이르는 것은, 문자 발전의 규칙이다. 조자가차(造字假借)를 통하여, 우리는 사람들이 문자가 일종의 표음부호가 되길 바랐다는 사실을 알 수 있다. 이러한 희망은 글자를 사용하는 가운데 반영되었다. 즉 한 글자를 여러 글자의 뜻으로 쓰거나 또는 여러 글자를 한 글자의 뜻으로 사용함으로써, 형(形)과 의(義)를 분리하여 표음 부호로만 사용한 것이다. 그러므로 글자를 따로 만들지 않는 조자가차와 마찬가지로, 용자가차(用字假借)[14]도 진보적인 의의가 있다고 할 수 있다.

하지만 이러한 진보적인 요인으로도 3천 년이나 계속된 중국 봉건 사회라는 특수한 환경에서는 결코 문자의 근본적인 변화를 촉진시킬 수 없었는데, 매우 애석한 일이다. 만약 중국의 선조들이, 본자가 현존하는데도 사용하지 않고 음이 같거나 비슷한 글자를 이용하여 대체하는 것이 문자 발전의 내부적 규칙을 반영한 것임을 인정한 뒤, 이 규칙에 따라 문자를 근본적으로 개조했더라면, 중국의 문자는 일찌감치 병음문자(拼音文字)[15]의 길로 들어섰을 것이다.

언어 문자를 운용하는 규범에는 시간성과 단계성이 있다고 생각한다. 표의문자의 단계에서는 표의문자의 특징과 딱 맞는 규범을 추구해야 하겠지만, 동시에 이것으로 만족해서는 안 되며 표음문자를 가지고 한자를 규범화하기 위하여 노력해야 할 것이다.

14 용자가차(用字假借) : 통가(通假)를 말한다.

15 병음문자(拼音文字) : 부호로 어음(語音)을 표시하는 문자를 말한다. 현재 세계 각국의 대다수가 사용하는 문자로, 중국에서는 장문(藏文)·몽문(蒙文) 등이 이에 해당한다.

제4절 통가자를 처리하는 기본 방법

앞에서 말한 것처럼, 한자는 '형(形)'이 중요한 역할을 하는데, 이는 표의 문자로서의 특징이 있는 것이다. 우리는 고적을 읽을 때, 먼저 '형(形)'과 '의(義)'가 결합된 상태에서 각 어휘의 뜻을 분석하여 문장의 뜻을 이해하게 된다. 그런데 가차자의 운용은 '형'과 '의'의 분리를 초래한다. 어떤 문구 안에서, '형'과 '의'가 결합된 한자의 일반적인 규범을 근거로 '형'으로 '의'를 설명하여 문의를 이해하려면 종종 '의미가 통하지 않는 상황〔此路不通〕'에 놓이게 된다.

왕인지(王引之, 1766-1834)는 《경의술문(經義述聞)》〈자서(自序)〉에서 "가차자인데 가차자인 줄 모르고 억지로 해석하면 문의가 난삽해져 문제가 될 것이다.〔如其假借之字而强爲之解, 則詰籲爲病矣.〕"라고 하였는데, 바로 이러한 정황을 말한 것이다. 예를 들어 보겠다.

> 《논어》〈미자(微子)〉: 齊人歸女樂, 季桓[16]子受之, 三日不朝, 孔子行.
> 제나라 사람이 미녀 악단을 보냈는데, 계환자가 이를 받아들이고 사흘 동안 조회를 하지 않자 공자께서 노나라를 떠나셨다.

> 《전국책》〈진(秦)1〉: 面目犁黑, 狀有歸色.
> 얼굴이 벌개져서 부끄러운 기색을 띠었다.

《설문해자》의 "귀(歸)는 여자가 시집간다는 뜻이다.〔歸, 女嫁也.〕", 《시

16 桓: 저본에는 '恒'으로 되어 있는데, 통행본 《논어》에 근거하여 바로잡았다.

경》〈주남(周南) 도요(桃夭)〉의 "그 아가씨 시집가서 시댁과 잘 지내리.〔之子于歸, 宜其室家.〕", 《춘추》 장공(莊公) 원년 조의 "왕희가 제나라로 시집갔다.〔王姬歸于齊.〕" 등의 사례에서는 '귀(歸)'가 모두 '여자가 시집간다'는 뜻이다. '귀(歸)'는 또 '되돌아가다〔返回〕', '되돌려 주다〔歸還〕', '귀부하다〔歸附〕', '귀결점〔歸宿〕' 등의 뜻이 있다. '귀' 자의 이러한 본의와 인신의를 사용해서 위의 두 사례를 해석해도 모두 통하지 않는다. "齊人歸女樂"은 제나라가 노나라에 미녀 악단을 보낸 것이지, 노나라한테 빌렸던 미녀 악단을 지금 되돌려 보내고 있는 것이 결코 아니다. "狀有歸色"은 뺨에 부끄러운 기색이 드러난 것이지, 돌아가려는 표정을 내비친 게 결코 아니다.

첫 번째 사례에서 '귀(歸)'는 '선물을 보내다〔饋贈〕'의 '궤(饋)'로 읽어야 하고, 두 번째 사례에서 '귀(歸)'는 '부끄럽다〔慚愧〕'의 '괴(愧)'로 읽어야 한다. 이렇게 '궤(饋)'와 '괴(愧)'로 바꿔 읽어야 비로소 문의가 통하고 이치에 맞게 된다.

또 다른 예를 들어 보겠다.

> 《좌전》 성공(成公) 17년 조 : 亂在外爲[17]姦, 在內爲[18]軌.
> 난이 밖에서 일어나는 것을 '간(姦)'이라 하고, 안에서 일어나는 것을 '궤(軌)'라 한다.

《설문해자》에 "궤(軌)는 수레바퀴 자국이라는 뜻이다.〔軌, 車轍也.〕"라고 하였는데, 수레의 두 바퀴 사이 거리를 '궤(軌)'라 하고, 수레바퀴가 지나고 남은 흔적도 '궤(軌)'라 한다. 수레 길을 '궤(軌)'라 부르는데, 이는 또 비유적으로 '법도'나 '규칙'을 가리킬 수 있으며, 동사로 사용할 때는 '따르다'

17 爲 : 저본에는 '曰'로 되어 있는데, 통행본 《좌전》에 근거하여 바로잡았다.
18 爲 : 위의 주17 참조.

또는 '(일정한 준칙)대로 하다'는 뜻이 되기도 한다.

이와 같은 여러 가지 뜻은 "亂在外爲[19]姦, 在內爲[20]軌."의 '궤(軌)'와 조금도 관계가 없다. '형'과 '의'를 결합시키는 이 방법으로 이 '궤(軌)' 자를 해석하면, 문의가 통하지 않는다. "在內爲[21]軌"의 '궤(軌)'는 이미 '형'과 '의'가 분리되어 쓰인 것이므로, 다른 방법을 통해 정확하게 해석해야 한다.

'궤(軌, guǐ)' 자와 음이 같은 글자로 '귀(宄, guǐ)'가 있다. '귀(宄)'의 음은 '거(居)'와 '유(有)'의 반절이며, 상고음(上古音)으로는 견뉴(見紐) 유운(幽韻) 상성(上聲)에 속한다.

《설문해자》: 宄, 姦也. 外爲盜, 內爲宄.

'귀(宄)'는 간적이라는 뜻이다. 밖에서 일어난 간적이 '도(盜)'이고, 안에서 일어난 간적이 '귀(宄)'이다.

단옥재 주: '간귀(姦宄)'는 통칭이고, '내(內)'와 '외(外)'는 구분하여 말한 것이다. 도적이 일어날 때, 국외에서 일어난 도적은 '간(姦)'이고 국내에서 일어난 도적은 '귀(宄)'이다.

姦宄者通稱, 內外者析言之也. 凡盜起, 外爲姦, 中出爲宄.

《광운》: '귀(宄)'는 국내의 도적이다.

宄, 內盜也.

자서와 운서의 해석에 따르면, 내부에서 난을 일으키는 것이 바로 '귀(宄)'의 함의이다.

《국어》〈진어(晉語)〉: 亂在內爲宄, 在外爲姦. 御宄以德, 御姦以刑.

19 爲: 19쪽 주17 참조.

20 爲: 19쪽 주17 참조.

21 爲: 19쪽 주17 참조.

난이 국내에서 일어나는 것이 '귀(宄)'이고 국외에서 일어나는 것이 '간(姦)'이다. '귀(宄)'는 덕으로 막고, '간(姦)'은 형벌로 막는다.

여기에서는 본자인 '귀(宄)'를 그 본의로 사용한 것이다. 《좌전》의 "在內爲[22]軌"에서 '궤(軌)'의 본자는 마땅히 '귀(宄)'가 되어야 한다. '귀(宄)'로 《좌전》의 이 문구를 해석해야 문의를 통하게 하는 관건을 찾을 수 있을 것이다.

청대 사람 완원(阮元, 1764-1849)이 왕인지의 《경의술문(經義述聞)》에 서문을 쓸 때, 어떤 사람이 고서를 잘못 읽고 예전의 오류를 답습하는 원인을 분석하면서 "이는 모두 성음·문자·가차·전주에 통달하지 못했기 때문이다.〔皆由於聲音、文字、假借、轉注未能通徹之故.〕"라고 하였는데, 매우 정곡을 찌르는 말이다.

만약 우리가 위의 세 사례를 읽으면서 '가차자인데도 가차자인 줄 모르고 억지로 해석하면', 반드시 '문의가 난삽해져 문제가 될 것이다.' 따라서 '귀(歸)'를 '궤(饋)'와 '괴(愧)'로 바꿔 읽고, '궤(軌)'를 '귀(宄)'로 읽어야 문의가 통하게 된다. 이것이 바로 육종달(陸宗達, 1905-1988)이 말했던 "통가가 초래하는 '형'과 '의'의 분리 현상을 배제하고 본자를 찾아 '형'으로 '의'를 설명하는 원칙을 더 잘 운용하기에 편리하다.〔排除通假造成的形義分離的現象, 求得本字以便更好地運用以形說義的原則.〕"[23]라는 것이다.

이를 통하여 우리는 통가자를 처리하는 원칙과 방법을 이렇게 개괄할 수 있다. 즉 "자음을 통하여 자형을 찾고, 자형으로 자의를 설명한다.〔因聲求形, 以形說義.〕"라는 것이다. 다시 말하면, 가차자는 하나의 표음 부호로만 보아야 하며, 이 음이 제공하는 실마리에 근거하여 본형(本形)을 찾은 뒤,

22 爲 : 저본에는 '曰'로 되어 있는데, 통행본 《좌전》에 근거하여 바로잡았다.

23 원주 : 《훈고간론(訓詁簡論)》 106쪽에 보인다.

'형'과 '의'가 결합한다는 원칙에 따라 단어의 뜻을 해설해야 한다. 이 방법을 사용하지 않으면, 선진·양한 시대의 고적을 완전히 이해하지는 못할 것이다.

제5절 통가의 정의

1 조자가차造字假借

가차는 한자의 육서(六書) 중 하나로, 어휘학·고적 연구와 그리 밀접한 관계가 있지는 않다. 기껏해야 우리는 어휘의 문자 부호로서의 유래라는 측면에서 다음과 같은 점을 설명할 수 있을 뿐이다. 즉 형태로 의미를 나타내는 문자 중에 왜 문자 부호의 구조가, 의미와 조금도 관계가 없는 이러한 예외가 존재하는가 하는 점이다. 통가를 논하면서 먼저 조자가차에 대해 말하는 것은, 용자가차(用字假借)와의 경계를 명확히 하여 어휘(글자)를 사용하는 각도에서 문제를 더 잘 설명하기 위해서이다.

'육서'라는 말은 《주례》에 처음 보인다.[24] 《한서》〈예문지〉에는 "옛날에는 8세에 소학에 들어갔다. 《주례》에 따르면 보씨가 공·경·대부의 자제의 교육을 관장하도록 되어 있다. 이들에게 육서를 가르쳤는데, 육서는 상형·상사·상의·상성·전주·가차를 이른다. 이는 글자를 만드는 근본이다.〔古者, 八歲入小學, 故《周官》保氏掌養國子. 教之六書, 謂象形、象事、象意、象聲、轉注、假借, 造字之本也.〕"라는 내용이 실려 있다. 허신의 《설문해자》〈서(敘)〉에서는 지사·상형·형성·회의·전주·가차를 이른다고 하였다. 《한서》〈예문지〉에서 '글자를 만드는 근본'이라고 한 것은, 바로 이 육서가 한자를 구성하는 기본 방법이라는 말이다.

24 육서라는……보인다 : 《주례》〈지관(地官) 보씨(保氏)〉에 "保氏掌諫王惡, 而養國子以道, 乃教之六藝 : 一曰五禮, 二曰六樂, 三曰五射, 四曰五馭, 五曰六書, 六曰九數."라는 내용이 보인다.

무엇이 육서의 가차인가? 허신은 "가차란 본디 그에 해당하는 글자가 없어 소리에 의거하여 다른 글자에 사물을 의탁한 것이니, '영(令)'과 '장(長)'이 그 예이다.〔假借者, 本無其字, 依聲託事, 令、長是也.〕"라고 하였다. 이는 어떤 사물(개념)을 표시하는 말(사물을 표시하는 소리)은 있으나 문자 부호가 없을 경우, 그 소리에 의거하여 이미 만들어져 있는 다른 글자를 빌려 그 사물(개념)을 표시하는 것을 말한다. 곧 '글자를 따로 만들지 않고도 글자를 만드는 방법〔以不造字爲造字〕'으로, '영(令)'과 '장(長)' 두 글자가 바로 그 예라고 한 것이다.

《설문해자》에 "영(令)은 호령하다는 뜻이다.〔令, 發號也.〕"라고 하였고, 《이아》에 "영(令)은 고한다는 뜻이다.〔令, 告也.〕"라고 하였는데, 이것이 '영(令)'의 본의이다. 《시경》 〈제풍(齊風) 동방미명(東方未明)〉의 "공소로부터 호령하도다.〔自公令之.〕", 《서경》 〈경명(冏命)〉의 "호령을 내리다.〔發號施令.〕"는 모두 본의를 사용한 예이다. 《광운》에 "영(令)은 율(律)이라는 뜻이며 법(法)이라는 뜻이다.〔令, 律也, 法也.〕"라고 하였는데, 이는 '호령하다〔發號〕', '고하다〔告喩〕'는 뜻에서 인신되어 나온 의미를 사용한 예이다. 《신서(新書)》 〈등제(等齊)〉에 "천자의 말을 영(令)이라고 한다.〔天子之言曰令.〕"라고 하였는데, 봉건 시대의 천자는 지고무상의 권위를 지니고 있었으므로 천자의 말은 그 자체가 호령하는 것〔發號〕이며, 따라서 당연히 율(律)과 법(法)의 성격도 지닌다. 호령하는 것과 천자의 말 및 율과 법은 각각의 뜻이 모두 서로 관계가 있으니, 본의에서 인신의에 이르는 맥락이 매우 분명하다.

'영(令)'에는 또 '좋다〔美善〕'는 뜻이 있다. 《의례》 〈사관례(士冠禮)〉의 "좋은 달 길한 날에 처음으로 관을 씌워 준다.〔令月吉日, 始加元[25]服.〕"에서, '영(令)'의 뜻은 '길함〔吉〕'과 같다. 《시경》 〈대아(大雅) 권아(卷阿)〉

25 元 : 저본에는 '之'로 되어 있는데, 《의례》 〈사관례(士冠禮)〉에 근거하여 바로잡았다.

의 “규 같고 장 같으며 좋은 소문이 나고 좋은 명망이 있다.〔如圭如璋, 令聞令望.〕”에서, ‘영(令)’은 ‘좋다〔美善〕’는 뜻이다. 좋은 품덕을 ‘영덕(令德)’이라 하고, 좋은 명성을 ‘영예(令譽)’라 하며, 우수한 인재를 ‘영기(令器)’라 한다. 천자의 말과 율령에 대해서 좋게 여기고 존경하는 것은 자연스러운 일이다. ‘호령하다〔發號〕’는 뜻에서 ‘좋다〔美善〕’는 뜻으로 파생된 것은 어휘의 의미가 논리적으로 발전한 것이다. 허신은 이 사물들(의(義))에는 모두 본래 해당하는 글자(형(形))가 있다고 하였다.

그런데 허신은 어째서 ‘영(令)’ 자를 조자가차의 예로 들었을까? ‘영(令)’ 자는 또 관직명이기도 하다. 춘추 시대 초(楚)나라의 ‘영윤(令尹)’은 초나라의 최고 관직이었다. 진(秦)·한(漢) 시대에는 관할지의 규모가 1만 호(戶) 이상인 현관(縣官)을 ‘영(令)’이라고 하고, 만 호 이하는 ‘장(長)’이라고 하였다.

허신은, 현령(縣令)의 ‘영(令)’ 자와 호령하다는 뜻의 ‘영(令)’ 자는 본디 관계가 없는데 호령하다는 뜻의 ‘영(令)’ 자를 현령의 ‘영(令)’ 자로 쓴 것은, 현령의 ‘영(令)’이란 사물(어휘)은 있지만 이를 표시하는 글자는 아직 없기 때문에, ‘글자를 따로 만들지 않고도 글자를 만들어〔以不造字爲造字〕’ ‘영(令)’이라는 음에 의거해 ‘호령하다’는 뜻의 ‘영(令)’ 자를 찾아서 현령이라는 사물을 의탁했다고 한 것이다. 이것이 바로 “본디 그에 해당하는 글자가 없어서 소리에 의거해 다른 글자에 사물을 의탁한다.〔本無其字, 依聲託事.〕”라는 것이다.

허신은 육서의 정의를 제시한 뒤에 각각 두 글자를 예로 들었다. 상형은 ‘일(日)’과 ‘월(月)’, 지사는 ‘상(上)’과 ‘하(下)’, 회의는 ‘무(武)’와 ‘신(信)’, 형성은 ‘강(江)’과 ‘하(河)’, 전주는 ‘고(考)’와 ‘노(老)’, 가차는 ‘영(令)’과 ‘장(長)’을 들었다. 허신이 제시한 두 글자는 의미상 동류의 글자들이다.

‘장(長)’도 ‘영(令)’과 같은 유형이다. 《설문해자》에 “장(長)은 ‘오래다.’

라는 뜻이다.〔長, 久遠也.〕"라고 하였다. '오래다〔久遠〕'는 뜻의 '장(長)'을 빌려 '현장(縣長)'의 '장(長)'을 표시한 것도 '본디 그에 해당하는 글자가 없어 소리에 의거해 다른 글자에 사물을 의탁하여〔本無其字, 依聲託事〕' '글자를 따로 만들지 않고도 글자를 만든〔以不造字爲造字〕' 예에 속한다.

가차에 대한 허신의 정의와 예시에 대해 학자들은 종종 다른 견해를 보인다. 청대 이래로 많은 문자 학자들은 그들의 자의(字義) 인신에 관한 관점과 고문자학의 연구 성과를 운용하여 《설문해자》를 비평했는데, 때로는 조자가차와 용자가차를 구분하지 않고[26] 정의를 바꾸거나 예시 글자를 교체하기도 하였다. 그러나 이는 모두 취할 수 없는 설이다.

현대 언어학의 관점으로 보면, '영(令)' 자가 '호령하다'는 뜻에서 '천자의 말'로 인신되고, '율'·'법'으로, '현령'으로 인신된 것은, 모두 그들의 관계를 설명하기 어렵지 않다. 현령은 관직이 낮고 미천하지만 결국은 소소한 호령을 내리는 자이며 하나의 현 안에서 지고 무상한 존재이다. 그는 천자의 대리자로서 호령할 수 있으며, 그들의 호령 역시 율·법의 성질을 지니고 있다. 사람들은 그에 대해서도 존경하고 좋게 여겨야 한다.

'장(長)' 자의 고문(古文)은 본디 사람의 머리카락이 매우 길다는 것을 뜻하는데, 이로부터 생장(生長)의 '장(長)', 장유(長幼)의 '장(長)', 현장(縣長)의 '장(長)'으로 뜻이 인신된 것을 모두 설명할 수 있다. '오래다〔久遠〕'는 뜻은, 장단(長短)의 '장(長)'에서 인신될 수 있다.

'영(令)'과 '장(長)' 같은 유는 후대 학자들의 입장에서 보면 의미가 파생된 것이지만 허신의 입장에서 보면 조자가차의 예이다. 허신이 천명한 '본디 그에 해당하는 글자가 없어서〔本無其字〕' 이루어진 가차의 관점에서 대량의 고금자(곧 구별자(區別字))를 분석해 보면, 구별자가 만들어지기 전에는 이

26 조자가차와……않고 : 저본에는 '不分造字假借借與用字假來'로 되어 있는데, 앞뒤 문맥을 살펴 뒤의 '借'를 뒤의 '假' 뒤로 옮겨 번역하였다.

또한 '글자를 만들지 않고도 글자를 만든[以不造字爲造字]' 조자가차였다고 할 수 있다.

예컨대 '지(支)' 자는 본의가 '去竹之枝'로 대나무 가지에서 갈라져 나온 한 부분을 뜻한다. 그런데 사람들의 사지(四肢) 역시 '지(支)'로 표시하니 사람의 사지와 대나무에서 갈라져 나온 가지가 서로 비슷한 점이 있다고 말할 수도 있으나, 결국은 별개의 사물이다. 그러므로 '지(支)'로 지체(肢體)의 의미를 표시한 것도 마찬가지로 '본디 그에 해당하는 글자가 없어서 소리에 의거해 다른 글자에 사물을 의탁한[本無其字, 依聲託事]' 것이었다. 나중에 새로운 글자 '지(肢)'가 만들어진 뒤에는 '지체(肢體)의 의미를 지닌 정자(正字)가 존재하게 되었다.[本有其字]'[27]

단옥재는 '본디 그에 해당하는 글자가 없어서 소리에 의거해 다른 글자에 사물을 의탁하는[本無其字, 依聲託事]' 조자가차의, 자의(字義) 사이에 존재하는 여러 갈래로 얽혀 있는 관계에 주목하였다. 그래서 그는 허신의 '가차'를 해석하면서 다음과 같이 말하였다.

> '탁(託)'은 '부치다[寄]'는 뜻이니, 같은 소리에 의거해서 의미를 부치는 것을 이른다. 곧 사물 중에 해당하는 글자가 없는 것은 모두 의미를 부치는 대상이 있어 글자가 있게 되었다. 예컨대 한나라 사람들은 현령을 영(令)·장(長)이라고 하였으니, 현의 규모가 만 호 이상인 경우는 영(令)으로, 만 호보다 적은 경우는 장(長)으로 칭했다.
>
> '영(令)'의 본의는 호령하다[發號]이고, '장(長)'의 본의는 오래되다[久遠]이다. 현령과 현장은 본디 그에 해당하는 글자가 없어서 호령하

27 지체(肢體)의 의미를 지닌……되었다 : 원본의 '本有其字'를 문맥에 맞추어 번역한 말이다. 그런데 '本有其字'는 '本無其字'와 대비되는 말로, 조자가차(造字假借)와 용자가차(用字假借)를 구분하는 중요한 준거이기 때문에 번역문에 원문을 병기하여 독자의 이해에 도움이 되게 하였다.

다·오래되다의 뜻에서 의미를 파생시켜 변용한 것인데, 이를 '가차'라고 한다. 허신이 유독 '영(令)'과 '장(長)' 두 글자를 예로 든 것은 지금의 글자를 가지고 옛 의미를 통하게 한 것이니, 지금 한나라 '현령'의 '영(令)' 자, '현장'의 '장(長)' 자 같은 것이라고 말한 것이다.

託者, 寄也, 謂依傍同聲而寄於此. 則凡事物之無字者, 皆得有所寄而有字. 如漢人謂縣令曰令長. 縣萬戶以上爲令, 減萬戶爲長. 令之本義發號也, 長之本義久遠也. 縣令縣長本無字, 而由發號、久遠之義, 引申展轉而爲之, 是謂假借. 許獨擧令、長二字者, 以今通古, 謂如今漢之縣令、縣長字卽是也.[28]

이를 통해, 허신이 말한 조자가차는, 개념이 질적으로 구별되는 경우를 두고 정의한 것이지 어휘의 의미가 인신될 수 있는 경우를 가지고 정의하지 않았다는 것을 알 수 있다. 단옥재의 주석은 허신의 본의와 합치되지만, '의미를 파생시켜 변용했다[引申展轉而爲之]'는 한 가지 측면으로만 전체를 개괄하여, '의미를 파생시켜 변용한', 관계가 전혀 없는 가차자들은 포괄하지 못하였다.

위에서 기술한 '영(令)'·'장(長)'·'지(支)'·'지(肢)'의 예에서 두 가지 정황을 알 수 있다. 한 가지는 정자(正字)를 다시 만들지 않은 가차자이고, 한 가지는 나중에 정자를 만든 가차자이다. 앞의 경우는 허신이 '以爲'라는 말로 표시하였고, 뒤의 경우는 '古文以爲'라는 말로 표시하였다. 《설문해자》의 가차에 대한 단옥재의 해석은 매우 정밀하여 찬탄이 절로 나온다. 위에 인용한 주석에 이어 단옥재는 아래와 같은 분석을 붙였다.

28 원주 : 단옥재의 《설문해자주(說文解字注)》 〈서(叙)〉에 보인다.
역주 : 허신의 〈설문해자 서(說文解字叙)〉 가운데 '가차'에 대한 내용에 단옥재가 주석을 단 것이다.

원래 '가차'는 고문에 '본디 그에 해당하는 글자가 없던〔本無其字〕' 때에 이루어졌으니, 《설문해자》에서 '……로 쓴다〔以爲〕'라고 한 것과 '고문에서는……로 썼다〔古文以爲〕'라고 한 것이 모두 이에 포괄될 수 있다. '이(以)'는 '용(用)'의 뜻으로, 능히 좌지우지하는 것을 '이(以)'라고 하니, '以爲'라는 말은 '저것으로 이것을 삼는다'는 뜻이다.

예를 들면, '내(來)'는 본디 '주나라가 받은 상서로운 보리〔瑞麥〕인 소맥(小麥)과 대맥(大麥)'인데,[29] '가고 오다〔行來〕'의 '내(來)' 자로 썼고, '오(烏)'는 본디 까마귀〔孝鳥〕[30]인데, '아!〔烏呼〕'의 '오(烏)' 자로 쓰고, '붕(朋)'은 고문이 '봉(鳳)'으로 본디 '신령한 새〔神鳥〕'인데, 붕당(朋黨)의 '붕(朋)' 자로 쓰고, '자(子)'는 본디 11월에 양기가 동하고 만물이 불어나는 것인데, 사람들이 11월을 칭하는 말로 쓰고, '위(韋)'는 본디 서로 등진다는 뜻인데, 가죽을 뜻하는 글자로 쓰고, '서(西)'는 새가 둥지 위에 있는 것인데, '동서(東西)'의 '서(西)' 자로 쓴다.

'……로 쓴다〔以爲〕'라고 한 것이 모두 6개인데, 이는 본디 그에 해당하는 글자가 없어서 소리에 의거하여 다른 글자에 사물을 의탁했다는 분명한 증거이다.

原夫假借[31]放於古文本無其字之時, 許書有言'以爲'者, 有言'古文以爲'者, 皆可薈萃擧之. 以者用也, 能左右之曰以. 凡言以爲者, 用彼爲此也. 如來, 周所受瑞麥來麰也, 而以爲行來之來; 烏, 孝鳥[32]也, 而以爲烏呼字; 朋, 古文鳳, 神鳥也, 而以爲朋攩[33]字; 子, 十一月陽氣動

29 주나라가……대맥(大麥)인데 : 《설문해자》에서 '來' 자에 대해 풀이한 말이다.

30 까마귀〔孝鳥〕 : 《설문해자》에서 '烏'에 대해 풀이한 말이다.

31 원주 : 단옥재와 주준성은 모두 '叚借'라고 하였는데, 여기서는 자형(字形)의 통일을 위해 '假借'로 고쳤다.

32 鳥 : 저본에는 '烏'로 되어 있는데, 《설문해자주》에 근거하여 바로잡았다.

33 攩 : 저본에는 '黨'으로 되어 있는데, 위 자료에 근거하여 바로잡았다.

萬物滋也. 而人以爲偁[34]; 韋, 相背也, 而以爲皮韋; 西, 鳥在巢上也, 而以爲東西之西. 言'以爲'者凡六, 是本無其字, 依聲託事之明證.

위에서 '……로 쓴다〔以爲〕'라고 한 여섯 개의 글자는 전형적인 '조자가차' 자로, '가차한 뒤에도 영원히 정자를 만들지 않았다.〔假借之後, 終古未嘗制正字.〕' 그러나 '고문에서는……로 썼다〔古文以爲〕'라고 한 글자는 나중에 구자(區字)[35]가 만들어진 글자이다.

단옥재는 이어서 다음과 같이 말하였다.

'고문에서는……로 썼다〔古文以爲〕'라고 말한 예로는 다음과 같은 것들이 있다.

'洒' 아래에 "고문에서는 '灑掃〔물 뿌리고 쓸다〕'의 '쇄(灑)' 자의 뜻으로 썼다."라고 한 것

'疋' 아래에 "고문에서는 '《시경》 〈대아(大雅)〉'의 '아(雅)' 자 뜻으로 썼다."라고 한 것

'丂' 아래에 "고문에서는 '교(巧)' 자의 뜻으로 썼다."라고 한 것

'臤' 아래에 "고문에서는 '현(賢)' 자의 뜻으로 썼다."라고 한 것

'旅' 아래에 "고문에서는 '魯衛〔노나라·위나라〕'의 '노(魯)' 자의 뜻으로 썼다."라고 한 것

'哥' 아래에 "고문에서는 '가(歌)' 자의 뜻으로 썼다."라고 한 것

'詖' 아래에 "고문에서는 '파(頗)' 자의 뜻으로 썼다."라고 한 것

'𦣝' 아래에 "고문에서는 '전(靦)' 자의 뜻으로 썼다."라고 한 것

'爰' 아래에 "고문에서는 '車轅〔수레의 끌채〕'의 '원(轅)' 자의 뜻으로 썼다."라고 한 것

34 偁 : 저본에는 '稱'으로 되어 있는데, 《설문해자주》에 근거하여 바로잡았다.

35 원주 : 즉 구별자(區別字), 금자(今字)를 이른다.

'𣪠' 아래에 "《상서》〈주서(周書)〉에서 '토(討)' 자의 뜻으로 썼다."라고 한 것

이상은 마찬가지로 모두 이른바 '소리에 의거하여 다른 글자에 사물을 의탁한 것'이다.

其云古文以爲者，洒下云，古文以爲灑埽[36]字；疋下云，古文以爲《詩》大雅字；丂下云，古文以爲巧字；臤下云，古文以爲賢字；㫃下云，古文以爲魯衛之魯；哥下云，古文以爲歌字；詖下云，古文以爲頗字；𥁕下云，古文以爲靦字；爰下云，古文以爲車轅字；𣪠下云，周書以爲討字．此亦皆所謂依聲[37]託事也．

이 열 글자는 앞의 여섯 글자와 경우가 같지 않으니, 단옥재는 다음과 같이 추측하였다. '그러나 혹시 가차가 먼저 이루어지고 그에 해당하는 글자가 나중에 만들어졌다면, 가차할 당시에는 본디 그에 해당하는 글자가 없었을 것이다.〔然或假借在先，制字在後，則假借之時，本無其字．〕'

위에서 번거로움을 무릅쓰고 단옥재의 논설을 인용하였는데, 이는 용자가차(통가)가 위에서 말한 조자가차와 완전히 다른 개념이라는 것을 설명하여 고전적을 주석하고 사전을 편찬할 때 두 개념이 혼동되지 않게 하기 위해서이다.

2 용자가차用字假借

'본디 그에 해당하는 글자가 없어서 소리에 의거해 다른 글자에 사물을 의탁

36 埽 : 저본에는 '掃'로 되어 있는데, 《설문해자주》에 근거하여 바로잡았다.

37 聲 : 저본에는 '音'으로 되어 있는데, 위 자료에 근거하여 바로잡았다.

하여〔本無其字, 依聲託事〕' '글자를 만들지 않고도 글자를 만든〔以不造字爲造字〕' 가차와 달리, '본디 그에 해당하는 글자가 있는데도〔本有其字〕' 본자를 쓰지 않고 다른 동음자를 써서 대체하는 가차가 있다. 이것이 바로 용자가차이다. 그 구체적인 정황은 위에서 대략 설명하였다.

'가차'라는 말은, 하나의 이름으로 두 가지 용법과 두 가지 해석을 겸하는데, 이것이 후대 학자들의 설이 분분하게 된 원인 중의 하나이다.

왕균(王筠, 1784-1854)은《설문석례(說文釋例)》〈가차(假借)〉에서 "옛 사람이 글자를 만든 초기부터 본디 가차가 있었으니, 후인들이 글자를 사용하면서 비로소 가차한 것뿐만이 아니다.〔古人造字之初, 本有假借, 不徒後人用字始相借也.〕"라고 했으니, 두 가지 가차가 있는 것은 잘못된 것이 아니다. 그런데 그는 상형·지사·회의·형성을 날줄로 삼아 '글자를 만드는 근본〔造字之本〕'이라고 하고, 전주와 가차를 씨줄로 삼아 '글자를 운용하는 방법〔用字之法〕'이라고 하였다. 이러한 관점은《한서》〈예문지〉에서 육서를 '글자를 만드는 근본〔造字之本〕'이라고 한 말과 모순된다.

건가학파(乾嘉學派)의 영수 대진(戴震, 1724-1777) 역시 지사·상형·형성·회의 네 가지를 '글자의 본체〔字之體〕'라고 하고, 전주와 가차를 '글자의 운용〔字之用〕'이라고 하였는데, 이는 오류이다.

주준성(朱駿聲)은 가차의 몇 가지 유형을 분석할 때 다음과 같이 말하였다.

> 가차의 원인에는 다음 세 가지가 있다.
>
> 첫째, 나중에야 정자가 만들어져서 그 전에는 정자가 없었던 가차이다. 예컨대 '원(爰)'은, 고문에서는 '수레의 끌채〔車轅〕'의 '원(轅)' 자로 쓰였고, '쇄(洒)'는 고문에서는 '灑掃〔물 뿌리고 쓸다〕'의 '쇄(灑)' 자로 쓰였다.
>
> 둘째, 본래 정자가 있었으나 우연히 다른 글자로 대신 써서 이루어진

가차이다. 예컨대 고문에서 '즉(堲)'을 '질(疾)'의 뜻으로 쓰고, '莫'을 '밀(蔤)'의 뜻으로 쓴 것이다.

셋째, 오랫동안 계속 사용하다 보니 잘못에 익숙해져서 잘못을 고치지 않고 도리어 정자를 없애고 별자만 사용하게 된 가차이다. 예컨대 '초(草)'를 사용하여 '초(艸)'의 뜻을 나타내고, '용(容)'을 사용하여 '송(頌)'의 뜻을 나타낸 것이다.

假借之原三：有後有正字先無正字之假借, 如爰, 古爲車轅, 洒, 古爲灑掃. 有本有正字, 偶書他字[38]之假借, 如古以堲爲疾, 古以莫爲蔤. 有承用已久, 習訛不改, 廢其正字, 嫥[39]用別字之假借, 如用草爲艸, 用容爲頌.[40]

이 역시 조자가차와 용자가차를 한데 섞어서 말한 것이다.

조자가차와 용자가차를 명확하게 구별하지 않으면, '육서'의 가차에 대해 정확한 해석을 할 수 없고, 용자가차에 대해 과학적인 판단을 할 수도 없게 된다. 자의(字義)의 인신을 통가로 여기고 고금자와 구별자를 통가로 여기는 것은, 조자가차와 용자가차를 구분하지 않는 것과 직접적인 관계가 있다.

3 통가의 정의

이상에서 용자가차와 조자가차의 차이를 설명하고 두 가지를 혼동하여 하나로 여겨서는 안 된다는 것을 밝혔으니, 이제 용자가차를 정의하기 위한 조건

38 他字：저본에는 없는데, 《설문통훈정성(說文通訓定聲)》에 근거하여 보충하였다.
39 嫥：저본에는 '專'으로 되어 있는데, 위 자료에 근거하여 바로잡았다.
40 원주：《설문통훈정성》〈자서(自敍)〉에 보인다.

이 갖추어졌다. 개념의 혼동을 피하기 위해 아래에서는 '통가'라는 용어를 사용하겠다. 통가의 정의는 용자가차의 정의와 일치한다.

통가를 정의하려면, 먼저 대진(戴震)의 말을 해야 한다. 그는 〈소학에 대해 논하여 강신수에게 답한 편지〔答江愼修論小學書〕〉에서 다음과 같이 말하였다.

> 여러 글자로 쓰이는 한 글자를, 뜻에 의거해 인신의로 사용하거나, 소리에 의거해 비슷한 음을 지닌 다른 글자 대신 사용해서, 이것을 빌려 저기에 쓰는 것을 '가차'라고 한다.
> 一字具數[41]用者, 依於義以引申, 依於聲而旁寄, 假此以施於彼曰假借.

대진은 가차를 '글자의 운용〔字之用〕' 방법이라고 하였는데, 이러한 정의를 '통가'에 대한 말로 본다면 그런대로 맞는다고 할 수 있다. 이 정의에서 취할 만한 점은 "소리에 의거해 비슷한 음을 지닌 다른 글자 대신 사용해서 이것을 빌려 저기에 쓴다.〔依於聲而旁寄, 假此以施於彼.〕"라는 말과 "한 글자가 여러 글자로 쓰인다.〔一字具數字用.〕"라는 말이다. '한 글자'와 '여러 글자', '이것'과 '저것'이라는 말은 모두 여러 글자가 동시에 존재하는 용자가차를 명확히 표시하고 있으며, '소리에 의거해 비슷한 음을 지닌 다른 글자 대신 사용한다〔依聲旁寄〕'는 것은, 가차의 기본 조건을 제시한 것이다. 이는 모두 합리적인 설명들로, 받아들일 만하다.

그러나 앞에서 말한 것처럼, 대진은 조자가차와 용자가차에 대한 명확한 관념이 전혀 없었다. 그는 전주와 가차를 글자의 운용 방법으로 여겨서 그 밖의 조자(造字)의 원칙(방법)과 대립시켰다. 따라서 그의 정의를 아무런

41 數 : 저본에는 뒤에 '字' 자가 더 있는데, 《대동원집(戴東原集)》(續修四庫全書 1434, 上海古籍出版社, 2002, 462쪽)에 근거하여 바로잡았다.

전제 없이 맹목적으로 받아들일 수는 없다. 또 이른바 "뜻에 의거해 인신의로 사용한다.〔依於義以引申.〕"라는 말은 자의(字義)가 연관되는 조건을 끌어들여 "소리에 의거해 비슷한 음을 지닌 다른 글자 대신 사용해서 이것을 빌려 저기에 쓴다.〔依於聲而旁寄, 假此以施於彼.〕"라는 정의와 모순된다.

대진의 연구 성과는 정밀하지 못하였으나 그 제자들의 연구 성과는 한층 더 정밀하였다. 대진의 제자 단옥재는 스승의 잘못에 대해 논술하여 바로잡았는데, 그의 정의는 매우 과학적이다. 단옥재는 가차를 다음과 같이 3단계로 구분하였다.

> 가차는 본래 해당 글자가 없는 데서 시작되었다. 뒤에는 이미 해당 글자가 존재하는데도 가차가 많이 이루어졌으며, 또 그 뒤에는 후대의 와자(訛字) 역시 가차자로 행세하기에 이르렀다. 고금을 종합하면 이 세 번의 변화가 있었다.
>
> 《설문해자》의 예를 들어 말하면, 본래 '難〔어렵다〕', '易〔쉽다〕' 두 글자가 없어서 '難鳥〔난새〕'의 '난(難)' 자, '蜥易〔도마뱀〕'의 '역(易)' 자로 그 의미를 나타냈는데, 이것이 이른바 '글자가 없어서 소리에 의거하여 가차'한 예이다.
>
> 경(經)·전(傳)·자서(子書)·사서(史書)에서도 본자를 쓰지 않고 가차자를 즐겨 썼는데, 그런 글자들이 오래전부터 전해 내려온 것인지 아니면 전사 과정에서 변한 것인지는 알 수 없다.
>
> 假借之始, 始於本無其字. 及其後也, 旣有其字矣, 而多有假借. 又其後也, 且至後代譌字, 亦得自冒於假借. 博綜古今, 有此三變. 以許書言之, 本無難、易二字, 而以難鳥、蜥易之字爲之, 此所謂無字依聲者也. 至於經、傳、子、史, 不用本字而好用假借字, 此或古古積傳, 或轉寫變易, 有不可知.

단옥재의 삼변설(三變說)은 조자가차·용자가차·후대의 와자를 분명히 구별하여 설명하고 경계를 명확히 했으니, 매우 치밀하다. 이러한 인식에 기초하여 그는 통가의 본질에 대해 과학적인 개괄을 했다. 그는 다음과 같이 말하였다.

> 허신이 이 책을 지은 한대에는 글자를 통용하고 차용하는 일이 매우 많아서 끝까지 궁구할 수 없었으니, 학자들은 어떤 글자가 본자인지, 어떤 뜻이 본의인지를 몰랐다.
>
> 《창힐》·《원력》·《박학》·《범장》·《훈찬》·《급취》·《원상》 등 여러 편이 있고, 양웅과 두림 등 여러 학자의 설이 있기는 했지만, 그 전문(篆文)이 이미 난잡해져 분명치 않고 그들의 설도 얼마 남아 있지 않아서 학자들에게 근본과 시초를 미루어 융통해 쓰이는 정황을 보여 줄 수는 없었다.
>
> 이 때문에 형태에 의거하여 음과 뜻을 말해서 글자를 만든 본의를 환하게 알 수 있게 했다. 본의가 밝혀지면, 어떤 글자의 소리만 사용하고 그 글자의 뜻은 사용하지 않는 것을 바로 가차로 판정할 수 있다. 따라서 본의가 밝혀지면 가차 또한 밝혀지지 않는 것이 없게 된다.
>
> 許之爲是書也, 以漢人通借繁多, 不可究詰, 學者不識何字爲本字, 何義爲本義, 雖有《倉頡》、《爰曆》、《博學》、《凡將》、《訓纂》、《急就》、《元尙》諸篇, 揚雄、杜林諸家之說, 而其篆文, 旣亂雜無章, 其說亦零星間見, 不能使學者推見本始, 觀其會通. 故爲之依形以說音義,而製字之本義昭然可知. 本義旣明, 則用此字[42]之聲而不用此字之義者, 乃可定爲假借. 本義明, 而假借亦無不明矣.[43]

42 字 : 저본에는 없는데, 《설문해자주》 권15에 근거하여 보충하였다.

43 원주 : 단옥재의 《설문해자주》 권15에 보인다.

이는 매우 훌륭한 견해이다. 단옥재는 가차 삼변설을 긴밀히 이어서 허신이 《설문해자》를 지은 이유를 분석하고, 그런 뒤에 총괄하여 과학적 결론을 내렸다. 그리하여 확고한 말로 "어떤 글자의 소리만 사용하고 그 글자의 뜻은 사용하지 않는 것을 바로 가차로 판정할 수 있다.〔用此字之聲, 而不用此字之義者, 乃可定爲假借.〕"라고 하였다. 이는 명확하고 간략하게 통가의 실질을 밝히고, 아울러 대진의 오류를 바로잡은 것이다.

단옥재와 동시대에 대진의 제자에 함께 속했던 고우(高郵)의 왕염손·왕인지 부자는 통가의 본질에 대한 인식이 단옥재와 완전히 일치하면서 논술이 더욱 완전하였다. 그들은 이론적으로 통가의 원리를 천명하고, 실천적으로 수많은 문제점을 해결하였다. 왕인지는 《경의술문(經義述聞)》[44]에서 다음과 같이 말하였다.

> 아버님은 다음과 같이 말씀하셨다. "훈고의 뜻은 성음에 담겨 있다. 글자 중에 소리가 같거나 비슷한 것은 경전에서 종종 가차된다. 학자들은 소리를 가지고 뜻을 찾는데, 가차자의 본의에서 벗어나 본자로 읽으면 얼음이 풀리는 것처럼 문의가 잘 풀린다. 가차자의 본의에 따라 억지로 해석하려면 문의가 통하지 않는다."
> 大人[45]曰 : "訓詁之指[46], 存乎聲音. 字之聲同聲近者, 經傳往往假借. 學者以聲求義, 破其假借之字而讀以本字, 則渙然冰[47]釋. 如其假借之字而强爲之解, 則詰籟爲病矣."[48]

44 경의술문(經義述聞) : 저본에는 '經議述聞'으로 되어 있는데, 서명(書名)의 오기(誤記)이므로 '議'를 '義'로 바로잡았다.

45 大人 : 저본에는 앞에 '家' 자가 더 있는데, 《경의술문(經義述聞)》(江蘇古籍出版社, 2002, 2쪽)에 근거하여 삭제하였다.

46 指 : 저본에는 '旨'로 되어 있는데, 위 자료에 근거하여 바로잡았다.

47 冰 : 저본에는 '水'로 되어 있는데, 《경의술문》 〈자서(自序)〉에 근거하여 바로잡았다.

48 원주 : 《경의술문》 〈자서(自序)〉

경전에서 고자(古字)의 소리가 가까워 통용한 경우 중에 글자가 없어 가차한 범주 안에 한정되지 않는 것이 있으니, 고본에서는 본자가 존재하는데도 본자를 쓰지 않고 소리가 같은 글자를 사용한 경우가 종종 있다. 학자들이 이를 본자로 고쳐 읽으면 문의가 통하지만, 가차자에 의거해 해석하면 글자에 얽매여 문의를 잘못 이해하게 된다.

이 때문에 한대의 경사들이 주를 달 때, '讀爲〔~라고 읽는다.〕'라고 한 경우와 '當作〔~ 자가 되어야 한다.〕'이라고 한 경우가 있었으니, 모두 소리가 같거나 비슷한 점에 의거하여 뜻으로 헤아려 본자를 찾았기 때문이다. 그들은 학문을 좋아하고 생각을 깊이 하여 마음으로 그 뜻을 안 것이다.

至於經典[49]古字聲近而通, 則有不限於無字之假借者. 往往本字見存而古本則不用本字, 而用同聲之字. 學者改本字讀之,則怡然理順; 依借字解之, 則以文害辭. 是以漢世經師作注, 有"讀爲"之例, 有"當作"之條, 皆由聲同聲近者以意逆之而得其本字. 所謂好學深思, 心知其意也.[50]

이 두 단락의 요점은 다음과 같이 네 가지이다.

첫째, 통가의 연구 대상은 경(經)과 전(傳)에 사용된 글자이다.

둘째, 통가의 정의는 '본자가 존재하는데〔本有其字〕 쓰지 않고 글자의 표면적인 의미로는 통하지 않는 별자(別字)를 쓰는 것'이다.

셋째, 별자를 쓰는 조건[51]은 소리가 같다는 점이다.

넷째, 훈석(訓釋)의 방법은, 가차자의 형태를 떠나 상하의 문의를 살펴서

49 經典 : 저본에는 없는데, 《경의술문》 권32 경문가차(經文假借) 조에 근거하여 보충하였다.

50 원주 : 《경의술문》 권32 경문가차 조

51 원주 : 또한 통가의 조건이기도 하다.

가차자와 소리가 같고 또 문의가 통할 수 있는 본자를 찾는 것이다.

이를 단옥재의 말과 비교해 보면, 단옥재는 통가의 정의를 명시하는 데에 중점을 두었고, 왕염손과 왕인지 부자는 통가의 조건 분석에 중점을 두었다.

위에서 말한 것을 종합해 보면, 단옥재와 왕염손·왕인지 부자의 통가에 관한 논술은 통가의 본질과 함의를 완전하게 밝혔다. 이제 나래주의(拿來主義)[52]에 따라 우리의 관점을 설명하자면, 통가의 정의는 바로, '본자가 현존하지만 사용하지 않고 음이 같거나 비슷한 별자를 사용하는 것'이다. 이때 별자는 소리만 빌릴 뿐 그 뜻은 쓰지 않아야 한다.

52 나래주의(拿來主義) : 전통 시대의 문화유산을 전면적으로 수용하지 않고, 자신의 처지를 반영해서 취사하여 선택적으로 수용·계승하고자 하는 사고방식을 이른다.

제6절 통가의 조건과 원칙에 대한 분석

통가 판정의 조건과 원칙으로는 다음의 네 가지 주의해야 할 문제가 있다.

첫째, 시대의 하한선이다.

둘째, 음동(音同)과 음근(音近)의 기준이다.

셋째, 본자와 차자가 의미상 관련이 있는지의 여부이다.

넷째, 문헌에 나타난 언어 자료상의 증거이다.

1 시대의 하한선

위에서 이미 지적했듯이, 통가자는 갑골문과 금문에 이미 대량으로 사용되었다. 한대(漢代)에 와서는 통가가 더욱 통상적으로 운용되어서 '그 복잡다단함을 이루 다 밝힐 수 없을 정도〔不可究詰〕'가 되었다. 당시에는 문자 운용 습관이 이와 같았으므로, 통가의 객관적 존재와 합법적 지위가 인정된다. 한나라 이후, 예컨대 위(魏)·진(晉) 시대에는 이전부터 통행되어 온 가차자를 계속 사용한 것 외에도, 많은 사람들이 일상적으로 사용하여 사회적인 약속으로 굳어진 것이 있었는데, 이러한 글자도 그 합법성이 인정된다. 《한어대자전》 편찬 조례에서는 통가자를 처리하는 시대의 하한선을 위·진 시대보다 더 늦출 수는 없다고 하였는데, 이는 타당한 설정이라고 할 수 있다.

왕인지(王引之)는 통가를 '고본(古本)'에서 글자를 사용한 방법이라고 하였고, 단옥재(段玉裁)는 "경·전·자서(子書)·사서(史書)에서는 본자를 사용하지 않고 가차자 쓰기를 좋아했다.〔經、傳、子、史, 不用本字, 而好用假借字.〕"라고 하였는데, 이는 모두 통가자의 형성 시기가 상고 시대로 한정

된다는 것을 분명히 말해 준다. 상고 시대 이후에 출현한, 음이 같아서 대신 쓰인 글자는, 단옥재는 '와자(訛字)'로 보아서 "가차자로 행세한다〔自冒於假借〕"라고 하였다. 이들의 관점은 명확하고 실제에 부합한다.

〈상용가차자표(常用假借字表)〉[53]에 열거된 가차자 256개와 가차한 뜻 388개의 출처에 의거하여 통계를 내 보면, 가장 늦은 시기의 것이 남조 송(宋)나라의 범엽(范曄)이 지은 《후한서》에 보이는 예이다. 그 내용은 '거(渠)'가 '거(擧)'의 뜻으로, '역(斁)'이 '도(度)'의 뜻으로, '표(剽)'가 '표(標)'의 뜻으로, '재(裁)'가 '재(才)'의 뜻으로, '모(毛)'가 '무(無)'의 뜻으로 통가된, 겨우 5개의 사례뿐이다.

그런데 이 5가지 사례 중에, 어떤 것은 더 이른 시기의 용례가 있는 것이고, 어떤 것은 본디 '통가'라고 할 수 없는 것이다. 아래에서 변증해 보겠다.

《후한서》〈장형전(張衡傳)〉: 惟盤逸之無斁.

환락과 방종에 빠져 싫증낼 줄 모른다.

변증[54]: 《시경》〈노송(魯頌) 반수(泮水)〉에 "徒御無斁.〔걸어가는 사람들과 수레를 모는 사람들이 싫증내지 않는구나.〕"이라는 말이 있다.[55]

《설문해자》에 "역(斁)은 푸는 것이다.〔斁, 解也.〕"라고 하였는데, 단옥재의 주에 "이는 석(釋)과 음·뜻이 같다.〔此與釋音、義同.〕"라고 하였다.

《시경》의 "徒御無斁"에 대한 정현의 전에 "걸어가는 사람과 수레를 모는 사람들이 모두 그 일을 공경히 하였고 또 싫증내지 않은 것이다.〔徒行者、御車者皆敬[56]其事,

53 상용가차자표(常用假借字表): 저본의 187쪽에서는 《고대한어참고자료(古代漢語參考資料)》〈상견가차자표(常見假借字表)〉라고 하여, 편명이 일치하지 않는다. 《고대한어(古代漢語)》(易國杰·姜寶琦 主編, 高等教育出版社, 2001)의 말미에 붙은 부록 7편 중 하나인 〈상용통가자표(常用通假字表)〉를 가리키는 것인지도 모르겠다.

54 변증: 저자인 왕요남(汪耀楠)이 변증한 것이다. 아래의 변증도 모두 마찬가지다.

55 시경……있다: 저본에는 '《詩·魯頌·泮水》「有徒御無斁」'이라고 하여 '有'도 〈반수(泮水)〉의 내용으로 되어 있는데, 《시경》〈반수〉에 근거하여 '徒御無斁'만 〈반수〉의 내용으로 처리하였다.

56 敬: 저본에는 '致'로 되어 있는데, 《모시정의(毛詩正義)》에 근거하여 바로잡았다.

又無厭倦也.〕"라고 하였다. '역(斁)'은 본디 '염(厭)'으로 해석할 수 있고 또 '해(懈)'로 해석할 수도 있다. 따라서 〈장형전〉의 용례는 본의에 가까우므로 '통가〔通借〕했다'고 말할 필요가 없다.

《후한서》〈최식전(崔寔傳)〉: 剽賣田宅.

밭과 집을 표시하여 팔다.

변증 : 《순자》〈부(賦)〉에 "長其尾而銳其剽者邪?〔꼬리는 길고 머리끝은 뾰족한 것인가?〕"라는 말이 있는데, 여기서 '표(剽)'는 '미(尾)'와 상대되는 말이다. 이는 '끝'이라는 뜻으로, '표(標)'와 통한다. 다만 그 구체적인 뜻은 다르니, '표(標)'의 많은 뜻 중에 〈최식전〉의 예에서 '표(標)'와 통한다고 한 것은 '표시하다'·'가격을 표시하다'는 뜻으로 쓰였다는 것이고, 〈부〉의 예에서 '표(標)'와 통한다고 한 것은 '표(標)' 자의 본의[57]에 가까운 인신의로 쓰였다는 것이다.

《후한서》〈마원전(馬援傳)〉: 裁買城西數畝地.

겨우 성 서쪽 땅 몇 무를 샀다.

변증 : 《한서》〈왕공양공포전 서(王貢兩龔鮑傳序)〉에 "裁日閱數[58]人.〔하루에 겨우 몇 사람만 보았다.〕"이라는 말이 있고, 또 〈고혜고후문공신표(高惠高后文功臣表)〉에 "裁甚二三.〔겨우 10분의 2, 3이었다.〕"이라는 말이 있다.

《후한서》〈풍연전(馮衍傳)〉: 飢者毛食.

굶주린 자들은 먹을 것이 없다.

변증 : 왕선겸(王先謙)의 《후한서집해(後漢書集解)》에서는 전대흔(錢大昕)의 말을 인용하여 "고음은 '무(無)'가 '모(模)'와 같은데, 소리가 바뀌어 '모(毛)'가 되었다. 지금도 형초 지방에서는 이 음으로 읽는 경우가 있다.〔古音[59]無如模, 聲轉爲

57 원주 : 《설문해자》에 "표(標)는 나무의 큰 줄기의 끝이다.〔標, 大杪也.〕"라고 하였다.

58 閱數 : 저본에는 '數閱'로 되어 있는데, 《한서》에 근거하여 바로잡았다.

59 音 : 저본에는 '言'으로 되어 있는데, 《후한서집해(後漢書集解)》〈환담풍연열전(桓譚馮衍列傳)〉에 근거하여 바로잡았다.

毛. 今荊楚猶有此音.〕"라고 하였고, 《패휴(佩觿)》 권상(上)에서는 "황하 이북에서는 '무(無)'를 '모(毛)'라고 한다.〔河朔謂無曰毛.〕"라고 하였다. 이는 방언의 '실제는 같은데 부르기를 달리하는〔同實殊號〕' 현상으로, 통가자라고 할 수 없다.

《후한서》 〈계자훈전(薊子訓傳)〉 : 軒渠笑悅.

환하게 웃으면서

변증 : 이 말은 옳다. 또한 이보다 더 이른 시기의 예는 찾아볼 수 없다.

다섯 가지 사례 중에, 세 가지는 더 이른 시기에 통가한 예가 있고, 한 가지는 통가에 속하지 않으며, 겨우 하나의 예만 이 시기에 성립한 통가자로 인정된다.

〈가차자표〉에 반영된 사실로 볼 때, 통가의 시기적 하한은 상고 시대로 보아야 한다. 만약 시기상의 규정을 엄격히 두지 않는다면 필연적으로 후대의 와자(訛字 오자(誤字))를 가차자로 인정하게 될 것이다. 그렇게 되면 당대(唐代)의 돈황변문(敦煌變文)과 당송 이래의 속문학(俗文學) 작품 속의 수많은 착별자(錯別字)[60]가 통가자로 인정되어 통가자와 착별자의 경계가 없어질 것이다. 이는 문자의 규범을 세우고 고적을 열독하고 정리하는 데에 모두 좋지 않다.

2 음동音同과 음근音近의 기준

'통가'는 '고음통가(古音通假)'라고도 부르는데, 어음의 공통성은 통가가 존

60 착별자(錯別字) : 부정확하게 쓰이거나〔錯字〕 다른 글자로 잘못 쓰인 것〔別字〕을 통틀어 일컫는 말이다.

재할 수 있는 기본 조건이다. 두 글자[61]의 발음의 공통성은, 발음이 몇 가지 측면에서 어느 정도 같은지에 따라 구분된다.

성(聲)·운(韻)·조(調)가 모두 같은 두 글자는 발음이 완전히 같은데, 이는 통가할 수 있는 가장 이상적인 조건이다.

성과 운이 부분적으로 같은 두 글자는 발음이 부분적으로 같은데, 이는 버금가는 조건이다. 원칙적으로 말하면, 두 글자의 발음이 부분적으로 같은 경우는 통가의 조건이 좀 엄격하게 규정되어야 한다. 곧, 성과 운 중에 한쪽은 완전히 같고 다른 한쪽도 부분적으로는 같아야 한다. 왕력(王力) 선생은 '음이 비슷하다〔音近〕'는 것은 대단히 비슷하다는 것이지 어느 정도 유사하다는 것이 아니라고 하였다. 다시 말해 만약 성이 같다면 운의 발음 부위가 비슷해야 하고, 만약 운이 같다면 성의 발음 부위가 비슷해야 하니, 그래야만 대단히 비슷하다고 할 수 있다는 것이다.

'동음(同音)'의 기준은 오직 하나이니, 상고음자표(上古音字表) 방면의 공구서 등 관련 책자를 한번 조사하여 일일이 대조해 보기만 하면 된다.[62]

'음근(音近)'의 정황은 비교적 복잡하여 완전히 파악하기가 쉽지 않다. 음운학에 익숙하지 않은 사람은 종종 방전(旁轉)·음양대전(陰陽對轉)·일성지전(一聲之轉)을 보고 탄식하곤 한다. 그런데 이러한 '전(轉)'들은, 실은 모두 어음의 부분적이거나 긴밀하거나 느슨한 연관을 말하는 것으로, 지금 우리가 말하는 '음근'과 밀접한 관계가 있다. 왕력 선생이 《동원자전(同源字典)》에서 그린 〈운표(韻表)〉와 〈유표(紐表)〉를 가지고 설명해 보겠다.

61 원주 : 본자(本字)와 차자(借字)를 이른다.

62 원주 : 상고음(上古音)에 대한 연구는 아직 완전히 통일된 체계가 없다. 본문에서 분류한 것은 일반적인 정황을 가지고 말한 것일 뿐이다.

〈운표(韻表)〉[63]

甲類	之 ə	支 e	魚 a	侯 o	宵 ô	幽 u	-陰
	職 ək	錫 ek	鐸 ak	屋 ok	沃 ôk	覺 uk	-入(陰)
	蒸 əng	耕 eng	陽 ang	東 ong			-陽
乙類	微 əi	脂 ei	歌 ai				-陰
	物 ət	質 et	月 at				-入(陰)
	文 ən	眞 en	元 an				-陽
丙類	緝 əp		盍 ap				-入(陰)
	侵 əm		談 am				-陽

① 운부가 같은 것은 첩운(疊韻)[64]이다.

② 유(類)가 같으면서 같은 세로줄에 있는 것은 대전(對轉)[65]이다.

③ 유가 같으면서 같은 가로줄에 있는 것은 방전(旁轉)[66]이다.

④ 방전한 뒤에 대전한 것은 방대전(旁對轉)[67]이다.

63 운표(韻表) : 상고 시대 한어(漢語)의 29개 운부(韻部)를 3개의 대류(大類), 8개의 소류(小類)로 분류한 것이다. 유균걸(劉鈞杰)의 《동원자전재보(同源字典再補)》(語文出版社, 1999, 209쪽)에서 발췌하여 첨부한 왕력(王力)의 〈동원자론(同源字論)〉을 참고하였다.

64 첩운(疊韻) : 여기에는 다음의 네 가지가 속한다. ① 완전히 음이 같은 것, ② 음은 같은데 조(調)는 다른 것, ③ 성(聲)과 운(韻)이 모두 같은데 운두(韻頭)가 다른 것, ④ 운부는 같고 성모는 다른 것이다. 《劉鈞杰, 同源字典再補, 語文出版社, 1999, 209쪽》

65 대전(對轉) : 원음(元音)이 같고 운미의 발음 부위도 같은 것으로, 다음의 세 가지가 있다. ① 之職對轉〔ə : ək〕인 負〔biu, ə〕와 背〔pu, ək〕 운미가 없는 운부와 운미가 설근음(舌根音, -k, -ng)인 운부의 대응, ② 月元對轉〔at : an〕인 闊〔khuat〕과 寬〔khuan〕 운미가 설면원음(舌面元音, -i)인 운부와 운미가 설첨음(舌尖音, -t, -n)인 운부의 대응, ③ 緝侵對轉〔əp : əm〕인 襲〔ziəp〕과 侵〔tsiəm〕 운미가 순음(脣音, -p)인 운부와 운미가 순음(-m)인 운부의 대응 《劉鈞杰, 同源字典再補, 語文出版社, 1999, 209~210쪽》

66 방전(旁轉) : 원음이 비슷하고 운미가 같거나 없는 것으로, 예컨대, ① 侯幽旁轉〔o : u〕인 叩〔kho〕 : 考〔khu〕 ② 職鐸旁轉〔ək : ak〕인 偪〔piək〕 : 迫〔peak〕 등이 이에 해당한다. 《劉鈞杰, 同源字典再補, 語文出版社, 1999, 210쪽》

67 방대전(旁對轉) : 예컨대, ① 幽屋旁對轉〔u : ok〕인 琱〔tyu〕 : 琢〔teok〕 ② 幽沃旁對轉〔u : ôk〕인 柔〔njiu〕 : 弱〔njiôk〕 ③ 月眞旁對轉〔at : en〕인 曳〔jiat〕 : 引〔jien〕 등이 이에 해당한다. 《劉鈞杰, 同源字典再補, 語文出版社, 1999, 210쪽》

⑤ 유가 같지 않으면서 같은 세로줄에 있는 것은 통전(通轉)[68]이다.

이른바 '음양대전(陰陽對轉)'은 같은 세로줄 안에서의 전변(轉變)을 가리키고, '방전'은 음과 음, 양과 양, 입(入)과 입(入)의 전변을 가리킨다. 〈운표〉 오른쪽에 필자가 음·양·입을 표시했는데, 청대 학자들은 대부분 입성(入聲)을 음성(陰聲)의 부류로 귀속시켰기 때문에 괄호를 사용하여 '음성(陰聲)'이라는 표시도 하였다.

〈유표(紐表)〉[69]

喉		影 Ø						
牙		見 k	溪 kh	群 g	疑 ng		曉 x	匣 n
舌	舌頭[70]	端 t	透 th	定 d	泥 n	來 l		
	舌面	照 tj	穿 thj	神 dj	日 nj	喩 j	審 sj	禪 zj
齒	正齒	莊 tzh	初 tsh	床 dzh			山 sh	俟 zh
	齒頭	精 tz	淸 ts	從 dz			心 s	邪 z
脣		幫[71] p	滂[72] ph	幷[73] b	明[74] m			

68 통전(通轉) : 원음은 같으나 운미의 발음 부위가 다른 것으로, 예컨대, ① 之文通轉〔ə : ən〕인 在〔dzə〕 : 存〔dzuən〕 ② 魚歌通轉〔a : ai〕인 吾〔nga〕 : 我〔ngai〕 등이 이에 해당한다. 또 원음이 같지는 않더라도 운미가 모두 색음(塞音)이거나 모두 비음(鼻音)인 것도 통전으로 치는데, 예컨대, ① 質盍通轉〔et : ap〕인 疾〔dziet〕 : 捷〔dziap〕 ② 眞侵通轉〔en : əm〕인 年〔nyen〕 : 稔〔njiəm〕 등이 이에 해당한다. 《劉鈞杰, 同源字典再補, 語文出版社, 1999, 210쪽》

69 유표(紐表) : 상고 시대 한어의 33개 성모(聲母)를 5개의 대류(大類), 7개의 소류(小類)로 분류한 것이다. 《劉鈞杰, 同源字典再補, 語文出版社, 1999, 210~211쪽》

70 舌頭 : 저본에는 '頭舌'로 되어 있는데, 《동원자전재보(同源字典再補)》에 발췌하여 첨부된 왕력(王力)의 〈동원자론(同源字論)〉의 유표(紐表)에 근거하여 바로잡았다.

71 幫 : 저본에는 '齒頭' 바로 아래 칸에 기입되어 있는데, 위 자료에 근거하여 바로잡았다.

72 滂 : 저본에는 '膀'으로 되어 있는데, 위 자료에 근거하여 바로잡았다. 또한 표에서 이 글자의 위치도 저본에는 '精' 바로 아래 칸에 기입되어 있는데, 위 자료에 근거하여 바로잡았다.

73 幷 : 저본에는 '淸' 바로 아래 칸에 기입되어 있는데, 위 자료에 근거하여 바로잡았다.

① 유(紐)[75]가 같은 것은 쌍성(雙聲)[76]이다.

② 유가 같으면서 세로줄이 같은 것, 혹은 설음(舌音), 치음(齒音)이면서 세로줄이 같은 것은 준쌍성(准雙聲)[77]이다.

③ 유가 같으면서 가로줄이 같은 것은 방뉴(旁紐)[78]이다.

④ 유가 같으면서 가로줄이 같지 않은 것은 준방뉴(准旁紐)[79]이다.

⑤ 후(喉)와 아(牙), 설(舌)과 치(齒), 비음(鼻音)[80]과 비음, 비음과 변음(邊音)[81]은 인뉴(隣紐)[82]이다.[83]

74 明 : 저본에는 '從' 바로 아래 칸에 기입되어 있는데, 《동원자전재보》에 발췌하여 첨부된 왕력(王力)의 〈동원자론〉의 유표(紐表)에 근거하여 바로잡았다.

75 유(紐) : 성모(聲母)와 같은 말이다. 곧 한자음의 초성(初聲)으로, 성뉴(聲紐)라고도 한다. 《劉鈞杰, 同源字典再補, 語文出版社, 1999, 210쪽》

76 쌍성(雙聲) : 예컨대, ① 見母雙聲〔k : k〕인 剛〔kang〕 : 堅〔kyen〕 ② 溪母雙聲〔kh : kh〕인 叩〔kho〕 : 鼓〔kheô〕 등이 이에 해당한다. 《劉鈞杰, 同源字典再補, 語文出版社, 1999, 212쪽》

77 준쌍성(准雙聲) : 예컨대, ① 端照准雙聲〔t : tj〕인 著〔tia〕 : 彰〔tjiang〕 ② 泥日准雙聲〔n : nj〕인 乃〔nə〕 : 而〔njiə〕 등이 이에 해당한다. 《劉鈞杰, 同源字典再補, 語文出版社, 1999, 212쪽》

78 방뉴(旁紐) : 예컨대, ① 見群旁紐〔k : g〕인 勁〔kieng〕 : 强〔giang〕 ② 見匣旁紐〔k : h〕인 國〔kuək〕 : 域〔hiuək〕 ③ 溪群旁紐〔kh : g〕인 曲〔khiok〕 : 局〔giok〕 등이 이에 해당한다. 《劉鈞杰, 同源字典再補, 語文出版社, 1999, 212쪽》

79 준방뉴(准旁紐) : 예컨대, ① 透神准旁紐〔th : dj〕인 它〔thai〕 : 蛇〔djya〕 ② 定喩准旁紐〔d : j〕인 跳〔dyô〕 : 躍〔 : 〕 등이 이에 해당한다. 《劉鈞杰, 同源字典再補, 語文出版社, 1999, 212쪽》

80 비음(鼻音) : 비강(鼻腔)에 공기를 내보내면서 내는 소리로, 〔m〕·〔n〕 등을 이른다.

81 변음(邊音) : 유음(流音)이라고도 한다. 혀의 앞부분으로 구강의 중앙부를 폐쇄하고 혀의 양측 또는 한 측면으로 기류가 흐르도록 해서 조음되는 소리이다.

82 인뉴(隣紐) : 예컨대, ① 影見隣紐〔O : k〕인 影〔yang〕 : 景〔kyang〕 ② 神邪隣紐〔dj : z〕인 順〔djiuən〕 : 馴〔ziuən〕 ③ 疑泥隣紐〔ng : n〕인 釅〔ngiam〕 : 醲〔niuəm〕 ④ 來明隣紐〔l : m〕인 令〔lieng〕 : 命〔mieng〕 등이 이에 해당한다. 《劉鈞杰, 同源字典再補, 語文出版社, 1999, 212쪽》

83 유(紐)가……인뉴(隣紐)이다 : 저본에는 이 단락이 〈유표(紐表)〉의 앞에 있는데, 〈유표〉를 설명한 내용이므로 〈유표〉 뒤로 옮겼다.

통가의 기준인 '음근(音近)'은, 쌍성이라는 전제 아래 운모가 대전·방전 등 몇 가지 긴밀한 연관을 가지거나, 첩운이라는 전제 아래 성모가 준쌍성·방뉴 등 몇 가지 긴밀한 연관을 가지는 것을 뜻한다. 그러므로 당연히 통가는 음(音)만 보는 것이 아니라 그 밖의 요인도 고려해야 한다. 따라서 통상적으로 볼 때 발음상의 연관이 느슨하여 몇 차례의 전변이 요구되는 글자는 신중히 살펴보아야 한다. 왕력 선생은 성모(聲母)의 발음 부위가 매우 다른 첩운자와 운모의 발음 부위가 매우 다른 쌍성자는 통가할 수 없다고 지적하였다.[84] 이는 중요한 의견이다.

다음은 '적(籍)'과 '혁(赫)'의 예를 들어 첩운통가(疊韻通假)를 설명한 문장이다.

《한서》〈육가전(陸賈傳)〉: 賈以此游漢廷公卿間, 名聲籍甚.

육가는 이 재물을 가지고 한나라 조정의 공경과 교유하여 명성이 매우 높아졌다.

안(按): '적(籍)'은 '혁(赫)'으로 읽어야 한다. 《소이아》〈광언〉에 "혁(赫)은 드러난다는 뜻이다.〔赫, 顯也.〕"라고 하였다. 여기의 '적심(籍甚)'은 '赫盛〔매우 자자하다〕' 혹은 '顯盛〔매우 드러나다〕'과 같은 말이다. 주에 맹강의 말을 인용하여 "매우 낭자한 것을 말한다.〔言狼籍甚盛.〕"라고 하였는데, 이는 글자만 보고 대충 뜻을 짐작한 것이다. '적(籍)'은 고음이 '초(酢)'로, '재(在)'와 '각(各)'의 반절이고, 종뉴(從紐)·탁운(鐸韻)에 속한다. '혁(赫)'은 고음이 '학(壑)'으로, '가(呵)'와 '각(各)'의 반절이고, 효뉴(曉紐)·탁운에 속한다. 따라서 '적(籍)'과 '혁(赫)'은 동운이류(同韻異類)이므로 통가할 수 있다.

《漢書·陸賈傳》: "賈以此游漢廷公卿間, 名聲籍甚." 按: 籍當讀爲赫. 《小爾雅·廣言》: "赫, 顯也." 是籍甚猶言赫盛或顯盛矣. 注引孟康曰: "言狼籍甚盛." 未免望文生訓耳. 籍, 古音酢, 在各切. 從紐鐸韻, 開洪[85]; 赫, 古音壑, 呵各切, 曉紐鐸韻, 開洪.

84 원주: 《용충병조재문집(龍蟲幷雕齋文集)》〈훈고학상의 몇 가지 문제〔訓詁學上的一些問題〕〉에 보인다.

85 開洪: 이 두 글자는 의미를 알 수 없어 번역하지 못하였다. 이 행 후반부의 것도 마찬가지다.

籍、赫同韻異類，故得通假.

종뉴(從紐)는 치음(齒音)에 속하고 효뉴(曉紐)는 아음(牙音)에 속하므로 성모의 발음 부위가 매우 다르다. 다시 자의(字義)를 살펴보면 다음과 같다.

'적(籍)'은 《설문해자》에 '장부와 문서〔簿書〕'라고 풀이하였다. 인신의로는 '문적(門籍)', '등기(登記)', '몰수하여 관용(官用)으로 들임', '부세(賦稅)' 등등이 있다.

주준성(朱駿聲)은 《설문통훈정성(說文通訓定聲)》에서 '적(籍)'을 가차하는 본자로 '자(藉)'·'적(耤)'·'서(耡)'[86]·'조(阼)'·'작(䶂)' 등 몇 가지를 열거하면서 '혁(赫)'은 말하지 않았다. 그리고 '적적(籍籍)'에 대해 다음과 같이 '첩어(疊語)로 써서 상황을 형용하는 글자〔重言形況字〕'라고 하였다.

> 또 첩어로 써서 상황을 형용하는 글자이다. 《한서》〈유굴리전〉의 "事籍籍如此〔일이 이처럼 분분한데〕"의 주에 "분분과 같다."라고 하였고, 〈강도역왕비전〉의 "國中口語籍籍〔나라 안에 구설이 떠들썩하니〕"의 주에 "떠들썩하다는 뜻이다."라고 하였다.
>
> 又重言形況字，《漢書·劉屈氂傳》"事[87]籍籍如此"注，猶紛紛也.《江都易王非傳》"國中口語籍籍"注，喧聒之意.

주준성은 가차 항목 아래에 '사물의 이름을 표시하는 글자〔托名幖識〕',[88]

86 耡 : 저본에는 '鋤'로 되어 있는데, 《설문통훈정성(說文通訓定聲)》에 근거하여 바로잡았다.

87 事 : 저본에는 '後'로 되어 있는데, 《한서》〈유굴리전〉에 근거하여 바로잡았다.

88 사물의……글자 : 예컨대, '茨'의 가차(假借) 항목 아래에 '托名幖識字'라고 하고 《장자》〈서무귀(徐无鬼)〉의 '具茨之山'에 대한 주에 "구자(具茨)는 산 이름이다."라고 한 것을 예로 든 것 같은 따위이다.

'첩어로 써서 상황을 형용하는 글자〔重言形況〕', '낱자로 써서 상황을 형용하는 글자〔單辭形況〕'[89] 등의 항목을 열거하였는데, 이는 우리가 말하는 '본디 그에 해당하는 글자가 존재하는데 본자를 쓰지 않고 다른 글자로 쓰는 가차〔本有其字的用字假借〕'와는 다르다.

'적적(籍籍)'이 첩어로 써서 상황을 형용하는 뜻에는 또 '분명하게 드러나다〔顯赫〕'는 뜻이 있다. 한유(韓愈)의 〈중 징관을 보내며〔送僧澄觀〕〉 시에 "借問經營本何人, 道人澄觀名籍籍.〔한번 물어봄세, 탑을 세운 건 본디 누구였나? 도인 징관이니, 그 명성이 분명하게 드러났다네.〕"이라고 하였다.

분분하다는 뜻, 떠들썩하다는 뜻, 분명하게 드러나다는 뜻은 서로 간의 관련성이 명확하다. '적심(籍甚)'은 곧 '적적(籍籍)'함이 심한 것이다.

'혁(赫)'은 《설문해자》에 '불이 붉은 것〔火赤皃〕'이라고 풀이하였다. 인신되어 '뚜렷하게 드러나다', '매우 드러나다'는 뜻이 되었다. 《시경》 〈대아(大雅) 대명(大明)〉의 "明明在下, 赫赫在上.〔밝디밝은 덕이 아래에 있으면, 빛나고 빛나는 명(命)이 위에 있느니라.〕", 《국어》 〈초어(楚語)〉의 "赫赫楚國, 而君臨之.〔위세가 혁혁한 초나라에 군왕이 임하여 다스리고 있다.〕", 《한서》 〈하무전(何武傳)〉의 "武爲人仁厚……其所居亦無赫赫名.〔하무는 사람됨이 인후하여……그가 사는 곳에서도 혁혁한 명성이 없었다.〕"[90]에서, '혁혁(赫赫)'은 모두 권세나 명성이 두드러지다는 뜻이다.

주준성은 '혁혁(赫赫)'에 대해서도 '첩어로 써서 상황을 형용하는 글자〔重言形況字〕'라고 하였다. 다른 점이라면, '적적(籍籍)'의 '분분하다', '떠들썩하다', '분명하게 드러나다'는 뜻은 '적(籍)'의 본의에 속하지 않는데, '혁혁

89 낱자로……글자 : 예컨대, '率'의 가차 항목 아래에 '單辭形況字'라고 하고 《한서》 〈동방삭전(東方朔傳)〉의 '率然'에 대한 주석에 '획〔颯然〕'·'경솔히 행동하는 모양〔輕擧之貌〕'이라고 한 것을 예로 든 것 같은 따위이다.

90 武……名 : 저본에는 '厚'와 '其' 사이에 말줄임표가 없는데, 《한서》 〈하무전〉에 근거하여 말줄임표를 보충하였다.

(赫赫)'은 '혁(赫)' 자에 본디 그러한 뜻이 있다는 것이다.

그런데 이러한 '첩어로써 상황을 형용하는 글자〔重言形況字〕', '낱자로써 상황을 형용하는 글자〔單辭形況字〕', '사물의 이름을 표시하는 글자〔托名幖識字〕'는 모두 글자의 본의와 필연적인 연관은 없다. 더구나 어떤 글자의 뜻은 그 유래가 분명치 않은데,[91] 이는 수없이 보이는 일상적인 일이다. 청대 문자학의 대가 단옥재도 이 점을 인정하였다.

'적심(籍甚)'은 《사기》에는 '적성(籍盛)'으로 되어 있다. 《한서》에서부터 '적성'이 '적심'으로 되어 일상적인 말이 되었다.

주기봉(朱起鳳)은 《사통(辭通)》에서 '적심'의 일곱 가지 사례를 열거하고, '적성'은 "두 글자가 병렬로 쓰였으니, 모두 '명성이 자자하다, 위세가 대단하다.〔烜赫〕'라는 뜻이다."라고 하였다. 그리고 '적(籍)' 자는 고대에 '자(藉)'의 뜻으로 통용해 썼다고 말하면서, '적(籍)'을 가차하여 '혁(赫)'의 뜻으로 썼다고는 말하지 않았다.

《사통》은 복음절어의 통가에 대해 밝힌 것이 매우 많지만, '적(籍)'을 '혁(赫)'의 뜻으로 통가했다고는 말하지 않았는데, 이는 '혁심(赫甚)'이라고 쓴 문헌상의 실증을 찾지 못하였기 때문이다. 문헌상에 나타난 언어 자료상의 유력한 증거가 없이, 발음의 느슨한 연관에만 의지하여 통가라고 말한다면 사람들이 수긍하지 않을 것이다. 발음의 이러한 느슨한 연관을 바탕으로 두 개의 글자를 같은 뜻으로 사용하는 현상은 차라리 동의어라고 부르는 것이 낫다.

이제 고음 통가(古音通假)의 주요 형식에 대해 이야기해 보겠다.

91 원주 : 파생의로 볼 수도 없고, 가차자로 확정할 수도 없는 경우이다.

1) 동음 통가

① 재(才)와 재(裁)

才 : 지(之)운, 종(從)뉴, 평성. 현대의 음 〔cái〕

裁 : 지(之)운, 종(從)뉴, 평성. 현대의 음 〔cái〕

《설문해자》에 "才, 艸木之初也.〔'재(才)'는 초목의 처음이다.〕"라고 하였다. 이에 대한 단옥재의 주에 "의미가 파생되어 모든 것의 시작을 칭하는 말이 되었다.〔引申爲凡始之稱.〕"라고 하였다. 또 부사로서, '겨우〔僅〕', '단지〔只〕'의 뜻이 있다.

《설문해자》에 "裁, 制衣也.〔재(裁)는 옷을 만드는 것이다.〕"라고 하였다. 이로 인하여 제재(制裁), 결재(決裁)의 뜻이 생겼다. '재(才)'가 '재(裁)'의 통가자로 쓰인 예로, 《전국책》〈조책(趙策)1〉에 "今有城市之邑七十, 願拜內之於王. 唯王才之.〔지금 성시(城市)를 갖춘 큰 읍이 70개가 있는데, 왕께 바치고 싶습니다. 왕께서 재결하소서.〕"라고 하였다. 여기에서 '재(才)'는 '재결(裁決)', '재탈(裁奪 고려하여 결정함)'의 뜻이다. '재(裁)'가 '재(才)'의 통가자로 쓰인 예로, 《한서》〈왕공양공포전(王貢兩龔鮑傳)〉에 "裁日閱數人.〔하루에 겨우 몇 사람만 보았다.〕"이라고 하였다. 여기에서 '재(裁)'는 '겨우〔僅〕', '단지〔只〕'의 뜻이다.

② 구(逑)와 구(仇)

逑 : 유(幽)운, 군(群)뉴, 평성. 현대의 음 〔qíu〕

仇 : 유(幽)운, 군(群)뉴, 평성. 현대의 음 〔chóu〕

《설문해자》에 "구(逑)는 모으는 것이다.……또 '원망하는 상대를 구(逑)라고 한다.'라고 하였다.〔逑, 斂聚也.……又曰 : 怨匹曰逑.〕"라고 하였다. 이에 대한 단옥재의 주는 다음과 같다.

'又曰'은 '一曰'과 같으니, '다른 뜻'이라는 말이다. 《좌전》 환공 2년 조에 "좋은 짝을 비(妃)라 하고, 원망하는 짝을 구(仇)라고 한다. 이는 옛 명칭이다.〔嘉耦曰妃, 怨耦曰仇, 古之命也.〕"라고 하였다. 이는 옛날에 명명하는 법이 이와 같았다는 말이다.

'구(逑)'와 '구(仇)'는 옛날에 통용한 사례가 많다. 《시경》 〈관저〉의 "君子好逑"에서 '好逑'를 '好仇'로도 썼고, 《시경》 〈토저〉에는 '好仇'라고 했는데, 모전에서는 "구(逑)는 필(匹)이다."라고 하였다. 《이아》 〈석고〉에는 "구(仇)는 필(匹)이다."라고 하였는데, 손염이 "서로 구하는 짝이다.〔相求之匹〕"라고 한 것을 보면, 손염이 주를 낸 《이아》의 〈석고〉에는 '구(逑)'로 되어 있었음을 알 수 있다.

'구(逑)'는 본디 원망하는 짝인데, 《시경》에서는 대부분 좋은 말로 쓰였다. 이는 짝이라는 뜻만 취하고 원망한다는 뜻은 취하지 않은 것이다.

'구(仇)'와 '구(逑)'를 대체적으로 말하면 다르지 않으니, 《이아》에 "구(仇)와 비(妃)는 짝이다."라고 한 것이 그 예이다. 나누어 말하면 다르니, 《좌전》에서 좋은 짝과 원망하는 짝을 달리 말한 것이 그 예이다.

허신이 근거로 삼은 《좌전》과 《이아》에는 '구(逑)'로 되어 있었다. 《태현경》과 《방언》의 '구(𣦵)'는 곧 '구(逑)' 자이다.

"又曰"與"一曰"同, 別一義也. 桓二年《左傳》曰 : "嘉耦[92]曰妃, 怨耦曰仇, 古之命也", 謂古者命名之法如是. 逑、仇古多通用. 《關雎》"君子好逑", 亦作仇. 《兎罝》云"好仇", 毛傳"逑, 匹也", 《釋詁[93]》"仇, 匹也", 孫炎曰"相求之匹", 則孫本《釋詁》亦作逑可知. 逑爲怨匹, 而《詩》多以爲美詞者, 取匹不取怨也. 渾言則不別, 《爾雅》"仇、妃, 匹

92 耦 : 저본에는 '偶'로 되어 있는데, 《설문해자주》에 근거하여 바로잡았다. 이하 같다.

93 詁 : 저본에는 '名'으로 되어 있는데, 위 자료에 근거하여 바로잡았다. 다음 구절인 "仇, 匹也."는 《이아》 〈석고(釋詁)〉의 "仇·讎·敵·妃·知·儀, 匹也."에서 따온 말인데, 《설문해자주》 〈석명(釋名)〉에는 보이지 않는다.

也"是也. 析言則別, 《左氏》嘉耦、怨耦異名是也. 許所據《左氏》、《爾雅》作逑. 《太玄》、《方言》之訅卽逑[94]字.

《설문해자》에 "구(仇)는 원수이다.〔仇, 讐也.〕"라고 하였다. 이에 대한 단옥재의 주는 다음과 같다.

'수(讐)'는 '응(應)'과 같다. 《좌전》에 "좋은 짝을 비(妃), 원망하는 짝을 구(仇)라고 한다."라고 하였는데, 필자가 살펴보니, '구(仇)'와 '구(逑)'는 고대에 통용하였다. 《설문해자》〈착부(辵部)〉의 "怨匹曰逑.〔원망하는 짝을 구(逑)라 한다.〕"라는 말은 《좌전》의 "怨偶曰仇.〔원망하는 짝을 구(仇)라 한다.〕"와 같은 말이다.

'구(仇)'는 원망하는 짝이지만 좋은 짝도 된다. 이는 '난(亂)'이 다스린다는 뜻도 되고, '고(苦)'가 상쾌하다는 뜻도 되는 것[95]과 같다. 《시경》〈주남(周南) 관저(關雎)〉의 "君子好逑.〔군자의 좋은 짝이로다.〕"는 《시경》〈토저〉의 "公侯好仇.〔공과 후의 좋은 짝이로다.〕"와 같은 뜻이다.

讐猶應也. 《左傳》曰 : "嘉偶曰妃, 怨偶曰仇." 按仇與逑古通用. 《辵部》"怨匹曰逑", 卽"怨偶曰仇"也. 仇爲逑匹, 亦爲嘉偶, 如亂之爲治, 苦之爲快也. 《周南》"君子好逑", 與"公侯好仇"義同[96].

94 逑 : 저본에는 '求'로 되어 있는데, 《설문해자주》에 근거하여 바로잡았다.

95 고(苦)가……것 : 이에 대한 예로, '苦'가 '다행히〔幸好, 幸虧〕'라는 뜻을 나타내는 다음의 경우를 들 수 있다. 《수호전》에 "燕青李逵扶著他走過十五里來路, 到那山看時, 苦不甚高.〔연청과 이규가 그를 부축하여 15리를 달려갔다. 그 산에 도착하여 살펴보니 다행히도 산이 그리 높지는 않았다.〕"라는 내용이 나온다.

96 義同 : 저본에는 '同義'로 되어 있는데, 《설문해자주》에 근거하여 바로잡았다.

2) 첩운 통가

① 종(宗)과 중(衆)

宗 : 동(冬)운, 정(精)뉴, 평성. 현대의 음 〔zōng〕

衆 : 동(冬)운, 장(章)뉴, 평성. 현대의 음 〔zhòng〕

정(精)과 장(章)[97]은 준쌍성(准雙聲)이다.

《설문해자》에 "종(宗)은 존숭하는 조묘이다.〔宗, 尊祖廟也.〕"라고 하였다.

본의는 '조묘'인데, '조종(祖宗)', '조상'의 뜻으로 인신되었다. 《설문해자》에 "중(衆)은 많다는 뜻이다.〔衆, 多也.〕"라고 하였다.

'종(宗)'이 '중(衆)'의 통가자로 쓰인 예
《광아》〈석고(釋詁)3〉: 宗, 衆也.
종(宗)은 중(衆)이다.

주준성의 《설문통훈정성(說文通訓定聲)》: 宗, 又假借爲衆.
종(宗)은 또 중(衆)의 뜻으로 가차하여 쓰인다.

《일주서》〈정전(程典)〉의 "商王用宗讒〔상왕이 많은 참언(讒言)을 받아들여 썼다.〕"에 대한 공조(孔晁)의 주 : 宗, 衆也.
종(宗)은 중(衆)이다.

97 원주 : 조삼계(照三系)이다.
역주 : 조삼계에 대해 살펴보면 다음과 같다. 정치음(正齒音)에 속하는 '照'의 반절상음(反切上音)은 '側'·'初'·'士'·'所'·'俟' 유(類)와 '之'·'昌'·'食'·'式'·'時' 유로 분명히 나뉜다. 운도(韻圖)에서 '側' 유는 이등(二等), '之' 유는 삼등(三等)에 나타나기 때문에 이들을 각각 조이계(照二系)와 조삼계 또는 장초숭생사(莊初崇生俟)와 장창선서선(章昌船書禪)이라고 부른다. 《최영애, 중국어음운학, 통나무, 2000, 225쪽》 곧, '章'뉴가 삼십육자모운도(三十六字母韻圖)에서는 '照'뉴에 속하여 따로 표시되어 있지 않지만, 《절운(切韻)》의 반절 체계에 따르면 '照'뉴에서 세분된 성뉴 중 하나인 조삼계라는 것이다.

《초사》〈초혼(招魂)〉의 "室家遂宗, 食多方些.〔일족의 사람들 수가 많아서, 올리는 음식도 가지각색이로다.〕"에 대한 왕일(王逸)의 주 : 宗, 衆也.
종(宗)은 중(衆)이다.

《법언》〈효지(孝至)〉의 "宗夷猾夏, 蠢迪王人, 屈國喪師, 無次也.〔사방의 오랑캐들로 하여금 중원을 어지럽히고 백성을 동요시켜 나라를 굴복시키고 군대를 패하게 만드는 것은 가장 하등이다.〕"에 대한 이궤(李軌)의 주 : 宗夷者, 四方群夷也.
종이(宗夷)는 사방의 여러 오랑캐이다.

② 이(而)와 능(能)
而 : 지(之)운, 일(日)뉴, 평성. 현대의 음 〔ér〕
能 : 지(之)운, 니(泥)뉴, 평성. 현대의 음 〔néng〕
일(日)과 니(泥)는 준쌍성이다.

《설문해자》에 "이(而)는 턱수염이니, 상형자이다. 《주례》에 '뺨의 위로 향해 난 비늘과 아래로 난 비늘을 세운다.'라고 하였다.〔而, 須也, 象形. 《周禮》曰 : 作其鱗[98]之而.〕"라고 하였다. 단옥재의 주에 "각 판본에는 '須也. 象形.'이 '頰毛也, 象毛之形.'으로 되어 있는데 이제 바로잡는다.〔各本作頰毛也, 象[99]毛之形. 今正.〕"라고 하였다. 대진(戴震)은 "비늘 중에 뺨 옆에 나서 위로 솟은 것을 '지(之)', 아래로 늘어진 것을 '이(而)'라고 한다. 이는 인체의 명칭을 가지고 동물의 몸뚱이를 지칭한 것이다.〔鱗屬頰側上出者曰之, 下垂者曰而. 此以人體之稱施於物也.[100]〕"라고 하였다. '이(而)'

98 鱗 : 저본에는 '麟'으로 되어 있는데, 《주례》에 근거하여 바로잡았다.
99 象 : 저본에는 '像'으로 되어 있는데, 《설문해자주》에 근거하여 바로잡았다.

는 또 인칭대명사 '여(汝)'의 뜻으로도 쓰이고 접속사로도 쓰인다.

《설문해자》에 "능(能)은 곰의 일종으로……짐승 '능(能)'은 뼈마디가 단단하기 때문에 현능(賢能)함을 칭하게 되었고, 건장하기 때문에 걸출함을 지칭하게 되었다.〔能, 熊屬……能獸堅中, 故稱賢能, 而彊[101]壯, 稱能傑也.〕"라고 하였다. 이로부터 '~할 수 있다〔能夠〕'는 뜻이 파생되었다.

'이(而)'가 '능(能)'의 통가자로 쓰인 예

《주역》〈둔(屯)〉의 "宜建侯而不寧.〔마땅히 제후를 세워서 불안한 국세(國勢)를 안정시켜야 한다.〕"에 대한 육덕명의 《경전석문》에 "정현은 '이(而)'를 '능(能)'으로 읽었다. '능(能)'은 '안(安)'과 같다.〔鄭讀而曰能. 能猶安也.〕"라고 하였다. 《여씨춘추》〈거사(去私)〉에 "그 누가 할 수 있겠는가.〔其誰可而爲之?〕"라고 하였으며, 《회남자》〈인간훈(人間訓)〉의 "國危不而安, 患結不而解, 何謂貴智?〔나라가 위태로운데 안정시키지 못하고 환란이 생기는데 해결하지 못한다면 어찌 지혜로운 자를 귀하다 하겠는가.〕"에 대한 왕염손의 《독서잡지》에 "'이(而)'는 '능(能)'의 뜻으로 읽는다. 곧, 위태로움을 안정시키지 못하고 환란을 해결하지 못한다는 말이다.〔而讀曰能, 曰危不能安, 患不能解.〕"라고 하였다. 필자가 살펴보니, 단옥재의 《설문해자주》에 "이(而)를 간혹 능(能)의 뜻으로 풀이하는 것은 능(能)과 이(而)의 고음이 같기 때문이다. 이(而)를 빌려 능(能)의 뜻으로 쓰고, 또한 내(耐)를 빌려 능(能)의 뜻으로 썼다.〔或[102]釋爲能者, 古音能與而同. 假而爲能, 亦假

100 此……也 : 저본에는 대진의 말로 되어 있는데, 허유현(許惟賢)이 정리한 《설문해자주》(鳳凰出版社, 2009, 793쪽)에는 단옥재의 말로 되어 있다.

101 彊 : 저본에는 '强'으로 되어 있는데, 《설문해자》에 근거하여 바로잡았다.

102 或 : 저본에는 앞에 '而'가 있는데, 《설문해자주》(許惟賢 整理, 鳳凰出版社, 2009, 793쪽)에 근거하여 삭제하였다.

耐爲能.]"라고 하였다.

3) 쌍성 통가

① 수(數)와 축(縮)

數 : 옥(屋)운, 생(生)뉴, 입성. 현대의 음 〔shù, shuò〕

縮 : 각(覺)운, 생(生)뉴, 입성. 현대의 음 〔suò〕

옥(屋)과 각(覺)은 방전(旁轉)이다.

《설문해자》에 "수(數)는 헤아린다는 뜻이다.〔數, 計也.〕"라고 하였다. 또 학의행(郝懿行, 1755-1823)의 《이아의소(爾雅義疏)》 〈석고 상(釋詁上)〉에 "수(數)는 누(屢)와 뜻이 같다.〔數者[103], 與屢同意.〕"라고 하였다.

《설문해자》에 "축(縮)은 어지럽다는 뜻이다.〔縮, 亂也.〕"라고 하였다. 필자가 살펴보니, 《통속문(通俗文)》에 "물건이 펴지지 않은 것을 '축(縮)'이라고 한다.〔物不申曰縮.〕"라고 하였다. 펴지지 않으면 어지럽기 때문에 난(亂)이라고 한 것이다. 어지러운 것을 다스리는 것도 '축(縮)'이며,[104] 남는 것을 제거하고 흩어진 것을 모으는 것도 축(縮)이다. 《예기》 〈교특생(郊特牲[105])〉에 "縮酌用茅, 明酌也.〔예제(醴齊)를 삘기로 걸러서 술잔에 따른 술을 맑게 한다.〕"라고 하였는데, 이는 술의 맑은 부분을 취하고 찌꺼기는 걸러내 버린다는 말이다. 이러한 뜻은 여기에서 나온 것이다.

'수(數)'가 '축(縮)'의 통가자로 쓰인 예

《주례》 〈춘관(春官) 사준이(司尊彝)〉에 "醴齊數酌.〔예제를 걸러서 따른다.〕"이라고 하였는데, 이에 대한 정현의 주에 "그래서 '축(縮)'의

103 者 : 저본에는 '省'으로 되어 있는데, 《이아의소(爾雅義疏)》에 근거하여 바로잡았다.

104 통속문(通俗文)에……축(縮)이며 : 본디 단옥재(段玉裁)의 주에 있는 내용이다.

105 牲 : 저본에는 '性'으로 되어 있는데, 《예기》에 근거하여 바로잡았다.

뜻으로 '수(數)'를 쓴 것이다. 《예기》〈교특생〉에 '예제를 띠풀로 걸러서 술잔에 맑은 술을 따른다.'라고 하였다.……두자춘은 '수(數)는 축(縮)이 되어야 한다.'라고 하였다.……찌꺼기를 걸러내 버리는 것이다.〔故書縮爲數. 《郊特牲》曰 : '縮酌用茅, 明酌也.'……杜子春云 : '數當爲縮',……縮去滓也.[106]〕"라고 하였다. 필자가 살펴보니, 주준성의 《설문통훈정성》에 "수(數)는 가차하여 축(縮)의 뜻으로 쓰인다.〔數假借爲縮.〕"라고 하였다.

통가의 형식은 주로 이 세 가지이다. 이 밖의 형식으로는 아래와 같은 것이 있다.

4) 방뉴 통가

예전 사람들은 본자와 차자의 운모가 같은지 여부를 막론하고 성모가 동류(同類)이기만 하면 '방뉴(旁紐) 통가'라고 불렀다. 그러나 우리는 운모가 같고 성모가 동류인 글자는 그 같은 점을 취하여 첩운 통가의 부류에 넣고, 오직 성모는 동류이고 발음 부위가 완전히 같지만[107] 운모가 같지 않은 것만을 '방뉴 통가'라고 부른다. 조원임(趙元任)은 '조(俎)'와 '천(荐)' 두 글자를 이러한 부류에 넣었다. 그러나 그가 예로 든 '서(庶)'와 '도(度)'의 예, '독(毒)'과 '독(篤)'의 예는 첩운 통가에 넣어야 한다. 이처럼 어음상의 관계가 느슨한 통가를 취할 때는 신중을 기해야 한다.

이 밖에 절음(切音) 통가도 연구할 만한 대상이다. 이에 해당하는 예는 그리 많지 않다. 다만 훈고의 방법 중에 이것도 본자의 본의를 고찰하는 한

106 數當爲縮,……縮去滓也 : 저본에는 두 구 모두 두자춘(杜子春)의 말로 표시되어 있는데, 《주례주소》의 해당 부분을 보면 두 구 사이에 '玄謂'라는 말이 있다. 이에 따르면 앞 구는 두자춘의 말이고 뒤 구는 정현의 견해이다.

107 원주 : 곧, 유표(紐表)에서 가로줄이 같은 것이다.

가지 방법이 된다. 문일다(聞一多, 1899-1946)가 해석한 《시경》〈패풍(邶風) 신대(新臺)〉의 "魚網之設, 鴻則離之.〔어망을 설치했더니 두꺼비가 걸렸네.〕"의 '홍(鴻)'은 절음 통가에 근거하여 본자(본래의 어휘)를 찾은 사례이다.

《시경》의 이 구절을 명쾌하게 해석한 사람이 전에는 아무도 없었다. 구주(舊注)는 '홍(鴻)'을 '흰 새〔鴻鵠〕'로 풀어서, 전체 시의 의미가 통하지 않았다. 문일다 선생은 "홍(鴻)은 고(苦)와 용(蠬)의 합음이다.〔鴻卽苦蠬之合音.〕"라고 하였다. '고룡(苦蠬)'은 바로 두꺼비〔癩蝦蟆〕이다.[108] '홍(鴻)'을 이렇게 풀면 전체 시의 의미가 잘 통한다.[109]

《시경》의 이 시는 원문이 모두 세 절인데, 제3절에 "魚網之設, 鴻則離之. 燕婉之求, 得此戚施.〔어망을 설치했더니, 두꺼비가 걸렸네. 얌전하고 온순한 사람을 구했는데, 이런 꼽추를 얻었도다.〕"라고 하였다. 이는 한 여자가 멋진 남자에게 시집가려고 생각했는데 도리어 추한 사내의 배필이 되었다는 뜻이다. 여관영(余冠英, 1906-1995)은 다음과 같이 번역하였다. "그물 쳐서 물고기를 잡으려고 하였는데 허사가 되고, 두꺼비만 그물 속에 잡혔도다. 마음에 드는 남자에게 시집갈 거라 했었는데, 끔찍하게도 추한 늙은이한테 시집가네.〔下網拿魚落了空, 拿下個蝦蟆在網中. 只道嫁個稱心漢, 嫁着個縮脖子醜老公.〕" 문일다는 합음(合音)을 이용하여 본자를 찾아냈는데, 증거가 확실하여 훈고학계에서 널리 칭송하고 있다. 여관영은 이를 근거로 번역하고, 고형(高亨, 1900-1986)은 이를 근거로 주석을 달았다. 곽말약(郭沫若)은 《문일다전집(聞一多全集)》의 서문에서 특별히 이 예를 들어 문일다의 정교한 고증과 중대한 발견을 증명하였다.

108 원주 : 《광아》〈석어(釋魚)〉에 "고룡(苦蠬)은 두꺼비이다.〔苦蠬, 蝦蟆也.〕"라고 하였다.
109 원주 : 《문일다전집(聞一多全集)》〈시경통의(詩經通義)〉에 상세하다.

3 차자와 본자는 반드시 의미상 관련이 없어야 한다

차자(借字)와 본자(本字)는 의미상 관련이 있는가? 가차의(假借義)와 본의는 인신 관계가 있는가? 이에 대해 완전히 통일된 인식은 아직 없다. 그러나 절대 다수의 견해는, 용자가차는 순수하게 소리를 가차할 뿐이므로 차자와 본자가 의미상 관련이 없다는 것이다. 다시 말하면 차자의 본의로부터 그 가차의를 끌어낼 수 없다는 것이다.

장태염(章太炎, 1869-1936)은 "만약 본디 그에 해당하는 글자가 있는데 소리가 비슷하여 통용했다면, 이는 소리를 빌린 것이지 육서의 가차가 아니다.〔若本有其字, 以聲近通用者, 是乃借聲, 非六書之假借也.〕"[110]라고 하였다. 이는 대다수 학자들의 관점을 대표한다.

그러나 어떤 훈고학 저작에서는 의미상 관련이 있는 두 글자도 통가할 수 있다고 한다. 이를테면 대진(戴震)은 "뜻에 의거해 인신의로 사용하거나, 소리에 의거해 비슷한 음을 지닌 다른 글자를 사용한다.〔依於義以引申, 依於聲而旁寄.〕"라고 하였는데, 이러한 관점은 통가의 원칙에 위배된다. 즉 어의(語義)는 본디 인신할 수 있는 것이니, 굳이 가차를 말할 것이 있겠는가. 형태와 뜻이 결합되어 형태로 뜻을 말한다는 한자의 원칙에서 볼 때, 이러한 상황에서는 '차자(借字)'가 이러한 원칙에 전혀 어긋나지 않는데 무엇 때문에 굳이 이 장애를 제거해 가면서 '본자'를 찾으려 하겠는가. 형태와 뜻이 분리되지 않은 상태에서 '본자'를 따로 찾는 것은, 이론적으로나 실제상으로나 모두 말이 되지 않는다. 아래에서 〈가차자표〉의 사례 하나를 들어 분석해 보겠다.

《시경》〈소아(小雅) 대동(大東)〉에 "維天有漢, 監亦有光.〔하늘에 은하수가 있으니, 올려다보면 또한 빛이 있네.〕"이라고 하였다. 〈가차자표〉에

110 원주 : 《문시(文始)》〈약례 을(略例乙)〉에 보인다.

서는 '감(監)'의 본자가 '감(鑑)'이 되어야 한다고 하였다. 즉 '감(監)'이 '감(鑑)'의 통가자로 쓰인 것으로 보았다. 《사원(辭源)》에 따르면 '감(監)'의 음은 두 개다. 〔jiān〕 음 아래에는 "위에서 아래에 임하여 감시한다.〔自上臨下, 監視.〕"라고 설명하고, 〔jiàn〕 음 아래에는 "비춰보는 것이니, '감(鑑)'·'감(鑒)'과 통한다.〔照視, 通鑑、鑒.〕"라고 설명하였다.

《설문해자》: 監, 臨下也.

'감(監)'은 아래에 임한다는 뜻이다.

단옥재 주 : 《시경》 〈소아〉의 모전에 "감(監)은 본다는 뜻이다."라고 하였다. 《설문해자》에는 "감(䀰)은 본다는 뜻이고, 감(監)은 아래에 임한다는 뜻이다."라고 하였다. 옛날에는 글자 수가 적어서 한 글자가 여러 가지 뜻을 동시에 지녔는데, 지금은 글자 수가 많아서 각각의 뜻이 구별된다. '감(監)'과 '감(鑑)'은 서로 빌려 쓴다.[111]

《小雅》毛傳, 監, 視也. 許書, 䀰, 視也; 監, 臨下也. 古字少而義晐[112], 今字多而義別. 監與鑑互相假.

《설문해자》: 鑑, 大盆也. 一曰鑑諸[113], 可以取明水於月.

'감(鑑)'은 큰 동이라는 뜻이다. 다른 뜻을 말하면 방저(方諸)이니, 달빛 아래서 명수(明水)를 취할 수 있는 그릇이다.

서호(徐灝) 전(箋) : 감(鑑)을 고문에서는 단지 감(監)으로 썼다. 명(皿)을 의미 부분으로 삼은 것은, 이것으로 물을 담기 때문이다.……그 뒤에 동(銅)으로 주조

111 감(監)과……쓴다 : 원문의 '監與鑑互相假'를 번역한 것이다. 뒤의 글에서 저자 왕요남은 이 구절에 대해 "뜻이 같은 글자를 서로 바꿔 쓰는 것으로 이해할 수 있다."라고 하였다. 곧 동의어를 서로 바꿔 쓰는 것이지, 통가의 관계가 아니라는 말이다. 이 때문에 원문의 '假'를 '가차하다'라고 번역하지 않고 '빌려 쓰다'라고 번역하였다.

112 晐 : 저본에는 '賅'로 되어 있는데, 《설문해자주》 권8 근거하여 바로잡았다.

113 鑑諸 : 단옥재는 '鑑, 方諸也.'가 되어야 하니, 전사 과정에서 '方' 자가 탈락되었다고 하였으므로 이에 근거하여 번역하였다. '諸'가 저본에는 '者'로 되어 있는데, 《설문해자》에 근거하여 바로잡았다.

하여 형체를 비추어 보는 물건도 감(鑑)이라고 불렀는데, 소리가 바뀌어 경(鏡)이 되었다.

鑑, 古祗作監, 從皿, 以盛水也.[114] 其後範銅爲之, 而用以照形者, 亦謂之鑑, 聲轉爲鏡.

주준성의 《설문통훈정성》에는 다음과 같이 말하였다.

감(監)은 감(鑑)의 뜻으로 가차하여 쓰이는데, 거울이라는 뜻이다. 《시경》〈대동〉의 "監亦有光.〔올려다보면 또한 빛이 있네.〕"에 대한 정현의 전(箋)에 "본다는 뜻이다."라고 하였다.

監, 假借爲鑑, 實爲鏡. 《詩·大東》: "監亦有光." 箋: "視也."

감(鑑)은 경(鏡)의 뜻으로 가차하여 쓰인다. 《설문해자》에 "다른 뜻을 말하면 '방저(方諸)'이니, 달빛 아래서 명수를 취할 수 있는 그릇이다."라고 하였다. 《주례》〈사훤씨〉의 "감(鑑)으로 달빛 아래서 명수를 취한다."라는 구절의 주에 "감(鑑)은 거울 종류이다. 물을 담는 그릇을 세상에서 '방저'라고 부른다."라고 하였다.

鑑, 假借爲鏡. 《說文》: "一曰方諸, 可以取明水於月." 《周禮·司烜氏》: "以鑑取明水於月." 注: "鑑, 鏡屬. 取水者, 世謂之方諸."

이상의 해설은 다 같은 것이 아니다.

단옥재는 "옛날에는 글자 수가 적어서 한 글자가 여러 가지 뜻을 동시에 지녔는데, 지금은 글자 수가 많아서 각각의 뜻이 구별된다.〔古字少而義晐[115], 今字多而義別.〕"라고 하였으니, '감(監)'에 본디 '감(覽)'·'감(鑑)'

114 以盛水也 : 《설문해자주전(說文解字注箋)》(《續修四庫全書》 227, 上海古籍出版社, 47쪽)에는 이 뒤에 '因其可以照形而監察之義生焉'이라는 문장이 더 있다.

115 晐 : 저본에는 '賅'로 되어 있는데, 《설문해자주》 권8에 근거하여 바로잡았다.

등 여러 가지 뜻이 있었다는 점에 의심의 여지가 없으며, '감(䲨)'과 '감(鑑)'은 뒤에 만들어진 구별자(區別字)이다. 고대에는 '감(監)'에 본디 그러한 뜻이 있었으므로, 가차했다고 할 수 없다. 서호(徐灝)가 "'감(鑑)'을 고문에서는 단지 '감(監)'으로 썼다.〔鑑, 古祇作監.〕"라고 한 것은, 단옥재의 "옛날에는 글자 수가 적어서 한 글자가 여러 가지 뜻을 동시에 지녔다."라는 말과 실질적으로 같은 의미이다. 주준성은 "'감(監)'은 '감(鑑)'의 뜻으로 가차하여 쓰이는데, 거울이라는 뜻이다.〔監, 假借爲鑑, 實爲鏡.〕"라고 하였는데, '감(鑑)'과 '경(鏡)'은 쌍성(雙聲)으로 호훈(互訓)[116]하는 글자이다.

이상의 분석에서, '감(監)'과 '감(鑑)'은 의미가 매우 밀접하게 연관되어 있음을 알 수 있다. '감(監)'의 '비추어보다〔照視〕'라는 뜻과 '위에서 아래에 임하여 감시하다.〔自上臨下, 監視.〕'라는 뜻은 인신의에 속한다. 단옥재가 이 두 글자는 "서로 빌려 쓴다.〔互相假.〕"라고 한 말은, 뜻이 같은 글자를 서로 바꿔 쓰는 것으로 이해할 수 있다. 서호는 본디 '감(監)'과 '감(鑑)'을 고금자(古今字)로 본 것인데, 고금자는 통가했다고 할 수 없다. 이는 학자들이 모두 인정하는 사항이다. 주준성의 경우 《설문해자》에서 본자를 찾았는데, 통가의 기준이 너무 넓고 범범하여 고금자·동원자(同源字)[117]·동의어를 모두 통가자로 보았다. 이는 취할 수 없는 주장이다.

〈가차자표〉에서 제대로 분석하지 않고 '감(監)'이 '감(鑑)'의 통가자로 쓰였다고 한 것은 잘못이다. 그렇다면 무엇이 정확한 처리일까?

"維天有漢, 監亦有光.〔하늘에 은하수가 있으니, 올려다보면 또한 빛이 있네.〕"에 대해, 모전에서는 "한(漢)은 은하수이니, 빛은 있으나 밝히는 것은 없다.〔漢, 天河也. 有光而無所明.〕"라고 하였고, 정현의 전에는 "감

116 호훈(互訓) : 뜻이 같은 말로 서로 훈석(訓釋)하는 것을 이른다. 예컨대, '由'를 '猶'로 풀이하고 '猶'를 '由'로 풀이하는 것이 이에 해당한다.

117 동원자(同源字) : '古'와 '故', '志'와 '識' 등 음과 뜻이 같거나 비슷하여 동일한 어원에 속하는 글자를 이른다.

(監)은 본다는 뜻이다. 왕이 관사를 설치했으나 감독하는 실제가 없음을 비유한 것이다.〔監, 視也. 喩王闓(開)置官司, 而無督[118]察之實.〕"라고 하였으며, 공영달의 소에는 "하늘에 있는 은하수를 올려다보면 정기 어린 빛이 있다. 그러나 이는 겨우 빛이 있는 것일 뿐 밝지는 않다.〔維天之有漢, 仰監視之, 亦有精氣之光, 是徒有光而無明.〕"라고 하였다.

또 근대 고형(高亨)의 《시경》 주석에는 '살펴보다〔觀覽〕'는 뜻으로 풀고 역시 통가라고는 하지 않았다. 왕력(王力)은 '경(鏡)'과 '감(鑑)'을 동원자로 보고, '감(鑒)'과 '감(監)'을 '감(鑑)'의 이체자로 보았다. 왕력의 견해는 서호의 설과 대체로 일치하는데, 이것이 정확한 견해이다.

자의(字義)가 관련이 있어도 통가할 수 있고 차의(借義)를 본의에서 끌어낼 수 있다고 한다면, 필연적으로 구별자(區別字 고금자(古今字))·동의어·이체자와 통가자의 개념을 뒤섞어서 통가 판정을 남용하는 결과가 발생하게 된다.

이러한 오류를 일으키는 원인으로는 두 가지가 있다. 하나는 차자와 본자가 반드시 역사적으로 동일한 시기에 존재해야 하는 것을 간과하기 때문이고, 다른 하나는 고한어(古漢語)가 지닌 단음절어의 다의성(多義性)과 용법의 융통성 및 작자가 글자를 배치하여 문장을 만들 때 여러 가지 의미와 용법 중에 하나를 선택할 수 있다는 가능성에 대한 이해가 부족하기 때문이다.

한자는 최초에는 한 글자에 하나의 뜻만 있었는데, 뒤에 수많은 글자들이 많은 뜻을 지니는 쪽으로 발전하였다.[119] 그런 다음, 정확히 의미를 표달(表達)하기 위해서 그중 한 가지 뜻을 가지는 새로운 글자를 만들어 다른 의미들과 구별하였는데, 이것이 바로 고금자이다. 구별자(區別字)라고도 하는

118 督 : 저본에는 '習'로 되어 있는데, 《시경주소》에 근거하여 바로잡았다.

119 원주 : 자의(字義)가 인신된 경우와 한자 형성의 원리 중 하나인 조자(造字) 가차의 경우가 있다.

데, 이를테면 '좌(坐)'와 '좌(座)', '지(支)'와 '지(肢)' 등이 그 예이다. 이처럼 뒤에 만들어진 구별자와 원래의 글자는, 서로 연관된 면도 있지만 독립적인 면도 동시에 지닌다. 이른바 독립적인 면이란, 그 글자가 원래의 고자(古字)가 지닌 뜻 가운데 한 가지 뜻만 지니면서 그 한 가지 뜻을 바탕으로 새로운 뜻을 또 인신하였다는 점이다. 예를 들면 다음과 같다.

> '지(支)'는 본의가 '대나무 줄기에서 갈라져 나온 가지〔去竹之枝〕', '나무의 가지〔樹木枝條〕'이다. 인신의로 '분기하다〔分支〕', '지지하다(支持)', '지불하다〔支付〕' 등이 있다.

인체의 사지는 나무의 가지와 같기 때문에 고문에서는 이 역시 '지(支)'로 표시하였다. 예를 들면 《주역》 〈곤(坤)〉괘의 "美在其中, 而暢於四支.〔아름다움이 속에 들어 있어서 사지에 나타난다.〕"와 《국어》 〈제어(齊語)〉의 "霑體塗足, 暴其髮膚[120], 盡其四支之敏.〔온몸이 비에 젖고 발이 진창에 빠지고 피부가 햇볕에 그을리며 사지의 기력을 다한다.〕"에서는 모두 '지(肢)'를 쓰지 않았다. '지(肢)'는 《관자》 〈군신 하(君臣下)〉의 "四肢六道, 身之體也.〔네 개의 팔다리와 여섯 개의 구멍은 몸의 체이다.〕"에서 처음 보인다.

만약 '지(支)'가 '지(肢)'의 통가자로 쓰였다고 한다면, 《주역》에서 '지(支)'를 지체(肢體)의 뜻으로 쓸 때는 '지(肢)' 자가 아직 만들어지기 전인데 어떻게 통가할 수 있겠는가. '지(肢)' 자가 출현한 뒤인데도 《국어》에서 여전히 '지(支)'로 사지(四肢)를 나타낸 것은, 고자(古字)의 용법으로 쓴 것이므로 이 또한 '지(肢)'의 통가자로 쓰였다고 할 수 없다. 상황이 이러하므로 대형 사서(辭書)에서 뜻을 풀이할 적에는 먼저 뜻풀이를 한 다음 "뒤에는 '지(肢)'를 썼다.〔後用'肢'.〕" 또는 "뒤에는 '지(肢)'라고 썼다.〔後作

120 髮膚 : 저본에는 '膚髮'로 되어 있는데, 《국어》에 근거하여 바로잡았다.

'肢'.〕"라고 밝힐 수 있는데, 이렇게 하면 글자의 원류가 분명해진다.

'지(枝)'는 '지(肢)'와 같이 뒤에 만들어진 구별자이다. '지(肢)'는 지체(肢體)의 '지(肢)'만을 뜻하고, '지(枝)'는 나뭇가지〔枝條〕의 '지(枝)'만을 뜻한다. 이 두 글자는 비록 같은 근원에서 나왔으나 각자가 전담하는 의미가 따로 있으므로, '지(枝)'와 '지(肢)'를 서로 바꿔 쓴 것은 자의(字義)의 인신으로 볼 수 없고 통가로 보아야 한다. 왕력은 동원자(同源字)를 통가자로 볼 수 없다고 지적하였는데,[121] 지류와 근원, 모자(母字)와 자자(子字)[122]의 관점에서 말하면 이는 정확한 견해이다. 그러나 하나의 근원에서 나온 구별자 사이에는 통가 관계가 존재한다. 예컨대 《순자》 〈유효(儒效)〉의 "行禮要節而安之, 若生四枝.〔예를 행할 적에 절도에 맞으면서도 편안히 행하여 마치 자신의 사지를 움직이는 것처럼 한다.〕"에서는 '지(枝)'를 '지(肢)'의 뜻으로 썼는데, 이는 '지(枝)'가 '지(肢)'의 통가자로 쓰인 것이다.

한어(漢語)의 풍부하고 다채로운 어휘는 작자에게 다양한 선택의 가능성을 제공한다. 똑같은 내용을 표시하는데, 갑은 어떤 하나의 글자를 선택하고 을은 다른 하나의 글자를 선택했다고 하자. 이 두 글자가 또 발음상 연관이 있으면, 주석가들은 "갑이 사용한 글자가 본자이고 을이 사용한 글자는 차자이다."라고 하거나 "갑이 사용한 글자는 차자이고 을이 사용한 글자는 본자이다."라고 한다. 이 두 글자는 본디 통가를 말할 수 있는 관계가 아니라는 것을 전혀 생각지도 못한 채 말이다.

121 원주 : 《동원자전(同源字典)》 〈동원자론(同源字論)〉에 상세하다.

122 모자(母字)와 자자(子字) : 고대에는 하나의 글자가 여러 가지 뜻을 모두 담고 있다가 나중에 그중 몇몇 뜻을 전담하는 글자가 원래의 글자에서 변방을 추가하거나 변형하는 등의 방법으로 만들어진 경우, 원래 존재하던 글자를 모자, 나중에 만들어진 글자를 자자라고 한다. 예컨대, '支'·'肢'·'枝'의 경우, '支'는 모자이고 '肢'와 '枝'는 자자이다.

4 문헌에 나타난 언어 자료상의 증거

통가는 글자를 사용할 때 나타나는 현상이므로 당연히 문헌에 나타난 언어 자료상의 증거를 전제로 해야 한다. 같은 문구의 어떤 글자가, 다른 문헌에서는 다른 글자〔異文〕로 쓰였는데, 독음이 또 비슷하거나 같으면서 동원자나 이체자가 아닌 경우, 이는 확실히 통가의 중요한 증거이다. 이러한 증거가 없다면 경솔하게 통가라고 단정해서는 안 된다.

제7절 주의해야 할 문제

1 본의를 사용한 경우는 따로 통가를 찾아서는 안 된다

본의(本義)를 사용한 것인데 따로 통가를 찾는 잘못은 어휘의 의미를 오해하는 것으로 인해 발생한다. 예컨대 《논어》 〈헌문(憲問)〉에 "桓公九合諸侯.〔환공이 제후를 규합하였다.〕"라고 하였는데, 〈가차자표〉에서 '구합(九合)'은 '구합(勼合)'이 되어야 한다고 하였다. 즉 '구(九)'가 '구(勼)'의 통가자로 쓰인 것으로 본 것이다.

'구(九)'는 숫자이다. 주준성의 《설문통훈정성》의 '구(九)'의 '가차'조에 다음과 같이 말하였다.

> '구(勼)'의 뜻으로 쓰인다. 《장자》 〈천하〉에 "九禖天下之川.〔천하의 냇물을 모은다.〕"이라고 하였는데, 내 생각에 이는 모은다는 뜻이다. 爲[123]勼. 《莊子·天下》"九禖天下之川", 按勼集也[124].

'구(勼)'는 《설문해자》에 "모은다는 뜻이다.〔聚也.〕"라고 하였는데, 이에 대한 단옥재의 주에 다음과 같이 말하였다.

123 爲 : 저본에는 '勾'로 되어 있는데, 《설문통훈정성(說文通訓定聲)》에 근거하여 바로잡았다.

124 勼集也 : 저본에는 '勼, 集也'로 되어 있다. 그러나 여기서 '勼集'은 《장자》 〈천하(天下)〉의 '九禖天下之川'이라는 구 속의 '九'의 뜻을 설명하는 말로, '勼'의 뜻을 분명하게 나타내기 위해 '集'과 함께 쓴 합성어이므로 표점을 바로잡고 번역하였다.

《이아》〈석고〉에 "구(鳩)는 모은다는 뜻이다."라고 하였다. 《좌전》에는 '鳩'로 되어 있고, 《고문상서》에는 '逑'로 되어 있다. 《설문해자》〈착부(辵部)〉에 "구(逑)는 모은다는 뜻이다."라고 하였다. 《장자》에는 '구(九)'로 되어 있다. 금자로는 '구(鳩)'가 쓰이고 '구(勼)'는 쓰이지 않는다.

《釋詁》曰："鳩，聚也."《左傳》作鳩，古文《尚書》作逑.《辵部》曰："逑，斂[125]聚也."《莊子》作九. 今字則鳩行而勼廢矣.

'구(九)'는 숫자이고 '구(勼)'는 모은다는 뜻이다. 숫자의 '구(九)'로 모은다는 뜻의 '구(勼)'를 표현하였으니, 《장자》〈천하〉의 "禹親自操橐耜,而九雜天下之川."[126]의 '구(九)'가 '구(勼)'의 통가자로 쓰였다는 것은 의심의 여지가 없다. 그러나 〈가차자표〉에서 "桓公九合諸侯"의 '구(九)'가 '구(勼)'의 통가자로 쓰였다고 하고, 따라서 '구합(九合)'을 '같은 뜻의 글자로 이루어진 복합어〔同義複合詞〕'[127]로 보아야 한다고 한 말은 재고해 보아야 한다.

'구(九)'는 한 자리 수 중에 가장 큰 수로, 구체적인 수를 나타내는 본의뿐만 아니라 수가 많음을 표시할 때도 왕왕 '구(九)'를 사용한다. 청대의 학자 왕중(汪中, 1744-1794)은 《술학(述學)》〈석삼구(釋三九)〉에서 다음과 같이 말하였다.

'일(一)'과 '이(二)'로 다 나타낼 수 없는 것은 '삼(三)'으로 요약하여 그 많음을 나타냈고, '삼(三)'으로 다 나타낼 수 없는 것은 '구(九)'로 요약하여 그 지극히 많음을 나타냈다.

125 斂 : 저본에는 없는데, 《설문해자》에 근거하여 보충하였다.
126 원주 : 우 임금이 몸소 흙 삼태기와 땅 파는 도구를 들고 천하의 하천을 모아 소통시켰다.
127 같은……복합어 : 〈가차자표〉에서 말한 '勼合'을 가리킨다.

凡一二之所不能盡者，則約之以三，以見其多，三之所不能盡者，則約之以九，以言其極多.

'삼(三)'을 초과하면 '구(九)'를 사용하는 것이 옛사람들의 습관이었던 것이다. 예컨대 굴원(屈原)의 〈구장(九章)〉은 9수의 시를 포괄하므로 '구(九)'를 구체적인 수를 표시하는 실수(實數)로 보기도 한다. 그러나 〈구가(九歌)〉는 11수의 시를 포괄하므로 '구(九)'를 수가 많음을 표시하는 허수(虛數)로 보기도 한다.

실수인지 아니면 허수인지는 구체적인 정황을 살펴보고 판단해야 한다. 그렇다면 "桓公九合諸侯.〔환공이 제후를 규합하였다.〕"의 '구(九)'는 숫자로 쓰인 것인가, 아니면 다른 글자의 통가자로 쓰인 것인가? 춘추 시대의 제 환공(齊桓公)과 진 도공(晉悼公)은 모두 '구합제후(九合諸侯)'한 일이 있다.

《논어》〈헌문〉: 子曰: "桓公九合諸侯，不以兵車，管仲之力也. 如其仁? 如其仁?"

공자가 말하였다. "환공이 제후를 규합하되 병거를 사용하지 않은 것은 관중의 힘이었으니, 그처럼 인한 사람이 또 누가 있겠는가, 그처럼 인한 사람이 또 누가 있겠는가."

형병(邢昺) 소: '구합(九合)'이라고 말한 것은, 《사기》에 "병거(兵車)를 타고 가서 모인 것이 세 번이고, 승거(乘車)를 타고 가서 모인 것이 여섯 번이다."라고 한 것을 가리킨 말이다. 《곡량전》에는 "예의를 갖추어 회합한 것이 11회였다."라고 하였는데, 범녕의 주에 "13년 북행(北杏)에서 회합하고, 14년 견(鄄)에서 회합하고, 15년 또 견에서 회합하고, 16년 유(幽)에서 회합하고, 27년 또 유에서 회합하고, 희공 원년에 정(檉)에서 회합하고, 2년 관(貫)에서 회합하고, 3년 양곡(陽穀)에서 회합하고, 5년 수대(首戴)에서 회합하고, 7년 영모(甯母)에서 회합하고, 9년 규구(葵丘)에서 회합하였다."라고 하였다. 그렇다면 도합 11회 회합한 것인데, 북행과 양곡의 회합은 세지 않아서 아홉 번이라고 한 것이다.

言九合者，《史記》云，兵車之會三，乘車之會六. 《穀梁傳》云，衣裳之會十有一. 范寧注云, 十三年會北杏, 十四年會鄄, 十五年又會鄄, 十六年會幽, 二十七年又會幽, 僖元年會檉[128], 二年會貫, 三年會陽穀, 五年會首戴, 七年會甯母, 九年會葵丘. 凡十一會, 不取北杏及陽穀爲九也.

《좌전》 양공(襄公) 11년 조에 실린, 진 도공이 "八年之中, 九合諸侯.〔8년 동안 아홉 번 제후를 규합하였다.〕"라는 구절의 '구(九)'는 구체적인 수를 나타내는 실수이다. 만약 '구(九)'로 '구(勼)'의 뜻을 나타낸 것이라면 "8년 동안 제후를 규합하였다.〔八年之中, 勼合諸侯.〕"라는 말이 되는데, 이는 전혀 말이 되지 않는다. 따라서 "九合諸侯.〔아홉 번 제후를 규합하였다.〕"의 '구(九)'가 숫자이지 모은다는 뜻의 '구(勼)'가 아님은 의심의 여지가 없다.

다시 문의(文意)를 보자. '구(九)'를 '구(勼)'로 풀이하면 겨우 제후를 모은 것에 불과하니, 공자가 "그처럼 인한 사람이 또 누가 있겠는가, 그처럼 인한 사람이 또 누가 있겠는가.〔如其人? 如其人?〕"라고 거듭 칭찬한 것이 과분해 보인다. 모은다는 뜻은 '합(合)' 자에 이미 들어 있다. 오직 횟수가 이처럼 많고 게다가 병거를 사용하지 않았기 때문에 공자가 거듭 감탄한 것이다. 본의로도 문의가 이처럼 완전히 통하는데, 문의를 파괴하고 사실에 반하는 글자를 본자라고 무리하게 고집하는 것은 참으로 쓸데없는 짓이다.

이러한 오류의 원인을 따져 보면, 통가자의 어의(語義)상 요건[129]을 정확히 파악하지 못한 것과 관련이 있다. 근대의 양백준(楊伯峻, 1909-1992)은 《논어역주(論語譯注)》에서 "제 환공이 제후를 규합한 것이 도합 11회였으니, 여기의 '구(九)' 자는 실은 허수로, 많다는 것을 표현한 것에 불과하다.〔齊桓公糾合諸侯共計十一次, 這一'九'字實是虛數, 不過表示其多罷了.〕"라고 하고, 통가라고는 말하지 않았다. 이것이 정확한 설명이다.

128 檉 : 저본에는 '鄄'으로 되어 있는데, 《논어주소》에 근거하여 바로잡았다.

129 통가자의 어의(語義)상 요건 : 해당 글자의 본의(本義)로는 글 뜻이 통하지 않는 경우에만 통가자를 찾는다는 원칙을 가리킨다.

2 자의가 인신된 경우는 억지로 통가를 찾아서는 안 된다

자의(字義)가 인신된 것인데 주석가들이 억지로 '본자'를 찾는 경우가 왕왕 있다. 예컨대, 《시경》 〈대아(大雅) 권아(卷阿)〉에 "如圭如璋, 令聞令望.〔규 같고 장 같으며, 훌륭한 소문과 훌륭한 명망이 나서.〕"이라고 하였는데, 〈가차자표〉에 '영(令)'은 '양(良)'의 통가자로 쓰였다고 하였다.

'영(令)' 자의 본의와 인신의는 '조자가차(造字假借)' 절에서 상세히 논하였다. "令聞令望"의 '영(令)'은 '아름답고 좋다〔美善〕'는 뜻으로, '영(令)' 자가 본디 지닌 뜻이다. 그런데 〈가차자표〉에서 '양(良)'의 통가자로 쓰였다고 한 것은, '양(良)'이 아름답고 좋다는 뜻을 가졌을 뿐만 아니라 또 '영(令)'과 '양(良)'이 쌍성(雙聲)이기 때문에 한 말이다. 이 때문에 주준성은 "영(令)은 가차하여 '영(靈)'의 뜻으로 쓰였는데, 실은 '양(良)'의 뜻이다.〔令, 假借爲靈, 實爲良.〕"라고 하였는데, 이는 의미가 그 글자 자체에서 인신된 것인지 여부를 따지지 않고 《설문해자》에서 억지로 본자를 찾은 전형적인 사례이다.

《광운》에서는 '영(令)'을 "선함, 명령, 율, 법이라는 뜻이다.〔善也, 命也, 律也, 法也.〕"라고 풀이하여, 주준성이 인신의라고 한 의미를 맨 앞에 두었다. 따라서 '영(令)'의 '아름답고 좋다〔美善〕'는 뜻은 '양(良)'에서 왔으므로, 문헌의 용례 중에 '영(令)'을 '아름답고 좋다'는 뜻으로 푸는 경우에 대해 본자를 '양(良)'으로 보아야 한다고 말하는 것은 타당하지 않다.

'영(令)'과 '양(良)'에는 같은 구조의 복합어가 꽤 있다. 예컨대 '영인(令人)'과 '양인(良人)', '영사(令士)'와 '양사(良士)', '영처(令妻)'와 '양처(良妻)' 등이 그 예이다. 이들은 통가 관계에 있는 것이 아니니, 단지 동의어라고만 말할 수 있다.

또 '위(僞)' 자의 경우를 보자. 《순자》 〈성악(性惡)〉에 "人之性惡, 其善者僞也.〔사람의 본성은 악하니, 선한 것은 인위적으로 교정한 것이다.〕"라고 하였는데, 천진(天津)에서 출판된 《순자선주(荀子選注)》의 삼결합주석조(三結合注釋組)의 주에 다음과 같이 말하였다.

> '위(僞)'는 '위(爲)'의 통가자로 쓰였으니, 사람이 한 것이라는 뜻이다. 이 문장의 뜻은, 사람의 본성은 악하니, 사람이 선량한 까닭은 학습하여 개조했기 때문이라는 것이다.
> 僞, 通"爲", 人爲的. 這句的意思是, 人的本性是惡的, 他所以善良是因爲經過學習改造的緣故.

이 주석의 대의는 틀리지 않았다. 그러나 '위(僞)'가 '위(爲)'의 통가자로 쓰였다는 것은 타당하지 않다. 《설문해자》에 "위(僞)는 속이다는 뜻이다. 〔僞, 詐也.〕"라고 하였는데, 단옥재의 주에 다음과 같이 풀이하였다.

> '사(詐)'는 속이다는 뜻이니, 〈석고〉에 "사(詐)는 거짓이라는 뜻이다."라고 하였다.
> 　내 생각은 다음과 같다. 경전에 '위(爲)'를 빌려 '위(僞)'의 뜻을 나타낸 경우가 많다. 예컨대 《시경》의 "人之爲言〔사람들이 지어낸 말〕"은 곧 거짓말을 뜻하고, 〈월령〉의 "作爲淫巧〔거짓으로 외관만 아름답게 꾸미다.〕"가 〈금월령〉[130]에는 "詐僞淫巧"로 되어 있고, 《고문상서》

130 금월령 : 정현의 《예기》 〈월령〉 주에는 "〈금월령〉에는 모모로 되어 있다.〔《今月令》作某某.〕"라는 말이 자주 나오는데, 이를 가리킨다. 공영달은 《예기정의》에서 이는 곧 《여씨춘추》 〈십이기(十二紀)〉를 가리키는 것이라고 하였다. 그러나 근대의 학자 양관(楊寬)은 〈금월령고(今月令考)〉에서 이는 곧 《명당월령(明堂月令)》임을 밝힌 바 있다. 《명당월령》의 유래에 대해서도 몇 가지 설이 있으니, 전대흔(錢大昕)·단옥재(段玉裁) 등은 《한서》 〈예문지〉에 있는 《명당음양(明堂陰陽)》 33편이 그것이라 하고, 왕중(汪中)·서개(徐鍇) 등은 산삭되기 전의 《대대례기》 〈월령〉이 그것이라고 하였다. 《楊寬, 古史論文選集, 今月令考》 따라서 저본에는 '今《月令》'이라 하여 '今'을 서명

의 '南僞'가 《사기》에는 '南爲'로 되어 있고,[131] 《좌전》에서 '위(爲)'를 '위(僞)'의 뜻으로 읽어야 하는 곳은 한두 군데가 아니다. 곧 작위의 뜻이 있으면 '위(僞)'로 보아야 하는 것이다.

서개(徐鍇, 920-974)는 "위(僞)는 사람이 한 것이니, 자연 그대로의 것이 아니다. 그래서 사람이 한 것을 '위(僞)'라고 한 것이다."라고 하였는데, 옳다.

순경은 "걸왕과 주왕은 본성대로 한 것이고, 요 임금과 순 임금은 인위로 한 것이다.[132] 사람의 본성은 악하니, 선한 것은 인위로 교정한 것이다. '배우려 해도 배울 수 없고 노력하려 해도 노력할 수 없지만 사람에게 내재되어 있는 것'을 본성〔性〕이라 하고, '배워서 할 수 있고 노력해서 이룰 수 있으므로 사람에게 달려 있는 것'을 인위〔僞〕라고 한다."라고 하고, 또 "날 때부터 그러한 것을 본성이라고 하니, 마음으로 생각하여 신체가 움직이는 것을 인위라고 하며, 생각이 쌓이고 신체가 반복적으로 익힌 뒤에 이루어지는 것을 인위라고 한다."라고 하였는데, 순경의 뜻은 요 임금과 순 임금도 본성을 인위적으로 교정하였다는 말이다.

詐者, 欺也. 《釋詁》曰："詐, 僞也." 按：經傳多假爲爲僞, 如《詩》"人之爲言", 卽僞言；《月令》"作爲淫巧", 今《月令》云"詐僞淫巧"；《古文尙書》"南僞", 《史記》作"南爲"；《左傳》"爲"讀"僞"者不一, 蓋字涉於作爲則曰僞. 徐鍇曰："僞者, 人爲之, 非天眞也, 故人爲爲僞."

부호 밖에 두었는데, 이에 근거하여 '今月令' 전체를 서명 부호 안에 두고 번역하였다.

131 고문상서의……있고 : 통행본 《서경》 〈요전(堯典)〉에는 '平秩南訛〔여름에 성장하는 곡식을 가꿀 순서를 잘 정하여〕'로 되어 있으나 《사기》 〈오제본기(五帝本紀)〉에는 '便程南爲〔남쪽의 화육(化育)하는 일의 순서를 잘 정하여〕'로 되어 있고, 《한서》 〈왕망전(王莽傳)〉에는 이와 비슷한 내용으로 '以勸南僞〔여름 농사를 권장하고〕'라는 글이 있다. 단옥재가 참고한 《고문상서》본에는 '平秩南僞'로 되어 있었던 듯하다.

132 걸왕과……것이다 : 《순자》에 직접 나오는 문구가 아니라, 소식(蘇軾)이 〈순경론(荀卿論)〉에서 순경의 지론을 대변하여 표현한 말이다.

是也．荀卿曰：“桀紂，性也；堯舜，僞也．人之性惡，其善者僞也．不可學，不可事而在人者，謂之性；可學而能、可事而成之在人者，謂之僞．”又曰：“生之所以然者謂之性，心慮而能爲之動謂之僞；慮積焉、能習焉而後成謂之僞．”荀卿之意，謂堯舜不能無待於人爲耳．

단옥재의 주석은 매우 옳다. ‘위(僞)’는 ‘인(人)’이 형부(形符)이고 ‘위(爲)’가 성부(聲符)인 형성 겸 회의자이다. 이른바 ‘사(詐)’란, 진짜가 아닌 것이다. 인위(人爲)를 ‘위(僞)’라고 하는데, ‘사(詐)’는 속셈을 품고 본래의 모습을 바꾸는 것이므로 이 또한 인위적인 것이다. 순자는 성악론자로, 맹자의 성선론과 대립한다. 순자는 후천적인 학습과 수양을 통해 악을 제거하고 선을 따르는 경지에 이를 것을 강조하였다. 《순자》〈성악(性惡)〉에 사용한 ‘위(僞)’ 자는 모두 본의에서 인신된 뜻으로 사용한 것이라는 것에 의심의 여지가 없다.

단옥재는 《설문해자》에 주석을 내면서 ‘위(爲)’를 빌려 ‘위(僞)’의 뜻을 나타낸 경전의 사례에 관심을 기울였는데, 이는 ‘위(爲)’가 ‘위(僞)’의 통가자로 쓰인 예들이었다. 그러나 ‘위(僞)’가 ‘위(爲)’의 통가자로 쓰였다고는 말하지 않았으니, 사리에 맞다. 해당 글자에 본디 그러한 뜻이 있는데 통가했다고 말하는 것은 피해야 한다.

3 통가의 조건에 부합하는 몇 글자 중에서 상하의 문의를 살펴 본자를 확정해야 한다

고적에 주석을 낸 저작과 훈고 저작 속에는 하나의 차자(借字)에 대해 왕왕 몇 가지 설이 존재하곤 한다. 음이나 뜻이 서로 관련된 글자가 많기 때문에 이러한 현상이 발생하는 것은 피하기 어렵다. 예를 들어 보자.

《논어》〈양화(陽貨)〉에 다음과 같은 말이 있다.

> 陽貨欲見孔子, 孔子不見, 歸孔子豚. 孔子時其亡也, 而往拜之, 遇諸塗.
> 양화가 공자를 만나려고 했으나 공자가 만나 주지 않자, 공자에게 찐 돼지를 보냈다. 공자는 그가 없는 틈을 타 그의 집에 가서 사례하였는데, 돌아오는 길에 그와 맞닥뜨렸다.

'시(時)'는 차자인데, 본자가 무엇인지에 대한 주석가들의 견해가 일치되지 않고 있다. 형병(邢昺)의 소에는 다음과 같이 말하였다.

> '時其亡而往拜之'는 양호(陽虎)가 집에 없는 때를 엿보고 가서 사례했다는 말이다.
> "時其亡而往拜之"者, 謂伺虎不在家時, 而往謝之也.

주준성의 《설문통훈정성》에는 다음과 같이 말하였다.

> '시(時)'는 가차하여 '사(司)'의 뜻으로 쓰인다. 《광아》〈석언〉에 "'시(時)'는 '엿보다.〔伺〕'라는 뜻이다."라고 하였다. 《논어》의 "孔子時其亡也"에 대한 소에 "양호가 집에 없는 때를 엿보고〔伺虎不在家時〕"라고 하였고, 《장자》〈제물론〉의 "見卵而求時夜.〔계란을 보면서 닭을 구하다.〕"에 대한 사마표(司馬彪)의 주에 "밤을 지키는 것이니, 닭을 이른다.〔司夜, 謂雞也.〕"라고 하였다.
> 時, 假借爲司. 《廣雅·釋言》: "時, 伺也." 《論語》"孔子時其亡也" 疏: "伺虎不在家時." 《莊子·齊物論》"見卵而求時夜" 司馬注: "司夜, 謂雞也."

육종달(陸宗達, 1905-1988)은 본자를 '사(伺)'나 '사(司)'로 보면 모두 문의가 통하지 않고, '대(待)'로 보아야 한다고 하였다. 곧 '시(時)'가 '대(待)'의 통가자로 쓰였다는 것이다. 육종달은 '시(時)'·'사(伺)'·'사(司)'·'대(待)' 등의 글자가 출현한 시대, 독음의 이동(異同), 문헌에 나타난 언어의 운용 사례 등의 방면에서 깊은 고증을 하였다.[133] 이는 일깨우는 점이 많다.

그러나 내 생각은 이렇다. 육종달이 강조한 "우선 문구상 정확히 해석하여 본래의 면모로 되돌려 놓아야 한다.〔應首先從文句上正確解釋它, 還它以本來面貌.〕"라는 주장이 여기에서는 제대로 체현되지 못하였다. 육 선생은 '시(時)'를 '사(伺)'의 뜻으로 풀면[134] '엿보다'는 뜻이 되어서 공자의 체모를 손상시킨다고 하면서 다음과 같이 말하였다.

> 《논어》는 공자의 제자가 그의 언행을 기록한 책이므로 이러한 모습으로 공구를 묘사했을 리가 없다.
>
> 《論語》是孔子弟子記載他的言行的書, 不會用這種形象來描繪孔丘.

'시(時)'는 '시(是)'·'사(司)'·'대(待)'·'시(蒔)'와 모두 통가 관계에 있다. 어떤 문구 속에 쓰인 '시(時)' 자의 본자가 이들 통가의 조건에 부합하는 글자 중에 어느 글자인지 판단하려면 반드시 상하의 문의를 파악하는 데에 힘을 쏟아야 한다.

양화는 노(魯)나라 계씨(季氏)의 가신(家臣)으로 노나라의 국정을 전횡하였다. 그는 아마도 공자가 나와서 관리가 되어 자신을 위해 일해 주기를

133 원주 : 《훈고간론(訓詁簡論)》 144~146쪽에 상세하다.

134 원주 : 곧 가차하여 '사(伺)'의 뜻으로 쓰였다고 보는 것이다. 이는 실질적으로 '사(司)'와 같다.
역주 : 저본의 원주에는 '伺'가 '詞'로 되어 있는데, 문맥이 통하지 않는다. 문맥에 비추어 보면 이는 '伺'가 되어야 하므로, 이에 따라 번역하였다.

바랐을 것이다. 그러나 공자는 그를 만나려고 하지 않았다. 이에 양화는 공자가 집에 없는 틈을 타 찐 새끼 돼지 한 마리를 보내서 공자가 자기 집으로 와 사례하도록 만들었으니, 이렇게 하면 공자를 만날 수 있기 때문이었다. 이는 매우 기발한 작전이었으니 '대부가 사에게 선물을 주었는데 사가 자기 집에서 받지 못했으면 대부의 집에 찾아가 사례하는 것[大夫有賜於士, 不得受於其家, 則往拜其門.]'이 당시의 예속이었던 것이다.

공자는 당연히 양화의 속셈을 알아차리고는, 그 역시 양화가 집에 없는 틈을 타 양화의 집에 가서 사례하였다. 이렇게 하면 실례가 되지 않으면서도 양화를 만나는 일을 피할 수 있기 때문이었다. 이 역시 매우 기발한 작전이었다. 공자는 양화가 집에 없는 것을 엿보고 가서 사례한 것이다. 그러나 공교롭게도 공자는 돌아오는 길에 양화와 마주치고 말았다.

두 사람의 심산(心算)은 적절한 때를 엿보려고 한 것이므로, '시(時)'를 '사(伺)'의 뜻으로 풀면, 곧 '시(時)'를 '사(司)'의 통가자로 보면, 이 문장은 당시의 정황을 잘 묘사하고 공자의 기발한 재치를 표현한 문장이 된다. 만약 '대(待)'로 푼다면 마음속에서 계산했다는 의미가 반감될 것이다.

'사(伺)' 자는 후대에 생겼고 고대에는 단지 '사(司)'로만 썼으므로, 이 문장의 '시(時)'는 '사(司)'의 통가자로 볼 수 있다.

공안국(孔安國)은 '歸孔子豚'을 풀이하기를 "공자로 하여금 가서 사례하게 만들고 싶었기 때문에 공자에게 돼지를 선물한 것이다.[欲使往謝, 故遺孔子豚.]"라고 하여, 두 사람이 마음속으로 계산한 실상을 일찌감치 알아보았다. 이는 형병의 소에 "양호가 집에 없는 때를 엿보고 가서 사례했다.[伺虎不在家時, 而往謝之.]"라고 한 것과 함께 모두 상하의 문의에 맞다. 양백준이 '탐문하다[探聽]'로 '시(時)'를 푼 것[135]은 고주(古注)에 부합한다.

135 원주 : 《논어역주》에 보인다.

4 통通과 가假를 분명하게 구분해야 한다

'통가(通假)'는 전문용어로, 통가하는 쪽과 통가되는 쪽 모두를 포함한다. '통가'는 뭉뚱그려 말하면 구별되지 않으나 '통'과 '가'로 나누어 말하면 구별된다. 어떤 자전과 사전에는 이 두 가지 개념이 뒤섞여 있는데, 우리는 이를 반면교사로 삼아 구별할 필요가 있다.

통가와 관련된 두 글자 중에, 하나는 본디 그러한 뜻이 있는 글자이고 다른 하나는 본디 그러한 뜻이 없는 글자이다. '본디 그러한 뜻이 있는 글자〔本字〕'를 쓰지 않고 '본디 그러한 뜻이 없는 글자〔借字〕'를 사용하는 것, 이것이 바로 '가(假)'이다.

예컨대 《시경》 〈위풍(魏風) 석서(碩鼠)〉의 "逝將去女, 適彼樂土.〔맹세코 장차 너를 버리고 저 낙토에 가리라.〕"의 경우, 본디는 '서(誓)'를 써야 하는데[136] '서(逝)'를 썼다. 바로 서(誓)가 서(逝)를 가차했다는 말이다. 그러나 '서(逝)'의 입장에서 말하면 정반대이다. 이 글자는 본디 맹세한다는 뜻이 없는데 "逝將去女"에서는 분명히 이러한 뜻을 표시하고 있으며, 이 뜻은 '서(誓)'의 뜻과 서로 통한다. 이것이 바로 '통(通)'이다. 더욱 간명하게 말하면, 사용된 글자의 입장에서 보면 '가(假 해당 글자를 가차함)'이고 어휘의 의미에서 보면 '통(通 해당 글자와 의미가 통함)'이다.

고대의 문자학 학자들은 이 둘의 구별에 주의하였다. 예컨대 《설문통훈정성(說文通訓定聲)》에서는 다음과 같이 말하였다.

> '적(敵)'에 대해, 《광아》 〈석고1〉에는 "적(敵)은 바르다는 뜻이다."라고 되어 있고, 〈석고3〉에는 "주인이라는 뜻이다."라고 되어 있다. 《석명》에는 "적(嫡)은 적(敵)의 뜻이니, 짝과 서로 대등하다는 말이다."라

136 원주 : 《공양전》의 서언(徐彦)의 소에 이를 인용하면서 '誓' 자를 썼다.

고 하였다. 경과 전에 '적(啇)'의 뜻을 '적(適)'이나 '적(嫡)'으로 쓴 경우가 많다.

啇[137], 《廣雅·釋詁一》, 啇, 正也; 《釋詁[138]三》, 主也. 《釋名》, 嫡, 啇也, 與匹相[139]啇也. 經傳多以適以嫡爲之.

또 "'적(適)'은 가차하여 '적(啇)'의 뜻으로 쓰였다.〔適, 假借爲啇.〕", "'적(嫡)'은 가차하여 '적(啇)'의 뜻으로 쓰였다.〔嫡, 假借爲啇.〕" 등과 유사한 예가 매우 많은데, 여기서는 다 거론하지 않겠다.

"以某爲之.〔아무 자로 썼다.〕", "借某爲之.〔아무 자를 가차하여 썼다.〕", "借某.〔아무 자를 가차하였다.〕"라는 말은 모두 '가(假 해당 글자를 가차함)'의 뜻이다.

"假借爲某.〔가차하여 아무 자의 뜻으로 쓰였다〕", "字本作某.〔글자가 본디는 아무 자가 되어야 한다.〕", "讀曰某.〔아무 자의 뜻으로 읽어야 한다.〕"라는 말은 모두 '통(通 해당 글자와 의미가 통함)'의 뜻이다.

통가 관계를 처리할 적에는 용어 사용에 주의해서 '가(假)'를 '통(通)'으로 잘못 판정하거나 '통(通)'을 '가(假)'로 잘못 판정하지 말아야 한다.

137 啇 : 《설문통훈정성》에는 '又'로 되어 있는데, 저자 왕요남이 독자의 편의를 위하여 바꾼 것으로 보인다.

138 釋詁 : 《설문통훈정성》에는 없는데, 저자 왕요남이 독자의 편의를 위하여 보충한 것으로 보인다.

139 匹相 : 저본에는 '相匹'로 되어 있는데, 《설문통훈정성》에 근거하여 바로잡았다.

제8장

고한어 어휘의 의미 주석에서 나타나는 몇 가지 문제

제1절 제멋대로 의리를 말하다

이른바 "제멋대로 의리를 말한다.〔妄說義理〕"라는 것은, 이미 마음속에 갖고 있던 어떤 사상과 관념들에서 출발하여 어휘의 의미를 왜곡해서 해석한 뒤에 그에 기초하여 그 사상의 내용을 펼쳐 드러내 보이는 현상을 가리킨다. 이렇게 드러내 보인 사상과 관념은 필연적으로 황당무계한 것이 될 수밖에 없다.

문장은 자(字), 어휘〔詞〕, 구(句)로 이루어진다. 우리가 한 편의 문장을 읽고 그 속에 담긴 사상[1]을 이해하기 위해서는, 먼저 그 문장을 이루고 있는 자, 어휘, 구를 이해해야 한다. 이것은 너무나 간단한 이치이다. 마르크스(Marx, 1818-1883)는 일찍이 "언어는 사상의 직접적인 실현이다."[2]라고 하였다. 다시 말하면 우리가 어떤 사람의 사상을 이해하기 위해서는 반드시 먼저 그 사람의 언어를 이해해야 하며, 마찬가지로 우리가 고인(古人)의 사상을 이해하기 위해서는 반드시 고인의 언어, 즉 자, 어휘, 구를 이해해야 한다는 것이다. 이것은 가장 기초적인 작업이다. 우리가 고한어 어휘의 의미를 연구하고 토론하는 것은 바로 이러한 기초를 다지기 위해서이다. 그러나 이러한 작업은 참으로 쉽지 않다. 우리의 고인들은 유가경전 내지 제자백가, 역사서와 시문집 등에 대해서 모두 훈고[3] 작업에 주의를 기울여 왔다. 어휘의 의미에 대한 해석을 마친 후에는 왕왕 또 하나의 어휘나 하나의 구가 표현하고 있는 사상의 내용에 대해서 설명하였다. 이러한 설명은 필요한 것이다. 설명

1 원주 : '의리(義理)'라고도 한다.

2 원주 : 마르크스(Marx)의 《독일 이데올로기〔Die Deutsche Ideologie〕》에 보인다.

3 원주 : 우선적으로 사의(詞義)에 대한 해석을 말한다.

이 정확하다면 독자들이 문장의 의리를 정확하게 이해하는 데 도움을 줄 수 있지만, 설명이 정확하지 않다면 그것은 바로 자신의 어리석음으로 남을 어리석게 만드는 것이다.

문장의 의리를 정확하게 해석하기 위한 전제는, 바로 어휘의 의미를 정확하게 이해하는 것이다. 어휘의 의미를 정확하게 이해하지 못하면 필연적으로 근거 없이 의리를 말하거나 제멋대로 의리를 말하는 잘못을 초래하게 된다. 예를 들면 다음과 같다.

> 《시경》〈소남(召南) 야유사균(野有死麕)〉: 有女懷春, 吉士誘之.
> 아가씨가 봄에 혼인할 것을 생각하니 훌륭한 사내가 이끌어 성사시켰다네.
> 모전 : '유(誘)'는 인도한다는 뜻이다.〔誘, 道(導)也.〕
> 정현 전 : 정숙한 아가씨가 중춘에 예의를 갖추어 사내와 혼인할 것을 생각하자, 훌륭한 사내가 중매를 시켜 인도하여 혼인을 성사시킨 것이니, 예의가 없는 당시의 풍속을 미워하여 이렇게 말한 것이다.
> 有貞女思仲春以禮與男會, 吉士使媒人道成之, 疾時無禮而言然.

모형(毛亨)과 정현(鄭玄, 127-200)은 모두 한나라 때 사람이다.

당나라 때의 공영달(孔穎達, 574-648)은 "소는 주의 한계를 넘지 않는다.〔疏不破注〕"라는 입장을 취하였으므로, 정현의 견해와 일치한다.

송나라 사람 구양수(歐陽脩, 1007-1072)는 《모시본의(毛詩本義)》를 지었는데, 한(漢)·당(唐) 사람의 전(傳)·전(箋)·소(疏)에 대해 대담한 회의와 비판을 가하였다. 그는 여기서의 '유(誘)'는 '유혹하다〔挑誘〕'는 뜻이라고 하였는데, 현재의 통속적인 말로는 '건드리다〔撩〕', '집적대다〔挑逗〕'의 뜻이다.

청나라 사람 전대흔(錢大昕, 1728-1804)은 이러한 해석을 매우 불만스러워하였다. 그는 다음과 같이 말하였다.

> 진대 이래로 공허를 숭상하고 송대의 현자들은 돈오를 좋아해서, 문학

을 비웃어 지리한 것으로 여기고 주소를 폐기하여 찌꺼기로 여겼다.

경에 대해 담론하는 사람들은 자신의 주관적인 견해만을 옳다고 여기고 비속한 말로 경전을 해설하였다.

구양수의 경우 '吉士誘之'의 '유(誘)'를 '유혹'하는 것이라고 해설하였는데, 후세의 유자 중에는 마침내 〈소남〉을 음분시로 비난하여 산삭하는 경우까지 있게 되었으니, 옛 훈고를 강론하지 않는 기풍이 성인의 경전에 끼친 해가 심각하다.

自晉代尙空虛，宋賢喜頓悟，笑問學爲支離，棄注疏爲糟粕，談經之家師心自用，乃以俚俗之言詮說經典，若歐陽永叔解"吉士誘之"爲"挑誘"，後儒遂有詆《召南》爲淫奔而刪之者，古訓之不講，其貽害於聖經甚矣.[4]

한대부터 청대에 이르기까지 이 '유(誘)' 자는 마침내 하나의 화두가 되었다. 전대흔은 구양수에 대해 비판하면서 다음 네 가지 죄상을 열거하였다.

첫째, 전인의 성과를 부정했다.[5]

둘째, 객관적인 사상을 존중하지 않았다.[6]

셋째, 경전을 해석하는 태도가 매우 경박하다.[7]

넷째, 폐해가 심각하다.[8]

사실 전대흔의 비판은 잘못된 것이다. 모형은 '유(誘)'를 '인도하다〔導〕'는 뜻이라고 하였고, 정현은 또 모전의 기초 위에서 의리를 설명하여 밝혔는데,

4 원주 : 《경적찬고(經籍纂詁)》 전대흔(錢大昕)의 서문

5 원주 : 주소를 폐기하여 찌꺼기로 여겼다.〔棄注疏爲糟粕〕

6 원주 : 자신의 주관적인 견해만을 옳다고 여겼다.〔師心自用〕

7 원주 : 비속한 말로 경전을 해설하였다.〔以俚俗之言詮說經傳〕

8 원주 : 마침내 〈소남〉을 음분시로 비난하여 산삭하는 경우까지 있게 되었다.〔遂有詆《召南》爲淫奔而刪之者.〕

이때 사용한 방법은 맹자가 말한 '자기의 생각을 가지고 시인의 의도를 헤아린다〔以意逆志〕'는 방법이다. 《맹자》 〈만장 상(萬章上)〉에 매우 잘 설명되어 있다.

> 시를 해설하는 자는 문채만을 중시하여 자구를 오해해서도 안 되고, 자구에 얽매여 시의 원의를 오해해서도 안 된다. 자신의 견해를 가지고 시인의 의도를 헤아려야만 시의 본래 의미를 알 수 있다.
> 說詩者, 不以文害辭, 不以辭害志; 以意逆志, 是爲得之.[9]

이 말의 의미는 "시를 해설하는 사람은 문채만을 중시해서 자구를 오해해서도 안 되고, 또한 자구에 얽매여서 시의 원의를 오해해서도 안 된다. 전체 시편에 근거해 자신이 절실하게 체득한 것을 가지고 시의 본래 의미를 찾아내야 한다."라는 뜻이다.[10]

주자청(朱自淸, 1898-1948)은 《시언지변(詩言志辨)》에서 "以意逆志〔자기의 생각을 가지고 시인의 의도를 헤아린다.〕"에 대해 "자신의 생각을 가지고 시를 지은 의도를 추구한다.〔以己意己志去推作詩之志.〕"라고 해석하였다.

요약해서 말하면, 맹자의 주장은 시의 자구에 대한 분석을 통해 자기의 사상과 견해를 가지고 시의 본의를 추구한다는 것이다. 이러한 주장은 그 수순으로부터 목적에 이르기까지 모두 진보적인 것이다. 이러한 방법은 《춘추》에서 단장취의(斷章取義)하고 천착부회(穿鑿附會)하여 《시경》을 인용하는 현상과는 매우 다른 것이다.[11]

9 시를……있다 : 일반적으로 이 구절에서 '문(文)'은 문자(文字), '사(辭)'는 언어(言語), 즉 단어, 그리고 '시(詩)'는 《시경》을 가리킨다고 보는 견해가 일반적이나, 여기서는 바로 뒤에 나오는 저자 왕요남의 해석을 존중하여 본문과 같이 해석하였다.

10 원주 : 하전재(夏傳才)의 《시경의 연구사 개요〔詩經的研究史概要〕》를 참조하였다. 본 절에서 거론한 《시경》의 사례는 부분적으로 이 책의 관점을 참고하였다.

문제는 시를 해설하는 사람 자신의 사상과 견해가 진리를 재단하는 척도가 될 수 없다는 점이다. 지식의 함양, 사상과 방법, 계급적 입장의 한계, 미학적 관점 등이 모두 시를 해설하는 데 영향을 미칠 수 있으며, 자구에 대한 해석과 의리의 천명에 영향을 미칠 수 있다. 이러한 상황에서 자신의 주관적인 인식과 시가(詩歌) 자체가 내포하고 있는 객관적인 실제 모습을 일치시키는 것은 어려운 일이다. 한·당 사람의 《시경》과 기타 경전에 대한 주석은 거의 모두 봉건주의의 정통적인 사상과 관념을 옹호하기 위한 것이었다. 이러한 사상과 관념은, 그들로 하여금 봉건주의의 윤리와 도덕에 그리 부합하지 않는 시작(詩作)에 대해서 '사의를 곡해하여 거기에서 천명된 의리가 봉건적인 도덕규범에 부합하도록 만드는 수법'을 채택하게 하였다. 정현이 '유(誘)'를 '인도하다〔導〕'로 훈고한 모전을 따르고 아울러 자신만만하게 의리를 설파한 것이 바로 그러한 사례이다.

단지 '유(誘)' 자에 대한 해석뿐만이 아니다. '有女懷春'의 '춘(春)' 자 역시 마찬가지이다.

모전에서는 "'회(懷)'는 생각하다는 뜻이다. '춘(春)'은 가을을 기다릴 겨를이 없다는 뜻이다.〔懷, 思也. 春, 不暇待秋也.〕"라고 하였으며, 정현의 전에서도 여기의 '춘(春)'은 중춘이라고 하였다.[12] 그들의 해석이 봉건적인 윤리와 도덕의 규범에 부합하도록 하기 위해, 공영달은 한 걸음 더 나아간 해석을 가하였다.

> 모전 : '춘(春)'은 가을을 기다릴 겨를이 없다는 뜻이다.〔春, 不暇待秋.〕
> 공영달 : 모전에서 가을과 겨울을 혼인하는 계절이라고 했는데, 여기에서 '춘(春)'이라고 한 것은 이 아가씨가 나이 스물이 되어 혼기가 이미 찼기 때문에 가을을 기다릴 겨를이 없기 때문이다. 여기에서 봄을 생각한다는 것은 봄이 되어 예로써

11 원주 : 이 문제는 《시언지변(詩言志辨)》에 매우 상세하게 논술되어 있다.

12 원주 : 앞의 글에 보인다.

찾아오게 할 것을 생각한 것이다.

傳以秋冬爲正昏, 此云春者, 此女年二十期已盡, 不暇待秋也. 此思春, 思開春欲其以禮來.

구체적인 언어 환경에서 어휘의 의미에 대한 해석은, 반드시 상하의 문의(文義) 내지 시가 전편의 뜻을 파악해야만 한다. 이 시의 진정한 함의를, 우리는 전체 시가의 자, 어휘, 구를 통해서 알아낼 수가 있다.

'춘(春)'의 함의는 한 가지의 해석만이 가능한데, 바로 '춘정(春情)'이다. 《주례》에 "중춘의 달에 남녀를 회합하게 한다.〔中春之月, 令會男女.〕"[13]라는 기록이 있는데, 후세에 이로 인하여 남녀가 서로 사랑하며 즐거워하는 일을 '춘(春)', 남녀 간의 정욕을 '춘정(春情)' 또는 '춘심(春心)'이라고 하였다. 이렇게 해석해야만 우리는 '회춘(懷春)'과 '유(誘)'의 관계를 정확하게 이해할 수 있으며, 시가 전체의 내용을 정확하게 이해할 수 있다.

여관영(余冠英, 1906-1995)은 이 시를 다음과 같이 번역하였다.

여관영 역		원문
死獐子撂在荒郊	들판에 놓여 있는 죽은 노루를	野有死麕
白茅草把它來包	흰 띠풀로 싸다 주었지요	白茅包之
姑娘啊心兒動了	아가씨 마음이 동했기에	有女懷春
小伙子把他來撩	사내가 그를 유혹했다네	吉士誘之
森林裏砍倒小樹	숲속에서 찍어 낸 작은 나무와	林有樸樕
野地裏躺着死鹿	들판에 쓰러진 죽은 사슴을	野有死鹿
茅草索一起捆住	띠풀로 함께 묶어 가 보니	白茅純束
姑娘啊像塊美玉	아름다운 아가씨 옥처럼 곱다네	有女如玉

13 중춘의……한다 : 《주례》 〈지관(地官) 매씨(媒氏)〉에 보인다.

慢慢兒來啊	천천히 오세요	舒而
輕輕地來啊	가만가만 오세요	脫脫兮
我的圍裙可別動	내 앞치마는 건드리지 마세요	無感我帨兮
別惹得狗兒叫起來啊	삽살개가 짖으면 안 되니까요	無使尨也吠

이 시는 한 사냥꾼이 숲속에서 노루와 사슴을 사냥하고 사랑도 얻은 것을 묘사한, 순수한 민간의 사랑 노래이다.

'국풍(國風)' 중의 '길거리〔里巷〕의 가요'와 '남녀가 서로 노래하며 각자 자신의 정을 읊은' 편장의 본래 면목을 보여 준 것은 《모시본의(毛詩本義)》를 통해 그 뜻을 밝힌 대문호 구양수의 공로이다. 그가 '유(誘)'를 '유혹하다〔挑誘〕'라고 해석한 것은, 한·당 사람들이 몇몇 자구에서 덮어쓰고 있던 경학의 옹호자로서의 짙은 안개를 열어젖힌 것으로, 매우 정확한 것이다.

우리가 이 두 가지 사례를 거론한 것은, 한·당 사람의 어휘의 의미와 의리에 대한 해설이 모두 취할 것이 못 된다고 말하는 것은 결코 아니다. 그들의 어휘 의미에 대한 해설은 대부분 정확하며, 어휘의 의미 자체를 통하여 천명한 사상 내용에는 정확한 것이 적지 않다. 예를 들면 다음과 같다.

> 〈위풍(魏風) 석서(碩鼠)〉: 碩鼠碩鼠! 無食我黍. 三歲貫女, 莫我肯顧. 逝將去女, 適彼樂土. 樂土樂土, 爰得我所.
>
> 큰 쥐야, 큰 쥐야! 나의 기장을 먹지 마라. 삼 년 동안 너를 섬겼건만 나를 돌봐 주지 않으려는가.[14] 이제는 너를 떠나 저 행복한 땅으로 가련다. 행복한 땅이여, 행복한 땅이여. 그곳이 내 살 곳이로세.

14 나를……않으려는가 : 원문의 '莫我肯顧'를 번역한 것이다. 정현의 전에 근거하면 '나를 돌봐 준 적이 없다.'라고 번역해야 하는데, 여기서는 경문의 '肯' 자를 '……하려 하다.'라는 뜻의 조동사로 보고 번역하였다.

> 모전 : '관(貫)'은 섬기는 것이다.〔貫, 事也.〕
>
> 정현 전 : '석(碩)'은 크다는 뜻이다. '큰 쥐야, 큰 쥐야.'라고 한 것은, 그 군주를 비난한 것이다. 너는 더 이상 나의 기장을 먹지 마라는 것은, 군주가 세금을 지나치게 거두는 것을 미워한 것이다. 내가 너를 삼 년 동안이나 섬겼는데 은덕을 베풀어 나를 돌봐 준 적이 없다는 것은, 정사를 제대로 다스리지 않는 것을 미워한 것이다.……'서(逝)'는 떠나간다는 뜻이다. 너를 떠나 버리겠다는 것은, 그와 결별하는 말이다. '낙토(樂土)'는 덕이 있는 군주가 다스리는 나라를 말한다.
>
> 碩, 大也. 大鼠大鼠者, 斥其君也. 女無復食我黍, 疾其稅斂之多也. 我事女三歲矣, 曾無敎令恩德來顧眷我, 又疾其不修政也.……逝, 往也. 往矣將去女, 與之訣別之辭. 樂土, 有德之國.
>
> 모시 서 : 〈석서〉는 세금을 무겁게 거두는 것을 풍자한 시이다. 나라 사람들이, 그 군주가 세금을 무겁게 거두어 백성들을 착취하기만 하고 정사는 제대로 다스리지 못하여, 탐욕스럽고 사람을 두려워하는 것이 마치 큰 쥐와 같다고 풍자한 것이다.
>
> 《碩鼠》, 刺重斂也. 國人刺其君重斂蠶食於民, 不修其政, 貪而畏人, 若大鼠也.

어휘의 의미를 곡해해서 제멋대로 의리를 말하는 폐단을 면하기 위해서는, 반드시 '언어 사실에서 출발하는 지도사상(指導思想)'을 갖추어야 한다. 왕력(王力, 1900-1986)은 일찍이 다음과 같이 말하였다.

> 우리는 단지 어떤 사람이 글로 쓴 언어를 통해서 그의 사상을 이해할 수밖에 없다. 역으로, 먼저 주관적으로 그가 반드시 이러한 사상을 갖고 있다고 여겨서, 그것으로부터 결론을 도출하여 '그에게 이러한 사상이 있는 이상 그의 이러한 말 역시 이렇게 해석할 수밖에 없다.'라고 해서는 안 된다.
>
> 我們只能通過他的書面語言去了解他的思想; 我們不能反過來, 先主觀地認爲他必然有這種思想, 從而引出結論說, "他旣然有這種思想, 他這一句話也只能作這樣解釋了."

예를 들어 《장자》 〈거협(胠篋)〉에 도척(盜跖)의 무리와 도척의 대화 한 단락을 빌려서 유가의 인의와 도덕을 풍자하는 대목이 있다.

> 도척의 부하들이 도척에게 물었다. "도둑에게도 도라는 것이 있습니까?" 도척이 대답했다. "어느 곳인들 도가 없을 수 있겠는가. 도둑질하러 들어가서 집 안에 간직해 있는 물건을 미루어 알아맞히는 것은 성(聖)이요, 먼저 들어가는 것은 용(勇)이요, 뒤에 나오는 것은 의(義)요, 일이 제대로 될지 어떨지를 아는 것은 지(知)요, 고르게 나누는 것은 인(仁)이다. 이 다섯 가지를 갖추지 못하고서 큰 도둑이 된다는 것은 천하에 있을 수 없는 일이다."
> 跖之徒問於跖曰 : "盜亦有道乎?" 跖曰 : "何適而無有道邪? 夫妄意室中之[15]藏, 聖也; 入先, 勇[16]也; 出後, 義也; 知可否, 知也; 分均, 仁也. 五者不備, 而能成大盜者, 天下未之有也."

도척은 고대 노예 봉기의 두목으로, 장자가 그에 대해 풍자하고 비판한 것이다.

1970년대 문구의 여기저기서 단편적인 말들을 찾아내어 어떤 정치적 수요에 따라 해석을 가하고, 그로부터 어떤 일반적인 이론과 원칙을 천명하는 것이 유행을 이룬 적이 있다. 어떤 사람은 지어낸 《장자》의 이 한 편의 이야기에 근거하여, 춘추 시대 중국 노예계급의 철학사상의 체계를 찾아냈다. 이 구절에서 표현한, '인애(仁愛)'의 의미로서의 '인(仁)'을 노예계급의 철학사상의 핵심으로 삼았으며, 아울러 이러한 해석을 사전에 포함시키자고 주장하였다. 이러한 어휘 의미의 해석 방법은 바로 왕력이 비판한 방법으로, 유심주의(唯心主義)적인 것이다.

15 之 : 저본에는 없는데, 통행본 《장자》에 근거하여 보충하였다.
16 勇 : 저본에는 '通'으로 되어 있는데, 위 자료에 근거하여 바로잡았다.

어휘 의미의 해석은, 어휘학(Lexicology)[17]의 문제이며, 훈고의 문제이기도 하다. 어휘학의 각도에서 보면, 어휘 의미의 해석은 단지 어휘의 의미를 해석하면 되는 것이고, 의리를 천명하는 것은 훈고학의 일이다. 그러나 의리를 천명하는 기초는 어휘의 의미를 변별하여 밝히는 것인데, 사람들이 어휘의 의미를 해설하는 과정에서 또 왕왕 이미 마음속에 갖고 있던 어떤 사상과 관념을 출발점으로 삼아 사의를 곡해하고 제멋대로 의리를 말하는 결과를 초래하기도 한다. 그러므로 우리가 어휘의 의미를 해설하는 과정에서 발생하는 폐단을 연구할 때에는, 언어의 실제를 따지지 않고 왜곡해서 해설하는 경향을 방지할 수 있도록 우선 지도사상에 입각해서 토론을 해야 한다.

17 어휘학(Lexicology) : 현대 언어학은 주요하게 어음학, 사휘학(Lexicology), 어법학의 세 가지 분야로 나뉘며, 그 외에도 수사학(修辭學), 사전학(詞典學) 등의 다양한 분과 학문이 있다. 그중에 어휘에 관한 전반적이고 체계적인 연구를 사휘학이라고 한다. 언어학의 각 분과 학문 간의 관계, 특히 사휘학과 어의학의 관계에 대해서는 다양한 주장이 있는데, 저자 왕요남은 이 둘 사이에 엄밀한 구분을 두지 않고 사용하고 있는 것으로 보인다. 사휘학은 어의학(Semantics)을 포함한다.

제2절 문장으로 도를 천명하다

이른바 "문장으로 도를 천명한다.〔文以載道〕"라는 것은, 어떤 어휘에 대해서 어휘가 본래 가진 뜻 외의 정치사상과 관념에 대해 설교하는 것을 가리킨다.

'어휘〔詞〕'는 사회생활 및 자연생활과 매우 폭넓게 관계를 가지고 있으며, 어떤 어휘는 자체적으로 또한 일정한 정치적 색채를 띠고 있다. 그러나 언어현상으로서 총체적으로 본다면, 어떤 어휘의 뜻이 바로 어휘의 뜻이다. 사람들이 생각과 사상을 교류할 수 있는 이유는, 먼저 이러한 어휘 의미의 기본적인 내용에 대해 공통적인 이해가 있기 때문이다. 예를 들어 1, 2, 3, 4, 5, 6, 7, 8, 9와 같은 수사(數詞)나 옥석(玉石)의 '옥(玉)', 제왕(帝王)의 '왕(王)' 같은 어휘가 그것이다.

그러나 우리의 옛사람들이 어휘의 의미를 해설하는 과정에는 종종 어휘의 의미에서 벗어나 어떤 정치적 설교의 성분을 덧붙이는 현상이 있다. 선민(先民)들이 글자를 창조한 사상을 너무나도 심오하게 설명하여, 어떤 글자들의 창조는 철학적 사고를 거친 것처럼 설명하며, 그러한 글자들의 배후에는 어떤, 높고 심오하여 헤아릴 수 없는 신비한 의식을 표현하고 있는 것처럼 설명한다. 《설문해자》를 예로 들면 다음과 같다.

> 삼(三) : 하늘·땅·사람의 도리이다. 숫자 삼(三)에서 의미를 취하였다.
> 三, 天、地、人之道也, 從三數.

> 오(五) : 오행이다. 이(二)에서 의미를 취하였는데, 음양이 하늘과 땅 사이에서 뒤얽힌 것이다.
> 五, 五行也. 從二, 陰陽在天地間交午也.

옥(玉) : 돌 중에 아름다운 것으로, 오덕을 갖춘 것이다. 윤택하면서 따뜻한 것은 인(仁)의 측면이고, 속의 무늬가 절로 드러나 가운데를 알 수 있는 것은 의(義)의 측면이고, 그 소리가 퍼져서 멀리서도 들리는 것은 지(智)의 측면이고, 굽혀지지 않고 부러지는 것은 용(勇)의 측면이고, 날카롭고 모나면서도 해치지 않는 것은 혈(絜)의 측면이다.
玉, 石之美有五德者, 潤澤以溫, 仁之方也; 䚡理自外, 可以知中, 義之方也; 其聲舒揚, 專以遠聞, 智之方也; 不撓[18]而折, 勇之方也; 銳廉而不忮[19], 絜之方也.

수(水) : 오행 중에 북방에 해당하는 것이다. 여러 갈래의 물이 함께 흐르는데 가운데에 미약한 양의 기운이 있는 것을 형상한 것이다.
水, 北方之行. 象衆水並流, 中有微陽之氣也[20].

허신(許愼, 58-147?)은 이 글자들의 함의가 무엇인지 알지 못한 것이 아니다. 단지 그는 어휘의 뜻이 무엇인지 분명히 알면서도 굳이 그러한 봉건적 윤리 도덕과 음양오행의 설교를 사용하여 한 걸음 더 나아가 왜 그러한지를 설명하려 한 것이다. 예를 들어 "옥은 돌 중에 아름다운 것이다.〔玉, 石之美者.〕"라는 해석은 훌륭한 것이지만, 굳이 거기에 봉건적인 윤리와 도덕관념을 부회하여 옥을 인격화하려 한 것이다.

《설문해자》는 중국 고대의 첫 번째 자전이다. 또한 세계에서 가장 이른 시기의 것일 뿐 아니라 매우 높은 학술적 가치를 지닌 자전으로, '문이재도(文以載道)'의 요소는 어쨌든 매우 적은 부분이다. 뿐만 아니라 이러한 글

18 撓 : 저본에는 '橈'로 되어 있는데, 《설문해자》에 근거하여 바로잡았다.
19 忮 : 저본에는 '技'로 되어 있는데, 위 자료에 근거하여 바로잡았다.
20 也 : 저본에는 없는데, 위 자료에 근거하여 보충하였다.

자들에 대한 해석이라 할지라도 결코 일괄적으로 배척할 수 있는 것은 아니다. 한편으로는 그 이면에 어쨌든 자의(字義)를 해석한 요소가 있으며, 한편으로는 이러한 견강부회 중에 왕왕 어떤 참고할 만한 성분도 포함하고 있다. 예를 들어 "옥은 돌중의 아름다운 것이다."라는 해석은 일종의 비교를 통한 정의(定義)이며, 그 이하의 해설은 옥의 일정한 특징을 다소 반영하고 있는 것이다.

또 '왕(王)' 자를 예로 들어 보자.

> 왕(王) : 천하 사람들이 귀의하는 대상이다. 동중서는 "옛날 문자를 만드는 사람들은 세 번 획을 긋고 가운데를 연결시킨 것을 왕(王)이라고 하였다. 삼(三)은 하늘, 땅, 사람인데, 이 셋을 통하게 하는 사람이 왕이다."라고 하였다. 공자는 "일(一)이 삼(三)을 관통한 것이 왕(王)이다."라고 하였다.
>
> 王, 天下所歸往也. 董仲舒曰 : "古之造文者, 三畫而連其中謂之王, 三者, 天地人也, 而參通之者王也." 孔子曰 : "一貫三爲王."

허신은 세 가지 해석을 나열하고 있다.

첫 번째 해석은 성훈(聲訓)[21]과 의훈(義訓)[22]의 사이에 걸쳐 있는 해석이다. 봉건적인 정통 왕권의 관념이라는 관점에서 말하자면 '왕'과 '천하'(사람)의 관계는 천하의 사람들이 왕에게 귀부하는 것이며, 우리의 현대적인 사상 관점에서 해석하자면 '왕'은 천하 인민 대중의 최고통치자인 것이다.

두 번째와 세 번째는 사실상 하나의 해석으로, '왕권신수(王權神授)'의 사

21 성훈(聲訓) : 훈고학의 용어로, 어떤 글자와 성음(聲音)이 같거나 비슷한 글자를 통하여 자의(字義)를 해석하는 것을 말한다.

22 의훈(義訓) : 훈고의 기본 방법으로, 어음(語音)과 자형(字形)에 대한 분석을 통하지 않고 자의를 해석하는 방법을 말한다.

상 관념으로 해석한 것이다. 즉, 왕은 하늘의 뜻을 대변하여 그의 국토에 살고 있는 백성들을 다스리는 것이다.

또 '일(一)' 자의 예를 들어 보자.

> 一 : 처음에 태시(太始)가 있고 도는 하나〔一〕에서 세워진다. 그것이 하늘과 땅으로 나뉘어 형성되고 만물을 이루어 낸다.
>
> 一, 惟初太始[23], 道立於一, 造分天地, 化成萬物.

이러한 해석은 전형적인 '문장으로 도를 천명하다〔文以載道〕'의 사례이기는 하다. 그러나 그러한 어휘의 의미에서 벗어난 우주관의 서술들로부터, 허신이 세계와 물질의 기원을 탐색하고 있다는 것뿐만 아니라 이러한 서술에는 어떤 유물주의적 요소가 다소간 표현되어 있다는 점을 알 수 있다.

또 '시(示)' 자의 예를 들어 보자.

> 示 : 하늘에서 상을 드리워 길흉을 나타내니, 사람들에게 보이려는 것이다. '二'에서 의미를 취하였다. ('二'는 고문에서의 '上' 자이다) 세 가지를 드리우는데, 해와 달과 별이다. 천문을 관찰하여 시절의 변화를 살핀다. 신령의 일을 보여 주는 것이다.
>
> 示(示), 天垂象, 見吉凶, 所以示人也. 從二. (二, 古文上字) 三垂, 日月星也. 觀乎天文以察時變. 示神事也.

이 글자의 자형에 대한 분석은 황당하지만, 고대 사람들이 어째서 천상(天象)을 인사(人事)에 결합시켰는지를 반영하고 있으므로 '시(示)'와 아무

23 始 : 저본에는 '極'으로 되어 있는데, 통행본 《설문해자》에 근거하여 바로잡았다. 《옥편(玉篇)》과 《설문해자주》 등에는 저본과 같이 '極'으로 되어 있다.

관계가 없다고 말할 수는 없다.

'문장으로 도를 천명하다'는 앞 절에서 설명한 '제멋대로 의리를 말하다〔妄說義理〕'와 본질적으로는 그리 다른 점이 없다. 언어 자체를 벗어나서 어떤 관념형태(觀念形態, ideology)를 천명한다는 점은 양자가 모두 가지고 있는 것이다. 이것은 극히 해로운 경향이다. 그것은 언어학의 과학성을 파괴하여 경학과 특정한 정치사상의 부속물로 만들어 버린다. 우리가 어휘의 의미를 해석할 때에 반드시 피해야 할 경향이다.

제3절 진위를 변별하지 않다

'진위를 변별하지 않는다〔不辨眞僞〕'는 것은 주석하는 글자나 어휘가 참으로 그 글자나 어휘인지를 따지지 않고 그에 대해 주석하는 현상들을 가리킨다. 이것은 본래 교감학의 문제이지만 어휘의 의미를 해석하는 것과도 밀접하게 관계되어 있다.

고적을 정리하고 문구를 주석하기 위해서는 우선 그 근본을 바로잡아야만 한다. 다시 말해서 우선 고인의 원래 말이 어땠는지를 명확히 한 뒤에야 고인의 원래 의도를 밝힐 수 있는 것이다.

단옥재(段玉裁, 1735-1815)는 일찍이 "저본을 먼저 바로잡지 않으면 고인을 곡해하는 경우가 많게 된다.〔不先正底本, 則多誣古人.〕"[24]라고 하였다. 옛사람의 원래 말도 명확하게 하지 못하면서 어떻게 원래 의도를 이해하겠는가. 오자(誤字)와 연자(衍字)에 대해 주석을 가하는 것은 단지 신을 신고 발바닥을 긁는 격이 되어서 크게 비웃음만 사게 될 것이다. 그러므로 단옥재는 "입설(立說)의 시비를 판단하지 않는다면 오늘날 사람을 그르치는 경우가 많게 된다.〔不斷其立說之是非, 則多誤今人.〕"라고 하였다. 아래에 몇 가지 사례를 들겠다.

24 원주 : 《경운루집(經韻樓集)》〈동지들과 서적을 교감하는 어려움에 대해 논하다〔與諸同志論校書之難〕〉에 보인다.
역주 : 원문에는 '不先正'과 '底本' 사이에 '注疏釋文之' 다섯 글자가 더 있다.

1 오자에 대한 주석

오자(誤字)에 대해 주석을 한 사례는 매우 많다. 예를 들어 《전국책》〈초책(楚策)2〉에 다음과 같은 구절이 있다.

> 寡人之得求反, 主墳墓、復群臣、歸社稷也,
> 과인이 살아 돌아와 선왕을 장사 지내고 군신을 다시 보고 사직을 지키게 된 것은……

포표(鮑彪) 주본(注本)에는 "본국에 돌아오기를 구하여 얻었다.〔求反國而得.〕"라고 설명하였으며, 왕염손(王念孫, 1744-1832)은 《독서잡지(讀書雜志)》에서 '구(求)'가 '내(來)'의 잘못임을 증명하였다.

이 구절은 '초 양왕이 태자였을 때〔楚襄王爲太子之時〕' 편에 나오는데 전문은 다음과 같다.

> 초나라 양왕이 태자였을 때 제나라에 인질로 가 있었다. 회왕이 죽자 태자가 제왕에게 하직 인사를 하고 귀국하려는데 제왕이 막았다.
>
> "나에게 초나라의 동쪽 땅 500리를 주면 그대를 돌려보내겠지만 그대가 나에게 이를 주지 않으면 돌려보낼 수 없다."
>
> 태자가 말하였다. "저의 사부가 계시니 물러가 사부에게 여쭈어 보겠습니다."
>
> 사부인 신자(愼子)가 태자에게 말했다. "땅을 주십시오. 그렇게 하는 것이 자신을 위하는 길입니다. 땅을 아끼다가 돌아가 부왕의 장례를 치르지 못하면 이는 의롭지 못한 일입니다. 그러므로 신은 땅을 떼어 주는 것이 낫다고 여깁니다."
>
> 태자가 궁에 들어가 제왕에게 회답하였다. "삼가 500리의 땅을 바치

겠습니다."

이에 제왕은 태자를 초나라로 돌려보냈다.

태자는 귀국하여 왕위에 올랐다. 그러자 제나라는 전차 50승(乘)을 보내어 약속한, 초나라의 동쪽 땅을 달라고 요구하였다.

초왕이 신자에게 고하였다. "제나라가 사신을 보내어 약속한 동쪽 땅을 달라고 하니 어찌하면 좋겠소?"

신자가 말하였다. "왕께서 내일 군신들을 조회할 때 모두 계책을 올리라고 하십시오."

상주국 자량(子良)이 들어와 알현하니 왕이 물었다. "과인이 돌아와 선왕의 장례를 주관하고 군신을 다시 보고 사직을 지키게 된 것은 동쪽 500리 땅을 제나라에 주기로 허락했기 때문이오. 지금 제나라가 사신을 보내어 땅을 달라고 하니 어찌하면 좋겠소?"

楚襄王爲太子之時, 質於齊. 懷王薨, 太子辭於齊王而歸. 齊王隘之:"予我東地五百里, 乃歸子. 子不予我, 不得歸." 太子曰:"臣有傅, 請追而問傅." 傅愼子曰:"獻之地, 所以爲身也. 愛地不送死父, 不義. 臣故[25]曰獻之便." 太子入, 致命齊王曰:"敬獻地五百里." 齊王歸楚太子. 太子歸, 卽位爲王. 齊使車五十乘, 來取東地於楚. 楚王告愼子曰:"齊使來求東地, 爲之奈何?" 愼子曰:"王明日朝群臣, 皆令獻其計." 上柱國子良入見. 王曰:"寡人之得求反, 主墳墓、復群臣、歸社稷也, 以東地五百里許齊. 齊令使來求地, 爲之奈何?"[26]

이 몇 단락의 대의는 명백하다. 초나라 양왕이 태자였을 때 제나라의 인질이 되었는데, 그의 부친 회왕이 죽자 초나라에 돌아가기를 요구하니 제왕은

25 臣故 : 저본에는 '故臣'으로 되어 있는데, 《전국책》에 근거하여 바로잡았다.

26 원주 : 이하는 군신들이 계책을 진언하는 장면과 일의 결과이다. 이후로는 생략한다.

본국으로 돌아가려면 500리의 땅을 할양해야 한다고 제의하였다. 초왕이 자량(子良)에게 한 말은 우선 사건의 자초지종을 명확히 설명한 것이었다. 그런 뒤에 제나라가 과연 땅을 요구해 온 것에 대해 군신들의 대책을 구한 것이다. 분명 '구(求)'는 '내(來)'가 되어야 한다.

'과인이 살아 돌아온〔寡人之得來反〕' 것과 '동쪽 땅 500리를 제나라에 할양한〔以東地五百里許齊〕' 것은 결과와 조건의 관계이다. 문의로 볼 때 '돌아왔다〔來反〕'는 말이 있어야만 비로소 '선왕의 장례를 주관하고 군신을 다시 보고 사직을 지키게 되었다.〔主墳墓、復群臣、歸社稷〕'는 말과 문맥이 통한다. '장사 지내고〔主〕', '다시 보고〔復〕', '지키게 된〔歸〕' 것은 모두 '돌아왔다〔來反〕'는 것의 보충설명이다. 즉 돌아온 이후에 왕위에 올라 한 일인 것이다.

만일 '구(求)' 자였다면 자초지종을 설명할 수 없을 뿐만 아니라 문리조차 통하지 않게 된다. '구반(求反)'과 '동쪽 땅 500리를 제나라에 할양한〔以東地五百里許齊〕' 것은 아무런 인과관계도 결과와 조건 관계도 성립하지 않으며, '구반(求反)'과 '선왕을 장사 지내고 군신을 다시 보고 사직을 지키게 된〔主墳墓、復群臣、歸社稷〕' 것 역시 뜻이 이어지지 않는다.

왕염손은 문의(文意)의 관점에서 '구(求)'는 '내(來)'가 되어야 한다고 단정하였다. 아울러 예서(隸書)에서 '구(求)'가 '내(來)'로 호와(互訛)[27]되는 현상, 《일주서》〈주축(周祝)〉과 《맹자》〈이루(離婁)〉 및 《사기》〈이사전(李斯傳)〉에 '구(求)' 자가 '내(來)' 자로 잘못 되어 있는 것, 《태평어람》〈인사부(人事部)〉에 인용된 《전국책》의 해당 구절이 바로 '내반(來反)'으로 되어 있는 점을 통해 포표의 주가 왜곡된 해설이라는 것을 증명하였다.

오자에 대해 주석을 한 경우는 사서(辭書) 역시 예외가 아니다. 예를 들

27 호와(互訛) : 고적을 전사(傳寫)하는 과정에서 위아래 구절의 특정 글자가 서로 바뀌어 잘못되는 현상을 가리키는 말이다.

어 《광아》 〈석고(釋詁)4〉에 "'도(搽)'는 '날카롭다.'라는 뜻이다.〔搽, 銳也.〕"라고 하였는데, 《중화대자전》과 《중문대사전》 모두 그것에 근거해 "도(搽)는 날카롭다는 뜻이다."라는 의항(義項)을 설정하였다. 사실 '도(搽)'의 본의는 '끌어당기다〔引〕'는 뜻으로, '날카롭다'는 뜻은 없다.

'도(搽)' 자와 자형이 비슷한 글자로, 목(木)을 의미 부분으로 한 '도(梌)' 자가 있다. 《광운》에는 "오나라 사람은 가시나무를 도(梌)라고 한다.〔吳人謂刺木曰梌也.〕"라고 하였고, 《집운》에는 "도(梌)는 나무 이름이다. 개오동나무〔楸〕인데, 도(搽)라고도 한다.〔梌, 木名, 楸也, 或作搽.〕"라고 하였다.

'도(搽)'와 '도(梌)' 두 글자는 모두 〔tú〕로 읽는다. 수(手)를 의미 부분으로 한 '도(搽)'는 '끌어당기다〔引〕'는 뜻이고, 목(木)을 의미 부분으로 한 '도(梌)'는 '가시나무〔刺木〕'의 뜻이다. '예(銳)'의 어원으로 볼 때 '가시나무'라는 뜻의 '도(梌)'로 해석할 수밖에 없다. '가시나무〔刺木〕'는 가시를 가지고 있어서 그 뾰쪽한 끝이 사람을 찌르므로 날카롭다〔銳〕는 뜻을 가지게 된 것이다.

《광아》에서 "도(搽)는 날카롭다는 뜻이다.〔搽, 銳也.〕"라고 했을 때의 '도(搽)'는 분명 '도(梌)'의 와자(訛字)이다. 《광운》 〈모운(模韻)〉에서는 "도(梌)는 날카롭다는 뜻이다.〔梌, 銳也.〕"라고 개정하였다. 《중화대자전》과 《중문대사전》 두 대형 사서(辭書)에서는 진짜와 가짜를 구분하지 않고 잘못된 것에 기초해 잘못된 해석을 내려 오류를 발생시킨 것이다.

오자와 와자에 주석을 하는 것은 비교적 보편적인 현상이다. 《설문해자》로부터 《강희자전》 및 각종 전적의 전주(傳注)에 이르기까지 모두 이러한 현상을 면할 수 없다. 그렇기 때문에 우리가 고대한어의 어휘에 대한 지식을 학습하고 고서를 주석할 때에는 이러한 현상에 대해 충분히 고려해야 한다. 그리고 고증과 교감 방면의 문장과 저작, 즉 단옥재의 《설문해자주(說文解字注)》, 왕염손의 《독서잡지》·《광아소증(廣雅疏證)》, 왕인지(王引之,

1766-1834)의 《경의술문(經義述聞)》·《경전석사(經傳釋詞)》, 유월(兪樾, 1821-1907)의 《고서의의거례(古書疑義擧例)》, 방성규(方成圭, 1785-1850)의 《집운고정(集韻考正)》 등을 많이 읽어서 최대한 오류를 감소시켜 가능하면 고인을 왜곡하지 않을 뿐만 아니라 오늘날 사람들도 잘못 이끌지 않도록 해야 한다. '근본을 바로잡는 작업〔正本淸源〕'을 해낸다면 고적을 정리하는 데 있어서 훌륭한 기초를 마련한 것이다.

2 연자에 대한 주석

본래는 존재하지 않는데 제멋대로 덧붙여진 글자를 '연자(衍字)'라고 한다.

앞에서 완원(阮元, 1764-1849)이 왕인지의 《경의술문》에 대해 지은 서문에서 인용한 《한비자》의 소화(笑話) 한 편은 연자에 대해 주석을 한 재미있는 사례이다. 또 다음과 같은 사례도 있다.

> 《순자》〈중니(仲尼)〉: 夫齊桓公有天下之大節焉, 夫孰能亡之? 倓然見管仲之能足以託國也, 是天下之大知也. 安忘其怒, 出忘其讎, 遂立以[28]爲仲父, 是天下之大決也.
> 제나라 환공이 천하의 큰 절의를 지녔으니 누가 그를 멸망시키겠는가. 관중이 나라를 맡기기에 족하다고 한눈에 알아차렸으니 이는 바로 천하의 큰 지혜이다. 자신의 노여움도 잊고 원한도 잊고서[29] 드디어 그를 세워서 중부로 삼았으니 이는 바로 천하의 큰 결단이다.

28 以: 저본에는 없는데, 통행본 《순자》에 근거하여 보충하였다.

29 자신의……잊고서: 원문은 '安忘其怒, 出忘其讎'인데, 여기에서는 왕염손의 설을 따라 '安'을 허사로 보고 '出'을 연문으로 보아 번역하였다.

양경(楊倞) 주 : '안(安)'은 '내(內)'와 같고, '출(出)'은 '외(外)'와 같다.

安猶內也, 出猶外也.

왕염손 : 《순자》에서는 '안(安)'과 '안(案)' 두 글자를 모두 어조사로 사용하였다.…… '노여움도 잊고 원한도 잊고서 드디어 그를 세워서 중부로 삼았다.〔忘其怒, 忘其讎, 遂立以爲仲父.〕'라고 하면 세 구절의 문의가 매우 분명해지니, '忘其讎' 앞에 '출(出)' 자가 있어서는 안 된다. 이 '출(出)' 자는 연문이다. 양경의 주에 "'안(安)'은 '내(內)'와 같고, '출(出)'은 '외(外)'와 같다."라고 한 것은, 그것을 이해하지 못하고 만들어 낸 설명이다.

《荀子》書通以安、案二字爲語詞……忘其怒, 忘其讎, 遂立以爲仲父. 三句文義甚明, 則忘其讎上不當有出字, 蓋衍文也. 楊注云"安猶內也[30], 出猶外也", 此不得其解而爲之詞.[31]

'자신의 노여움도 잊고 원한도 잊어버리고〔忘其怒, 忘其讎〕'라는 것은, 관중이 공자 규(糾)를 위해 제나라 환공에게 활을 쏘아서 그 허리띠를 맞춘 일을 가리킨다. 노여움과 원한을 안과 밖으로 구분하려 들면 문의(文義)가 통하지 않는다. 왕염손의 설이 옳다.

30 也 : 저본에는 '地'로 되어 있는데, 통행본 《독서잡지》에 근거하여 바로잡았다.

31 원주 : 《독서잡지(讀書雜志)》 〈순자제이(荀子第二)〉

제4절 허사를 실사로 잘못 인식하다

'허사를 실사로 잘못 인식한다'는 것은, 문구 중에서 어법적 기능만을 갖고 어법적인 의미만을 표시하는 글자를, 개념을 표시하는 글자로 간주하여 해설하는 현상을 가리킨다.

허사의 개념은 옛날에도 이미 있었다. 진(秦)·한(漢) 시대의 훈고학 저작에서 '사(詞)', '사(辭)', '어조(語助)'라고 부른 것들은 모두 허사를 말한 것이다. 다만 원대(元代)의 노이위(盧以緯, ?-?)가 지은 《어조(語助)》에 이르러서야 전문 저작이 나타났다. 청대 왕인지가 지은 〈어사오해이실의(語詞誤解以實義)〉에서는 허사의 작용에 대해 다음과 같이 개괄해서 말하였다.

> 경전의 문장은 글자마다 각기 뜻이 있으나, 어사(語詞)인 글자는 말할 만한 뜻은 없고 다만 문구를 보완하는 역할만 할 뿐이다.
> 經典之文, 字各有義, 而字之爲語詞者則無義之可言, 但以足句耳.[32]

이러한 어사(語詞)는 바로 단옥재가 말했던 "글자의 음에서만 취할 뿐 글자의 본의를 취하지는 않는다.〔皆取諸字音, 不取字本義.〕"[33]라고 하는 것과 같다. 매우 분명하게도, 문구를 보완하는 작용을 하는 허사는 실제적으로 객관적인 사물의 개념을 표시하는 의미를 갖고 있다고 해석해서는 안 된다. 그러므로 왕인지는 또 다음과 같이 말하였다.

32 원주 : 《경의술문(經義述聞)》〈통설(通說)〉

33 원주 : 단옥재(段玉裁)《설문해자주(說文解字注)》'緹' 자 조

어사(語詞)를 실제적인 의미를 갖고 있다고 해석하면 모순되어 문의가 통하기 어렵다.……학문을 잘하는 사람은 어사를, 실제적인 의미를 갖고 있다고 해석하지 않으니, 그렇게 한다면 문장의 흐름에 따라 문의를 해석하는 것이 매우 쉽고 분명해질 것이다.

語詞而以實義解之, 則扞格難通.……善學者不以語詞爲實義, 則依文作解, 較然易明.

그러나 허사는 실자(實字 실사(實詞))에서 가차해 왔을 뿐 아니라 허사의 의미에는 때때로 실사의 의미에 근원을 둔 것도 있으며, 더 나아가 고대에는 허사에 관한 이론이 매우 완비되지 않았다. 그러므로 고적을 주석할 때에는 실사의 의미를 가지고 허사를 해석하는 현상이 있게 된다. 다음에서 두 가지 사례를 들겠다.

1 予仁若考[34]의 약若

전인(前人)들은 '順從〔순종하다〕'의 '순(順)'으로 훈고해 왔는데, 왕인지는 '而且〔뿐만 아니라〕'의 '이(而)'로 해석하였다.

선친은 이렇게 말하였다.

"《서경》 〈금등〉의 '予仁若考'는 《사기》 〈노주공세가〉에 '旦巧〔단(旦 주공)은 영민하여〕'로 되어 있다. '고(考)'와 '교(巧)'는 옛날에는 통용되는 글자였고, '약(若)'과 '이(而)'는 말이 전환된 것이다. '予仁若

34 予仁若考 : 이 문장을 왕염손은 '나, 즉 주공(周公)은 어질 뿐만 아니라 영민하여'로 해석하였다. 기존에는 '나는 아버지에게 순종하여'로 해석하였다.

考'는 '나는 어질고 영민하여〔予仁而巧〕'라는 뜻이다. 영민하기 때문에 다재다능하여 귀신을 잘 섬기는 것이니, 의미의 중점은 '교(巧)'에 있지 '인(仁)'에 있지 않다. 그러므로 아래 문장에 단지 '당신들의 큰 손자는 단처럼 다재다능하지 못하다.'라고 한 것이다. 만약 전(傳)처럼 '주공이 능히 아버지에게 순종하여'라고 해석한다면, 무왕은 아버지에게 순종하지 않았단 말인가. 또 삼왕[35]에 대해서 이야기하자면 '고(考)'라고만 칭해서는 안 된다."

家大人曰："《金縢》予仁若考,《史記·魯周公世家》作'旦巧'. 考、巧古字通. 若、而語之轉. 予仁若考者, 予仁而巧也. 惟巧故能多才多藝, 能事鬼神, 意重巧不重仁. 故下文但言乃元孫不若旦多才多藝也. 若如傳曰'周公仁能順父', 則武王豈不順父者耶? 且對三王言之, 亦不當獨稱考也."[36]

단지 몇 마디 말로 천 년 동안 내려오던 짙은 안개를 걷어 낸 것이다. 어조사라는 관점에서 '약(若)'을 '이(而)'로 풀이하고, 인하여 실사인 '고(考)'가 '교(巧)'의 의미로 풀이되는 유래를 설명하였다. 또 더 나아가 의리의 관점에서, '약(若)'을 실사의 의미인 '순(順)'으로 풀이하고 '고(考)'를 '考妣'의 '고(考)'라고 풀이한다면, 이는 주공이 자신을 칭찬하고 무왕을 폄훼하는 문제가 있게 되니 문의와 부합하지 않는다고 설명하였다. 얼마나 정확한 변증과 식견인가!

35 삼왕(三王) : 주(周)나라의 태왕(太王)·왕계(王季)·문왕(文王)을 가리킨다.

36 원주 : 《경의술문(經義述聞)》 권3 여인약고(予仁若考) 조

2 終風且暴의 종終

《시경》〈패풍 종풍〉에는 "終風且暴〔바람이 불 뿐만 아니라 사납기까지 하니〕", "終風且霾〔바람이 부는 데다가 흙비까지 날리니〕", "終風且曀〔바람이 부는 데다가 음산하기까지 하니〕"라는 구절이 있다.

이에 대해 모전에서는 '종풍(終風)'을 '하루 종일 바람이 불고〔終日風〕'로 해석하였고, 《한시》에서는 '서풍'으로 해석하였다. 정현은 '하루 종일 바람이 불고〔竟日風〕'로 해석하여 모전과 동일하다.

《詩·邶風·終風》有 "終風且暴" "終風且霾" "終風且曀"之句. 毛傳釋 "終風" 爲"終日風", 《韓詩》釋爲"西風", 鄭玄釋爲"竟日風", 與毛傳同.

'종(終)'의 본의는 '실을 칭칭 동여매다〔絿絲〕'인데, 본의는 폐기되었다. 그리고 '동(冬)'의 본의는 '사시(四時) 중 마지막 계절'이다. '극(極)'·'궁(窮)'·'경(竟)'으로 인신되었는데, 그 인신의를 '종(終)' 자에 빼앗겼다. 그러므로 《광아》에서는 '종(終)'을 '종극(終極)'·'궁(窮)'·'경(竟)'으로 해석하였다.

모전(毛傳)과 정전(鄭箋)에서는 상하의 문의를 살피지 않고 '종(終)' 자의 뜻을 일반적인 뜻으로 해석하였고, 또 '終……且'[37]가 관련되어 굳어진 구조〔固定結構〕를 이루는 것을 몰랐다. 그래서 시의 본의를 파악하지 못한 것이다.

한대(漢代) 이후로 2천 년 동안 '종(終)'의 뜻을 확실하게 이해하지 못했었는데, 오직 왕염손만이 '종(終)'을 '이미 그러하다'는 뜻의 허사인 '기(旣)'로 해석하였다. 외부적인 연계로 보면 '종(終)'과 '차(且)'가 연결되고, 내부적인 연계로 보면 '극(極)'·'진(盡)'·'궁(窮)'·'경(竟)'이 허사화되어 '이미

37 終……且 : '(「기왕」 또는 「이미」)……(일 뿐만 아니라) 또……'라는 뜻이다.

그러하다'는 뜻을 표현하는 '기(旣)'가 되었다. 그 주장이 지극히 정확하여 '終風且暴'를 훈고의 유명한 사례로 만들었다.

왕인지는 《경전석사(經傳釋詞)》에서 이에 대해 심도 있는 고증을 하였다. 우선 모전과 《한시》, 정현의 해석이 연사생훈(緣詞生訓)[38]이라는 것을 지적하였다. 이어 《이아》에서 남풍[39]·동풍[40]·북풍[41]·서풍[42]·회풍(回風)[43] 등으로 《시경》의 사(詞)에 대해 통석(通釋)하고, 이 〈종풍〉 시의 사에 대해 "해가 뜨고 바람이 부는 것을 '포(暴)', 바람이 불고 흙비가 내리는 것을 '매(霾)', 구름이 끼고 바람이 부는 것을 '에(曀)'라 한다.〔日出而風爲暴, 風而雨土爲霾, 陰而風爲曀.〕"라고 풀이하였지만, 모두 '종풍(終風)'에 대해서만은 언급하지 않은 것을 근거로 《이아》에서는 결코 '종풍'을 하나의 사(詞)로 인식하여 '종일 부는 바람'으로 해석하지 않았다는 것을 설명하였다. 그렇게 하여 모전, 정현, 《한시》 등의 사의(詞義)에 대한 해석이 정확하지 않다는 것을 증명하였다.

이어서 《시경》 〈패풍(邶風) 연연(燕燕)〉의 "終溫且惠〔온화한 데다 손순하여〕", 〈북문(北門)〉의 "終窶且貧〔어려운 데다 가난한데〕", 〈소아(小雅) 벌목(伐木)〉의 "終和且平〔화합하고 평안하게 된다네.〕", 〈제풍(齊風) 보전(甫田)〉의 "終善且有〔좋은 데다 많은지라〕", 〈소아(小雅) 정월(正月)〉의 "終其永懷, 又窘陰雨.〔길이 생각나는 데다 장맛비에 시달리도다.〕"

38 연사생훈(緣詞生訓) : 대진(戴震, 1724-1777)의 〈고경해구침서(古經解鉤沈序)〉에 나온 말로, 경전의 중요한 문자나 어휘에 대해 경전(經傳)이 탄생한 시대에 그 문자나 어휘가 지닌 본의(本義)가 어떠했는가를 무시하고 해설자의 주관적인 이해에 근거하여 임의로 해석하는 현상을 가리킨다.

39 원주 : 《시경》에 보이는 '凱風'을 풀이한 말이다.

40 원주 : 《시경》에 보이는 '谷風'을 풀이한 말이다.

41 원주 : 《시경》에 보이는 '凉風'을 풀이한 말이다.

42 원주 : 《시경》에 보이는 '泰風'을 풀이한 말이다.

43 원주 : 《시경》에 보이는 '飄〔회오리바람〕'를 풀이한 말이다.

등 '終……且', '終……又'의 굳어진 구조의 사례를 들고 상하의 문의에 대한 분석을 통해 종류별로 귀납하였으며, 그를 통해 '종(終)'의 뜻이 '이미〔旣〕'라는 것을 극력 설명하여 사람들을 수긍하게 만들었다.

왕인지가 '종(終)'을 해석하면서 《시경》에 대해 색인식으로 자료를 회집하는 작업을 했던 것은, 학문 연구 태도의 엄밀함이라는 측면에서 보았을 때 훈고의 전범이라 일컬을 만하다.[44]

44 원주 : 《경전석사》 권9

제5절 복합어나 연면자를 단음절어로 나누다

'절병위단(折駢爲單)'은, 본래는 동의복합어(同義復合語)나 연면자(聯綿字)인데, 서로 다른 함의를 가진 단음절어로 나누어 해석하는 현상을 가리킨다.

이것은 고대 중국어 어휘학에서 비교적 다루기 곤란한 문제이다. 고대 중국어에서 단음절어가 점유하고 있는 비율은 절대적으로 우세한데, 단음절어가 발전하여 복음절어로 변화하는 것은 왕왕 또 점진적인 과정을 겪게 되기 때문이다.

뜻이 같거나 비슷한 단음절어가 복합되어 형성된 쌍음절어〔雙音節詞〕[45]들은, 그것을 이루는 각각의 단음절어가 본래부터 동일한 의미를 갖고 있기도 하지만 또 서로 다른 의미를 갖고 있기도 함으로써 사람들의 오해를 불러일으키기도 한다. 주석하는 사람이, 그것들이 완전히 동일한 의미를 갖고 있다는 측면에 주의하지 않고 동일하지 않거나 조금 다르다는 측면만을 보게 된다면, 복음절어를 두 개의 단음절어로 만드는 잘못을 면치 못하게 된다. 이는 이 두 개의 단음절어가 결합되는 기초가 바로 그들이 완전히 혹은 기본적으로 동일한 의미를 갖고 있기 때문이라는 사실을 전혀 몰랐기 때문이다. 예를 들어 보겠다.

1 **함화**咸和

《서경》〈무일(無逸)〉: 文王卑服, 卽康功田功,……自朝至于日中昃, 不遑暇食, 用咸和萬民.

45 원주 : 연어(連語)라고도 한다.

문왕께서 허름한 옷을 입고 백성을 편하게 해 주는 일과 농사일을 관장하셨으며,……아침부터 한낮을 거쳐 해가 질 때까지 밥 먹을 틈도 없었던 것은 모두 만백성을 화평하게 살게 하기 위해서였습니다.

공안국 전 : 아침부터 한낮을 거쳐 해가 질 때까지 밥 먹을 겨를도 없이 정사에 골몰한 것은 모두 만백성을 화평하게 살게 하기 위해서였다.

從朝至日昃不暇食，思慮政事，用皆和萬民.

공영달 소 : 밥 먹을 겨를도 없었던 까닭은 정사에 골몰했기 때문이니, 모두 만백성을 화목하게 하기 위한 것이다. 정사가 비록 많으나 모두 백성을 위한 것이므로 '함(咸)'이라고 한 것이다. '함(咸)'은 '모두'라는 뜻으로 풀이한다.

所以不暇食者，爲思慮政事，用皆和萬民. 政事雖多，皆是爲民，故言咸. 咸訓皆也.

공안국 전과 공영달 소에서는 '함(咸)'을 '모두〔皆〕'의 뜻이라고 하였는데, 일반적인 뜻을 취한 것이다. 그러나 이는 '함(咸)'이 '함(諴)'과 통용되므로, '화평〔和〕'으로 훈고해야 한다는 것을 모른 것이다.

《설문해자》〈언부(言部)〉에 "함(諴)은 화평하다는 뜻이다. 《서경》〈주서〉에 '백성들을 크게 화평하게 하였다.'[46]라고 하였다.〔諴, 和也. 《周書》曰 : '不[47]能諴于小民.'〕"라고 하였다. 여기에서 '함(諴)' 자의 용법은 '咸和萬民'의 '함화(咸和)'와 동일하다. 다만 하나는 단음절어이고 하나는 복음절어일 뿐이다.

'咸和萬民'을 '모두 만백성을 화평하게 하기 위한 것이다.〔皆和萬民〕'라고 해석하면 의미상 통하지 않는다. 그래서 유월(兪樾)은 "함(咸)과 화(和)는 같은 뜻이다.〔咸和一義.〕"라고 하고 "'모두 만백성을 화평하게 하기 위한 것'이라고 한다면 말이 성립되지 않는다.〔以爲皆和萬民, 則不辭矣.〕"[48]라고 하였다.

46 백성들을……하였다 : 《서경》〈주서(周書) 소고(召誥)〉에 나오는 말이다.

47 不 : 통행본 《서경》에는 '丕'로 되어 있다.

48 원주 : 유월(兪樾)의 《고서의의거례(古書疑義擧例)》 7 〈양자일의이오해례(兩字一義而誤解例)〉에 보인다.

2 의표儀表

《한서》〈애제기(哀帝紀)〉: 爲宗室儀表.

종실의 의표가 된다.

안사고(顔師古, 581-645) 주 : 예의의 모범이 되는 것을 말한 것이다.
言爲禮儀之表率.

《한서》〈혹리전(酷吏傳)〉의 찬(贊) : 其廉者足以爲儀表.

그의 청렴함은 의표가 되기에 충분하다.

안사고 주 : 드러낼 만한 위의가 있음을 말한 것이다.
謂有儀形可表明者.

안사고(顔師古)는 동일한 복음절어(동의복합어)에 대해 다른 해석을 하였는데, 두 곳에서 모두 '의(儀)'와 '표(表)'를 분리하여 해석하였다.

왕염손은 《독서잡지(讀書雜志)》〈한서〉 제16의 연어(連語) 조에서 다음과 같이 고증하고 변석하였다.

《한서》〈애제기(哀帝紀)〉: 爲宗室儀表.

종실의 의표가 된다.

《한서》〈혹리전〉의 찬 : 其廉者足以爲儀表.

그의 청렴함은 의표가 되기에 충분하다.

왕염손 안 : 나무를 세워서 남에게 보이는 것을 '의(儀)'라고 하고, '표(表)'라고도 한다.
《설문해자》에 "의(檥)는 나무기둥〔榦〕이다. '나무〔木〕'와 관련된 뜻이며, 발음은 '의(義)'이다."라고 하였다. 경전에는 통용하여 '의(儀)'로 되어 있다. 그러므로 《이아》에서 "의(儀)는 나무기둥〔榦〕이다."라고 한 것이다.
《여씨춘추》〈신소〉 주에 "표(表)는 기둥〔柱〕이다. 그러므로 덕행이 남의 모범이 될 만한 자를 의표(儀表)라고 하는 것이다."라고 하였다.

《예기》〈치의〉에 "윗사람은 좋아하고 싫어하는 것을 신중히 해야 한다. 백성들의 푯대〔表〕가 되기 때문이다."라고 하였는데, 정현의 주에 "백성들이 군주를 따르는 것은 해 그림자가 해시계의 푯대〔表〕를 따라가는 것과 같다."라고 하였다.

《순자》〈군도〉에 "군주는 푯대이니, 푯대가 바르면 그림자가 바르게 된다."라고 하였는데, 여기서 '의(儀)'는 곧 푯대〔表〕이다.

《관자》〈형세해〉에 "법도는 만민이 따르는 기준이고, 예의는 존비를 구분하는 기준이다."라고 하였다.

《회남자》〈주술〉에 "말은 문장이 되고 행실은 의표가 된다."라고 하였다.

《좌전》 문공 6년 조에 "법령을 선포하면 표준이 되고 인도하면 기준이 된다."라고 하였다.

'의표(儀表)'라 하기도 하고 '표의(表儀)'라 하기도 하지만, 그 뜻은 동일하다.

안사고는 〈애제기〉에 주석을 달면서 "예의의 모범이 되는 것을 말한 것이다."라고 하고, 〈혹리전〉에 주석을 달면서 "드러낼 만한 위의가 있음을 말한 것이다."라고 하였다. 이는 표면적인 글자 뜻으로 부회하여 잘못 해석하다 보니 주가 각각 달라진 것으로, 의(儀)와 표(表)가 동일하게 '푯대'의 뜻이 있고 또 의(儀)는 의(檥)의 가차자라는 것을 알지 못했기 때문이다.

立木[49]以示人謂之儀, 又謂之表.《說文》:"檥, 榦也. 從木義聲." 經傳通作儀. 故《爾雅》云:"儀, 榦也."《呂氏春秋·愼小篇》注云:"表, 柱也. 故德行足以率人者, 亦謂之儀表."《緇衣》曰:"上之所好惡不可不愼也, 是民之表也." 鄭注:"言民之從君, 如景逐表."《荀子·君道篇》曰:"君者, 儀也[50]. 儀正而景正." 是儀, 卽表也.《管子·形勢解篇》曰:"法度者, 萬民之儀表也. 禮義者, 尊卑之儀表也."《淮南·主術篇》曰:"言爲文章, 行爲儀表."《文·六年·左傳》曰:"陳之藝極, 引之表儀." 或言儀表, 或言表儀, 其義一也. 師古注《哀紀》則云"言爲禮儀之表率"; 注《酷吏傳》則云"謂有儀形可表明者". 望文生義, 而注各不同, 皆由不知儀、表之同爲立木, 又不知儀爲檥借字故也.[51]

왕염손은 연어(連語) 조에서 '의표(儀表 모범)', '감개(感慨)', '괴오(魁

49 木 : 저본에는 '本'으로 되어 있는데, 《독서잡지(讀書雜志)》(江蘇古籍出版社, 2000, 407쪽)에 근거하여 바로잡았다.

50 儀也 : 《순자》 원문에는 뒤에 '民者景也'가 더 있다.

51 원주 : 《독서잡지》〈한서(漢書)〉 제16의 연어(連語) 조

梧 건장)', '온자(醞藉 함축)', '경악(驚愕)' 등 모두 20여 사례를 들고, 일일이 앞뒤의 두 글자를 분석하여 '두 자로 된 연어는 모두 앞뒤 글자가 동의어로, 나누어서 훈고할 수 없다.〔凡連語二字, 皆上下同義, 不可分訓.〕'라는 결론을 도출해 냈다.

이러한 종류의 연어는 비교적 많은데, 구태여 자세히 서술하지 않겠다. 만일 '표면적인 글자 뜻으로 부회하여 잘못 해석함으로써 왕왕 천착하여 그 본래의 뜻을 잃고〔望文生義, 往往穿鑿而失其本指〕' '억지로 구별한다면〔强爲區別〕', '깊이 추구하면 추구할수록 본래의 뜻에서 멀어지게 될 것이다.〔求之愈深, 失之愈遠.〕'

병자(駢字)는 단지 의미로 인해 복합되어 만들어질 뿐만 아니라 다른 방식으로도 만들어지는데, 다른 방식으로 만들어지는 복합어 중에 어떤 것들은 분리하여 훈고할 수 있는 것도 있다. 분리하여 훈고할 수 없는 것으로는 동의복합어 이외에 연면자(聯綿字)가 있다.

연면자는 두 개의 음절로 구성되어 일정한 의미를 나타내는 것인데, 이 두 개의 글자는 분리하면 일반적으로 아무런 의미가 없거나 그중의 어떤 한 글자는 아무런 의미가 없다. 예를 들어 '영롱하다〔玲瓏〕'나 '나비〔蝴蝶〕' 같은 단어이다. 어떤 사람은 문적(文籍)을 주석하고 어휘를 해석할 때 이 연면자들을 분리하여 먼저 단음절어로 만들어 해석한 다음 다시 결합하여 해석하기도 한다.

3 **요조**窈窕

《시경》〈주남(周南) 관저(關雎)〉: 窈窕淑女, 君子好逑.

얌전한 아가씨 군자의 좋은 배필이로다.

모전 : '요조(窈窕)'는 유순하고 얌전하다는 뜻이다. '숙(淑)'은 좋다는 뜻이다. '구

(逑)'는 짝이라는 뜻이다. 후비에게 물수리의 덕이 있으니, 이는 얌전하고 정숙한 좋은 처녀이므로 군자의 훌륭한 짝이 되기에 좋다는 말이다.

窈窕, 幽閑也. 淑, 善. 逑, 匹也. 言后妃有關雎之德, 是幽閑貞專之善女, 宜爲君子之好匹.

정현 전 : 사이가 좋지 않은 부부를 '구(仇)'라고 한다. 후비의 덕이 화목하게 잘 지내서 얌전하게 심궁에 거처함을 말한 것이다.

怨耦曰仇. 言后妃之德和諧, 則幽閑處深宮.

공영달 소 : '요조(窈窕)'는 좋은 처녀가 거처하는 집의 형상이 그윽함을 말한 것이다.……전(傳)에서 그렇게 말할 수 있었던 것은, 좋은 처녀가 이미 훌륭하다고 일컬어졌다면 그윽한 곳이 거처하기에 적합한 것이다. 그러므로 그윽하다고 한 것이니 그 거처가 깊숙하고 고요함을 말한 것이다. 양웅이 "선한 마음이 요(窈)이고, 훌륭한 용모가 조(窕)이다."라고 한 것은 틀렸다.

窈窕者, 謂淑女所居之宮形狀窈窕然.……傳知然者, 以其淑女已爲善稱, 則窈窕宜爲居處, 故云幽閑, 言其幽深而閑靜也. 揚雄云"善心爲窈, 善容爲窕"者, 非也.

'요조(窈窕)'라는 어휘는 첩운연면어(疊韻聯綿語)이다. 대체로 산수와 궁실이 깊숙한 것을 '요조'라고 할 수 있다.

《옥편(玉篇)》: 窈窕, 深遠也.

'요조(窈窕)'는 깊숙하다는 뜻이다.

《문선(文選)》 손작(孫綽, 314-371)의 〈유천태산부(游天台山賦)〉:

邈彼絶域, 幽邃窈窕.

아득한 절역이여, 깊숙하고 그윽하도다.

도잠(陶潛, 365?-427)의 〈귀거래사(歸去來辭)〉: 旣窈窕以尋壑.

깊숙한 골짜기를 찾아다닌다.

조터(曹攄, ?-308)의 시 : 窈窕山道[52]深.

그윽하니 산길이 깊도다.

이상은 산수를 묘사한 사례이다.

《문선》 왕연수(王延壽)의 〈노영광전부(魯靈光殿賦)〉 : 旋室也㛹娟以窈窕.

구부러진 궁실 역시 예쁘고 그윽하다.

이것은 궁실을 묘사한 사례이다.

산수와 궁실을 묘사하면서 '그윽하다〔窈窕〕'고 표현한 사례는 매우 많다. 예를 들면 '요조(窈篠)'·'요조(窅篠)'·'요도(撓挑)'·'요조(窈窱)' 등이 있고, 궁실을 그윽하다고 표현한 사례로는 '묘조(杳篠)'·'요조(窈篠)' 등이 있다.

여자의 자색이 아름다운 것 역시 '요조(窈窕)'라고 한다. 예를 들면 '얌전한 아가씨〔窈窕淑女〕'가 있다.

子慕予兮善窈窕.[53]

그대도 예쁜 나를 좋아하나 봐.

왕일(王逸) 주 : '요조(窈窕)'는 아름다운 모양이다. 《시경》에 "얌전한 아가씨〔窈窕淑女〕"라고 하였다.

窈窕, 好貌. 《詩》云 : "窈窕淑女."

홍흥조(洪興祖, 1090-1155) 보주 : 《방언》에 "아름다운 모습을 요(窈)라고 하고, 아름다운 마음을 조(窕)라고 한다."라고 하였다. 곽박(郭璞, 276-324)의 주에 "요(窈)는 고요한 것이고, 조(窕)는 그윽한 것이다."라고 하였다.

《方言》云 : "美狀爲窈, 美心爲窕." 注云 : "窈, 幽靜; 窕, 閑都也."

52 道 : 저본에는 '水'로 되어 있는데, 통행본 《문선(文選)》에 근거하여 바로잡았다.

53 원주 : 《초사》 〈구가(九歌) 산귀(山鬼)〉

或曰："女有色，書亦有色乎？" 曰："有．女惡鉛華之亂窈窕也，書惡淫辭之淈法度也．"[54]

어떤 사람이 "여자에게는 아름다운 얼굴〔色〕이 있는데 서책에도 색(色)이 있습니까?"라고 묻기에 "있다. 여자에게서는 화려한 분칠이 얌전함〔窈窕〕을 어지럽히는 것을 미워하고 서책에서는 음탕한 말이 법도를 어지럽히는 것을 미워한다."라고 대답하였다.

佳冶窈窕，趙女不立於側．[55]

아름답고 얌전한 조나라 미녀들이 폐하의 곁에 서 있지 않게 될 것입니다.

窈窕多儀容．[56]

얌전하니 용모가 훌륭하고.

이상은 모두 여자의 자색을 묘사한 예이다. '요조(窈窕)'는 어떤 본에는 '묘조(苗條)'로 되어 있다.[57]

산수가 그윽한 것을 묘사하든 여자의 용모가 아름다운 것을 묘사하든, '요조(窈窕)'는 두 개의 음절이 이어져서 의미를 이루는 것으로, 분리할 수 없는 연면어이다. 양웅은 '요(窈)'와 '조(窕)'를 나누어서 훈고하였고, 홍흥조는 또 《방언》과 곽박의 주를 인용하여 '요(窈)'와 '조(窕)'를 나누어서 훈고하였는데, 모두 타당하지 않다.

같은 뜻의 글자가 결합되어 이루어진 복음절어(연어(連語))도 절대

54 원주 : 양웅(揚雄, 기원전 53-18)의 《법언(法言)》〈오자(吾子)〉

55 원주 : 《문선》 이사(李斯)의 〈간축객서(諫逐客書)〉

56 원주 : 육기(陸機, 260-303)의 〈일출동남우행(日出東南隅行)〉

57 원주 : 《진서(晉書)》〈황후전(皇后傳)〉 주에 보인다.

분리하여 훈고해서는 안 되는데, 순전히 성음이 이어져서 어떤 의미가 만들어진 연면자를 분리하여 훈고하는 것은 더욱 타당하지 않다. 유사배(劉師培, 1884-1919)는 《고서의의거례보(古書疑義擧例補)》에서 다음과 같이 말하였다.

> 《시경》〈관저〉에 "얌전한 아가씨 군자의 좋은 배필이로다.〔窈窕淑女, 君子好逑.〕"라고 하였는데, 모전에 "선한 마음을 '요(窈)'라 하고 훌륭한 용모를 '조(窕)'라 한다.〔善心曰窈, 善容曰窕.〕"라고 하였다. 나의 견해는 다음과 같다. '요(窈)'와 '조(窕)' 두 글자는 대표적인 첩운자이다. 그런데도 선한 마음과 훌륭한 용모로 분리하여 훈고했으니, 고지식함을 면치 못한 것이다. 모전의 《시경》 해설은 이러한 것들이 매우 많으니 학자들이 꼭 독실하게 믿을 필요는 없다.
>
> 《詩·關雎篇》云:"窈窕淑女, 君子好逑". 毛傳云:"善心曰窈, 善容曰窕." 案窈窕二字, 乃疊韻字之表象者也. 以[58]善心善容分訓之, 未免迂拘. 毛傳解《詩》, 類此者甚多, 學者不必篤信也.

'요(窈)'와 '조(窕)' 두 글자를 분리하여 훈고한 것에 대해 "고지식함을 면치 못했다.〔未免迂拘.〕"라고 한 것은 매우 옳은 말이다. 다만 매우 안타깝게도 '요(窈)'와 '조(窕)' 두 글자를 분리하여 훈고한 것은 결코 모전이 아니라 양웅의 《방언》인데, 유사배는 우연히 이 점을 살피지 못하였다.

58 以 : 저본에는 없는데, 《고서의의거례오종(古書疑義擧例五種)》(中華書局, 2005, 160쪽)에 근거하여 보충하였다.

4 호구好逑

'호구(好逑)'라는 어휘 역시 하나의 사례이다. 관습적인 해석으로, '구(逑)'는 '구(仇)', 곧 '배필〔匹耦〕'의 뜻으로 훈고하고, '호(好)'는 '좋다〔美好〕'는 뜻으로 훈고하여 형용사로서 '구(逑)'를 수식하는 성분으로 본다. 문일다(聞一多, 1899-1946)는 다음과 같이 고증하고 변석하였다.

> '호(好)' 자는 '여(女)'와 '자(子)'에서 의미를 취한 회의자이다. 그 본의는, 동사로 쓰이면 '남녀가 서로 사랑하다'는 뜻이 되어야 하며, 명사로 쓰이면 '배필'이 되어야 한다. 형용사로 쓰일 때의 '좋다'는 뜻은 그 인신의일 뿐이다.
> 好字從女從子, 其本義, 動詞當爲男女相愛, 名詞當爲匹耦, 形容詞美好, 乃其義之引申耳.

그래서 그는《시경》〈위풍(衛風) 목과(木瓜)〉의 "영원히 잘 지내자는 것이라오.〔永以爲好也.〕"를 "영원히 짝이 되자는 것이라오.〔永以爲偶也.〕"로 해석하였다. 또 〈관저〉의 '호구(好逑)'를 '배필〔匹耦〕'로 해석하여, "'君子好逑'에서 '구(逑)'의 뜻은 '배필〔匹〕'이므로, '호구(好逑)'는 첩운으로 이루어진 연어(連語)로 '배필〔匹耦〕'과 같은 말이다."라고 하였다.[59]

5 유예猶豫

가장 유명한 사례로 '유예(猶豫)〔주저하다〕'라는 단어를 들 수 있다. 주대박

59 원주 :《문일다전집(聞一多全集)》〈고전신의(古典新義) 주남(周南)〉에 상세하다. '好'·'逑'가 상고(上古)에는 유부(幽部)에 속했다.

(周大璞, 1909-1993)은 《훈고학요략(訓詁學要略)》에서 훈고의 유폐(流弊)를 분석하면서 이 사례를 들어 연면자의 "두 글자는 분리하여 해석할 수 없다.〔兩個字不能拆開解釋.〕"라는 것을 설명하였다.

'유예'는 쌍음자(雙音字)[60]로, '유예(猶預)'·'유여(猶與)'·'용여(容與)'·'이유(夷猶)'로도 쓰는데, 주저하면서 결정하지 못한다는 뜻이다. 나누어 말하면 '유(猶)'와 '예(豫)'이고, 합해서 말하면 '유예(猶豫)'이며, 바꾸어서 말하면 '이유(夷猶)'나 '용여(容與)'가 된다. 나누어 말하든 합해서 말하든 그 실질은 변하지 않는다.

왕인지가 이에 대해 《경의술문》 〈통설(通說)〉에서 정밀하게 고증하고 분석하였는데, 이제 이것을 초록하면 다음과 같다.

> 선친께서 이렇게 말씀하셨다. '유예(猶豫)'는 쌍성자로, 자형은 혹 '유여(猶與)'로 적기도 한다. 나누어 말하면 '유(猶)'와 '예(豫)'이다. 예컨대 《관자》 〈군신〉에 "백성들에게 의심하고 망설이는 마음이 있다.〔民有疑惑貳豫之心.〕"라고 하였다. 《초사》 〈구장〉에 "마음이 전일하여 주저하지 않는다.〔壹心而不豫兮.〕"라고 하였는데, 왕일의 주에 "예(豫)는 주저함〔猶豫〕이다."라고 하였다. 《노자》에 "겨울철에 개천을 건너듯이 머뭇거리고 사방을 두려워하듯이 망설인다.〔豫焉若冬涉川, 猶兮若畏四鄰.〕"라고 하였다. 《회남자》 〈병략〉에 "주저하고 망설이는 적을 공격하고 압도한다.〔擊其猶猶, 陵其與與.〕"라고 하였다. 합하여 말하면 '유예(猶豫)'이고 바꾸어 말하면 '이유(夷猶)'·'용여(容與)'이다. 예컨대 《초사》 〈구가〉에 "상군(湘君)께서 오지 않고 머뭇거리시니.〔君不

60 쌍음자(雙音字) : 일반적으로는 두개의 음이 합쳐져서 하나의 음절을 이룬 글자, 즉 이합자모(二合字母, digraph)를 가리키는데, 혹은 이중음자(二重音字)·이중자(二重字)라고도 한다. 여기에서 저자 왕요남은 '쌍성자(雙聲字)', 즉 '자음을 구성하는 성(聲)과 운(韻) 중에서 성(聲)이 동일한 글자'의 의미로 사용한 듯하다.

行兮而夷猶.〕"라고 하였는데, 왕일의 주에 "이유(夷猶)는 유예(猶豫)의 뜻이다."라고 하였고, 〈구장〉에 "다만 머뭇거리며 배회하노라.〔然容與而狐擬.〕"라고 하였는데, '용여(容與)'도 '유예(猶豫)'의 뜻이다.

家大人曰：猶豫雙聲字也[61], 字或作猶與. 分言之則曰猶曰豫. 《管子·君臣篇》曰："民有疑惑貳豫之心." 《楚辭·九章》曰："壹心而不豫兮." 王逸注："豫, 猶豫也." 《老子》曰："豫焉[62]若冬涉川, 猶兮若畏四鄰." 《淮南·兵略篇》曰："擊其猶猶, 陵其與與." 合言之則曰猶豫, 轉之則曰夷猶, 曰容與. 《楚辭·九歌》"君不行兮夷猶." 王注曰："夷猶, 猶豫也." 《九章》曰："然容與而狐疑." 容與亦猶豫也.

나의 견해는 이러하다. 《예기》 〈곡례〉에 "점복과 시초는 옛 성왕이 백성들로 하여금 의심하는 일을 결정하고 주저하는 것을 결정하게 한 수단이다.〔卜筮者, 先聖王之所以使民決嫌疑定猶與也.〕"라고 하였다. 〈이소〉에 "마음이 망설이고 의심한다.〔心猶豫而狐疑兮.〕"라고 하였다. 《사기》 〈이사전〉에 "의심하고 망설이면 나중에 반드시 후회하는 일이 있을 것이다.〔狐疑猶豫, 後必有悔.〕"라고 하였다. 〈회음후전〉에 "망설이는 맹호보다는 차라리 독침을 쏘는 벌이나 전갈이 낫고, 주저하는 천리마보다는 차라리 천천히 걷는 둔마가 낫고, 의심하는 맹분보다는 차라리 반드시 이르는 평범한 사내가 낫다.〔猛虎之猶豫, 不若蜂蠆之致螫; 騏驥之蹢躅, 不如駑馬之安步; 孟賁之狐疑, 不如庸夫之必至也.〕"라고 하였다.

'혐의(嫌疑)'·'호의(狐疑)'·'유예(猶豫)'·'척촉(蹢躅)'은 모두 쌍성자이

61 也 : 저본에는 없는데, 《경의술문》(江蘇古籍出版社, 2000, 728쪽)에 근거하여 보충하였다.

62 豫焉 : 저본에는 '與兮'로 되어 있는데, 《노자》 제15장에 근거하여 바로잡았다.

고, '호의'는 '혐의'와 일성지전(一聲之轉)의 관계에 있는 어휘[63]일 뿐이다.

그런데 후인들은 '호의' 두 글자를 오독하여 "여우는 의심이 많으므로 '호의'라고 한 것이다."라고 하기도 하고, 〈이소〉에 유예와 호의를 대(對)로 쓴 것을 가지고 "유(猶)는 개의 이름으로, 개는 사람을 따라다니는데 매양 앞에서 미리 사람을 기다리다가 오지 않으면 또 와서 맞이하므로 '유예'라고 한 것이다."라고 하기도 하고 "유(猶)는 짐승의 이름인데, 사람 소리를 들으면 매번 미리 나무로 올라갔다가 한참 후에 다시 내려오므로 '유예'라고 한 것이다."라고 하기도 하고, '예(豫)' 자의 형부(形部)가 '상(象)'인 것을 가지고 "유(猶)와 예(豫)는 모두 의심이 많은 짐승이다."라고 하기도 한다.

이상의 여러 주장은 《수경주》·《안씨가훈》·《예기정의》 및 《한서》·《후한서》의 주, 《문선주》·《사기색은》 등의 책에 보인다. 쌍성자는 본래 '성음을 통해 뜻을 드러내는데〔因聲見義〕' 성음에서 뜻을 찾지 않고 자형에서 뜻을 찾는다면 그러한 주장이 대부분 천착이 되는 것은 당연하다.

案《曲禮》曰："卜筮者，先聖王所以使民決嫌疑定猶與[64]也."《離騷》曰："心猶豫而狐疑兮."《史記·李斯傳》曰："狐疑猶豫，後必有悔."《淮陰侯傳》曰："猛虎之猶豫，不若蜂蠆之致螫；騏驥之蹢躅，不如駑馬之安步；孟賁之狐疑，不如庸夫之必至也." 嫌疑、狐疑、猶豫、蹢躅皆雙聲字，狐疑與嫌疑一聲之轉耳．後人誤讀狐疑二字，以爲狐性

63 호의(狐疑)는……어휘 : 일성지전(一聲之轉)은 두 글자의 성모(聲母)가 일치하여 뜻이 서로 통하는 현상을 이른다. 여기서 '호의(狐疑)'가 '혐의(嫌疑)'와 일성지전의 관계에 있다는 것은 '狐'가 '嫌'과 성모가 일치하는 글자이기 때문에 '嫌'의 뜻으로 쓰였다는 뜻이다.

64 與 : 저본에는 '豫'로 되어 있는데, 《경의술문》(江蘇古籍出版社, 2000, 728쪽)에 근거하여 바로잡았다.

> 多疑，故曰狐疑；又因《離騷》猶豫、狐疑相對爲文而謂猶是犬名，犬隨人行，每豫在前，待人不得，又來迎候，故曰猶豫；或又謂猶是獸名，每聞人聲，卽豫上樹，久之復下，故曰猶豫；或又以豫字從象，而謂猶豫俱是多疑之獸．以上諸說具見於《水經注》、《顔氏家訓》、《禮記正義》，及兩《漢書注》、《文選注》、《史記索隱》等書．夫雙聲之字，本因聲以見義，不求諸聲而求諸字，固宜其說之多鑿也．

왕인지는 여기에서 연면자를 해석하는 중요한 원리를 제출하였다. 즉 자형에서 뜻을 구해서는 안 되고 성음에서 구해야 한다는 것이다. 이러한 주장은 현대의 연면자에 대한 정의와 딱 들어맞는다.

제6절 범위를 확대하여 풀이하다

어휘학적 풀이는 단지 어휘의 뜻을 풀이하거나 어소〔詞素〕[65]의 뜻을 풀이하는 것이며, 훈고학과 같이 임의로 풀이 범위를 확대하여 어떤 한 단어로 상하의 문장과 구절의 뜻을 풀이해서는 안 된다. 풀이 범위를 확대해석하는 것은 문적의 주석과 사전에서 항상 범하게 되는 실수이다.

1 단음절어를 해석할 때 복음절어로 해석함

《장자》〈지락(至樂)〉: 檄以馬捶.
말채찍으로 때리다.

《중문대사전(中文大辭典)》에서는 '추(捶)' 자를, 이 사례에 근거하여 '마장(馬杖)'이라는 뜻의 조항을 세우고 육덕명(陸德明)의 《경전석문》을 인용하여 "추(捶)는 마장이다.〔捶, 馬杖也.〕"라고 하였다. '추(捶)'의 본의는 '몽둥이로 때리다〔杖擊〕'이지만, 여기에서는 '추(箠)'의 뜻으로 가차되었다고 하였다.

'추(箠)'는 '채찍'이라는 뜻으로, 특히 또 말채찍을 가리킨다. 예를 들면,

65 어소〔詞素〕: 음의결합의 최소 단위이고 어휘〔詞〕의 구성 요소이며, 독립적으로 운용할 수 없지만, 반드시 의의가 있다. 예를 들어, '포도당(葡萄糖)'의 '포도(葡萄)'와 '당(糖)'은 '포도당'이라는 어휘를 구성하는 두 어소이고 '포(葡)'와 '도(萄)'는 두 개의 어소가 아니라 '포도(葡萄)'라는 어소의 두 음절일 뿐인데, 이는 그것들이 단독으로 의의를 가지지 않기 때문이다.

무량사화상석(武梁祠畫像石)[66]에 "민자건은 옷이 얇아 추워서 수레를 몰다가 채찍을 놓쳤다.〔子騫[67]衣寒, 御車[68]失捶.〕"라는 말이 있다. 여기에서 '추(捶)'는 바로 말채찍을 가리킨다.

그러나 앞에 '마(馬)' 자가 덧붙여지면 '추(捶)'는 단지 '채찍〔鞭子〕'이나 '몽둥이〔杖〕'라는 뜻만 갖게 된다. '마추(馬捶)'의 '추(捶)' 자를 '마장(馬杖)'이라고 해석한 것이 바로 복음절어의 뜻으로 단음절어의 뜻을 삼은 것으로, 의미의 범위를 확대하여 풀이한 것이다.

곽상(郭象, 252?-312)의 주에 "마추(馬捶)는 마장과 같다.〔馬捶, 猶馬杖也.〕"라고 하였으며, 실제로 육덕명(陸德明, 550?-630)의 《경전석문》에서도 "마추(馬捶) : '추(捶)'의 음은, 졸(拙)과 예(蘂)의 반절이며, 또 지(之)와 수(睡)의 반절이다. 말채찍이라는 뜻이다.〔馬捶, 拙蘂反, 又之睡反, 馬杖也.〕"라고 하였으니, 이것은 《중문대사전》의 실수이다.

> 망(望) : 서로 보는 것〔相看〕이다. 마융(馬融, 79-166)의 〈위기부〉에 "변(邊)을 따라 줄지어 막고서 왕왕 서로 바라본다."라고 하였으며, 《문선》 위 문제의 〈연가행〉에 "견우와 직녀가 멀리서 서로 바라본다."라고 하였다.
>
> 望, 相看也. 馬融《圍棋賦》: "緣邊遮迾兮, 往往相望." 《文選·魏文

66 무량사화상석(武梁祠畫像石) : 동한 시대 석각 화상으로, 현재 산동성 가상현(嘉祥縣) 무적산(武翟山) 아래에 있다. 화상석은 동한 말년 가상현의 무씨(武氏) 집안 무덤의 쌍궐(雙闕)과 석사당(石祠堂)의 장식화상을 가리키는데, 그중 무량(武梁)의 사당이 최고로 오래되었기 때문에 이렇게 이름 지은 것이다. 현존하는 화상석은 43편으로 대부분 양각법을 사용하여 조각하였으며, 그 기법이 매우 정밀하여 생동감이 넘친다. 화상의 내용과 제재도 풍부하고 폭넓어 효행·열녀에 관한 고사를 비롯해 신화·전설·연회·전쟁 등 그 내용이 다양하기 때문에 동한 시대의 정치·경제·문화를 연구하는 중요한 자료가 된다.

67 騫 : 저본에는 '賽'로 되어 있는데, 무량사화상석에 근거하여 바로잡았다.

68 車 : 저본에는 '者'로 되어 있는데, 위 자료에 근거하여 바로잡았다.

帝·燕歌行》:"牽牛織女遙相望."[69]

'상간(相看)'은 바로 '상망(相望)'이니, '상망'의 '망(望)' 자는 단지 '간(看)'의 뜻만 있다.

2 어휘의 의미를 해석할 때 상하의 문의를 함께 집어넣음

《좌전》 은공 4년 : 此二人者實弒寡君.

이 두 사람은 실로 우리 임금을 시해한 자들이다.

육종달(陸宗達) 석의(釋義) : '인(人)'은 주우(州吁)와 석후(石厚) 두 사람을 가리킨다.

"人"指州吁、石厚二人.

《좌전》 문공 6년[70] : 臾[71]駢之人欲盡殺賈氏以報焉.

유변의 사람들이 가씨를 모두 도륙하여 설욕하고자 하였다.

육종달 석의 : '인(人)'은 유변(臾駢)의 무리를 가리킨다.

"人"指臾[72]駢的群衆.

예문과 석의는 육종달(陸宗達, 1905-1988)의 《훈고간론(訓詁簡論)》에서 절록(節錄)한 것이다. 육종달은 당대 훈고학의 대가이다. 그의 저서 《훈고간론》에서 논술하면서 든 사례들은 대부분 매우 정밀하지만, 이 두 예문의

69 원주 : 《중문대사전》

70 문공 6년 : 저본에는 '僖公十五年'으로 되어 있는데, 《좌전》에 근거하여 '僖'를 '文'으로, '十五'를 '六'으로 바로잡아 번역하였다.

71 臾 : 저본에는 '史'로 되어 있는데, 위 자료에 근거하여 바로잡았다.

72 臾 : 저본에는 '史'로 되어 있는데, 위 자료에 근거하여 바로잡았다.

석의는 합당하지 못한 듯하다. 육종달은 다음과 같이 말하였다.

> 어휘의 의미는 개괄적인 설명을 바탕에 두고서 융통성 또한 갖추고 있어야 한다. 다시 말하면, 그것은 상하의 문장 안에서 반드시 말하는 사람이 구체적으로 가리키는 것을 드러내야 하며, 말하는 사람의 태도와 감정을 표현해야 한다. 훈고는 고대 언어를 해석할 때 이따금 이러한 개괄적인 의미를 바탕에 둔, 구체적인 함의를 지적하여 독자들이 당시의 구체적인 상황을 이해할 수 있도록 도와주어야 한다.
> 詞義在其概括性的基礎上，還有其靈活性．就是說，它在上下文裏必定顯示說話人具體所指，表現出說話人的態度和感情．訓詁在解釋古代語言時，往往需要把這種在概括意義基礎上的具體含義指出，以幫助閱讀者了解當時的具體情景．

이는 매우 정확한 말이다. 그러나 문제는 특정 언어 환경 중의 구체적인 함의를 지적하는 것이 뜻을 풀이할 때 다른 나머지 부분도 집어넣어 풀이할 수 있다는 뜻은 결코 아니다. "人指州吁、石厚二人"은 "此二人"을 해석한 것이며, "人指輿騈的群衆"은 "輿騈之人"을 해석한 것이다. 여러 예문들을 비교해 보면, 육종달이 열거한 다른 예문들은 이와는 다르게 매우 정확하고 적절하다.

> 《좌전》 문공(文公) 13년[73] : 子無謂秦無人.
> 그대는 진나라에 사람이 없다고 말하지 마시오.
> 육종달 석의 : '인(人)'은 재능을 갖춘 사람을 뜻한다.

73 13년 : 저본에는 '十一年'으로 되어 있는데, 《좌전》에 근거하여 '一'을 '三'으로 바로잡아 번역하였다.

"人"指賢能之士.

《좌전》 양공(襄公) 22년 : 入於人中.

사람들 속으로 들어간다.

육종달 석의 : '인(人)'은 대중을 가리킨다.
"人"指人群.

《좌전》 양공 28년[74] : 人各有以事君.

사람은 각기 자기 방식대로 임금을 섬긴다.

육종달 석의 : '인(人)'은 개개인을 뜻한다.
"人"義爲每個人.

《좌전》 장공(莊公)[75] 8년 : 豕人立而啼.

돼지가 사람처럼 서서 울었다.

육종달 석의 : '인(人)'은 사람과 닮은 모양을 뜻한다.
"人"義爲像人的樣子.

위 사례들의 '인(人)'은 서로 다른 언어 환경에서 어떤 다른 함의를 가지고 있는데, 육종달은 모두 정확하게 해석을 하였다. 그리고 이런 해석은 분명 모두 구체적인 언어 환경 가운데서의 의미로서 '인(人)'이 상하 문장 안에서 구체적으로 가리키는 것을 나타냈으며, 결코 상하 문장의 다른 언어성분을 함께 끌어대지 않았다.

"子無謂秦無人"에서 '인(人)'이 활동하는 환경은 '재능을 갖춘 사람〔賢能

74 28년 : 저본에는 '二十二年'으로 되어 있는데, 《좌전》에 근거하여 뒤의 '二'를 '八'로 바로잡아 번역하였다.

75 장공(莊公) : 저본에는 '襄公'으로 되어 있는데, 위 자료에 근거하여 '襄'을 '莊'으로 바로잡아 번역하였다.

之士〕'이나 '인재(人才)'로 해석되는 환경이다. 예를 들면, 현재 우리들이 하는 말 중에 "이곳에서 사람이 났다.〔這個地方出人.〕", "저 기관에는 사람이 있다.〔那個單位有人.〕"라는 말이 있는데, '출인(出人)'은 일반 동물과 구별되는 사람을 낳았다는 말이 분명 아니며, '유인(有人)'은 이 기관에 몇 사람이 있다는 것을 말하는 것이 결코 아니다. '재능을 갖춘 사람〔賢能之士〕'이라고 해석한 것은, 바로 '인(人)'이라는 이 어휘가 이 언어 환경에서 갖는 의미를 표현한 것이며 '인(人)' 이외의 다른 뜻을 포함하고 있지 않다.

"入於人中"에서 '인(人)'은 '入於'와 '中'이라는 전후의 언어 환경으로 인해 '대중〔人群〕'의 뜻을 나타내고 있다. '대중'이라는 해석도 단지 "入於人中"의 '인(人)'의 의미이며, '入' 자나 '中' 자의 의미가 그 속에 섞여 있는 것은 아니다.

"人各有以事君"에서 '인(人)'의 의미는 '개개인〔每個人〕'의 뜻인데, 이렇게 해석하게 된 결정적인 역할을 한 글자는 '각(各)' 자이다.

어휘의 의미를 풀이할 때 상하의 문의(文義)를 함께 집어넣는 것은 옛사람의 문적 전주(傳注) 가운데 흔히 보인다. 예를 들어 보겠다.

> 《여씨춘추》〈수시(首時)〉: 伍子胥說之半, 王子光擧帷, 搏其手而與之坐.
> 오자서가 말하는 중간에 왕자 광(光)이 휘장을 걷고서 그의 손을 잡고 마주 앉았다.
> 고유(高誘) 주 : '박(搏)'은 오자서의 손을 잡고 함께 앉아서 그의 말을 듣는 것이다. 搏, 執子胥之手, 與之俱坐聽其說.

'박(搏)'의 본의는 '찾아서 가지다〔索持〕'·'잡아내다〔捕捉〕'의 뜻이지만, 이 문장에서는 '잡다〔執持〕'의 뜻이므로 '잡는 것이다.〔執〕'라고 풀이하면 충분하다. 고유(高誘)의 해석은 어휘의 의미에서 벗어나서 어휘의 의미를 해석하여, 범위를 확대시켰다.

사전에서 어휘의 의미를 해석하거나 전적의 주석에서 어휘의 의미를 해석할 경우, 모두 반드시 엄격하게 석의의 대상을 제한시켜야 하며, 범위를 확대하거나 어휘에 내포된 뜻을 덧붙여서는 안 된다. 사전의 석의와 전적의 주석은 문장에 따라서 석의해야 한다. 만약 어휘의 뜻을 뛰어넘는 구체적인 해석을 다루려면 문장의 표현에 최대한 주의를 해야 하며, 반드시 독자들로 하여금 오해를 사게 해서는 안 된다.

예를 들면, 고유의 주를 고쳐서 "박(搏)은 잡는다는 뜻이니, 오자서의 손을 잡고 함께 앉아서 그의 말을 듣는 것이다.〔搏, 執也. 執子胥之手, 與之俱坐聽其說.〕"라고 한다면, 조금은 타당하다 할 것이다. 문장에 따라 뜻을 해석한 전적의 주소(注疏)는 이렇게 하는 것도 괜찮겠지만, 사전의 석의는 '잡다〔執持〕'로 주를 달면 좋을 것이다.

제7절 고금을 변별하지 않다

뜻을 풀이할 때 시대에 따른 어휘의 변천을 변별하지 않으면 역사적 관점에서 어휘의 원류와 변천을 연구할 수 없다. 이는 사전이나 고적의 주석에 있어 중시할 가치가 있는 문제이다.

어의(語義)의 산생과 발전은 언어 역사의 반영이다. 왕력(王力)은 〈신훈고학(新訓詁學)〉이라는 글에서 "역사를 위하여 문자학을 연구한다.〔爲史而治小學.〕"라는 구호를 제시한 적이 있다. 그는 "자형·자음·자의의 변화는 바로 문화사의 일부분이다.〔字的形、音、義變化, 乃是文化史的一部分.〕"라고 하였으며, 또 "훈고가 경학에서 벗어나 역사의 영역에 들어간 후에야 새로운 훈고학이 비로소 성립되었다.〔等到訓詁脫離了經學而歸入了史的領域之後, 新的訓詁學才算成立.〕"라고 하였다. 이는 매우 뛰어난 관점이다.

옛사람의, 어의에 대한 연구의 중점은 선진(先秦)에 있었다. 청나라 사람의 연구 역시 일반적으로 당대(唐代)까지만 이르렀는데, 심각할 정도로 경전(經典)을 중시하고 속서(俗書)를 경시하며 옛것을 존중하고 현재의 것을 홀대하는 경향이 있었다. 이 때문에 역사의 발전과정에서 생성된 새로운 뜻이 적절히 반영될 수 없었다. 예를 들면, 1915년 출판된 《사원(辭源)》[76]에서 '근(僅)'을 해석한 것이 바로 이러하였다.

僅 : 少也, 謂止於此也.

僅 : '적다'는 뜻으로, 여기에 그침을 이른다.

76 원주 : 1939년 정속편합정본(正續編合訂本)이 출간되었다.

'근(僅)'의 본의는 《설문해자》에서 '재능(材能)'이라고 풀이하였는데, 바로 '겨우 할 수 있다〔才能够〕', '단지 할 수 있다〔只能够〕'는 의미이다.

이러한 의미는 선진 시대부터 지금까지 줄곧 사용되어 왔다. 대체로 '적은 것'을 한탄할 때 모두 '근(僅)'을 사용하였다. 예를 들면, "邯鄲僅存.〔한단이 겨우 보존되었다.〕",[77] "僅至於魯司寇.〔겨우 노나라 사구에 그쳤다.〕"[78]의 경우가 이것이다. 《경적찬고(經籍纂詁)》에서는 선진·양한의 전적에서 10여 개의 사례를 집록하였는데, 뜻은 모두 '적다'이다.

한나라 말에 이르자 '근(僅)'은 '거의〔庶幾〕'의 뜻이 생겨났다. 예를 들면 《송서(宋書)》〈천문지(天文志)1〉에서 한나라 채옹(蔡邕, 132-192)의 다음과 같은 상서를 인용하였다.

> 論天體者三家, 宣夜之學, 絶無師法, 《周髀》術數具存, 考驗天狀, 多所違失, 惟渾天僅得其情.
> 천체를 논한 세 개의 학파 중에 선야(宣夜)의 학문은 학맥이 끊어져 없어졌다. 《주비》는 산술이 모두 보존되어 있으나 천체를 고증한 부분은 사실에 어긋난 잘못된 부분이 많다. 오직 혼천(渾天)만은 거의 그 실정을 얻었다.

그리고 당대(唐代)에 이르자 '거의〔庶幾〕'의 뜻에서 다시 '많은 것'을 한탄하는 함의가 명확하게 산생되었다. 이에 대해 단옥재(段玉裁, 1735-1815)는 다음과 같이 고증하였다.

> 당나라 사람의 글에서 '근(僅)'은, 대부분 '거의〔庶幾〕'의 뜻을 지닌 '기

77 원주 : 《전국책(戰國策)》〈제책(齊策)〉

78 원주 : 《여씨춘추(呂氏春秋)》〈우합(遇合)〉

(幾)'의 의미로 쓰였다. 예를 들면, 두보의 시에 "산성은 거의 백 층이라네.〔山城僅百層.〕"[79]라고 하였고, 한유의 글에 "일찍이 수양을 지킬 때 병사가 거의 만 명이었다.〔初守睢陽時, 士卒僅萬人.〕"[80]라고 하였고, 또 "식솔이 거의 30명이다.〔家累僅三十口〕"[81]라고 하였다. 유종원의 글에 "예부터 어질고 재주 있는 사람으로서 모함을 받고도 스스로 밝히지 못하는 사람이 거의 수백 명이나 된다.〔自古賢人才士, 秉志遵分, 被謗議不能自明者, 僅以百數.〕"[82]라고 하였고, 원진(元稹, 779-831)의 글에 "봉서와 간하는 글이 상자에 가득하여 거의 백 축을 넘네.〔封章諫草, 繁委箱笥, 僅逾百軸.〕"[83]라고 하였다.

이 사례들은 모두 이부(李涪)가 이른 바 "'근(僅)'을 '원근'의 '근(近)'으로 본 것으로, 많은 데서 조금 모자라는 것을 보인 것이니, '근(僅)'의 본의와 동떨어지지 않았다. 지금 사람의 글에서는 모두 '근(僅)'을 '단(但)'의 뜻으로 풀이한다."라는 것이다.

唐人文字, 僅多訓庶幾之幾. 如杜詩 "山城僅百層"; 韓文 "初守睢陽時[84], 士卒僅萬人", 又 "家累僅三十口"; 柳文 "自古賢人才士, 秉志遵分,[85] 被謗議不能自明者, 僅以百數"; 元微之文 "封章諫草, 繁委箱笥, 僅逾百軸". 此等皆李涪所謂"以僅爲近遠"者, 於多見少,[86] 於僅之本義未隔也. 今人文字皆訓僅爲但.

79 산성은……층이라네 : 두보의 〈악양성 아래 머물며〔泊岳陽城下〕〉 시에 나온다.
80 일찍이……명이었다 : 한유의 〈장중승전후서(張中丞傳後敍)〉에 나온다.
81 식솔이 거의 30명이다 : 한유의 〈답이익서(答李翊書)〉에 나온다.
82 예부터……된다 : 유종원의 〈기허경조맹용서(寄許京兆孟容書)〉에 나온다.
83 봉서와……넘네 : 백거이의 《백씨장경집(白氏長慶集)》 〈수미지(酬微之)〉에 나온다.
84 時 : 저본에는 '地'로 되어 있는데, 《설문해자주》에 근거하여 바로잡았다.
85 秉志遵分 : 저본에는 없는데, 위 자료에 근거하여 보충하였다.
86 以僅爲近遠者, 於多見少 : 저본에는 '以僅爲近, 近者於多見少'로 되어 있는데, 《설문해자주》(許惟賢 整理, 鳳凰出版社, 2009, 657쪽)에 근거하여 바로잡았다.

단옥재는 역사적 안목을 가진 훈고학자이다. 그는 많은 예증을 통해 '근(僅)' 자의 의미에 '거의〔庶幾〕'와 '~에 가깝다〔將近〕'는 뜻이 당나라 때 이미 일상적인 의미로 자리 잡았다는 것을 설명하였다. 두보의 〈악양성 아래 머물며〔泊岳陽城下〕〉에 나오는 "江國逾千里, 山城僅百層.〔강도(江都)는 천 리나 떨어져 있고 산성은 거의 백 층이라네.〕"이라는 구절의 '근(僅)'을, 포기룡(浦起龍, 1679-1762)은 《독두심해(讀杜心解)》에서 '근(近)'으로 풀었다. 단옥재가 열거한 각 사례들에서 '근(僅)'은 모두 큰 숫자와 연이어 있는데, 비록 그 큰 숫자와 비교했을 때는 단지 '근(近)'이라는 뜻으로 '겨우 할 수 있다.〔才能〕'라는 본의와 여전히 관계를 유지하고 있지만, 결국 하나는 그 적은 것을 표현한 것이고 하나는 많은 것을 표현한 것이다.

'근(僅)'은 당송 시대의 시문에서는 또 '정도가 심한 것'을 나타내는 용법이 있다. 예를 들면 다음과 같다.

> 백거이의 〈소국한거(昭國閒居)〉: 槐花滿田地, 僅絶人行迹.
> 괴화가 들판에 가득하여 사람이 다니는 길을 거의 끊어 놓았네.
>
> 이하(李賀)의 〈낙사(樂詞) 칠월(七月)〉: 僅厭舞衫薄, 稍知花簟寒.
> 무희는 얇은 적삼이 싫어질 즈음, 점점 꽃무늬 수놓은 대자리가 차가움을 느끼네.

위 두 구절은 '거의〔幾乎〕'·'장차〔將要〕'·'마침내 이르렀다.〔竟至于〕'의 의미로 해석할 수 있다.

만일 고금을 분별하지 않고 어의의 발전과 변천을 알지 못한다면, 두보·한유·유종원·원진·백거이·이하 등의 시문에 주석을 달 때, 본래는 그 많은 것을 탄식한 것인데 '적다〔少〕'는 뜻으로 풀이하고, 본래는 그 정도가 심한 것을 탄식한 것인데 '겨우 할 수 있다.〔才能〕'는 뜻으로 풀이하게 될 것이다.

이렇게 되면 시문의 본의를 정확하게 반영하지 못하게 되어, 옛사람의 본뜻을 왜곡할 뿐 아니라 현대 사람들까지 오도하게 된다.

신본(新本) 《사원(辭源)》에는 〔jǐn〕과 〔jìn〕 두 가지 음으로 항목을 설정하고, 세 번째 의미 조항에는 '거의〔幾乎〕'·'접근하다〔接近〕'로 되어 있는데, 정확하게 처리한 것이다. 이렇게 하면 '근(僅)' 자의 의미에 대한 역사적인 발전 양상이 반영된 것이다.

또 '강(僵)'을 예로 들어 보자.

> 《설문해자》 : 偃, 僵也.
>
> '언(偃)'은 넘어지는 것이다.
>
> 단옥재 주 : 현응(玄應)은 《설문해자》를 인용하여 "'강(僵)'은 '뒤로 넘어지는 것이다.〔却偃〕', '부(仆)'는 '앞으로 엎어지는 것이다.〔前覆〕'"라고 하였다.[87]
> 살펴보면, '강(僵)'은 '올려보고 넘어지는 것〔仰倒〕'을 이른다. 예를 들면 《장자》의 "推而僵之.〔밀어서 쓰러뜨리다.〕"와 《한서》의 "觸寶瑟僵.〔보배스러운 슬에 부딪혀 넘어졌다.〕"가 모두 이 경우이다.
> 지금 사람들의 말에서는, 움직이지도 않고 썩지도 않는 것을 '강(僵)'이라고 한다. 《광운》에 "'강(僵)'은 '죽어도 썩지 않는다.'라는 뜻이다."라고 하였다.
> 玄應引 "僵, 却偃也"; "仆, 前覆也." 按 : 僵謂仰倒, 如《莊子》"推而僵之", 《漢書》"觸寶瑟僵"皆是. 今人語言乃謂不動不朽爲僵,《廣韻》作 "僵, 死不朽也."

단옥재의 설명에 의하면, 《설문해자》에서는 '강(僵)'의 본의를 '올려보고 넘어지는 것〔仰倒〕'으로 보았으며, '뻣뻣하게 경직되어 움직이지 않는다.〔僵硬不活動〕'는 뜻은 나중에 나타난 것이다. 단옥재의 고증은 기본적으로 정확하다. 지금 우리들이 볼 수 있는 사례 중에 가장 이른 것은, 《장자》에서 '강(僵)'의 의미를 '쓰러지다〔偃〕'는 뜻과 '올려보고 넘어지는 것〔仰倒〕'이라

87 현응(玄應)은……하였다 : 당나라 승려 현응의 《일체경음의(一切經音義)》 권84 강복(僵僕) 조에 보인다.

는 뜻으로 풀이한 것이다.

'언(偃)'과 '부(仆)'는 서로 비슷하지만 또 부분적으로는 서로 상반되는 두 가지 개념이다. '앞으로 거꾸러지는 것〔伏倒〕'을 '부(仆)'라 하고, '올려보고 넘어지는 것〔仰倒〕'을 '언(偃)'이라 한다. 앞으로 거꾸러지는 것을 '부(仆)'라고 하는 것은 지금도 여전히 변하지 않았지만, '언(偃)'의 '올려보고 넘어진다〔仰倒〕'고 풀이할 때의 '올려보다〔仰〕'는 뜻은 고대 한어에 비교적 많이 보인다.

예를 들면, 《손자》 〈구지(九地)〉에 "坐者涕霑襟, 偃臥者涕交頤.〔앉아 있는 자는 눈물이 옷깃을 적시고, 누워 있는 자는 눈물이 턱으로 흐른다.〕"라고 하였는데, 여기에서 '언(偃)'은 '올려보다〔仰〕'는 뜻이 매우 명백하다. 《장자》의 "推而僵之.〔밀어서 넘어뜨리다.〕"의 '강(僵)'은 '올려보고 넘어지다〔仰倒〕'는 뜻이며, 《여씨춘추》 〈귀졸(貴卒)〉의 "管仲扞弓射公子小白, 中鉤, 鮑叔御, 公子小白僵.〔관중이 활을 당겨 공자 소백을 쏘아 그 화살이 소백의 혁대 갈고리를 맞추었는데, 포숙은 수레를 몰았고 공자 소백은 넘어졌다.〕"이라는 구절의 주에 "강(僵)은 언(偃)과 같다.〔僵, 猶偃也.〕"라고 하였는데, 역시 '올려보고 넘어지다〔仰倒〕'는 뜻이다. 신본(新本) 《사원》에서는 이 사례에 의거하여 '엎어지다.〔倒下〕'라고 풀이하였는데, 내포는 적고 외연은 넓어서 모호하다는 단점이 있다.

《사원》에서 '강(僵)'을 풀이한 두 번째 항목은 "'살아 움직이지 않는다.'라는 뜻이다. 통용하여 '강(殭)'으로도 쓴다.〔不活動. 通作'殭'.〕"라고 하였다. 그리고 그 사례로 《영추경(靈樞經)》 〈전광(癲狂)〉의 "癲疾始作, 先反僵.〔간질이 처음 발병했을 때는 먼저 몸이 뒤집어지고 뻣뻣해진다.〕"이라는 예문을 들었는데, 또한 타당하지 않다. '간질〔癲癇〕'은 일반적으로 흔히 볼 수 있는 신경 질환인데, 발작했을 때 안색이 창백해지면서 몸이 뒤집어지고 입에 흰 거품을 물고 정신을 잃어버린다.

단옥재는 "지금 사람들의 말에서는, 움직이지도 않고 썩지도 않는 것을 '강

(僵)'이라고 한다.〔今人語言乃謂不動不死爲僵.〕"라고 하고, 아울러 《광운》을 인용하여 "강(僵)은 죽어도 썩지 않는다는 뜻이다.〔僵, 死不朽也.〕" 라고 하였는데, 비록 '지금'이 어느 시기를 가리키는 것인지 분명히 말하지는 않았지만, 대략 당·송 이후를 가리킨다고 하는 것에는 의심의 여지가 없다.

진·한 시대에서는 '강(僵)'이 '강(殭)'의 뜻으로 쓰인 용례를 찾을 수 없다.

> 한나라 가의(賈誼)의 《신서》〈회난(淮難)〉: 天子[88]使者奉詔而弗得見, 僵臥以發詔書.
>
> 천자의 사신은 조서를 받들고 간 신분이었지만 왕을 만나 볼 수도 없었으며, 왕은 침상에 벌렁 누운 채 조서를 읽을 정도였다.

> 《후한서》〈경엄전(耿弇傳)〉: 伏兵起縱擊, 追至鉅昧水上, 八九十里僵尸相屬.
>
> 복병이 일어나 맹렬히 공격하여 거매수(鉅昧水) 가까지 추격하니, 8, 9십리에 연달아 시체가 늘어져 있었다.

위 두 사례에서 '강(僵)'은 모두 '강(殭)'의 뜻이 아니다. '강와(僵臥)'는 드러누워 일어나지 않는 것이고, '강시(僵尸)'는 길가에 버려진 시체이다.

> 당나라 방현령(房玄齡) 등의 《진서》〈변호전(卞壺傳)〉: 其後盜發壺墓, 尸僵.
>
> 그 후에 도둑이 변호(卞壺)의 무덤을 팠는데 시체가 뻣뻣한 채 썩지 않았다.

88 子 : 저본에는 '下'로 되어 있는데, 통행본 《신서(新書)》에 근거하여 바로잡았다.

이연수(李延壽, ?-?)의 《남사》 〈은불해전(殷不害傳)〉 : 擧體凍僵.
온몸이 얼어붙어 뻣뻣하다.

한유의 〈월식시효옥천자작(月蝕詩效玉川子作)〉 : 森森萬木夜僵立.
무성한 나무들이 밤에도 뻣뻣하게 서 있었다.

위 세 사례의 '강(僵)'에서 비로소 '강(殭)'의 뜻이 분명해진다. '강(僵)'의 '올려보고 넘어지다〔仰倒〕'는 뜻은, '뻣뻣하다〔僵硬〕'는 의미로 오해하기가 매우 쉽다.

《사해(辭海)》에서 '강(僵)'의 해석은, 첫째, '앞으로 엎어지는 것〔仆倒〕'[89]이고, 둘째, '움직이지 않고 뻣뻣하다.〔不活動, 僵硬.〕'이다. 두 번째 예로 "百足之蟲, 死而不僵."이라는 문장을 들었는데, "百足之蟲, 死而不僵."의 '강(僵)'을 "움직이지 않고 뻣뻣하다.〔不活動, 僵硬.〕"라는 뜻으로 본 것은 잘못이다. 여기에서 '강(僵)'은 여전히 '올려보고 넘어지다〔仰倒〕'는 뜻이다.

《홍루몽(紅樓夢)》 제2회의 "古人有言, 百足之蟲, 死而不僵.〔옛사람의 말에 '지네는 죽어도 올려보고 넘어지지 않는다.'라고 하였다.〕"이 바로 '올려보고 넘어지다〔仰倒〕'는 뜻을 사용한 것이다.

곤충은 죽으면 반드시 올려보고 넘어지지만, "百足之蟲, 死而不僵."은 지네의 다리가 너무 많아 비록 죽게 되더라도 몸통을 지탱하여 뒤집히지 않음을 이른다. 《문선》 중 조경(曹冏, ?-?)의 〈육대론(六代論)〉에 "百足之蟲, 至死不殭(僵), 扶之者衆也.〔지네는 죽어도 뒤집히지 않는 것은 지탱하고 있는 발이 많아서이다.〕"라고 하였으니, 바로 그 증거이다.

《홍루몽》에서 이 구절을 고어(古語)라고 하였는데, 옛날이라는 말이 어

89 원주 : 온당하지 못하다.

느 때인지는 비록 알 수 없지만,[90] 사용한 고의(古義)가 과학 상식에 부합한다는 점과 작품 내용과도 합치된다는 점은 두말할 나위 없이 확실하다. 《홍루몽》의 예문을 혹자는 '죽다〔死〕'로 해석하였는데, '죽어도 죽지 않는다.〔死而不死〕'라는 의미가 되기 때문에 전혀 말이 되지 않는다.

현재의 입장에서 옛날을 규정하고 현재의 일반적인 뜻으로 고의(古義)를 해석하는 일은 고적을 읽고 정리할 때 언제든지 발생할 수 있다. 예를 들면 아래와 같다.

> 《수호전》 제16회 : 夫人處分咐的句當, 你三人自理會.
> 부인께서 분부하신 일을 너희 세 명은 알아들어야 한다.

> 《북사》〈서전(序傳)〉: 事無大小, (梁)士彦一委(李)仲擧, 推尋句當, 絲髮無遺.
> 크고 작은 모든 일을 양사언이 이중거에게 일임하였는데, 이중거가 잘 헤아려서 수행하여 터럭만큼도 빠뜨리는 일이 없었다.

첫 번째 사례에서는 '구당(句當)'이 '일〔事情〕'이라는 뜻으로 쓰였으며, 두 번째 사례에서는 '수행하다〔辦理〕'는 뜻으로 쓰였다. 현재 '구당(句當)'을 비록 '일'이라고 해석할 수 있지만 폄하하는 뜻이 있으며, 두 번째 사례의 '수행하다'는 뜻은 현재 없어졌다. 그런데 이런 점을 독자들이 알지 못하기 때문에 오해하기 매우 쉽다.

> 《북사》〈만료전(蠻獠傳)〉: 句引梁兵, 圍逼晉壽.
> 양나라 병사를 유인하여 진수를 포위하였다.

90 어느……없지만 : 저본에는 '古至何時, 尙不可時'로 되어 있는데, 뒤의 '時'는 의미가 통하지 않으므로 '知'로 보고 번역하였다.

요합(姚合, ?-?)의 〈송별우인(送别友人)〉: 獨向山中覓紫芝, 山人句引住多時.

홀로 산에 가서 자지를 찾았더니, 산인이 붙잡아 오랫동안 머물렀네.

첫 번째 사례에서는 '구인(句引)'이 '꾀어내다〔引誘〕'는 뜻으로 쓰였으며, 두 번째 사례에서는 '만류하다〔挽留〕'는 뜻으로 쓰였다. '만류하다'는 뜻은 지금은 이미 알고 있는 사람이 거의 없게 되었으니, 만약 '꾀어내다'는 일반적인 뜻으로 해석한다면, 좋은 의도가 나쁜 의도로 되어 버릴 것이다.

《논어》〈헌문(憲問)〉: 邦有道, 危言危行.

나라에 도(道)가 있을 때는 곧게 말하고 곧게 행동해야 한다.

《사기》〈관안열전(管晏列傳)〉: 其在朝, 君語及之, 卽危言; 語不及之, 卽危行.

조정에 나아가서는 임금이 물으면 곧게 말했고, 묻지 않을 때에는 곧게 행동하였다.

《후한서》〈당고전서(黨錮傳序)〉: 又渤海公族進階, 扶風魏齊卿, 幷危言深論, 不隱豪强.

또 발해 사람 공족진계와 부풍에 사는 위제경이 모두 곧게 말하고 깊이 논하여 강건함을 숨기지 않았다.

지금 '危言聳聽〔고의로 겁주는 말을 하여 사람을 놀라게 하다.〕'이라는 말을 흔히 쓰고 있는데, 일부러 남을 놀라게 하는 말을 하는 것을 '위언(危言)'으로 본 것이다.

위의 세 사례에서 '위언'의 의미는 '직언(直言)'이다. 《후한서》의 "危言深

論"에 대한 이현(李賢)의 주에 "위언은 위태로운 것을 두려워하지 않고 직언하는 것을 이른다.〔危言, 謂不畏危難而直言也.〕"라고 하였다. 만일 현재의 의미로 해석한다면, 본래는 치켜세우는 의미인데 폄하하는 뜻으로 해석하게 된다.

《한서》〈왕공양공포전(王貢兩龔鮑傳)〉: 世稱"王陽在位, 貢公彈冠", 言其取舍同也.

세상에서 '왕양이 자리에 있으니 공공이 출사한다.'라는 말을 한다. 그 '취사'가 같음을 말한 것이다.

안사고 주 : '취(取)'는 나아가는 것이고, '사(舍)'는 멈추는 것이다.

取, 進趣也; 舍, 止息也.

위 사례에서 '취사(取舍)'는 '진퇴(進退)'와 같다는 것을 가리킨다. '취사'가 예나 지금이나 계속해서 사용되는 의미는 '취하다〔採取〕' 또는 '버리다〔舍棄〕'이다. 그러나 현재의 뜻으로 해석하면 문의가 통하지 않는다.

시간은 과거와 현재가 있으며, 어의의 발전과 변천은 시대와 함께 변화하기 때문에 고적을 정리할 때는 반드시 어의가 변천된 역사의 궤적, 즉 어휘의 본의는 무엇인가? 언제 인신되었는가? 어느 시기에 어떤 뜻이 사라졌는가? 그리고 어느 시기에 또 새로운 뜻이 생겨났는가? 등의 문제를 명백하게 분별해야 한다. 한 사람이 가지고 있는 지식은 늘 한계가 있기 마련이다. 따라서 어의에 대한 전면적인 반영은 상세한 대형 사전의 편찬에 의지하고 있다. 고서를 주석할 때는 절대 현재의 뜻으로 고어를 제멋대로 해석해서는 안 된다. 사전을 부지런히 찾아야 하며 반드시 정확한 해석을 하도록 애써야 한다.

위에서 사례로 든 '구당(句當)'·'구인(句引)'·'위언(危言)'·'취사(取舍)'는 모두 《사원》에서 가져온 것이다. 그러나 《사원》은 결코 상세한 대형 사전이 아니다. 현재 여러 권으로 출판된 《한어대자전》과 《한어대사전》은 이미 어의의 역사적인 원류를 비교적 완전하게 반영하고 있어 우리들이 사용할 수 있는 좋은 공구서이므로 유의해서 참고해야 한다.

제8절 여러 글자를 하나의 의미로 해석하다

이른바 '여러 글자를 하나의 의미로 해석한다'는 것은 《이아》나 《광아》 같은 고대의 사전이 경적의 전주(傳注)를 회집(滙集)할 때 동일한 의미를 배열 원칙으로 삼고 별도로 구별하지 않으며, 다만 어떤 공통된 함의에만 나아가 해석하는 현상을 가리킨다. 예를 들면 다음과 같다.

> 《이아》 〈석고 상(釋詁上)〉: 初、哉、首、基、肇、祖、元、胎、俶、落、權輿, 始也.
> 초(初)·재(哉)·수(首)·기(基)·조(肇)·조(祖)·원(元)·태(胎)·숙(俶)·낙(落)·권여(權輿)는 '처음〔始〕'이라는 뜻이다.

> 《이아》 〈석고 하(釋詁下)〉: 鴻、昏、於、顯、間, 代也.
> 홍(鴻)·혼(昏)·어(於)·현(顯)·간(間)은 '교체하다〔代〕'는 뜻이다.

> 《이아》 〈석고 하〉: 賡、揚, 續也.
> 갱(賡)·양(揚)은 '계속하다〔續〕'는 뜻이다.

《이아》는 중국의 제일 오래된 사전이다. 이 사전의 특징은, 주나라와 한나라의 책들, 예컨대 《시경》이나 《서경》 등 전적의 전주(傳注)에 의거하여 그 의미의 유형에 따라 배열하고, 매 권마다 또 뜻이 같은 글자를 함께 배열하여 유의어 사전이나 동의어 사전과 같은 성격을 지녔다는 것이다. 옛 훈고를 정리할 때 유(類)와 뜻에 따라 배열했다는 면에서 《이아》의 업적은 사라질 수 없다. 《이아》는 중국의 어휘학과 훈고학, 사전학의 역사에 있어 매우 중요한 지위를 차지하고 있다.

여기에서 우리는, 장점이면서도 그와 동시에 산생되는, 상응하는 결점의 측면에서만 위에 제시한 사례들을 분석하여 우리들이 고대 중국어의 어의를 연구하거나 고적 정리를 할 때 응당 무엇을 주의해야 할 것인지에 대해 한번 살펴보도록 하겠다.

"初·哉……, 始也."라는 사례는 훈고학 논저에서 항상 인용되는 예문이다. '초(初)'에서부터 '권여(權輿)'에 이르는 10여 자를 모두 '시(始)' 한 글자로 풀이하였는데, 학의행(郝懿行, 1755-1823)의 《이아의소(爾雅義疏)》에서 변석(辨析)한 것이 매우 명확하다.

> '초(初)'는 옷을 만드는 처음이고〔裁衣之始〕, '재(哉)'[91]는 초목의 처음〔草木之始〕이며, '기(基)'는 담장을 쌓는 처음〔築牆之始〕이고, '조(肇)'는 문을 여는 처음〔開戶之始〕이며, '조(祖)'는 사람의 처음〔人之始〕이고, '태(胎)'는 태어남의 처음〔生之始〕이다.……

이 글자들은 각각 '처음〔始〕'이라는 뜻이 있다. 어떤 글자는 결코 처음의 뜻을 가진 것은 아니지만 처음의 성질을 지니고 있고, 어떤 글자는 처음의 측면에서 이해할 수 있는데, 이것이 《이아의소》에서 한 작업이다.

무릇 증명할 수 있는 용례가 있다면 당연히 그 어휘의 의미가 확실히 어떤 의미를 지니고 있다고 인정할 수 있겠지만, 증명할 수 있는 사례가 없다면 어떤 하나의 훈석(訓釋)이나 어떤 한 전적의 주석에 대해 보류하거나 의심하는 태도를 지녀도 무방하다. '낙(落)' 자를 예로 들어 보겠다. 《이아의소》에서는 다음과 같이 고변(考辨)하였다.

91 원주 : '재(才)'의 가차자이다.

'낙(落)'은, 《시경》에 "訪予落止.〔내가 정치에 처음을 도모한다.〕"라고 하였고, 《일주서》 〈문작〉에 "物無不落.〔사물은 처음이 없는 것이 없다.〕"이라고 하였는데, 이에 대한 모전과 공조의 주에 모두 "낙(落)은 처음〔始〕이라는 뜻이다."라고 하였다.

'낙(落)'은 본래 '떨어지다'는 뜻이기 때문에 '조락(殂落)'이라고 한다. 여기에서 처음〔始〕이라는 뜻으로 풀이한 것은, 시(始)와 종(終)이 서로 바뀌고 영(榮)과 낙(落)이 서로 바탕이 되기 때문이다. 《주역》에서 말한 '소장(消長)'과 《서경》에서 말한 '치란(治亂)'이 모두 그런 이치이다.

어리석은 사람은 눈앞의 일도 어둡지만 달통한 사람은 멀리까지 환히 볼 수 있기 때문에, '낙(落)'을 '죽다〔死〕'로 풀이하기도 하고 '처음〔始〕'으로 풀이하기도 하니, 겉으로 보기에는 서로 상반되어 보이지만 그 뜻은 실제로 서로 통한다.

落者,《詩》"訪予落止",《逸周書·文酌篇》云"物無不落". 毛傳及孔晁注幷云:落, 始也. 落本殞墜之義, 故云殂落. 此訓始者, 始終代嬗, 榮落互根,《易》之消長,《書》之治亂, 其道胥然. 愚者闇於當前, 達人燭以遠覽, 落之訓死又訓始, 名若相反, 而義實相通矣.

'낙(落)'을 '시(始)'로 풀이했지만, 그 의미를 쉽게 알 수 있는 '초(初)'·'재(哉, 才)'·'수(首)' 등의 글자로 훈을 다는 것만 못하다. 이 글자들의 문적 용례나 이 글자들이 어소로 쓰여 이루어진 복합어 중에서 사실적인 증거를 찾아내는 것은 어렵지 않지만, '낙(落)'은 그렇지 않다. 비록 '訪予落止'나 '物無不落'에 대해 모전과 공조(孔晁, ?-?)의 주가 있고 또 다른 사람들의 전소(箋疏)도 있지만, 우리는 여전히 그들의 해석이 설득력이 없다고 여긴다.

'訪予落止'에 대해, 모전에서는 "방(訪)은 상의한다는 뜻이고, 낙(落)은 처음이라는 뜻이다.〔訪, 謀; 落, 始.〕"라고 하였으며, 정현의 전(箋)에서는 "성왕이 비로소 정사에 나아가 훌륭한 아버지의 업적을 계승하였으나, 아버지의 도덕을 따를 수 없었기 때문에 사당 안에서 군신들과 자신이 처음 정사에 나아간 일에 대하여 상의한 것이다.〔成王始卽政以承聖父之業, 俱不能遵其道德, 故於廟中與群臣謀我始卽之事.〕"라고 하였다.

주준성(朱駿聲, 1788-1858)의 《설문통훈정성(說文通訓定聲)》에서는 '낙(落)'의 '처음〔始〕'이라는 뜻은 '액(頟, 額)'에서 유래하였다고 하였는데, 이것은 '액(頟)'의 가차자라고 말한 것이다. 그는 "'액(頟)'에 '처음〔始〕'이라는 뜻이 있는 것은 '원(元)'과 '수(首)'에 '처음〔始〕'이라는 뜻이 있는 것과 같다.〔頟之爲始, 猶元首之爲始也.〕"라고 하고, 《이아의소》의 위 두 사례도 들었다.

그러나 현대의 고형(高亨, 1900-1986)은 《시경》 〈주송(周頌) 방락(訪落)〉의 "訪予落止"의 주에서 "여(予)는 성왕의 자칭이다. 낙(落)은 약(略)의 가차이니, 계책〔謀略〕이라는 뜻이다. 지(止)는 어기사이다.〔予, 成王自稱. 落, 借爲略, 謀略. 止, 語氣詞.〕"라고 하였으며, '방(訪)'을 '묻다〔問〕'의 뜻으로 풀었다. 그는 '訪予落止, 率時昭考.'라는 구절에 대해 "이 두 구는 '나의 계책을 물었더니 다만 무왕을 따르라 하네.'라는 말이다.〔此二句言 : 問我的謀略, 只有遵循武王.〕"라고 번역하였다. 이는 모전과 정전에 비해 나은 듯하다.

고대 중국어 중에 단음절어의 뜻은 종종 변화가 무궁하여 심지어는 종잡을 수 없을 정도이다. 어의의 인신(引申)도 이미 매우 복잡한데, 하나의 어의가 정반대의 뜻을 겸하기도 하고 때로는 가차도 있어서 독자들로 하여금 늘 오리무중이 되게 하는 것이다. 설령 평소 소양이 있고 학식이 해박한 훈고학자들이라고 해도 그들의 의견이 모두 같지는 않다.

'낙(落)'이 '처음〔始〕'이라는 뜻으로 쓰인 것은, 《좌전》 소공(昭公) 7년조의 "楚子成章華之臺, 願與諸侯落之.〔초나라 영왕(靈王)이 장화대를 완성한 뒤 제후들과 낙성식을 치르고자 하였다.〕"라는 구절에 대한 두예(杜預)의 "궁실을 처음 짓고 지내는 제사를 '낙(落)'이라고 한다.〔宮室始成, 祭之曰落.〕"라는 주에 가장 분명하게 표현된 듯하다.

《사원(辭源)》 등의 사전에서는 모두 이를 근거로 하여 '처음〔始〕'이라는 의미 조항을 두었다. 오늘날 공사하던 건축물을 완공하는 것을 '낙성(落成)'이라고 하는데, 이는 여기에 근거한 것이다. '宮室始成, 祭之曰落.'이라고 하였는데, 현재의 낙성식에도 여전히 옛사람의 유풍이 보존되어 있다.

그러나 '낙(落)'을 '처음〔始〕'으로 풀이하는 것은 '낙(落)'을 '마침〔終〕'이나 '완성〔成〕'의 뜻으로 풀이하는 것만 못하다. 이른바 "시(始)와 종(終)이 서로 바뀌고 영(榮)과 낙(落)이 서로 바탕이 된다.〔始終代嬗, 榮落互根.〕"라는 말은, 초목의 생장이라는 측면에서는 '낙(落)'을 '마침〔終〕'의 뜻으로 보면 바로 생명 과정의 완성이 되며, 궁실의 건축이라는 측면에서는 '낙(落)'을 '마침〔終〕'의 뜻으로 보면 바로 건축 과정의 완성이 된다. 완성되어야만 비로소 제사를 말하고 경축을 말할 수 있기 때문에, '낙(落)'을 '처음〔始〕'의 뜻으로 풀이하는 것이 '낙(落)'을 '완성〔成〕'의 뜻으로 풀이하는 것만 못하다.

'성(成)'은 '완성〔成〕'의 뜻이며 '낙(落)' 또한 '완성〔成〕'의 뜻이다. 같은 의미가 합쳐지면 본의에 가깝게 되니, 여러 번 인신하여 반대의 뜻으로 풀거나 억지로 맞추기 위해 말을 만들어 낼 필요가 없게 된다. 왕인지는 붙어 있는 글자 중 앞뒤의 두 글자가 같은 뜻이면 두 가지 뜻으로 나누어 풀이해서는 안 된다고 했는데, '낙성(落成)'이 바로 그러한 예이다.

여러 글자를 하나의 의미로 해석하는 것은 풀이 대상 글자의 차별적인 특징을 드러내 보일 수 없으며, 어떤 해석은 또 그 글자의 의미 범주에 속하지 않는 경우가 있다. 만약 시비를 따지지 않고 맹목적으로 주를 단다면 반드시 견강부회하여 함부로 어의를 단정하게 될 것이다. "'홍(鴻)'·'혼(昏)'·'어(於)'·'현(顯)'·'간(間)'은 '교체하다.〔代〕'라는 뜻이다.〔鴻、昏、於、顯、間, 代也.〕"와 "'갱(賡)'·'양(揚)'은 '계속하다.〔續〕'라는 뜻이다.〔賡、揚,

續也.〕"가 바로 그 예에 해당한다.

《이아》의 훈석(訓釋) 유래를 증명하기 위해 훈고학자들은 비유와 통용의 오묘함을 지극히 하였다. 예를 들면 다음과 같다.

> 홍(鴻)과 안(雁)은 오고 가며 교체하는 것이다.〔鴻雁是往來相代.〕
> 혼(昏)은 명(明)이 교체되는 것이다.〔昏者明之代.〕
> 어(於)는 간(間)이 교체되는 것이다.〔於者間之代.〕
> 현(顯)은 명(明)이니, 명(明)은 혼(昏)이 교체되는 것이다.〔顯者明也, 明者昏之代.〕
> 양(揚)을 속(續)으로 풀이한 것은, 가볍게 날아오르는 것이 또한 연속되는 형상이 있기 때문에 또 속(續)으로 풀이한 것이니, 옛 뜻이 혹 이와 같은 듯하다.〔揚訓續者, 蓋飛揚輕擧亦有連續之形, 故又訓續, 古義或如此也.〕

학의행은 이러한 소증(疏證)을 할 때 약간의 예문도 제시하지 않고 단지 어떤 특성들만 설명하였다. 예를 들어 '양(揚)'의 경우 낮은 데서 높은 데로 가는 것은 연속적인 과정이라고 하였는데, 지금 말하는 '발양(發揚)'과 완전히 같다. 반드시 발양할 수 있는 기초가 있어야 이 기초를 말미암아 제고하고 확대 발전시키게 되며, 자연히 또 연속적인 성질도 갖게 된다.

어휘의 의미로서 활용할 수 있는 것은 위에서 예로 든 '홍(鴻)'과 '갱(賡)' 두 사례 중에는 적다. 어떤 글자[92]는 곽박(郭璞, 276-324)조차도 '미상(未詳)'이라고 하였다.

92 원주 : 예를 들면 "'어(於)'는 '대(代)'의 뜻이다." 또는 "'양(揚)'은 '속(續)'의 뜻이다." 와 같은 것이다.

제9절 한 글자로 풀이하다

고대 중국어는 단음절어의 비중이 많다. 따라서 그 시기의 사전과 전적의 전주(傳注)에서 한 글자로 다른 한 글자를 해석한 것은, 언어발전에 있어 일정한 역사적 단계의 필연적인 반영이다.

이러한 석의(釋義) 방식에 대하여, 우리는 현대의 어휘학과 어의학(語義學)의 관점을 가지고 이것이 모두 잘못되었다고 말할 필요는 없으며, 어휘와 어휘의 관계를 소통시켜 어의(語義)를 해설한 측면에서의 역사적인 역할을 충분히 인식해야 한다. 그러나 그 방식의 한계를 지적하는 것은, 어의를 이해하고 고적 정리 분야의 병폐를 극복하는 데 있어서는 오히려 필요한 일이다.

한 글자로 훈을 다는 방식에는 '호훈(互訓)', '체훈(遞訓)', '동훈(同訓)'이 있다.

호훈(互訓)은 다음과 같다.

"柔, 弱也."[93] "弱, 柔也."[94]
"窮, 極也."[95] "極, 窮也."[96]

체훈(遞訓)은 다음과 같다.

93 원주 : 《광아》 〈석고(釋詁)1〉
94 원주 : 《회남자》 〈원도(原道)〉의 주
95 원주 : 《설문해자》
96 원주 : 《초사》 〈이소〉 주

"搖，動也." "動，作也." "作，起也."[97]

동훈(同訓)은 다음과 같다.

"轉，還也." "償，還也."[98]
"赫，赤也." "朱，赤也."[99]

이상의 예문 중에 어떤 것은 사전류의 책에서 가져온 것이며, 어떤 것은 전적의 전주(傳注)에서 가져온 것이다. 이들의 병폐는 주로 다음 두 가지이다.

첫째, 주석한 글자의 다의성이 석의(釋義)의 모호함을 야기한다는 것이다.

둘째, 사람들로 하여금 어휘의 의미가 서로 매우 동떨어져 있거나 뜻이 비슷하기는 하지만 명확히 구별되는 글자를 동의어 내지 유의어로 오해하게 한다는 것이다. 이것은 필연적으로 사람들로 하여금 '전(轉)'과 '상(償)'이 같은 의미를 가졌으며 '혁(赫)'과 '주(朱)'가 같은 색이라고 여기게 하며, '요(搖)'를 '기(起)'로 풀이할 수 있게 한다.

아래에서 '유(柔)'를 예로 들어 한 글자로 훈을 단 경우를 얘기해 보겠다.

《설문해자》: 柔，木曲直也.
유(柔)는 나무가 굽어지기도 하고 곧아지기도 하는 것이다.
단옥재 주 : 나무들은 굽은 것은 곧게 하고 곧은 것은 굽힐 수 있기 때문에 '유(柔)'라고 한다.
凡木曲者可直，直者可曲曰柔.

97 원주 : 《설문해자》
98 원주 : 《설문해자》
99 원주 : 《광아》〈석기(釋器)〉

'유(柔)'는 '목(木)'에서 의미를 취한 글자로, 나무의 성질이 유연하여 굽게 할 수도 있고 곧게 할 수도 있다는 뜻이다.

《시경》〈소아(小雅) 교언(巧言)〉: 荏染柔木, 君子樹之.

휘청이는 부드러운 나무를 군자가 심었도다.

공영달 소: 휘청이는, 부드럽고 질긴 나무는 군자가 심은 것이라는 뜻이다.

言荏染柔忍之木, 君子之人所樹之也.

'유(柔)'를 '부드럽고 질기다〔柔忍〕'[100]로 해석하였는데, 어의가 명확하다.

《예기》〈곡례 하(曲禮下)〉: 凡祭宗廟之禮,……羊曰柔毛.

종묘에서 제사 지내는 예는,……양을 '유모'라고 한다.

공영달 소: 만약 양이 살쪘다면 털이 가늘고 부드럽다.

若羊肥則毛細而柔弱.

'유(柔)'를 '부드럽고 약하다〔柔弱〕'로 해석하였는데, 어의가 명확하다.

《시경》〈빈풍(豳風) 칠월(七月)〉: 女執懿筐, 遵彼微行, 爰求柔桑.

아가씨 아름다운 광주리를 잡고 저 오솔길을 따라 부드러운 뽕잎을 찾네.

정현 전(箋): '유상(柔桑)'은 어린 뽕나무이다.

柔桑, 稚桑也.

〈소아(小雅) 채미(采薇)〉: 采薇采薇, 薇亦柔止.

들완두를 캐고 고사리를 캐세. 들완두가 부드럽다네.

모전: '유(柔)'는 갓 생겨난 것이다.

柔, 始生也.

100 원주: 바로 유인(柔韌)이다.

《문선》 중 조식(曹植)의 〈미녀(美女)〉 : 柔條紛冉冉, 葉落何翩翩. 여린 가지는 어지러이 축축 늘어져 있고 떨어지는 잎은 이리저리 나부끼네.

이주한(李周翰) 주 : '유조(柔條)'는 여린 가지이다.
柔條, 嫩枝也.

정현은 '유상(柔桑)'을 '어린 뽕나무〔稚桑〕'로 해석하였으며, 이주한은 '유조(柔條)'를 '여린 가지〔嫩枝〕'로 해석하였는데, 어의가 모두 매우 명확하다.

모전은 '유(柔)'를 '갓 생겨난 것〔始生〕'으로 해석하였다. 어의는 마찬가지로 처음 땅에서 나온 싹은 반드시 연하고 부드럽다는 것을 미루어 알 수 있기 때문에 모전에서 '갓 생겨난 것〔始生〕'으로 풀이한 것이다.

〈채미〉는 모두 6절로 되어 있다.

제1절의 첫 구는 "采薇采薇, 薇亦作止.〔들완두를 캐고 들완두를 캐세. 고사리가 땅에서 돋아났네.〕"이다.

제2절의 첫 구는 "采薇采薇, 薇亦柔止.〔들완두를 캐고 들완두를 캐세. 고사리가 부드럽다네.〕"이다.

제3절의 첫 구는 "采薇采薇, 薇亦剛止.〔들완두를 캐고 들완두를 캐세. 고사리가 억세다네.〕"이다.

제1절에서는 '작(作)'을 '나오다〔出〕'로 풀이하였다. 싹이 처음 나오는 것을 말한 것이다.

제2절에서는 '유(柔)'를 '갓 생겨난 것〔始生〕'으로 풀이하였다. 싹이 이미 자라서 그 잎[101]이 연하고 부드러움을 말한 것이다.

제3절에서는 '강(剛)'을 '억세다〔堅〕'로 풀이하였다. 들완두가 크게 자라

101 그 잎 : 저본에는 '基葉'으로 되어 있는데, '基'는 의미가 통하지 않으므로 '其'로 보고 번역하였다.

줄기와 잎이 비교적 억셈을 말한 것이다.

'薇'는 '들완두〔野豌豆〕'[102]인데, 이 세 절은 그것의 생장 과정을 말한 것이다. 이 때문에 '갓 생겨난 것〔始生〕'이라는 풀이가 비록 적당한 풀이는 아니지만 어의를 상하의 절을 통해서 알 수 있다.

여러 글자로 한 글자를 해석하는 것은 가리키는 것이 구체적이고 명확하다는 것이 장점이다. 그러나 한 글자로 풀이하는 것은 그렇지 않다.

《국어》〈정어(鄭[103]語)〉 : 祝融亦能昭顯天地之光明, 以生柔嘉材者也.
축융이 또한 천지의 광명을 밝게 드러내어 아름다운 재목을 윤택하게 길러 준다.
위소(韋昭) 주 : '유(柔)'는 윤택하다는 뜻이다.
柔, 潤也.

《회남자》〈설산(說山)〉 : 厲利劍者, 必以柔砥.
예리한 칼을 가는 데는 반드시 반들반들한 숫돌을 사용한다.
고유(高誘) 주 : '유(柔)'는 윤택하다는 뜻이다.
柔, 濡.

만약 고대 중국어 어휘학에 상당한 교양이 없다면 '윤(潤)'과 '유(濡)'에 모두 '윤택하다〔潤澤〕'는 뜻이 있다는 것을 모를 것이다.

《서경》〈순전(舜[104]典)〉 : 柔遠能邇.

102 들완두 : 쌍떡잎식물로 장미목 콩과의 여러해살이풀이며, 고사리와는 그 종이 다르다.
103 鄭 : 저본에는 '晉'으로 되어 있는데, 《국어》에 근거하여 바로잡았다.
104 舜 : 저본에는 '堯'로 되어 있는데, 통행본 《서경》에 근거하여 바로잡았다. 《금문상서》의 〈요전〉은 《고문상서》의 〈요전〉과 〈순전〉의 내용이 포함되어 있다.

멀리 있는 자를 편안하게 하고 가까이 있는 자를 길들인다.

공안국 전 : '유(柔)'는 편안하다는 뜻이다.

柔，安也.

《좌전》 문공(文公) 7년 : 叛而不討，何以示威? 服而不柔，何以示懷?

배반한 자를 토벌하지 않고 무엇으로 위엄을 보이며, 항복하는 자를 편안하게 해 주지 않고 무엇으로 포용함을 보이겠습니까.

두예(杜預) 주 : '유(柔)'는 편안하다는 뜻이다.

柔，安也.

《이아》〈석고(釋詁)〉: 柔，安也.

'유(柔)'는 편안하다는 뜻이다.

학의행 의소(義疏) : '유(柔)'는 조화로운 것이며 순한 것이다. '안정(安靜)'과 뜻이 비슷하다.

柔者，和也，順也，與安靜義近.

만약 이 《이아》의 사례를 근거로 《서경》과 《좌전》의 예문을 '안정(安靜)'의 뜻으로 해석한다면 문의가 통하지 않는다. 단옥재의 《설문해자주》에 "'유(柔)'는 인신되어 모든 안무하는 것을 일컫는다.〔柔之引申，凡安撫之稱.〕"라고 하였는데, '안무(安撫)'라는 뜻으로 위의 두 예문을 해석하면 비로소 문의가 통할 수 있다.

이것은 몇 개의 간명한 사례들로, 대체로 고문(古文)에 대한 교양이 좀 있는 사람은 모두 《서경》과 《좌전》의 두 예문에서 '유(柔)'를 '편안하다〔安〕'로 풀이한 정확한 함의를 아는 것이 어렵지 않다. 그러나 역시 복음절어를 사용하는 것보다는 명확하지 못하다. 만약 복음절어로 주석한다면 고서를 읽을 때 오는 장애를 좀 더 줄일 수 있다.

한 글자로 풀이한 어떤 경우는 결국 수수께끼와 비슷하게 되어, 어떤 대형 사전에서는 그 뜻을 구별하지 않아 뜻을 풀이한 항목이 많이 열거되어 있지만 적합한 것이 없게 되기도 한다. 이는 어떤 다른 한 글자로 단 주석들이 그 뜻에 변별성이 없음을 전혀 알지 못한 것이다.

자서(字書) 사전이든 아니면 전적의 전주(傳注)든 모두 반드시 독자를 위해 고려해야 한다. 뜻이 하나밖에 없거나 여러 가지 해석이 불가능한 낱자의 주석을 제외하고는 원칙상 모두 여러 글자로 한 글자를 풀이해야 한다. 왕력은 그의 〈이상적인 자전〔理想的字典〕〉이라는 저명한 논문에서 분명히 말하기를 "이상적인 자전은 혼동을 일으키는 말〔渾言〕을 피해야 한다. 그러나 혼동을 일으키는 말을 피하고자 한다면 반드시 우선 한 글자로 다른 한 글자를 풀이하는 것을 최대한 피해야 한다." 하였다. 이는 사전의 석의(釋義)와 전적의 주석에 대하여 모두 유익한 것이다.

제10절 성훈을 남용하다

'성훈(聲訓)'은 중국 훈고학의 주요 수단이다. 성훈은 성근의통(聲近義通 소리가 같으면 뜻이 통한다.), 성동의동(聲同義同 소리가 같으면 뜻이 같다.), 동음통가(同音通假 음이 같으면 통가한다.)의 방법을 이용하여, 전적 주석에 있어 많은 어려운 문제들을 해결하였다.

한대(漢代)의 가장 저명한 언어학자 허신(許愼)은 글자의 형체와 구조를 분석하여 글자가 만들어진 근원을 탐구하였고, 정현(鄭玄)은 어떤 글자의 성훈을 위주로 그 글자가 뜻을 갖게 된 유래를 유추하였다. 정현의 학문은 이전 사람들의 업적을 부연하여 '소리'를 통해 뜻을 구명하여 눈부신 성과를 이루었다.

그의 문인 유희(劉熙)는 《석명(釋名)》을 지어 성훈을 더욱 확대·발전시키고 사물이 명명된 유래를 탐구하여, 중국의 훈고학사에 있어 중요한 위치에 올랐다. 장순휘(張舜徽, 1911-1992)는 〈정현훈고학발미(鄭玄訓詁學發微)〉[105]라는 글에서 이에 대해 논하였다.

성훈법의 활용은 청대에 이미 절정기에 이르렀는데, 고우(高郵) 왕씨 부자[106]가 두각을 보인 대표적 학자이다.

105 원주 : 본문은 중국훈고학연구회 제1차 학술토론회에 발표된 논문이다.

106 고우(高郵) 왕씨 부자 : 왕염손과 왕인지 부자를 가리킨다. 왕염손(王念孫, 1744-1832)의 자는 회조(懷祖), 호는 석구(石臞)로 고우 출신이다. 건륭(乾隆) 연간(1736-1795)에 진사가 되었으며, 관직은 영정하도(永定河道)를 지냈다. 고적(古籍)의 자의(字義)를 탐구했으며, 성음(聲音)을 연구했다. 편저에 《광아소증(廣雅疏證)》·《독서잡지(讀書雜志)》·《고운보(古韻譜)》가 있다. 왕인지(王引之, 1766-1834)는 자가 백신(伯申), 호는 만경(曼卿)으로 학문은 부친 왕염손의 음운학·훈고학을 계승하였고, 단옥재(段玉裁, 1735-1815)와 더불어 단왕이학(段王二學)으로 불렸으며, 청인(淸人)의 고증학을 실천

건가학파(乾嘉學派)의 대가 대진(戴震, 1724-1777)은 "뜻에 의심이 가는 것은 '소리'로 뜻을 찾고, '소리'에 의심이 가는 것은 뜻으로 고증한다.〔俾疑於義者, 以聲求之; 疑於聲者, 以義證之.〕"라고 하였다. 왕력은 "이러한 방법은 실제로 문언을, 개념을 바로 표시하는 것으로 보았던 이전 사람들의 유심주의적 관점을 바로잡았다."라고 하였으며, "중국 언어발전에 있어 하나의 새로운 이정표를 세웠다."[107]라고 지적하였다.

그러나 '성음(聲音)'이라는 이 실마리에만 의지한다면, 또한 "확실히 믿을 만한 근거가 모자라면, 음이 같거나 비슷하거나 변한 어휘들을 가지고 놀면서 멋대로 추측한 것에 불과할 뿐이니, 그렇게 되면 유심주의의 진창에 빠지게 될 것이다."[108]라고 말한 주대박(周大璞)의 말과 같아질 것이다.

실제로 성훈의 남용은 존재하며, 때로는 매우 틀린 것도 보인다. 예를 들면 《설문해자》에서 "室, 實也.〔'실(室)'은 '가득한 것'이다.〕", "酒, 就也.〔'주(酒)'는 '나아가는 것'이다.〕", "王, 天下所歸往也.〔'왕(王)'은 천하가 귀의하여 가는 사람이다.〕", "妻, 婦與己齊者也.〔'처(妻)'는 아내로서 자신과 동등한 자이다.〕"라고 하였는데, 이것은 모두 잠꼬대에 가깝다.

'가득하다〔實〕', '나아가다〔就〕', '가다〔往〕', '동등하다〔齊〕'는 모두 해석의 대상이 되는 글자의 뜻도 아니며, 또한 그 어휘가 그러한 이름을 지니게 된 연유를 결코 반영하지도 못한다. 이와 같이 뜬구름 잡는 듯한 말을 취해서는 안 된다.

성음은 어휘의 임시적인 표기이다. 성음과 어의는 결코 필연적인 관계가 없다. 그들의 관계는 우연적인 것이다. 그러나 일단 이런 관계가 어떤 사물에 존재하면, 그와 상관된 일은 종종 그것과 비슷한 성음으로 표시된다. 만

적으로 완성시켰다고 평가받는다. 저서에 《경전석사(經傳釋詞)》, 《경의술문(經義述聞)》이 있다.

107 원주 : 《용충병조재문집(龍蟲幷雕齋文集)》 〈신훈고학(新訓詁學)〉에 보인다.

108 원주 : 《신훈고학요략(新訓詁學要略)》에 보인다.

약 후자만을 강조하여 개념을 표시할 때의 표기를 영원한 표기로 여긴다면, 때때로 어음이라는 이 단서로는 문제를 설명할 수 없을 때에도 단지 성음만을 근거로 시비를 판정하여 결론을 내리는 결과를 가져올 수 있는데, 반드시 생명력과 힘을 잃게 될 것이다.

왕염손의 《독서잡지》 〈묵자 제이(墨子第二)〉의 적렴(籍斂)·작렴(作斂)·조렴(措斂) 조를 예로 들어 보겠다.

> 其使民勞，其[109]籍斂厚.
>
> 그 백성을 부리는 것은 지나쳤고 그 부과하는 세금은 매우 무거웠다.
>
> 왕인지(王引之)는 "적렴(籍斂)은 세금을 거둔다는 뜻이다."라고 하였다.……〈비악〉의 "厚措斂乎萬民.〔백성의 재산을 무겁게 거두어들이다.〕"의 '조(措)'는 '석(昔)'으로 성부를 삼았으니, '조렴(措斂)'은 또한 '적렴(籍斂)'과 같다.
>
> 引之曰："籍斂，稅斂也."……《非樂篇》厚措斂乎萬民，措字以昔爲聲，措斂亦與籍斂同.

'조(措)'와 '적(籍)'은, 고운(古韻)이 모두 어부(魚部)에 속하고, 성뉴(聲紐) 또한 모두 치음(齒音)에 속한다. 그러나 글자의 뜻은 같거나 비슷한 곳이 전혀 없다.

《설문해자》에 따르면 "적(籍)은 장부이다.〔籍，簿也.〕"라고 하였는데, 인신되어 모든 죽백(竹帛 책)에 기록된 것을 일컫는다. "조(措)는 치(置)이다.〔措，置也.〕"라고 하였는데, 세우는 것도 '치(置)'이고, 버려두는 것도 '치(置)'이며, 마련하는 것 역시 '치(置)'이다. 본의와 너무 동떨어져 있어 인신하여도 각각이 서로 연결되지 않는다.

왕염손이 말한 것은 《묵자》에 보이는 '적렴(籍斂)'과 '조렴(措斂)'이라는 이 두 어휘의 의미이다. 따라서 여기에서는 《묵자》의 예만 얘기하겠다.

'조렴(措斂)'은 《묵자》 〈비악 상(非樂上)〉에 나오는데, 모두 세 번 보인다.

109 其 : 저본에는 '春'으로 되어 있는데, 《독서잡지》에 근거하여 바로잡았다.

必將厚措斂乎萬民, 以爲大鐘鳴鼓琴瑟竽[110]笙之聲.
반드시 많은 세금을 백성들에게서 거두어 큰 종이나 북이나 금과 슬과 우와 생 같은 악기를 만든다.

古者聖王,[111] 亦嘗厚措斂乎萬民, 以爲舟車.
옛날 성왕들도 일찍이 많은 세금을 백성들로부터 거두어 배와 수레를 만들었다.

是故墨子曰 : "姑嘗厚措斂乎萬民, 以爲大鐘鳴鼓琴瑟竽笙之聲, 以求興[112]天下之利, 除天下之害而無補也."
그러므로 묵자는 말하였다. "시험 삼아 많은 세금을 백성들로부터 거두어 큰 종과 북과 금과 슬과 우와 생 같은 악기를 만들어 천하의 이익을 일으키고 천하의 해악을 없애 버리고자 하나, 도움 될 것이 없다."

'적렴(籍斂)'은 《묵자》 〈절용 상(節用上)〉에 나오는데, 한 번만 보인다.

今天下爲政者, 其所以寡人之道多, 其使民勞, 其籍斂厚. 民財不足, 凍餓死者, 不可勝數也.
지금 천하의 위정자들은 인구를 줄이는 길을 따르고 있는 경우가 많다. 그들은 백성을 지나치게 부리고 부과하는 세금이 매우 무거워 백성들 중 재물이 부족하여 얼어 죽거나 굶어 죽는 경우가 이루 다 헤아릴 수도 없다.

110 竽 : 저본에는 '竽'으로 되어 있는데, 《묵자》에 근거하여 바로잡았다.
111 古者聖王 : 저본에는 '古聖者'로 되어 있는데, 위 자료에 근거하여 바로잡았다.
112 興 : 저본에는 없는데, 위 자료에 근거하여 보충하였다.

앞에 나오는 조렴(措斂)의 세 사례는 모두 '厚措斂乎萬民.'이라는 구절을 포함하고 있는데, 이를 현대 중국어로 해석하면 "백성의 재물을 무겁게 거두어들이다."라고 할 수 있으며 "백성에게서 무겁게 재물을 수탈하다."라고도 번역할 수 있다. '후(厚)'는 부사어이고, '조렴(措斂)'은 동사, '만민(萬民)'은 목적어이다.

뒤에 나오는 적렴(籍斂)의 사례에서 '其籍斂厚.'라는 구절은 "그가 부과하는 세금이 매우 무겁다."라고 번역할 수 있다. '적렴(籍斂)'은 명사이고, '후(厚)'는 술어이다.

'조렴'과 '적렴'이라는 이 두 어휘는 《묵자》에서는 구별이 매우 분명하여 같은 말이라고 할 수 없다. 주기봉(朱起鳳)이 편찬한 《사통(辭通)》의 '염(斂)' 자 항목에서는 '조(措)'를 '적(籍)'의 잘못이라고 하였는데, 또한 정확하지 않은 듯하다.

지나치게 성음의 작용만을 강조하고 조어(造語)와 품사 및 상하의 문의를 고려하지 않은 채 바로 이런 독단적인 결론을 내린 것이 매우 아쉽다. 지혜로운 사람이라도 많은 생각을 하다 보면 하나쯤은 실수할 수 있다. 해설하면서 충분한 사실 근거를 열거하는 데 부주의하여, 단편적으로 어떤 한 부분을 강조한 후에 형식 논리의 방법으로 간단한 추리를 더한다면, 그 결과는 곧 자신이 확정한 원칙 또는 실행 방법과는 반대되는 쪽으로 나아가게 될 것이다.

제9장

금역

제1절 번역과 금역今譯

하나의 언어문자를 다른 언어문자로 바꾸어도 담고 있는 뜻이 바뀌지 않는 것이 바로 '번역'이다. 이는 각종 사전과 관련 전문 저작의 일반적인 해석이다. 만약 '번역'이라는 어휘의 본의에 의거한다면, 우리는 연구의 범위를 서로 다른 어종(語種)의 대역(對譯)에 한정할 수밖에 없다. 이러한 작업에 대해 《주례》 〈추관(秋官) 사구(司寇)〉에 기록이 있는데, 다음과 같다.

> 상서(象胥)는, 만(蠻)·이(夷)·민(閩)·맥(貉)·융(戎)·적(狄) 등의 번국에서 조빙하러 오는 사신을 맡아 왕의 말을 전하고 유시(諭示)하여 번국과 화친하게 하는 업무를 관장한다. 만약 번국에서 조빙하러 오는 시기에 사신이 빈(賓)으로 들어오면 예의에 알맞게 응대하고 빈의 언어로 전달한다.
>
> 象胥, 掌蠻、夷、閩、貉、戎、狄之國使, 掌傳王之言而[1]諭說焉以和親之. 若以時入賓則協其禮與其辭言傳之.

이른바 "빈의 언어로 전달한다.〔與其辭言傳之.〕"라는 것은, 가공언의 《주례》 소에 "번역을 필요로 하는 외방의 사람들을 이른다.〔謂外之衆須譯語者也.〕"라고 하였다. 그러나 '外之衆〔외방의 사람들〕'의 '외(外)'는 지금 말하는 외국과는 다르다. 대체로 현대에 말하는 소수민족과 다른 방언 권역의 사람들에 해당한다.

상고 시대에는 황하 유역이 중심이었고 주위의 기타 지역은 '사방'이라고

1 而 : 저본에는 '面'으로 되어 있는데, 통행본 《주례(周禮)》에 근거하여 바로잡았다.

불렀는데, 바로 '만이(蠻夷)의 땅'이다. 《예기》〈왕제(王制)〉에 매우 자세히 기록되어 있다.

> 중국과 사이(四夷)의 백성들은 말이 통하지 않고 좋아하는 것과 바라는 것이 다르다. 그들의 뜻을 이해하고 바라는 것을 통하게 하는 사람을, 동방의 언어를 하는 사람은 '기(寄)'라 하고, 남방의 언어를 하는 사람은 '상(象)', 서방의 언어를 하는 사람은 '적제(狄鞮)', 북방의 언어를 하는 사람은 '역(譯)'이라 한다.
>
> 五方之民, 言語不通, 嗜欲不同. 達其志, 通其欲. 東方曰寄, 南方曰象, 西方曰狄鞮, 北方曰譯.

기(寄)·상(象)·적제(狄鞮)·역(譯)은 통역의 명칭이다. 중국에서 문자로 기록된 번역은 한 무제(漢武帝)가 서역과 통교한 뒤에 이루어졌던 불경 번역에서 시작되었는데, 바로 범어(梵語)[2]를 중국어로 번역한 것이다. 중국어로 범어를 번역한 것은 중국에서 연원이 오래되었다고 할 수 있다. 그리고 중국어로 중국의 다른 민족어를 번역한 역사는 더 오래되었다. 여기에는 다른 어종 이외에 방언을 번역하는 것도 포함된다. 곽박(郭璞, 276-324)이 《이아》를 주석하면서 "지역마다 말이 다르다.〔方俗殊語〕"라고 한 것은, 대체적으로 이 두 가지 측면에서 이해할 수 있다.

주석학에서 말하는 '번역'은 당시의 언어로 고어(古語)를 번역하는 것이다. 현대에 있어서는 현대 백화로 문언문을 번역하여 '옛날과 지금의 말이 다른〔古今異言〕' 장애를 극복하여 과거와 현재를 소통시키는 것을 말한다. 따라서 현재 사용하는 전문용어로는 '역(譯)'·'금역(今譯)'이라고 부르며, 주석을 포함한 것은 '주역(注譯)'·'역주(譯注)'라고 한다. 예를 들면 다음과

2 원주 : 인도 고대 언어의 일종이다.

같은 것이 있다.

여관영(余冠英, 1906-1995)의 《시경선역(詩經選譯)》

곽말약(郭沫若, 1892-1978)의 《굴원부금역(屈原賦今譯)》

양백준(楊伯峻, 1909-1992)의 《논어역주(論語譯注)》

심옥성(沈玉成, 1932-1995)의 《좌전역문(左傳譯文)》

육간여(陸侃如, 1903-1978)와 모세금(牟世金, 1928-1989)의 《문심조룡역주(文心雕龍譯注)》

담계보(譚戒甫, 1887-1974)의 《묵경분류역주(墨經分類譯注)》

주대박(周大璞, 1909-1993) 등의 《고문관지주역(古文觀止注譯)》

번역과 금역의 차이는, 전자의 경우에는 지역과 시간의 두 가지 요소를 포함하고, 후자의 경우에는 시간 요소만 포함한다는 점이다.

타민족의 언어를 자민족의 언어로 바꾸거나 자민족 언어의 고대어를 당시의 언어로 바꾸는 것은 모두 번역 본연의 직무이다. 그러나 단지 자민족어의 당시 언어로 고대어를 번역하는 것을 '금역'이라고 명명하여 번역의 대상이 고대 문언이라는 것을 나타내게 되면, 번역의 함의는 더욱 뚜렷해진다. '역'이나 '번역'이라고 하면 다양한 경우의 언어에 대한 변환에 적용되지만, 금역이라고 하면 내용이 덧붙여져서 이로 인해 개념의 외연은 축소되어 외국어의 번역에는 사용할 수 없게 된다.

제2절 번역문의 요구

번역에서 요구되는 점은 '신(信)'·'달(達)'·'아(雅)' 세 글자로 개괄할 수 있다. 중국의 고대 불경 번역은 이미 많아서 번역을 탐구하는 이론도 매우 자연적으로 발생하였다. 한대 이래로 지금까지 번역과 관련된 글로 나신장(羅新章)의 《번역논집(飜譯論集)》에 180편이 수록되어 있으니, 하나의 번역학을 이루었다고 할 수 있다.

삼국 시대에 지겸(支謙, ?-?)이 쓴 〈법구경서(法句經序)〉는 번역을 탐구한 글로 중국에서는 가장 이른 시기의 것인데, 그는 다음과 같이 말하였다.

> 모든 불경은 천축(天竺 인도(印度))에서 출현하였다. 천축의 언어는 중국과 음이 다르고,……명물이 달라서 실제 내용을 전하기가 쉽지 않다.……나는 당초에 그 말이 아정(雅正)하지 않은 점을 싫어하였다.
>
> 그러나 유기난은 "부처께서는 '그 뜻에 따를 것이요 꾸미지 말며, 그 법을 취할 것이요 장식하지 말라.'라고 하셨네. 불경을 전하는 사람은 그 의미를 쉽게 이해할 수 있도록 하되 그 본의를 잃어버려서는 안 되니, 이렇게 한다면 훌륭한 번역인 것이네."라고 하였다.
>
> 좌중의 사람들이 "노자는 '아름답게 꾸민 말은 믿을 것이 못 되고, 믿을 만한 말은 꾸밈이 없다.'라고 하였다.……이제 천축 불경의 뜻을 전하려면 참으로 경전의 실제 내용을 곧바로 전달해야 한다."라고 하였다.
>
> 이 때문에 직접 게송 형식으로 번역하는 사람의 말을 받아 적되, 본뜻에 입각하여 문장을 꾸미지 않았다.
>
> 諸佛典皆在天竺. 天竺言語, 與漢異音.……名物不同, 傳實不易.……僕初嫌其辭不雅. 維祇難曰:"佛言依其義不用飾, 取其法不以

嚴. 其傳經者, 當令易曉, 勿失厥義, 是則爲善." 座中咸曰 : "老氏稱 '美言不信, 信言不美'.……今傳胡義, 實宜徑達." 是以自偈受譯人口, 因循本旨, 不加文飾.

지겸의 인식은 번역의 정확함과 명료함을 강조하는 데 있다.

청말(淸末)에 이르러 엄복(嚴復, 1854-1921)은 《천연론(天演論)》 〈역예언(譯例言)〉에서 '신'·'달'·'아'를 제시하였는데, 바로 번역에서 요구되는 점으로, 표준 문제가 비로소 더욱 완비된 개괄을 얻은 것이다.

번역에는 '신(信 원문에 충실한 것)', '달(達 의미를 전달하는 것)', '아(雅 문장을 전아하게 쓰는 것)'의 세 가지 어려움이 있다.

원문에 충실하기를 추구하는 것은 이미 매우 어려운 일이다. 그러나 원문에 충실하더라도 의미가 전달되지 않으면 번역을 하더라도 번역하지 않은 것과 같으니, 의미를 전달하는 것은 이보다 중요하다. 중국이 해외 여러 나라와 통상을 개시한 이래로 외국어를 배운 인재는 각지에 많이 있지만, 어떤 한 책을 맡기고 원문에 충실하면서도 의미를 전달하는 번역을 제대로 해내기를 요구한다면 할 수 있는 사람이 매우 적다.……

譯事三難 : 信、達、雅. 求其信, 已大難矣! 顧信矣不達, 雖譯猶不譯也, 則達尙焉. 海通以來, 象寄之才, 隨地多有, 而任取[3]一書, 責其能與於斯二者, 則已寡矣!……

서양어의 문법은 한 문장이 적게는 두세 단어로 되어 있고, 많게는 수십

3 取 : 저본에는 '其'로 되어 있는데, 《천연론(天演論)》(《續修四庫全書》 1297, 上海古籍出版社, 2000, 3쪽)에 근거하여 바로잡았다.

에서 백 개의 단어로 이루어져 있다. 만약 서양어의 문법에 따라 번역한다면 의미가 통하지 못할 염려가 있고, 일부를 빼 버리고 요점만을 취하면 또 원문의 의미를 빠뜨릴 염려가 있다. 이는 번역자가 원문 전체의 논리를 마음속으로 완전하게 이해하는 데 달려 있으니, 이렇게 하면 붓을 대어 글자를 쓰기만 해도 저절로 훌륭하고 세 요소를 다 갖춘 번역을 할 수 있다. 원문의 어휘가 가지고 있는 뜻이 심오하여 설명하기 어려운 경우에는 앞뒤의 구절을 연계시켜 그 뜻을 잘 드러내야 할 것이다. 무릇 이러한 작업은 모두 의미를 전달하기 위한 것이며, 의미를 전달하는 것은 바로 원문에 충실하게 하는 방법이다.
故西文句法，少者二三字，多者數十百言．假令倣此爲譯，則恐必不可通，則刪削取徑，又恐意義有漏．此在譯者將全文神理，融會於心，則下筆抒詞，自然[4]互備．至原文詞理本深，難於共喩，則當前後引襯，以顯其意．凡此經營，皆以爲達；爲達，卽所以爲信也．

《주역》에 "글을 지을 때는 진실하게 해야 한다.〔修辭立誠.〕"라고 하였다. 공자는 "글은 의미를 전달하면 될 뿐이다.〔辭達而已.〕"라고 하였고, 또 "글에 문채가 없으면 오래 전해지지 않는다.〔言之無文，行之不遠.〕"라고 하였다.

이 세 구절은 곧 문장의 규범이자, 또한 번역 작업의 기준이다. 그래서 원문에 충실하고 의미를 전달하는 것 이외에, 전아한 문장이 요구된다.
《易》曰："修辭立誠." 子曰："辭達而已." 又曰："言之無文，行之不遠." 三曰[5]乃文章正軌，亦卽爲譯事楷模．故信達而外，求其爾雅．

4 然 : 저본에는 '善'으로 되어 있는데, 《천연론》(《續修四庫全書》 1297, 上海古籍出版社, 2000, 3쪽)에 근거하여 바로잡았다.

5 曰 : 저본에는 '者'로 되어 있는데, 위 자료에 근거하여 바로잡았다.

이 세 가지 기준에서, '신(信)'은 역문과 원문의 함의가 서로 부합하는 것을 말하고, '달(達)'은 문장의 전후 맥락이 관통하여 글의 뜻이 분명하게 드러난 것을 말하며, '아(雅)'는 역문에 원문의 정취가 풍부하게 있으면서 문장이 우아하고 아름다운 것을 말한다.

이 세 가지는 비록 외국어 번역을 말한 것이지만, 고문의 금역에도 적합하다. "중국의 문언과 백화의 차이는 실제로는 라틴어와 불어의 차이와 같다.〔中國的文言和白話的分別, 其實等於拉丁文和法文的分別.〕"[6] 이것이 바로 우리가 왜 고문의 금역을 논의할 때 외국어 번역 이론을 끌어들이는지에 대한 이유이다.

세 가지 기준에서 신(信)은 전제이자 기초이다. 원문에 함유된 의미를 정확하게 표현할 수 없다면 달(達)과 아(雅)는 곧 설 자리를 잃게 된다. 엄복 자신이 번역한 《천연론》과 《법의(法意)》 등은 바로 '신(信)'이라는 점에 있어서 부사년(傅斯年, 1896-1950), 채원배(蔡元培, 1868-1940), 호적(胡適, 1891-1962) 등의 비평을 받기에 이르렀다. 우리가 추구하는 역문은 '신(信)'을 기초로 한 세 가지의 조화와 통일이다.

이 세 가지의 조화와 통일을 완벽히 하기는 매우 어렵다. 방법론의 측면에서 말한다면, 신(信)을 중시하는 것을 '직역(直譯)'이라고 하고, 달(達)과 아(雅)를 중시하는 것을 '의역(意譯)'이라고 부른다.

번역사의 측면에서 본다면 '한나라 말기에는 꾸밈이 없고 질박하였다.〔漢末質直.〕'[7] 즉 이른바 '본뜻에 입각하여 문장을 꾸미지 않았으며〔因循本旨,

6 원주 : 구추백(瞿秋白)의 《번역을 논하다〔論飜譯〕》

7 원주 : 노신(魯迅)의 말이다.
역주 : 해당 문구는 노신(魯迅)이 구추백(瞿秋白)과 주고받은 서신인 〈번역에 관한 서신〔關于翻譯的通信〕〉 가운데 1931년 12월 28일 작성된 '회신(回信)'에 나온다. 노신은 엄복(嚴復)의 《천연론(天演論)》 등의 번역이 중국 역대의 불경 번역 전통에서 영향을 받았다고 거론하였다. 그 내용은 다음과 같다. "엄복의 번역은 실제로 한·당 시대 불경

不加文飾.〕',[8] '본뜻에 따라 전달하여 뺀 글자나 더한 글자가 있지 않도록 하였다.〔案本而傳, 不令有損言游字.〕'[9] 뿐만 아니라, 접속사의 순서에서도 변동을 주지 않았다. 이것은 동진(東晉)과 전진(前秦) 때의 사람 도안(道安, 314-385)의 방법이다. 그는 완전히 원문에 충실하여 원문이 갖추고 있는 각종 함의를 전달하는 것에 힘을 써서 "내용 전달이 완전하지 않은 것은 곧 번역가의 잘못이다.〔傳事不盡, 乃譯人之咎.〕"[10]라고 하였다.

'신(信)'에 중점을 두어 '직역'을 위주로 하는 것은 육조 시대에 비평을 받았다. 후진(後秦)의 저명한 번역가 구마라습(鳩摩羅什, 344-413)[11]은 〈승예를 위해 서방의 문체를 논하다〔爲僧叡論西方辭體〕〉라는 글에서 다음과 같이 말하였다.

> 다만 범어를 후진(後秦)의 언어로 번역하면 그 문장의 아름다움을 잃게 되어 비록 대의는 알 수 있더라도 원문의 문체와 현저한 차이가 생긴다. 흡사 밥을 씹어서 남에게 주면 맛이 없을 뿐만 아니라 비위가 상해서 토악질을 하게 만드는 것과 같다.
>
> 但改梵爲秦, 失其藻蔚, 雖得大意, 殊隔文體, 有似嚼飯與人, 非徒失

번역사의 축소도이다. 중국의 불경 번역은 한나라 말기에는 꾸밈이 없고 질박해서 그가 본받을 만한 점이 없었다. 육조 시대에는 참으로 의미를 잘 전달하면서도〔達〕 문장이 규범에 맞는데〔雅〕, 그의 《천연론》의 모범은 바로 여기에 있었다.〔他的翻譯, 實在是漢唐譯經歷史的縮圖. 中國之譯佛經, 漢末質直, 他沒有取法. 六朝眞是'達'而'雅'了, 他的《天演論》的模範就在此.〕"

8 본뜻에……않았으며 : 지겸(支謙, ?-?)의 〈법구경서(法句經序)〉에 나온다.

9 본뜻에……하였다 : 도안(道安)의 〈비바사서(鞞婆沙序)〉에 나온다.

10 원주 : 도안의 〈마하발라야바라밀경초서(摩訶鉢羅若波羅蜜經鈔序)〉에 나온다.
역주 : 《주석학개론》에 인용된 해당 구문이 〈마하발라야바라밀경초서〉에서는 확인되지 않으며, 〈비바사서〉에 나온다.

11 원주 : 원적(原籍)은 인도로, 서역의 구자국(龜茲國)에서 태어났다.

味，乃令嘔穢也.[12]

그는 제자 8백 명과 번역 방법에 뜻을 두고 연구하였는데 뜻이 모두 치밀하고 명쾌했다. 혜관(慧觀, ?-?)의 〈법화종요서(法華宗要序)〉에 따르면 "구마라습은 직접 서역의 불경을 들고 후진의 언어로 구술하였다. 방언에 맞게 하면서도 취지가 본뜻과 어긋나지 않았다.〔甚自手執胡經, 口譯秦語. 曲從方言, 而趣不乖本.〕"라고 하였다.

당나라 시대의 번역은 '신(信)'을 중시하였다. 그러나 절대적으로 '신'만을 강조한 번역은 없었다. 당나라의 대번역가인 현장(玄奘, 602-664)의 불경 번역도 모두 다 직역인 것만은 아니었다. 그는 직역을 위주로 하였지만, 때에 따라 의역을 하여 직역과 의역이 완벽하게 조화되어 입신(入神)의 경지에 들어가는 수준에 도달했다.

번역의 기준과 방법을 논의하는 이론은 청대 서구 학문이 중국으로 들어오면서부터 점점 심화되었다. 마건충(馬建忠, 1845-1900), 양계초(梁啓超, 1873-1929), 엄복(嚴復, 1854-1921), 임서(林紓, 1852-1924), 노신(魯迅, 1881-1936), 구추백(瞿秋白, 1899-1935), 곽말약(郭沫若, 1892-1978), 모순(茅盾, 1896-1981), 조원임(趙元任, 1892-1982), 전종서(錢鍾書, 1910-1998) 등이 모두 훌륭한 의견을 발표하였다.

나는, 주석학에서 말하는 번역은 문언을 백화로 번역하는 것으로, 번역문은 실제적으로는 원문에 대한 열독과 이해에 도움을 주는 매개체이므로 직역을 위주로 하고 '신(信)'을 근본으로 해야 한다고 생각한다. 심옥성(沈玉成)의 《좌전역문(左傳譯文)》은 바로 이러한 원칙을 실행한 것이다.

이 책의 번역은 목적이 매우 명확하다. 번역과 주석은 서로를 보완한다.

12 원주 : 《전진문(全秦文)》 권163

독자가 주석을 읽는 것 이외에도 다시 번역을 참고하면 원문을 이해하는 데 있어서 좀 더 편하게 이해할 수 있을 것이다.

이 때문에 번역은 직역의 방법을 채택하였다. 곧 어휘의 뜻과 어법의 측면에서 원문과의 대응을 힘써 추구하여 몇몇 전문성을 띠는 용어는 주석에서 자세하게 설명하였으므로 번역에서는 용어를 그대로 쓰고 더 이상 장황하게 구구절절 번역하지 않았다.

원문이 직역하기 어려운 경우에는 적당히 의역을 하였다. 다시 말하면 '신(信)'·'달(達)'·'아(雅)'의 기준을 감안하되, 번역은 '신'의 기준을 달성하는 데 치중하였고, 여력이 있을 때에야 비로소 '달'·'아'의 기준을 고려하였다.

這一冊譯文, 目的十分明確. 它和注釋相輔相成. 讀者在閱讀注文以外, 再參考譯文, 對理解原文也許可以增加一些方便. 爲此, 飜譯採取了直譯的方法, 卽在詞義和語法上力求和原文對應, 而於某些專門性名詞術語, 注釋中已有了詳細的說明, 譯文卽直錄而不再多[13]費周折, 其有不易直譯的, 則適當參以意譯. 也就是說, 按照"信、達、雅"的標準, 譯文偏重於"信", 行有餘力, 才考慮兼及"達、雅".

《좌전역문》이 어휘의 대역에 있어서 주로 의거한 것은 양백준의 주석이다. 그의 번역에 대한 지도적 지침 사상도 양백준이 다음과 같이 제시한 사상과 일치한다.

번역은 모두, 가능한 원래의 뜻을 바꾸지 않고 원래의 풍격을 유지하면서도 유창하고 분명하게 하는 것에 힘썼다.

13 多 : 저본에는 없는데, 《좌전역문(左傳譯文)》(中華書局, 1997, 2쪽)에 근거하여 보충하였다.

그러나 고인의 말과 글은 간략하여 때때로 약간의 문구를 첨가하지 않을 수 없었다. 이러한 원문의 함의 이외의 문구는 밖에 '〔 〕' 부호를 써서 표시하였다.

譯文在儘可能不走失原意, 幷保持原來風格下力求流暢明白. 但古人言辭簡略, 有時不得不加些詞句. 這些在原文涵義之外的詞句, 外用方括弧〔 〕作標誌.[14]

14 원주 : 《논어역주(論語譯注)》〈예언(例言)〉

제3절 번역문의 예시와 분석

번역문의 기준과 원칙, 방법에 대해, 우리는 《좌전》 은공(隱公) 원년의 매우 유명한 단락, 곧 선집에서 "정백극단우언(鄭伯克段于鄢)"이라고 일컫는 글의 일부 번역문과 원문의 대조를 가지고 몇 종의 번역문의 비교를 통해 구체적인 분석을 할 것이다.

대조, 비교, 분석은 도표의 형식으로 나타냈다. 번역문은 허소천(許嘯天, 1886-1946)의 《고문관지주역(古文觀止注譯)》,[15] 심옥성(沈玉成)의 《좌전역문(左傳譯文)》,[16] 주대박(周大璞)·유우창(劉禹昌)·왕계흥(王啓興)의 《고문관지주역(古文觀止注譯)》[17]을 취하되, 주대박의 번역본이 늦게 출판되었기 때문에 가장 뒤에 배열하였다. 원문의 표점은 주대박의 번역본을 따랐다.

'정백극단우언(鄭伯克段于鄢)' 삼가역문대조표(三家譯文對照表)[18]

원문(原文)	삼가(三家)의 번역문
① 初, 鄭武公娶于申, 曰武姜, 生莊公及共叔段.	허역(許譯) : 從前鄭國的武公, 到申國去討了一個老婆, 名叫武姜. 生下一個莊公, 和一個共叔段. 예전에 정나라의 무공은 신나라에 가서 아내를 맞이하였는데, 이름은 무

15 원주 : 이하에서는 허역(許譯)이라고 일컫겠다.

16 원주 : 이하에서는 심역(沈譯)이라고 일컫겠다.

17 원주 : 이하에서는 주역(周譯)이라고 일컫겠다.

18 정백극단우언(鄭伯克段于鄢) 삼가역문대조표(三家譯文對照表) : 해당 표에 제시된 3종의 인용문은 원 출처의 역문과 비교해 볼 경우에 차이가 있다. 저자 왕요남의 의도는 동일 경문(經文)에 대해 각 번역의 특징을 보여 주는 것이므로, 여기서는 대교하여 바로 변개하되, 별도로 교기를 내지 않았다. 대교본은 다음과 같다. (許嘯天 譯注, 《古文觀止-言文對照白話譯注-》, 天津古籍書店, 1981) (沈玉成, 《左傳譯文》, 中華書局, 1981) (周大璞·劉禹昌·王啓興, 《古文觀止注譯》, 湖北人民出版社, 1984)

원문(原文)	삼가(三家)의 번역문
	강이었다. 한 명의 장공과 한 명의 공숙단을 낳았다. 심역(沈譯) : 起初, 鄭武公在申國娶妻, 名叫武姜, 生了莊公和共叔段. 처음에 정 무공이 신나라에서 처를 맞이하였는데 이름은 무강으로, 장공과 공숙단을 낳았다. 주역(周譯) : 當初, 鄭武公在申國娶的夫人, 稱爲武姜, 生下了莊公和共叔段. 당초에 정 무공이 신나라에서 맞이한 부인을 무강이라고 하였는데, 장공과 공숙단을 낳았다.
② 莊公寤生, 驚姜氏, 故名曰寤生, 遂惡之.	허역 : 莊公生下地來, 正是他母親熟睡的時候, 嚇了姜氏一跳, 所以取名叫做寤生. 因此, 心裏便厭惡他. 장공이 태어났는데, 마침 그의 모친이 깊이 잠들었을 때여서 강씨를 깜짝 놀라게 했기 때문에 여기에서 이름을 취하여 '오생'이라고 불렀다. 이로 인하여 속으로 그를 몹시 싫어하였다. 심역 : 莊公是脚先頭後出生的, 這使姜氏感到驚恐, 所以取名寤生, 幷因此討厭他. 장공은 태어날 때 다리가 먼저 나오고 머리가 나중에 나왔는데, 이는 강씨를 놀라게 하였기에 여기에서 '오생'이라는 이름을 취하였다. 아울러 이로 인하여 그를 미워하였다. 주역 : 生莊公時難產, 使姜氏受了驚, 因此取名爲寤生, 從此就嫌惡他. 장공을 낳을 때 난산을 하여 강씨를 놀라게 하였는데, 이 때문에 '오생'이라는 이름을 취하게 되었나. 이때부터 그를 미워하기 시작했다.
③ 愛共叔段, 欲立之, 亟請于武公, 公弗許.	허역 : 喜歡這一個共叔段, 打算要立他做國王; 常常把這個意思, 去對武公說, 武公不答應. 이 공숙단을 좋아하여 그를 국왕으로 옹립하려고 했다. 수시로 이런 생각을 무공에게 가서 말하였는데, 무공이 허락하지 않았다. 심역 : 姜氏喜歡共叔段, 要立他爲太子, 屢次向武公請求, 武公不答應. 강씨는 공숙단을 좋아하여 그를 태자로 세우고자 여러 차례 무공에게 청하였는데, 무공이 허락하지 않았다. 주역 : 喜歡共叔段, 想立他爲太子, 一再向武公請求, 武公不答應. 공숙단을 사랑하여 그를 태자로 세우고 싶어서, 거듭하여 무공에게 청하였으나 무공이 허락하지 않았다.

원문(原文)	삼가(三家)의 번역문
④ 及[19]莊公卽位, 爲之請制, 公曰: "制, 巖邑也, 虢叔死焉. 他邑唯命."	허역: 等到莊公接下他父親的位置去做國王, 更替他求那制城地方, 給共叔段住. 莊公說道: "這制城地方, 是一個危險的城池呢! 從前虢叔死在這個地方的呵! 若要別的城池, 總依母親的話." 그 부친의 지위를 이어 장공이 국왕이 되기를 기다려 곧 그를 위하여 이 제성(制城)이라는 곳을, 공숙단이 살도록 내 달라고 요구하였다. 장공이 말하였다. "이 제성이라는 곳은 위험한 성입니다! 예전에 괵숙이 이 땅에서 죽었습니다! 다른 곳을 원하신다면 어떻게든지 어머니의 말씀에 따르겠습니다." 심역: 等到莊公卽位, 姜氏爲共叔段請求制地作爲封邑, 莊公說: "制地是地勢險要的地方, 虢叔死在那裏. 其他地方唯命是從." 장공이 즉위하기를 기다려 강씨는 공숙단을 위하여 제 땅을 봉읍으로 삼아 줄 것을 요구하자, 장공이 말하였다. "제 땅은 지세가 험한 요지로 괵숙이 그곳에서 죽었습니다. 다른 곳이라면 명하시는 대로 따르겠습니다." 주역: 等到莊公卽位, 姜氏替共叔段請求制邑, 莊公說: "制邑是險要的城邑, 虢叔從前就死在那裏. 其他地方一定從命." 장공이 즉위하기를 기다려 강씨가 공숙단을 위하여 제읍을 요구하자, 장공이 말하였다. "제읍은 험요한 성읍으로 괵숙이 예전에 그곳에서 죽었습니다. 다른 곳이라면 반드시 명을 따르겠습니다."
⑤ 請京, 使居之, 謂之京城大叔.	허역: 便向他討京城地方. 叫他去住着, 稱他做"京城大叔". 곧 그에게 경성 지방을 요구하였다. 그로 하여금 가서 살게 하니 그를 일컬어 '경성태숙'이라고 하였다. 심역: 姜氏改而請求京城, 讓共叔段住在那裏, 稱爲"京城太叔". 강씨가 경성으로 바꾸어 요청하자, 공숙단으로 하여금 그곳에서 살게 하니, '경성태숙'이라고 불렀다. 주역: 又請求京邑, 莊公便派共叔段住在那裏, 稱他爲京城太叔. 다시 경읍을 요청하자 장공이 곧 공숙단을 보내 그곳에서 살게 하니, 그를 '경성태숙'이라고 불렀다.

19 及: 저본에는 없는데, 통행본 《좌전》에 근거하여 보충하였다.

원문(原文)	삼가(三家)의 번역문
⑥ 祭仲曰："都城過百雉，國之害也．先王之制，大都不過三國之一；中，五之一；小，九之一．今京不度，非制也，君將不堪."	허역：有一個臣子，名叫祭仲的，說道："那大城池的墻，過了一百個城垜，是國度裏的一件不好的事體呢．從前國王，定下來的規矩，大的城池的長，不能超過那封侯封伯的國裏的城池三分裏一分的大；中等的城池，五分裏一分的大；小的城池，九分裏一分的大；現在京城的大，不照規矩，是不依從前國王定下來的法度呢；你做國王的，快要當不住了." 채중이라는 신하가 있었는데，그가 말하였다. "저 큰 성의 성벽이 1백 치(雉)가 넘는 것은 나라에 좋지 않은 사태입니다. 예전의 국왕이 정한 규정에 큰 성의 둘레는 저 후작을 봉하고 백작을 봉한 나라 수도의 1/3을 넘을 수 없고，중등의 성은 1/5을，작은 성은 1/9을 넘을 수 없는데，지금 경성의 크기가 규정에 맞지 않는 것은 예전의 국왕이 정한 법도를 따르지 않은 것입니다. 당신은 국왕입니다. 머지않아 감당 못하게 될 것입니다." 심역：祭仲對莊公說："凡屬都邑， 城垣的周圍超過三百丈， 就是國家的禍害． 先王規定的制度：大的都邑， 不超過國都的三分之一， 中等的，不超過五分之一；小的，不超過九分之一．現在京城不合規定，這不是應有的制度，君王會受不了的." 채중이 장공에게 말하였다. "모든 관할하에 있는 도와 읍의 성벽 둘레가 3백 장을 넘는 것은 바로 국가의 재앙입니다. 선왕이 규정한 제도에 큰 도와 읍은 수도의 1/3을，중등의 것은 1/5을，작은 것은 1/9을 넘지 못합니다. 지금 경성은 규정에 맞지 않는데，이는 있어서는 안 되는 제도이니，군왕께서는 견딜 수 없을 것입니다." 주역：祭仲說："都邑的城墻，周圍超過了三百丈，就是國家的禍害．先王的規定制度，大的城邑不超過國都的三分之一，中等的五分之一，小的九分之一． 現在京城的規模不合乎法度， 不是先王的制度， 這樣下去，君王會忍受不了的." 채중이 말하였다. "도와 읍의 성벽 둘레가 3백 장을 넘게 되면 바로 국가의 재앙입니다. 선왕의 제도에 큰 성읍은 수도의 1/3을，중등의 것은 1/5을，작은 것은 1/9을 넘지 못합니다. 지금 경읍의 규모가 법도에 맞지 않으니 선왕의 제도가 아닌데，이대로 가면 군왕께서는 차마 견딜 수 없을 것입니다."
⑦ 公曰："姜氏欲之，焉辟害?"	허역：莊公說道："那姓姜的母親， 願意這個樣子， 叫我怎麽能够躱開這個害處呢?" 장공이 말하였다. "저 강씨 성을 가진 모친이 이렇게 하기를 바라니 내가 어떻게 이런 해를 피할 수 있단 말이오." 심역：莊公說："姜氏要它，又哪能避免禍害呢?" 장공이 말하였다. "강씨가 그것을 원하니，또 어떻게 재앙을 피할 수 있겠소."

원문(原文)	삼가(三家)의 번역문
	주역 : 莊公說 : "姜氏要這樣, 我到哪裏去避禍呢?" 장공이 말하였다. "강씨가 이렇게 하기를 원하니 내가 어디로 간들 화를 피할 수 있겠소."
⑧ 對曰 : "姜氏何厭之有? 不如早爲之所, 無使滋蔓. 蔓, 難圖也. 蔓草猶不可除, 況君之寵弟乎?"	허역 : 回答道 : "那姓姜的女人怎麽能够有心裏滿足的時候? 還不如早打算一個法子, 不要給他的害處蔓延大來; 待到蔓延大了, 是不容易想法子收服他的呢. 那四處長起來的野草, 尙且不容易拔去, 何況你做國王的對那得寵的兄弟呢?" 채중이 대답하였다. "저 강씨 성을 가진 여인이 어찌 마음속에 만족할 때가 있을 수 있겠습니까. 차라리 일찌감치 한 방법을 강구하여 그의 폐해가 만연하여 커지지 않도록 하는 것이 낫습니다. 만연하여 커지기를 기다리게 되면, 대책을 세워 그를 굴복시키기가 쉽지 않을 것입니다. 사방에서 자라나는 저 들풀조차도 뽑아내기 쉽지 않은데, 하물며 국왕인 당신이 저 총애받는 형제에 대해서는 더 말할 것이 있겠습니까." 심역 : 祭仲回答說 : "姜氏怎麽能滿足? 不如及早加以安排, 不要讓它各處蔓延. 一經蔓延就難于[20]對付了. 蔓延的野草尙且不能鋤掉, 何況是您受寵的兄弟呢?" 채중이 대답하였다. "강씨가 어떻게 만족할 수 있겠습니까. 차라리 미리 안배하여 곳곳으로 만연하게 되지 않도록 하는 것이 낫습니다. 한번 만연하게 되면 대처하기 어렵습니다. 만연한 들풀조차도 쉽게 호미로 제거하지 못하는데, 하물며 당신의 총애받는 형제인 경우에는 어떻겠습니까." 주역 : 祭仲回答說 : "姜氏有甚麽滿足的? 不如及早對這件事加以處置, 不要讓它蔓延; 一旦蔓延, 就難以圖謀了. 蔓延的雜草尙且不能除掉, 何況是君王寵愛的弟弟呢?" 채중이 대답하였다. "강씨가 무슨 만족이 있겠습니까. 차라리 미리 이 일에 대해 조치를 취하여 만연하게 되지 않도록 하는 것이 낫습니다. 일단 만연하게 되면 도모하기가 어렵습니다. 만연한 잡초조차도 제거할 수 없는데, 하물며 총애받는 군왕의 동생인 경우에는 어떻겠습니까."
⑨ 公曰 : "多行不義, 必自斃. 子姑待之."	허역 : 莊公說道 : "多做那不規矩的事體, 一定要自己害死自己, 你姑且等着他." 장공이 말하였다. "저 규정에 맞지 않는 일을 많이 하면 반드시 스스로 자신을 죽이게 될 것이니, 그대는 우선 그를 두고 보도록 하라."

20 于 : 저본에는 앞에 '以'가 있는데, 《좌전역문(左傳譯文)》(沈玉成, 中華書局, 1981, 2쪽)에 근거하여 삭제하였다.

원문(原文)	삼가(三家)의 번역문
	심역 : 莊公說 : "多行不義, 必然自己摔跤子, 您姑且等着吧!" 장공이 말하였다. "불의를 많이 행하면 반드시 스스로 넘어지게 될 것이니, 당신은 우선 두고 보시오." 주역 : 莊公說 : "非正義的事幹多了, 自己必定要失敗. 你姑且等着吧." 장공이 말하였다. "정의가 아닌 일을 많이 하면 틀림없이 스스로 실패하게 될 것이다. 그대는 우선 두고 보시오."

동일한 단락의 글이지만, 허소천, 심옥성, 주대박 세 사람의 번역문이 모두 똑같은 것은 아니며 어떤 부분은 차이가 매우 크다. 이는 담겨 있는 내용과 문자의 상략(詳略) 및 기타 요소의 측면에 있어서 번역문과 원문 간에 완전한 일치를 이루기란 쉽지 않으며 심지어는 불가능하기까지 하다는 점을 설명해 준다.

소련의 페도로프(Andrei Venediktovich Fedorov, 1906-1997)[21]는 《번역이론개요(飜譯理論概要, Введение в теорию перевода)》에서 번역문과 원문의 '등치(等值)'를 주장하면서 내용과 수사(修辭)의 측면에 있어 완벽하게 정확할 것과 완벽하게 일치할 것을 요구하였다.

이러한 지극히 높은 기준은 다른 민족의 어문(語文)을 번역하는 경우에만 달성하기 어려운 것이 아니라, 고대 중국어를 현대 중국어로 번역하는 경우에 있어서도 한 줄 한 줄 다 들어맞게 등치를 달성한다는 것은 불가능하다. 이는 고대 중국어의 어휘와 현대 중국어의 어휘에 차이가 있고 어법과 수사의 측면에서도 차이가 있기 때문이다. 이로 인하여 문언문을 백화로 번역하

21 페도로프(Andrei Venediktovich Fedorov) : 소련의 대표적인 언어학과 번역학자이다. 1953년 출간한 저서 《번역이론개요(飜譯理論概要, Введение в теорию перевода)》는 언어학의 관점에서 번역이론에 대해 체계적인 연구를 진행하였다. 그는 어떠한 체재의 작품이라도 두 언어 간의 대비를 통해서만 번역이 가능하다는 점에서 번역이론을 언어학의 한 갈래로 인식하고, 번역의 문제는 언어학의 영역에서만 해결될 수 있다는 주장을 제기하였다. 이는 곧바로 문예학파의 격렬한 논쟁을 불러일으켰다.

는 경우에 이러한 차이를 완전하게 메우기는 지극히 어렵다.

세 사람의 번역문을 비교해 보면, 뒤의 두 사람의 것이 훨씬 낫다. 허소천의 번역문에는 아래와 같은 몇 가지 문제점이 있다.

1 오역誤譯

① 鄭武公娶于申 : 허역은 '우(于)'를 "到〔~로〕"로 번역하였는데, 오역이다. 이 구의 '우(于)'는 개사(介詞)로 장소를 나타낸다. '在〔~에서〕'의 뜻이다. 심역과 주역이 옳다.

② 莊公寤生 : 허역은 '오(寤)'를 "熟睡〔깊이 잠들다〕"로 번역했는데, 매우 정리(情理)에 맞지 않는다. '오생(寤生)'이라는 말은 이설이 많다. 어떤 이는 태아가 태어나면서 눈을 뜨고 바라본 것이라고 해석하고, 어떤 이는 산모가 깊이 잠들었을 때 아기가 출생하여 산모가 깨어났을 때 비로소 발견하는 것이라고 해석하며, 어떤 이는 난산이라고 해석한다. 여기서는 난산으로 보는 설이 옳다.

'오(寤)'는 '오(啎)'와 통하므로 "逆〔반대 방향〕"으로 해석해야 하며, '거꾸로'라는 의미이다. 태아가 출생할 때 머리가 먼저 나오는 것을 순산이라고 하고, 발이 먼저 나오는 것을 역산이라고 한다. 장공이 태어날 때 발이 먼저 나와 난산이었기 때문에 강씨를 놀라게 한 것이다. 심역과 주역이 옳다.

⑥ 君將不堪 : 허역은 "你做國王的, 快要當不住了.〔당신은 국왕입니다. 머지않아 감당 못하게 될 것입니다.〕"로 번역하였는데, 원문과 부합하지 않는다. 받아들일 수 없거나 참아낼 수 없는 것을 '불감(不堪)'이라고 한다. 심역과 주역이 옳다.

⑦ 焉辟害 : 허역은 "害處〔해〕"로 번역하였다. 이는 심역이 "禍害〔재앙〕"

로, 주역이 "禍(화)"로[22] 번역한 것만큼 정확하지도 적절하지도 않다. "躲開這個害處呢[23]?〔이런 해를 피할 수 있단 말이오?〕"라고 번역한 것은 어휘의 조합이 적절하지 않다.

⑧ 蔓草猶不可除 : 허역은 '除〔제거하다〕'를 "拔〔뽑아내다〕"로 번역하였는데, 적절하지 않다.

'제(除)'라는 말의 외연은 넓고, '발(拔)'의 외연은 좁다. 뽑아내는 것이 비록 '제(除)'의 한 가지 방식이기는 하지만, 제거한다는 말은 뽑아낸다는 말의 범위에 국한되지 않는다.

심역의 "鋤掉〔호미로 제거한다〕"라는 번역도 지나치게 융통성이 없는 것이다. 주역은 "除掉〔제거하다〕"라고 번역하였는데, 제거하는 구체적인 방식을 따지지 않아 원문과 의미가 부합한다.

⑨ 多行不義必自斃 : 허역은 '폐(斃)'를 "死〔죽이다〕"로 번역하였는데 오역이다. 두예(杜預)의 주에 "폐(斃)는 넘어지다는 뜻이다.〔斃, 踣也〕"라고 하였으니, '넘어지다〔倒仆〕'는 뜻이다. 심역과 주역이 옳다.

2 제멋대로 내용을 첨가하여 번역한 것

① 生莊公及共叔段 : 허역은 "生下一個莊公, 和一個共叔段.〔장공 한 사람과 공숙단 한 사람을 낳았다.〕"으로 번역하였다. 원문에는 수를 나타내는 단위어가 없을 뿐만 아니라 필요하지도 않으니, '一個'는 군더더기이다.

22 주역이 禍(화)로 : 주역은 원문의 '害'에 대해 '禍害〔재앙〕'로 번역하고 있다. 따라서 해당 구문의 제시는 잘못되었다.

23 呢 : 저본에는 없는데, '焉辟害'에 해당하는 역어로 어기(語氣)를 결정하는 말이므로 보충하였다.

② 驚姜氏：허역은 "嚇了姜氏一跳.〔강씨를 깜짝 놀라게 하였다.〕"로 번역하였다. '一跳'는 군더더기이다. "嚇壞了姜氏.〔강씨를 놀라게 하였다.〕" 정도로 번역하거나 심역과 주역처럼 번역할 수 있다.

③ 愛共叔段：허역은 "喜歡這一個共叔段.〔이 공숙단을 좋아한다.〕"으로 번역하였는데, '這一個'는 군더더기이다.

④ 制, 巖邑也：허역은 "這制城地方, 是一個危險的城池呢.〔이 제성이라는 곳은 위험한 성입니다.〕"로 번역하였는데, '這……地方', '一個'는 군더더기이다.

⑥ 祭仲曰：허역은 "有一個臣子, 名叫祭仲的, 說道.〔채중이라고 하는 한 신하가 있었는데, 그가 말하였다.〕"로 번역하였는데, '有一個臣子', '名叫', '的'은 군더더기이다.

지엽적인 내용을 덧붙이는 것은 고문을 백화로 된 이야기로 고쳐 쓸 때에는 사용할 수 있지만, 고문의 금역에는 일반적으로 사용해서는 안 된다.

3 생략해야 하는데 생략하지 않고 번역한 것

⑨ 子姑待之：'지(之)'는 백화의 '타(他)' 자에 해당하는데, 사람과 사물과 사건을 지칭하는 것으로 두루 쓰이지만 사건을 지칭하는 경우는 매우 적다. 여기에서는 사건을 지칭하는 것으로, 번역에서는 생략하는 방법을 써야 한다.[24] 심역과 주역이 옳다.

24 원주：여숙상(呂叔湘, 1904-1998)의 《문언허자(文言虛字)》 참고.
역주：'之'의 용법은 지칭(指稱)과 연접(連接) 두 가지가 있다. 대체로 전자는 백화의 '他'에 해당하며, 후자는 '的'에 해당한다. 그런데 "我正要去找他, 他就來了.〔내가 막 그를 찾아가려던 참이었는데, 그가 왔다.〕"라는 백화를 문언문으로 고칠 경우에 전자의

4 제멋대로 내용을 고쳐 번역한 것

⑦ 姜氏欲之 : 허역은 "那姓姜的母親, 願意這個樣子.〔저 강씨 성을 가진 모친이 이렇게 하기를 바라신다.〕"로 번역하였다.

⑧ 姜氏何厭之有 : 허역은 "那姓姜的女人怎麽能够有心裏滿足的時候? 〔저 강씨 성을 가진 여인이 어찌 마음속에 만족할 때가 있을 수 있겠습니까.〕"로 번역하였다.

《의례》〈사혼례(士昏禮)〉에 "축이 고할 때 부인의 성을 칭하여 '아무씨가 시집왔습니다.'라고 한다.〔祝告, 稱婦之姓曰 : '某氏來歸.'〕"라고 하였는데, 주에 "아무 씨란, 제나라 여자인 경우에는 '강씨', 노나라 여자인 경우에는 '희씨'라고 하는 것이다.〔某氏者, 齊女則曰姜氏, 魯女則曰姬氏.〕"라고 하였다.

자식 된 사람이 자신의 어머니를 '저 성이 아무 씨인 모친〔那姓某的母親〕'으로, 신하 된 사람이 임금의 어머니를 '저 성이 아무 씨인 여인〔那姓某的女人〕'이라고 말할 리가 결코 없다. 굳이 번역할 필요가 없는데도 번역하여, 억지로 제멋대로 내용을 고쳤을 뿐이다.

'他'는 '之'로 번역할 수 있으나, 후자는 동사의 기사(起詞)이므로 '之'로 번역할 수 없다. 문언문에서 이러한 '他'에 대한 처리 방법은 세 가지가 있다. 첫째, 생략하는 방법(예를 들어 '余將往訪之, 而已來晤.〔내가 가서 그를 만나려고 했는데, 그가 이미 와서 만났다.〕'의 경우), 둘째, 명사를 중복하여 사용하는 방법(예를 들어 '余將訪友, 而友已來.〔내가 친구를 찾아가려고 했는데 친구가 왔다.〕'의 경우), 셋째, '彼'를 사용하는 방법(예를 들어 '余將往訪, 而彼已來.〔내가 가서 만나려고 했는데, 그가 왔다.〕'의 경우)이다. 문언문에서 지칭으로서의 '之'는 사람, 사물, 사건 모두 통용할 수 있는데, 다만 사건을 지칭하는 경우가 가장 적다. 이러한 경우를 백화로 번역할 때는 대부분 생략하는 방법을 채용한다. 《문언허자》 1~8쪽 참고.

5 번역문이 어색하고 의미가 통하지 않은 것

⑧ 不如早爲之所, ……況君之寵弟乎? : 이 단락의 번역문은 가장 어색하고 의미가 통하지 않는다.

허역의 이러한 문제점들은 고문을 금역하는 데 있어서 상당 부분 전형적인 의미를 지니고 있으며, 고문을 금역할 때 주의해야 할 점을 부분적으로 반영하고 있다.

제4절 번역의 방법

1 보통의 어휘는 등치等值 또는 등치에 가까운 대역이어야 한다

이러한 대역(對譯)은 경우에 따라 현대의 복음절어로 고대의 단음절어를 번역하기도 하고, 현대의 상용어로, 옛날에는 상용되었지만 지금은 상용하지 않는 어휘를 번역하기도 하며, 몇 가지 현대 어휘를 조합하여, 대등한 어휘를 사용하여 표시하기가 쉽지 않은 고대의 어떤 개념을 번역하기도 한다.

이것이 바로 직역 다음가는 의역인 것이다. 대부분의 금역은 가능한 조건이라면 모두 이런 식으로 이루어진다. 그런데 이렇게 하려면 반드시 정확한 주석이 필요하다. 따라서 번역의 기초는 훈고이며 어휘 풀이라고 할 수 있다.

2 고문은 간략하게 한 경우가 많기 때문에 번역문은 그러한 간략한 부분들에서 적당한 보충역이 필요하다

이러한 보충은 때에 따라 내용적 방면일 때도 있고 어법적 방면일 때도 있다. 양백준은 《논어역주》와 《맹자역주》에서 이러한 문제점에 주의를 기울였다. 그러나 "정백극단우언(鄭伯克段于鄢)"이라는 한 단락에 대한 삼가(三家)의 번역은 모두 이에 대한 충분한 주의가 없었던 듯하다.

"祭仲曰 : '都城過百雉……今京不度.'〔채중이 말하였다. '도성이 1백 치를 넘으면……지금의 경읍은 법도에 맞지 않습니다.'〕"라는 이 단락은, "請京, 使居之, 謂之京城大叔.〔경읍을 청하여 그를 살게 하였기 때문에 그를 경성태숙이라고 불렀다.〕"이라는 구절을 바로 받은 것으로, 중간에 태숙이 경읍의 규모가 법도를 초과하도록 하였다는 내용이 생략되었다. 이 내용이 없었다면 채중의 이러한 중요한 말을 제시할 수가 없었을 것이다.

"姜氏欲之, 焉辟害?〔강씨께서 그러려고 하니 어찌 화를 면할 수 있겠소.〕"라고 한 것에서부터 "多行不義, 必自斃, 子姑待之.〔불의를 많이 저지르면 분명 자멸할 것이니, 그대는 잠시 기다려 보시오.〕"라고 말한 것을 통해, 태숙이 강씨의 비호하에 경읍에서 매우 빠르게 실력을 확충하는 움직임을 시작하면서 우선 성곽을 정비하고 경읍을 확대하였다는 것을 알 수 있다. 그렇기 때문에 다음의 "旣而大叔命西鄙、北鄙貳於己.〔오래지 않아 태숙이 서부와 북부 변방의 두 성읍 신하들에게 장공을 따랐던 것처럼 자기를 따르라고 명령하였다.〕"와 "大叔完聚, 繕甲兵, 具卒乘, 將襲鄭.〔태숙이 성을 더욱 견고히 하고, 양곡과 마초를 비축하고, 갑옷과 무기를 수선하고, 병사와 병거를 구비하여, 도성을 습격할 준비 태세를 갖추었다.〕"[25]과 같은 문장이 오게 되는 것이다.

'今京不度'는 불의를 행한 것이고, '旣而'의 다음 내용은 '불의를 많이 행한〔多行不義〕' 내용으로, 이것은 공숙단이 반역을 도모한, 하나의 완정한 과정이다. 번역문에서 '祭仲曰' 앞에 보충하여 대략 설명하였다면 글의 의미가 하나로 꿰어진다. 이 과정에 대한 이해가 없으면 심옥성의 번역과 같은 오류에 이를 수 있다.

심옥성은 "강씨가 그것을 원하니 또 어떻게 재앙을 피할 수 있겠소.〔姜氏要它, 又哪能避免禍害呢?〕"라고 번역하였다. 허소천은 "저 강씨 성을 가진 모친이 이렇게 하기를 바라신다.〔那姓姜的母親願意這個樣子.〕"라고 번역하였고, 주대박은 "강씨가 이렇게 하기를 원한다.〔姜氏要這樣.〕"라고 번역하였는데, 모두 제대로 된 번역이다. 심옥성 번역의 문제는, 공숙단이 '불의

25 태숙이 성을……갖추었다 : 저본에는 '갑옷과 무기를 수선하고〔繕甲兵〕'라는 구절이 빠져 있는데, 《좌전》 원문에 근거하여 이 부분을 보충하고 번역하였다.

를 많이 행했다.〔多行不義〕'라는 이 과정에 대해 소개가 빠져 있는 것 외에, 또 앞에 나오는 "他邑唯命"과 "請京, 使居之"라는 문장을 소홀히 여겼다는 점이다.

임계유(任繼愈)의 《노자신역(老子新譯)》은 이런 점이 잘 되어 있어 매우 참고할 만한 가치가 있다. 내용 면에서 《노자신역》은 '의미를 완벽하게 전달하기 위하여 때로는 번역문에 보충하는 자구를 첨가하기도 하였다.〔爲了使意義表達得完整, 有時也在譯文上加以補充的字句.〕'[26] 보충한 자구는 방괄호(〔 〕)를 사용하여 표시하였다. 예를 들면 다음과 같다.

원문	번역문
不知常, 妄作. —凶.[27]	不認識"常", 而輕擧妄動. —〔其結果必〕凶. 상(常)을 알지 못하고[28] 경거망동하면 —〔그 결과는 반드시〕 흉하다.
知者不言, 言者不知.[29]	懂得的 不〔亂〕說, 〔亂〕說的不懂得. 잘 아는 사람은 〔함부로〕 말하지 않고, 〔함부로〕 말하는 사람은 잘 모르는 것이다.
天之道, 其猶張弓歟? 高者抑之, 下者擧之, 有餘者損之, 不足者補之.[30]	天的"道". 不很像拉開弓〔射箭瞄準〕嗎? 高了就把它壓低一些, 低了就把它升高一些, 過滿了就減少一些, 不够滿就補足一些.

26 원주 : 《노자신역》〈역례(譯例)〉

27 원주 : 《노자》 16장

28 원주 : 노자는 정(靜)이 만물 변화의 원칙이라고 생각했기 때문에 '常〔不變〕'이라고 한 것이다.

29 원주 : 《노자》 56장
역주 : 저본에는 50장으로 되어 있는데, 56장에 나오는 말이므로 바로잡았다.

30 원주 : 《노자》 77장

원문	번역문
	하늘의 '도'는 활시위를 당겨 〔조준하는 것과〕 흡사하지 않은가? 높으면 그것을 조금 낮추고 낮으면 그것을 조금 올리며, 지나치면 조금 줄이고 부족하면 조금 보탠다.

구법상 원문에서 어떤 문장들은 종종 접속사, 대명사, 심지어 한 문장의 주어까지도 생략하곤 한다. 《노자신역》은 의미를 명확히 하기 위해 문장을 보충하여 완정한 형식을 만들었다. 예를 들면 다음과 같다.

원문	번역문
寵爲下, 得之若驚, 失之若驚, 是謂寵辱若驚.[31]	虛榮本來就卑下, 〔可是人們〕得到它, 爲之驚喜, 失掉它, 爲之驚懼, 這就叫做愛虛榮以至于驚恐. 헛된 영화는 본래 하찮은 것이지만, 〔그러나 사람들은〕 그것을 얻으면 그 때문에 기뻐하고 그것을 잃으면 그 때문에 두려워하니, 이를 일러 헛된 영화를 좋아하다가 두려움에 이르게 된다고 한다.
悠兮, 貴其言, 功成事遂, 百姓皆謂"我自然".[32]	〔最好的統治者〕是那樣的悠閑, 它很少發號施令, 事情辦妥貼了, 百姓都說"我們本來就是這樣的." 〔가장 훌륭한 통치자는〕 저리도 한가롭구나. 명령을 내리는 일이 거의 없어도, 일이 잘 처리되니, 백성들이 모두 "우리는 본래 그랬다."라고 말한다.

31 원주 : 《노자》 13장

32 원주 : 《노자》 17장

원문	번역문
樂與餌, 過客止, 道之出口, 淡乎其無味, 視之不足見, 聽之不足聞, 用之不足旣.[33]	音樂與美食, 能使行路的人爲之停止. 〔但是〕"道"說出來, 它淡得沒有味道, 看它, 又看不見, 聽它, 又聽不到, 用它, 又用不完. 음악과 좋은 음식은, 지나가는 길손의 발걸음을 멈추게 한다. 〔그러나〕'도'는 말하자면, 담백하여 맛이 없고, 보려면 또 보이지 않고, 들으려면 또 들리지 않고, 쓰려면 또 다 쓸 수 없다.

필요한 내용을 보충하고 필요한 문장 성분을 보충하는 것은 글의 의미를 통하게 하고 이해하기 쉽게 하는 중요한 방법이다. 이는 번역문이 '신(信)'의 전제하에서 '달(達)'과 '아(雅)'에 이르도록 하는 조건이기 때문에 매우 중시해야 한다.

번역문에서의 내용 보충은 원문에 함축된 내용을 잘 이해해야만 한다. 문언문에서 알 수 있는 내용을 일부 생략하여 말은 간략하고 의미는 다 들어 있어서 사람들로 하여금 의미를 찾는 맛을 느끼도록 하는 것은, 일종의 익히 보이는 수사 방식이며 글을 쓰는 풍격이다. 번역문은 지금 사람들에게 보여 주기 위한 것이다. 만약 이러한 함축된 부분들을 번역하지 않아서 이런 세심한 이해를 필요로 하는 것들을 드러내 주지 못한다면, 독자들을 이해하기 어렵게 만들 수 있으며 때로는 번역문을 분명하고 완정해지지 못하게 할 수도 있다.

번역문에서 구법상의 보충은 고문의 생략 규칙에 대한 전면적 이해가 있어야 한다. 특히 고어에서는 생략할 수 있지만 현대어에서는 생략할 수 없는

33 원주 : 《노자》 35장

부분들에 대한 전면적인 이해가 필요하다. 이렇게 했을 때 우리는 비로소 금역할 때 그 범위를 파악하여 반드시 보충해야 하는 문장 성분을 보충할 수 있게 된다. 예를 들면 다음과 같다.

1) 주어의 생략

원문	번역문
其子厚與州吁游, 禁之, 不可. 桓公立, 乃老.[34]	石碏的兒子石厚與州吁郊游, 石碏禁止他, 不聽. 衛桓公卽位, 石碏就告老辭官了. 석작의 아들 석후가 주우와 교외로 유람하였다. 석작이 이를 금하였으나 듣지 않았다. 위 환공이 즉위하자 석작이 노쇠하다는 것을 핑계로 관직에서 물러났다.
子曰 : "隱者也." 使子路反見之. 至則行矣.[35]	孔子道 : "這是位隱士." 叫子路回去再看看他. 子路到了那裏, 丈人[36]已經走了. 공자는 "이분은 은자이다."라고 하고서 자로에게 돌아가 다시 그를 만나 보게 하였다. 자로가 그곳에 도착하자, 지팡이를 짚은 사람은 이미 떠나 버렸다.

2) 동사 술어의 생략

원문	번역문
象曰 : "謨蓋都君咸我績, 牛羊父母, 倉廩父母, 干戈朕, 琴朕, 弤朕, 二嫂使治朕棲."[37]	舜的兄弟象說 : "謀害舜都是我的功勞, 牛羊分給父母, 倉廩分給父母, 干戈歸我, 琴歸我, 弤弓歸我, 兩位嫂嫂要她們替我鋪床疊被." 순의 형제인 상이 말하였다. "순을 해치려고 계획한 것은 모두 나의 공로이니, 소와 양은 부모님께 나누어 드리고, 창고도 부모님께 드리고, 방패와 창은 내가 갖고, 금도 내가 갖고, 활도 내가 갖고, 두 형수는 내 잠자리를 맡게 하겠다."

34 원주 : 《좌전》 은공(隱公) 3년 조이다. 번역문은, 주대박(周大璞)이 번역한 것이다.

35 원주 : 《논어》 〈미자(微子)〉

36 丈人 : 《논어역주》(中華書局, 2002, 196쪽)에는 '他'로 되어 있다. 저자 왕요남이 독자에게 편의를 제공하기 위하여 바꾼 것으로 보인다.

37 원주 : 《맹자》 〈만장 상(萬章上)〉. 번역문은, 양백준(楊伯峻)이 번역한 것이다.

3) 빈어賓語의 생략

원문	번역문
呂祿信酈寄，時與出游獵.[38]	呂祿信任酈寄，時常與他出游打獵. 여록은 역기를 신임하여 항상 그와 함께 사냥하러 나갔다.
凶年飢歲，君之民老弱轉乎溝壑，壯者散而之四方者，幾千人矣；而君之倉廩實府庫充，有司莫以告.[39]	當災荒年歲，您的百姓，年老體弱的棄尸於山溝荒野之中，年輕力壯的便四處逃荒，這樣的人有千把了；而在您的穀倉中堆滿了糧食，庫房裏裝滿了財寶，官吏們沒有誰把這種情況告訴您. 흉년이 든 해에 당신의 백성 가운데 노약자들은 시신이 산골짜기와 들판에 버려지고, 젊고 힘 있는 자들은 사방으로 도망가고 있는데, 이런 사람들이 수천 명입니다. 그런데도 당신의 곳간에는 양식이 꽉 차 있고 창고에는 재화가 가득하지만 관리 중에 이런 실정을 당신에게 말해 주는 사람이 없습니다.

4) 전치사 '우于'나 '이以'의 생략[40]

원문	번역문
楚莊王圍鄭，鄭告急晉[41][42].	楚莊王攻鄭國，鄭國向晉國告急. 초 장왕이 정나라를 공격하자, 정나라는 진나라에 위급 상황을 알렸다.
胥靡逃之魏，衛贖之百金，不與，乃請以左氏.[43]	胥靡逃到魏國，衛國以百金贖他，魏國不給，于是請求拿左氏這地方去贖他. 서미가 위(魏)나라로 도망가자 위(衛)나라에서 많은 재물로 그와 바꾸자고 했으나 위(魏)나라가 내주지 않았다. 이에 좌씨(左氏)의 땅을 가지고 그와 바꾸기를 청하였다.

38 원주 : 《사기》 〈여태후본기(呂太后本紀)〉

39 원주 : 《맹자》 〈양혜왕 하(梁惠王下)〉

40 전치사……생략 : 저본에는 전치사 '于'의 생략이라고 하였는데, 이하의 사례에서는 이에 해당하는 예를 제시하지 않고 오히려 전치사 '向'의 예를 들고 있다. 오류로 보인다.

41 晉 : 저본에는 '惡'으로 되어 있는데, 《사기》 〈진세가(晉世家)〉의 "三年，楚莊王圍鄭，鄭告急晉."에 근거하여 바로잡았다.

42 원주 : 《사기》 〈진세가(晉世家)〉
역주 : 저본에는 출처를 《사기》 〈노세가(魯世家)〉로 표기하였는데, 이 내용은 《사기》 〈진세가〉에 보인다. 《사기》 〈노주공세가(魯周公世家)〉에는 "宣公俀十二年，楚莊王彊圍鄭. 鄭伯降，復國之."로 되어 있다. 착오로 보인다.

43 원주 : 《전국책》 〈위책(衛策)〉

5) 단구의 생략

원문	번역문
子貢曰："紂之不善，不如是之甚也．是以君子惡居下流，天下之惡皆歸焉."[44]	子貢說："商紂的壞，不像現在傳說的這麼厲害．所以君子憎恨居於[45]下流，一居下流，天下的甚麼壞名聲都會集中在他[46]身上了." 자공이 말하였다. "상나라 주왕의 악행이 지금 전해지는 것만큼 그렇게 심하지는 않았다. 이 때문에 군자는 하류에 처하는 것을 싫어한다. 한번 하류에 있게 되면 천하의 어떠한 악명도 모두 자신에게 모여들기 때문이다."

6) '왈曰' 자의 생략

원문	번역문
陳亢問於伯魚曰："子亦有異聞乎?" 對曰："未也．嘗獨立，鯉趨而過庭．曰：'學詩乎?' 對曰：'未也.' '不學詩，無以言.' 鯉退而學詩."[47]	陳亢向孔子的兒子伯魚問道："您在老師那兒，也得着與衆不同的傳授嗎?" 答道："沒有．他曾經一個人站在庭中，我恭敬地走過．他問我道：'學詩沒有?' 我道：'沒有.' 他便道：'不學詩，就不會說話.'" 我退回便學詩. 진항이 공자의 아들 백어에게 "당신은 선생님의 곁에서 다른 사람들과 다른 것을 전수받았겠지?"라고 물었다. 대답하기를 "없네. 아버지께서 일찍이 뜰 가운데에 홀로 서 계실 때, 내가 공손하게 지나가는데, 그때 물어보기를 '시를 배웠느냐?'라고 하기에, 내가 대답하기를 '배운 적이 없습니다.'라고 하였네. 아버지께서 곧 말씀하기를 '시를 배우지 않으면, 말을 할 수가 없다.' 하였네. 그래서 내가 물러가 곧 시를 배웠다네." 하였다.

왕력(王力)은 《한어사고(漢語史稿)》 〈어법의 발전〔語法的發展〕〉에서 다음과 같이 지적하였다.

생략은 언어에 반드시 있는 현상이다. 이해에 방해되지만 않는다면 생

44 원주 : 《논어》 〈자장(子張)〉. 번역문은, 양백준이 번역한 것이다.

45 於 : 저본에는 '了'로 되어 있는데, 《논어역주》(中華書局, 2002, 203쪽)에 근거하여 바로잡았다.

46 他 : 저본에는 뒤에 '的'이라는 한 글자가 더 있는데, 위 자료에 근거하여 삭제하였다.

47 원주 : 《논어》 〈계씨(季氏)〉. 번역문은, 양백준이 번역한 것이다.

략은 완전히 가능하다. 그러나 생략법의 변천에 관해서는 다 얘기할 수가 없다. 생략의 가능성은 매우 다양하기 때문이다.

省略是語言所必有的事, 只要不妨礙了解, 省略完全是可能的. 關於省略法的演變是談不完的, 因爲省略的可能性是各種各樣的.

위에서 열거한 몇 가지는 왕력과 여숙상(呂叔湘)의 논저 및 다른 어법에 관한 논저에서 이미 토론한 것이다.

고문의 금역이 모든 생략에 대해 보충해야만 하는 것은 결코 아니며, 현대 중국어에도 생략이 있다. 완전한 구법에 지나치게 치중하여 앞뒤의 문의가 옳은지도 따지지 않고 보충이 필요하면 보충하였다가 잘못 보충하게 되면 사족이 되어 버린다. 위에 몇 가지 방면으로 나누어 나열한 것은, 응당 유의해야만 하는 방면을 제기한 것뿐이다.

어떤 생략들은, 예를 들어 빈어(賓語) 생략의 경우에는 여숙상이 매우 자세하게 논의하였지만, 이 책에서는 고대 중국어의 어법을 토론한 것이 아니라 단지 이미 이룩한 성과를 적당히 이용하여 고문의 금역에 있어서 기본 규칙을 설명한 것뿐이기 때문에 인용할 때에도 매우 간단하게 하였다.

'왈(曰)' 자의 생략은, '왈' 자 앞 주어의 생략이다. 현대 문예 작품 속에서도 매우 보편화되었다. 현대 문예 작품의 대화는 항목을 나누어 시구(詩句)처럼 배열할 수 있지만, 고문은 이렇게 할 수 없다. 이 때문에 독자의 의혹을 야기할 수 있는 것들은 모두 보충해서 번역해야만 한다.

'단구〔分句〕'의 생략은 포선순(鮑善淳)의 《어떻게 고문을 읽을 것인가〔怎樣閱讀古文〕》에 매우 잘 설명되어 있어, 이 책에서는 그 내용을 빌려 왔다. 이것은 사실 내용의 생략이다. 《노자신역》 중 어떤 보충한 부분들에서는 바로 단구의 생략을 이해할 수 있다.

3 번역하지 않는다

번역해야 할 것은 반드시 번역하고, 번역하지 말아야 할 것은 번역하지 않는 것이다. 번역하지 않는 데에는 두 가지 경우가 있다.

1) 고금에 차이가 없는 보통 단어

원문	번역문
遂寘姜氏于城潁, 而誓之曰："不及黃泉, 無相見也!"[48]	于是莊公將姜氏安置在城潁, 對她發誓說："不到黃泉, 不要相見." 이에 장공이 강씨를 성영에 안치하고 그녀에게 맹세하기를 "황천에 가지 않는 이상 만나지 않겠습니다."라고 하였다.

2) 모종의 철학 명사, 전문용어, 고유명사, 호칭

어떤 철학 명사, 전문용어, 고유명사, 호칭은 명료하게 번역할 수 없다. 그것들 중에는 특정한 내용을 함유하고 있기도 하고, 고대의 특정한 호칭인 것도 있다. 《노자》 제6장을 예로 들면 다음과 같다.

원문	번역문
谷神不死, 是謂玄牝. 玄牝之門, 是謂天地根.	"道"(谷神) 是永恒存在的, 這叫做"玄牝". "玄牝"之門, 這叫做天地的根. '도(道)'(곡신)는 영원히 존재하는 것이다. 이것을 '현빈'이라고 한다. '현빈'의 문은, 이것을 천지의 근본이라고 한다.

'도(道)'와 '현빈(玄牝)'은 모두 번역하기가 어렵다. 번역과 주석은 서로 보충하여 서로 밝혀 주는데, 번역하지 않는 이러한 어휘들은 주석에서 이해할 수 있다. 만약 우리가 제6장을 "만물의 변화와 발전은 영원히 존재하는

48 원주 : 《좌전》 '정백극단우언(鄭伯克段于鄢)'. 번역문은, 주대박이 번역한 것이다.

것이다. 이것은 보아도 보이지 않고 심원하게 만물을 생산하는 생식 기관이다. 이 생식 기관이 바로 천지의 근본이다.〔萬物的變化與發展是永恒的存在, 這就是看不見, 深遠的生產萬物的生殖器官. 這生殖器官, 就是天地的根本.〕"라고 번역한다면, '강씨(姜氏)'를 '저 강씨 성을 가진 어머니〔那姓姜的母親〕', 또는 '저 강씨 성을 가진 여인〔那姓姜的女人〕'으로 번역한 것처럼 어색한 느낌을 준다.

번역을 하느냐 하지 않느냐는 사람들마다 생각이 모두 다르다. "의롭지 못한 일을 많이 저지르면 반드시 스스로 죽게 된다.〔多行不義, 必自斃.〕"라는 구절을 허소천과 주대박은 모두 번역하였으나, 심옥성은 '多行不義'를 번역하지 않았다.

백화문으로 고문을 번역하는 목적은 고어를 현대어로 만드는 데에 있다. 다시 말해, 현대에 이미 익히 사용하는 성어(成語)나 전고(典故)라 할지라도 번역하는 것이 마땅하다. "多行不義, 必自斃."는 이미 성어의 성질이 있는데 심옥성이 뒷부분만 번역한 것은 타당하지 않은 듯하다.

번역을 하느냐 하지 않느냐는 정해진 경계선이 있어야 한다. 철학적 명칭, 전문용어, 고유명사, 호칭 등 어떤 것을 막론하고 대체할 수 있는 현대어(어휘 또는 어구)가 있으면 모두 번역해야 한다. 예를 들면 다음과 같다.

원문	번역문
故經之以五, 校之以計, 而索其情：一曰道, 二曰天, 三曰地, 四曰將, 五曰法.[49]	所以, 要用五項〔決定戰爭勝敗的基本因素〕爲經, 把〔對敵對雙方的優劣條件的〕估計作比較來探索戰爭勝負的情勢：〔這些主要條件是〕一政治, 二天時, 三地利, 四將帥, 五法制. 그래서 다섯 가지 항목〔전쟁의 승패를 결정하는 기본 요소〕을 경으로 삼고, 〔대적하는 쌍방의 우열 조건에 대한〕 추측을 비교해서 전쟁 승패의 정황을 탐지해야 한다. 〔이러한 주요 조건들로는〕 첫째 정치, 둘째 천시, 셋째 지리, 넷째 장수, 다섯째 법제가 있다.

49 원주 : 곽화약(郭化若)의 《손자역주(孫子譯注)》〈계편(計篇)〉

원문	번역문
故上兵伐謀，其次伐交，其次伐兵，其下攻城．攻城之法爲不得已.[50]	所以，指導戰爭的上策是挫敗敵人的戰略計謀，其次是挫敗敵人的外交，再次是進攻敵人的軍隊，下策是攻城．攻城的辦法是不得已的． 그러므로 전쟁을 지휘하는 상책은 적의 전략과 계책을 좌절시키는 것이고, 그다음은 적의 외교를 좌절시키는 것이고, 그다음은 적의 군대를 공격하는 것이고, 제일 하책은 성을 공격하는 것이다. 성을 공격하는 방법은 부득이한 것이다.

4 생략한다

고어를 금역할 때 때로는 불필요한 단어들을 생략하기도 한다. 고어에 있는 허사 같은 경우, 금역에서는 굳이 번역할 필요가 없다.

'지(之)' 자를 예로 들면 다음과 같다.

원문	번역문
高祖持御史大夫印弄之.[51]	高祖拿着御史大夫印撫玩. 고조가 어사대부의 인장을 가지고 어루만졌다.
欲見賢人而不以其道，猶欲其入而閉之門也.[52]	想同賢人會晤，却不依循規矩禮節，就正好像[53]要請他進來却關閉着大門. 현인을 만나 보고자 하면서 도리어 법도와 예절을 따르지 않으면, 그가 들어오기를 청해 놓고 도리어 대문을 닫아 버리는 것과 같다.

위 사례에서 '지(之)'는, 양수달(楊樹達)의 《사전(詞詮)》에 대명사 '피(彼)'로 번역하였다. '피(彼)'로 번역할 수 있는 '지(之)'의 경우, 어떤 것은

50 원주 : 곽화약의 《손자역주》〈모공(謀攻)〉

51 원주 : 《한서》〈주창전(周昌傳)〉

52 원주 : 《맹자》〈만장 하(萬章下)〉. 번역문은, 양백준이 번역한 것이다.

53 像 : 저본에는 '象'으로 되어 있는데, 《맹자역주(孟子譯注)》(楊伯峻, 中華書局, 1988, 249쪽)에 근거하여 바로잡았다.

번역해도 되고 어떤 것은 굳이 번역할 필요가 없다.

원문	번역문
淵深而魚生之, 山深而獸往之, 人富而仁義附焉.[54]	池水深廣魚鱉就會生長, 山林深廣鳥獸就會去居住, 人富裕了就會講求仁義. 못의 물이 깊고 넓으면 물고기와 자라가 살 수 있고, 산림이 깊고 넓으면 새와 짐승이 머물 수 있고, 사람이 부유하면 인의를 강구할 수 있다.

《사전》에는 "지(之)는 지시대명사이니, 언(焉) 자의 용도로 쓰였다. '여기에〔于是〕'라는 뜻이다.〔指示代名詞, 作'焉'字用. 于是也.〕"라고 풀이하였다. '우시(于是)'는 곧 '우차(于此)'이다. 두 개의 '지(之)'는 각각 심연(深淵)과 심산(深山)을 가리키고, '언(焉)'은 부유한 사람을 지칭한다. 만약에 '지(之)' 자를 번역한다면 "못의 물이 깊고 넓으면 물고기와 자라가 그 안에서 생장할 수 있다.……〔池水深廣, 魚鱉就會生長在它裏面.……〕"라고 해야 할 것이다. 그러나 이것은 불필요한 번역이다.

"人富而仁義附焉"이라는 구절에서, '부(附)'는 '의부하다〔依附〕', '귀부하다〔歸附〕', '붙다〔附着〕' 등으로 번역할 수 있다. 이 구는 '爲富不仁〔부를 추구하게 되면 어질지 못하게 된다.〕'과 상반된 말로, 의식이 풍족해야 예의가 일어나고 일정한 물질문명이 일정한 정신문명을 낳는다는 말이다. 그래서 역문에서는 '부(附)' 자의 뜻을 바꿔 '강구(講求)'로 번역하였다. 인의를 강구하면 인의도 그 사람에게 따라붙게 된다.

이 번역은 실제로 고어를 왜곡해서 따랐지만, 취지가 근본에 어긋나지 않게 하는 의역 방법이다. 이러한 방법은 부득이한 경우에 한다.

54 원주 : 《사기》〈화식열전(貨殖列傳)〉

원문	번역문
目好之五色, 耳好之五聲, 口之好五味, 心利之有天下.[55]	眼睛愛看艷麗的色彩, 耳朵喜聽動人的聲音, 口裏好吃甘美的食物, 心中貪求占有天下. 눈은 아름다운 색을 보고 싶어 하고, 귀는 감동을 주는 소리를 듣고 싶어 하고, 입은 감미로운 음식을 먹고 싶어 하고, 마음은 천하를 차지할 것을 탐한다.

《사전》에는 "지(之)는 개사이니, '~에〔於〕'이다.〔介詞, 於(于)也.〕"라고 풀이하였다. 만약에 '지(之)' 자를 번역한다면 "아름다운 색채에 대해 눈은 보는 것을 좋아하고, 아름다운 소리에 대해 귀는 듣는 것을 좋아하고, 맛있는 음식에 대해 입은 먹는 것을 좋아하고, 천하에 대해 마음은 차지하고 싶어 한다.〔對美的色彩眼愛看, 對美的聲音耳愛聽, 對美的食品口愛吃, 對天下心想占有.〕"라고 할 수 있다. 이렇게 '지(之)' 자를 번역하면 난삽하고 매우 어색해지기 때문에 번역해서는 안 된다.

원문	번역문
民望之, 若大旱之望雲霓也.[56]	人們盼望他, 正好像久旱盼望烏雲和虹霓一樣. 사람들이 그를 바라는 것이, 오랜 가뭄에 먹구름과 무지개를 갈망하는 것과 같다.
問曰 : "子之居楚何官?" 曰 : "爲都尉."[57]	問他道 : "您在楚國做甚麼官?" 回答說 : "做都尉." 그에게 "당신은 초나라에서 무슨 벼슬을 하시오?"라고 묻자 "도위입니다."라고 대답하였다.

이 두 '지(之)' 자는 접속사로, 현대의 '적(的)' 자에 해당한다. '문장의 형식을 주술 구조의 단구로 변화시키는〔化句子形式爲主謂短語〕' 역할을 한다.[58] '지(之)'는 이러한 문장 속에서 "필요한 것은 아니다.〔不是必要的.〕"

55 원주 : 《순자》〈권학(勸學)〉

56 원주 : 《맹자》〈양혜왕 하(梁惠王下)〉. 번역문은, 양백준이 번역한 것이다.

57 원주 : 《사기》〈진평세가(陳平世家)〉

58 원주 : 여숙상(呂叔湘)의 《문언허자(文言虛字)》

라고 말할 수도 있다.[59] 따라서 "백성들이 바라기를 큰 가뭄에 먹구름과 무지개를 보는 것과 같이 한다.〔民望之, 若大旱之望雲霓也.〕"와 "그대는 초나라에서 무슨 벼슬을 하시오?〔子之居楚何官?〕"라는 문장에서 '지(之)'를 생략하고 번역하지 않아도 의미가 전혀 바뀌지 않는다. 그러므로 금역에서는 굳이 번역할 필요가 없다.

원문	번역문
孟武伯問孝, 子曰: "父母唯其疾之憂."[60]	孟武伯向孔子請教孝道. 孔子道: "做爹娘的只是爲孝子的疾病發愁." 맹무백이 공자에게 효도에 대한 가르침을 청하자, 공자가 말하였다. "부모가 된 사람은 단지 효자의 질병 때문에만 근심한다."
東略之不知, 西則否矣.[61]	是否要向東邊有所擧動, 還不知道, 攻打西邊是不會了. 동쪽을 향해 거동할지에 대해서도 아직 알지 못하는데, 서쪽을 치는 것은 알 수 없다.

《사전》에는 이 두 문장의 '지(之)' 자를 "문장 안의 조사로, 뜻이 없다. 빈어가 타동사 앞에 도치될 때 사용된다. '시(是)' 자의 다섯째 조항에 나오는 뜻과 동일하다.〔句中助詞, 無義. 賓語倒置於外動詞之前時用之. 與'是'第五條同.〕"라고 풀이하였는데, 옳다.

'唯……之……'는 곧 '唯……是……'로, 고정된 구조이다. '유(唯)'는 행위 대상(동사의 빈어)의 단일성을 표시하고, '지(之)'는 동사 앞에 빈어를 끌어내어 강조를 표시한다. 번역을 할 필요도 없고 번역을 해서도 안 된다.

'지(之)' 자가 조사로 쓰일 때는, 말 머리에 사용되기도 하고 중간이나 끝에 사용되기도 한다. 비록 모두 별 뜻은 없지만 번역문에서 일괄적으로 번역하지 않는 것은 안 된다. 문의(文意)와 어기(語氣)에 필요한지를 살펴서 결정해야 한다.

59 원주 : 여숙상의 《문언허자》

60 원주 : 《논어》 〈위정(爲政)〉. 번역문은, 양백준이 번역한 것이다.

61 원주 : 《좌전》 희공(僖公) 9년 조. 번역문은, 심옥성(沈玉成)이 번역한 것이다.

원문	번역문
鸜之鵒之, 公出辱之.[62]	鸜啊鵒啊, 國君出國受到羞辱. 구관조가 우니, 국군(國君)이 나라를 나가 수치를 당한다.
七八月之間旱, 則苗槁矣. 天油然作雲, 沛然下雨, 則苗浡然興之矣.[63]	當七八月間, 若是長期不下雨, 禾苗自然枯槁了. 假若是一陣烏雲出現, 嘩啦嘩啦[64]地落起大雨來, 禾苗便又猛然茂盛地生長起來了. 7, 8월 사이에 장기간 비가 오지 않으면 벼 싹이 자연히 시들게 된다. 만약 한바탕 먹구름이 나타나서 주룩주룩 세찬 비가 내리게 되면 벼 싹은 또다시 움쑥 무성하게 자라난다.

또 '소(所)' 자의 경우, '爲……所……'의 구문에서 '위(爲)'는 '피(被)'로 번역할 수 있다. '爲……所……'는 피동 구문을 표시하는 고정된 구조이므로 '소(所)' 자를 번역해서는 안 된다. 번역문에서 생략해야 할 허자(虛字)는 아직 좀 더 있다. 역자는 문언문의 허사나 고정된 구조가 백화문과 대응되는 규칙을 전면적으로 이해하여 나름대로 판단해야 한다.

5 어휘의 순서를 바꾼다

'전도(顚倒)'는 어휘 순서의 문제이다. 고대 중국어의 어휘 순서와 현대 중국어의 어휘 순서는 변화가 크지 않지만, 고대의 어떤 어휘들의 순서는 현대 중국어와 같지 않아 현대에는 허용하지 않는 것이 있다. 이 때문에 금역을 할 때에는 현대 중국어의 방식에 따라 조율해야 한다. 이것이 바로 우리가 말하는 '전도'이다.

62 원주 : 《좌전》 소공(昭公) 25년 조. 번역문은, 심옥성이 번역한 것이다.

63 원주 : 《맹자》 〈양혜왕 상(梁惠王上)〉. 번역문은, 양백준이 번역한 것이다.

64 嘩啦嘩啦 : 저본에는 '嘩嘩啦啦'으로 되어 있는데, 《맹자역주》(中華書局, 2000, 13쪽)에 근거하여 바로잡았다. 의미의 차이는 없다.

1) 빈어가 동사 앞에 놓이는 경우

원문	번역문
無父何怙? 無母何恃?[65]	沒有父親靠誰? 沒有母親靠誰? 부친이 없으니 누구를 믿을꼬? 모친이 없으니 누구를 의지할꼬?
吾誰欺? 欺天乎?[66]	我欺誰? 欺天麽? 내가 누구를 속일까? 하늘을 속일까?
子曰: "'相維辟公, 天子穆穆', 奚取於三家之堂?"[67]	孔子說: "〔《雍》詩上有這樣的話: 〕'助祭的是諸侯, 天子嚴肅靜穆地在那兒主祭.' 這兩句話, 用在三家祭祖的大廳上在意義上取它哪一點呢?" 공자가 말하였다. "〔〈옹〉 시에 이러한 말이 있다.〕'제사를 돕는 사람은 제후인데, 천자께서는 엄숙하고 조용하게 그 자리에서 제사를 주관하시네.' 이 두 구절을 삼가가 조상을 제사 지내는 대청에서 사용하니, 의미 면에서 어떤 점을 취할까?"
天下之父歸之, 其子焉往?[68]	天下的父母都歸去了, 他們的兒子還會到哪裏去呢? 천하의 부모가 모두 귀의하였으니, 그들의 아이들이 또 어디로 가겠는가?

이상은 의문대명사가 빈어로 쓰일 때 동사 앞에 놓이는 경우이다. 고대 중국어의 보편적인 현상이다.

원문	번역문
無我怨.[69]	不要怨我. 나를 원망하지 말라.
豈不爾思?[70]	豈不思念你? 어찌 너를 생각하지 않으랴.
非子莫能吾救.[71]	不是您就不能救我. 당신이 아니면 나를 구원하지 못하리라.
楚君之惠, 未之敢忘.[72]	楚君的恩惠, 我不會忘記. 초나라 임금의 은혜를 나는 잊을 수 없소.

65 원주 : 《시경》〈소아(小雅) 육아(蓼我)〉

66 원주 : 《논어》〈자한(子罕)〉

67 원주 : 《논어》〈팔일(八佾)〉. 번역문은, 양백준이 번역한 것이다.

68 원주 : 《맹자》〈이루 상(離婁上)〉

이상은 부정문에서 지시대명사가 빈어로 쓰일 때 지시대명사가 동사 앞에 놓이는 경우이다.

또 '시(是)'나 '지(之)'를 사용하여 빈어를 끌어내는 구법이 있다. 예를 들어 '唯命是聽.〔명을 듣겠습니다.〕', '唯命是從.〔명을 따르겠습니다.〕'에서의 '시(是)'는 또한 '지(之)'로 바꿀 수 있다. 그러나 '지(之)'나 '시(是)'는 앞에서 이미 설명했듯이 번역문에서 생략해야 한다. '未之敢忘.〔감히 잊지 못하겠습니다.〕'의 '지(之)' 또한 번역해서는 안 된다.

왕력은《한어사고》〈어휘 순서의 발전〔詞序的發展〕〉에서 또 다음과 같이 지적하였다.

> 주어 — 동사 — 빈어의 어휘 순서는 상고 한어부터 현대 한어까지 변함없는 어휘 순서이다. 그러나 상고 한어에는 약간의 특수한 정황이 있는데, 바로 빈어가 동사의 앞에 놓일 수 있다는 것이다. 이러한 구조는 조건이 있다. 종합적인 조건은, 앞에 놓인 이 빈어가 반드시 대명사여야 한다는 것이다.
>
> 主—動—賓的詞序, 是從上古漢語到現代漢語的詞序, 但是, 在上古漢語裏, 有一些特殊的情況, 就是賓語可以放在動詞的前面. 這種結構是有條件的. 總的條件是 : 這個前置的賓語必須是一個代詞.

이러한 특수한 정황에 대해 금역에서의 방법은, 그것을 특수하지 않은 보통의 형식으로 만드는 것이다. 지적해야 할 것은, 그중에 도치된 빈어는 번역

69 원주 :《서경》〈강고(康誥)〉

70 원주 :《시경》〈위풍(衛風) 죽간(竹竿)〉

71 원주 :《전국책》〈중산책(中山策)〉

72 원주 :《좌전》희공(僖公) 28년 조

을 생략해도 된다는 것이다. 현대의 번역문 중에는 이러한 사례가 적지 않다.

2) 개사 구조가 부사어로 쓰일 때 동사 뒤에 놓이는 경우

원문	번역문
逢蒙學射於羿.[73]	逢蒙跟羿學射箭. 방몽이 예에게 활쏘기를 배웠다.
百里奚居虞而虞亡, 在秦而秦霸, 非愚於虞而智於秦也, 用與不用, 聽與不聽也.[74]	百里奚住在虞國而虞國滅亡, 在秦國而秦國稱霸.〔百里奚〕幷不是在虞國時愚蠢而在秦國就變得聰明, 而是任用他與不任用他, 聽取他的計謀和不聽他的計謀的緣故. 백리해가 우나라에 살 때에는 우나라가 멸망하였는데, 진나라에 살 때에는 진나라가 패자로 일컬어졌다. 결코 〔백리해가〕 우나라에 있을 때에는 어리석었다가 진나라에 있게 되자 총명하게 변한 것이 아니다. 바로 그를 등용했는지 그를 등용하지 않았는지, 그의 계책을 받아들였는지 그의 계책을 받아들이지 않았는지의 여부 때문이다.
漢王遇我厚, 載我以其車, 衣我以其衣.[75]	漢王待我的恩德是很重的, 把他的車子給我坐, 拿他的衣裳給我穿. 한왕이 나를 대우한 은덕이 매우 중하여, 그의 수레를 나에게 타고 다니라고 주고, 그의 옷을 나에게 입으라고 주었다.

왕력은 다음과 같이 지적하였다.

> 처소 부사어와 도구 부사어의 위치를 동사 뒤에 놓는 구조는 흔히 보는 구조이다.
> 處所狀語和工具狀語的位置, 放在動詞後面的結構, 是常見的結構.

현대 중국어에서 시가(詩歌)를 제외하고는 개사 구조가 부사어로 쓰일 때는 동사나 형용사의 앞에다 두어야 한다. 금역에서는 반드시 도치시켜 번역해야 한다.

73 원주 : 《맹자》 〈이루 하(離婁下)〉. 번역문은, 양백준이 번역한 것이다.
74 원주 : 《사기》 〈회음후열전(淮陰侯列傳)〉
75 원주 : 《사기》 〈회음후열전〉

3) 관형어의 위치가 피수식어의 뒤에 놓이는 경우

원문	번역문
孔子少孤, 不知其墓. 殯於五父之衢, 人之見之者, 皆以爲葬也.[76]	孔子幼小時死去了父親, 不知父親的墓地. 〔母親去世後〕孔子母親的靈柩停放到五父衢這地方. 見到這事的人, 還都以爲是在那裏安葬呢. 공자는 어렸을 때 부친을 여의어서 부친의 묘소를 알지 못하였다. 〔모친이 별세한 뒤에〕 공자 모친의 영구를 오보 거리라는 곳에 머물러 두었다. 이 일을 본 사람들은 모두 그곳에 안장했다고 생각하였다.
太子及賓客知其事者, 皆白衣冠以送之.[77]	太子和知道這件事的賓客, 都穿着白色衣服, 戴着白色帽子送他. 태자와 이 일을 아는 빈객들이 모두 흰색 옷을 입고 흰색 모자를 쓰고 그를 전송하였다.

현대 중국어에서 관형어는 피수식어(명사)의 앞에 와서 명사를 수식하고 제한하는 성분으로, 사람이나 사물의 소속과 성질, 수량 등을 표시한다. 수를 나타내는 단위어의 위치 역시 앞에 오기도 하고 뒤에 오기도 하여, 때때로 현대 중국어의 어휘 순서와 다르다.

종합하면, 어휘의 순서는 고문의 금역에서 주의해야 할 문제라는 것이다. 위에서 열거한 몇 가지 측면은 번역할 때 반드시 모두 뒤집어야 하는 것은 아니며 앞뒤 문의(文意)의 필요성을 살펴서 결정해야 한다. 예를 들어 '태자와 그 일을 아는 빈객〔太子及賓客知其事者〕'의 경우, "태자와 빈객 중에 이 일을 아는 사람〔太子和賓客中知道這件事的〕"이라고 번역해도 안 될 것이 없다.

76 원주 : 《예기》 〈단궁 상(檀弓上)〉

77 원주 : 《사기》 〈자객열전(刺客列傳)〉

제5절 고시의 금역

1 고시 금역의 어려운 점

고시의 금역은 고산문(古散文)의 금역보다 훨씬 어려운 작업이다. 어렵다는 것은 바로 다음과 같은 점들 때문이다.

1) 시가와 같은 문학 양식은 그 나름의 특수한 언어 형식을 갖고 있다

시의 언어는 일종의 특수한 예술 언어이다. 비록 언어의 일반 법칙을 따른다고는 하지만 어떤 상황에서는 또 의도적으로 이런 법칙을 깨뜨려서 일종의 변형된 언어를 만들어 낸다. 이때 언어의 일반 규칙은 시에 있어 아무런 제약이 되지 않는다. 꼭 들어맞는 비유는 아니지만, 시의 언어와 일반 언어의 관계는 마치 분재 형태의 화초와 자연 상태의 화초 같다.

청나라 사람 공자진(龔自珍, 1792-1841)은 일찍이 〈병매관기(病梅館記)〉를 지었는데, 당시의 폐단을 풍자한 한 편의 잡감(雜感)[78]이다. 이른바 '병매'라는 것은 바로 뜰 가의 분재 매화를 이른다. 분재 매화의 생장은 인위적인 제약을 받으며 그 형태는 인위적인 개조를 받는데, 그 관상 가치는 바로 이런 제약과 개조를 받아 형성된 특수한 예술 효과에 있다.

시가에 사용된 언어도 시인의 강력한 제약과 개조를 받은 언어라고 할 수 있다. 어휘의 운용 면에서는 종종 기발하게 글자를 사용한 경우들이 있고, 수사의 수법 면에서는 종종 원래의 의도를 쉽게 눈치챌 수 없도록 비유·대유(代喩)[79]·반어·생략들이 들어 있으며, 구법 면에서는 종종 불가사의한 어휘

78 잡감(雜感) : 소소한 느낌을 글로 옮긴 것으로, 수필의 일종이다.

의 조합과 도치가 있다. 그리고 전고의 사용은 이런 전고에 익숙하지 않은 사람들 입장에서는 마치 미궁 속으로 걸어 들어가는 것처럼 느껴진다. 이러한 예술품을 백화로 써서 지금 사람들이 이해할 수 있는 것으로 만들려고 하는 것이 어찌 쉽다고 하겠는가.

2) 고시의 금역은 고시의 금주今注가 아니다

주석은 그 목적이 사람들로 하여금 옛날 사람들이 무엇을 말한 것인지를 분명히 알 수 있도록 하려는 데에 있지만, 금역은 사람들로 하여금 반드시 시의 예술성을 느낄 수 있도록 해야 한다. 즉 원시의 예술적 풍격의 아름다움과 운율의 아름다움에 부합해야 한다. 이렇게 되면 금역이라는 것은 더욱 어려워질 수밖에 없다.

이러한 어려움의 존재가, 일부 학자들이 고시를 현대시로 번역할 것을 주장하지 않는 직접적인 원인이다. 바로 우리가 영국의 가장 유명한 대시인(大詩人) 셰익스피어(William Shakespeare, 1564-1616)나 브라우닝 부인(Elizabeth Barrett Browning, 1806-1861)의 시를 중국어 번역으로 읽을 때처럼, 당연히 느껴야 할 흥미가 느껴지지 않고 아무래도 거리감을 갖게 된다.

시 번역의 일반적인 규칙은 바로 고문 번역의 일반적인 규칙이기도 하며, 시 번역의 특수한 규칙은 바로 고시 자체의 특수한 규칙이기도 하다. 이 때문에 시 번역의 특수한 규칙을 토론할 때 시 번역과 관련된 문제들을 얘기해 보고자 한다.

79 대유(代喩) : 원문은 '借代'로, 수사학의 사격(辭格) 가운데 하나이다. 갑과 을 두 사물이, 성질은 달라도 모종의 관계를 갖고 있을 때, 이 관계를 이용하여 을의 명칭을 가지고 갑을 대신 지칭하는 수사 방법이다. 예를 들면 조조(曹操)의 〈단가행(短歌行)〉 중에 "무엇으로 시름을 달랠까. 오직 두강뿐이네.〔何以解憂? 唯有杜康.〕"라는 구절이 있는데, 최초로 술을 만들었다는 두강이라는 사람의 이름을 빌려 술을 대신 지칭한 것과 같은 것이다.

무엇이 시의 특수한 규칙인가? 시의 특수한 규칙이란, 바로 운을 사용하는 규칙, 결구 형식의 규칙, 어법의 규칙이며, 또 다른 규칙들이 있다. 이러한 규칙들은 시체(詩體)의 다름으로 인해 또 다음과 같은 구분이 존재한다. 《초사》와 《시경》이 다르고, 악부와 《초사》가 다르다. 고체시와 근체시가 다르고, 사(詞)·곡(曲)과 고체시·근체시가 또 다르다.

왕력(王力, 1900-1986)의 《한어시율학(漢語詩律學)》은 70여만 자의 거작으로, 시의 율격에 대해 가장 체계적이고 심도 있게 기술되어 있다. 매우 풍부한 사례를 들고 있는데, 각 방면에서 시의 특수한 언어 규칙을 논증하고 있어 우리가 열독할 때나 고시를 금역할 때 모두 도움이 된다. 이 가운데 〈근체시의 어법(상)〔近體詩的語法(上)〕〉[80]이라는 절에서 표방한 관점은 시 번역에 대해 가장 참고할 만한 가치가 있다. 다음과 같은 구절이 있다.

> 고시의 어법은 본래 산문의 어법과 대체로 동일하였다. 그러다가 근체시에 이르자 비로소 점점 산문과 길을 달리하게 되었는데, 그 점점 다른 방향으로 나아가게 된 원인은 대체로 다음 세 가지 때문이다.
>
> 첫째, 짧디짧은 5자나 7자 안에 풍부한 상상을 펼쳐내기 위해서는 간결함을 애써 추구하지 않을 수 없기 때문에, 대체로 생략해도 말뜻에 영향을 주지 않을 글자는 종종 모두 생략해 버린다.
>
> 둘째, 압운의 제약이 있기 때문에 때로는 어휘의 위치를 이동시키지 않을 수 없다.
>
> 셋째, 대우(對偶) 관계가 있어 어휘의 성질이 서로 받쳐 주는 역할

80 근체시의 어법(상)〔近體詩的語法(上)〕: 왕력의 《한어시율학(漢語詩律學)》은 제1장 근체시(近體詩), 제2장 고체시(古體詩), 제3장 사(詞), 제4장 곡(曲), 제5장 백화시와 구화시〔白話詩和歐化詩〕 등 모두 5개의 장으로 이루어져 있다. 이 가운데 〈근체시의 어법〉은 제1장 '근체시' 22개의 절 중 제20절(상), 제21절(중), 제22절(하)로 나누어져 있다.

을 하여 그 성질이 변한 어휘를 운용하는 것이 매우 쉽기 때문에, 시인들 중에는 이런 관계를 빌려 경구(警句)를 만들어 내기도 한다.

예를 들면 한유(韓愈, 768-824)의 "따뜻한 바람은 겨울 보리 싹이 성큼 자라게 하고, 청량한 비는 돌아오는 깃발 말아 올리게 하네.〔暖風抽宿麥, 淸雨卷歸旗.〕"[81]라는 구절에서, '추(抽)'와 '권(卷)'은 모두 이른바 사동사(使動詞)[82]이다. 따뜻한 바람이 불어왔기 때문에 겨울 보리로 하여금 싹이 성큼 자라도록 할 수 있었고, 청량한 비가 내렸기 때문에 돌아오는 기로 하여금 모두 말아 올릴 수 있게 하였다는 뜻이다.

이러한 구법(句法)은 산문에서는 드물게 사용되는 것이다. 만일 산문에서 시의 구법을 사용한다면, 우리는 그것을 시의 격조로 문장을 지은 것이라고 생각할 수 있다.

이 단락의 글은, 결코 근체시에만 국한되지 않는, 세 가지의 생각해 볼 만한 문제점을 제시하였다.

첫째, 시구를 생략한다는 것이다.

둘째, 어휘의 순서를 이동시킨다는 것이다.

셋째, 어휘의 성질을 융통성 있게 운용한다는 것이다.

① 시구를 생략한 사례

明月松間照, 淸泉石上流.

81 따뜻한……하네 : 한유의 〈운주 마 상서가 조령을 받고 오는 도중 편지를 받고 뜯어 본 날에 마 상서가 이미 다시 운주를 통령하게 된 것을 보고 병부 장 시랑이 화답으로 지은 시에 공경히 화답하다〔奉和兵部張侍郞酬鄆州馬尙書祗召途中見寄開緘之日馬帥已再領鄆州之作〕〉 시에 나오는 구절이다. '장 시랑'은 장가(張賈)를, '마 상서'는 당 헌종(唐憲宗) 때의 대신인 마총(馬總, ?-823)을 가리킨다.

82 원주 : 혹은 '치동(致動)'이라고도 한다.

(明月照于松間, 清泉流于石上.)

밝은 달은 소나무 사이에서 비추고, 맑은 샘물은 돌 위에서 흐르다.[83]

菱蔓弱難定, 楊花輕易飛.

(菱蔓弱而難定, 楊花輕而易飛.)

마름 덩굴은 약해서 고정되기 어렵고, 버들개지는 가벼워서 날리기 쉽다.[84]

今日江南老, 他時渭北童.

(當年是渭北之童, 今日是江南之老.)

당시에는 위북의 아이였는데, 오늘은 강남의 노인이로다.[85]

空外一鷙鳥, 河間雙白鷗.

(空外有一鷙鳥, 河間有雙白鷗.)

창공 너머엔 매 한 마리 있고, 하간에는 백구 두 마리 있네.[86]

故國猶兵馬, 他鄉亦鼓鼙.

(故國猶遭兵馬, 他鄉亦聞鼓鼙.)

고국은 여선히 전화(戰禍)를 당하고 있으니, 타향에서도 북소리 들린다.[87]

83 원주 : 왕유(王維)의 〈산거추명(山居秋暝)〉

84 원주 : 왕유의 〈귀망천작(歸輞川作)〉

85 원주 : 두보(杜甫)의 〈사일(社日)〉
역주 : 저본에는 편명이 '秋日'로 되어 있는데, 《전당시(全唐詩)》 등에 근거하여 '社日'로 바로잡았다.

86 원주 : 두보의 〈독립(獨立)〉

87 원주 : 두보의 〈출곽(出郭)〉
역주 : 저본에는 편명인 '出郭'이 '送遠'으로, "故國猶兵馬, 他鄉亦鼓鼙."의 '國'이 '園'으로, '鼙'가 '聲'으로 되어 있는데, 《전당시》 등에 근거하여 위와 같이 수정하고 번역하였

三秋木落半年客，滿地月明何處砧?

(滿地月明，何處之砧入耳? 三秋木落，半年之客驚心!)

대지에 가득한 달빛 밝기만 한데, 어드메뇨 다듬이 소리 들리는 곳. 삼추에 나뭇잎 지니 반년이나 떠돈 나그네 마음 놀란다.[88]

耳聞英主提三尺，眼見愚民盜一抔.

(提三尺劍，盜一抔土.)

영명한 임금 삼척검 드는 소리 들려오고, 어리석은 백성 한 줌 흙 훔치는 것 목도했네.[89]

酒徒漂落風前燕，詩社凋零霜後桐.

(有如風前之燕，恰似霜後之桐.)

술꾼은 바람 앞의 제비와 같고, 시사는 서리 맞은 오동과 흡사하다.[90]

다. 두보의 〈송원〉은 다음과 같다. "帶甲滿天地，胡爲君遠行. 親朋盡一哭，鞍馬去孤城. 草木歲月晩，關河霜雪淸. 別離已昨日，因見古人情."

88 원주 : 설능(薛能)의 〈가을 밤 여관에서 소회를 읊다〔秋夜旅舍寓懷〕〉
역주 : 저본에는 편명인 '秋夜旅舍寓懷'가 '秋夜旅懷'로 되어 있는데, 《전당시》 등에 근거하여 '旅' 뒤에 '舍寓'를 보충하였다.

89 원주 : 당언겸(唐彦謙)의 〈장릉(長陵)〉
역주 : '장릉'은 위수(渭水) 북쪽에 있는 한 고조(漢高祖)의 능이다. 한 고조는 일찍이 "나는 포의의 신분으로 삼 척 검을 들고 천하를 취하였다.〔吾以布衣持三尺劍取天下.〕"라고 하였다고 한다. 또 한 문제(漢文帝) 때 어떤 백성이 고조 사당의 옥환(玉環)을 훔치자 문제는 몹시 노하여 기시형(棄市刑)에 처하라고 하였는데, 당시 정위(廷尉)였던 장석지(張釋之)가 "만일 어리석은 백성이 장릉의 흙을 한 줌 훔친다면, 폐하께서는 다시 무슨 법으로 이를 다스리시겠습니까?〔假令愚民盜長陵一抔土，陛下復何以加其法乎?〕"라고 하였다고 한다. 《史記 卷8 高祖本紀, 卷102 張釋之列傳》

90 원주 : 소순흠(蘇舜欽)의 〈창랑회관지(滄浪懷貫之)〉
역주 : 저본에는 '詩社凋零霜後桐'의 '凋'가 '飄'로 되어 있는데, 《전당시》 등에 근거하여 바로잡았다.

이상의 사례를 보면, 순서대로 각각 '우(于)'·'이(而)'·'시(是)'·'유(有)', 동사 '조(遭)'·'문(聞)'·'입이(入耳)'·'경심(驚心)',[91] 명사 '검(劍)'·'토(土)'(헐후어(歇後語)),[92] '여(如)'·'사(似)'(은유(隱喩))를 생략하였다.

② 어휘를 도치시킨 사례

柳色春山映, 梨花夕鳥藏.
(春山映柳色, 夕鳥藏梨花.)
봄 산은 버들 비추고, 저녁 새는 배꽃에 숨는다.[93]

綠垂風折筍, 紅綻雨肥梅.
(風折之筍垂綠, 雨肥之梅綻紅.)
바람에 꺾인 죽순은 초록빛 드리우고, 비에 살진 매화는 붉은 꽃망울을

91 입이(入耳)·경심(驚心) : 저본에는 없는데, 앞의 예문에 근거하여 보충하였다.

92 검(劍)·토(土) : 헐후어(歇後語)이다. 헐후어는 뒷부분의 어휘를 생략하여 그 뜻을 암시하는 숙어로, 두 가지 형태가 있다. 하나는 어떤 성어(成語)에 대해 그 뒷부분의 어휘를 생략하고 앞부분만 사용해서 생략된 어휘의 의미까지 나타내는 형태이다. 예를 들면 진(晉)나라 도잠(陶潛)의 〈경자년 5월에 도읍에서 돌아오다 규림에서 바람에 막혀〔庚子歲五月中從都還阻風于規林〕〉 시에 "하나는 어머니를 모시게 된 것이 기쁘고, 다음은 형제를 만난 것이 기쁘네.〔一欣侍溫顔, 再喜見友于.〕"라는 구절이 있는데, 여기에서 '友于'는 형제라는 뜻으로, 자손을 의미하는 '貽厥'의 뜻까지 포함하는 헐후어이다. 다른 하나는, 한 문장을 비유하는 말과 해석하는 말의 두 개 부분으로 나누고, 뒷부분을 생략하고 앞부분만으로 그 의미를 표현하는 형태이다. 예를 들면 "진흙으로 만든 보살이 강을 건넌다.〔泥菩薩過江〕"라는 말로 "자기 몸도 보전하기 어렵다.〔自身難保〕"라는 의미를 나타내거나, "공자가 이사를 한다.〔孔夫子搬家〕-온통 책이다.〔淨是書〕"와 같이 '책〔書〕'을 가지고 '지다〔輸〕'라는 의미를 나타내는 쌍관법(雙關法)을 사용하는 것이다. 여기에서는 '三尺'과 '一抔'로 각각 '劍'과 '土'의 의미까지 나타냈다는 말이다.

93 원주 : 왕유의 〈춘일상방즉사(春日上方卽事)〉
역주 : 저본에는 편명인 '春日上方卽事'가 '春日上方'으로 되어 있는데, 《전당시》 등에 근거하여 뒤에 '卽事'를 보충하였다.

터뜨린다.[94]

香稻啄餘鸚鵡粒，碧梧棲老鳳凰枝.
(鸚鵡啄餘香稻粒，鳳凰棲老碧梧枝.)
앵무새는 남은 벼 낟알을 쪼고, 봉황새는 늙은 벽오동 가지에 깃든다.[95]

片雲天共遠，永夜月同孤.
(片雲共天遠，永夜同月孤.)
조각구름은 하늘과 같이 아득하고, 긴긴 밤은 달과 함께 외롭다.[96]

이상의 사례를 보면, 순서대로 각각 목적어 도치, 주어와 목적어 모두 도치, 주어 도치 및 목적어 일부 도치, 전치사의 성질을 가진 동사가 도치되었다. 도치의 원인은 다양하다. 압운이 원인인 경우가 있고, 평측이 원인인 경우, 대우(對偶)가 원인인 경우도 있는데, 이 중에 어떤 것은 의도적이기도 하다.

만일 산문이었다면, 만일 백화였다면 어떤 것들은 전혀 통할 수 없었겠지만, 이 시구들에서는 분명 유달리 신선하여 형언하기 어려운 묘미가 있다.

94 원주 : 두보의 〈정광문과 같이 하 장군의 산림에 노닐다〔陪鄭廣文遊何將軍山林十首〕 10수〉
역주 : 저본에는 편명인 '陪鄭廣文遊何將軍山林十首'가 '陪鄭廣文'으로 되어 있는데, 《전당시》 등에 근거하여 뒤에 '遊何將軍山林十首'를 보충하였다. 저본의 시는 10수 중 세 번째 시이다.

95 원주 : 두보의 〈추흥(秋興)〉
역주 : 저본의 시는 〈추흥〉 8수 중 여덟 번째 시이다.

96 원주 : 두보의 〈강한(江漢)〉
역주 : 저본에는 '片雲天共遠'의 '遠'이 '起'로 되어 있는데, 《전당시》 등에 근거하여 바로잡았다.

바로 왕력이 "'鸚鵡粒'과 '鳳凰枝'의 묘미는 이해가 될 듯 말 듯한 바로 그 점에 있다. 쪼고 있는 남은 것은 이미 평범한 벼 난알이 아닌 앵무새의 난알이며, 깃들어 있는 늙은 것은 이미 평범한 벽오동 나무가 아닌 봉황의 가지이다."라고 말한 것과 같다. 두보의 "香稻啄餘鸚鵡粒, 碧梧棲老鳳凰枝."라는 칭송을 가장 많이 받는 이 구절의 묘어(妙語)에 대한 왕력의 분석 자체도 형언하기 어려운 오묘함이 있다.

③ 어휘의 품사가 변한 사례

雲霞出海曙, 梅柳渡江春.

(雲霞在曙色的海中升起, 梅花柳絮在春日的江上飄飛.)

구름과 노을은 밝아 오는 바다에서 올라오고, 매화며 버들개지는 봄날의 강가에서 날린다.[97]

淚逐勸杯下, 愁連吹笛生.

(眼淚隨着歡飮的酒杯落下, 愁思連同吹奏的笛聲發生.)

눈물은 즐겁게 마시는 술잔 따라 떨어져 내리고, 시름은 연주되는 피리 소리에 덩달아 일어난다.[98]

澗花輕粉色, 山月少燈光.

97 원주 : 두심언(杜審言)의 〈진릉 육승의 '조춘유망' 시에 화답하다〔和晉陵陸丞'早春遊望'〕〉

역주 : 저본에는 편명인 '和晉陵陸丞早春遊望'이 '和晉陵陸'으로 되어 있는데, 《전당시》 등에 근거하여 뒤에 '丞早春遊望'을 보충하였다. '진릉'은 지금의 강소성(江蘇省) 상주(常州)이다. '육승'은 두심언의 벗으로, 성은 육씨이고 이름은 자세하지 않다. 당시 진릉에서 승(丞)을 맡고 있었다.

98 원주 : 두보의 〈강 위에서 손을 전송하며〔泛江送客〕〉

(澗花白極了, 令人以粉色爲不夠白; 山月明極了, 令人以燈光爲不夠明.)
시냇가의 꽃이 너무 희어 분첩 색이 그렇게 희게 느껴지지 않게 하고,
산에 뜬 달이 너무 밝아 등불이 그렇게 밝게 느껴지지 않게 한다.[99]

이상의 사례를 보면, 첫 번째 시에서는 명사가 형용사로 쓰이고,[100] 두 번째 시에서는 동사가 형용사로,[101] 세 번째 시에서는 형용사가 동사로 쓰였다.[102]

우리가 《한어시율학》을 근거로 위와 같이 인용하여 기술한 의도는, 시에서는 언어의 변체(變體)가 고산문(古散文)보다 훨씬 많다는 것을 설명하려는 데 있다. 이 때문에 시를 번역할 때에는 고산문을 번역할 때보다 훨씬 더 주의를 기울여야 한다.

위에서 인용한 시구 아래 괄호 안의 내용은, 어떤 것은 《한어시율학》에 있는 것이고 어떤 것은 이 책에서 추가한 것으로, 목적은 관점을 설명하려는 데 있다. 따라서 이것을 시의 번역으로 여겨서는 안 된다. 시가 언어의 변체

99 원주 : 왕유의 〈기왕을 따라 위가의 산지에서 열린 밤 연회에 가서 칙교에 응하다〔從岐王夜宴衛家山池應教〕〉
역주 : 저본에는 편명인 '從岐王夜宴衛家山池應教'가 '從岐王'으로 되어 있는데, 《전당시》 등에 근거하여 뒤에 '夜宴衛家山池應教'를 보충하였다. '기왕'은 당 현종(唐玄宗)의 동생이자 당 예종(唐睿宗)의 넷째 아들인 이융범(李隆範)을 이른다.

100 명사가 형용사로 쓰이고 : 첫 번째 시에서 '曙'는 '새벽'이라는 뜻을 가진 명사이고, '春'은 '봄'이라는 뜻을 가진 명사이다. 이 시에서는 '曙'가 '부옇게 밝아 오다'는 의미의 형용사로, '春'이 '봄날처럼 따뜻하다'는 형용사로 쓰인 것을 이른다.

101 동사가 형용사로 : 두 번째 시에서 '권(勸)'은 '권하다'는 뜻을 가진 동사이고, '취(吹)'는 '연주하다'는 뜻을 가진 동사이다. 이 시에서는 '권(勸)'이 '배(杯)'를 꾸며 '권하는 술잔'의 뜻을, '취(吹)'가 '적(笛)'을 꾸며 '연주되는 피리'의 뜻을 나타내고 있다. 엄밀하게 말하면 '권(勸)'과 '취(吹)'는 관형어이며 형용사가 아니지만, 여기에서는 명사를 꾸며 준다는 의미에서 형용사로 본 듯하다.

102 형용사가 동사로 쓰였다 : 세 번째 시에서 '경(輕)'은 '가볍다'는 뜻을 가진 형용사이고, '소(少)'는 '적다'는 뜻을 가진 형용사이다. 이 시에서는 '경(輕)'이 '가볍게 여기다'는 뜻의 동사로, '소(少)'가 '적게 여기다'는 뜻의 동사로 쓰인 것을 이른다.

들을 아는 것이 원시(原詩)를 정확하게 이해하는 데 유리하며, 이렇게 시를 번역해야 비로소 원시의 함축된 의미를 전달할 수 있다. 위에서 열거한 몇 가지는 고문을 번역하는 부분에서 이미 설명한 것이어서 더 이상 얘기하지 않겠다.

2 고시 금역의 특수한 점

그렇다면 고시 금역의 특수한 점은 또 무엇인가? 개괄적으로 말하면 다음 세 방면이 되어야 할 것이다.

첫째, 시의 성운(聲韻)이다.

둘째, 시의 리듬이다.

셋째, 시의 의미이다.

현재 우리가 보는 시역은 대부분 《시경》과 《초사》이며, 고체시·근체시와 사(詞)의 번역은 적다. 이 때문에 아래에서 사례를 들어 분석하는 것도 《시경》과 《초사》를 주로 하고, 율시의 금역은 단지 부가적으로만 언급하였다.

먼저 《시경》 〈주남(周南) 관저(關雎)〉에 대한 여관영(余冠英, 1906-1995)의 《시경선역(詩經選譯)》[103]과 진자전(陳子展, 1898-1990)의 《국풍선역(國風選譯)》을 비교해 보겠다.

103 시경선역(詩經選譯) : 저본에는 '詩經選擇'으로 되어 있는데, 서명(書名)의 오기(誤記)이므로 '擇'을 '譯'으로 바로잡았다. 여관영의 작품으로, 모두 34편의 시를 수록하고 있는데, 국풍(國風) 32편, 소아(小雅) 〈무양(無羊)〉 1편, 대아(大雅) 〈생민(生民)〉 1편이다.

원시	여관영(余冠英) 번역	진자전(陳子展) 번역
關關雎鳩	水鳥兒鬧鬧嚷嚷, 물새가 시끄럽게 울어 대네	關關叫着的雎鳩, 끼룩끼룩 울고 있는 물수리
在河之洲[104]	在河心小小洲上. 강 중앙의 자그마한 섬에서	正在河裏的沙洲. 바로 강 속의 모래섬에 있네
窈窕淑女	好姑娘苗苗條條, 어여쁜 아가씨 날씬하기만 한데	幽閑貞靜的好女子, 조용하고 정숙한 어여쁜 아가씨
君子好逑	歌兒想和她成雙. 가동이 짝을 이루고 싶어 하네	正是君子的好配偶! 바로 군자의 좋은 짝인 것을
參差荇菜	水荇菜長短不齊, 물가의 마름 길이가 들쭉날쭉한데	參差不齊的荇菜, 들쭉날쭉 나 있는 마름을
左右流之	采荇菜左右東西. 마름을 따네, 좌우에서 동서에서	隨手去打撈它. 손 가는 대로 건져 올리네
窈窕淑女	好姑娘苗苗條條, 어여쁜 아가씨 날씬하기만 한데	幽閑貞靜的好女子, 조용하고 정숙한 어여쁜 아가씨
寤寐求之	追求她直到夢裏. 그녀 그리워 꿈속까지 헤매이네	夢魂裏也追求她. 꿈속에서도 그녀를 그리워하네
求之不得	追求她成了空想, 그녀 그리워해도 헛된 바람일 뿐	追求她不得, 그녀를 그리워해도 얻지 못하니
寤寐思服	睜眼想閉眼也想. 눈을 떠도 감아도 그녀 생각나네	夢魂裏相思更切. 꿈속에서도 그리움은 더해만 가네
悠哉悠哉	夜長長相思不斷, 긴긴 밤 가이없는 그리움에	想她呀! 想她呀! 그녀가 그리운걸! 그녀가 그리운걸!
輾轉反側	盡翻身直到天光. 몸을 뒤척이네, 날이 밝을 때까지	翻來復去如何睡得? 뒤척뒤척 어찌 잠을 이룰까
參差荇菜	長和短水邊荇菜, 길고 짧게 마름이 물가에 나 있네	參差不齊的荇菜, 들쭉날쭉 나 있는 마름을
左右采之	采荇人左采右采. 마름 따는 사람들 좌우에서 따네	隨手去采摘它. 손 가는 대로 따네
窈窕淑女	好姑娘苗苗條條, 어여쁜 아가씨 날씬하기만 한데	幽閑貞靜的好女子, 조용하고 정숙한 어여쁜 아가씨
琴瑟友之	彈琴瑟迎她過來. 금슬 타며 그녀 오는 것 맞이하네	用琴瑟去親悅她. 금슬로 그녀를 기쁘게 하네

104 洲 : 저본에는 '州'로 되어 있는데, 통행본 《시경》에 근거하여 바로잡았다.

원시	여관영(余冠英) 번역	진자전(陳子展) 번역
參差荇菜	水荇菜長長短短, 물가의 마름 들쭉날쭉 나 있는데	參差不齊的荇菜, 들쭉날쭉 나 있는 마름을
左右芼之	采荇人左揀右揀. 마름 따는 사람들 좌우에서 가리네	隨手去揀擇它. 손 가는 대로 가려 뽑네
窈窕淑女	好姑娘苗苗條條, 어여쁜 아가씨 날씬하기만 한데	幽閑貞靜的好女子, 조용하고 정숙한 어여쁜 아가씨
鐘鼓樂之	娶她來鐘鼓喧喧. 그녀 맞이해 와 종고를 연주하네	用鐘鼓去歡樂她. 종고로 그녀를 즐겁게 하네

여관영의 번역은 4구를 1단으로 하여 5단으로 구분하였고, 진자전의 번역은 3단으로 구분하여 전 4구를 1단으로, 두 번째·세 번째 단을 각각 8구씩 두었다. 우리가 제시한 시의 성운, 시의 리듬, 시의 의미 등 이 세 방면에서 저울질한다면, 여관영의 번역이 이상적이다.

여관영의 번역은 지금의 음에 따라 다섯 개의 절로 된 시를 짓되 각각 〔ang〕운, 〔i〕운, 〔ang〕운, 〔ai〕운, 〔an〕운으로 압운하였다. 그리고 매 절은 모두 질서정연하게 4행으로 이루어져 있으며, 매 행은 모두 7자씩으로 이루어져 있다. 리듬은 3개 부분으로 나눌 수 있는데, 즉 '×××-××-××, ×××-××-××'이다. 이 때문에 주(周)나라 때의 민가(民歌)에 대한 금역을 읽노라면 사람으로 하여금 완만한 리듬과 조화로운 음운을 느낄 수 있게 한다. 더욱이 역자는 원시의 연가(戀歌)적인 성질을 잘 파악하여 번역시에도 시의 의미가 한껏 내포되도록 하였으니, 정말이지 쉽게 나올 수 없는 번역이다.

〈권이(卷耳)〉라는 시도 여관영의 번역에는 마찬가지로 매우 시적인 맛이 있는데, 그 리듬은 하나같이 칠언고시처럼 하였다.

원시	여관영 번역	
采采卷耳	東采西采采卷耳,	동쪽에서 캐고 서쪽에서 캐네 도꼬마리를 캐네
不盈頃筐	卷耳不滿斜口筐.	도꼬마리 차지 않아 기울여야 바구니 언저리네
嗟我懷人	一心想我出門人,	마음은 온통 멀리 떠난 우리 임 생각뿐인 것을
寘彼周行	擱下筐兒大路旁.	그만 모르게 큰길 가에 바구니를 두고 말았네

원시	여관영 번역	
陟彼崔嵬	行人上山高又險,	나그네가 산을 올라가는데 높고 또 험하네
我馬虺隤	"我的馬兒腿發軟!	나의 말이 다리가 풀리고 말았구나
我姑酌彼金罍	且把酒壺來斟滿,	잠시 술병 가져와 가득 따라 볼까나
維以不永懷	好讓心兒寬一寬."	내 마음 조금이나마 트일 수 있도록
陟彼高岡[105]	行人過崗高難爬,	나그네가 언덕을 넘는데 높아서 오르기 어렵네
我馬玄黃	"我的馬兒眼發花!	나의 말이 눈이 어른어른하구나
我姑酌彼兕觥	牛角杯兒斟滿它,	쇠뿔로 만든 잔에 한가득 따라서
維以不永傷	喝一杯兒莫想家."	한 잔 마시고 고향 생각 말아야지
陟彼砠矣	行人上山石頭峭,	나그네가 산을 올라가는데 바위가 가파르네
我馬瘏矣	"我的馬兒晃搖搖,	나의 말은 넘어질 듯 휘청휘청 비틀거리고
我僕痡矣	我的伙計快累倒,	나의 시종은 금방이라도 쓰러질 듯 지쳐 있네
云何吁(忬)矣	這份兒憂愁怎得了!"	이런 나의 시름 어찌하면 좋을까

번역시의 압운은 〔ang〕, 〔an〕, 〔a〕, 〔ao〕이고, 리듬은 '××-××-×××, ××-××-×××'이다. 시적인 맛도 매우 진하다.

이 두 수(首)의 어법은 고문과 차이가 없으며, 번역시는 개별적인 곳에서 의역을 채택한 것[106]을 제외하면 기본적으로는 직역을 하였다.

진자전의 번역시는 훈고를 매우 중시하였는데, 그의 입장은 이러한 것이다. 즉 훈고를 기초로 삼아 《시경》의 금역이 독자가 원시를 대조해 가면서 읽는 데 도움을 주어 원시를 이해하는 역할을 하도록 하였다. 이 때문에 진자전의 번역은 시의 리듬과 성운 면에서는 여관영의 번역만 못하다. 그러나 어떤 부분에서 원시와의 긴밀한 결합은 매우 취할 만하다. 예를 들면, "窈窕淑女, 君子好逑."를 "幽閑貞靜的好女子, 正是君子的好配偶."로 번역하였는데, 이것은 구훈(舊訓)과 꼭 부합하는 것이다.[107]

105 岡 : 저본에는 '崗'으로 되어 있는데, 통행본 《시경》에 근거하여 바로잡았다.

106 원주 : 예를 들면 '關關雎鳩', '君子好逑', '云何吁(忬)矣'를 말한다.

107 이것은……것이다 : '구훈(舊訓)'은 한(漢)나라 모형(毛亨)의 전(傳)을 이른다. "窈窕

그러나 진자전의 번역은 지나치게 '신(信)'을 추구하여 번역시의 언어가 맞지 않기까지 하다. 예를 들면 "窈窕淑女, 鐘鼓樂之."를 "幽閑貞靜的好女子, 用鐘鼓去歡樂她."라고 번역하였는데, 백화문에서는 '歡樂'이 목적어를 가지는 타동사로 쓰이는 용법이 없다. 또 '左右采之', '琴瑟友之', '左右芼之', '鐘鼓樂之'는 구조상으로 보면 다른 것이 없는데도, 금역은 지나치리만큼 축자역을 하여 통하지 않는 죽은 번역이 되는 데에까지 이르렀다.

진자전은 《시경》 연구에 소양이 있는 분으로, 시 번역의 어려움을 깊이 알고 있다. 그는 《국풍선역》의 마지막에 실은 〈동산(東山)〉 시의 '해제'에서 다음과 같이 말하였다. "번역문이 졸렬한 것은 내 자신도 유감스럽다. 〈칠월(七月)〉의 번역이 다른 훌륭한 시들과 같이 만일 원시의 아름다움을 백에 하나라도 보존할 수 있다면 매우 다행이라 할 것이다.〔自恨譯文拙劣, 同譯《七月》和其他好詩一樣, 假如能够把原詩之美, 存十一於千百, 就算是大幸.〕" 위에서 진자전 번역의 부족한 점을 지적한 것은, 단지 완전무결하기를 바라서 한 질책에 불과하다.

《시경》은 풍(風)·아(雅)·송(頌)의 구분이 있는데, 어떤 것은 민간의 가요이고 어떤 것은 귀족의 시이다. 이들은 격조 면에서 차이가 있으며, 시의 번역에 이러한 차이를 반영할 것인지는 토론해 볼 만한 과제이다.

여관영의 번역을 가지고 보자면, 비록 풍과 소아(小雅)만 번역했지만 각 편의 번역시의 풍격이 서로 다 같지는 않은 것이 사실이다. 시의 번역은 천편일률적이어서는 안 되며, 원시의 내용·리듬·성운의 개성에 유의하여 가능한 조건하에 적절하게 반영하여야 한다.

이렇게 요구하는 것은 가혹한 것이지만, 번역시의 역할이라는 것이 사람들

淑女, 君子好逑."에 대해, 모형의 전에 "窈窕, 幽閒也. 淑, 善. 逑, 匹也. 言后妃有關雎之德, 是幽閒貞專之善女, 宜爲君子之好匹."이라고 하였기 때문에 "幽閑貞靜的好女子, 正是君子的好配偶."라는 진자전의 번역이 구훈과 꼭 부합한다고 말한 것이다.

이 지금 읽을 수 있도록 돕는 데에 있는 만큼, 바로 현대시의 형식으로 고시를 번역해야 하는 것이다. 고시에서 《시경》과 《초사》는 시사(詩史)로 보면 다른 시대의 다른 풍격을 지닌 두 종류의 시이지만, 일단 금역을 거치고 나면 매우 가깝게 될 수 있다. 예를 들어 보자.

원시	곽말약 번역	
若有人兮山之阿	有個女子在山崖,	한 여인이 저기 산기슭에 있네
被薜荔兮帶女蘿	薜荔衫子菟絲帶.	왕모람 저고리에 새삼 허리띠 하고
既含睇兮又宜笑	眼含秋波露微笑,	눈에 추파 머금고 미소를 보이네
子慕予兮善窈窕	性情溫柔眞可愛.	부드러운 성정 참으로 사랑스럽네
乘赤豹兮從文貍	赤豹拉, 文狸推.	붉은 표범이 끌고 얼룩 너구리가 미네
辛夷車兮結桂旗	木蘭車子旌旗飛,	모란 수레에 깃발 펄럭이는데
被石蘭兮帶杜衡	石蘭做車蓋,	석란으로 수레 차양 만들고
	杜衡做飄帶,	두형으로 수레 술을 만들었네
折芳馨兮遺所思	手折香花送所愛.	손수 꽃 꺾어 사랑하는 이에게 보내네[108]

그러나 곽말약(郭沫若, 1892-1978)의 《굴원부금역(屈原賦今譯)》의 번역문의 풍격은 원시의 다른 풍격으로 인해 달라졌다.

원시	번역문 若有人兮山之阿
長太息以掩涕兮	我哀憐着人民的生涯多麽艱苦, 백성들 생애 얼마나 힘들까 가여워라
哀民生之多艱	我長太息地禁不住要灑雪眼淚. 길게 탄식하며 나도 모르게 눈물 흘리네
余雖好修姱以鞿羈兮	我雖然是愛好修潔而自制花環, 내 비록 깨끗함 사랑하지만 직접 화환 만들었는데
謇朝誶而夕替	在淸早做成, 晩上便已被人折毁. 이른 아침에 완성된 것을 저녁에 벌써 누군가 망가뜨렸네
既替余以蕙纕兮	不怕他就毁壞了我秋蕙的花環, 남이 내 혜초 화환 망가뜨린 것은 두렵지 않네

108 원주 : 《초사》 〈구가(九歌) 산귀(山鬼)〉. 곽말약(郭沫若)이 번역한 것이다.

원시	번역문 若有人兮山之阿
又申之以攬茝	我又要繼續着用白芷花來替代. 나는 다시 계속해서 흰 지초 꽃으로 대신하려네
亦余心之所善兮	說到頭是我自己的情願心甘, 결론을 말하자면 바로 나 자신이 진정 바라던 것
雖九死其猶未悔	縱使是死上九回我也不肯悔改. 설사 아홉 번 죽는다 해도 후회하지 않으려네[109]

다른 고시의 번역은 지금은 아직 많이 보이지 않는다. 산동대학출판사(山東大學出版社)는 《중국고전문학금역총서(中國古典文學今譯叢書)》 100종을 출판할 계획인데, 그렇다면 응당 《시경》과 《초사》 이외의 다른 시가 양식, 즉 당나라 사람의 율시나 절구와 같은 종류도 포함해야 할 것이다.

율시와 절구의 금역은 당연히 매우 어렵고 힘든 일이다. 자구를 획일적으로 똑같이 맞출 것인지, 원운(原韻)을 사용할 것인지 아니면 자유롭게 압운할 것인지, 대우를 할 것인지 등이 모두 문제이다. 격률이 엄격한 시(詩)와 사(詞)의 순정한 아름다움은, 바로 사람들로 하여금 인내심을 갖고 맛을 찾도록 하는 내용과 감정이 응고된 언어 형식 속에 농축되어 있다는 점에 있다. 그리고 이러한 응고된 형식은 성조와 음운, 리듬에서 무궁무진한 음악적인 아름다움을 표현해 내고 있다. 그런데 일단 현대 배화시로 개조한 뒤에는 이것을 잃어버릴 가능성이 있지 않을까? 이러한 우려는 수많은 학자들이 고시, 특히 격률시의 금역을 주장하지 않는 원인이다.

3 《당시금역唐詩今譯》

시인 서방(徐放, 1921-2011)의 《당시금역(唐詩今譯)》은 하나의 귀중한 시

109 원주 : 《초사》 〈이소(離騷)〉. 곽말약이 금역(今譯)한 것이다.

도이다. 서방은, 중화인민공화국을 건립한 1949년 초기의 시인으로, 1955년 이후 줄곧 곤궁한 환경에 처해 있었다. 그는 20여 년간의 역경 속에서《당시금역》·《송시금역(宋詩今譯)》·《두시금역(杜詩今譯)》을 완성하였을 뿐만 아니라, 또 육유(陸游, 1125-1210)와 신기질(辛棄疾, 1140-1207)의 사(詞)도 번역하였다.《당시금역》은 다음과 같은 분명한 특징들이 있다.

1) 원시의 함축된 의미를 정확하게 전달하고 있다

예를 들어 왕유(王維, 701-761)의 〈위성곡(渭城曲)〉을 보자.

원시	금역
渭城朝雨浥輕塵	渭城早晨的細雨 위성에 내리는 아침 가랑비는 　　潤濕了那滿地的輕塵. 　　저 대지에 가득한 먼지 적시고
客舍青青柳色新	驛館裏的楊柳 역관의 버드나무로 　　綠蒙蒙一片 　　일대는 온통 푸른 천지 　　　　那顔色竟是那般清新. 　　　　그 빛깔 끝내 그처럼 청신하구나
勸君更盡一杯酒	阿 아 　　勸你再喝盡 　　그대에게 권하노니 다시 한잔 비우시게 　　　　這杯酒罷, 朋友! 　　　　이 술잔을, 친구여
西出陽關無故人	要知道 그대는 알 것일세 從此往西 이제 서쪽으로 　　等你出了那陽關 　　그대가 저 양관을 나가고 나면 　　　　便將再沒有 — 一個故人! 　　　　다시는 없을 거라는 것을 — 한 명의 벗도

또 예를 들어 두보(杜甫, 712-770)의 〈봄날 이백을 그리며〔春日憶李白〕〉를 보자.

원시	금역
白也詩無敵	李白寫的詩篇 이백이 쓴 시편은 　可以說是天下無敵, 　천하무적이라 말할 수 있네
飄然思不群	那飄然的情思呵 그 표표한 정감은 　簡直能超出一切人. 　정말이지 모든 사람을 뛰어넘네
淸新庾開府	論意境的淸新 의경의 청신함을 논하자면 　趕得上工致綺麗的庾開府, 　정교하고 화려한 유 개부[110]를 따라잡을 수 있고
俊逸鮑參軍	論風格的俊逸 풍격의 준일함을 논하자면 　抵得住雄渾蘊籍的鮑參軍. 　웅혼하고 함축적인 포 참군[111]을 당해 낼 수 있네
渭北春天樹	分別許久啦 헤어진 지 오래되었구나 在這渭北的春日裏 이 위북의 봄날에 我常常對着你浪游的地方 나는 늘 그대가 떠도는 곳을 마주하고 　在痴望着那一叢一叢的綠樹, 　저 무더기무더기 서 있는 푸른 나무 멍하니 바라보네
江東日暮雲	而在江東日暮的時刻 강동에서 날이 저무는 시각

110 유 개부(庾開府) : 남북조의 문학가인 유신(庾信, 513-581)을 이른다. 관직이 표기대장군 개부의동삼사(驃騎大將軍開府儀同三司)에 이르렀기 때문에 이렇게 불렸다.

111 포 참군(鮑參軍) : 남조 송(宋)나라의 문학가인 포조(鮑照, 412?-466)를 이른다. 일찍이 송 효무제(宋孝武帝)의 일곱 번째 아들인 임해왕(臨海王) 유자욱(劉子頊)의 전군참군(前軍參軍)을 지냈기 때문에 이렇게 불렸다.

원시	금역
	我知道
	나는 아네
	你也將會天天在望着
	그대도 매일같이 바라보고 있을 것을
	我居住的這西方天際的片片彩雲.
	내가 사는 이곳 서쪽 하늘 끝자락 조각조각 구름을
何時一樽酒	阿
	아
	要到哪一天
	어느 날이나 되어야
	才能够重聚在一起喝上一杯酒,
	다시 모여 함께 술 한잔 마시며
重與細論文	好讓我和你
	그대와 내가
	再細細地
	다시 한번 시시콜콜
	來談論那詩與文?
	저 시와 문을 담론할 수 있을까

이런 금역은 기본적으로 한 글자 한 구절마다 따라가며 원시를 한데 묶어 해석하는 역할을 한다.

이 두 수(首)에 대한 금역을 보면, 한 글자 한 어휘도 번역되지 않은 것이 없으며, 하나의 의미도 번역되지 않은 것이 없다. 예를 들면 '浥'을 '濕潤'으로 해석하고, '客舍'를 '驛館'으로, '靑靑'을 '綠蒙蒙'으로 해석한 것과 같다.

어떤 시구는 매우 함축적인데, 역자 역시 이러한 함축적인 의미를 잘 표현해 냈다. 예를 들면 "渭北春天樹, 江東日暮雲."은 시인 두보의 깊은 정이 매우 많이 담긴 시구로, 그와 이백의 서로에 대한 그리움을 지역과 시간과 사물의 차이를 가지고서 구체적이고 교묘하게, 완곡하고 함축적으로 묘사하였다. 이 경련의 함축은 고시를 잘 알지 못하는 사람이 볼 때에는 이해하기 힘든 부분이다. 역자의 처리를 거치면서 원시에서는 2행이었던 것이 8행으로 변화되어 은연중 내포되었던 정과 내용이 낱낱이 드러나게 되었다. 이렇게 되자 일반 독자가 다시 원시를 읽어도 어려움이 없게 되었다.

2) 현대시의 언어미가 있다

서방(徐放)의 당시(唐詩) 번역은 원시의 자구 형식에 얽매이지 않고 원시의 함축적인 의미에 근거하여 유창한 현대시의 언어로 완전히 개조하였다. 읽었을 때 마치 한 수의 새로운 시가 창작된 듯한 느낌을 준다. 번역시는 대부분 원운(原韻)을 사용하였으며, 시행(詩行)은 마야코프스키(Mayakovsky, 1893-1930)[112]와 곽소천(郭小川, 1919-1976)[113]과 같은 방식의 계단식 번역으로, 원시(原詩)의 의경(意境)과 사상·감정의 리듬을 매우 잘 표현하였

112 마야코프스키(Mayakovsky) : 러시아의 시인으로, 전체 이름은 블라디미르 블라디미로비치 마야코프스키(Vladimir Vladimirovich Mayakovsky)이다. 볼셰비키 혁명운동에 가담하여, 2년 동안 세 번이나 체포되었다. 그 후 모스크바의 미술학교에 입학하여 미래파 시인 그룹에 속하면서 과거의 문학 유산 및 부르주아 문학의 전통에 철저한 반항을 보였으며, 모든 재능을 혁명의 대의명분을 위해 바쳤다. 시법(詩法) 또한 혁명적이어서, 의미 및 음조를 강조할 수 있도록 단어를 행으로 나누어 나열하였다. 또한 일상어의 구사와 거친 유머의 사용도 혁명적이어서 고정화된 시어의 파괴를 지향하였다. 1920년대에 들어와 미래파의 옛 동지들을 중심으로 한 잡지 〈레프〉(예술좌익전선)를 발간하여 전위적 문학운동의 중핵이 되는 한편, 레닌의 죽음을 노래한 〈블라디미르 일리이지 레닌〉(1924) 등을 내놓았다. 1930년 4월에 권총으로 자살하였는데, 죽기 직전에 쓴 유고에는 "사랑하는 작은 배는 세속에 충돌했다."라고 씌어 있었다고 한다. 그의 자살은 정통파 마르크스주의자들로부터 비난을 받았으나, 스탈린은 소비에트의 가장 뛰어난 시인으로 평가하였다.

113 곽소천(郭小川) : 중국의 시인이다. 필명으로는 곽소(郭蘇), 위척(偉倜), 건풍(健風), 상운(湘雲), 등운(登雲), 정운(丁雲), 효선(曉船), 수춘(袖春) 등이 있다. 하북성(河北省) 풍녕현(豐寧縣) 봉산진(鳳山鎭)에서 부모가 모두 교사인 지식인 집안에서 태어났다. 1933년 일본이 열하(熱河)를 침략하자 온 가족이 북평(北平)으로 이사 갔다. 항일운동에 적극 가담하여 민족해방선봉대 문예청년연합회(民族解放先鋒隊文藝青年聯合會)의 성원으로 활약하였는데, 이때부터 시가(詩歌)를 무기로 사용하여 민족해방을 위해 투쟁을 전개하였다. 1976년 10월 뜻하지 않은 화재로 인해 57세에 죽었다. 시법(詩法)은 러시아의 미래파 혁명시인인 마야코프스키의 시가(詩歌) 형식인 '계단체〔樓梯體〕' 방식을 채택하여 사용하였다.

다. 신(信)·달(達)·아(雅)라는, 번역의 이 세 가지 준칙이 《당시금역》에는 하나로 잘 어우러졌는데, 참으로 쉽지 않은 일이다.

엄진(嚴辰, 1914-2003)이 《당시금역》을 위해 쓴 서문 중의 한 단락은 고시 금역의 작은 결론으로 삼을 수 있다.

> 고전 시사(詩詞)를 번역하는 것은 결코 쉬운 작업이 아니다. 이 일은 의미를 전달해야 할 뿐만 아니라 또 생생해야 하며, 곡해(曲解)하는 것도 안 되지만 속되게 하는 것은 더욱 안 된다. 또 원시의 풍격도 보존해야 하지만 역자의 문채도 드러내야 한다. 시인이 살던 당시의 역사적 배경이나 사회적 풍모에 대해 이해가 있어야 할 뿐만 아니라, 시인의 경력이나 사상, 창작 의도 등등에 대해 전면적인 연구를 해야만 비로소 원시를 정확하고 막힘없이 번역해 낼 수 있다.
>
> 그러나 우리는 다음과 같이 시들을 번역하기도 하였다. 대충대충 간단하게 번역하여 원작의 신운(神韻)[114]을 잃어버리기도 하고, 제멋대로 갖다 덧붙여 지리멸렬하게 변하여 전혀 다른 모습이 되기도 하는 시가 있는데, 물을 많이 타면 술의 순정한 맛을 잃게 되며, 연지나 분을 지나치게 바르면 도리어 천연의 아름다움을 추하게 만든다.

물론 이런 금역 형식을 유일한 형식으로 삼을 수는 결코 없다. 역자는 원시의 함축적인 의미를 이해한 뒤에 개성 있게 표현해야 하며, 번역문의 풍격 역시 천편일률적이어서는 안 된다. 더욱 다양한 다른 풍격의 번역본이 나오기를 희망한다. 이것은 고시 금역의 학술을 발전시키는 것이며, 고시의 창작을 참고로 하여 중국의 현대 시가에서 필요로 하는 것을 번성하게 하는 것이다.

114 신운(神韻) : 문예 작품의 정취나 운치를 이른다.

제10장

장구 : 단락 구분과 구조 분석

제1절 장구 : 단락 구분과 구조 분석의 목적

'장구'라는 명칭 및 그 특징은 이미 〈제2장 주석의 종류〉에서 간략히 소개하였다.

우리는 전통적인 장구지학(章句之學)이라는 것이 사실은 매우 세밀하게 장을 나누고 구를 구분하는 학문으로, 구두점을 찍고 단락을 구분하는 것에서부터 어휘의 훈고에 이르기까지 옛 주석의 모든 내용을 포함하고 있다는 것을 이미 알고 있다. 그리고 장구류(章句類)의 특징은 "첫째, 문자의 훈고를 기초로 하고, 둘째, 작품 속 내용의 층차를 구분하여 내용의 층차에 따라 그 대의를 해설하며, 셋째, 절과 절, 장과 장 사이의 관계에 대해, 다시 말해 작품 각 층차 사이의 내재적 연계에 대해서 분석한다."라는 것을 이미 지적하였다. 아울러 이미 주희(朱熹)의 유명한 《대학장구》에 대해서도 분석하였다. 그런데 여기에서 왜 다시 이 문제를 제기하여 토론하려는 것일까?

'장구'라는 개념은 유협(劉勰, 465?-520)의 시대에는 이미 축소되었다. 《문심조룡》에는 〈장구(章句)〉라는 편이 있는데, 다음과 같이 기록되어 있다.

> 글을 지을 때 생각은 적합한 곳에 배치해야 하며 말은 적당한 위치에 배열해야 한다. 생각을 적합한 곳에 배치한 것을 '장(章)'이라 하고, 말을 적당한 위치에 배열한 것을 '구(句)'라 한다. '장'이란 밝힌다는 뜻이고, '구'는 경계를 나눈다는 뜻이다. 말의 경계를 나눈다는 것은 글자들을 연결하여 영역을 구분한다는 뜻이고, 생각을 밝힌다는 것은 의미를 총괄하여 문체 속에 포함한다는 뜻이다. 이 두 가지는 범주가 서로 다르지만, 도로가 서로 얽혀 있듯이 상통한다.

> 夫設情有宅，置言有位，宅情曰章，位言曰句．故章者，明也；句者，局也．局言者，聯字以分疆；明情者，總義以包體．區畛相異，而衢路交通矣．

'장'은 문장의 내용과 사상·감정을 배치하는 단위이고, '구'는 말을 배치하는 단위이다. '문장'이란 바로 '글자가 모여 구(句)가 되고, 구가 모여 장(章)이 되고, 장이 모여 편(篇)이 된 것이다.〔因字而生句，積句而成章，積章而成篇．〕'

그들의 상호 관계는 다음과 같다. '한 편의 글이 광채를 발하는 것은 장마다 결함이 없기 때문이고, 장마다 분명하고 세밀한 것은 구마다 결함이 없기 때문이며, 구마다 청신(淸新)하고 뛰어난 것은 글자마다 함부로 쓰지 않았기 때문이다.〔篇之彪炳，章無疵也，章之明靡，句無玷也，句之淸英，字不妄也．〕' '글자마다 함부로 쓰지 않고〔字不妄〕' '구마다 결함이 없으며〔句無玷〕' '장마다 결함이 없게〔章無疵〕' 해야 비로소 '뿌리를 흔들면 나무 끝도 따라서 흔들리는 것처럼, 하나를 알면 갖가지로 응용할 줄 아는〔振本而末從，知一而萬畢〕' 경지에 도달할 수 있다.

유협은 또 다음과 같이 기록하였다.

> 글 한 편에 있는 '장'과 '구'는 마치 누에고치에서 뽑는 실과 같아, 처음부터 끝까지 몸체가 반드시 가지런하게 배열되어 있다. 문장의 서두에서는 뒤이어 나올 본문의 내용을 미리 암시하고, 맺음말에서는 앞 구절의 내용에 호응시킨다. 그러므로 겉으로 드러나는 글은 비단을 짜듯이 쓰고, 내포하는 뜻은 혈맥이 흐르듯 관통시켜 놓으면, 마치 꽃송이와 꽃받침이 서로 이어져 있듯이 수미(首尾)가 한 몸이 될 것이다.
>
> 만약 글 속의 어떤 말이 그에 호응하는 다른 말이 없다면 마치 친구 없이 떠돌아다니는 것과 같으며, 글 속의 어떤 사실이 그 순서가 어긋난

다면 마치 불안정하게 이리저리 떠돌며 기거하는 것과 같다. 이 때문에 '구'를 지을 때에는 순서가 뒤바뀌는 것을 꺼리며, '장'을 나눌 때에는 순서를 중시한다. 이들은 실로 어떠한 감정을 표현하든 지향해야 하는 것이며, 무슨 문장을 쓰든 똑같이 귀결되어야 하는 것이다.

章句在篇, 如繭之抽緖, 原始要終, 體必鱗次. 啓行之辭, 逆萌中篇之意; 絶筆之言, 追媵前句之旨. 故能外文綺交, 內義脈注, 跗萼相銜, 首尾一體. 若辭失其朋, 則羈旅而無友; 事乖其次, 則飄寓而不安. 是以搜句忌於顚倒, 裁章貴於順序, 斯固情趣之指歸, 文筆之同致也.

이러한 장구 배치의 원칙은 문장 구조와 층차에 대한 깊이 있는 설명이다. 《문심조룡》에서는 〈장구(章句)〉와 〈부회(附會)〉 두 장으로 문장 구조에 관련된 문제를 전문적으로 논하였다. 이는 일찍이 한유(漢儒)들에게 있었던, 대단히 번쇄한 장구학(章句學)에 반영된 '장구'의 개념과는 커다란 차이가 있는 것이다. 이것이 지금 '장구'에 대해 전문적으로 논하는 장을 두어 구조 문제를 다시 논하는 이유이다.

'글자에 의미가 있음으로 해서 구(句)가 되고, 구가 몇 개 있음으로 해서 장(章)으로 연결되며, 장이 체제를 갖추어 편(篇)이 된다.〔文字有意以立句, 句有數以連章, 章有體以成篇.〕'[1] 생각을 하지 못하여 장차(章次)의 구분도 모르고 연관도 모르면서 문장을 읽고 이해한다 할 수 있겠는가.

하나의 작품은 문체의 성질이나 길이에 관계없이, 모두 대단히 많은 부분들로 짜여 있다. 작자가 작품을 창작할 때는 언제나 수많은 부분적 인식과 인상을 통해서 점차 하나의 전체적인 인상을 형성한다. 이와 같은 전체적인 인상이 생기면 작자는 흩어져 있는 것들에 다시 눈을 돌려서 심사숙고의 구상 과정을 거쳐 그들을 조합해 내어 어떤 사물·감정 혹은 관념을 반영하거나

1 원주 : 《논형(論衡)》 〈정설(正說)〉

설명하는, 혼연일체의 자연스러운 전체를 만들어 낸다. 부분 - 전체 - 부분 - 전체는 작자의 인식과 구상의 과정이자, 또한 독자가 작품을 인식하고 이해하는 과정이다. 주석학에서 말하는 '장구', 곧 '단락을 구분하고 구조를 분석하는' 목적은 바로 이 과정을 설명하고 분석하려는 것이다. 이렇게 해야만 비로소 작품이 무엇을 서술하여 무엇을 표현하거나 설명하였는지를 이해할 수 있다. 짧은 시 몇 수로 예를 들어 보겠다.

송별(送別)_왕유(王維)

山中相送罷	산 속에서 송별하고
(寫送別處)	(송별 장소를 서술)
日暮掩柴扉	해 저물어 사립문 닫네
(寫別後歸家之時)	(송별 후 귀가하는 때를 서술)
春草明年綠	봄풀은 내년에도 푸를 텐데
(有定期)	(정해진 기약이 있음)
王孫歸不歸	왕손은 돌아오실지 못 오실지?
(未可卜也)	(아직 알 수 없음)[2]

건덕강에 묵으며〔宿建德江〕_맹호연(孟浩然)

移舟泊煙渚	배를 옮겨 안개 낀 물가에 정박할 제
(敍地)	(장소를 서술)
日暮客愁新	해 저물어 객의 근심 새로워라
(敍時)	(시각을 서술)
野曠天低樹	들이 넓어 하늘은 나무에 걸리고
(岸)	(강기슭)

2 원주 : 장섭(章燮)의 《당시삼백수주소(唐詩三百首注疏)》

江淸月近人　　강이 맑아 달은 사람과 가깝구나
(水)　　(물)[3]

영철을 보내며〔送靈澈〕_유장경(劉長卿)

蒼蒼竹林寺　　푸르고 푸른 죽림사에서
(先敍地)　　(먼저 장소를 서술)
杳杳鐘聲晩　　아득히 들리는 저녁 종소리
(次敍時)　　(다음은 시각을 서술)
荷笠帶斜陽　　연잎 삿갓에 석양빛 띠고
靑山獨歸遠　　푸른 산 속 깊숙이 혼자서 돌아가네
(承晩字,　　(저녁〔晩〕이라는 말을 이어 말한 것이다.
後寫出靈澈,　　뒤에 영철(靈澈)을 묘사하였기 때문에
所以不直致.)　　직접 제시하지 않은 것이다.)[4]

괄호 속의 문장은 장섭(章燮)의 말이다. 〈송별〉에 표현된 슬픔과 기대, 〈건덕강에 묵으며〉에 드러난 여행길 밤에 정박하며 떠오르는 고향 생각, 〈영철을 보내며〉에 묘사된 석별의 정경이, 주석가의 층차에 따른 분석으로 독자들이 감상하기 편하게 되었다.

위 세 수[5]의 짧은 시에 대한 주석은 구와 구의 층차를 분석한 것이지 장차(章次)를 분석한 것이 아니다.[6] 장차는 비교적 복잡한데, 《시경》의 모전(毛傳)과 정전(鄭箋)에서 구분한 장차를 보아도 잘 알 수 있다.

3 원주 : 장섭의 《당시삼백수주소》

4 원주 : 장섭의 《당시삼백수주소》

5 세 수 : 저본에는 '四首'로 되어 있는데, 위에 제시된 시가 셋이므로 바로잡았다.

6 원주 : 이들은 모두 겨우 이 1장의 시이므로 장차를 말할 수 없다.

〈관저〉: 5장. 장마다 4구. 옛 글에는 모두 3장으로, 한 장은 4구이고 두 장은 장마다 8구라고 하였다.
《關雎》五章, 章四句. 故言三章, 一章四句, 二章章八句.

〈갈담〉: 3장. 장마다 6구
《葛覃》三章, 章六句.

〈권이〉: 4장. 장마다 4구
《卷耳》四章, 章四句.

〈한광〉: 3장. 장마다 8구
《漢廣》三章, 章八句.

〈인지지〉: 3장. 장마다 3구
《麟之趾》三章, 章三句.

〈초충〉: 3장. 장마다 7구
《草蟲》三章, 章七句.

〈소성〉: 2장. 장마다 5구
《小星》二章. 章五句.

〈군자해로〉: 3장. 한 장은 7구, 한 장은 9구, 한 장은 8구
《君子偕老》三章, 一章七句, 一章九句, 一章八句.

〈기욱〉: 3장. 장마다 9구

《淇奧》三章, 章九句.

〈맹〉 : 6장. 장마다 10구
《氓》六章, 章十句.

〈노령〉 : 3장. 장마다 2구
《盧令》三章, 章二句.

〈원유도〉 : 2장. 장마다 12구
《園有桃》二章, 章十二句.

〈칠월〉 : 8장. 장마다 11구
《七月》八章, 章十一句.

〈사간〉 : 9장. 네 장은 장마다 7구, 다섯 장은 장마다 5구
《斯干》九章, 四章章七句, 五章章五句.

〈절남산〉 : 10장. 여섯 장은 장마다 8구, 네 장은 장마다 4구
《節南山》十章, 六章章八句, 四章章四句.

〈정월〉 : 13장. 여덟 장은 장마다 8구, 다섯 장은 장마다 6구
《正月》十三章, 八章[7]章八句, 五章章六句.

〈빈지초연〉 : 5장. 장마다 14구
《賓之初筵》五章, 章十四句.

7 八章 : 저본에는 없는데, 《시경주소》에 근거하여 보충하였다.

〈문왕〉 : 7장. 장마다 8구

《文王》七章, 章八句.

〈행위〉 : 8장. 장마다 4구. 옛 글에는 모두 7장으로, 두 장은 장마다 6구이고 다섯 장은 장마다 4구라고 하였다.

《行葦》八章, 章四句. 故言七章, 二章章六句, 五章章四句.

〈억〉 : 12장. 세 장은 장마다 8구, 아홉 장은 장마다 10구

《抑》十二章, 三章章八句, 九章章十[8]句.

〈상유〉 : 16장. 여덟 장은 장마다 8구, 여덟 장은 장마다 6구

《桑柔》十六章, 八章章八句, 八章章六句.

〈청묘〉 : 1장. 8구

《清廟》一章八句.

〈열문〉 : 1장. 13구

《烈文》一章十三句.

〈시매〉 : 1장. 15구

《時邁》一章十五句.

〈옹〉 : 1장. 16구

《雝》一章十六句.

8 十 : 저본에는 '六'으로 되어 있는데, 《시경주소》에 근거하여 바로잡았다.

〈재삼〉 : 1장. 31구
《載芟》一章三十一句.

〈양사〉 : 1장. 23구
《良耜》一章二十三句.

〈비궁〉 : 8장. 두 장은 장마다 17구, 한 장은 12구, 한 장은 38구, 두 장은 장마다 8구, 두 장은 장마다 10구
《閟宮》八章, 二章章十七句, 一章十二句, 一章三十八句, 二章章八句, 二章章十句.

이상의 기록에는 《시경》 속의 갖가지 상이한 장절(章節)과 구수(句數)의 예가 포함되어 있다.

장차(章次)는 본디 일정한 형식이 없으며, 시문의 길이 및 내용의 용량과 밀접하게 관련되어 있다. 하나의 장에 포함된 구의 수는, 《시경》에 비록 2구에서 38구에 이르는 다양한 상황이 있기는 하나, 장마다 네 개의 구가 있는 것이 주된 형식이다.

네 구로 한 장(또는 절)을 이루는 것이 《시경》과 《초사》 및 이후의 사곡(詞曲)을 제외한 시에서 기본적으로 주된 형식이라는 점은, 대체로 사람의 생리와 관련된 일종의 자연스러운 리듬상의 필요를 반영하고 있다. 굴원(屈原)의 장편 서정시 〈이소(離騷)〉 역시 '모두 4구로 작은 단락을 만들었기 때문에 운을 쓰는 것도 4구를 기본으로 삼았다. 8구 12구로 된 것 역시 4구가 쌓이고 모인 것이다.〔皆以四句爲一小段, 故用韻亦以四句爲例, 其有八句十二句者, 亦四之累集.〕'[9]

9 원주 : 강양부(姜亮夫)의 《굴원부교주(屈原賦校注)》

복잡한 장절의 의미에 대한 설명도 위에서 예로 든 짧은 시 몇 수의 예와 본질적으로 차이가 없다. 구를 쌓아 장을 이루는 것과 장을 쌓아 편을 이루는 것은 층차에 있어서 다만 크기와 분량의 차이가 있을 뿐이다. 예를 들어 〈비궁(閟宮)〉 8장의 경우, 어떤 장은 8구로 되어 있고 어떤 장은 12구, 17구 내지는 38구까지 일정하지 않다. 그러나 짧은 시(절구) 몇 수의 구의(句意)를 개괄하는 방법을 확대하여 복잡한 장절에 적용한다면, 각 장이 8구든, 12구든, 17구든, 38구든 관계없이, 가장 마지막까지 의미를 농축하게 되면 한 구의 시의(詩意)를 귀납하는 것과 아무런 차이도 없게 된다. 한 가지 예를 들어 보겠다.

석인(碩人)

碩人其頎	美人那樣的高大而美麗, 미인이 저와 같이 훤칠하고 아름답구나
衣錦褧衣	穿的錦服加上麻紗單衣. 비단옷 위에 마사[10] 홑옷을 덧입었네
齊侯之子	她是齊侯的女, 그녀는 제나라 임금의 따님이요
衛侯之妻	衛侯的妻. 위나라 임금의 아내라네
東宮之妹	齊太子的妹, 제나라 태자의 누이동생이요
邢侯之姨	邢侯的姨; 형나라 임금의 처제이며
譚公維私	譚公是她的姊妹的夫壻. 담나라 임금은 그녀 누이동생의 남편이라네

10 마사 : 가느다란 면사나 마사를 혼합하여 평직으로 짠 여름옷이다.

一章. 言其親族之貴.

1장이다. 친족이 귀한 신분임을 말하였다.

手如柔荑	她的手好像又軟又白的嫩茅,
	그녀의 손은 연하고 흰 부드러운 띠풀 같고
膚如凝脂	皮膚又滑又白好像凝結的油膏.
	살결은 매끄럽고 희어서 응결된 기름 같네
領如蝤蠐	頸子好像又白又長的蝤蠐蟲兒,
	목은 희고 긴 굼벵이 같고
齒如瓠犀	牙齒整齊潔白好像瓠瓜的子兒,
	이는 가지런하고 희어서 박씨 같으며
螓首蛾眉	有小蟬似的方額、繭蛾似的長眉.
	매미 같은 방정한 이마에 누에나방 같은 긴 눈썹을 가졌네
巧笑倩兮	巧笑的笑渦呵,
	웃을 때 보이는 아름다운 보조개여
美目盼兮	美眼的眼波呵!
	물기를 머금은 듯한 아름다운 눈동자여

二章. 言其儀態之美.

2장이다. 그 아름다운 모습을 말하였다.

碩人敖敖	美人是那様昂昂地高,
	미인이 저처럼 훤칠하게 키가 크구나
說于農郊	停車理好服飾在近郊.
	근교에서 수레를 멈추고 매무새를 가다듬네

四牡有驕	四匹大馬這様肥鑣,
	네 필 말은 이처럼 살지고 건장하고
朱幩鑣鑣	馬口外纏的紅綢扇汗鑣鑣,
	말 입 밖으로 두른 붉은 비단 장식이 화려한데
翟茀以朝	乘着插了野鷄尾的轎車來朝.
	꿩 깃 꽂은 교거 타고 조회 가네
大夫夙退	大夫前來朝見的早退,
	대부들이 앞에 와서 뵙고 일찍 물러가서
無使君勞	不使新婚的女君過勞!
	갓 결혼한 여군이 피로하지 않게 하네

三章. 言其車服之備.

3장이다. 수레와 복식이 구비된 것을 말하였다.

河水洋洋	黃河的水勢洋洋,
	황하의 물살은 넘실넘실
北流活活	北流河流的活活.
	북으로 흐르는 하수는 콸콸거리네
施罛濊濊	張設的魚網大眼兒豁豁,
	펼쳐진 어망의 그물코는 성글성글
鱣鮪發發	鱣魚鮪魚觸網了尾兒潑潑,
	철갑상어 다랑어 어망에 걸려 팔딱거리네
葭菼揭揭	蘆荻杆挺立揭揭,
	갈대와 억새풀은 곧게 서서 길쭉길쭉
庶姜孼孼	許多姜家的姑娘們首飾疊疊,
	수많은 강씨네 아가씨들 머리장식 층층이 높고

庶士有朅	許多武士們都這樣壯健敏捷! 수많은 무사들은 모두 이처럼 건장하고 날래네
四章. 言其國俗之富, 隨從之盛. 按陽湖派古文家惲敬以舊注有未是處, 乃作《碩人說》, 謂三章宜與四章易置, 文勢方順. 是也.	4장이다. 그 부유한 풍속과 수종의 성대함을 말하였다. 양호파[11] 고문가인 운경(惲敬, 1757-1817)[12]은 구주에 옳지 않은 곳이 있다고 여겨 〈석인설〉을 지었다. 그는, 3장과 4장은 위치를 바꾸어야 글의 흐름이 순조롭다고 했는데, 그의 말이 옳다.[13]

이 시는 위나라 장공(莊公)의 부인 장강(莊姜)을 찬미한 시이다. 《좌전》 은공(隱公) 3년 조에 말하였다.

> 위나라 장공은 동궁인 득신(得臣)의 누이 장강과 결혼하였다. 장강은 아름다웠으나 아들이 없었는데, 위나라 사람들이 그녀를 위하여 〈석인〉을 읊었다.
> 衛莊公娶於齊東宮得臣之妹, 曰莊姜. 美而無子, 衛人所爲賦《碩人》也.

11 양호파(陽湖派) : 양호문파(陽湖文派)라고도 하는데, 이러한 명칭은 광서(光緒) 원년(1875) 장지동(張之洞, 1837-1909)이 《서목답문(書目答問)》에서 청대(淸代) 고문가(古文家)의 문집을 저록할 때 '동성파 고문가(桐城派古文家)', '양호파 고문가(陽湖派古文家)', '종파 없는 고문가〔不立宗派古文家〕'로 분류한 데서 유래한다.

12 운경(惲敬) : 자는 자거(子居)이며, 무진(武進)사람이다. 건륭 48년(1783)에 거인(擧人)이 되었으며 양호문파를 창시하였다. 어려서부터 시서(詩書)를 많이 읽었으며, 천문과 지리에 대해까지 널리 섭렵하였다. 학문을 좋아했을 뿐 아니라 깊이 사고하여 자기만의 독특한 견해를 나타내어 건륭 52년(1787)에 '양호문파'를 개창하였다.

13 원주 : 진자전(陳子展)의 《국풍선역(國風選譯)》

〈시서(詩序)〉에서는 이에 근거하여 다음과 같이 말하였다.

> 〈석인〉은 장강을 불쌍히 여긴 것이다. 장공이 첩에게 미혹되어 첩이 교만하고 참람하게 하였다. 장강은 현명하였으나 장공에게 총애를 받지 못하여 끝내 아들이 없었다. 그래서 나라 사람들이 불쌍히 여기고 걱정한 것이다.
> 《碩人》, 閔莊姜也. 莊公惑於嬖妾, 使驕上僭, 莊姜賢而不答, 終以無子, 國人閔而憂之.

이 시만 보아서는 자식이 있고 없고가 무슨 상관인지 알 수 없다. 어떤 사람은, 이 시는 장강의 유모가 지었다고도 한다. 《열녀전》〈제녀부모(齊女傅母)〉에 다음과 같은 내용이 있다.

> '부모(傅母)'는 제나라 딸〔齊女〕의 유모이다. 제나라 딸은 위 장공의 부인이 되었기 때문에 장강이라고 불렸다.
>
> 장강은 요염하였다. 처음 시집갔을 때에는 마음가짐과 행실이 쇠약하고 나태하여 용모를 꾸미고 음탕한 마음이 있었다. 유모가 그녀의 부도(婦道)가 바르지 않은 것을 보고 이렇게 타일렀다. "당신의 집안은 대대로 존귀하고 영화로우니 백성들의 본보기가 되어야 합니다. 그리고 당신의 자질은 총명하고 일에 능숙하니 다른 사람들의 모범이 되어야 합니다. 거동과 용모를 장엄하고 아름답게 하여 스스로 바로잡지 않으면 안 됩니다. 비단옷과 좋은 치마를 입으며, 수레와 말을 치장하는 것은 덕을 귀하게 여기지 않는 것입니다." 그러고는 이러한 시를 지었다.……
>
> 장강의 마음을 높은 절개로 권면하여, 임금의 자녀가 되고 군주의 부인이 되게 하였으며, 더욱이 부정하고 편벽된 행실을 가질 수 없게 하였

다. 장강은 마침내 마음을 움직여 스스로 행실을 닦았다. 유모가 장강의 음행을 미연에 막은 것을 군자가 칭찬하였다.

傅母者，齊女之傅母也．女爲衛莊公夫人，號曰莊姜．姜交好.[14] 始往，操行衰惰，有冶容之行，淫泆之心．傅母見其婦道不正，諭之云："子之家，世世尊榮，當爲民法則．子之質，聰達於事，當爲人表式．儀貌壯麗，不可不自修整．衣錦絅[15]裳，飾在輿馬，是不貴德也."乃作詩……砥厲女之心以高節，以爲人君之子弟，爲國君之夫人，尤不可有邪僻之行焉．女遂感而自修．君子善傅母之防未然也．

이러한 해석은 이 시의 주지(主旨)를 이해하는 데 참고가 될 수 있다. 그러나 은연중에 내포된 깊은 의미가 어떠한가와는 무관하게 전체 28구로 된 이 시의 네 장의 순서와 각 장의 대의는 모두 분명하다. 진자전이 시를 4장으로 나누고 간결하게 그 대의를 기술한 것은 적어도 장강의 아름다움에 대한 매우 뚜렷한 인상을 심어 준다.

〈석인(碩人)〉의 구조는 약간의 단락과 관련된 문제만 있을 뿐 간단하다. 하지만 간단하건 복잡하건 간에 하나의 완정한 작품에 대해서 합리적인 분석을 진행할 수만 있다면, 독자가 작품 전체를 쉽게 이해하도록 할 수 있다. 이것이 구조분석을 중시해야 하는 이유이다.

14 원주 : '交' 자와 '姣' 자는 고자(古字)와 금자(今字) 관계이다.

15 絅 : 저본에는 '絅'으로 되어 있는데, 통행본 《열녀전(列女傳)》에 근거하여 바로잡았다.

제2절 단락 구분과 구조 분석의 방법

1 단락의 구분

단락을 구분하는 방법은 구분 대상의 문체 성질에 의해서 결정된다. 기사문(記事文)은 시간이나 사건의 순서를 구분의 근거로 삼고, 서정문(抒情文)은 감정의 발생과 발전을 근거로 삼으며, 논설문(論說文)은 논점을 근거로 삼는다. 기사문은 《좌전》과 같은 것이고, 논설문은 제자(諸子)의 산문과 같은 것이며, 서정문은 역대의 서정시와 같은 것이다. 반드시 논점을 층차 구분의 근거로 삼아야만 하기 때문에 그 경계(境界)가 매우 뚜렷한 논설문을 제외하면, 기사문과 서정문에서의 시간·사건·정감 등과 같은 여러 요소는 종종 칼로 자르듯 분명히 나눌 수 있는 것이 아니다.

작품의 단락 구분은 결코 그렇게 간단하지 않다. 옛사람들은 글을 지을 때 배치와 구성, 즉 구조의 문제에 매우 주의하였는데, 《문심조룡》〈부회(附會)〉는 전문적으로 문장의 구성 방법을 다음과 같이 논술하고 있다.

> 무엇을 '부회'라고 하는가? 문장의 의리를 종합하여 주제를 확정하고, 문장 전체가 처음부터 끝까지 통일성이 있게 하고, 남겨 둘 것과 삭제해야 할 자구를 정하고, 상하의 문장의 뜻이 잘 연결되게 하여 작품 전체를 종합적으로 조직하여, 내용과 표현이 복잡하고 다양하더라도 작품의 주제에서 벗어나지 않게 하는 것을 이른다. 이것은 집을 지을 때 기본 구조가 필수적인 것과 같으며, 옷을 만들 때 바느질이 필요한 것과 같다. 何謂附會? 謂總文理, 統首尾, 定與奪, 合涯際, 彌綸一篇, 使雜而不越者也. 若築室之須基構, 裁衣之待縫緝矣.

무릇 체제가 크고 뜻이 정밀한 작품은 대체로 가지와 지류가 많은 법으로, 지류를 정리하는 것은 수원(水源)에 의거해 정리하고 가지를 정리하는 것은 줄기를 따라 정리해야 한다. 그러므로 문사(文辭)의 전후가 연결되고 각 단락의 함의(含意)가 작품 전체의 주제와 맞게 하여 전체의 강령을 하나로 총괄하는 데 힘써, 온갖 갈래의 길이 동일한 귀착점으로 내달리게 하고 다양한 생각이 하나로 일치되도록 바로잡아야 한다. 생각이 비록 복잡하다 할지라도 전후의 위치가 도치되는 어그러짐이 없게 하고, 내용이 비록 많다 할지라도 헝클어진 실타래와 같은 어지러움이 없게 해야 한다. 봄가을의 양기를 따라 가지가 나오고 가을겨울의 음기를 따라 형적이 감춰지듯 문의(文意)가 드러나기도 하고 숨겨지기도 하지만, 글의 처음과 끝을 주도면밀하게 연결시켜 앞뒤의 내용이 혼연일체가 되도록 하는 것이 바로 부회의 방법이다.

凡大體文章, 類多枝派, 整派者依源, 理枝者循幹. 是以附辭會義, 務總綱領, 驅萬塗[16]於同歸, 貞百慮於一致, 使衆理雖繁, 而無倒置之乖[17], 群言雖多, 而無棼絲之亂; 扶陽而出條, 順陰而藏迹, 首尾周密, 表裏一體, 此附會之術也.

유협의 이 논술은 후대 사람들에게 받아들여졌다. 명(明)나라 왕기덕(王冀德)의 《곡률(曲律)》 〈장법(章法)〉, 청(淸)나라 이어(李漁, 1611-1680)의 《한정우기(閑情偶寄)》 〈결구(結構)〉, 최학고(崔學古)의 《학해진량(學海津梁)》은 모두 유협의 "집을 지을 때 기본 구조가 필수적인 것과 같다.〔若築室之須基構.〕"라는 비유를 근거로 하여 자신의 논지를 발전시켜 나갔는데, 이 가운데 이어의 말이 가장 철저하다.

16 塗 : 저본에는 '途'로 되어 있는데, 《문심조룡》에 근거하여 바로잡았다.
17 乖 : 저본에는 '乘'으로 되어 있는데, 위 자료에 근거하여 바로잡았다.

구성은, 성률보다 우선하는 것이며 운을 맞추는 것보다 우선하는 것이다. 마치 조물주가 사람이나 동물에게 형체를 부여하는 것과 같다. 정기(精氣)와 혈액이 갓 엉기고 아직 포태되지 않았을 때, 먼저 전체적인 형체를 만든 뒤에 피를 채우고 각종 감각기관과 근골(筋骨)을 갖추도록 하는 것이다. 만약 전체적인 형상을 먼저 구상하지 않고 머리끝에서부터 발끝까지 그때그때 하나씩 만든다면, 사람의 한 몸에 이어졌다 끊어졌다 한 흔적이 무수히 많아서 혈기가 이로 인해 중도에 막힐 것이다.

목수가 집을 짓는 것도 이와 같다. 기초가 갓 닦이고 구조가 아직 정해지지 않았을 때, 먼저 어느 곳에 건물을 세우고 어느 방향으로 문을 내며, 기둥은 어떤 나무를 쓰고 들보는 어떤 목재를 쓸까 계획하는 것이다. 반드시 완성된 모습이 분명하게 구상되어 있어야 비로소 자귀와 도끼를 쓸 수 있는 것이다. 만약 도리[18]를 하나 만든 뒤에 다시 계획하여 도리 하나를 만들려고 한다면, 앞서는 적절했던 것이 나중에 가서는 맞지 않게 되어 형세상 반드시 재공사를 할 수밖에 없게 되어 완성하기도 전에 먼저 헐어야 할 것이다. 이는 마치 길 가에 집을 지으면[19] 여러 채 지을 비용을 쏟아 붓고서도 집 한 채의 기능도 제대로 하지 못하는 것과 같다.

그러므로 전기(傳奇)를 짓는 자는 갑자기 급하게 붓을 들어서는 안 되며, 먼저 소매에 손을 집어넣고 여유 있게 구상해야 나중에 글을 빨리 지을 수 있는 것이다.

至于結構二字, 則在引商刻羽之先, 拈韻抽毫之始. 如造物之賦形,

18 도리 : 서까래를 받치기 위하여 기둥 위에 건너지르는 나무이다.

19 길……지으면 : 원문은 '築舍道旁'이다. '築室道謀'와 같다. 집을 지을 때 길 가는 사람들과 상의한다는 뜻으로, 간섭하는 사람이 많아 일이 이루어지지 않는 것을 비유한다. 《시경》 〈소민(小旻)〉에 "집을 지으면서 길 가는 사람과 도모함과 같다.〔如彼築室于道謀.〕"라는 내용이 보인다.

當其精血初凝，胞胎未就，先爲制定全形，使點血而具五官百骸之勢．倘先無成局，而由頂及踵，逐段滋生，則人之一身，當有無數斷續之痕，而血氣爲之中阻矣．工師之建宅亦然．基址初平，間架未立，先籌何處建廳，何方開戶，棟需何木，梁用何材，必俟成局了然，始可揮斤運斧．倘造成一架，而後再籌一架，則便于前者不便于後，勢必改而就之，未成先毁，猶之築舍道旁，兼數宅之匠資，不足供一廳一堂之用矣．故作傳奇者，不宜卒急拈毫，袖手于前，始能疾書于後．

요약하자면, 주석가가 작자의 구상과 구조의 배치를 드러내는 일은, 작품 본래의 사상과 내용의 함의에 깊이 들어가 주석 대상의 구성과 예술을 파악하지 않으면 작자의 사고 맥락과 통할 수 없으므로 그 배치와 구성의 내부 규율을 결코 드러내 보일 수 없다. 이 때문에 문장 작법의 일반적 규율을 숙지하고 기(起)-승(承)-전(轉)-접(接)-복(伏)-응(應)-단(斷)-속(續)의 기법을 아는 것이 매우 필요하게 된다.

황간(黃侃)은 《문심조룡찰기(文心雕龍札記)》에서 장구(章句)에 대해 비교적 자세하게 얘기하였다.

첫 번째는 장구의 명칭을 풀이하다.〔一釋章句之名〕

두 번째는 한나라 경사(經師)들의 장구의 문체를 변석하다.〔二辨漢師章句之體〕

세 번째는 구두가 음절에 따른 것과 문의(文義)에 따른 것으로 차이가 난다는 것을 논하다.〔三論句讀[20]有係於音節與係於文意之異〕

네 번째는 구(句)를 변석하는 간편하고 빠른 방법을 기술하다.〔四陳辨句簡捷之術〕

20 句讀 : 저본에는 뒤에 '之分'이 더 있는데, 《문심조룡찰기》(文史哲出版社, 1973, 128쪽)에 근거하여 삭제하였다.

다섯 번째는 고서의 문구 가운데 특이한 사례를 간략하게 논하다.〔五約[21] 論古書文句異例〕

여섯 번째는 장구를 안배하는 종합적인 방법을 논하다.〔六論安章之總術〕

일곱 번째는 구의 글자 수를 논하다.〔七論句中字數〕

여덟 번째는 구(句) 끝의 용운(用韻)을 논하다.〔八論句末用韻〕

아홉 번째는 사언(詞言)을 통석(通釋)하다.〔九詞言通釋〕

이 가운데 여섯 번째의 '장구를 안배하는 종합적인 방법을 논하다'에서는 다음과 같이 말하였다.

> 장구를 안배하는 방법은 구(句)가 반드시 나란히 서술되고 뜻이 반드시 연관되는 데에 요점이 있다. 구가 반드시 나란히 서술되면 공허한 문사가 용납될 곳이 없고, 뜻이 반드시 연관되면 잡스러운 뜻이 섞일 수 없게 된다.
>
> '장(章)'은 구가 합쳐져 이루어진다. 무릇 구는 반드시 사(辭)를 이루어야 하는데, 몇 개의 글자를 모아 사를 이루면 글자와 글자는 반드시 나란히 서술되게 되며, 몇 개의 구를 모아 장을 이루면 구와 구 역시 반드시 나란히 서술되게 된다. 글자와 글자가 나란히 서술되면 한 구의 뜻이 명확해지며, 구와 구가 나란히 서술되면 한 장의 뜻이 확실해진다.……
>
> 편장마다 주제를 확립하는 것은 비록 각 편장마다 그만의 주제가 있다 하더라도 이는 가지가 나뉘고 줄기가 따로 떨어진 것과 같아서, 여러 생각들을 넣어 문장을 지은 것이니 붓을 잡고 글을 지을 때 이미 억지로 끌어다 붙이는 공력을 들였는데 탈고 뒤에는 또 보정하는 일이 있다. 글을 짓고 수정을 하지 않는 것은 예로부터 드문 일이었고, 장구를 고치고

21 約 : 저본에는 '略'으로 되어 있는데, 《문심조룡찰기》에 근거하여 바로잡았다.

바꾸는 것은 문장을 짓는 선비들이 늘 하던 것들이다.

이런 까닭에 유협은 다시 〈부회〉를 지어서 고치고 윤색하는 방법을 밝혔으니, 그 요지를 따져 보면, 또한 강령을 종합하고, 두서를 찾으며, 조리를 인식하고, 중복된 글자를 줄이는 것을 아는 것일 뿐이다.

安章之法，要於句必比敍，義必關聯．句必比敍，則浮辭無所容；義必關聯，則雜意不能羼[22]．章者，合句而成，凡句必須成辭，集數字以成辭，字與字必相比敍也；集數句以成章，則句與句亦必相比敍也．字與字比敍，而一句之義明；句與句比敍，而一章之義明．……凡篇章立意，雖有專主，而枝分條別，賴衆理以成文，操毫時旣有牽綴之功，脫稿後復有補苴之事，文不加點，自古所稀，易句改章，文士常習，是以舍人復有《附會》之篇，以明修潤之術，究其要義，亦曰總綱領、求統緒、識腠理、會節文而已．

장구 안배의 기술을 알고 그 편장마다의 주제가 무엇인지, 가지가 무엇인지를 파악하면 문적(文籍)의 단락구분에 대한 의의가 매우 뚜렷해진다.

여사면(呂思勉, 1884-1957)의 《문자학사종(文字學四種)》[23]에 〈장구론(章句論)〉이 있는데, 또한 일독을 해 볼 만하다.

고대의 장구가 이미 실전되었을 경우 후대 사람이 고서를 읽고자 한다면 이미 실전된 것을 회복해야 한다. 여기에 매진한 사람으로 송나라 유

22 羼 : 저본에는 '屬'으로 되어 있는데, 《문심조룡찰기》(文史哲出版社, 1973, 142쪽)에 근거하여 바로잡았다.

23 문자학사종(文字學四種) : 저본에는 '字'가 '學'으로 되어 있는데, 서명의 오기(誤記)여서 바로잡아 번역하였다. 이 책은 문자학에 관한 저서로, 〈장구론(章句論)〉·〈중국문자변천고(中國文字變遷考)〉·〈자례약설(字例略說)〉·〈설문해자문고(說文解字文考)〉 등 네 개 분야로 구분되어 있다.

자(儒者)처럼 부지런한 이들이 없었다.

주희는 송학의 대종사로, 《대학》에 주석을 달면서 자신의 견해로 경과 전(傳)을 분별하고 순서를 뒤바꾸었다. 《중용》에 주석을 달면서는 순서를 뒤바꾸지는 않았지만, 정현의 주석에 의거한 장 구분을 따르지도 않았다.……세상 사람들은 늘 송나라 유자들이 억견(臆見)으로 고서를 바로잡았다고 비판하지만, 바로잡은 것이 타당한지의 여부가 하나의 일이며 고서를 바로잡아야 하는지의 여부가 또 하나의 일이라는 것은 전혀 모르고 하는 말이다. 더구나 송나라 유자들이 바로잡은 것에 반드시 채택할 만한 것이 없는 것은 아니지 않은가.

古代之章句, 旣已失傳, 後人欲讀古書, 非將已失者恢復不可. 從事于此者, 莫如宋儒之勤. 朱子爲宋學大宗, 其注《大學》, 卽以己意分別經傳, 顚倒次序. 注《中庸》雖未顚倒次序, 亦不依鄭注分章……世人每訾宋儒憑臆見以正古書, 殊不知正當否是一事, 古書之當正與否, 又是一事; 況宋儒之所正, 未必無可采邪?

여기에는 세 가지 주의할 만한 점이 있다.

첫째, 장구가 실전된 것은 회복해야 한다는 것이다. 다시 말해 장(章)의 차서가 구분되어 있지 않은 것은 구분해야 한다는 것이다.

둘째, 옛사람이 구분한 것이 타당하지 않은 것은 바로잡아야 한다는 것이다.

셋째, 고서의 장의 차서가 시대가 오래됨으로 인해 전해지는 과정에서 혼란이 생겨난 경우라면 조정을 해야 한다는 것이다. 그러나 고적의 장구에 대한 조정은 몹시 엄격한 작업으로, 경솔하게 해서는 안 된다. 일반적인 상황이라면 고서의 원래 모습을 유지해야 하며 주석을 통해 설명만 하는 것이 좋다.

1) 장 구분에 대한 여러 이견

이제 고서의 장(章) 구분에 대한 여러 이견 문제를 이야기해 보도록 하겠다. 유월(兪樾)은 《고서의의거례(古書疑義擧例)》 〈장의 구분이 잘못된 사례〔分章錯誤例〕〉에서 다음과 같이 말하였다.

《시경》 〈관저〉 : 〈관저〉는 모두 5장으로, 매 장은 각각 4구이다. 예전에는 '모두 3장으로, 한 장은 4구이고 두 장은 각각 8구이다.'라고 하였다.

《關雎》五章, 章四句. 故言三章, 一章章[24]四句, 二章章八句.

《경전석문》 : 5장은 정현(鄭玄)이 나눈 것이다. '고언(故言)' 이하는 모공의 본래 뜻이다. 이하도 이와 같다.

五章, 是鄭所分, 故言以下, 是毛公本意. 後放此.

유월의 안설 : 〈관저〉의 장 구분은 모공과 정현이 한 것이 다른데, 이제 모공을 따르고 정현을 따르지 않는다. 내 생각에, 이 시는 마땅히 4장으로 구분하여 각 장마다 모두 '窈窕淑女' 구가 있어야 한다. '窈窕淑女'를 모두 네 번 말하였으니, 곧 4장인 것이다. 첫 장은 '關關雎鳩'로 '窈窕淑女'를 일으켰으며, 아래 3장은 모두 '參差荇菜'로 '窈窕淑女'를 일으켰다. 두 번째 장만 '求之不得, 寤寐思服, 悠哉悠哉, 輾轉反側.'의 4구가 더 있는데, 이것은 옛사람의 장법(章法)의 변화로, '求之不得'은 바로 '寤寐求之.'를 이어받아 말한 것이다. 정현이 이를 둘로 나눈 것은 옳지 않다. 모공은 이 장의 8구에 의거하여 마침내 다음의 3, 4장도 하나로 합쳐서 8구가 되게 하였으니, 또한 잘못이다.

《關雎》分章, 毛鄭不同, 今從毛不從鄭. 竊謂此詩當分四章, 每章皆有"窈窕淑女"句. 凡四言"窈窕淑女", 則四章也. 首章以"關關雎鳩"興"窈窕淑女". 下三章皆以"參差荇菜"興"窈窕淑女". 惟第二章增"求之不得, 寤寐思服, 悠哉悠哉, 輾轉反側."四句, 此古人章法之變. "求之不得"正承"寤寐求之"而言. 鄭分而二之非是. 毛以此章八句, 遂合三四兩章爲一, 使亦成八句, 則亦失之矣.

근·현대 〈관저〉의 주석으로, 정전(鄭箋)의 "모두 5장으로, 매 장은 4구이다.〔五章, 章四句.〕"를 따른 것은 여관영(余冠英)의 《시경선역(詩經選

24 章 : 저본에는 없는데, 《고서의의거례(古書疑義擧例)》(中華書局, 2005, 151쪽)에 근거하여 보충하였다.

譯)》과 고형(高亨)의 《시경금주(詩經今注)》가 있고, 모전(毛傳)의 "모두 3장으로, 한 장은 4구이고 두 장은 각각 8구이다.〔三章, 一章四句, 二章章八句.〕"를 따른 것은 진자전(陳子展)의 《국풍선역(國風選譯)》과 북경대학 중국문학사교연실(北京大學中國文學史教研室)에서 선주(選注)한 《선진문학사참고자료(先秦文學史參考資料)》가 있다.

진자전은 "1장은 저 물수리에 감흥을 일으켜 처음 사랑을 구하는 것이고, 2장은 구하였으나 얻지 못하여 슬퍼하지만 아파하지 않는 것이며, 3장은 그녀를 얻어 기뻐하며 즐거워하지만 지나치지 않은 것이다.〔一章感彼關雎, 求愛之始; 二章求而不得, 哀而不傷; 三章得之爲歡, 樂而不淫.〕"라고 하였다.

《선진문학사참고자료》에서는 "첫 번째 장은 시인이 모래톱 위의 물수리 한 쌍을 보고 숙녀는 군자의 좋은 짝임을 연상한 것이다. 두 번째 장은 남자가 여자를 원하였으나 목적을 이루지 못했을 때의 고민하는 심정을 기술하였는데, 마름을 찾아서 취하는 것으로 흥을 일으켰다. 세 번째 장은 여자를 얻은 뒤에 아름답게 서로 사랑하는 정황을 남자가 상상한 것을 기술하였다.〔第一章, 詩人因[25]見洲上一對對的雎鳩, 而聯想到淑女是君子的佳偶; 第二章, 寫男子追求女子而未能達到目的時的苦悶心情, 而以求取荇菜起興; 第三章, 寫男子想象求得女子以後美滿親愛的情況.〕"라고 하였다.

대의를 개괄한 이 두 설명이 모두 일치하고 있지는 않은데, 진자전의 개괄 내용이 더욱 간결하고 정확하다. 앞서 유월의 견해는 '窈窕淑女'가 네 차례[26] 출현한 외형적 형식에 더욱더 주의한 것 같다. 그러나 마지막 여덟 구가 그가 말한 2장처럼 내용상 성질이 유사한 것으로 보이지 않는데, 이처럼 자기

25 因 : 저본에는 '固'로 되어 있는데, 《선진문학사참고자료》(中華書局, 1995, 40쪽)에 근거하여 바로잡았다.

26 네 차례 : 저본에는 '三次'로 되어 있는데, 앞에 보이는 유월의 안설(按說)에 근거하여 '三'을 '四'로 바로잡아 번역하였다.

의 견해로 단언하는 말을 하는 것도 신중한 태도는 아니다.

유월은 또 다음과 같이 말하였다.

> 《논어》의 장 구분에도 논의할 만한 것이 있다. 예를 들면 "子曰 : '雍也可使南面.'〔공자가 말하였다. '옹은 임금이 되어 나라를 다스릴 만하다.'〕"이 1장이 되고, "仲弓問子桑伯子.〔중궁이 자상백자에 대해 물었다.〕" 이하가 또 1장이 된다.[27] 반드시 중궁이 부자(夫子)가 자신을 인정한 것을 듣고 이로 인해 자상백자에 대해 물은 것이라고 여긴다면 융통성이 없는 오류를 범하게 된다. 이것은 고주(古注)[28] 가 옳고 금본[29] 이 틀린 것이다.
>
> "子謂顔淵曰 : '用之則行, 舍之則藏, 唯我與爾有是夫.'〔공자가 안연에게 말하기를 '세상이 나를 써 주면 내 뜻을 펴고 나를 버리면 물러나 숨는 일을 나와 너만이 할 수 있을 것이다.' 하였다.〕"라는 문장이 1장이 되며, "子路曰〔자로가 말하기를〕" 이하가 또 1장이 된다.[30] 자로의 물음은 자신의 용맹을 자부한 것이니, 반드시 부자가 유독 안연을 칭찬한 일 때문에 이러한 물음이 있게 된 것이라고 여긴다면, 자로를 너무 천박하게 본 것이다. 이것은 고주와 금본이 모두 잘못한 부분이다.

27 예를……된다 : 《논어주소(論語注疏)》의 장 구분이다. 이에 따르면, 《논어》 〈옹야(雍也)〉의 제1장은 "子曰 : '雍也可使南面.'"이며, 제2장은 "仲弓問子桑伯子. 子曰 : '可也簡.' 仲弓曰 : '居敬而行簡, 以臨其民, 不亦可乎? 居簡而行簡, 無乃大簡乎?' 子曰 : '雍之言然.'"이다.

28 고주(古注) : 위(魏)나라 하안(何晏)이 주(注)를 달고, 송(宋) 형병(邢昺)이 소(疏)를 단 《논어주소(論語注疏)》를 이른다.

29 금본 : 주희의 《논어집주》에 따라 장을 구분한 것으로, 고주에서 두 장으로 구분한 《논어》 〈옹야(雍也)〉의 제1장과 제2장을 하나의 장으로 합친 것을 이른다.

30 공자가……된다 : 고주와 금본 모두 《논어》 〈술이(述而)〉의 "子謂顔淵曰 : '用之則行, 舍之則藏, 唯我與爾有是夫.' 子路曰 : '子行三軍, 則誰與?' 子曰 : '暴虎馮河, 死而無悔者, 吾不與也. 必也臨事而懼, 好謀而成者也.'"를 하나의 장으로 보았다.

《論語》分章，亦有可議者，如"子曰雍也可使南面"爲一章，"仲弓問子桑伯子"以下，又爲一章. 必謂仲弓聞夫子許己，因問子桑伯子以自質，則失之泥矣，此古注是而今非也. "子謂顏淵曰用之則行，舍之則藏，唯我與爾有是夫"爲一章，"子路曰"以下，又爲一章. 子路之問，乃是自負其勇，必謂因夫子獨美顏淵而有此問，則視子路太淺矣. 此古注與今本俱失者也.

고서의 장 구분은 논의할 만한 것이 많다. 글이 비교적 길고 내용의 층차가 비교적 복잡한 것은 단락과 절의 구분에 이견이 많다.

현대인이 번역한 《고문관지(古文觀止)》에서는 장 구분이 다른 것을 여러 곳에서 볼 수 있는데, 문학 명저에서 장 구분이 통일되어 있지 않은 점은 이미 학술 논쟁의 한 방면이 되었다. 예를 들어 〈이소(離騷)〉는 전문(全文)이 2490자, 373구인데, 단락의 구분은 통일된 적이 없다. 강양부(姜亮夫, 1902-1995)의 《초사금역강록(楚辭今繹[31]講錄)》에는 다음과 같은 좋은 주석이 있다.

〈이소〉의 단락 구분 문제 : 한대(漢代) 이래로 〈이소〉를 읽는 사람은 모두 〈이소〉는 글이 반복적이라고 생각하였다. 듣기 좋다며 여러 번 감탄하고 칭찬하였으니, 주희와 같이 매우 세심하게 책을 읽은 사람조차도 이러한 느낌을 가졌다. 사실 문학작품의 분석은 '뒤에 나올수록 점차 정밀해지는 것이다.〔後出轉精〕' 송(宋)·원(元) 이전에는 모두 혼돈스러운 점이 다소 있었지만, 명대에 이르러, 특히 명대 말엽의 사람들에 이르러 비로소 진지하게 고려하고 섬세하게 퇴고(推敲)하게 되었다.

나는 일찍이 근세의 일본 학자가 몇 명 포함된, 대략 백 명에 가까운

31 繹 : 저본에는 '譯'으로 되어 있는데, 서명의 오기(誤記)이므로 바로잡았다.

분석 자료를 수집하였는데, 지금에 와서야 〈이소〉의 맥락이 비로소 점차 분명하게 보이며 각 단락의 함의도 차츰 명확하게 보인다. 나는 〈이소 장구의 대의 분석〔離騷章句大義分析〕〉이라는 글에서 7, 8명의 단락 구분법을 뽑아 실례로 들었는데,[32] 이미 우리에게 많은 힌트를 주고 있다.

나는 〈이소〉를 세 개의 큰 단락으로 나누고, 각각의 큰 단락은 다시 몇 개의 작은 절(節)로 나누어 세심하게 읽어 분명히 알 수 있었다. 이 세 큰 단락 가운데 첫 번째 단락은 자신의 내력과 소망을 스스로 말한 것이다. 두 번째 단락은 나라를 돕고 현인(賢人)을 구하고자 한 것으로,[33] 여인을 구하였으나 얻지 못하고 나라를 떠나려고 하였으나 떠날 수 없었다는 것을 말한 것이다. 그런 다음 세 번째 단락에서는, 서토(西土)를 신유(神遊)하는 것을 구체적으로 표현하여 종방(宗邦)을 그리워하는 마음을 부쳤다.

큰 단락마다 모두 주된 함의와 긴밀하게 연관되어 있다. 진지하고 절실하게 상하와 좌우와 전후로 그 반복되는 부분을 고려해 보면, 언제나 종자(宗子)의, 나라를 걱정하는 일념에서 벗어나지 않고 있다.[34]

강양부는 95명의 단락 구분을 연구하여 최종적으로 세 개의 큰 단락으로 정리하였다. 하나의 좋은 구분법이라고 할 수는 있지만 정론(定論)이 될 수 있는가의 여부는 말하기 어렵다. 북경대학의 《선진문학사참고자료》도 세 단락으로 구분하였지만, 세 단락의 시작과 끝은 결코 강 선생과 일치하지 않는

32 원주 : 《초사학논문집(楚辭學論文集)》 상해고적판(上海古籍版)에 보인다.

33 원주 : 여인을 구한다는 것에는 《시경》 〈관저〉의 숙녀를 얻은 것을 즐거워하는 심정이 깃들어 있다.

34 원주 : 《초사금역강록(楚辭今繹講錄)》 중 제6강 〈이소석의(離騷析疑)〉의 주석 ①에 보인다.

다. 따라서 다음과 같은 문제가 매우 자연스럽게 제기된다. 단락의 구분에는 절대적인 표준이 있는가? 어떤 한 가지를 표준으로 정할 필요가 있는가? 구조가 복잡한 작품의 경우에 하나의 기준에 따라 또 단락의 구분을 통일할 수 있는가?

저명한 초사 연구자인 유영제(劉永濟, 1887-1966)는 《굴부음주상해(屈賦音注[35]詳解)》에서 〈이소〉를 다섯 절 아홉 단락으로 구분하였다. 아울러 각 절과 단락마다 자세한 해설을 하였다. 그의 다음과 같은 말은 앞에서 제기된 문제에 답하는 데 있어 매우 의의가 있다.

> 나는 《굴부통전(屈賦通箋)》에서 청대 사람 일곱 명의 절 구분 방법을 인용하여 표를 만들어서 그들의 시비와 이동을 비교하고 간략하게 설명한 적이 있다. 일곱 명이란, 《이소전(離騷箋)》의 공경한(龔景瀚), 《문선평주(文選評注)》의 섭수번(葉樹藩), 《굴원부주(屈原賦注)》의 대진(戴震), 《칠십가부초(七十家賦鈔)》의 장혜언(張惠言), 《고문사류찬(古文辭類纂)》의 요내(姚鼐), 《고문사략(古文詞略)》의 매증량(梅曾亮), 《고문사류찬평점(古文辭類纂評點)》의 오여륜(吳汝綸)이다. 내가 지금 나눈 다섯 절과 아홉 단락도 이 일곱 학자의 공통적인 것을 택하고 거기다가 내가 체득한 것을 보태어 완성한 것이다.
>
> 이전에 불학(佛學)을 해설한 경전에 관한 저작으로 '과단(科段)'이라는 것이 있는데, 혹은 '총과(總科)'라고도 부른다. '과단'은 책 전체의 중요한 논점을, 단락을 나누어 제시해서 하나의 표로 만들어 배열한 뒤에 표에 의거하여 따로따로 해설하는 것이다. 이렇게 하면 비록 의미가 복잡하고 조리가 치밀한 내용이라도 한층 더 명료해진다. 이러한 방법은 바로 한유(韓愈)가 말한 '중요한 의미를 추려내고 오묘한 이치를 잡

35 注 : 저본에는 '義'로 되어 있는데, 서명의 오기이므로 바로잡았다.

아내는〔提要鉤玄〕'[36] 방법과 같다.

근래에 강의(講義)를 편집하여 짓는 경우에도 먼저 대강을 세운 다음, 대강에 따라 글을 써 나가는 방법이 있다. 그러나 본편(本篇)에 대한 어떠한 절과 단락의 분석도, 모두 전체 작품 속에서 작자의 사상이 어떻게 투영되고, 각각의 절 속에서 작자의 정감(情感)이 어떻게 변화하는지를 분명하게 이해하기 위해서라는 것을 알아야만 한다. 작자 본인은 원래 자연스럽게 글을 쓰고, 먼저 단락을 만든 뒤에 다시 손을 대서 글을 쓰는 것이 아니다. 이 때문에 단락을 분석하는 것은 각자의 인식이 다름에 따라 차이가 생겨나지 않을 수 없는 것이다.

이 글과 강양부의 설명은 그 성질이 비슷하다. 강양부는 95명의 글에 근거하여 7, 8명의 설을 선택해서 귀납하여, 세 개의 큰 단락으로 구분하였다. 유영제는 7명의 설을 선택해서 귀납하여, 다섯 개의 큰 단락으로 나누었다. 이 원인은 바로 '각자의 인식이 다름에 따라 차이가 생겨나기〔各人的認識不同而生差別〕' 때문이다.

작자 본인이 자연스럽게 쓴 글과 주석가의 인식적 차이는 극복할 수 없는 모순이다.[37] 그러므로 단락을 구분하는 기준은 상대적인 것이고 어떤 작품을 통일할 수 없으며 따라서 어떤 하나를 기준으로 정할 필요는 없다. 층차를 구분하고 구조를 분석하여 '중요한 의미를 추려내고 오묘한 이치를 잡아내는〔提要鉤玄〕' 역할을 해서 상대적으로 합리적인 수준에 도달할 수만 있으면 된다.

36 중요한……잡아내는 : 한유의 〈진학해(進學解)〉에 "사실을 기록한 것은 반드시 중요한 의미를 추려내고, 사상을 기록한 것은 반드시 오묘한 이치를 잡아냈다.〔記事者必提其要, 纂言者必鉤其玄.〕"라고 한 데에서 비롯한 말이다.

37 원주 : 당연히 모든 문장이 모두 자연스럽게 쓴 글은 결코 아니다. 여기서는 문학작품을 말한 것이다.

단락과 층차의 구분은 또한, 독자가 구분의 근거를 믿고 선택한 구분 관점의 차이와 관련이 있다. 청나라 사람 오세상(吳世尙)은 《초사소(楚辭疏)》에서 다음과 같이 말하였다.

> 〈이소〉 한 편에는 단지 세 글자만이 있을 뿐이다. 앞의 본문에서는 '불거(不去)' 두 글자이고, 난사(亂辭)에서는 '사(死)' 한 글자이다.
> 一篇《離騷》止有三個字, 前文"不去"二字也; 亂辭一個"死"字也.

이는 두 단락으로 나누는 방법이다. 당연히 '불거(不去)'는 또 약간의 층차로 나눌 수 있다.

종합하면, 우리가 층차를 구분할 때는 반드시 글 전체의 주지(主旨) 및 작자가 표현하는 이 주지의 맥락을 파악하여, 먼저 큰 부분에 착안한 다음, 다시 세부 사항을 고려해야 한다는 것이다. 우리가 글에서 문장을 구성하고 배치하는 기본적인 규칙에 대한 이해를 더한 다음, 한층 더 나아가 구분한다면 그다지 큰 어려움은 없을 것이다.

전인(前人)의 구분에 대해서 경솔하게 비평해서는 안 되며, 또한 자신의 구분이 절대적으로 정확하다고 여겨서도 안 된다. 우리는 이미 다른 구분 관점을 가지면 작품에 대한 인식이 다를 수 있다는 것을 인정하였다. 그렇다면 작품을 이해하는 데 도움이 되는 어떠한 엄격한 구분일지라도 응당 그것의 합리적이고 참고할 만한 가치가 있는 요소를 인정한 연후에 자신이 판단을 내려야만 할 것이다. 만약 자신에게 새롭고 전인보다 나은 견해가 전혀 없다면, 한 사람의 주장을 따르는 것만 못하다. 이는 고적을 정리하는 데 있어서 가져야만 하는 태도이다.

다음은 《선진문학사참고자료(先秦文學史參考資料)》에서 구분한 〈이소〉의 단락이다.

1 자신의 뜻을 종합하여 서술하였다.

① 帝高陽之苗裔兮〔고양제의 후예여.〕~來吾道夫先路〔오시면 내 앞장서서 길을 인도하리라.〕: 세계(世系)와 황고(皇考), 생일과 이름 및 시기마다 자신을 수양하고 초나라의 임금을 보좌하려는 뜻을 스스로 서술하였다.

② 昔三后之純粹兮〔옛날 삼왕의 순수하심이여.〕~傷靈脩之數化〔영수께서 자주 변하심 서글프네.〕: 옛날의 제왕을 인용하여 감계(鑑戒)로 삼았다. 아울러 자기의 충성은 한결같지만 끝내 초나라 임금에게 신뢰받지 못함을 말하였다.

③ 余旣滋蘭之九畹兮〔내 이미 난초를 구완에 심었고〕~願依彭咸之遺則〔원컨대 팽함이 남긴 법을 따르리라.〕: 자기가 많은 현인을 발탁하고 심혈을 기울여 치세를 이루고자 도모하여, 참소하고 아첨하는 당인(黨人)들과는 각자 그 지취(志趣)를 달리하였음을 서술하였다.

④ 長太息以掩涕兮〔길게 탄식하고 눈물 닦으며〕~固前聖之所厚〔참으로 옛 성현들이 좋게 여기던 바이네.〕: 비록 소인배에게 배척당했지만 뜻을 굽히지 않을 것이라는 것을 맹세하였다.

⑤ 悔相道之不察兮〔길을 잘 살피지 못한 것을 후회하며〕~豈余心之可懲〔어찌 내 마음 고치겠는가.〕: 홀로 그 몸을 수양하여 품덕(品德)을 기를 것을 생각하였는데, 끝내 그렇게 하지는 못하였으나 지의(志意)는 또한 끝내 굽힐 수 없었다.

2 이 임금에게 용납받지 못하고 세상에 인정받지 못함을 극단적으로 서술하였다.

① 女嬃之嬋媛兮〔내 누이 여수는 날 붙잡으며〕~夫何煢獨而不余聽〔어찌하여 홀로 내 말을 듣지 않는가.〕: 작자는 누이인 여수(女嬃)가 타이르는 말을 가설하여 지은 것이다.

② 依前聖以節中兮〔옛 성현을 따라 중도를 지키다가〕~霑余襟之浪浪〔눈물이 흘러 내 옷을 적시는구나.〕: 나라를 망친 임금과 어진 임금을

열거하여, 예부터 도를 얻으면 흥하고 도를 잃으면 망하는 이치를 설명하여 자신이 감히 하루라도 진실하고 바른 마음을 망각한 채 세상에 아부하지 않았다는 것을 말하였고, 아울러 순(舜) 임금으로부터 교훈을 얻기를 희망한다는 것을 드러냈다.

③ 跪敷衽以陳辭兮〔옷자락 펼치고 꿇어앉아 말씀 올리니〕~好蔽美而嫉妬〔아름다움을 가리고 질투하기 좋아하네.〕: 오르내리며 어진 임금을 찾아보고 천제(天帝)를 만나고자 하였으나 만나지 못하였다는 것을 서술하였다.

④ 朝吾將濟於白水兮〔아침에 내가 백수를 건너려고〕~余焉能忍與此終古〔내가 어찌 참고 앞으로의 날들을 지낼 수 있을까.〕: 여인(女人 어진 임금)을 찾았으나 얻지 못하였다는 것을 서술하고 초나라 임금이 깨닫지 못한 것으로 마무리 지었다.

3 영분(靈氛)과 무함(巫咸)의 비유와 권유를 통해 나라를 떠나 멀리 가고자 하였으나 고국을 차마 떠나지 못하였다는 것을 서술하였다. 마지막에는 "팽함(彭咸)이 사는 곳으로 따라가리라."라는 말로 자신이 반드시 죽겠다는 뜻을 밝혔다.

① 索藑茅以筳篿兮〔경모풀과 가는 대로 점대를 삼아〕~謂申椒其不芳〔신초가 향기롭지 못하다고 말하네.〕: 굴원이 영분(靈氛)에게 점을 치자, 영분은 당시의 당인(黨人)들이 현자(賢者)와 우인(愚人)을 가리지 않는다는 것을 제시하고 굴원에게 나라를 떠나 멀리 가도록 권하였다는 것을 서술하였다.

② 欲從靈氛之吉占兮〔영분의 길점을 따르려 하나〕~使夫百草爲之不芳〔온갖 풀답지 못할까 두렵소.〕: 무함(巫咸)이 전대의 일을 예로 들어 굴원에게, 잠시 성명한 시대의 어진 군주를 기다릴 것을 권했다는 것을 서술하였다.

③ 何[38]瓊佩之偃蹇兮〔경옥으로 된 내 패물은 얼마나 훌륭한가.〕~周流

觀乎上下〔두루 돌아다니며 위아래를 살펴보리라.〕: 굴원이 무함에게 답한 말을 서술하였는데, 머물러 있을 수 없는 까닭을 말한 것이다.

④ 靈氛既告余以吉占兮〔영분이 이미 나에게 길점을 알렸으니〕~蜷曲顧而不行〔머뭇거리고 뒤돌아보며 나아가지 않네.〕: 나라를 떠나고자 하였지만 결국 차마 떠나지 못하는 모순된 심정을 서술하였다.

⑤ 亂曰〔난사에 이르기를〕~吾將從彭咸之所居〔나는 팽함이 사는 곳으로 따라가리라.〕: 자신의 본뜻을 솔직하게 진술하여 밝혔다.

단락 아래에 절이 있고, 절 아래에 층이 있다. 현재 이 방면의 용어는 아직까지는 통일되지 않았다. 유영제의 《굴부음주상해》는 절을 큰 항목으로 삼았고, 절 아래에 큰 단락을 포함하고 있으며, 큰 단락 아래에 층을 나누었다. 《선진문학사참고자료》의 구분이 반드시 적합한 논의라고는 볼 수 없으므로, 초록해서 단지 단락 구분의 한 방법으로 제공한 것이다.

만약 절((1)·(2)·(3) 등의 작은 단락)의 내용이 복잡하면, 더 자세히 나눌 수 있다. 예를 들면 "난에 이르기를 '어쩔 수 없구나! 나라에 인물 없어 날 알아주는 이 없으니, 또 어찌 고국을 그리워하랴! 이미 훌륭한 정치를 함께 이룩할 수 없다면 나는 팽함이 사는 곳으로 따라가리라!'라고 하였다.〔亂曰: '已矣哉! 國無人莫我知兮, 又何懷乎故都! 既莫足與爲美政兮, 吾將從彭咸之所居!'〕"라는 문장이 있는데, 유영제는 다음과 같이 분석하였다.

이 네 구의 뜻은 다음과 같다.

1. 자기를 알아주는 사람이 없다.
2. 조국을 아직 잊지 않았다.
3. 아름다운 정치를 실현할 희망이 없다.
4. 오로지 죽음으로 스스로 맹세할 뿐이다.

38 何: 저본에는 '保'로 되어 있는데, 통행본 《초사》에 근거하여 바로잡았다.

2 구조의 분석

단락 구분과 구조 분석은 한 과정의 두 가지 단계이다.

단락 구분은 '완정한 것을 잘게 쪼개진 것으로 변화시키는 것〔化整爲零〕'으로, 완정한 문장을 의미가 각각 상대적으로 독립되어 존재하는 덩어리로 쪼개는 것이다. 덩어리와 덩어리는 마치 한 물건의 부품과 부품 간의 관계와 같아서 전체 안에서 서로 유기적으로 맞물려 있다.

구조 분석의 임무는 단락들 사이의 연계 및 상호 관계와 전체 속에서 기여하는 작용을 설명하는 데에 있다. 이것은 바로 '잘게 쪼개진 것을 완정한 것으로 결합하는 것〔結零爲整〕'이다.

단락 구분은 나누는 일이고, 구조 분석은 합치는 것이다. 그렇다면, 어떻게 구조 분석을 해야 하는가?

1) 본원과 지류, 근간과 지엽의 관계를 분명히 해야 한다

한 편의 문장의 요지를 이해하는 것이 구조 분석의 기초이다. 이른바 "지류〔派〕를 정리하려면 본원〔源〕에 의거해야 하고, 지엽〔枝〕을 다스리려면 근간〔幹〕을 따라야 한다.〔整派者依源, 理枝者循幹.〕"[39]라고 하였는데, '본원'과 '근간'이란 바로 작품 전체를 관통하는 주도적인 사상이다. 주도적인 사상을 잘 파악하면, 작가가 무엇인가를 묘사하고 서술하고 논증하는 것을 통해서 주제를 표현한다는 점을 비교적 쉽게 이해하게 된다.

예를 들어 《순자》 〈천론(天論)〉의 경우 그 주제는, 하늘의 운행은 일정한 것이 있고, 사회의 치란(治亂)과는 무관하며, 국가를 다스릴 때에는 반드시 '천명을 제어하여 그것을 이용해야〔制天命而用之〕' 하는 것을 설명한 것이다. 이것이 전편을 꿰뚫는 주요 근간이다. 이 명제를 논증하기 위해 순

39 지류를……한다 : 유협(劉勰)의 《문심조룡》 〈부회(附會)〉에 보인다.

자는 각기 다섯 가지의 문제를 논증하였다.

첫째, 천도(天道)는 자연 현상일 뿐 주재하는 신이 있는 것이 아니고, 인사(人事)와도 무관하다. 인류는 자연을 이용해야지 자연에 의존하고 천명을 맹신해서는 안 된다.

둘째, 치란은 모두 인사로 말미암아 형성된다. 그렇기 때문에 군자는 인사를 다하도록 노력해야지 천명에 의지해서는 안 된다.

셋째, 자연 재해는 중시할 필요가 없고, 인사와 관련이 있는 요이(妖異) 현상에 주의해야 한다.

넷째, 기우(祈雨)와 복서(卜筮) 따위의 행동은 결코 참으로 하늘에 구하는 방법이 아니다. 단지 이런 행동을 하여 사람의 뜻에 영합하여 정치를 하려는 가식에 불과할 따름이다.

다섯째, 그래서 치국은 예의를 근본으로 삼아야 하며, 동시에 인력으로 자연을 제어하여 만물의 실정을 잃지 않게 해야 한다.

순자의 목적은 하늘을 논하는 데에 있지 않고 사람을 논하는 데에 있었다. 특히 사회를 통치하는 사람을 논하는 데에 있었다. 그는, 매우 잘 다스려지고 생산도 매우 발달한 사회를 희망하였다. 이러한 사회의 실현은 통치자가 훌륭한 정치를 실행하는 데에 달려 있다. 이른바 "예의가 나라에 행해지지 않으면 공명(功名)이 밝아지지 않는다. 그러므로 임금의 자리에 있는 사람이 예의를 숭상하고 현인을 존중하면 천하에 왕도를 행할 수 있고, 법제를 중시하고 백성을 사랑하면 천하에 패업을 이룩할 수 있으며, 이익을 좋아하고 속임수를 많이 행하면 위험에 처하게 되고, 사리를 탐하고 거짓을 행하면 위험에 빠지게 되고, 권모술수를 부리고 서로 알력을 일으키며 음험하면 완전히 패망하게 된다.〔禮義不加於國家, 則功名不白, 故[40]君人者, 隆禮尊

40 故 : 통행본 《순자》에는 뒤에 "人之命在天, 國之命在禮.〔사람의 운명은 하늘에 달렸고, 나라의 운명은 예의에 달렸다.〕"라는 내용이 더 들어 있다.

賢而王, 重法愛民而霸, 好利多詐而危, 權謀傾覆幽險而盡亡矣.〕"[41]라는 것은, 순자가 이 글을 지은 목적이며, 바로 본문의 요지가 있는 곳이기도 하다.

그가 무엇을 주장하고 무엇을 반대하는지는 매우 분명하다. 순자가 쓴 다섯 가지 내용은 바로 이 주제가 빠뜨려서는 안 되는 몇 가지 방면을 표현한 것이다. 즉 "기우제를 지내면 비가 오는 것은 무슨 까닭입니까? 어떠한 이유도 없으니, 기우제를 지내지 않아도 비가 내리는 것과 같다. 일식이나 월식이 일어나면 하늘이 도와주기를 바라고, 날이 가물면 기우제를 지내며, 점을 친 다음에 큰일을 결정하는 것은, 이렇게 해야 구하는 것을 얻게 된다고 여겨서가 아니라 형식이라고 여겨서이다. 그러므로 군자는 형식이라고 여기고 백성은 신령스럽다고 여긴다. 형식이라 여기면 길하게 되고 신령스럽다고 여기면 흉하게 된다.〔雩而雨, 何也? 曰 : 無何也, 猶不雩而雨也. 日月食而救之, 天旱而雩, 卜筮然後決大事, 非以爲得求也, 以文之也. 故君子以爲文, 而百姓以爲神. 以爲文則吉, 以爲神則凶.〕"[42]라는 단락은 있어도 되고 없어도 되는 부분이 아니다. 만약 없애 버린다면 문장은 불완전하게 되며 공백을 남기게 될 것이다.

결구의 본원과 지류, 근간과 지엽의 관계를 설명하는 것은 단락을 구분한 후 단락의 의미에 대한 개괄이다. 이상의 다섯 가지 내용은《선진문학사참고자료(先秦文學史參考資料)》에서 도출한 결론이다. 각 단락의 요지와 관련된 문자 선택과 배치는 모두 주제와 긴밀하게 연관되니, 하늘과 인간을 나란히 거론하여 매우 적절하게 각각의 구체적 내용과 주제의 관계를 설명하고 있다. 이를 통해서 단락의 대의를 귀결하려면 일반적으로 포함하고 있는 각 층차의 내용을 분석한 뒤에 '하나를 가지고 만 가지를 종합하고 요점을 들어 번잡함을 다스리며〔乘一總萬, 擧要治繁〕',[43] '수만 갈래의 길을 하나의 귀

41 예의가……된다 :《순자》〈천론(天論)〉에 보인다.

42 기우제를 지내면……된다 :《순자》〈천론〉에 보인다.

결점으로 집중시키고 수많은 생각을 한 곳으로 모이게 하는〔驅萬塗[44]於同歸, 貞百慮於一致〕'[45] 수준까지 도달시켜 주제와 밀접하게 결합된 가장 중요 부분을 추출해 낼 수 있어야 한다는 것을 알 수 있다. 그렇게 하지 않으면, 설령 단락 구분이 잘 되어 있다 하더라도 단락의 의미를 개괄하는 데에 있어 도리어 당연히 해야 할 역할을 제대로 해내지 못할 것이다.

2) 각 층차 간의 상호 연계성을 제시해야 한다

이 문제는 매우 복잡하다. 문장학〔寫作學〕에서 문장의 작법을 토론할 때 '제리(題理)'와 '제규(題竅)'를 이야기하는데, 이른바 '제리'란 바로 문장의 내재적 논리이다. 즉 문장의 각 부분 간의 내재적 연계이며, '제규'는 이 내재적 연계를 체현하는 관건이다. 이 관건을 장악하면, 문장을 쓰기 전에 이미 전반적인 윤곽이 있고 여유 있게 파악하고 조절할 수 있어, 문장의 구상을 분명하게 하고 혈맥을 관통하게 할 수 있다.[46] 각 층차 간의 상호 연계성을 제시하려면 이 두 방면의 기본적인 지식을 확실히 장악해야 한다.

《고대문장학개론(古代文章學槪論)》은 《사기》 〈항우본기(項羽本紀)〉를 열거하여 간단명료하게 분석하였다. 본편(本篇)의 요지는 항우의 흥망성쇠의 과정을 서술하여 후인들에게 교훈을 주는 것인데, 구조의 관건은 '동(東)'과 '서(西)' 두 글자에 있다. 청대의 학자 소작주(邵作舟, 1851-1898)[47]는 《논문팔칙(論文八則)》에서 다음과 같이 평하였다.

43 원주 : 《문심조룡》 〈총술(總術)〉
44 塗 : 저본에는 '途'로 되어 있는데, 《문심조룡》에 근거하여 바로잡았다.
45 수만……하는 : 《문심조룡》 〈부회(附會)〉에 보인다.
46 원주 : 《고대문장학개론(古代文章學槪論)》 〈모편(謀篇)〉(武漢大學出版社)에 보인다.
47 소작주(邵作舟) : 이름은 운초(運超), 자는 반경(班卿)이다. 《소씨위언(邵氏危言)》을 저술하여 백성들을 계몽하고 서양에 대해 학습할 것을 제창하였다. 그가 지은 《논문팔칙(論文八則)》은 고문 창작의 역사와 방법을 총결한 책으로, 문장학의 시초가 되었다고 할 수 있다.

> 《사기》〈항우본기〉는 전체적으로 '동'과 '서' 두 글자로 관건을 삼아 상황에 맞게 묘사하였으니, 한(漢)과 초(楚)의 형세가 흡사 손금 보듯 명료하다.
>
> 《史記·項羽本紀》, 全以東、西兩字作眼目, 隨時指畫, 漢楚形勢, 宛如掌上螺紋.

이른바 '동'과 '서' 두 글자란, 항우가 군대를 일으켜 서쪽으로 진격하면서 전장마다 승리하여 군대가 8천에서 수십만으로 늘어나 진(秦)나라 군대가 소문만 듣고도 기세에 압도당하여 싸울 의지를 잃어버리게 만든 것을 말한다. 홍문(鴻門)에서의 연회, 제후의 분봉(分封), 팽성(彭城)에 도읍을 정한 일은 항우의 세력이 절정에 달했던 것으로, 이때 초·한의 다툼에서 강자는 초나라였다. 그러나 팽성의 대전(大戰) 이후로 항우의 군사력은 갈수록 약해져 서쪽에서 동쪽으로 향하면서 전장마다 패퇴하게 되었으며, 급기야 해하(垓下)에서 포위당하고 오강(烏江)에서 자결하게까지 되었다. 이때 초·한의 다툼에서 승리는 한나라에 있었다. 이처럼 위세가 당당했던 영웅이 실패로 종말을 고하고, 동쪽에서 서쪽을 향했다가 다시 서쪽에서 동쪽을 향했던 원인은 깊은 교육적 의의를 지닌다.

이로 인해 본편의 각 층차는, 우선적으로 항우가 동쪽에서 서쪽을 향한 뒤 서쪽에서 동쪽을 향했던 이 커다란 관건을 포착하고, 그런 뒤에 다시 서쪽을 향하고 동쪽을 향한 이 두 부분에서 역사 사건의 발전·변화에 따라 다시 세밀히 분석하는 것이다. 이렇게 해야 항우가 우선 서쪽을 향하여 어떻게 승리를 취할 수 있었으며, 뒤에 동쪽을 향하여 어떻게 실패에 봉착하게 되었는지 이해하는 데에 도움이 된다.

구조가 엄밀한 문장은 언제나 '머리와 꼬리가 서로 연결되어〔首尾相援〕' 단락과 단락, 절과 절이 자연스럽고 완벽하게 맞물려 있다. 유협은 '머리와 꼬리가 서로 연결되는 것'이 가장 수준 높은 결구라고 여겼다. 유협은 다음과 같이 말하였다.

> 한 편의 문장을 마무리하고 한 장의 구두를 끊는 것은 마치 배를 타고 힘껏 노를 젓는 것과 같고, 이치에 부합되는 수사(修辭)는 말고삐를 잡고 채찍을 휘두르는 것과 같다.
>
> 작품 끝까지 일관된 격조를 유지할 수 있는 작가는 심오한 사상을 나타낼 수 있으며, 거침없고 완전한 문체를 전개할 수 있다. 반대로 만약 한 편의 글이 처음에는 아주 화려한 격조로 출발하다가 나중에 가서는 무력하고 생기 없이 계속된다면, 숨 막힐 것같이 답답하고 그 의기도 드러낼 수 없게 될 것이다. 이것이 《주역》에서 말한 "볼기에 살이 없으면 걷기가 매우 힘들다.〔臀無膚, 其行次且.〕"라는 것이다.
>
> 한 작품의 시작과 끝이 서로 연계된다면, 문장의 수사로 이보다 더 좋은 수사는 진실로 없을 것이다.
>
> 若夫絶筆斷章, 譬乘舟之振楫, 會詞切理, 如引轡以揮鞭, 克終底績, 寄深寫遠. 若首唱榮華, 而媵句憔悴, 則遺勢鬱湮, 餘風不暢. 此《周易》所謂"臀無膚, 其行次且"也. 惟首尾相援, 則附會之體, 固亦無以加於此矣.[48]

청대의 기윤(紀昀, 1724-1805)은 "이것은 문장의 마무리도 구차하게 해서는 안 된다는 것을 말한 것이다. 시인은 결구를 어렵게 여긴다는 것이 바로 이 뜻이다.〔此言收束亦不可苟, 詩家以結句爲難, 卽是此意.〕"[49]라고 하였다. 이 장의 첫머리에서 인용한 "문장의 서두에서는 뒤이어 나올 본문의 내용을 미리 암시하고, 맺음말에서는 앞 구절의 내용에 호응시킨다.〔啓行之

48 한 편의……것이다 : 《문심조룡》 〈부회〉에 보인다.

49 원주 : 《문심조룡집주(文心雕龍輯注)》에 붙인 기윤의 평이다.

辭，逆萌中篇之意；絶筆之言，追媵前句之旨.〕"[50]라는 말과 연계시키면, 유협이 작품의 서두와 말미가 일관되고 앞과 뒤가 호응하는 예술성을 상당히 중시했다는 것을 알 수 있다.

그리고 각 층차 간의 연결[51]에 대해 유협은 "아교로 붙인 나무나 돌에 붙어 있는 옥과 같아야 한다.〔如膠之粘木，石之合玉.[52]〕"라고 지적하였다. 우수한 작품의 구조적 예술성을 반영한 유협의 이러한 이론은 바로 주석학에서 구조의 설명과 분석을 진행할 때의 이론적 무기이다. 구조적 예술에 있어서의 서두와 말미의 일관성, 전후의 호응, 복선의 배치, 연결과 전환은 모두 구조를 분석할 때 주의해야 할 점이다.

굴원(屈原)의 저명한 시편 〈이소〉는 "고양제의 후예여.〔帝高陽之苗裔兮.〕"라는 문장으로 시작된다. 무엇 때문에 이렇게 시작해야 했는가?

청(淸)나라 장덕순(張德純, ?-?)은 《이소절해(離騷節解)》에서 "굴원의 조상을 소급해 보면, 굴원이 초나라와 동성(同姓)이고 대대로 종신(宗臣)이었기 때문에 그 나라를 잠깐 머무는 곳으로 여기거나 그 임금을 아무 상관없는 사람처럼 여길 수 없었다는 뜻이다.〔首溯與楚國同源共本，世爲宗臣，便有不能傳舍其國(把祖國當旅舍)，行路其君(視國君爲路人)之意.〕"[53]라고 하였다.

마기창(馬其昶, 1855-1930)은 《굴부미(屈賦微)》에서 "동성의 신하는 의리상 떠날 수 없다. 나라에서 죽겠다는 뜻이 이미 여기에서 정해졌다.〔同姓之臣，義無可去，死國之志，已定於此.〕"라고 하였다.

시에서 굴원은 여러 번 죽음을 언급하였다. 예를 들면 다음과 같다.

50 문장의……호응시킨다 : 《문심조룡》 〈장구(章句)〉에 보인다.

51 원주 : 즉 '합애제(合涯際)'를 말한다.

52 石之合玉 : 《태평어람(太平御覽)》 권585 〈문부(文部) 1〉에 보인다. 통행본 《문심조룡》에는 '豆之合黃'으로 되어 있다.

53 원주 : 청(淸)나라 진본례(陳本禮)의 〈굴사정의인(屈辭精義引)〉에 보인다.

"또한 내 마음에 좋게 여김이여, 비록 아홉 번 죽더라도 후회하지 않으리.〔亦余心之所善兮, 雖九死其猶未悔.〕"

"차라리 갑자기 죽어 물에 떠내려가 없어질지언정, 나는 차마 이런 태도는 못 취하겠네.〔寧溘死以流亡兮, 余不忍爲此態也.〕"

"청렴하게 살고 정직하게 죽는 것, 진실로 전대의 성인들이 중히 여긴 바이네.〔伏淸白以死直兮, 固前聖之所厚.〕"

"비록 몸이 나뉘어도 나는 바꾸지 않으리, 어찌 내 마음을 고칠 수 있으랴.〔雖體解吾猶未變兮, 豈余心之可懲.〕"

"내 몸이 위태로워 죽게 될지라도, 나의 처음 뜻 잊지 않고 지금껏 후회하지 않았네.〔阽余身而危死兮, 覽余初其猶未悔.〕"

"나의 이 충심 마음에 품은 채 펴지도 못하니, 내 어찌 차마 이런 상태로 끝까지 살 수 있을까.〔懷朕情而不發兮, 余焉能忍與此終古.〕"

"이미 함께 훌륭한 정치를 할 수 없으니, 나는 장차 팽함이 사는 곳으로 따라가리라.〔旣莫足與爲美政兮, 吾將從彭咸之所居.〕"

굴원은 도덕을 바르게 하고 행실을 곧게 하여 죽음으로 나라에 보답할 것을 결의하였는데, '고양제의 후예여.〔帝高陽之苗裔兮.〕'에서부터 자신의 뜻을 드러내어 복선을 깔았다. 그런 뒤에 진리를 견지하여 나라를 위해 죽는 것을 안타까워하지 않는, 시 전체를 관통하는 감정을 끊임없이 표현하였는데, 이는 뒤로 갈수록 더욱 강렬해진다. 전후가 일관되고 수미가 서로 연계되는 이런 구조적 특징은 바로 단락의 대의를 설명한 뒤에 지적되어야 할 부분이다.

〈이소〉에는 팽함(彭咸)이 두 번 등장한다. 즉 "요즘 사람과는 맞지 않더라도, 팽함이 남긴 법도를 따르리라.〔雖不周於今之人兮, 願依彭咸之遺則.〕"와 "이미 함께 훌륭한 정치를 할 수 없으니, 나는 팽함이 사는 곳으로 따라가리라.〔旣莫足與爲美政兮, 吾將從彭咸之所居.〕"이다.

'팽함'은 은(殷)나라 때의 현대부(賢大夫)로, 임금에게 간언하였으나 받아들여지지 않자 물에 투신하여 죽었다고 한다. '남긴 법도〔遺則〕'는 남겨진 본보기이다. 앞부분의 "팽함이 남긴 법도를 따르리라."라는 것은, 속류(俗流)를 따르지 않고 한결같은 마음으로 도덕을 바르게 하고 행실을 곧게 하겠다는 뜻을 표시한 것이고, 마지막 부분의 "팽함이 사는 곳으로 따라가리라."라는 것은, 죽음으로 나라에 보답하겠다는 뜻을 명확히 한 것이다. 이러한 전후 감정의 호응과 점층적인 층차는 또한 사람들에게 구조가 엄밀하다는 느낌을 준다.

시의 첫 번째 큰 단락에는 매번 몇 구의 간격을 두고 '공(恐)' 자가 있다. 예를 들면 다음과 같다.

"나는 장차 미치지 못할까 부지런히 노력했고, 세월이 나를 기다려 주지 않을까 두려워했네.〔汨余若將不及兮, 恐年歲之不吾與.〕"

"초목이 시들어 떨어지니, 임이 내게 늦게 오실까 두려웠네.〔惟草木之零落兮, 恐美人之遲暮.〕"

"어찌 내 일신의 재앙만 꺼려서겠나, 임금의 수레 엎어질까 두려워서지.〔豈余身之憚殃兮, 恐皇輿之敗績.〕"

첫 번째는 스스로 두려워하는 것이니, 두려운 것은 세월이 쉽게 흘러 덕과 재주를 닦는 것이 쉽지 않다는 점이다.

두 번째는 임금을 위해 두려워하는 것이니, 두려운 것은 임금을 위해 장성한 나이에 훌륭한 정치를 행하지 못한다는 점이다.

세 번째는 나라를 위해 두려워하는 것이니, 국사가 어그러지는 것을 두려워한 것이지 자신에게 어떤 위험이 있을까 두려워한 것은 아니다.

그 내용과 감정의 점층적인 발전이 또한 매우 뚜렷하다.

'미인(美人)'이라는 어휘는 왕일(王逸, 89?-158?)과 주희(朱熹, 1130-1200) 이래로 모두 임금을 비유한 것이라고 생각하였다. 즉 초(楚)나라 회왕(懷王)을 가리킨 것이라고 여겼다.

청(淸)나라 주기(朱冀)는 굴원 자신을 비유한다고 보았고,[54] 주준성(朱

駿聲)과 마기창(馬其昶)은 현사(賢士)를 폭넓게 지칭한다고 보았다.[55] 대진(戴震)은 또 장성한 나이를 비유한다고 보았다. 유국은(游國恩)은 "미인에 대해서는 《초사장구》에서 회왕을 지칭한다고 보았다. 이로부터 대부분의 주석가들이 그 설을 계승하기는 했지만 각자 그 견해를 달리하였다. 그러나 상하의 문의를 살펴볼 때 모두 잘못되었다.〔美人, 自《章句》謂指懷王, 箋注家多宗之, 而各異其說. 然按上下文意皆非也.〕"라고 하였다. 유국은은 특히 미인은 자신을 비유한 것이라고 말하였다.[56]

세 개의 '공(恐)' 자 다음에 또 '상(傷)'·'애(哀)'·'원(怨)'[57]의 여러 글자를 두어 심리 상태를 반복적으로 표명하였다. 굴원이 사용한, 뜻이 무겁고 감정 성분이 매우 농후한 각각의 글자들은 모두 서술된 내용과 일치한다.

예를 들면, 앞에 "길고 크게 탄식을 하며 눈물을 닦네, 백성의 인생살이에 고생 많음이 슬퍼.〔長太息以掩涕兮, 哀民生之多艱.〕"라는 문장이 있는데, 뒤에 곧 "또한 내 마음에 좋게 여김이여, 비록 아홉 번 죽더라도 후회하지 않으리.〔亦余心之所善兮, 雖九死其猶未悔.〕"라는 문장이 있으며, 앞에 "원망스러워라 임의 분별없음이여, 끝내 저 민심을 살피시지 않네.〔怨靈修之浩蕩兮, 終不察夫民心.〕"라는 문장이 있는데, 뒤에 곧 "차라리 갑자기 죽어 물에 떠내려가 없어질지언정, 나는 차마 이런 태도는 못 취하겠네.〔寧溘死以流亡兮, 余不忍爲此態也.〕"라는 문장이 있다.

하나의 작은 절(節) 속에서 어휘의 운용이 내용과 감정의 연계성을 표현하고 있으니, 완전히 '문장의 서두에서는 뒤이어 나올 본문의 내용을 미리 암시하고, 맺음말에서는 앞 구절의 내용에 호응시킨다.〔啓行之辭, 逆萌中篇

54 원주 : 《이소변(離騷辨)》

55 원주 : 주준성의 설은 《이소보주(離騷補注)》에 보인다.

56 원주 : 《이소찬의(離騷纂義)》에 자세한 내용이 보인다.

57 상(傷)·애(哀)·원(怨) : 저본에는 '傷哀恐哀怨'으로 되어 있는데, '恐哀'를 연문(衍文)으로 보아 번역하지 않았다.

之意；絶筆之言，追滕前句之旨.〕'라는 것이다. 이들은 모두 구조를 분석하는 데에 있어 매우 좋은 예이다.

주석은 감상하고 분석하는 것과는 다르다. 그러므로 구조 분석을 이 정도로만 언급하더라도 독자가 원문을 이해하는 데에 도움을 줄 수 있다면 임무를 완성한 셈이 된다. 만약 한 걸음 더 나아가 더욱 깊이 있는 내용 분석과 문장 예술 및 기교에 대해 탐구하고자 한다면, 더욱 많은 내용을 다루어야 할 뿐만 아니라 더욱 자세하고 심도 있는 이야기를 해야 할 것이다. 이는 이 책에서 다룰 임무가 아니다.

제11장

고대의 주석사

제1절 주석사와 경학사

중국 주석학의 역사는 거의 문헌 자체의 역사와 마찬가지로 유구하다. 중국 고대의 중요 전적은 우선 유가 경전인 육경(六經)이니, 즉 《역(易)》·《서(書)》·《시(詩)》·《춘추(春秋)》·《예(禮)》·《악(樂)》이다. 육경은 은(殷)나라에서 주(周)나라까지 전해 내려온 상고 시대의 가장 중요한 문헌이다. 고대의 주석사는 경전 주석으로부터 생성되고 발전되었다. 주석사는 어느 정도 경학사라고 할 수 있다.

《역》은 《주역(周易)》으로, 《역경(易經)》이라고도 한다. 주나라 사람이 지었다고 전해지며, 내용은 경(經)과 전(傳) 두 부분으로 구성되어 있다. 《경》은 주로 64괘와 384효로 구성되었는데, 괘와 효에는 각각 설명[1]이 있어서 점복(占卜)에 쓰인다. 정현(鄭玄)은 《역위(易緯)》 〈건착도(乾鑿度)〉에서 다음과 같이 말하였다.

> 《역》은, 명칭은 하나인데 세 가지 의미가 포함되어 있다. 이른바 '쉽다〔易〕', '변하다〔變易〕', '변치 않다〔不易〕'이다.
> 《易》一名而含三義：所謂易也，變易也，不易也.

또 말하였다.

> '쉽다〔易〕'는 것은 그 덕이다. 밝은 빛이 사방으로 통하여 쉽게 절기를 세우니 하늘이 밝고 빛나며 일월성신이 그 위에 펼쳐진다. 정(情)을 통

1 원주 : 즉 괘사(卦辭)와 효사(爻辭)를 말한다.

하려 해도 문이 없고 정신을 감추려 해도 안이 없다. 어지럽고 시끄럽지 않으며 담박함을 잃지 않으니, 이것이 그 '쉽다'는 것이다.

'변하다〔變易〕'는 것은 그 기운이다. 천지가 변화하지 않으면 기운을 통하게 할 수 없다. 오행이 번갈아 끝을 맺고 사시가 번갈아 폐해지니 군신이 그 상(象)을 취하여 시절의 변화에 따라 서로 옮겨 간다. 변화할 줄 아는 자는 성하고 하나만 고집하는 자는 패하게 되니, 이것이 그 '변하다'는 것이다.

'변치 않다〔不易〕'는 것은 그 자리이다. 하늘은 위에 있고 땅은 아래에 있으며 임금은 남면을 하고 신하는 북면을 하며 아버지는 앉고 아들은 부복하니, 이것이 그 '변치 않다'는 것이다.

易者, 其德也. 光明四通, 簡易立節, 天以爛明, 日月星辰布設張列, 通情[2]無門, 藏神[3]無內[4], 不煩不擾, 澹泊不失, 此其易也. 變易者, 其氣也. 天地不變, 不能通氣, 五行迭終, 四時更廢, 君臣取象, 變節相移, 能消者息, 必專者敗, 此其變易也. 不易者, 其位也. 天在上, 地在下, 君南面, 臣北面, 父坐子伏, 此其不易也.

《전》은 《역전(易傳)》으로, '십익(十翼)'이라고도 한다. 예로부터 공자가 지었다고 전해진다.[5] 이것은 〈단전(彖傳)〉 상·하, 〈상전(象傳)〉 상·하, 〈계사전(繫辭傳)〉 상·하, 〈문언전(文言傳)〉, 〈서괘전(序卦傳)〉, 〈설괘전(說卦傳)〉, 〈잡괘전(雜卦傳)〉 등 10편으로 구성되었다. '전'은 경의 주

2 情 : 저본에는 '精'으로 되어 있는데, 《역위(易緯)》〈건착도(乾鑿度)〉에 근거하여 바로잡았다.

3 神 : 저본에는 '精'으로 되어 있는데, 위 자료에 근거하여 바로잡았다.

4 內 : 저본에는 '門'으로 되어 있는데, 위 자료에 근거하여 바로잡았다.

5 원주 : 실제로는 전국 시대 말기 혹은 진(秦)·한(漢) 교체기 유학자가 《주역》의 경문에 대해 지은 각종 해석으로, 공자의 전수와 관련이 있다.

석이지만, 후세의 주석가들의 입장에서는 또 경문과 비슷한 것이다.

경과 전은 중국 고대의 다소 소박한 변증법 관점을 반영하고 있다. 즉 음과 양 두 세력의 상호 작용은 만물을 생산하는 근원이고, 자연과 사회의 변화는 무궁무진하며, 이를 모순으로부터 조화로 향하는 순환 왕복의 과정으로 인식하여, '천존지비(天尊地卑)'와 사회 계급제도의 합리성·항구성을 강조하였다.

《서(書)》는 《서경》 또는 《상서(尙書)》라고도 한다. '상(尙)'은 '상(上)'이니, 《상서》는 상고 시대의 책이라는 뜻이다. 《한서》 〈예문지〉에 다음과 같은 내용이 있다.

> 《역》에 "황하에서 하도가 나오고 낙수에서 낙서가 나오니 성인이 이를 본받았다."라고 하였다. 그러므로 《서》는 기원이 오래되었는데, 공자 때에 와서 편찬되었다. 위로는 요 임금으로부터 아래로는 진나라까지 총 100편이며, 서문을 지어 편찬 의도를 밝혔다.
> 《易》曰："河出圖, 雒出書, 聖人則之." 故書之所起遠矣, 至孔子纂焉. 上斷於堯, 下訖於秦, 凡百篇, 而爲之序, 言其作意.

지금의 《십삼경주소(十三經注疏)》본 《상서》 58편은 《금문상서(今文尙書)》와 위(僞)《고문상서(古文尙書)》를 합한 것이다.

"서(書)는 옛날의 호령(號令)이다.〔書者, 古之號令.〕"[6] 여기에는 상주(商周), 특히 서주(西周) 초기의 중요한 사료들이 보존되어 있다. 이 책은 요·순·우·탕·문왕·무왕·주공·공자의 수신(修身)·제가(齊家)·치국(治

6 원주 : 《한서》 〈예문지(藝文志) 육예략(六藝略)〉
역주 : 저본에는 '六藝略'이 '文藝略'으로 되어 있는데, 단순 오기(誤記)이기 때문에 '文'을 '六'으로 바로잡아 번역하였다.

國)·평천하(平天下)를 선양하는 유가의 성전(聖典)이다. 유가가 제창한 '도통(道統)'은 《상서》에 기록된 역사 사실과 여기에 반영된 사상을 통해 수립되었다.

《시(詩)》는 《시경》이다. 중국의 가장 오래된 시가 총집으로 춘추 시대에 편찬되었다. 모두 305편이며, 편명만 전하는 6편이 더 있다. '풍(風)'[7]·'아(雅)'[8]·'송(頌)'[9]의 세 부분으로 구성되어 있다.

'풍'은 대부분 민간의 가요로, 민간의 생활과 남녀의 애정을 반영하고 있으며, 아울러 당시 정치의 암흑과 인민에 대한 귀족 통치자의 압박과 착취를 일정 정도 드러내고 징계하고 있다.

'아'는 대부분 주나라 왕실의 귀족 통치자들이 지은 작품이다. 공덕을 노래한 것도 있고 연회에서 부른 악가(樂歌)도 있으며, 시대의 병폐를 반영하여 정치에 대한 우려를 드러내거나 민간 생활을 반영한 것도 있는데, 매우 높은 역사학적인 가치를 지닌다.

'송'은 노래하여 찬양한 것으로, 서주(西周)·노나라·송나라의 최고 통치자가 제사와 국가의 중대한 의식에 사용한 악가이다. 찬양의 대상은 주왕(周王)·노후(魯侯)·송공(宋公)과 기타 선조들의 공덕이다.

《공총자(孔叢子)》 〈순수(巡狩)〉에 "옛날 천자는 사관에게 민간의 가요를 채집하게 하여 백성의 풍속을 살폈다.〔古者天子命史采民詩謠, 以觀其風.〕"라고 하였다.

《한서》 〈예문지〉에는 "《서》에 '시는 뜻을 말하고 노래는 말을 읊는 것이다.'라고 하였다. 그러므로 슬프고 즐거운 마음에 느껴 노래하고 읊는 소리가 나온다. 그 말로 읊는 것을 시(詩)라 하고 그 소리로 읊는 것을 가(歌)라고

7 원주 : 15국풍(國風)이다.

8 원주 : 〈소아(小雅)〉와 〈대아(大雅)〉로 나뉜다.

9 원주 : 〈주송(周頌)〉·〈노송(魯頌)〉·〈상송(商頌)〉으로 나뉜다.

한다. 그러므로 옛날에 시를 채집하는 관리가 있었으니, 시를 통해 왕이 풍속을 살피고 정치의 득실을 알아 스스로 돌아보고 바로잡았다.〔《書》曰 : '詩言志, 歌詠言.' 故哀樂之心感, 而歌詠之聲發. 誦其言謂之詩, 詠其聲謂之歌, 故古有采詩之官, 王者所以觀風俗, 知得失, 自考正也.〕"라고 하였다.

공자는 "너희들은 어찌하여 시를 배우지 않느냐? 시를 배워 뜻을 흥기시킬 수 있고, 시정(時政)을 관찰할 수 있으며, 사람들과 어울릴 수 있고, 화를 내지 않고도 원망할 수 있고, 가까이는 아비에게 효도하고 멀리는 임금에게 충성할 수 있으며, 새와 짐승과 초목의 이름을 많이 알 수 있다.〔小子何莫學夫詩? 詩, 可以興, 可以觀, 可以群, 可以怨, 邇之事父, 遠之事君, 多識於鳥獸草木之名.〕"[10]라고 하였다.

공자는 또 "시를 배우지 않으면 제대로 말을 할 수가 없다.〔不學詩, 無以言.〕"[11]라고 하고 "《시경》 삼백 편을 줄줄 외면서도 정사를 맡겨 주면 제대로 해내지 못하고 사방에 사명을 받들고 나가서 독자적으로 응대하지 못한다면, 아무리 많이 알고 있다 한들 또한 어디에 쓰겠는가.〔誦《詩》三百, 授之以政, 不達; 使於四方, 不能專對; 雖多, 亦奚以爲?〕"[12]라고 하였다.

백성의 실정을 이해하고 시대의 병폐를 살피며, 개인의 안정과 국가의 통치 및 외교 활동과 시와의 관계는 모두 매우 밀접하다. 그러므로 《시》는 유가와 후대 통치자에게 중시되었을 뿐만 아니라 그 문학적·역사학적인 가치로 인해 역대 문학가와 사학가에게도 중시되었다.

《춘추(春秋)》는 본래 고대 역사서의 통칭으로, 《묵자》 〈명귀(明鬼)〉에서 인용한 주나라의 《춘추》, 연(燕)나라의 《춘추》 등과 같다.[13] 육경의 하

10 원주 : 《논어》 〈양화(陽貨)〉

11 원주 : 《논어》 〈계씨(季氏)〉

12 원주 : 《논어》 〈자로(子路)〉

13 춘추는……같다 : 《묵자》 〈명귀(明鬼)〉에 "이때 주나라 사람으로서 수행하던 자들 중에 목도하지 않은 이가 없었으며, 먼 지역에 있던 사람 중에 듣지 않은 이가 없어 주나

나인 《춘추》는, 공자가 노나라 사관이 편찬한 편년체 《춘추》를 근거로 정리하고 수정하여 완성하였다고 전해진다.

《사기》〈십이제후연표서(十二諸侯年表序)〉에 다음과 같은 내용이 있다.

> 이런 까닭에 공자가 왕도정치를 천명했지만 70여 국의 임금 누구도 등용하는 사람이 없었다. 이에 서쪽으로 가서 주나라 왕실을 살펴보고 역사 기록과 예전의 견문을 하나하나 논술하고는 노나라를 토대로 《춘추》를 편찬하였다. 위로 은공으로부터 아래로 애공이 '기린을 잡은〔獲麟〕' 해까지 기록하였다. 문장을 간결하게 하고 복잡하고 중복되는 것을 제거하여 역사를 기록하는 의의와 방법을 제정하였다. 이로써 왕도가 갖추어지고 인사가 빈틈없게 되었다.
>
> 70여 명의 제자들이 경전의 뜻을 해석한 전(傳)을 구전으로 전수받았는데, 풍자와 견책, 포폄과 칭찬, 기휘하는 말 들은 글로 나타낼 수 없기 때문이었다.
>
> 노나라 군자 좌구명은, 제자들이 각자 달리 이해하여 자기들의 뜻대로 주장하다가 공자의 본의를 상실하게 될까 두려웠다. 이에 공자의 역사기술을 근거로 상세하게 논술하여 《좌씨춘추》를 완성하였다.
>
> 是以孔子明王道, 干[14]七十餘君莫能用, 故西觀周室, 論史記舊聞, 興於魯而次《春秋》. 上記隱, 下至哀之獲麟. 約其辭文, 去其煩重, 以制義法; 王道備, 人事浹. 七十子之徒, 口受其傳指, 爲有所刺譏褒諱挹損之文辭, 不可以書見也. 魯君子左丘明, 懼弟子人人異端, 各

라의 《춘추》에 실렸다.〔當是之時, 周人從者莫不見, 遠者莫不聞, 著在周之《春秋》.〕" 라고 하였고 "이때 연나라 사람으로서 수행하던 자들 중에 목도하지 않은 이가 없었으며, 먼 지역에 있던 사람 중에 듣지 않은 이가 없어 주나라의 《춘추》에 실렸다.〔當是時, 燕人從者莫不見, 遠者莫不聞, 著在燕之《春秋》.〕"라고 한 데서 보인다.

14 干 : 저본에는 '于'로 되어 있는데, 통행본 《사기》에 근거하여 바로잡았다.

安其意，失其眞，故因孔子史記，具論其語，成《左氏春秋》.

또 《한서》 〈예문지〉에는 다음과 같이 말하고 있다.

> 《춘추》에서 폄하하고 있는 대인과 당세의 군신은 위세와 권력을 지닌 이들로, 그 사실은 모두 전에 드러나 있다. 이리하여 이 책을 숨기고 공포하지 않았기 때문에 당시의 재난을 면한 것이다.
>
> 말세에 와서는 구설(口說)이 유행하여 《공양전》·《곡량전》·《추씨전》·《협씨전》이 있게 되었다. 이들 가운데 《공양전》과 《곡량전》은 학관에 세워졌으나 《추씨전》은 사승관계가 명확하지 않고 《협씨전》은 책이 전하지 않는다.
>
> 《春秋》所貶損大人、當世君臣，有威權勢力，其事實皆形於傳，是以隱其書而不宣，所以免時難也. 及末世口說流行，故有公羊、穀梁、鄒、夾之傳. 四家之中，公羊、穀梁立於學官，鄒氏無師，夾氏未有書.

《춘추》는 문장이 간결하고 기사마다 한 글자로 포폄하였는데 세칭 '춘추필법(春秋筆法)'이라고 한다. 범녕(范寧)은 〈춘추곡량전서(春秋穀梁傳序)〉에서 "한 글자의 포상이 임금의 어느 하사품보다도 영광스러웠고, 한 마디의 폄하가 시장에서 맞는 회초리보다도 치욕스러웠다.〔一字之褒，寵踰華袞之贈；片言之貶，辱過市朝之撻.〕"라고 하였다.

그러므로 《춘추》는 늘 역사가들에게 존중되었으며 주석을 단 사람도 많았다. 지금 전해지는 《좌전》·《공양전》·《곡량전》은 가장 저명한 주석이다. 이러한 몇몇 주석은 사학·문학·훈고학적 가치로 인해 후세 학자들이 읽고 연구하는 경전이자 13경의 하나로 자리 잡았다.

《예(禮)》는 13경 가운데 《주례》·《의례》·《예기》를 가리키는데, '육경' 중에서 《예》는 곧 《의례》를 말한다.

《사기》〈유림전(儒林傳)〉에 다음과 같은 내용이 있다.

> 여러 학자들이 대부분《예》를 강론하였는데, 노나라 고당생이 가장 원본에 근접하였다.《예》는 실로 공자 때부터 경이 온전히 갖추어지지 않았는데, 진나라가 분서를 단행하면서 더욱더 산실되고 없어져 지금은《사례》만 남아 있다. 고당생이 능히 이를 말할 줄 알았다.
> 諸學者多言《禮》, 而魯高堂生最本.《禮》固自孔子時而其經不具, 及至秦焚書, 書散亡益多, 於今獨有《士禮》, 高堂生能言之.

'《사례(士禮)》'는 곧《의례》이다.《한서》〈예문지〉에는《예경(禮經)》이 저록되어 있는데, 이것 역시 단지《의례》만을 가리킨다. 이 책은 주공이 지었다는 설도 있고 공자가 정리하여 바로잡았다는 설도 있는데, 춘추전국 시대의 예제(禮制) 일부분을 모아서 편찬한 것이다. 현재《십삼경주소》본의《주례》·《예기》·《의례》를 합하여 '삼례(三禮)'라고 하는데, 삼례라는 명칭은 동한 말엽부터 사용되었다.

《주례》는《주관(周官)》또는《주관경(周官經)》이라고 부른다. 이 책은 여러 경 가운데 가장 늦게 출현하였고 내력에 관해서는 여러 가지 설이 분분하다. 고문경학가들은 주공이 지었다고 하고, 금문경학가들은 전국 시대에 나왔다고 하였다. 또 어떤 사람은 유흠(劉歆)이 위조하였다고 하고, 어떤 사람은 공안국(孔安國)이 바쳤다고 하였다. 이 책은 주나라 왕실의 관제(官制)와 전국 시대 각 나라의 제도 및 유가 정치사상을 모아 편찬한 것이다.

《예기》는 곧《소대기(小戴記)》또는《소대례기(小戴禮記)》로, 진(秦)·한(漢) 이전의 각종 의식에 관한 논저를 선별해 모은 것이다. 〈곡례(曲禮)〉·〈단궁(檀弓)〉·〈왕제(王制)〉·〈월령(月令)〉·〈예운(禮運)〉·〈학기(學記)〉·〈악기(樂記)〉·〈중용(中庸)〉 등 49편으로 구성되었으며, 공자의 제자, 재전제자(再傳弟子) 및 삼전제자(三傳弟子) 들이 기록하였다. 고대 중국의 사회 상황, 유가 학설과 문물, 전장 제도를 연구하는 데 필요한 참고서이다.

《악(樂)》은 일찌감치 일실되었다. '경'은 3천 년 가까운 중국 봉건 사회 생활에서 매우 중요한 지위를 차지한다. 중국 봉건 시대를 주도한 사상은 경학을 통해 그 기초가 다져졌다.

유협은 일찍이 "경은 영원불변의 지극한 도이며 바꿀 수 없는 큰 가르침이다.〔經也者, 恒久之至道, 不刊之鴻敎也.〕"[15]라고 하였으며, 또 "이로써 군신 관계가 명료해지고 군사와 정치가 분명해지니, 그 근원을 살펴보면 모두 경전이다.〔君臣所以炳煥, 軍國所以昭明, 詳其本源, 莫非經典.〕"[16]라고 하였다. 이렇게 하여 경서의 어휘 의미와 의리를 분석하고 주석하는 일을 통치자들이 제창했을 뿐만 아니라 지식인들도 추구하게 되었다. 이는 중국의 주석학이 진·한 교체기에 이미 매우 번성하였을 뿐만 아니라 끊이지 않고 계속 이어져 내려와 청대에 와서 더욱 극도로 번성하게 된 중요 원인이었다. 그러므로 중국의 주석학사는 무엇보다 경학의 발전사라고 할 수 있다. 경서 이외의 문헌에 대한 주석은 경학 주석이 생긴 이후에 발생하였다.

이러한 상황은 서구의 해석학과 비슷하다. 해석학은 현대 서구의 중요한 학술 유파로 그 연구 대상은 '텍스트'이다. 예를 들어 《성경(聖經)》의 이해 문제를 연구하는 '성경해석학〔釋義學, exegesis〕', 고전 문헌의 이해 문제를 연구하는 '문헌학' 혹은 '어문학(語文學, philology)' 같은 학문이 있다. 해석학은 19세기 초·중엽에 이미 구체적인 문헌과 경전의 해석 방법 및 규칙 문제를 연구하여 각 영역의 일반적인 문제를 이해하는 단계로 접어들면서 철학의 범주에 속하게 되었는데, 이 점은 또 중국 경전 주석을 통해 발전한 송대의 이학(理學)과 비슷하다. 그러나 해석의 대상과 속하는 범주가 어떻게 변

15 원주 : 《문심조룡》 〈종경(宗經)〉

16 원주 : 《문심조룡》 〈서지(序志)〉

화하는가에 상관없이, 해석학의 토대와 중점은 언어의 의미라는 층위를 연구하고 분석하는 것이라는 사실은 바꿀 수 없다. 이것은, '텍스트'는 담론의 저작이며, 언어 기호로 구성되었기 때문이다. '언어는 존재의 집'이고 또 존재를 이해하는 매개체이다. 독일 철학자 헤겔 등이 진술한 이러한 관점은 언어의 주석을 토대로 한 중국의 주석학과 또 일치한다. 이러한 의미에서 주석학의 역사는 또한 문헌과 언어의 연구사라고 할 수 있다.

제2절 경적의 전수와 초기 주석 : 주석의 기초 확립

1 경적의 전수와 자하가 초기 주석에 끼친 영향

공자는 《시》·《서》·《예》·《악》으로 제자를 교육하고, 또 《역》에 대해 십익(十翼)을 저술하여, 경적의 정리와 전파의 역사에 있어 불멸의 공적을 세웠다. 그리고 그의 제자 복상(卜商 자하(子夏))은 한 걸음 더 나아가 경적의 주석에 있어 기초를 다지는 역할을 하였다.

《후한서》〈서방전(徐防傳)〉에 다음과 같은 내용이 있다.

> 《시》·《서》·《예》·《악》은 공자에 의해 정립되었고 장구의 의미를 밝히는 일은 자하에게서 시작되었다.
>
> 《詩》、《書》、《禮》、《樂》, 定自孔子, 發明章句, 始於子夏.

《역》에 있어서는 자하의 전(傳)이 있다.[17] 《시》에 있어서는 자하의 서(序)가 있으며, 모공(毛公)의 학문도 자하에 연원을 두고 있다. 《예》에 있어서는 〈상복전(喪服傳)〉[18]이 있다. 《춘추》에 있어서는 《공양전》과 《곡량전》 두 전(傳) 역시 자하가 전수한 것이다.[19] 《서》의 전수는 자세하지는 않

17 원주 : 《수서》〈경적지(經籍志)〉와 《신당서》〈예문지(藝文志)〉에 모두 《주역》〈복상전(卜商傳)〉 2권이 저록되어 있다. 그러나 이 책은 전해지지 않고 오직 당나라 이정조(李鼎祚)의 《주역집해(周易集解)》에서 인용했을 뿐이다. 이 책은 사실 자하의 명의를 도용한 책이라 할 수 있다.

18 상복전(喪服傳) : 《의례》 안에 '전왈(傳曰)'로 된 부분을 말한다.

19 춘추에……것이다 : 《용재속필(容齋續筆)》 권14에 보면 "공양고(公羊高)는 실제로 자

지만, 이 역시 자하와 관련이 있는 듯하다. 《상서대전(尙書大傳)》에 다음과 같은 내용이 있다.

자하가 《서》를 다 읽은 뒤에 공자를 뵙자, 공자가 물었다.

"너는 《서》에서 무엇을 배웠느냐?"

자하가 대답하였다.

"《서》에서 일을 논한 것은 분명하기가 해와 달이 번갈아 밝게 빛나는 것과 같고, 정연하기가 별들이 교대로 운행하는 것과 같습니다. 위로는 요·순의 도가 있고 아래로는 삼왕의 도가 있습니다. 제가 만약 이제 선생님께 가르침을 받는다면 마음에 기억해 두고 감히 잊지 않겠습니다."

공자가 말하였다.

"〈요전〉은 치세의 아름다움을 볼 수 있고 〈우공〉은 일을 볼 수 있으며, 〈고요모〉는 정치를 볼 수 있고 〈홍범(鴻範)〉은 법도를 볼 수 있으며, 육서(六誓)는 의(義)를 볼 수 있고 오고(五誥)[20]는 인(仁)을 볼 수 있으며, 〈보형〉[21]은 경계를 볼 수 있다. 이렇게 볼 수 있는 일곱 가지를 아우르면 《서》의 대의는 다 거론된 것이다."

子夏讀書畢, 見夫子, 夫子問焉, 曰 : "子何爲於《書》?" 子夏對曰 : "《書》之論事也, 昭昭如日月之代明, 離離若星辰之錯行 ; 上有堯舜之道, 下有三王之義. 商所授於夫子者, 志之於心, 弗敢忘也." 子曰 :

하에게서 배웠고, 곡량적(穀梁赤)도, 《풍속통의(風俗通義)》에 보면 자하의 문인이라고 하였다."라고 되어 있다.

20 오고(五誥) : 《서경》의 〈주고(酒誥)〉·〈소고(召誥)〉·〈낙고(洛誥)〉·〈대고(大誥)〉·〈강고(康誥)〉 등 다섯 편을 말한다. 〈탕고(湯誥)〉는 동진(東晉) 때 나온 위고문(僞古文)에 관계되기 때문에 《상서대전》에서는 오고(五誥)만 거론한 것이다.

21 보형(甫刑) : 《서경》 〈여형(呂刑)〉을 말한다. '보형'이라고 한 것은 여후(呂侯)가 뒤에 보후(甫侯)가 되기 때문에 그렇게 칭하기도 한다.

"《堯典》可以觀美，《禹貢》可以觀事，《咎繇謨》[22]可以觀治，《鴻範》[23]可以觀度，《六誓》[24]可以觀義，《五誥》可以觀仁，《甫刑》可以觀戒. 通斯七觀，書之大義舉矣."

자하가 이미 공자가 전수한 '일곱 가지 볼 수 있는 것〔七觀〕'의 의미를 제대로 배웠으니, 진·한 시기의 《상서》 주석은 또한 《시》나 《춘추》와 마찬가지로 자하와 밀접한 관련이 있을 가능성이 농후하다.

정학성(鄭鶴聲, 1901-1989)[25]과 정학춘(鄭鶴春, 1892-1957)[26]이 지은 《중국문헌학개요(中國文獻學概要)》에서는, 양계초(梁啓超, 1873-1929)의 설에 근거하여 〈육경전수사승표(六經傳授師承表)〉[27]를 만들었는데, 경적의 초기 주석 상황을 반영할 수 있으므로 다음과 같이 옮겨 적는다.

22 咎繇謨 : 저본에는 '咎繇'로 되어 있는데, 이는 '고요(皐陶)'와 같은 말이다. 《상서대전》에는 다음에 '謨'가 있으므로 보충하였다.

23 鴻範 : 《서경》 〈홍범(洪範)〉을 달리 이르는 말이다.

24 六誓 : 저본에는 '六藝'로 되어 있는데, 육예에는 《서경》의 육서를 의미하는 말이 없고 여기에 인용한 《상서대전》의 원문에도 '六誓'로 되어 있다. 《서경》의 육서란 〈감서(甘誓)〉·〈탕서(湯誓)〉·〈태서(泰誓)〉·〈목서(牧誓)〉·〈비서(費誓)〉·〈진서(秦誓)〉 등 여섯 편을 말한다.

25 정학성(鄭鶴聲) : 역사학자이며 문헌학자이다. 자는 악손(萼蓀)이고 호는 학고(鶴皐)이다.

26 정학춘(鄭鶴春) : 정학성의 큰형으로 역시 문헌학자이다.

27 원주 : 육경 중에서 《악(樂)》은 일실(逸失)되었으므로 실제로는 오경(五經)이다.

오경 전수 사승표(五經傳授師承表)

《역(易)》

상구(商瞿) — 교비(橋庇) — 간비(馯臂) — 주추(周醜)

- 주추(周醜)
  - 손우(孫虞)
    - 전하(田何)[28]
      - 왕동(王同)
        - 양하(楊何)
          - 경방(京房)
      - 정관(丁寬)
        - 전왕손(田王孫)
          - 시수(施讎)
          - 맹희(孟喜)
          - 양구하(梁邱賀)

《서(書)》

① 금문(今文)

- 복승(伏勝)
  - 구양생(歐陽生)
  - 장생(張生)
    - 하후도위(夏侯都尉)
      - 하후시창(夏侯始昌)
        - 하후승(夏侯勝)
          - 하후건(夏侯建)
  - 공안국(孔安國)

② 고문(古文)

공안국(孔安國)

28 원주 : 방점(傍點)은 한(漢)나라 초기의 제1대 선생을 표시한 것이다.

《시(詩)》

① 《노시(魯詩)》

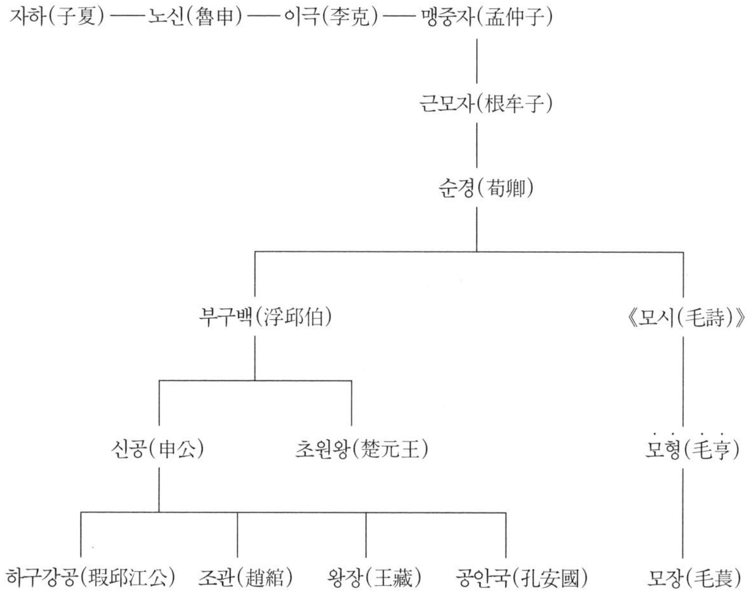

② 《제시(齊詩)》

원고생(轅固生) - 익봉(翼奉)

③ 《한시(韓詩)》

한영(韓嬰)

《춘추(春秋)》

① 《공양전(公羊傳)》

자하(子夏) — 공양고(公羊高) — 공양평(公羊平) — 공양지(公羊地)

공양지(公羊地) — 공양감(公羊敢) — 공양수(公羊壽)

공양수(公羊壽) — 호무생(胡毋生)[29] / 동중서(董仲舒)

호무생(胡毋生) — 영공(嬴公) — 휴굉(眭宏)

휴굉(眭宏) — 엄팽조(嚴彭祖) / 안안락(顏安樂)

② 《곡량전(穀梁傳)》

자하(子夏) — 곡량적(穀梁赤) — 순경(荀卿) — 신공(申公) — 강옹(江翁)

강옹(江翁) — 강옹(江翁)의 아들 / 영광(榮廣)

강옹(江翁)의 아들 — 강박사(江博士) — 호상(胡常)

영광(榮廣) — 채천추(蔡千秋) — 윤경시(尹更始)

③ 《좌전(左傳)》

좌구명(左丘明)[30] — 증신(曾申) — 오기(吳起) — 오기(吳期) — 탁초(鐸椒)[31]

탁초(鐸椒) — 우경(虞卿) — 순경(荀卿) — 장창(張蒼)

장창(張蒼) — 윤위(尹威) / 책방진(翟方進)

책방진(翟方進) — 유흠(劉歆)

29 호무생(胡毋生) : 저본에는 '胡母生'으로 되어 있는데, 《중국문헌학강요(中國文獻學講要)》(上海古籍出版社, 2001, 40쪽)에 근거하여 '母'를 '毋'로 바로잡아 번역하였다.

30 좌구명(左丘明) : 저본에는 '左邱明'으로 되어 있는데, 인명 오기이므로 바로잡아 번역하였다.

31 탁초(鐸椒) : 저본에는 '鐸淑'으로 되어 있는데, 《중국문헌학강요》(上海古籍出版社, 2001, 41쪽)에 근거하여 바로잡아 번역하였다.

《예(禮)》

① 《의례(儀禮)》

고당생(高堂生) —— 소분(蕭奮) —— 맹경(孟卿) —— 후창(后蒼)

후창(后蒼) → 대덕(戴德) / 대성(戴聖) / 경보(慶普)

② 《주례(周禮)》

유흠(劉歆)

위 표를 보면 자하(子夏)와 순자(荀子)가 경적의 주석과 전수에 있어 매우 중요한 역할을 했다는 것을 알 수 있다.

초기 주석은 이미 다 알 수는 없지만, 《춘추》 삼전(三傳)과 《시》의 모전(毛傳)은 매우 진귀한 자료를 보존하고 있는데, 이러한 문헌 자료들에서 주나라에서부터 서한까지 초기 주석의 일단을 엿볼 수 있다.

2 초기 주석의 특징

1) 《춘추春秋》 삼전三傳

《춘추》는 경(經)이고 《좌전》과 《공양전》과 《곡량전》은 전(傳)이다. 삼전은 각각 서로 상이하기는 하지만 모두 경의 '본문'에 대한 해설이다.

《좌전》은 경을 주해한 것이 아니라 역사 사실의 서술에 중점을 두었으므로 '사건을 기록한 역사〔記事之史〕'라고 할 수 있고, 《공양전》과 《곡량전》은 경문의 미언대의(微言大義)를 탐구하는 데에 중점을 두었으므로 후세에 훈고와 의리를 중시한 학문과 대체로 동일하다. 그러나 모두 문적 주석의 전형적 특징을 갖추고 있지는 않다. 이에 두 가지 사례를 초록하면 다음과 같다.

《춘추》 은공 원년 조 : 夏, 五月, 鄭伯克段于鄢.

여름 5월에 정백이 언에서 공숙단을 이겼다.

좌전 : 당초에 정 무공(鄭武公)이 신(申)나라에서 아내를 맞이하였으니, 바로 무강(武姜)이다. 무강이 장공(莊公)과 공숙단(共叔段)을 낳았다. 장공이 오생(寤生)[32]하여 강씨를 놀라게 하였으므로 '오생'이라 이름 짓고 마침내 그를 미워하였다. 무강은 공숙단을 사랑하여 태자로 세우고자 자주 무공에게 청하였으나 무공이 허락하지 않았다.

뒤에 장공이 즉위하자, 무강이 공숙단을 위해 제읍(制邑)을 청하였다. 장공이 말하였다. "제읍은 지세가 험한 고을이라 괵숙이 그곳에서 죽었으니, 다른 고을을 청하신다면 명대로 따르겠습니다."

이에 경성(京城)을 청하므로 공숙단을 그곳에 살게 하고는 경성태숙(京城太叔)이라고 하였다. 채중(祭仲)이 말하였다. "국도(國都) 이외의 도성 둘레가 백 치(雉)를 넘는 것은 국가의 화가 됩니다. 선왕의 제도에 대도(大都)의 성은 국도의 3분의 1, 중도(中都)는 5분의 1, 소도(小都)는 9분의 1을 넘지 못하도록 되어 있는데, 지금 경성은 법도에 맞지 않으니, 선왕의 제도가 아닙니다. 주군께서 장차 감당하지 못하게 될 것입니다." 장공이 말하였다. "어머니 강씨(姜氏)가 원하는 것이니, 내 어찌 화를 피할 수 있겠는가." 채중이 대답하였다. "강씨야 어찌 만족이 있겠습니까. 일찍 조처하여 뻗어나지 못하게 하는 것만 못합니다. 뻗어 나가면 도모하기 어렵습니다. 뻗어나면 풀도 제거하기 어려운 법인데, 하물며 임금의 총애하는 아우이겠습니까." 장공이 대답하였다. "불의한 짓을 많이 행하면 반드시 스스로 패망할 것이니, 그대는 우선 때를 기다리라."

初, 鄭武公娶于申, 曰武姜, 生莊公及共叔段. 莊公寤生, 驚姜氏, 故名曰寤生, 遂惡之. 愛共叔段, 欲立之, 亟請於武公, 公弗許. 及莊公卽位, 爲之請制, 公曰 : "制, 巖邑也, 虢叔死焉. 佗邑唯命." 請京, 使居之, 謂之京城大叔. 祭仲曰 : "都城過百雉, 國之害也. 先王之制, 大都, 不過三國之一; 中, 五之一; 小, 九之一. 今京不度, 非制也, 君將不堪." 公曰 : "姜氏欲之, 焉辟害?" 對曰 : "姜氏何厭之有? 不如早爲之所, 無使滋蔓. 蔓, 難圖也. 蔓草猶不可除, 況君之寵弟乎?" 公曰 : "多行不義, 必自斃. 子姑待之." (이하 생략)

32 오생(寤生) : 의미에 대해서는 세 가지 견해가 있는데, 첫째는 난산(難産)의 뜻으로 해석하는 경우이고, 둘째는 역산(逆産), 셋째는 잠자다가 낳았다는 뜻으로 해석하는 경우이다.

공양전 : 여름 5월에 정백이 언에서 공숙단을 이겼다.
그를 '이겼다'는 것은 무슨 뜻인가? 죽였다는 뜻이다.
죽였는데 어찌하여 '이겼다'고 말하였는가? 정백의 악을 크게 드러내기 위해서이다. 무엇 때문에 정백의 악을 크게 드러내려 하는가? 어머니가 공숙단을 세우려고 하는데 그를 죽였으니, 이는 주지 않으려는 것과 같기 때문이다.
공숙단은 누구인가? 정백의 동생이다. 어찌하여 동생이라 칭하지 않았는가? 나라를 차지하려 했기 때문이다.
夏五月, 鄭伯克段于鄢. 克之者何? 殺之也. 殺之, 則曷爲謂之克? 大鄭伯之惡也. 曷爲大鄭伯之惡? 母欲立之, 己殺之, 如勿與而已矣. 段者何? 鄭伯之弟也. 何以不稱弟? 當國也. (이하 생략)

곡량전 : 여름 5월에 정백이 언에서 공숙단을 이겼다.
이겼다는 것은 무슨 뜻인가? 마음대로 할 수 있었다는 뜻이다.
무엇을 할 수 있었다는 것인가? 죽일 수 있었다는 뜻이다.
그러면 어째서 죽였다고 말하지 않았는가? 공숙단을 따르는 무리가 많았음을 드러내려 해서이다.……
단은 동생인데 '동생'이라고 말하지 않고 공자인데 '공자'라고 말하지 않은 것은 폄하하기 위해서이니, 단이 공자와 동생으로서의 도리를 잃었기 때문이다. 즉, 단을 천하게 여기면서 정백을 심하다고 본 것이다.
어째서 정백을 심하다고 보았는가? 정백이 온갖 궁리를 다하여 결국 동생을 죽이는 상황까지 만든 것을 심하다고 본 것이다.
'우언(于鄢)'이라고 한 것은 멀리까지 추격했다는 뜻이다. 어머니의 품속에서 빼앗아 죽였다고 말한 것과 같으니, 이 점을 심하다고 본 것이다.
그렇다면 정백은 어떻게 해야 했는가? 달아나는 적을 느슨하게 추격하는 것이 가까운 사람을 친애하는 도에 맞는 것이다.
夏五月, 鄭伯克段于鄢. 克者何? 能也, 何能也? 能殺也. 何以不言殺? 見段之有徒衆也.……段, 弟也, 而弗謂弟, 公子也. 而弗謂公子, 貶之也, 段失子弟之道矣, 賤段而甚鄭伯也. 何甚乎鄭伯? 甚鄭伯之處心積慮, 成於殺也. 于鄢, 遠也, 猶曰取之其母之懷中, 而殺之云爾, 甚之也. 然則爲鄭伯者宜奈何? 緩[33]追逸賊, 親親之道也.

33 緩 : 저본에는 '緩'로 되어 있는데, 《곡량전》에 근거하여 바로잡았다.

《춘추》 은공 3년 조 : 三月, 庚戌, 天王崩.

3월 경술일에 천왕이 붕하였다.

좌전 : 3년 봄 주나라 왕력 3월 임술일에 평왕이 붕하였으나 경술일로 부고하였기 때문에 경에 그렇게 기록한 것이다.

三年, 春, 王三月壬戌[34], 平王崩, 赴以庚戌, 故書之.

공양전 : 3월 경술일에 천왕이 붕하였다.

어찌하여 장례 날짜를 쓰지 않았는가? 천자는 붕한 날짜를 기록하고 장례 날짜를 기록하지 않는데, 이는 붕한 때가 중요하기 때문이다.

제후는 졸한 날짜를 기록하고 장례 날짜를 기록하는데, 이는 천자가 생존해 있으므로 그 때를 쓸 필요가 없기 때문이다.

어떤 경우에 '붕(崩)'이라고 하고 어떤 경우에 '훙(薨)'이라고 하는가? 천자의 죽음은 '붕'이라 하고, 제후의 죽음은 '훙', 대부의 죽음은 '졸(卒)', 사(士)의 죽음은 '불록(不祿)'이라 한다.

三月, 庚戌, 天王崩. 何以不書葬? 天子記崩不記葬, 必其時也. 諸侯記卒記葬, 有天子存, 不得必其時也. 曷爲或言崩, 或言薨? 天子曰崩, 諸侯曰薨, 大夫曰卒, 士曰不祿.

곡량전 : 3월 경술일에 천왕이 붕하였다.

높은 경우를 '붕'이라 하고, 후(厚)한 경우를 '붕'이라 하고, 지위가 높은 경우를 '붕'이라 하는데, 천자의 죽음을 '붕'이라 하는 것은 지위가 높기 때문이다. 그 죽음을 '무너진다〔崩〕'고 표현한 것은 어째서인가? 그가 백성의 위에 있기 때문에 '무너진다'고 한 것이다. 그 이름을 쓰지 않은 것은 어째서인가? 제일 높기 때문에 이름을 쓰지 않는 것이다.

三月, 庚戌, 天王崩. 高曰崩, 厚曰崩, 尊曰崩.[35] 天子之崩, 以尊也. 其崩之何也? 以其在民上, 故崩之. 其不名, 何也? 大上, 故不名也.

《좌전》은 경문 자체의 표현 방식에 대하여 모종의 해석을 하였을 뿐만 아니라, 특히 주안점을 둔 것은 경문에 기록된 사건과 관련하여 역사적 사실에 대한, 상세한 서술을 했다는 점이다.

"鄭伯克段于鄢.〔정백이 언에서 공숙단을 이겼다.〕"이라는 구절의 경우,

34 壬戌 : 저본에는 없는데, 《공양전》에 근거하여 보충하였다.

35 尊曰崩 : 저본에는 없는데, 위 자료에 근거하여 보충하였다.

경문은 단지 한 구절이지만 《좌전》에서는 장장 수백 자의 말로 이 사건의 전 과정을 기술하고 있다. 《공양전》과 《곡량전》은 '克〔이기다〕'과 '段〔공숙단〕',[36] '공숙단을 이긴〔克段〕' 지역인 '언(焉)'[37]이라는 어휘를 쓴 동기에 대해 분석하였는데, 이런 점이 《좌전》과 완전히 다르다. 이른바 "《춘추》는 한 글자를 가지고 포폄한다.〔《春秋》一字以褒貶.〕"라는 것을 《공양전》과 《곡량전》에서 분명하게 볼 수 있다.

《공양전》·《곡량전》은 《좌전》과 대립하고, 《공양전》과 《곡량전》 역시 풀이에 있어 종종 심하게 대립한다. 이로 인해 후세의 학자들은 《좌전》을 중시하기도 하고 《공양전》이나 《곡량전》을 중시하기도 하였는데, 조정의 의향이나 경적(經籍)의 금고문 논쟁(今古文論爭)과 뒤섞이면서 다른 학파를 형성하였다.

《춘추》 삼전은 비록 완전한 주석 형태를 갖추고 있지는 않지만 충분히 후세의 주석에 대해 참고가 되어 주었고 단초를 열어 주었다. 후세 학자들이 행한 경적의 어휘에 대한 해석, 경적의 역사적 사실에 대한 보충, 경적의 미언(微言)에 대한 탐구, 경적의 의리에 대한 분석 등은 모두 삼전에서 그 연원을 찾을 수 있다.

2) 《시경詩經》 모전毛傳

초기의 주석으로는 《시경》 모전이 가장 완비되었다. 〈위풍(魏風) 벌단〉을 사례로 들어 한번 분석을 해 보면 다음과 같다.

> 소서(小序) : 《伐檀》, 刺貪也. 在位貪鄙, 無功而受祿, 君子不得進仕爾.

36 원주 : 정백의 동생인데도 '동생〔弟〕'이라고 칭하지 않았다

37 원주 : 어찌하여 지명을 적시(摘示)하였는가?

〈벌단〉은 탐욕스러움을 풍자한 시이다. 벼슬자리에 있는 자가 탐욕스럽고 비루하여 공이 없으면서 녹을 받고 있으므로, 군자가 나아가서 벼슬하지 못한 것이다.

경 1-1 : 坎坎伐檀兮, 寘之河之干兮, 河水淸且漣猗.

쩡쩡 박달나무 찍어 베어 와서는 황하 가에 놓아 두었네, 황하 물이 맑아지고 고운 물결 일 때까지.

모전 : '감감(坎坎)'은 박달나무를 찍는 소리이다. '치(寘)'는 놓아두는 것이다. '간(干)'은 '물가[厓]'이다. 수면에 바람이 불어 무늬가 생기는 것을 '연(漣)'이라고 한다. 마치 황하 물이 맑아지고 고운 물결이 일기를 기다리는 것처럼 박달나무를 베어 세상에 쓰이기를 기다리는 것이다.

坎坎, 伐檀聲. 寘, 置也. 干, 厓也. 風行水成文曰漣. 伐檀以俟世用, 若俟河水淸且漣.

경 1-2 : 不稼不穡, 胡取禾三百廛兮? 不狩不獵, 胡瞻爾庭有縣貆兮?

"씨 뿌리고 거두지 않으면 벼 삼백 전을 어이 얻으며, 수렵하고 사냥하지 않으면 뜰에 매달린 담비를 어이 볼 건가."라고 하니.

모전 : 씨를 뿌리는 것을 '가(稼)'라 하고 수확하는 것을 '색(穡)'이라 한다. 한 가장이 거처하는 곳을 '전(廛)'이라 한다. '훤(貆)'은 짐승 이름이다.

種之曰稼, 斂之曰穡; 一夫之居曰廛; 貆, 獸名.

경 1-3 : 彼君子兮, 不素餐兮!

그리 말하는 저 참된 군자는 참으로 공밥을 먹지 않누나.

모전 : '소(素)'는 헛되다는 뜻이다.

素, 空也.

경 2-1 : 坎坎伐輻兮, 寘之河之側兮, 河水淸且直猗.

쩡쩡 바퀴살 만들 재목 베어 와서는 황하 가에 그것을 놓아 두었네, 황하 물이 맑아지고 곧은 물결 일 때까지.

모전 : '폭(輻)'은 박달나무로 만든 수레 바퀴살이다. '측(側)'은 '물가〔厓〕'와 같다. '직(直)'은 곧은 물결이다.
輻, 檀輻也. 側, 猶厓也. 直, 直波也.

경 2-2 : 不稼不穡, 胡取禾三百億兮? 不狩不獵, 胡瞻爾庭有縣特兮?
"씨 뿌리고 거두지 않으면 벼 3백억을 어이 얻으며, 수렵하고 사냥하지 않으면 뜰에 매달린 짐승을 어이 볼 건가."라고 하니.
모전 : 만의 만 배를 '억(億)'이라 한다. 3년 된 짐승을 '특(特)'이라 한다.
萬萬曰億. 獸三歲曰特.

경 2-3 : 彼君子兮, 不素食兮!
그리 말하는 저 참된 군자는 참으로 공밥을 먹지 않누나.

경 3-1 : 坎坎伐輪兮, 寘之河之漘兮, 河水淸且淪猗.
쩡쩡 바퀴 만들 재목을 베어 와서는 황하 가에 그것을 놓아두었네, 황하 물이 맑아지고 둥근 물결 일 때까지.
모전 : 박달나무로 수레바퀴를 만들 수 있다. '순(漘)'은 '물가〔厓〕'이다. '윤(淪)'은 작은 바람에 물이 무늬를 이루어 수레바퀴처럼 파문이 이는 것이다.
檀可以爲輪. 漘, 厓也. 小風水成文, 轉如輪也.

경 3-2 : 不稼不穡, 胡取禾三百囷兮? 不狩不獵, 胡瞻爾庭有縣鶉兮?
"씨 뿌리고 거두지 않으면 벼 3백 균을 어이 얻으며, 수렵하고 사냥하지 않으면 뜰에 매달린 메추리를 어이 볼 건가."라고 하니.
모전 : 둥근 곡식 창고가 '균(囷)'이다. '순(鶉)'은 새이다.
圓者爲囷. 鶉, 鳥也.

경 3-3 : 彼君子兮, 不素飧兮!
그리 말하는 저 참된 군자는 참으로 공밥을 먹지 않누나.

모전 : 익힌 밥을 '손(飧)'이라 한다.
熟食曰飧.

《伐檀》三章, 章九句.
〈벌단〉은 모두 3장이니, 장마다 9구이다.[38]

매 편의 시 앞에 있는 소서(小序)는 주제를 명시하는 데 뜻이 있다. 정문 아래에 있는 모전은 어휘에 대한 주석이다. 장구의 분획(分劃)은 편의 끝에 배치하였다.

정현(鄭玄)의 전(箋)은 모전이 합치되지 않는 점이 있으면 모두 설명하였다. 예를 들면 "〈관저〉는 5장인데, 장마다 4구이다. 옛글에는 '3장이니, 1장은 4구이고 2장은 장마다 8구이다.'라고 하였다.〔《關雎》五章, 章四句. 故言三章, 一章四句, 二章章八句.〕"라고 하였는데, '옛글〔故言〕'이란 바로 《모시고훈전(毛詩故訓傳)》이다. 일반적으로 '옛글'이라고 하지 않은 경우는 모두 정현과 모시의 장 구분이 같은 것이다.

〈벌단〉의 주석은 어휘를 풀이하는 데에 중점을 두었는데, 이는 결코 모전의 전형은 아니다. 모형(毛亨)의 《시경》에 대한 전(傳)은 경문의 뜻을 명시하는 데 크게 중점을 두고 있다. 사어(詞語)를 해석한 뒤에 의리를 제시하는 것이 가장 전형적인 형식이다.

〈패풍(邶風) 정녀(靜女)〉를 예로 들면 다음과 같다.

소서 : 《靜女》, 刺時也. 衛君無道, 夫人無德.
〈정녀〉는 시대를 풍자한 시이다. 위나라 임금은 무도하고 부인은 덕이 없었다.

38 원주 : 이상은 모전에 따라 장구(章句)를 나눈 것이다.

경 1-1：靜女其姝，俟我於城隅.

정숙한 아가씨 매우 예쁜데 나를 성 모퉁이에서 기다리누나.

모전：'정(靜)'은 정숙하고 얌전한 것이다. 여자의 덕이 정숙하고 얌전하면서 법도가 있으니 말할 만한 것이다. '주(姝)'는 얼굴이 아름다운 것이다. '사(俟)'는 기다린다는 뜻이다. '성우(城隅：성 모퉁이)'는 높아서 넘을 수 없는 것을 말한 것이다.

靜，貞靜也．女德貞靜而有法度，乃可說也．姝，美色也．俟，待也．城隅，以言高而不可踰．

경 1-2：愛而不見，搔首踟躕.

사랑하지만 볼 수 없어서 머리 긁으며 머뭇거리네.

모전：마음은 가고자 하나 행실이 바른 것을 말한다.

言志往而行正.

경 2-1：靜女其孌，貽我彤管.

정숙한 아가씨 아름다운데 나에게 붉은 붓대를 선물하누나.

모전：정숙한 덕이 있을 뿐만 아니라 또 얼굴이 아름답고 게다가 나에게 옛사람들의 법도를 알려 주니, 임금의 배필이 될 수 있는 것이다. 옛날에 제후의 부인에게는 반드시 붉은 붓대를 잡는 여사(女史)를 두는 제도가 있었는데, 여사가 후궁의 잘못을 기록하지 않으면 사형을 시켰다. 후비와 첩들은 예에 따라 임금을 모시는데, 여사가 그 날짜를 기록해 놓고 그 날짜가 되면 가락지를 주어 나아가게 하기도 하고 물러가게 하기도 하였다. 자식이 태어날 달이 되면 금가락지를 주어 물러가게 하였고 임금을 모시게 된 후궁에게는 은가락지를 주어 나아가게 하되, 처음에는 그것을 왼손에 끼게 했다가 모시고 나면 오른손에 끼도록 하였다. 여사는 큰 일이든 작은 일이든 상관없이 모두 기록하는 것이 법도였다.

旣有靜德，又有美色，又能遺我以古人之法，可以配人君也．古者后夫人，必有女史彤管之法，女史不記過，其罪殺之[39]．后妃群妾，以禮御於君所，女史書其日月，授之以環，以進退之．生子月辰，則以金環退之，當御者，以銀環進之，著於左手，旣御，著於右手．事無大小，記以成法.

39 之：저본에는 '也'로 되어 있는데，《모시정의》(北京大學出版社，2000，205쪽)에 근거하여 바로잡았다.

경 2-2 : 彤管有煒, 說懌女美.

붉은 붓대가 참 붉구나, 저 아가씨 아름다움 다 기록하였네.

모전 : '위(煒)'는 붉은 모습이다. 붉은 붓대는 진심으로 사람을 바로잡는 것이다.
煒, 赤貌. 彤管, 以赤心正人也.

경 3-1 : 自牧歸荑, 洵美且異.

농관을 통해 전해 준 삘기 진실로 곱고 기이하구나.

모전 : '목(牧)'은 농관(農官)이라는 뜻이고, '삘기〔荑〕'는 띠풀이 처음 나온 것이다. 삘기를 근간으로 말한 것은 처음과 결실이 있는 것을 취한 것이다.
牧, 田官也. 荑, 茅之始生也. 本之於荑, 取其有始有終.

경 3-2 : 匪女之爲美, 美人之貽.

삘기 네가 아름다운 게 아니라 사람이 준 것을 아름답게 여긴 것이네.

모전 : 삘기만 아름답다고 말한 것이 아니라 그 여자가 나에게 법도를 알려 준 것을 찬미한 것이다.
非爲其徒說美色而已, 美其人能遺我法則.[40]

《靜女》三章, 章四句.

〈정녀〉는 모두 3장이니, 장마다 4구이다.[41]

조금도 의심할 여지 없이 모전은 이미 주석의 완전한 형태를 갖추고 있으며, 모전의 주석 방법 또한 풍부하고 다채롭다. 당나라 사람 공영달(孔穎達, 574-648)이 찬한 《모시정의(毛詩正義)》와 청나라 사람 진환(陳奐, 1786-1863)이 찬한 《시모씨전소(詩毛氏傳疏)》는 모두 이 점에 주의하여 모전의 훈고(訓詁) 조례(條例)에 대해 분석하였다.

40 원주 : 이상은 정문(正文)과 주석이다.

41 원주 : 이상은 장구(章句)를 나눈 것이다.

주석의 방법은 어휘의 뜻을 풀이하고 구절의 뜻을 풀이하고 의리를 밝히고 주제를 개괄하는 방법에서 벗어나지 않는다. 위에 열거한 두 가지 사례를 통해서 모전은 내용적으로 완비되어 있고 방법상으로도 과학적이고 융통성이 있다는 것을 알 수 있으니, 고대 주석의 모델이다. 장태염(章太炎)이 일찍이 《모시고훈전》을 높이 평가하였는데, 이는 전혀 근거 없는 것이 아니다.

모전의 어휘 풀이는 글자 한 자로 풀이하는 경우가 있다. 예를 들면 "간(干)은 애(厓 물가)이다.〔干, 厓也.〕", "소(素)는 공(空 헛되다.)이다.〔素, 空也.〕", "사(俟)는 대(待 기다리다)이다.〔俟, 待也.〕"라고 풀이한 것이다. 풀이한 글자가 풀이의 대상이 된 글자, 즉 원 글자에 비해 알기가 쉽다.

복합어로 풀이하는 경우도 있다. 예를 들면 "정(靜)은 정정(貞靜 정숙하고 얌전하다.)이다.〔靜, 貞靜也.〕", "주(姝)는 미색(美色 얼굴이 아름답다.)이다.〔姝, 美色也.〕", "폭(輻)은 단폭(檀輻 박달나무로 만든 수레바퀴살)이다.〔輻, 檀輻也.〕"라고 풀이한 것이다.

주석 대상 글자로 사용한 것이 복합어인데, 때로는 이 복합어가 첩어인 경우가 있다. 예를 들면 "有洸有潰"에 대해 "광광(洸洸)은 굳세다는 뜻이고, 궤궤(潰潰)는 성내다는 뜻이다.〔洸洸, 武也; 潰潰, 怒也.〕"라고 풀이한 것이다.[42]

때로는 연접해 있는 말을 사용한 경우가 있다. 예를 들면 "我心寫兮"에 대해 "사(寫)는 그 마음을 쏟아내는 것이다.〔寫, 輸寫其心也.〕"라고 풀이한 것이다.[43]

의미를 규정하는 경우도 있다. 예를 들면 "수면에 바람이 불어 무늬가 생기는 것을 '연(漣)'이라고 한다.〔風行水成文曰漣.〕", "만의 만 배를 '억(億)'이라 한다.〔萬萬曰億.〕", "3년 된 짐승을 '특(特)'이라 한다.〔獸三歲

42 원주 : 〈패풍(邶風) 곡풍(谷風)〉
43 원주 : 〈소아(小雅) 육소(蓼蕭)〉

曰特.〕", "익힌 밥을 '손(飧)'이라 한다.〔熟食曰飧.〕"라고 풀이한 것이다.

형태나 모양을 형상화하는 경우도 있다. 예를 들면 "위(煒)는 붉은 모습이다.〔煒, 赤貌〕", "윤(淪)은 작은 바람에 물이 무늬를 이루어 수레바퀴처럼 파문이 이는 것이다.〔小風水成文, 轉如輪也.〕"라고 풀이한 것이다.

구절의 뜻을 풀이하면서 글자를 바꿔 어휘를 풀이하는 경우도 있다. 예를 들면 "貽我彤管"에 대해 "게다가 나에게 옛사람들의 법도를 알려 주었다.〔又能遺我以古人之法.〕"라고 풀이한 것이다.

성훈(聲訓)[44]을 해서 함의를 밝히는 경우도 있다. 예를 들면 "君子信盜, 亂是用暴."에 대해 "도(盜)는 도(逃 도망가다.)이다.〔盜, 逃也.〕"[45]라고 풀이한 것이다.

가리키는 바를 풀이하는 경우도 있다. 예를 들면 "惠而好我, 携手同歸."에 대해 "덕 있는 이에게 돌아가는 것이다.〔歸有德也.〕"[46]라고 풀이한 것이다.

비유하는 뜻을 풀이하는 경우도 있다. 예를 들면 "성우(城隅 성 모퉁이)는 높아서 넘어갈 수 없는 것을 이른다.〔城隅, 以言高而不可踰.〕"라고 풀이한 것이다.

가탁한 뜻〔寓意〕을 풀이하는 경우도 있다. 예를 들면 "동관(彤管)은 진심으로 사람을 바로잡는 것이다.〔彤管, 以赤心正人也.〕"라고 풀이한 것이다.

모전의 구절 풀이는 때로는 번역의 방법을 사용하는 경우가 있다. 예를 들면 "揚之水, 不流束楚."에 대해 "양(揚)은 넘실대다는 뜻이다. 넘실대는 물이 묶어 놓은 나뭇단을 떠내려 보낼 수 없다고 말할 수 있겠는가.〔揚, 激揚也. 激揚之水, 可謂不能流漂束楚乎?〕",[47] "我心匪石, 不可轉也; 我心匪

44 성훈(聲訓) : 음훈(音訓)이라고도 하는데, 훈고 방식의 하나이다. 어떤 한자의 자의(字義)를 그것과 동음(同音) 또는 쌍성첩운(雙聲疊韻) 따위의 근사음(近似音)의 문자로 풀이하는 방법이다.

45 원주 : 〈소아(小雅) 교언(巧言)〉

46 원주 : 〈패풍(邶風) 북풍(北風)〉

席, 不可卷也."에 대해 "돌은 비록 견고하나 오히려 굴릴 수 있고, 자리는 비록 평평하나 오히려 말 수 있는 것이다.〔石雖堅, 尙可轉; 席雖平, 尙可卷.〕",[48] "墻有茨, 不可掃也."에 대해 "삘기만 아름답다고 말한 것이 아니라 그 여자가 나에게 법도를 알려 준 것을 아름답게 여긴 것이다.〔非爲其徒說美色而已, 美其人能遺我法則.〕"라고 풀이한 것이다.

때로는 원인을 설명한 경우가 있다. 예를 들면 "墻有茨, 不可掃也."에 대해 "그것을 쓸어 없애려고 하면 도리어 담장이 상하기 때문이다.〔欲掃去之, 反傷墻也.〕",[49] "雄雉于飛, 泄泄其翼."에 대해 "수꿩이 암꿩을 보았기 때문에 날아올라 느릿느릿 그 날개를 퍼덕인 것이다.〔雄雉見雌雉, 飛而鼓其翼泄泄然.〕"[50]라고 풀이한 것이다.

때로는 구절의 뜻을 풀이하지 않고 단지 그 구절의 표면적 의미를 넘어선, 내포된 의미만 명시한 경우가 있다.

예를 들면 "惴惴小心, 如臨于谷."에 대해 "떨어질까 두려운 것이다.〔恐隕也.〕"[51]라고 풀이한 것이다.

모전의 번역은, 그 뜻에 따라 번역하는 경우도 있고 그 뜻을 뒤집어 번역하는 경우도 있는데, 모두 주석의 역할을 잘하고 있다.

모전은 각 시마다 그 주제를 명시하고 있는데, 각종 상황에 따라 각종 방식을 쓰고 있다.

47 원주 : 〈정풍(鄭風) 양지수(揚之水)〉
역주 : 여기에서 '격양지수(激揚之水)'는 정교(政敎)의 혼란을 비유한 말이고 '불류속초(不流束楚)'는 정령이 신하들에게 행해지지 않는 것을 비유한 말이다.

48 원주 : 〈패풍(邶風) 백주(柏舟)〉

49 원주 : 〈용풍(鄘風) 장유자(墻有茨)〉

50 원주 : 〈패풍(邶風) 웅치(雄雉)〉

51 원주 : 〈소아(小雅) 소완(小宛)〉

〈개풍〉은 효자를 찬미한 시이다. 위나라에 음란한 풍조가 만연하여 일곱 명의 아들을 둔 어머니라 할지라도 집을 편안히 여기지 못하였다. 그래서 일곱 아들들이 효도를 다하여 어머니의 마음을 위로하여 그 뜻을 이룬 것을 찬미한 것이다.

《凱風》, 美孝子也. 衛之淫風流行, 雖有七子之母, 猶不能安其室, 故美七子能盡其孝道, 以慰其母心而成其志爾.

〈웅치〉는 위나라 선공을 풍자한 시이다. 음란하여 국사를 생각하지 않고 군대를 자주 일으키는 바람에 대부들이 장기간 전쟁에 동원되고 남녀들이 혼인을 하지 못하니, 나라 사람들이 이를 걱정하여 이 시를 지은 것이다.

《雄雉》, 刺衛宣公也. 淫亂不恤國事, 軍旅數起, 大夫久役, 男女怨曠, 國人患之而作是詩.

〈모구〉는 위나라 임금을 꾸짖은 시이다. 오랑캐들이 여나라 임금을 축출하여 여나라 임금이 위나라에 망명해 있으니, 위나라가 방백과 연수의 직임을 제대로 수행하지 못하였다. 이에 여나라의 신하들이 위나라를 꾸짖은 것이다.

《旄丘》, 責衛伯也. 狄人迫逐黎侯, 黎侯寓于衛. 衛不能修方伯連率之職, 黎之臣子以責於衛也.

〈식미〉는, 여나라 임금이 위나라에 망명해 있었는데, 그 신하들이 돌아갈 것을 권한 시이다.

《式微》, 黎侯寓于衛, 其臣勸以歸也.

〈천수〉는 위나라로 시집온 여인이 친정으로 돌아갈 것을 생각한 시이다. 제후에게 시집갔는데, 친정 부모가 죽었으므로 상에 달려가고 싶었으나 할 수가 없었다. 그래서 이 시를 지어 자신의 서글픈 심정을 나타낸 것이다.

《泉水》, 衛女思歸也. 嫁於諸侯, 父母終, 思歸寧而不得, 故作是詩以自見也.[52]

〈체동〉은 음분(淫奔)을 금할 것을 읊은 시이다. 위나라 문공이 도로써 백성을 교화하니, 음분하는 부끄러운 사람들을 나라 사람들이 사람으로 끼워 주지 않았다.

《蝃蝀》, 止奔也. 衛文公能以道化其民, 淫奔之恥, 國人不齒也.

〈재치〉는 허나라 목 부인이 지은 것이니, 종국(宗國)이 전복되는 것을 안타까워하고 구원하지 못하는 것을 서글퍼한 것이다. 위나라 의공이 오랑캐에게 멸망당하여 국인들이 뿔뿔이 흩어져 조읍(漕邑)에 노숙하고 있으니, 허나라 목 부인이 위나라의 멸망을 안타까워하고 허나라가 힘이 모자라 구원하지 못하는 것을 슬퍼하였다. 그리고 돌아가 그 오라비를 위문하려 하였으나 또 의리상 할 수도 없었다. 그래서 이 시를 읊은 것이다.

《載馳》, 許穆夫人作也. 閔其宗國顚覆, 自傷不能救也. 衛懿公爲狄人所滅, 國人分散, 露於漕邑, 許穆夫人閔衛之亡, 傷許之小, 力不能救, 思歸唁其兄, 又義不得, 故賦是詩也.[53]

〈하광〉은 송나라 양공의 어머니가 쫓겨나 위나라로 돌아와서 아들을 그

52 원주 : 이상은 〈패풍(邶風)〉

53 원주 : 이상은 〈용풍(鄘風)〉

리워하여 마지않았다. 그래서 이 시를 지은 것이다.

《河廣》, 宋襄公母歸于衛, 思而不止, 故作是詩也.[54]

〈채갈〉은 참소하는 말을 두려워한 시이다.

《采葛》, 懼讒也.[55]

〈개풍〉·〈웅치〉·〈모구〉가 하나의 유형이다. 소서(小序)에서는 '미(美)'[56] 자를 쓰기도 하고, '자(刺)'[57] 자를 쓰기도 하고, '책(責)'[58] 자를 쓰기도 하고, '민(閔)'[59] 자를 쓰기도 하였다. '미(美)'나 '자(刺)' 등의 자구 뒤에는 가송되거나 비판되는 대상(사람이나 일)을 분명하게 적시한 뒤에 구체적인 사실과 전말을 설명하고 있다.

〈재치〉가 또 하나의 유형이다. 이것이 〈개풍〉 등과 다른 점은 작자를 지적하고 있다는 것이다.

〈식미〉와 〈하광〉이 또 하나의 유형이다. 시를 짓게 된 연유만 설명하고 있다.

〈천수〉와 〈체동〉은 〈개풍〉 등의 시와 성격이 유사하나, 먼저 시의 성격을 명시한 뒤에 구체적인 설명을 하고 있다.

〈채갈〉은 단지 세 글자로 그 주제를 명시하고 있다.

〈소서〉에서의 시 주제에 대한 적시는 시구의 의리에 대한 천명과 밀접한

54 원주 : 이상은 〈위풍(衛風)〉

55 원주 : 이상은 〈왕풍(王風)〉

56 원주 : 찬미나 가송(歌頌)의 뜻이다.

57 원주 : 기롱, 비판, 혹은 폭로의 뜻이다.

58 원주 : 지적(指摘)이나 견책(譴責)의 뜻이다.

59 원주 : 연민이나 동정을 표시한다.
역주 : '민(閔)'은 〈재치〉에 보인다. 저본의 오류로 보인다.

관계가 있다. 모전에서 주제에 대해 개괄하고 시구의 의리에 대해 천명한 것은 후세 학자들이 시를 이해하는 데 귀중한 참고 자료를 제공한다. 그러나 견강부회하거나 제멋대로 의리를 말한 부분이 적지 않으니, 이 때문에 〈소서〉 및 구절의 뜻(경문의 뜻)의 분석은 분석적 태도를 취해야지 맹종해서는 안 된다. 송나라 이래 학자들의 고증에 의거하면 〈소서〉는 한대(漢代) 주석가들의 작업이므로 모두 믿어서는 안 된다. 그럼에도 주석의 체례(體例)를 완비한 점과 주제를 제시한 방법의 측면에서 보면 〈소서〉가 지니고 있는 자료적 가치는 여전히 매우 귀하다 할 수 있다.

《춘추》 삼전과 《모시고훈전》은 중국 초기 주석의 대표 저작으로, 이 책에는 중국 주석학이 시작하자마자 바로 내용의 완비라는 측면과 방법의 과학적인 측면에서 볼만한 수준에 도달해 있음을 반영하고 있다.

제3절 동한東漢 : 주석의 번영

1 동한 시대 주석 발전의 일반적 상황

서한 시대에 이미 경전에 대한 주석의 기초가 확립되었고, 동한에 이르러서는 정부의 제창으로 말미암아 경전의 주석이 매우 빠른 속도로 왕성한 발전의 단계로 진입하였다. 영평(永平) 연간(58-75)에는 명제(明帝)가 직접 경서를 강해하기도 하였다. 장제(章帝) 건초(建初) 4년(79)에는 백호관(白虎觀)[60]에 유자들을 대거 모아놓고 오경(五經)의 이동(異同)을 논의하였는데, 이 회의가 몇 개월 동안 지속되었다.

동한 시대 주석의 대가로 20여 명의 저명한 학자가 있는데, 표로 열거하면 다음과 같다.

성명, 생몰년	이력	학술 연원과 저작의 유전(流轉)
위굉(衛宏) 자는 경중(敬仲)	동해(東海)[61] 사람이다. 광무제(光武帝) 때 의랑(議郎)을 지냈다.	먼저 구강(九江) 사만경(謝曼卿)에게 《모시》를 배워 《모시서(毛詩序)》를 지었고, 뒤에 대사공(大司空) 두림(杜林)을 사사하여 《고문상서》를 배운 뒤에 《훈지(訓旨)》를 지었으나, 두 책은 모두 일실되었다. 또 서한의 여러 일들을 모아 《한구의(漢舊儀)》 4편을 편찬하였는데, 지금 그 집본이 있다.

60 백호관(白虎觀) : 장제(章帝)가 학사(學士)들과 함께 친히 오경(五經)을 강론한 곳을 말하는데, 이때의 논의를 기록한 책이 《백호통의(白虎通義)》이다.

61 원주 : 지금의 산동성 염성(鹽城) 서남쪽이다.

성명, 생몰년	이력	학술 연원과 저작의 유전(流轉)
모장(牟長) 자는 군고(君高)	임제(臨濟)[62] 사람이다. 건무(建武) 초에 박사(博士)에 제수되었다가 뒤에 하내 태수(河內太守)로 옮겨 갔다. 관직이 중산대부(中散大夫)에 이르렀다.	구양씨(歐陽氏)의 《상서》를 배워서 《상서장구(尙書章句)》를 저술하였다. 속칭 《모씨장구(牟氏章句)》라 하는데, 일실되었다. 박사로 있으면서 강학할 때 유생들이 항상 천여 명이었고 제자가 전후로 만 명에 이르렀다.
이육(李育) 자는 원춘(元春)	부풍(扶風) 칠(漆)[63] 사람이다. 일찍이 시중(侍中)을 지냈다.	《춘추공양전》을 전공하였다. 백호관의 경학 토론에 참가하여 《공양전》의 경의(經義)를 가지고 고문경학가인 가규(賈逵)와 논란을 벌였다. 《난좌씨의(難左氏義)》 41사(事)를 지었는데, 일실되었다.
두림(杜林) 자는 백산(伯山) ?-47	부풍(扶風) 무릉(茂陵)[64] 사람이다. 관직이 시어사(侍御史), 대사공(大司空)에 이르렀다.	《고문상서》를 전공하였다. 일찍이 《칠고문상서(漆古文尙書)》 1권을 얻어 위굉(衛宏)에게 전하였다. 두림은 장송(張竦)에게 수학하여 《창힐편(倉頡篇)》에 훈고를 하였으나,[65] 일실되었다. 청나라 마국한(馬國翰)의 《옥함산방집일서(玉函山房輯佚書)》에 집본 1권이 있다.[66]
두자춘(杜子春) 기원전 30?-58	하남(河南) 구지(緱氏)[67] 사람이다.	유흠(劉歆)에게 《주례》를 배웠고, 정중(鄭衆)과 가규가 모두 그에게 《주례》를 배워 비로소 《주례》학이 전승되었다. 정현이 《주례》를 주석하면서 대부분 그의 설을 채용하였다. 《옥함산방집일서》에 《수례두씨주(周禮杜氏注)》 3권이 있다.

62 원주 : 지금의 산동성 고청(高靑)이다.

63 원주 : 지금의 섬서성 빈현(彬縣)이다.

64 원주 : 지금의 섬서성 홍평(興平)이다.

65 두림은……하였으나 : 이와 관련한 그의 저작으로 《창힐훈찬(倉頡訓纂)》과 《창힐고(倉頡故)》가 있다.

66 옥함산방집일서(玉函山房輯佚書)에……있다 : 서명은 《창힐훈고(倉頡訓詁)》이다.

67 원주 : 지금의 하남성 언사(偃師)의 남쪽이다.

성명, 생몰년	이력	학술 연원과 저작의 유전(流轉)
정흥(鄭興) 자는 소공(少贛)	진류(陳留) 준의(浚儀)[68] 사람이다. 일찍이 태중대부(太中大夫)를 지냈다.	처음에는 《공양전》을 전공했다가[69] 뒤에는 《좌전》을 전공하고 아울러 《주례》를 전공하였다. 저작은 이미 일실되었다. 《옥함산방집일서》에 《주례정대부(흥)해고(周禮鄭大夫(興)解詁)》 1권이 있다.
정중(鄭衆) 자는 중사(仲師) ?-83	정흥의 아들이다. 일찍이 대사농을 지냈으므로 세상에서는 '정 사농(鄭司農)'이라 불러 환관(宦官) 정중(鄭衆)과 구별하였다.	아버지 정흥의 《좌전》학을 전수받았고 《역》과 《시》에도 능통하였다. 세상에서 '선정(先鄭)'이라 하고, 뒤에 정현을 일컬어 '후정(後鄭)'이라 한다. 저작은 이미 일실되었으나 《옥함산방집일서》에 《주례정사농(중)해고(周禮鄭司農(衆)解詁)》 6권과 《정중춘추첩례장구(鄭衆春秋牒例章句)》 1권이 집일되어 있다.
두무(杜撫) 자는 숙화(叔和)	무양(武陽)[70] 사람이다. 건초(建初) 연간(76~84) 공거령(公車令)을 지냈다.	설한(薛漢)에게 학업을 전수받아 《한시장구(韓詩章句)》를 정(定)하였고, 제자 천여 명을 교수하였다. 그가 지은 《시제약의통(詩題約義通)》은 후인들이 《두군법(杜君法)》이라 칭한다.
가규(賈逵) 자는 경백(景伯) 30-101	부풍(扶風) 평릉(平陵)[71] 사람이다. 가의(賈誼)의 9세손이다. 화제(和帝) 때에 관직이 시중에 이르렀다.	영평(永平) 연간에 《좌씨전해고(左氏傳解詁)》 30편과 《국어해고(國語解詁)》 21편을 명제(明帝)에게 바쳤는데, 명제가 그 책을 중시하여 필사해서 비관(秘館)에 보관하였다. 또 《경전의고(經傳義詁)》와 《논난(論難)》 등 백여만 자를 저술하였는데, 이 책들은 모두 일실되었다. 《옥함산방집일서》와 황석(黃奭)의 《한학당총서(漢學堂叢書)》에 모두 《좌씨전해고》와 《국어해고》의 집본이 있다.

68 원주 : 지금의 하남성 개봉(開封)이다.

69 전공했다가 : 저본에는 '始'로 되어 있는데, 다음 원문이 '後治《左傳》'인 것으로 미루어 '治'로 보고 번역하였다.

70 원주 : 지금의 산동성 담성(郯城)이다.

71 원주 : 지금의 섬서성 함양(咸陽)이다.

성명, 생몰년	이력	학술 연원과 저작의 유전(流轉)
왕일(王逸) 자는 숙사(叔師)	남군(南郡) 의성(宜城)[72] 사람이다. 안제(安帝) 때 교서랑(校書郎)을 지냈고 순제(順帝) 때 관직이 시중에 이르렀다.	그가 지은 《초사장구(楚辭章句)》는 《초사》 주석의 시초로, 후세에 중시되는 책이다. 또 부(賦)·뇌(誄)·서(書)·논(論) 등 21편과 한시(漢詩) 123편이 있었는데, 지금은 대부분 남아 있지 않다. 굴원을 애도하기 위하여 지은 〈구사(九思)〉가 《초사장구》에 남아 있다. 명나라 장보(張溥)가 집일한 《한위육조백삼가집(漢魏六朝百三家集)》에 《왕숙사집(王叔師集)》이 있다.
허신(許愼) 자는 숙중(叔重) 58-147?	여남(汝南) 소릉(召陵)[73] 사람이다. 일찍이 태위(太尉), 남각좨주(南閣祭酒), 남각효장(南閣洨長) 등의 관직을 역임하였다.	가규(賈逵)를 사사하여 고문경학을 전공하였다. 저서에 《오경이의(五經異義)》 10권이 있으나 이미 일실되었다. 청나라 진수기(陳壽祺)의 《오경이의소기(五經異義疏記)》에 집록되어 있는데, 집주(輯注)가 비교적 구비되어 있다. 또 《설문해자(說文解字)》를 지었다. '육서(六書)'로 문자의 본의를 탐구하고 아울러 성음과 훈고까지 언급하여 체계적으로 자형(字形)을 분석하고 자원(字原)을 연구한 중국 최초의 전문저작이다. 후세에 많은 영향을 끼쳤다.
복건(服虔) 초명(初名)은 중(重), 또 다른 이름은 지(祇) 이다. 자는 자신(子愼)	형양(滎陽)[74] 사람으로, 영제(靈帝) 중평(中平) 때 구강 태수(九江太守)를 지냈다.	고문경학을 신봉하였다. 저서에 《춘추좌씨전해의(春秋左氏傳解誼)》가 있다. 《좌전》을 가지고 금문학가인 하휴(何休)와 논박하였다. 남북조 시대에 북방에서 복건(服虔)의 주가 성행하였으나, 당(唐)나라 공영달(孔穎達)이 《오경정의(五經正義)》를 지으면서 전적으로 두예(杜預)의 주를 썼기 때문에 복건의 주는 마침내 없어지게 되었다. 《옥함산방집일서》에 4권의 집본이 남아 있고, 이이덕(李貽德)이 집일한 《좌전가복주집술(左傳賈服注輯述)》이 있다.

72 원주 : 지금은 호북성에 속한다.

73 원주 : 대략 지금의 하남성 언성(郾城)이다.

74 원주 : 지금은 하남성에 속한다.

성명, 생몰년	이력	학술 연원과 저작의 유전(流轉)
마융(馬融) 자는 계장(季長) 79-166	부풍(扶風) 무릉(茂陵) 사람이다. 일찍이 교서랑(校書郎), 의랑(議郎), 남군 태수(南郡太守)를 지냈다.	《주역》·《상서》·《모시》·삼례(三禮)·《논어》·《효경》 등을 두루 주석하여 고문경학이 성숙한 경지에 이르도록 하였다. 문도가 항상 천여 명이었고, 정현과 노식(盧植)이 모두 그 문하에서 나왔다. 아울러 《노자》·《회남자》를 주석하였으나 저작은 이미 일실되었고, 《옥함산방집일서》와 《한학당총서》에 모두 집록이 있다. 별도로 부(賦)·송(頌) 21편이 있는데, 〈장적부(長笛賦)〉가 비교적 유명하다.
조기(趙岐) 초명은 가(嘉) 이다. 자는 빈경(邠卿)·태경(台卿) 108?-201	경조(京兆) 장릉(長陵)[75] 사람이다. 일찍이 병주 자사(幷州刺史), 의랑(議郎), 태상(太常) 등의 관직을 역임하였다.	저서에 《맹자장구(孟子章句)》가 있는데, 현존하는 가장 오래된 《맹자》 주석본이다.[76]
양종(楊終) 자는 자산(子山)	성도(成都)[77] 사람이다. 명제(明帝) 때 교서랑에 제수되었다.	《춘추외전(春秋外傳)》 12편과 《개정장구(改定章句)》 15만 자를 저술하였다.
정현(鄭玄) 자는 강성(康成) 127-200	북해(北海) 고밀(高密)[78] 사람이다. 동한 말의 저명한 경학가이자, 교육자이다.	처음에는 금문 《역》과 《공양》학을 익혔고, 또 장공조(張恭祖)에게 사사하여 고문 《상서》·《주례》·《좌전》 등을 배웠으며, 마융(馬融)을 사사하여 고문경을 배웠다. 나이 40에 문도를 모아 강학을 하였는데, 제자가 수천 명이었다. 당고(黨錮)의 일로 인해 금고(禁錮)당하자 저술에 몰두하였다. 고문 경설을 위주로 하고 아울러 금문 경설도 채택하였다. 여러 경전을 두루 주석하여 한대(漢代) 경학의 집대성자가 되었는데, 세상에서는 이를 일러 '정학(鄭學)'이라 칭한다.

75 원주 : 지금은 섬서성 함양(咸陽) 동북(東北) 지역이다.

76 원주 : 《후한서》 〈유림전(儒林傳)〉에 "정증(程曾)은 자가 승수(升秀)이고 예장(豫章) 남창(南昌) 사람으로 《맹자장구》를 지었다. 건초(建初) 3년에 효렴(孝廉)으로 천거되어 해서영(海西令)으로 옮겼다."라는 말이 있는데, 정증은 조기(趙岐)의 앞 시대 인물로 그 책이 전하지는 않는다.

성명, 생몰년	이력	학술 연원과 저작의 유전(流轉)
		지금 통행본 《십삼경주소》에 있는 《모시》와 삼례(三禮)의 주는 바로 정현의 주를 채용한 것이다. 또 《발묵수(發墨守)》·《침고황(箴膏肓)》·《기폐질(起廢疾)》 등을 지어 하휴(何休)[79]를 반박하였는데, 각각 책을 지어 서로 논박하는 것이 하휴와 정현에서부터 시작되었다. 별도로 《주역》·《논어》·《상서》를 주석하였고, 《육예론(六藝論)》·《박허신오경이의(駁許愼五經異義)》 등을 지었으나 이미 일실되었다. 청나라 원균(袁鈞)의 《정씨유서(鄭氏遺書)》와 《옥함산방집일서》에 모두 집본이 있다.
순상(荀爽) 또 다른 이름은 서(諝)이다. 자는 자명(慈明) 128-190	영천(潁川) 영양(潁陽)[80] 사람이다. 헌제(獻帝) 초에 사공(司空)을 지냈다.	비직(費直)의 고문《역》을 전공하여 《주역》 11권을 주석하였으나 이미 일실되었다. 《옥함산방집일서》에 《주역》 순씨주(荀氏注) 3권이 집일되어 있고, 손당(孫堂)의 《한위이십일가역주(漢魏二十一家易注)》에 순상의 《주역주(周易注)》 1권이 집일되어 있다. 장혜언(張惠言)이 《주역순씨구가의(周易荀氏九家義)》를 편찬하여 그의 역학(易學)에 대해 천명한 바 있다.
하휴(何休) 자는 소공(劭公) 129-182	임성(任城) 번(樊)[81] 사람이다. 일찍이 사도(司徒)를 지냈다.	금문경학을 정밀하게 연구하여 《춘추공양해고(春秋公羊解詁)》를 저술하였다. 《공양전》에 '의례(義例)'를 만들어 체계적인 금문경학 저작이 되도록 하였다. 별도로 《공양묵수(公羊墨守)》·《좌씨고황(左氏膏肓)》·《곡량폐질(穀梁廢疾)》 등을 찬하였으나 이미 일실되었다. 청나라 왕모(王謨)의 《한위유서초(漢魏遺書鈔)》에 각각 1권씩 집일되어 있다.

77 원주 : 지금은 사천성에 속한다.

78 원주 : 지금은 산동성에 속한다.

79 하휴(何休) : 저본에는 '何林'으로 되어 있는데, 인명의 오기(誤記)이므로 '林'을 '休'로 바로잡았다.

80 원주 : 지금의 하남성 허창(許昌) 지역이다.

성명, 생몰년	이력	학술 연원과 저작의 유전(流轉)
노식(盧植) 자는 자간(子幹) ?-192	탁군(涿郡) 탁현(涿縣)[82] 사람이다. 동한의 대신이었다.	《상서장구(尙書章句)》와 《삼례해고(三禮解詁)》를 저술하였으나 지금은 일실되었다.
고유(高誘)	탁군 탁현[83] 사람이다. 사공연(司空掾)을 역임하고 곧바로 동군(東郡) 복양영(濮陽令)[84]에 임명되었다. 뒤에 감하동(監河東)으로 옮겼다.	젊었을 때 노식(盧植)에게 수학하였다. 저서에 《맹자장구》·《효경주(孝經注)》[85]·《전국책주(戰國策注)》[86]·《회남자주(淮南子注)》[87]·《여씨춘추주(呂氏春秋注)》 등이 있다.
장하(張遐)	여간(餘干)[88] 사람이다. 건녕(建寧)[89] 때 오경박사가 되었다.	저서에 《오경통의(五經通義)》·《역전》·《서원(筮原)》·《귀원(龜原)》·《오월춘추(吳越春秋)》 등이 있다.
응소(應劭) 자는 중원(仲遠)[90]	여남(汝南) 남돈(南頓)[91] 사람이다. 헌제(獻帝) 때 태산 태수(太山太守)를 지냈다.	《한관의(漢官儀)》 10권과 《풍속통의(風俗通義)》 30권을 저술하였다. 저술한 《한서집해음의(漢書集解音義)》는 당(唐)나라 안사고(顔師古)가 《한서》 주석을 낼 때 많이 인용하였다.

81 원주 : 지금의 산동성 곡부(曲阜) 지역이다.

82 원주 : 지금은 하북성에 속해 있다.

83 원주 : 지금은 하북성에 속해 있다.

84 원주 : 지금은 하남성에 속해 있다.

85 원주 : 모두 일실되었다.

86 원주 : 지금은 잔본(殘本)이 있다.

87 원주 : 지금은 허신(許愼)의 주(注)와 서로 섞여 있다.

88 원주 : 지금은 강서성에 속해 있다.

89 건녕(建寧) : 영제(靈帝)의 연호이다.

90 중원(仲遠) : 저본에는 '伸遠'으로 되어 있는데, 인명의 오기이므로 '伸'을 '仲'으로 바로잡아 번역하였다.

91 원주 : 지금의 하남성 항성(項城) 서남 지역이다.

2 동한 시대 주석의 특징

1) 주석의 범위가 확대되었다

동한의 주석은 여전히 오경을 위주로 하였으나, 뒤에 출현한 책들도 중시받기 시작하여 주석의 대상이 되었다. 예를 들면《논어》·《맹자》·《노자》·《초사》·《회남자》·《국어》·《한서》·《전국책》·《여씨춘추》같은 책의 주석이 전후로 출현하여, 주석의 대상이 이미 자서(子書)·사서(史書)·문집(文集)으로까지 확대되었다.

2) 주석이 심화되었다

서한까지 우리가 볼 수 있었던 주석은 경서에 대한 것뿐이었다. 또한《공양전》과《곡량전》처럼 동일한 경전에 대한 다른 주석이 존재하는 상황도 많지 않았다. 그런데 동한에 이르러서는 그 상황에 큰 변화가 발생하였다. 서한까지 경사(經師)들이 중시한 것은 사법(師法)이었고, 그것이 경을 전하는 근원이었다. 그런데 동한에 이르러서는 주석가들이 별 떼처럼 일어나 동일한 근원에서 나온 자들이 종종 스스로 독립된 문호를 세우고 문도를 모아 강학을 하면서, 일가(一家)의 비조가 되어 가법(家法)이 사법을 대체하였다.

유흠(劉歆) 이후로 금문과 고문 논쟁이 격화되었는데, 이러한 논쟁은 한편으로는 학술적 혼란을 야기하기도 하였으나, 다른 한편으로는 학술의 심화를 촉진시켜 전국 시대의 백가쟁명(百家爭鳴)과 서로 유사한 측면이 있었다.

금문경(今文經)의 주석은 '미언대의(微言大義)'를 중시하고 고문경(古文經)의 주석은 명물(名物)과 훈고를 중시하였으나, 그 목적은 모두 경적의 원형을 보전하고 경의(經義)의 요체를 파악하는 데에 있었다. 동일한 경서라면, 학파가 어떻게 다른가를 따질 것도 없이 단지 주석이 경문의 본래 뜻에 부합하기만 하면 긍정해야 할 것이다. 금문경에 대한 주석으로 유전되어 내려온 것은 많지 않다. 그러나 하휴(何休)의《춘추공양해고(春秋公羊解

詁)》를 통해 보면 그 미언대의에 대한 탐구와 그 훈고의 가치는 결코 과소평가할 수 없다.

주석의 심화를 볼 수 있는 가장 주요한 지표는 경전 주석에 대한 주석이다. 예를 들면《모시고훈전(毛詩故訓傳)》의 정전(鄭箋)은 모전의 상세하지 않은 것을 주석하기도 하고 미비한 것을 보완하기도 하는 등, 후세의 독자들에 대하여 모두 큰 도움을 주었다. 예를 들면 다음과 같다.

> 君子于役, 不知其期, 曷至哉?
>
> 군자가 부역을 간 뒤로 돌아올 때를 모르니 언제쯤에나 오시려는가?
>
> 정현 전 : '갈(曷)'은 '언제'라는 뜻이다. "군자가 부역을 갔는데 내가 아직 그가 돌아올 때를 모르니 그는 언제쯤 올 수 있을까?"라고 하였으니, 매우 그리워한 것이다.
> 曷, 何也. 君子往行役, 我不知其反期, 何時當來至哉? 思之甚.

> 雞棲于塒, 日之夕矣, 羊牛下來.
>
> 닭은 담구멍에 깃들고 날은 저무니 양과 소가 내려오누나.
>
> 모전 : 담장을 파고 들어가 깃드는 것을 '시(塒)'라고 한다.
> 鑿墻而棲曰塒.
>
> 정현 전 : 닭이 깃들려고 하고 날은 저무니, 양과 소가 목초지에서 내려온다고 한 것이다. 이는 가축도 출입할 때에 일정한 때가 있게 하는데, 부역을 간 사람은 도리어 돌아오지 않는다는 말이다.
> 雞之將棲, 日則夕矣, 羊牛從下牧地而來, 言畜產出入, 尙使有期節, 至於行役者, 乃反不也.[92]

또《공양전》에 대한 하휴(何休)의 해고(解詁)를 예로 들면 다음과 같다.

> 婦人謂嫁曰歸.
>
> 부인이 시집으로 가는 것을 '귀(歸)'라고 한다.

92 원주 : 〈왕풍(王風) 군자우역(君子于役)〉

하휴 해고 : 부인은 태어나서는 부모를 집으로 삼고, 시집을 가면 남편을 집으로 삼기 때문에 시집가는 것을 '귀(歸)'라고 한 것이니, 두 번 귀숙처를 삼아야 하는 법도[93]가 있음을 밝힌 것이다.……《예》에 따르면, 남자가 장가갈 때에는 3일 동안 음악을 연주하지 않는데, 이는 부모의 대를 잇는 세대교체의 때임을 생각한 것이고, 여자가 시집갈 때에는 집안에 3일 밤 동안 촛불을 끄지 않는데, 이는 서로 이별함을 생각한 것이다.

婦人生以父母爲家，嫁以夫爲家，故謂嫁曰歸，明有二歸之道.……《禮》：男之將取，三日不擧樂，思嗣親也；女之將嫁，三夜不息燭，思相離也.[94]

하휴는 《공양전》의 "부인이 시집으로 가는 것을 '귀(歸)'라고 한다.〔婦人謂嫁曰歸.〕"라는 뜻을 보완하여 풀이하였는데, 매우 명쾌하다.

주석의 심화를 엿볼 수 있는 또 다른 지표는, 논박이 출현하고 논쟁이 격화되었다는 점이다. 백호관 회의에서의 금문학가인 이육(李育, ?-?)과 고문학가인 가규(賈逵, 30-101)의 대립, 정현의 《발묵수(發墨守)》·《침고황(箴膏肓)》·《기폐질(起廢疾)》과 하휴의 《공양묵수(公羊墨守)》·《좌씨고황(左氏膏肓)》·《곡량폐질(穀梁廢疾)》의 대립, 똑같이 고문경학가에 속하는 정현의 《박허신오경이의(駁許愼五經異義)》와 허신의 《오경이의(五經異義)》의 대립은, 모두 학술의 발전을 의미하는 것이다. 주석학이 경문 의리에 대한 탐구라는 측면에서 한 단계 승화되었다는 것을 생동적으로 반영하고 있다고 하겠다.

봉건 시대의 주석사와 경학사 전체를 놓고 보면, 고문경학이 매우 큰 우세를 점하고 있기는 하나 금문경학의 공헌도 과소평가할 수는 없다. 우리는 한(漢)나라 사람들처럼 고문과 금문으로 대립할 수 없으며, 강유위(康有爲)

93 부인은……법도 : 여자의 법도는 혼인 전에는 부모의 집으로 가고, 혼인을 하면 남편의 집으로 가야 하는 것이라는 말이다.

94 원주 : 은공(隱公) 2년 조

역주 : '婦人謂嫁曰歸'는 《공양전》 은공 2년 조의 내용이고, 하휴 해고의 내용은 하휴의 《공양전해고》 주석이다.

처럼 고문경학을 전면적으로 반대할 수는 더욱 없다. 오늘날 사람들은 고서를 주석할 때 응당 실사구시적이어야 하며, 일가(一家)를 위주로 하는 것이 아니라 각 주석가들의 장점을 아울러 채택해야 한다. 사실상 고문경학가인 허신이 《설문해자》를 지을 때나 정현이 삼례(三禮)의 주를 낼 때, 그들은 금문경학가의 주석 성과를 일괄적으로 다 배척한 것이 결코 아니며 그중에서 취할 만한 것들을 채택하였는데, 올바른 태도이다.

3) 집주가 출현하였다

집주(集注)의 출현은 주석학의 일대 진보이다. 한 책에 여러 설을 모아서 객관적으로 개개인의 주석의 정황을 반영한 뒤에, 그 이동(異同)을 분변하고 자신의 생각으로 판단하여 취사를 결정하였다. 그리하여 주석가 자신의 주석과 논단이 충분히 근거가 있는 기초 위에 서게 하여 그 주석의 신뢰도를 높이고 독자에게 참고할 만한 풍부한 견해와 자료를 제공하였는데, 이러한 공적은 작은 것이 아니다.

한나라 사람들의 집주는 이미 그 원형을 알 수 없다. 응소(應劭)의 《한서집해음의(漢書集解音義)》는 안사고의 《한서》 주석에서만 산견되는 자료로 볼 수 있으니, 이 점이 매우 애석하다. 이 시대는 한 책이 나오면 주석가들이 벌 떼처럼 나오는 시대였다.

《사기》는 《한서》 이전에 있던 것으로, 지금 볼 수 있는 고주(古注)로는 단지 남조 송나라 배인(裴駰)의 《사기집해(史記集解)》, 당나라 사마정(司馬貞)의 《사기색은(史記索隱)》, 장수절(張守節)의 《사기정의(史記正義)》 3종뿐이다. 배인은 한나라와 시대적으로 멀리 떨어져 있지 않았는데, 자신의 책에 제가(諸家)의 《사기》에 대한 음의(音義)를 채록하고 아울러 경전을 참고하여 증명하였기 때문에 책의 이름을 '집해(集解)'라고 붙인 것이다. 하지만 그러한 제가의 《사기》 음의가 응소(應劭) 이전에 집해(集解)의 형태로 있었는지는 확정하여 말하기가 어렵다.

《한서집해음의》의 출현은 주석에 있어 하나의 새로운 길을 열어 주었으며 또한 유서(類書)의 편찬에 대해서도 참고자료를 제공해 주었으니, 그 의의가 크다 하겠다.

4) 집대성자가 출현하였다

한대(漢代)에는 학술적 분위기가 농후하여 경전의 주석이 풍부해진 데다가 서한 말에는 유흠 이래 계속되어 온 금문과 고문 논쟁이 격화되어 학술의 심화와 발전을 촉진시켜 집대성자가 출현할 조건이 갖추어졌다고 할 수 있다. 그리하여 여러 경전을 두루 주석하고 고금의 학술을 한 용광로에 넣어 용해시켜 전대의 학술을 계승하고 이를 후세에 전해 주는 학자가 출현하여 일대의 종사(宗師)가 되었다. 이렇게 종사로 부르더라도 전혀 손색이 없는 사람으로 마융(馬融)과 정현(鄭玄)을 들 수 있다.

마융은 여러 경전을 두루 주석하고 아울러 《노자》와 《회남자》를 주석하여 고문경학을 성숙한 경지에 도달하도록 하였다. 그리고 항상 문도 천여 명이 있을 정도로 교육에도 관심을 기울여 정현과 노식(盧植) 등 일대의 종사들을 길러 내기도 하였다.

정현(鄭玄)은 장공조(張恭祖)와 마융을 사사하였는데, 저술이 풍부하기로는 마융에 뒤지지 않는다. 경을 해설하는 데 고문을 위주로 하였으나, 금문의 장점도 충분히 받아들였다. 이 때문에 정학(鄭學)은 당세는 물론 후세에까지 끼친 영향이 매우 커서 마융이 따라갈 수 없는 정도였다. 《문심조룡》 〈서지(序志)〉에 다음과 같은 기록이 있다.

> 성인의 사상을 설명하여 밝히는 것으로는 경전을 주해하는 것만 한 것이 없다. 마융과 정현 같은 유자들이 이를 설명한 것이 이미 정밀하니, 설령 경전에 대한 깊은 논의가 있더라도 일가를 이루기는 어렵다.
> 敷讚聖旨, 莫若注經, 而馬鄭諸儒, 弘之已精, 就有深論, 未足立家.

마융과 정현은 이미 유협으로 하여금 경전의 주석 면에서는 그들의 성취를 넘을 수 없다고 여기고 뒷걸음치게 만들었으니, 이를 통해 그들의 위치가 얼마나 높고 영향이 얼마나 심원한지를 알 수 있다.

이 외에 '오경에 있어서는 유일무이하다.〔五經無雙〕'는 허신(許愼)이 지은《설문해자》 또한 집대성한 저작이다. 그러나 《설문해자》는 자서(字書)에 속하므로 비록 경전을 주해하기 위하여 지어졌어도 어쨌든 주석과는 성격이 다르다고 할 수 있다.

3 한대 주석의 유폐

1) 자질구레하고 핵심이 적다

한대(漢代)의 장구지학(章句之學)은 서한 말에 이르러 자질구레하고 핵심이 적은 현상이 이미 풍조를 이루었다. 《한서》〈예문지〉에 다음과 같은 기록이 있다.

> 옛날 학자들은 농사지어 집안을 부양하면서도 3년이면 한 가지 경전에 능통하였는데, 그 대체를 보존하면서 경문을 음미할 뿐이었다. 이 때문에 들이는 시간은 적었지만 공력은 많이 축적되어 나이 30이 되면 오경에 대한 견해가 확립되었다.
>
> 그런데 후세에는 경전 자체도 이미 괴리되었는데, 박학한 자들이 또 다문궐의(多聞闕疑)[95]의 뜻을 생각하지 않은 채 편벽되고 자잘한 뜻을

95 다문궐의(多聞闕疑) : 《논어》〈위정(爲政)〉에, 공자가 자장(子張)에게 이르기를 "많이 듣되 의심나는 것은 빼놓고 그 나머지 아는 것도 삼가서 말하면 허물이 적다.〔多聞闕疑, 愼言其餘則寡尤.〕"라고 한 데서 온 말이다.

추구하여 남의 힐난을 피하려는 데에 힘쓰다 보니, 교묘한 말이나 그럴듯한 말로 대체를 파괴하였고, 다섯 글자를 해설한 글이 2, 3만 자에 이르기도 한다.

후배들은 더욱더 이런 경향으로 치달았기 때문에 어릴 때 한 가지 경전을 잡으면 머리가 희어질 때쯤에나 그에 대해 말할 수 있을 정도이다. 자기가 익힌 것에 안주하고 자기가 보지 않은 것은 폄하하기 때문에 끝내는 스스로 형편없이 되고 마는데, 이것이 학자들의 큰 병폐이다.

古之學者, 耕且養, 三年而通一藝, 存其大體, 玩經文而已, 是故用日少而畜德多, 三十而五經立也. 後世經傳旣已乖離, 博學者又不思多聞闕疑之義, 而務碎義逃難, 便辭巧說, 破壞形體; 說五字之文, 至於二三萬言. 後進彌以馳逐, 故幼童而守一藝, 白首而後能言, 安其所習, 毁所不見, 終以自蔽. 此學者之大患也.

고실(顧實)은 이에 대해 《한서예문지강소(漢書藝文志講疏)》에서 다음과 같이 말하였다.

이것은 장구지학을 하는 비루한 유생들을 가리켜 말한 것이다. 장구의 의미를 밝히는 것은 자하(子夏)에서부터 시작되었는데, 한대에는 그것으로 이미 이록(利祿)의 길이 열려 하나의 경전에 대한 해설이 백여만 자에 이르기도 하였으니, 후세 과거가 시행되던 시대에 경의를 팔고문(八股文)[96]으로 작성한 것과 별로 차이가 나지 않는다.

96 팔고문(八股文) : 문체의 하나로, 명·청 양대(兩代)에서 과거를 볼 때 작성하던 일종의 논문이다. 결구(結句)는 대구법에 의해서 여덟으로 나누어진다. 그 구성법(構成法)에는 파제(破題)·승제(承題)·기강(起講) 등이 있는데, 파제는 문단(文端)을 내는 것이고, 승제는 파제의 뜻을 계승하는 것이며, 기강은 한 편의 문장을 개강(開講)하는 것이다.

此指章句鄙儒而言也. 發明章句自子夏, 漢世利祿之路既開, 一經說至百餘萬言, 直與後世科擧時代之八股經義相去一間耳.

2) 경전의 뜻을 함부로 해석하다

금문경학[97]에서는 경전을 해설할 때 재이(災異)나 참위(讖緯)를 논하는 요소가 적지 않게 섞여 있다. 동중서(董仲舒)가 음양오행(陰陽五行)과 천인감응(天人感應)의 설을 가지고 경전의 뜻을 견강부회하여 당대에 매우 좋지 않은 학풍을 열었다. 이러한 학풍은 송대에는 이학(理學)으로 발전하여 중국 고대 철학의 발전사에 있어서 중요한 위치를 차지하게 되었다.

정현은 학문상으로는 고문을 위주로 하였으나 금문학설도 아울러 취하였으므로 괴이한 참위설(讖緯說)로 경전의 뜻을 해석하는 데에 견강부회하는 유폐에서 벗어나지 못하였다. 이 때문에 후인 중에는 "정현이 정경을 연구하지 못하고 전적으로 위서를 맹신하였다.〔不能推尋正經, 專信緯候之書.〕"라고 비난하는 사람이 있는 것이다.

경전의 뜻을 함부로 말하는 것은 《모시고훈전(毛詩詁訓傳)》에도 때때로 보인다. 모전(毛傳)에서 매 편의 주제를 말하거나 어떤 시구에 대해 해설할 때, 그리고 정전(鄭箋)에도 이러한 병폐가 있다. 그러나 총체적으로 보면, 고문경학가의 경전 주석은 금문학가들에 비해 질박하고 실제적인 것이 많다. 그리고 고문경학은 명물과 훈고를 기초로 하고 문자와 언어의 해석을 근본으로 한다. 그리고 이러한 기초 위에서 의리를 분석하였는데, 이것이 주석의 정통으로서 후세의 주석에 대해 매우 좋은 영향을 미쳤다. 한·당의 구주(舊注)가 후세의 주석가들에게 높은 평가를 받는 것은 그래서 필연적이다. 청대 주석학의 걸출한 성과도 바로 한대 고문경학의 훌륭한 전통을 계승하고 발전시킨 결과이다.

97 금문경학 : 저본에는 '今經文學'으로 되어 있는데, 문맥을 살펴 바로잡아 번역하였다.

총괄하면, 한대의 주석학은 이미 성숙한 수준에 이르렀다. 이 시기는 경전의 주석에, 언어와 문자의 주석을 기초로 삼아 글자나 어휘를 해석하여, 이미 형훈(形訓)·성훈(聲訓)·의훈(義訓)의 방법을 종합적으로 운용하기 시작하였다. 또한 주석의 범위도 이미 경서에 국한되지 않았고, 주석의 형식도 이미 여러 주를 모아 하나의 주를 내는 방식이 출현하여, '실사구시적으로 하고 일가만을 위주로 하지 않게 되었던' 것이다. 이런 점에서 허신·마융·정현 이후로 이미 좋은 학풍이 형성되었다고 할 수 있다. 이것은 모두 후세의 주석에 대해 표준을 수립하고 기초를 다진 것으로, 중국 주석학의 훌륭한 전통은 바로 한학(漢學)을 발단으로 하여 점차적으로 형성된 것이라 해도 과언이 아니다.

그러나 중국의 경학과 주석학의 기형적인 발전은 국가의 발전이라는 측면에서 결코 유리한 것은 아니었다. 역대의 통치자들은 각자의 정치적 필요에서 출발하여 경전에 대한 주석 작업을 제창하였고, 많은 지식인들은 경전을 읽고 연구하는 것을 공명(功名)을 얻는 수단으로 삼았다. 그리하여 절대 다수의 유자들로 하여금 늙어 죽을 때까지 장구에 빠져 국가의 발전에는 전혀 도움이 되지 않게 하였으니, 이 점이 매우 마음 아프다. 중국 근현대 혁명 지사들이 경전을 읽는 것을 반대하고 공자를 존숭하는 것을 반대했던 것은 바로 이 점이 중요한 원인이다.

제4절 위진魏晉남북조부터 수隋까지 : 주석의 심화와 전면적 발전

한말(漢末)에 정현이 고문경학과 금문경학을 집대성하여 고문과 금문 간에 경쟁했던 혼란한 상황을 종료한 뒤로, 주석학은 한 차례 정학(鄭學) 위주의 시대가 되었다. 위나라에서 수나라까지 이르는 397년 동안, 주석학은 다시 왕숙(王肅, 195-256)이 정학에 반대하여 새로운 대립 국면을 형성하였고, 이후로 또 북학(北學)과 남학(南學)의 논쟁이 있었다. 이 시기는 사회가 혼란하고 전쟁이 빈번하여 경적의 주석이 하나로 통일되기 어려웠다. 이런 현상은 표면적으로는 학술에 이롭지 않은 듯 보이지만, 실제로는 주석을 심화시키는 데 유리하였다. 아울러 지식인들이 경학 이외의 다른 광활한 세계로 시야를 넓혀 자신이 선택한 세계에서 경전 주석 외에 다양한 학문의 발전을 형성할 수 있게 하였다.

1 왕학王學과 정학鄭學, 남학南學과 북학北學의 대립

이 시기의 경적 주석의 대립과 논쟁은 한대(漢代)의 고문학과 금문학 논쟁과는 그 성격이 달랐다.

1) 왕숙의 정학 반대

왕숙(王肅)은 삼국 시대 위(魏)나라의 저명한 경학가로 진 무제(晉武帝) 사마염(司馬炎, 236-290)의 외조부이다. 학문은 가규(賈逵, 30-101)·마융(馬融, 79-166)을 숭상하였다. 《상서》·《시경》·《논어》·《좌전》·삼례(三禮)에 주석을 냈는데, 고문과 금문을 구분하지 않고 여러 학파들의 학설을 종합하였다. 안타깝게도 이 책은 일실되었다. 《옥함산방집일서》에 집본(輯本)이 있다.

왕숙은 정학을 싫어하여, 정현이 고문을 가지고 주석한 것을 왕왕 금문으로 공격하고, 정현이 금문으로 주석한 것을 왕왕 고문으로 공격하였다. 언어 문자에 대한 훈고와 명물(名物)·전장(典章)·제도(制度), 그리고 자연현상에 대한 인식과 역사 사실 및 기타 방면에 있어서, 정현과 서로 대치되는 곳이 매우 많았다. 왕숙은 심지어 《공자가어(孔子家語)》와 《공총자(孔叢子)》를 위조하여 정현을 논박하는 근거로 삼기도 하였다.

정학과 왕학은 각자 전수한 사람들이 있어, 두 학파 간의 대립은 위나라에서 진나라에 이르도록 번갈아 우위를 차지하면서 일정한 시간 동안 이런 형세가 지속되었다.

2) 남조와 북조의 학파 대립

《수서(隋書)》〈유림전(儒林傳)〉에 다음과 같은 기록이 있다.

> 남학과 북학에서 활용한 주석서는 서로 달랐다. 하남(河南)에서는, 《주역》은 왕보사(王輔嗣),[98] 《상서》는 공안국(孔安國), 《좌씨전》은 두원개(杜元凱)[99]의 책을 활용하였나. 하락(河洛)[100]에서는, 《좌씨전》은 복자신(服子愼),[101] 《상서》와 《주역》은 정강성(鄭康成)[102]의 책을

98 왕보사(王輔嗣) : 왕필(王弼, 226-249)을 이른다. '보사'는 왕필의 자이다.

99 두원개(杜元凱) : 두예(杜預, 222-284)를 이른다. '원개'는 두예의 자이다.

100 하락(河洛) : '하(河)'는 황하, '낙(洛)'은 낙하(洛河)로, 낙양(洛陽)을 중심으로 서쪽으로 동관(潼關)·화양(華陽), 동으로 형양(滎陽)·정주(鄭州), 남으로 여영(汝潁), 북으로 황하(黃河)를 거쳐 진남(晉南)·제원(濟源) 일대에 이르는 지역을 가리킨다. 중국의 경제·정치·문화의 중심지였다.

101 복자신(服子愼) : 복건(服虔, ?-?)을 이른다. '자신'은 복건의 자이다.

102 정강성(鄭康成) : 정현(鄭玄, 127-200)을 이른다. '강성'은 정현의 자이다.

활용하였다.

《시경》은 양쪽 모두 모공의 설을 따랐고, 《예》도 모두 정씨의 설을 따랐다.

대체로 남인의 학문은 간약하지만 그 정수를 얻었고, 북인의 학문은 장황하지만 세부적인 것까지 파고들었다.

南北所治章句, 好尚互有[103]不同. 江左《周易》則王輔嗣, 《尚書》則孔安國, 《左傳》則杜元凱; 河洛《左傳》則服子愼, 《尚書》、《周易》則鄭康成, 《詩》則幷主於毛公, 《禮》則同遵[104]於鄭氏. 大抵[105]南人約簡[106], 得其英華; 北學深蕪, 窮其枝葉.

대체로 북방〔河洛〕의 학자들 중에는 양한(兩漢)의 경학자를 숭상하는 이들이 많았고, 남방〔江左〕의 학자들은 위·진의 경학을 숭상하는 이들이 많았다. 그러나 남북의 구분은 결코 절대적인 것은 아니어서, 남과 북이 서로에게 영향을 주어 북유(北儒)가 남학을 전공하고 남유가 북학을 전공한 사례도 적지 않았다.

2 노장老莊을 끌어와 유학에 적용하여 현리玄理로 주석을 달다

경적의 주석은 본래 문자의 훈고를 통하여 경적 본문의 참뜻을 찾는 것을 종지(宗旨)로 삼아야 한다. 그러나 서한(西漢)에서 처음으로 "육경은 모두 나

103 互有 : 저본에는 없는데, 《수서(隋書)》에 근거하여 보충하였다.

104 遵 : 저본에는 '尊'으로 되어 있는데, 위 자료에 근거하여 바로잡았다.

105 抵 : 저본에는 '約'으로 되어 있는데, 위 자료에 근거하여 바로잡았다.

106 約簡 : 저본에는 '簡約'으로 되어 있는데, 위 자료에 근거하여 바로잡았다.

의 주석이다.〔六經皆我注脚.〕"[107]라고 주장하면서부터, 육경의 주석을 통해 자신의 정치주장, 철학사상을 천명하였고, 심지어는 철학의 유파를 형성하는 자들이 대대로 적지 않았다.

《공양전》에서는 《춘추》 은공(隱公) 원년 조의 "元年, 春, 王正月."을 다음과 같이 해석하였다.

> '원년(元年)'이란 무엇인가? 임금이 처음 시작한 해이다. '춘(春)'이란 무엇인가? 한 해의 시작이다. '왕(王)'이란 누구를 말하는가? 문왕을 말한다. 어찌하여 '왕(王)'을 먼저 말하고 '정월(正月)'을 뒤에 말했는가? 왕의 정월을 나타낸 것이다. 어찌하여 '왕정월(王正月)'을 말하는가? 대일통(大一統)[108]을 보인 것이다.
> 元年者何? 君之始年也; 春者何? 歲之始也; 王者孰謂? 謂文王也; 曷爲先言王而後言正月? 王正月也; 何言乎王正月? 大一統也.

도처에서 왕권의 대일통을 수호하는 사상을 표현하고 있다. 서한은 막 수립되어 정권을 공고히 하는 데 유리한 대일통의 사상이 필요했기 때문에, 《공양전》은 서한 조정에서 특별히 존숭되어 금문경학을 대표하게 되었다. 말하자면 서한 금문경학의 높은 지위는 조정의 정치적 필요에 의해 성립된 것이다.

107 육경은 ……주석이다 : 송대의 이학가(理學家) 육구연(陸九淵, 1139-1193)이 육경을 가지고 자신의 이학 사상을 설명한다는 것을 공개적으로 선언한 말이다. 저본에는 '六經皆爲我注脚'으로 되어 있는데, 《상산집(象山集)》 권34 〈어록(語錄)〉에 근거하여 '爲'를 연문(衍文)으로 보아 번역하지 않았다.

108 대일통(大一統) : '대'는 존중한다는 뜻이고, '일통'은 천하의 제후들이 주 문왕(周文王)에게 속한다는 뜻이다. 즉, 제후국 모두가 중국의 천자에게 복속되어 그 문물과 제도를 따르는 것을 의미한다.

위진남북조 시기는 중국 사회에서 매우 격변이 심하고 극도로 혼란했던 시기였다. 빈번한 전쟁과 정권의 잦은 교체는 문인사대부들을 소극적이고 염세적으로 만들어, 유도(儒道)가 천하에 무익하다고 배척하고 노장(老莊)의 허무주의에 마음을 의탁하게 하였다. 이에 노장을 숭상하고 허무와 현리(玄理)를 받들게 되어 청담의 풍조가 크게 번성하였다. 아울러 경전의 주석을 통해 자신들의 사상을 천명하여 현학(玄學)을 형성하게 되었다.

먼저 현학의 풍조를 연 것은 하안(何晏)·하후현(夏侯玄)·왕필(王弼)이었다.

하안(何晏, 193?-249)은 자가 평숙(平叔)이고, 삼국 시대 위나라의 현학가(玄學家)이다. 남양(南陽) 완(宛)[109] 사람이다. 일찍이 어머니를 따라 조조(曹操)의 양자가 되었는데, 위(魏)나라 공주에게 장가들었고 관직이 상서(尙書)에 이르렀다. 성품이 경박하고 화장하는 것을 좋아하여 사람들이 '화장하는 하랑〔傅粉何郎〕'이라고 불렀다. 하후현·왕필 등과 현학을 창도하고 청담을 일삼아 한 시대의 풍조를 열었다. '노장의 사상을 끌어와 유학에 적용〔援老入儒〕'하여 '천지만물은 무를 근본으로 한다.〔天地萬物以無爲本〕'는 것을 공언하였고, 군주도 '무위에 입각하여 정치할 것〔無爲而治〕'을 주장하였다.

저서로는 《도덕론(道德論)》·《논어집해(論語集解)》가 있다. 《논어집해》는 공안국(孔安國)·포함(包咸)·마융(馬融)·정현(鄭玄)·왕숙(王肅)과 기타 학자들의 주석을 채록한 것인데, 이는 당시의 《논어》 주석을 집대성한 저작으로서 후대 학자들에게 중시되었다.

하후현(夏侯玄, 209-254)은 자가 태초(太初)로 삼국 시대 위나라의 장군이다. 《하후현집(夏侯玄集)》이 있었는데 지금은 일실되었다.

왕필(王弼, 226-249)은 삼국 시대 위나라의 현학가로, 자가 보사(輔嗣)이

109 원주 : 지금의 하남(河南) 남양(南陽)이다.

다. 위나라 산양(山陽)[110] 사람이다. 젊었을 때 높은 명성을 누렸고 일찍이 상서랑(尙書郎)을 맡았다. 겨우 24세에 죽었다. 하안·하후현과 함께 현학의 청담한 풍조를 열어 당대의 현학대사(玄學大師)가 되었다. 저서로 《주역주(周易注)》와 《노자주(老子注)》가 있다.

왕필의 《주역주》는 《주역》의 상수(象數)를 모두 버리고 노장의 현리(玄理)로 《주역》을 해설하여 당대와 후대의 《주역》 해설에 지대한 영향을 끼쳤다. 청나라 사람 피석서(皮錫瑞, 1850-1908)는 《경학통론(經學通論)》에서 왕필의 《주역》 해설이 상당 부분 비씨(費氏)의 종지를 얻었다고 하였다.

> 왕필은 상수(象數)를 모두 배제하고 괘효(卦爻)가 승응(承應)하는 뜻만을 드러냈다. 이는 비씨(費氏)가 단(彖)·상(象)·계사(繫辭)·문언(文言)으로 경을 해설하는 방식에 바탕을 둔 것이다.
>
> 후대의 유자들은 대부분 왕필의 《주역주》가 공소(空疎)하다고 비판하였는데, 진풍(陳澧, 1810-1882)만은 이 점을 높이 사서 다음과 같이 말하였다. "'乾元亨利貞, 初九潛龍勿用.'에 대해, 왕필은 '〈문언〉에 자세히 보인다.'라고 주를 달았고, '九二見龍在田.'은 '못 속에 있다가 밖으로 나오고 숨은 곳에서 나왔기 때문에 「나타난 용」이라고 하였고, 땅에 있기 때문에 「밭에 있다.」라고 하였다.'라고 주를 달았는데, 이런 식의 해설 방법은 참으로 비씨의 가법을 계승한 것이다."
>
> 王弼盡掃象數, 而獨標卦爻承應之義, 蓋本費氏之以彖象繫辭文言解經, 後儒多議[111]其空疎. 陳澧獨取之, 曰: "'乾元亨利貞, 初九潛龍勿用', 王輔嗣注云: '《文言》備矣.' '九二見龍在田', 注云: '出潛離隱, 故曰見龍; 處於地上, 故曰在田.' 此眞費氏家法也."

110 원주 : 지금의 하남(河南) 초작(焦作)이다.

111 議 : 저본에는 '譏'로 되어 있는데, 《경학통론(經學通論)》 〈논비씨역전……비씨지지(論費氏易傳……費氏之旨)〉에 근거하여 바로잡았다.

왕필은 《주역》에 주를 달면서 항상 근거를 제시하고 해석하여 매우 신중을 기하였다. 《문언(文言)》의 "潛之爲言也, 隱而未見.〔잠(潛)은 숨어서 나타나지 않는다는 말이다.〕"이라는 설에 대해 "잠(潛)이 '나타나지 않은 것〔未見〕'이라면 현(見)은 '잠에서 나온 것〔出潛〕'이고, 잠(潛)이 '숨은 것〔隱〕'이라면 현(見)은 '숨은 데서 나오는 것〔離隱〕'이다."라고 해석하였다. 이것이 왕필의 '出潛離隱'의 유래이다. 당나라 공영달이 소에서 '왕필의 주석은 고금에 독보적'이라고 하였는데, 지나친 칭찬이기는 하기만 그렇다고 터무니없는 말은 아니다.

왕필은 노장의 사상을 가지고 《주역》에 주를 달면서 매번 경을 거론하지 않고 직접 글을 지었는데, 문장이 화려하고 의미심장하여 격언이 되고 있다.

> 《주역》〈대유(大有)〉: 六五. 厥孚交如, 威如. 吉.
>
> 육오는 그 믿음이 서로 사귀어 위엄이 있으니, 길하리라.
>
> 왕필 주 : 유(柔)함으로 높은 곳에 처하고 중(中)함으로 큰 곳에 처하여 외물에 사심이 없으니 상하가 응한다. 신(信)으로써 뜻을 드러내니 그 믿음이 서로 사귄다. 대저 외물에 사심이 없으면 외물도 공정하고 외물에 의심을 두지 않으면 외물도 거짓이 없다. 공정하고 거짓이 없으니 무슨 어려움이 있으며 무엇을 더 갖추겠는가. 말하지 않아도 교화가 행해지니 어찌하여 위엄이 없겠는가. 대유(大有)의 군주가 되어 이 도를 행하지 않는다면 길함을 얻을 수 있겠는가.
>
> 居[112]尊以柔, 處大以中, 無私於物, 上下應之. 信以發志, 故其孚交如也. 夫不私於物, 物亦公焉; 不疑於物, 物亦誠焉. 旣公且信, 何難何備! 不言而敎行, 何爲而不威如? 爲大有之主而不以此道, 吉可得乎?

> 《주역》〈이(頤)〉: 初九. 舍爾靈龜, 觀我朶頤, 凶.
>
> 초구는 너의 신령스러운 거북을 버리고 나를 보고서 턱을 늘어뜨리니, 흉하다.

112 居 : 저본에는 '君'으로 되어 있는데, 《주역주(周易注)》에 근거하여 바로잡았다.

왕필 주 : ……대저 자신을 편안하게 하는 방법은 무엇보다 다투지 않는 것만 한 것이 없고, 자기를 수양하는 방법은 무엇보다 자신을 보전하는 것만 한 것이 없다. 도를 지키면 복이 이르고 녹을 구하면 욕이 이른다. 현인을 기르는 세상에 처하여 자신의 소신을 곧게 하여 그 덕을 온전히 하지 못하고, 자신의 신령스러운 거북의 밝은 조짐을 버리고 나를 부러워하여 턱을 늘어뜨리고 조급히 구한다. 자신의 수양을 완성하는 지도(至道)를 버리고 나의 총애와 복록을 엿보고 다투어 나아가니, 이보다 더 흉할 수 없다.

……夫安身莫若不競，修己莫若自保；守道則福至，求祿則辱來．居養賢之世，不能貞其所履，以全其德，而舍其靈龜之明兆，羨我朶頤而躁求．離其致養之至道，闚我寵祿而競進，凶莫甚焉．

피석서(皮錫瑞)는 이에 대해 다음과 같이 말하고 있다.

왕필의 주석에서 취할 만한 장점은 술수를 취하지 않고 의리를 밝힌 것에 있으며, 비판할 만한 점은 인간사와 동떨어져 현실에 부합하지 못하고 현허(玄虛)가 섞인 점에 있다.

弼注之所以可取者，在不取術數而明義理；其所以可議者，在不切人事而雜玄虛．

장단점을 함께 지적하였으니, 평가가 매우 공평하고 타당하다 하겠다.

현학가들이 모두 '무를 중시한〔貴無〕' 것은 아니었다. 위나라와 진나라의 교체기에 상수(向秀)와 곽상(郭象)은 《장자》를 주석하면서 "무(無)는 유(有)를 낳을 수 없다.〔無不能生有.〕", "물은 스스로 만들어지고 달리 필요로 하는 바가 없으니, 이것이 천지의 정도이다.〔物各自造而無所待焉, 此天地之正也.〕"라고 하여 하후현·왕필과 견해를 달리하였다. 배위(裴頠, 267-300)는 〈숭유론(崇有論)〉[113]을 지어 '무를 중시하는' 사상과 서로 대립하였

113 숭유론(崇有論) : '숭유'는 '장유지서(長幼之序)'와 '귀천지급(貴賤之級)'의 절대적인

다. 이것들은 경적 주석에 모두 반영되었다.

동진(東晉) 이후로는 현학이 불학(佛學)과 합류하였다. 장담(張湛)의 《열자》에 대한 주석은 불학의 영향을 받은 것이 매우 분명하다.

3 자연과학 주석의 출현

주석학이 경학에 치우친 현상은 주(周)·진(秦)부터 양한(兩漢)까지 거의 변화가 없었다. 동한(東漢) 시기에는 주석 범위를 확대하는 데 매우 한계가 있었는데, 위·진 이후에는 사회과학과 자연과학의 발전에 따라 주석학이 경학 이외의 영역으로 한 걸음 더 범위를 확대하여 주석학이 경학의 울타리를 벗어나 경전 외의 광활한 영역으로 발을 내딛기 시작하였다. 이는 매우 고무적인 현상이다. 예를 들면 다음과 같은 것이 있다.

위 무제(魏武帝) 조조(曹操, 155-220)의 《손자약해(孫子略解)》

동진(東晉) 곽박(郭璞, 276-324)의 《산해경주(山海經注)》

동진 도사(道士) 갈홍(葛洪, 283-343)의 《본초주(本草注)》

남조 제(齊)나라 조충지(祖冲之, 429-500)의 《구장산술의주(九章算術義注)》

북조 북위(北魏) 역도원(酈道元, 469-527)의 《수경주(水經注)》

위(魏)나라 유소(劉邵[114], ?-242)의 《인물지(人物志)》에 대한 유병(劉昞, ?-?)의 주석

필요성을 논증한 것으로, 〈숭유론〉의 주요 내용은 다음과 같다. 도(道)는 혼연일체의 분리될 수 없는 사물의 총체로 인식되며, 이(理)는 '유(有)', 즉 존재·물질과 또 다른 '유' 사이에 작용하는 상호의존적인 법칙이다. 나아가 유는 '무(無)'에서 나올 수 있는 것이 아니며, 모든 사물은 자기 자체에서 발생하는 것이다. 무는 유의 나머지, 즉 유가 잃어버린 부분이라는 것이다. 따라서 유가 먼저 존재하게 되어 무가 나중에 생겼으며, 무는 유의 변화로부터 나오게 되는 것이다.

114 邵 : 저본에는 '郡'으로 되어 있는데, 인명(人名)의 오기이므로 바로잡았다.

삼국 오(吳)나라 육기(陸璣, ?-?)의 《모시초목조수충어소(毛詩草木鳥獸蟲魚疏)》

남조 양(梁)나라 유묘(劉杳, 487-536)의 《초사초목소(楚辭草木疏)》

북조 북위(北魏) 신도방(信都芳, ?-?)의 《악서(樂書)》·《기준도(器準圖)》·《황종산법(黃鍾算法)》·《중차(重差)》·《구고(句股)》·《주비사술(周髀四術)》 등

이 밖에 삼국 시대 위(魏)나라 손염(孫炎, ?-?)의 《이아음의(爾雅音義)》[115]와 동진 곽박의 《이아주(爾雅注)》·《이아음(爾雅音)》·《이아도찬(爾雅圖贊)》·《방언주(方言注)》·《삼창해고(三蒼解詁)》는 모두 가치 있는 주석 저작으로, 중국의 수학·동식물학·의약학·지리학·음악학·물리학·언어학·군사학의 발전에 공헌하였다.

4 활발한 불경 주석

한 무제(漢武帝)가 서역과 교역을 시작한 이후로 인도의 불교가 중국에 전파되었는데, 불경 번역도 그런 기운을 타고 일어났다. 한말(漢末)에서 송초(宋初)까지 천여 년간 진행된 역경(譯經) 사업은 수·당 때 가장 번성하였다. 불경의 번역과 연구는 불교와 달리 철학의 범주에 속하며, 불경 주석은 유가 경전을 주석하는 것과 다르지 않았다.

북조 북제(北齊)의 고승 혜광(慧[116]光, 468-537)은 《승만경(勝鬘經)》·《유교경(遺敎經)》·《온실경(溫室經)》·《인왕경(仁王經)》·《반야경(般若經)》 등의 경에 대한 주석서와 《재조사분율소(再造四分律疏)》를 지었다.

115 이아음의(爾雅音義) : 처음으로 반절(反切)을 사용하여 자음(字音)에 주를 단 책이다.
116 慧 : 저본에는 '惠'로 되어 있는데, 인명의 오기이므로 바로잡았다.

수나라 고승 지념(志念, 535-608)은 《가연잡심론소(迦延雜心論疏)》를, 지의(智顗, 538-597)는 《법화문구(法[117]華文句)》·《법화현의(法華玄義)》를, 담천(曇遷, 541-607)은 《섭론(攝論)》·《능가(楞[118]伽)》·《기신(起信)》·《유식(唯識)》·《여실(如實)》 등의 논(論)에 대한 소(疏)와 《화엄명난품현해(華嚴明難品玄解)》를 지었다.

불교 학자 길장(吉藏, 549-623)은 《중관론소(中觀論疏)》·《백론소(百論疏)》·《십이문론소(十二門論疏)》·《삼론현의(三論玄義)》를, 고승 영유(靈裕, 518-605)는 《십지소(十地疏)》·《유마소(維摩疏)》·《열반소(涅槃疏)》·《반야소(般若疏)》·《화엄소(華嚴疏)》·《대집소(大集疏)》·《사분율소(四分律疏)》·《대승의장(大乘義章)》을 지었다.

이들은 모두 불학의 중요 주석서들이다. 유가 경전의 주석과 마찬가지로 불경의 연구와 주석 역시 약간의 유파를 형성하였다.

5 주석 방법과 체례의 창신

이 시기의 주석은 방법과 체례 면에서 양한의 주석에 비해 뚜렷한 발전이 있었다. 배송지(裴松之)의 《삼국지(三國志)》에 대한 주석과 역도원(酈道元)의 《수경(水經)》에 대한 주석이 대표적이다.

배송지(裴松之, 372-451)는 남조 송나라의 사학자이다. 자는 세기(世期)이고 문희(聞喜)[119] 사람이다. 일찍이 국자감 박사(國子監博士)·영가 태수(永嘉太守) 등의 직임을 맡았고, 후에는 중서 시랑(中書侍郎)이 되었다.

117 法 : 저본에는 '起'로 되어 있는데, 서명의 오기이므로 바로잡았다.
118 楞 : 저본에는 '棱'으로 되어 있는데, 서명의 오기이므로 바로잡았다.
119 원주 : 지금의 산서성에 있다.

송 문제의 명을 받고 진수(陳壽)의 《삼국지》에 주를 달았다. 전기(傳記)를 수집하고 널리 이문(異聞)들을 모으며 군서(群書) 140여 종을 널리 채집하여 대량의 사료를 보존하였다. 그리하여 주석이 원문보다 세 배나 많아 새로운 형식의 주석법이 만들어졌다.

《삼국지》 〈위지(魏志) 무제기(武帝紀)〉 : 嵩生太祖. 太祖少機警有權數, 而任俠放蕩, 不治行業, 故世人未之奇也.

조숭이 태조를 낳았다. 태조는 젊어서 기민하고 권모술수가 있었으나 협사로 자임하고 멋대로 행동하여 덕행과 학업을 닦지 않았다. 그래서 당시 사람들이 그를 대단치 않게 여겼다.

배송지 주 : 〈조만전〉에 다음과 같은 내용이 있다. "태조는 젊어서 매와 사냥개를 좋아하고 방탕하게 놀며 절제가 없었다. 그의 숙부가 태조의 아버지 조숭에게 자주 그에 대한 말을 하자 태조가 이것을 골칫거리로 여겼다. 뒤에 태조가 숙부를 길에서 만났는데, 일부러 얼굴을 일그러뜨리고 입을 삐뚤어지게 하였다. 숙부가 이상하게 여기고 이유를 묻자, 태조가 '갑자기 풍에 맞았습니다.'라고 하였다. 숙부가 이 사실을 조숭에게 말했더니, 조숭이 깜짝 놀라 태조를 불렀는데 태조의 입과 얼굴이 전과 다름없었다. 조숭이 '숙부 말이 네가 풍에 맞았다고 하던데 벌써 나은 것이냐?'라고 하자, 태조가 말하였다. '애당초 풍에 맞지도 않았습니다. 숙부님께 총애를 잃었기에 무함을 받았나 봅니다.' 이에 조숭이 숙부를 의심하게 되어 이후로는 숙부가 고하는 말이 있어도 조숭이 더는 믿지 않게 되었다. 이로써 태조는 더욱 제멋대로 하게 되었다."

《曹瞞傳》云 : " 太祖少好飛鷹走狗, 游蕩無度, 其叔父數言之於嵩, 太祖患之. 後逢叔父於路, 乃陽敗面喎口, 叔父怪而問其故, 太祖曰 : '卒中惡風.' 叔父以告嵩. 嵩驚愕呼太祖, 太祖口貌如故. 嵩問曰 : '叔父言汝中風, 已差乎?' 太祖曰 : '初不中風, 但失愛於叔父, 故見罔耳!' 嵩乃疑焉. 自後叔父有所[120]告, 嵩終不復信. 太祖於是益得肆意矣."

《삼국지》 〈위지(魏志) 방기전(方伎傳) 화타(華佗)〉 : 華佗字元化,

120 所 : 저본에는 '以'로 되어 있는데, 《삼국지주(三國志注)》에 근거하여 바로잡았다.

沛國譙人也，一名旉.

화타는 자가 원화(元化)로 패국(沛國) 초(譙) 사람이다. 다른 이름은 보(旉)이다.

배송지 주 : 신 배송지는 살피건대, 옛날에 부(敷)는 부(旉)와 비슷하여 필사자가 대부분 구별하지 못하였습니다. 화타의 자가 원화(元化)인 것을 감안한다면, 그의 이름은 부(旉)가 되어야 합니다.

臣松之案 : 古敷字與旉相似，寫書者多不能別. 尋佗字元化，其名宜爲旉也.

역도원(酈道元, 469-527)은 북조 북위의 지리학자이자 산문가이다. 자는 선장(善長)으로 범양(范陽) 탁록(涿鹿)[121] 사람이다. 일찍이 안남장군(安南將軍)·어사중위(御史中尉)를 역임하였다. 《수경주(水經注)》 40권을 저술하였는데, 문학적 가치가 풍부한 지리서이다. 《수경》은 한나라 상흠(桑欽)이 지은 책으로 문장이 매우 간략하다. 이에 반해 《수경주》는 인용한 자료가 매우 많다. 명나라 가정(嘉靖) 원판(原版)인 황성증(黃省曾, 1490-1540)의 교본(校本)에 열거된 서목이 1640종인데, 정덕곤(鄭德坤, 1907-2001)은 436종으로 고증하였다.[122] 진교역(陳橋驛, 1923-)의 《수경주문헌록(水經注文獻錄)》의 고증에 의거하면 477종이 되어야 한다. 이 밖에도 비명(碑銘) 등 357종이 있다. 인용한 지리 문헌에는 전국적인 성격의 지리서도 있고 지역적인 성격의 지리서와 지방지가 있으며, 도적(圖籍)과 기타 문헌 사료도 있다.

그는 대량의 문헌 자료를 가지고 경문을 주석하여, 독자들로 하여금 주석을 통해 원작의 간략한 문자 기록에서 섭렵하고 있는 각 방면의 지식을 이해할 수 있게 하였다. 이것은 일반적인 언어 문자의 장애를 없애 의리를 위주로 하는 문적의 주석과는 이미 매우 큰 차이가 있었다.

121 원주 : 지금의 하북(河北) 탁현(涿縣)이다.

122 원주 : 《수경주인득(水經注引得)》

예를 들면, 《수경》〈강수(江水)2〉의 "강수는 협을 지난다. 동쪽으로는 신붕탄을 경유한다.〔江水歷峽. 東逕新崩灘.〕"에 대한 역도원의 주석은 600자에 가깝다. 그 가운데 '삼협 700리는 양 언덕이 산으로 이어져 조금도 빈 곳 없이 겹겹의 바위와 봉우리가 하늘을 가리고 있다. 그래서 한낮이나 한밤중이 아니면 해와 달을 볼 수 없다.〔自三峽七百里中, 兩岸連山, 略無闕處, 重巖疊嶂, 隱天蔽日, 自非停午夜分, 不見曦月.〕'에서부터 '그러므로 어부의 노래에 「파동 삼협 중에 무협이 길고 길어, 원숭이 세 마디 울음에 눈물이 옷깃 적시네.」라는 구절이 있다.〔故漁者歌曰 : 巴東三峽巫峽長, 猿鳴三聲淚沾裳.〕'까지는 삼협 풍광을 묘사한, 매우 아름다운 한 편의 산문이다.

또 예를 들면 경문의 "또 동으로 자귀현 남쪽을 지난다.〔又東過秭[123]歸縣之南〕"에 대한 역도원의 주석은, 《지리지》·《춘추》·《초사》〈이소〉·《의도기(宜都記)》[124]에 의거하여 자귀현의 역사적 사실에 대해 자세히 주를 달고 명명한 유래를 설명하였는데, 생동감이 있고 분명하다. 이러한 주석은 《춘추》에 대한 《좌전》과 어느 정도 비슷한 점이 있다. 그러나 《좌전》은 엄밀한 의미에서의 주석서가 아니며, 《삼국지주》와 《수경주》가 곧 주석학 저작의 기본 특징을 갖추고 있다.

이 시기의 주석은 방법과 체례에서 점점 성숙하고 완성되어 갔다. 의소(義疏)의 성행이 바로 그 증거이다.

의소는 남북조에 성행하였다. 그 방법과 체례는 일가(一家)가 글자마다 구마다 장마다 단 주석을 근거로 경문과 주문(注文)을 분석한 것이니, 일종의 강의체(講義體)이다. 남조 양나라 황간(皇侃, 488-545)이 지은 《논어의소(論語義疏)》[125]·《예기강소(禮記講疏)》·《예기의소(禮記義疏)》[126]가 대

123 秭 : 저본에는 '姊'로 되어 있는데, 《수경주》에 근거하여 바로잡았다.

124 의도기(宜都記) : 원산송(袁山松, ?-401)이 지은 책이다. 원산송은 '원숭(袁崧)'이라고도 한다.

125 원주 : 청나라 종겸균(鍾謙鈞, 1805-1874)이 《고경해회함(古經解滙函)》에 실었다.

표적인 것이다. 이 체재의 구조와 격식은 당나라 때에 완비되는데, 다음 장에서 이를 소개하겠다.

126 원주 : 이 책들은 모두 일실되었다. 《옥함산방집일서》에 〈예기황씨의소(禮記皇氏義疏)〉가 집일되어 있다.

제5절 당唐 : 경전 주석의 통일과 '문선학文選學'의 형성

1 경전 주석의 정리와 통일

위·진에서 수나라까지 근 400년간의 전란을 거쳐 당나라 제국이 건립되자, 중국은 다시 대일통(大一統)의 국면에 접어들었다. 이 시기는 경제가 번영하고 정치가 상대적으로 안정되었으며 국력이 강성하였다. 이 때문에 문화예술 사업이 발달하였다. 사적을 조사해 보면 이 시기는 초기에는 뛰어난 장군이 많았고, 후대에는 시인과 서화가들이 많았다. 이에 반해 탁월한 성과를 남긴 주석가들은 전대에 비해 많지 않다.

주석학의 성과는 국가의 통일과 궤를 같이하였다. 당 태종(唐太宗, 598-649)은 공영달(孔穎達, 574-648)에게 《오경정의(五經正義)》의 편찬을 책임지게 하였다. 공영달은 사마재장(司馬才章, ?-?)·안사고(顔師古, 581-645) 등과 함께 남북 경학가들의 견해를 융합하여, 분분히 다투던 주석 국면을 종결지어 전국에 반포할 당대(唐代)의 경학 교재를 만들었는데, 이것을 가지고 과거를 시행하여 인재를 뽑아 경서 주석의 통일이 이루어졌다.

공영달은 자가 충원(沖遠)으로, 기주(冀州) 형수(衡水)[127] 사람이다. 북조 때에 태어났는데, 어려서부터 재주가 뛰어났다. 일찍이 유작(劉焯, 544-610)에게 배웠다. 수나라 대업(大業) 초기에 명경과(明經科)에 선발되어 하내군 박사(河內郡博士)에 제수되었다. 당나라에 들어가 국자감 박사(國子監博士)·국자감 사업(國子監司業)을 역임하였다.

127 원주 : 지금의 하북성에 속한다.

당대에 통용된 경서와 주석서는 다음과 같다.

경서명	주석서	주(注)	소(疏)
《주역》	《주역정의(周易正義)》	왕필(王弼) 한강백(韓康伯)	공영달(孔穎達)
《상서》	《상서정의(尙書正義)》	위공안국전(僞孔安國傳)[128]	공영달
《시경》	《모시정의(毛詩正義)》	모형(毛亨) 전(傳) 정현(鄭玄) 전(箋)	공영달
《의례》		정현	가공언(賈公彦)
《주례》		정현	가공언
《예기》	《예기정의(禮記正義)》	정현	공영달
《춘추좌씨전》	《좌전정의(左傳正義)》	두예(杜預) 집해(集解)	공영달
《춘추공양전》		하휴(何休) 해고(解詁)	서언(徐彦)
《춘추곡량전》		범녕(范寧) 집해(集解)	양사훈(楊士[129]勛)
《논어》		하안(何晏) 집해	
《효경》		당 현종(唐玄宗)	원행충(元行沖)
《이아》		곽박(郭璞)	
《맹자》		조기(趙岐)	

이것이 바로 송나라 이후 고정된 '십삼경'이다. 송나라 사람들은, 《논어》·《효경》·《이아》는 송나라 형병(邢昺, 932-1010)의 소를 취하고 《맹자》는 송나라 손석(孫奭, 962-1033)의 소를 취하였다.

당대(唐代)는 '9경(經)'으로만 인재를 뽑았는데, 이때 '9경'은 《주역》·《서경》·《시경》·삼례(三禮)·《춘추》 삼전(三傳)이다. 당 문종(唐文宗, 809-840) 태화(太[130]和) 연간(827-835)에 '12경을 빗돌에 새겨 국학에 세웠는데〔刻十二經, 立石國學〕', '12경'은 '9경'에 《논어》·《효경》·《이아》를 보

128 위공안국전(僞孔安國傳) : 공안국을 사칭한 가짜 《상서》 주석서라는 뜻이다.

129 士 : 저본에는 '子'로 되어 있는데, 《춘추곡량전주소(春秋穀梁傳注疏)》에 근거하여 바로잡았다.

130 太 : 저본에는 '大'로 되어 있는데, 《동양연표(東洋年表)》에 근거하여 바로잡았다.

탠 것이다. 《맹자》의 지위는 송대 이학가들이 확립시켜 놓은 것이다.

공영달의 의소(義疏)는 체례가 본래 일정하지 않다. 예를 들면 다음과 같다.

> 《예기》〈월령(月令)〉: 季秋之月, 日在房, 昏虛中, 旦[131]柳中.
> 계추 9월에는 태양이 방수(房宿)에 이르는데 황혼에는 허성(虛星)이 하늘 한복판에 떠오르고 새벽에 유성(柳星)이 하늘 한복판에 나타난다.
> 정현 주: '계추(季秋)'는 해와 달이 대화심성(大火心星)에서 만나고 북두칠성의 자루가 술방(戌方)을 가리키는 때이다.
> 季秋者, 日月會於大火而斗建戌之辰也.
> 공영달 소: '계추(季秋)에서 유중(柳中)까지'의 정현의 주에 대해, 정의는 다음과 같다.……
> 季秋至柳中. 正義曰……

"正義曰" 이하가 바로 소의 글로, 소를 붙인 대상은 경문(經文)이다.

> 《예기》〈월령〉: 鴻雁來賓, 爵入大水爲蛤[132]. 鞠有黃華, 豺乃祭獸戮禽.
> 기러기가 날아오니 참새는 바다로 들어가 대합이 되고, 국화가 노란 꽃을 피우니 승냥이는 온갖 짐승을 죽여 제사 지내듯 벌여 놓고 잡아먹는다.
> 정현 주: 모두 시절을 기록한 것이다. '내빈(來賓)'은 '와서 머물며 떠나지 않는 것'이다. '대수(大水)'는 바다이다. '육(戮)'은 '죽이다'는 뜻과 같다.
> 皆記時候也. 來賓言其客止未去也. 大水, 海也. 戮猶殺也.
> 공영달 소: '내빈(來賓)에서 살(殺)까지'의 정현의 주에 대해, 정의는 다음과 같다.……
> 注來賓至殺也. 正義曰……

소를 붙인 대상은 정현 주의 일부분이고, 시작하는 부분에 '주(注)' 자가 있다.

131 旦: 저본에는 '且'로 되어 있는데, 통행본《예기》에 근거하여 바로잡았다.
132 蛤: 저본에는 '蛉'으로 되어 있는데, 위 자료에 근거하여 바로잡았다.

경전 주석의 정리는 배우는 사람들로 하여금 준거로 삼을 수 있게 하였다. 확정된 경전 '주(注)'본은 본래 정평이 난 선본(善本)들이었고, '소(疏)'는 이들 훌륭한 주석에 대해 상세히 해석하는 역할을 하였다. 이런 일련의 성과물이 문화의 보급에 일조했다는 것은 의심할 여지가 없다. 그러나 독서인들은 대부분 독경(讀經)을 입신양명의 수단으로 여긴 나머지 역대 주석가들의 서로 다른 견해에는 전혀 뜻을 두지 않았다. 이 때문에 응시(應試)에만 힘쓸 뿐 경전 주석의 시비는 따져 보지 않았다. 이런 경향은 다시 경학의 정체(停滯)를 불러왔다. 바로 공영달 같은 대가마저도 술이부작(述而不作)하는 데 불과하여, 상세히 분석하고 정리한 공적은 있으나 창조한 것은 많지 않았다.

육덕명(陸德明, 550?-630)의 《경전석문》은 당대 주석학의 중대한 수확이다. 육덕명은, 이름이 원랑(元朗)인데 자로 알려졌다. 저명한 경학가이며 음운학자이고 훈고학자이다. 소주(蘇州) 오(吳)[133] 사람이다. 진대(陳代)에 태어나 진(陳)·수(隋)·당(唐) 세 왕조에 걸쳐 벼슬하였다.

당초(唐初)에 국자감 박사가 되어 편찬한 《경전석문》은 한(漢)·위(魏)·육조(六朝)의 음절(音切)을 널리 채집한 저서인데, 모두 230여 가(家)를 채집하였다. 또 여러 학자들의 훈고를 아울러 채집하여 각 본의 음의(音義) 및 문자의 차이를 고증하였다. 이는 중국의 문자·음운·훈고 및 경적의 판본을 연구하는 데 중요한 참고 자료이다. 《경전석문》의 '경전'은 이미 유가경전에 국한되지 않고 《노자》와 《장자》도 그 속에 포함되었는데, 이 점은 대단한 진전이다.

133 원주 : 지금의 강소성 소주(蘇州)이다.

2 경과 전에 대해 회의적인 풍조를 열다

당대의 경전 주석은 답습하고 고수하는 경향이었는데, 이와 반대인 사람은 담조(啖助)·조광(趙匡)·육순(陸淳)이었다.

담조(啖助, 724-770)는, 자가 숙좌(叔佐)로 조주(趙州)[134] 사람이다. 일찍이 단양 주부(丹陽主簿)가 되었다. 《춘추》 삼전을 연구하여, 《좌전》은 사건에 대한 서술이 많기는 하나 '대의'를 해석한 부분은 근거 없고 잘못된 곳이 많다고 보았다. 《춘추집전집주(春秋集傳集注)》와 《춘추통례(春秋統例)》를 지었는데, 《옥함산방집일서(玉函山房輯佚書)》에 집본이 있다.

조광(趙匡, ?-?)은, 자가 백순(伯循)으로 하동(河東)[135] 사람이다. 관직이 양주 자사(洋州刺史)에 이르렀다. 담조의 《춘추집전집주》와 《춘추통례》를 증보하였고, 또 《춘추천미찬류의통(春秋闡微纂類義統)》을 지었다. 《춘추》는 뜻이 명확하지 않다고 여겨 예문을 들어 자세히 설명하고 은미한 말을 밝혔으며, 《춘추》 경문에 궐자와 오자가 있다고 의심하였다. 《옥함산방집일서》에 집본이 있다.

육순(陸淳, ?-806?)은, 자가 백충(伯沖)으로 오군(吳郡)[136] 사람이다. 뒤에 질(質)로 개명하였다. 담조를 사사하였고 조광과 함께 담조의 춘추학(春秋學)을 전승하였다. 저서로 《춘추집전찬례(春秋集傳纂例)》 10권, 《춘추미지(春秋微旨)》 3권, 《춘추집전변의(春秋集傳辨疑)》 10권이 있다. 그의 책은 '스승 담조와 친구 조광의 학설을 해석한 것이다. 삼전의 설을 배격하게 된 것이 이 책에서 기원하였다. 그러나 대체적인 뜻은 《공양전》과 《곡량전》을 은근히 주장하였으므로, 「좌씨가 서사는 많지만 경을 해석한 분량이

134 원주 : 지금의 하북성 영진(寧晉)이다.
135 원주 : 지금의 산서성이다.
136 원주 : 지금의 강소성 소주(蘇州)이다.

매우 적어서 오히려 경에 치밀한 《공양전》이나 《곡량전》만 못하다.」라고 하였다.〔以釋其師啖助, 其友趙匡之說. 蓋掊擊三傳, 自此發源. 然大旨陰主《公》、《穀》, 故稱「左氏序事雖多, 釋經殊寡, 猶不如《公》、《穀》之於經爲密.」〕'[137] 이 책은 현존하여 《고경해회함(古經解滙函)》에 들어 있다.

이 밖에도 한유가 지은 《논어필해(論語筆解)》와 《논어주(論語注)》에도 전통적인 경전 해석과 상충되는 부분이 있다. 예를 들어 "재여주침(宰予晝寢)"을 해석하면서, '주(晝)'는 '화(畫)'의 오자이니, '화침(畫寢)'은 침실 벽에 그림을 그린 것이지 한낮에 잠을 잔 것은 결코 아니라고 하였다.

담조 등은 송나라 유자들의 경전을 의심하는 학풍을 열어 주석학에 생기를 불어넣었으니, 그 의의가 매우 크다.

3 문선학의 형성

양(梁)나라 소명태자(昭明太子) 소통(蕭統, 501-531)은 선진(先秦) 시대부터 양나라 때까지의 시(詩)·문(文)·사(辭)·부(賦)와 사서(史書) 중에서 문장이 우수한 논(論)·찬(贊)을 선집(選輯)하여 책을 만들고 《문선》이라 하였는데, 세상에서는 《소명문선(昭明文選)》이라고 부른다. 이는 현존하는 중국 고대의 가장 이른 시기의 시문총집(詩文總集)으로, 당대와 후대 학자들에게 중시되었다.

《문선》의 주석으로는 당나라 초기 조헌(曹憲)의 《문선음의(文選音義)》가 있다. 조헌은 강도(江都)[138] 사람이다. 수나라에서 벼슬하여 비서 학사

137 원주 : 《사고전서간명목록(四庫全書簡明目錄)》
역주 : 저본에는 '四庫全書簡膽目錄'으로 되어 있는데, 서명의 오기이므로 '膽'을 '明'으로 바로잡았다.

138 원주 : 현재 강소성 양주(揚州)이다.

(秘書學士)를 지냈고, 《광아(廣雅)》에 주석을 달았다. 당나라에 들어가 조산대부(朝散大夫)에 제수되어 학생들에게 《문선》을 가르쳤다. '문선학(文選學)'의 개창자이며, 그가 지은 《문선음의》는 당시 사람들에게 중시되었다.

그의 제자 공손라(公孫羅)는 강도 사람이다. 관직이 패왕부 참군(沛王府參軍)에 이르렀다. 저서로 《문선주(文選注)》와 《문선음의》가 있다. 공손라는 위모(魏謨)·이선(李善) 등과 조헌의 학술을 계승하여 '문선학'이 한차례 성행하게 하였는데, 가장 큰 성과를 이룬 사람은 이선이다.

이선(李善, 630?-689)은 강도 사람이다. 일찍이 숭문관 학사(崇文館學士)·난대랑(蘭臺郎) 등의 관직을 역임하였다. 후에는 변경(汴京)·정주(鄭州) 사이에 우거하면서 《문선》 강의에 종사하였는데, 그가 주석을 단 《문선》은 아주 널리 전파되었다. '이씨의 《문선》은 첫 번째 주석본, 두 번째 주석본, 세 번째 주석본, 네 번째 주석본 등 여러 본이 있는데, 당시에 새로운 주석이 나올 때마다 전사(傳寫)되었다. 그중 네 번째 주석본은 모두 음을 풀이하고 뜻을 새긴 것으로 주해가 매우 많았다.〔李氏《文選》有初注成者、有覆注、有三注、四注者, 當時旋被傳寫. 其絶筆之本, 皆釋音訓義, 注解甚多.〕'[139] '《문선》은 훌륭한 문장의 집체이고, 이선의 주는 또 고증의 자원이다.〔《文選》爲文章淵藪, 善注又考證之資糧.〕'[140]

그 뒤로 또 여향(呂向), 여연제(呂延濟), 유량(劉良), 장선(張銑), 이주한(李周翰)이 합주(合注)한 《문선》이 있는데, '오신주(五臣注)'라고 한다. '오신주'는 자구 해석에 역점을 두었는데, 이선의 주석만큼 정밀하고 우수하지 못하다. 남송 시대에는 오신주와 이선의 주석을 하나로 합하여 책을 만들고 《육신주문선(六臣注文選)》이라고 불렀다.

이 밖에도 돈황권자본(敦煌卷子本) 《문선집주(文選集注)》 잔권(殘卷)

139 원주 : 《사고전서총목제요(四庫全書總目提要)》

140 원주 : 《사고전서간명목록》

이 있는데, 출처를 알 수 없으나 필시 당나라 사람의 저작일 것이다. 《문선》은 훌륭한 문장의 집체이고 이선의 주는 또 고증의 자원이었으니, '문선학'은 틀림없이 당대(唐代) 시문의 발전을 촉진시킨 하나의 요소였을 것이다.

4 사서와 기타 방면의 주

당대의 주석은 사서(史書)와 기타 방면에서도 성과를 얻었다. 예를 들면 사마정(司馬貞)의 《사기색은(史記索隱)》, 장수절(張守節)의 《사기정의(史記正義)》, 안사고(顔師古)의 《한서주(漢書注)》가 있다. 이현(李賢, 651?-684)이 장대안(張大安) 등을 초빙하여 주를 단 《후한서》, 윤지장(尹知章, 669?-718?)의 《관자주(管子注)》, 양경(楊倞)의 《순자주(荀子注)》, 왕빙(王冰)이 주를 단 《황제소문(黃帝素問)》은 모두 영향력 있는 주석서들이다. 이 밖에 불경 주석도 성과를 거두었으니, 예를 들면 도세(道世)의 《금강경집주(金剛經集注)》가 있다.

총괄하자면, 당대 주석은 경전·사서 및 기타 방면에서 대부분 정리하고 모으고 통일하는 시기로, 한대 주석의 우수한 전통을 계승하였다. 근현대 학자들은 종종 한·당을 함께 거론하여 '한당구주(漢唐舊注)'라고 하는데, 이는 당대의 주석도 후세 학자들에게 중시되었음을 시사한다.

제6절 송宋 : 주석학의 변화·혁신 및 《시경》의 해방

1 주석학에 이학理學이 스며들다

당(唐)나라 사람들은 경전을 주석하면서 동한의 고문경학이 견지한 박학(樸學)의 전통을 보존하여 어휘와 어구의 훈고를 중시하였다. 그런 뒤에 이를 바탕으로 정확한 경의 뜻을 추구하였다.

그러나 담조(啖助)·조광(趙匡)·육순(陸淳)부터 시작하여 그 뒤를 이어 나온 한유(韓愈, 768-824)와 이고(李翱, 772-841)는 '경을 의심하고 고치는〔疑經改經〕' 풍조를 열었다.

송나라에 이르자, 이러한 풍조는 경을 의심하고 고쳐서 한(漢)·당(唐)의 훈고의소학(訓詁義疏學)의 전통을 일괄적으로 뒤집고 직접적으로 경문에서 의리를 탐구하는 '성명의리학(性命義理學)'으로 발전하였다. 그리하여 경전의 주석은 송대 학자들이 자신의 철학 사상과 정치적인 주장을 밝히는 수단이 되었으며 경서는 학자들의 손 안에 든 도구와 자료가 되었다. 육구연(陸九淵)이 제기한 "학문을 함에 있어 근본을 안다면 육경은 모두 나의 주석이다.〔學苟知本, 六經皆我注脚.〕"라는 말은 이러한 현상을 생동감 있게 반영한 것이다.

송나라 사람들의 이학(理學)은 두 파로 나뉜다. 하나는 한유를 계승한 유파로, 주희(朱熹)가 대표적인 인물이다. 다른 하나는 이고를 계승한 유파로, 육구연이 대표적인 인물이다.

당대(唐代)에 불교가 이미 절정에 이르러 경제와 정치 면에서 조정과 모순이 발생하는 상황에서, 당 왕조의 이익을 옹호하기 위해 한유는 개인의 수신양성(修身養性)을 중시한, 불교의 세간을 떠나는 원칙을 겨냥하여, 《예기》 중의 〈대학〉에서 말한 수신·제가·치국·평천하의 이론을 가지고 반대하였다. 한유는 공(孔)·맹(孟)을 전승한 사람으로 자처하여 유가의 도통을 지킨다는 큰 기치를 내걸고 '인(仁)'·'의(義)'·'도(道)'·'덕(德)'을 봉건의 윤상(倫常) 관계를 유지하는 최상의 준칙으로 삼았다.

한유의 이론은 북송의 주돈이(周敦頤, 1017-1073)와 정이(程頤, 1033-1107)를 거쳐 남송의 주희에 이르러 하나의 완벽한 유심주의(唯心主義) 이학(理學) 체계를 이룩하였다. 그 이론의 핵심은 삼강(三綱)[141]과 오상(五常)[142]이었다.

주희(朱熹)는, 자가 원회(元晦)이고 또 다른 자는 중회(仲晦)이다. 휘주(徽州) 무원(婺源)[143] 사람이다. 건양(建陽)[144]으로 옮겨 거주하였다. 고종(高宗)·효종(孝宗)·광종(光宗)·영종(寧宗) 네 조정에서 벼슬하였고, 보경(寶慶) 연간(1225-1227)에 태사(太師)로 증직되고 신국공(信國公)에 추봉(追封)되었다. 학식이 깊고 넓어 전적에 두루 주석을 달았으며, 경학·사학·문학·악률과 자연과학 방면에 모두 연구 성과가 있다. 주요 저작으로 《사서장구집주(四書章句集注)》·《시집전(詩集傳)》·《초사집주(楚辭集注)》·《주역본의(周易本義)》와 《주문공문집(朱文公文集)》·《주자어류(朱子語類)》가 있다. 여기에서는 《사서장구집주》 가운데 〈논어 계씨(季氏)〉를 예로 들어 주희의 주석 속에 스며 있는 이학 사상을 소개하겠다.

> 孔子曰："君子有三畏：畏天命，畏大人，畏聖人之言."
> 공자가 말하였다. "군자는 세 가지를 두려워한다. 천명을 두려워하고,

141 원주：임금이 신하의 벼리가 되고〔君爲臣綱〕, 아버지가 아들의 벼리가 되고〔父爲子綱〕, 남편이 아내의 벼리가 되는 것〔夫爲婦綱〕이다.

142 원주：인(仁)·의(義)·예(禮)·지(智)·신(信)이다.

143 원주：지금의 강서성(江西省)에 속한다.

144 원주：지금의 복건성(福建省)에 속한다.

대인을 두려워하고, 성인의 말씀을 두려워한다."

주희 주 : '외(畏)'는 엄히 여기고 두려워하다는 뜻이다. '천명(天命)'은, 하늘이 부여해 준 바른 이치이다. 이것이 두려워할 만한 것이라는 것을 알면 삼가며 두려워하는 것을 그만둘 수 없어서 부여받은 소중한 것을 잃지 않을 것이다. 대인과 성인의 말씀은 모두 천명으로, 두려워해야 할 바이니, 천명을 두려워할 줄 알면 그것을 두려워하지 않을 수 없는 것이다.

畏者，嚴憚之意也．天命者，天所賦之正理也．知其可畏，則其戒謹恐懼，自有不能已者．而付畀之重，可以不失矣．大人聖言，皆天命所當畏．知畏天命，則不得不畏之矣．

小人不知天命而不畏也，狎大人，侮聖人之言．

소인은 천명을 몰라서 두려워하지 않는다. 그래서 대인을 함부로 대하며 성인의 말씀을 업신여긴다.

주희 주 : '모(侮)'는 희롱하다는 뜻이다. 천명을 모르기 때문에 의리를 몰라서 이처럼 꺼리는 바가 없는 것이다. 윤씨가 말하였다. "세 가지를 두려워하는 것은 몸을 닦는 성실함에 있어 그렇게 해야 하는 것이다. 소인은 몸을 닦고 자신을 성실하게 하는 데 힘쓰지 않으니, 무슨 두려워할 것이 있겠는가."

侮，戱玩也．不知天命，故不識義理，而無所忌憚如此．尹氏曰："三畏者，修己之誠當然也[145]．小人不務修身誠己，則何畏之有?"

陳亢問於伯魚曰："子亦有異聞乎?"

진강이 백어에게 물었다. "그대는 또한 특별히 더 배운 바가 있는가?"

주희 주 : '강(亢)'은 음이 '강(剛)'이다. 진강이 사사로운 생각으로 성인을 엿보아 필시 성인도 자기 자식에게는 몰래 더 가르쳐 주었을 것이라 의심한 것이다.

亢，音剛．亢以私意窺聖人，疑必陰厚其子．

對曰："未也．嘗獨立，鯉趨而過庭．曰：'學詩乎?' 對曰：'未也.' '不學詩，無以言.' 鯉退而學詩."

145 也 : 저본에는 없는데, 《논어집주》에 근거하여 보충하였다.

백어가 대답하였다. "없었다. 홀로 서 계실 때에 내가 빠른 걸음으로 뜰을 지나는데 '시를 배웠느냐?'라고 물으셨다. '못 배웠습니다.'라고 하였더니 '시를 배우지 않으면 말을 할 수 없다.'라고 하셨다. 그래서 물러가 시를 배웠다."

주희 주 : 시를 배우면 사리가 통달해져서 심기가 화평해진다. 그러므로 말을 잘하게 된다.

事理通達, 而心氣和平, 故能言.

"他日又獨立, 鯉趨而過庭. 曰 : '學禮乎?' 對曰 : '未也.' '不學禮, 無以立.' 鯉退而學禮."

"그 뒤에 또 홀로 서 계실 때에 내가 빠른 걸음으로 뜰을 지나는데 '예를 배웠느냐?'라고 물으셨다. '못 배웠습니다.'라고 하였더니 '예를 배우지 않으면 처신할 수 없다.'라고 하셨다. 그래서 물러가 예를 배웠다."

주희 주 : 예를 배우면 일의 순서와 방법을 자세히 알아서 덕성이 굳게 정해진다. 그러므로 능히 처신하게 된다.

品節[146]詳明, 而德性堅定, 故能立.

聞斯二者.

이 두 가지 말씀만 들었다.

주희 주 : 홀로 서 계실 때에 들은 것이 이와 같은 데 지나지 않았으니, 특별히 더 배운 바가 없다는 것을 알 수 있다.

當獨立之時, 所聞不過如此, 其無異聞可知.

주희는 《대학》에 주를 달면서 경문(經文)과 전문(傳文)을 구별하여 다시 편집하였는데,[147] 이는 경전을 의심하고 고친 송유(宋儒)들의 학풍을 매

146 節 : 저본에는 '德'으로 되어 있는데, 《논어집주》에 근거하여 바로잡았다.

147 원주 : 자세한 것은 《주석학개론》의 〈2. 주석의 종류〉에서 장구류(章句類)를 참조.

우 전형적으로 반영한 것이다. 주희는 경적을 주석할 때 학문하는 자세가 매우 근엄하였다. 예를 들면 주희는 다음과 같이 말하였다.

> 《춘추》의 의례(義例)는 때로 한두 가지 대의를 알 수는 있었지만 끝내 마음속에서 자신할 수 없었기에 감히 한 글자도 놓은 적이 없었다.
> 《春秋》義例, 時亦窺其一二大者, 而終不能自信於心, 故未嘗敢措一辭.[148]

이에 대해 피석서(皮錫瑞, 1850-1908)는 다음과 같이 말하였다.

> 주희는 학문이 매우 독실하였으므로 《춘추》의 의리에서 분명하여 근거할 수 있는 것만 믿었고, 의리가 감춰져 있거나 경문에는 없는데 전문에만 있는 것들은 모두 감히 믿고 의거하지 않았다.
> 朱子學最篤實, 故於《春秋》之義, 但信其分明可據者, 若其義稍隱, 或不見經而但見傳, 則皆不敢信據.[149]

주희는 《시서(詩序)》에 대해서도 많은 회의를 품었다. 이에 대해 피석서는 다음과 같이 말하였다.

> 이제 주희의 설로 추론해 보자면, 《시서》에서 "모모를 풍자한 것이다.〔刺某某.〕"라고 한 말은 의심할 점이 많이 있다. 주희의 설이 반드시 옳다고는 볼 수 없으나, 반드시 옳지 않다고도 볼 수 없다.

148 춘추의……없었다 : 《회암집(晦庵集)》 〈서임장소간사경후(書臨漳所刊四經後) 춘추(春秋)〉에 보인다. 다만 《회암집》에는 '心'과 '故' 앞에 '以'가 있으며, '措' 앞에 '輒'이 있다. 저본의 내용은 《곤학기문(困學紀聞)》 등에서 인용한 글을 옮겨 온 것으로 보인다.
149 원주 : 《경학통론(經學通論)》 〈춘추(春秋)〉

> 今以朱子之說推之，則《序》所云刺某某者，多有可疑．雖未見朱說之必然，亦無以見其必不然也．[150]

이학가들은 주석에 자신들의 이학 사상을 밝혔다. 그리하여 그들의 이학 저작은 또 사람들이 연구하고 주석하는 대상이 되었다. 이에 또 웅절(熊節, ?-?)이 짓고 웅강대(熊剛大)가 주를 단 《성리군서구해(性理群書句解)》가 나왔다. 이 책은 주돈이(周敦頤, 1017-1073)·이정(二程)·소옹(邵雍, 1011-1077)·장재(張載, 1020-1077)·주희(朱熹)·사마광(司馬光, 1019-1086)과 기타 이학가들의 문장을 수록하고 주석을 달았는데, 송나라 일대의 성리대전이다. 이는 곧 성리학이 주석에 스며든 것이 아니라 성리학 관련 저작을 편찬하면서 그것에 주석을 단 대표적인 사례이다.

2 《시경》을 본래 모습으로 되돌리다 : 주석의 혁신

《시경》은 중국 문학사에서 최고의 지위를 점하고 있다. 모전(毛傳)과 정전(鄭箋)이 나온 이래로 시 연구자들은 대부분 《시서》를 기준으로 삼아 〈소서(小序)〉에서 확정한 주지(主旨)를 왜곡하고 견강부회하여, 하나의 문학 작품인 시가 총집을 또 매우 은미한 뜻을 함유하고 있는, 그 안에 포폄[151]을 붙인 시의 《춘추》로 만들었으며, 심지어는 하나의 성경(聖經)으로 만들기까지 하였다. 이것은 《시경》의 주석과 연구를 서로 다른 길을 걷도록 만들었다. 《시경》학의 혁신뿐만 아니라 전체 주석학의 혁신은 송대 학자들의 보편적 요구였다.

150 원주 : 《경학통론》〈시경(詩經)〉

151 원주 : 즉 찬미나 풍자를 이른다.

언어적인 요소로는 주석가들의 이견이 일반적으로 그리 크지 않다. 그러나 시 속의 비(比)·흥(興)이 내포한 의미, 사건의 이해, 감정의 분석 등과 저술 배경, 저술 동기, 목적과 관련한 사상 내용 등 여러 요소에 대한 인식에 대해, 송나라 이후로는 매우 큰 차이가 생겨났다. 여기에서 《시서》를 연구하고 거듭 새롭게 인식하는 것이 바로 주석가들이 견해를 달리하는 관건이 되었다.

제일 먼저 한학(漢學), 즉 한대의 시경 해석인 《시서》에 도전한 것은 북송의 대문학가이자 시인인 구양수(歐陽脩)와 소철(蘇轍)이었다.

구양수(歐陽脩, 1007-1072)는, 자가 영숙(永叔)이다. 자호(自號)는 취옹(醉翁), 만호(晚號)는 육일거사(六一居士)이다. 여릉(廬陵)[152] 사람이다. 관리가 되어서는 정직하고 할 말을 다하였으며, 벼슬은 추밀부사(樞密副使)·참지정사(參知政事)에 이르렀다. 문장이 천하에 으뜸이고 북송의 시문 혁신 운동의 영수였다. 저서로는 《구양문충집(歐陽文忠集)》·《신당서(新唐書)》·《신오대사(新五代史)》·《모시본의(毛詩本義)》·《집고록(集古錄)》·《귀전록(歸田錄)》·《육일시화(六一詩話)》 등이 있다.

《모시본의》는 시의 언어 자체에서 시의 본의를 탐구한 주석 저작이다. 〈인지지(麟之趾)〉·〈작소(鵲巢)〉·〈야유사균(野有死麕)〉 등의 편에 대한 해석에서 《시서》의 오류를 비평하였다. 〈야유사균〉 등의 편은 적나라한 성적 요소를 밝혀내어 봉건 시대 도덕군자들을 매우 혼란스럽게 만들었으며, 이런 의혹은 청나라 말기에까지 이어져 전대흔(錢大昕, 1728-1804) 등도 그에 대해 강한 불만을 표시하였다. 《모시본의》는 소서(小序)·모전(毛傳)·정전(鄭箋)에서 서로 모순되는 곳을 찾아 비평하고 논박하는 데 뛰어났는데, 이 점은 한·당 《시경》 주석의 신성한 지위를 근본적으로 뒤흔들었다.

구양수의 《모시본의》는 후대의 《시경》 연구에 깊은 영향을 끼쳤다. 현대

152 원주 : 지금의 강서성(江西省) 길안(吉安)이다.

의 저명한 학자인 문일다(聞一多, 1899-1946)는 《시경》 해석에 관한 업적으로 세상에 인정을 받았는데, 그의 학술 연원은 바로 구양수였다. 장백잠(蔣伯潛, 1892-1956)은 "우리는 《시경》을 읽을 때 우선 《시서(詩序)》의 터무니없는 말을 제거해야 한다. 그런 뒤에야 '자신의 생각으로 시인의 마음을 헤아려서' 시인의 본뜻을 얻을 수 있다.〔吾人讀《詩》, 當先掃除《詩序》之妄說, 而後可以'以意逆志', 而得詩人之旨也.〕"[153]라고 하였고, 구양수는 "이 책을 지은 것은 본래 기운과 마음을 화평하게 하여 자신의 생각으로 시인의 마음을 헤아린 데서 나온 것이었다. 그러므로 논지를 세울 적에 모전과 정전을 가볍게 의논하지도 않았고 그렇다고 그들의 설에 영합하지도 않았다. 그의 훈석(訓釋)은 왕왕 시인의 본지를 얻었다.〔作是書, 本出於和氣平心, 以意逆志. 故其立論, 未嘗輕議二家, 而亦不曲徇二家. 其所訓釋, 往往得詩人之本志.〕"[154]라고 평하였다.

《시서》가 성현의 말이라는 것을 부정한 사람으로는 또 왕안석(王安石, 1021-1086)과 소철(蘇轍, 1039-1112)이 있다.

왕안석은 《삼경신의(三經新義)》를 지어 《서경》·《시경》·《주례》를 다시 새롭게 해석하여 자신이 추진하는 새로운 정치에 접목시켰다. 《송사(宋史)》 〈왕안석전(王安石傳)〉에는 왕안석의 《시경신의》가 "선유들의 주석들을 일절 폐기하고 사용하지 않았다.〔先儒傳注, 一切廢而不用.〕"라고 하였다.

소철이 지은 《시집전(詩集傳)》은 〈소서(小序)〉의 첫 구절만 취하고 그 이하는 모두 산삭하였으며, 〈소서〉와 모전·정전의 오류에 대해 모두 일일이 주를 달아 밝혔다.

남송에 오자 정초(鄭樵, 1104-1162)·왕질(王質, 1135-1189)·주희(朱熹, 1130-1200)가 다시 '《시서》를 폐기하자는 유파〔廢序派〕'를 형성하여, 한대

153 원주 : 《십삼경개론(十三經概論)》 〈모시개론(毛詩概論)〉
154 원주 : 《사고전서총목제요》

의 시경 해석인 《시서》를 옹호한 범처의(范處義, ?-?)·여조겸(呂祖謙, 1137-1181)과 대립하였다.

정초가 지은 《시변망(詩辨妄)》은 상세한 고증을 거쳐, 《시서》를 한나라 때 사람이 서사(書史)에 견강부회하여 가탁해서 세상을 기만한 저작으로 보았다.

왕질이 주석을 단 《시》는, 명쾌하게 '《시서》를 배제하고 시를 논하여〔去序言詩〕' 새로운 체재를 만들어서 스스로 일가를 이루었다.

주희의 《시집전》은 송학(宋學)의 《시경》학 주석을 대표하는데, 《모시전전(毛詩傳箋)》·《모시정의(毛詩正義)》의 뒤를 이은 '제3의 이정표'라 하겠다.[155]

주희의 《시집전》은 주석 연구 방법에서 구양수와 일맥상통한다. 모전·정전과 《시서》 중에서 취할 만한 점은 한결같이 흡수하였고, 학문의 기반은 《시경》의 본문을 깊이 탐구하여 시의 언어 속에서 시의 본지를 탐구하는 것이었다. 주희는, 〈국풍(國風)〉은 '대부분 민간의 가요에서 나온 작품〔多出於里巷歌謠之作〕'으로, 다수의 시편들이 '남녀가 서로 노래하여 각자 속마음을 표현한〔男女相與詠歌, 各言其情〕' 민가(民歌)라고 지적하였다.

《시집전》의 연구 방법은 정확하다. 작자는 언어의 훈고를 기본으로 본문을 이해하였고, 이로 인해 일정 정도 정확한 결론을 얻어 냈다. 그는 사람들이 문학작품과 작품이 생산된 사회생활을 결합시켜 문제를 분석하도록 하여, 《시경》의 주석이 경학의 굴레에서 벗어나게 하였다. 구양수와 주희 등은 《시경》을 해방시켜, 《시경》의 주석과 연구를 하나의 참신한 단계로 끌어올려 학술사에 빛나는 한 장을 남겼다.

그러나 《시집전》의 한계성 내지 결함 역시 분명하다. 주희는 〈시집전서〉

155 원주 : 하전재(夏傳才)의 《시경연구사개요(詩經研究史概要)》
역주 : 하전재는 안휘(安徽) 박주(亳州) 사람이다. 공산당원으로, 1945년 북경사범대학 중문과에서 학업을 마치고 북경사범대학 교사 등을 역임하였다. 저서로 《시경연구사개요》·《시경어언예술(詩經語言藝術)》 등이 있다. 중국시경학회 회장을 맡고 있다.

에서 시의 교화와 권선징악의 작용을 과도하게 강조하여, 〈주남〉과 〈소남〉에 대해 실제와 부합하지 않는 평가를 내렸다. 그는 다음과 같이 말하였다.

> 오직 〈주남〉과 〈소남〉만이 문왕의 교화를 직접 입어서 덕을 이뤄 사람들이 모두 올바른 성정을 얻을 수 있었다. 그러므로 말로 드러난 것이, 즐거워도 너무 지나치지 않고 슬퍼도 너무 과하지 않은 것이다. 이 때문에 이 두 편만이 〈국풍〉의 정경(正經)이 되었다.
>
> 惟《周南》、《召南》親被文王之化以成德, 而人皆有以得其性情之正, 故其發於言者, 樂而不過於淫, 哀而不及於傷, 是以二篇獨爲《風》詩之正經.

주희는 마지막에 다시 수신·제가·치국·평천하를 《시경》을 읽는 목적으로 삼았다. 주석에서도 이학 사상을 밝히는 것을 잊지 않았으니, 이는 본받을 만한 점이 아니다. 이 밖에 《시집전》은 고금의 음의 변화를 모른 채 협운법(叶韻法)[156]을 만들었는데, 이것 역시 매우 잘못된 것이다.

156 협운법(叶韻法) : 협(叶, xié)은 '協'과 같고 화해(和諧)의 뜻이다. 협운(叶韻)은 본래 같은 운(韻)에 속하지 않는 글자를 동일한 운으로 사용하는 것, 곧 운율(韻律)을 맞춘다는 말이다. 본래 같은 음이어야 하는 한시의 각운(脚韻) 자리에 각운을 실현하지 못하는 문자가 사용되는 것을 '울림이 조화를 이루지 못하는 곳이 생기면 사람들은 그 문자에 쓰인 독법을 전후와 각운을 합친 것처럼 임시로 변화시켜 음창(吟唱)했다'고 해석하는 방법이다. 현재 자신들이 사용하고 있는 문자의 음과 고대의 시인들이 사용한 문자의 음은 동일하다는 전제하에 현재 사용되는 문자의 음으로는 각운을 실현하지 못하는 시의 문자를 해석하였다. 남북조 때 《시경》의 음을 읽을 때 사용하였는데, 고대의 운문에 널리 응용하게 되었고, 송대에 와서는 크게 유행하였다.

3 고증에 대한 중시

경과 전을 의심하는 송나라 사람들의 학풍은, 그들이 과감하게 독립적으로 사고하여 옛 성현을 맹신하지 않고 자유롭게 연구하는 학풍을 진행하였다는 것을 말해 준다. 한·당의 구주(舊注) 내지 경문 자체에 대한 그들의 의심은 비록 불가피하게 추측과 억단이라는 요소와 뒤섞여 있지만, 총체적으로 보면 그들의 의심은 각각 관련 자료의 비교 연구라는 기초 위에 세워진 것이었다.

여러 가지 자료에 대한 변별과 분석을 통해 경전의 오류를 탐구하여 그 시비를 판정하는 것이 바로 '고증'이다.

정초는 《시변망》을 지어 《시서》를 규탄하면서, 《시서》를 "촌구석에 사는 황당무계한 사람이 지은 작품이다.〔村野妄人之作.〕"라고 하였는데, 바로 자신은 고증을 기초로 했다는 것을 표명한 것이다. 그가 교감학에서 이룬 성과도 이런 것이다.

정대창(程大昌, 1123-1195)의 《시론(詩論)》은 《시경》의 체제, 〈대서(大序)〉와 〈소서(小序)〉, 음악에 올리는 문제들을 고증하고 연구하였는데, 마찬가지로 후대에 끼친 영향이 매우 크다.

사마광(司馬光)은 《자치통감(資治通鑑)》을 책임 편찬한 뒤에, 다시 《자치통감고이(資治通鑑考異)》·《통감석례(通鑑釋例)》·《자치통감목록(資治通鑑目錄)》을 지었다. 《자치통감고이》는 《자치통감》에서 채집한 정사(正史)와 잡사(雜史) 332종을 근거로 그 이동(異同)을 고증하고 변별하여 취사한 뜻을 밝힌 것이다.

고증을 통해 시비를 밝히는 것은 좋은 방법이다. 그러나 송나라 유자들은 이따금 자신감이 넘쳐나 고인을 믿지 않는 경향을 나타냈다. 이 때문에 그들은 고증이 아직 불충분할 때 고서를 함부로 고쳤는데, 이는 학술의 발전에도 매우 해로운 것이었다. 예를 들어 포표(鮑彪)가 주석한 《전국책(戰國策)》은 '《전국책》의 편질의 순서를 모두 자기 뜻대로 고치거나 옮겨서, 실로 고서를 함부로 고쳐 어지럽힌 선례가 되었다.〔於《戰國策》篇帙先後, 皆以己意改移, 實爲竄亂古本之始.〕'[157] 그리고 주희가 《대학》에 주를 단 데 이르면, 원문의 순서를 완전히 어지럽혀 경문과 전문을 구분하고 다시 편집하였는데, 또한 매우 전형적인 사례이다.

피석서(皮錫瑞)는 "송나라 유자들은, 문장의 대의를 이해한 수준은 전인(前人)보다 나았지만 사실을 변조한 점에 있어서는 본보기가 될 수 없다.〔宋儒體會語氣勝於前人, 而變亂事實不可爲訓.〕"라고 하였는데, 송나라 사람들의 주석의 득실을 매우 정확히 평가한 말이다.

4 금석서화金石書畫에 대한 주석

중국 봉건 시대의 문화는 당·송에 이르러 이미 매우 높은 수준으로 발전하였다. 사회과학·자연과학·문학예술·언어문자학에 관한 저작들이 매우 많았으며, 이와 서로 맞물리는 주석학의 연구 대상도 계속적으로 그 범위가 확대되고 깊이 있게 발전하였다.

금석서화(金石書畫)의 주석도 그 가운데 하나였다. 구양수의 《집고록(集古錄)》, 조명성(趙明誠, 1081-1129)의 《금석록(金石錄)》, 홍괄(洪适, 1117-1184)의 《예석(隸釋)》, 미불(米芾, 1051-1107)의 《화사(畫史)》는 모두 가치 있는 저작들이다.

홍괄은, 자가 경백(景伯)으로, 남송의 대신이며 금석학자이다. 요주(饒州) 파양(鄱陽)[158] 사람이다. 관직은 동중서문하평장사 겸 추밀사(同中書門下平章事兼樞密使)에 이르렀다. 금석 탁본을 수장(收藏)하기를 좋아하

157 원주 : 《사고전서간명목록》
158 원주 : 지금의 강서성 파양현(波陽縣)이다.

였고, 아울러 이것을 근거로 사전(史傳)의 오류를 증명하여 《예석》 27권을 지었다. 앞 19권은 자신이 소장한 한나라 비문 탁본 189통(通)의 전문(全文)을 수록하고 가차자와 통용자에 대해 모두 일일이 소통시켜 증명하고 있다. 그중 역사 사실과 관련 있는 것도 일일이 차이를 변별하고 바로잡았는데, 문자학과 사학에서 모두 참고할 만한 가치가 있다. 또 《예속(隷續)》 21권,[159] 《반주집(盤洲集)》 80권이 있다.

북송의 걸출한 서화가 미불이 지은 《화사》·《서사(書史)》·《연사(硯史)》는 역사 저술이기는 하나 진위를 논평하고 오류를 고증한 점은 모두 문헌의 주석과 같다.[160] 그리하여 역대 감정가들이 모두 이것을 준칙으로 삼았다.

5 시문집에 대한 주석

송나라 사람들의 주석은 포괄하지 않은 것이 없고 수용하지 않은 것이 없으며, 시문에 대한 주석도 지금까지 유전되는 것이 매우 많다.

이백(李白)과 두보(杜甫)의 시는 송대에 이미 모두 집주(集注)가 있었다. 곽지달(郭知達)의 《구가집주두시(九家集注杜詩)》는 왕수(王洙, 997-1057)·송기(宋祁, 998-1061)·왕안석(王安石, 1021-1086)·황정견(黃庭堅, 1045-1105)·설몽부(薛夢符)·두전(杜田)·포표(鮑彪)·사윤(師尹)·조언재(趙彦材) 등 9가(家)의 주를 모아서 만든 것이다.

한유와 유종원의 시문은 송나라 사람들의 추숭을 받았고 주석도 매우 많았다. 방숭경(方崧卿, 1135-1194)은 육덕명의 《경전석문》의 체례를 사용하여

159 원주 : 《예석(隷釋)》에서 빠진 것을 보충한 책으로, 체례(體例)가 《예석》과 같다.

160 원주 : 당·송 시대의 서화·금석을 품평한 저작들은 대부분 주석과 의리를 분석하는 성격을 지녔다.

《한집거정(韓集擧正)》 10권, 《외집거정(外集擧正)》 1권을 지었는데, 전문(全文)을 싣지 않고 정정한 글자를 대자(大字)로 쓰고 변증한 내용을 그 아래에 주를 달았을 뿐이었다. 주희는 방숭경의 책을 기초로 다시 교정하고 《원본한문고이(原本韓文考異)》라고 하였다. 경원(慶元) 6년(1200)에는 건안(建安) 사람 위중거(魏仲擧)가 《오백가주음변한창려선생문집(五百家注音辨韓昌黎先生文集)》 40권을 판각하였는데, 368가(家)의 주석과 논술을 채록하였으며 풍부한 자료를 모으고 보존하였다.

유종원의 문장을 주석한 것으로는, 한순(韓醇)이 음석(音釋)한 《고훈유선생문집(詁訓柳先生文集)》이 있고, 동종열(童宗說)의 《유문주석(柳文注釋)》·장돈이(張敦頤)의 《유문음변(柳文音辨)》·반위(潘緯)의 《유문음의(柳文音義)》를 근거로 하여 한 책으로 모아 만든 《증광주석음변유집(增廣注釋音辨柳集)》이 있으며, 위중거가 판각한 《오백가주음변유선생문집(五百家注音辨柳先生文集)》이 있다. 위중거의 책에 인용된 유종원의 문장을 훈석(訓釋)한 제가들의 경우, 책명으로 거론한 것으로는 집주(集注)·보주(補注)·음석(音釋)·해의(解義)가 있고, 인명으로 거론한 것으로는 손씨(孫氏)·동씨(童氏)·장씨(張氏)·한씨(韓氏)가 있다.

송나라 사람들의 경우, 한유의 문장을 논한 사람은 많은 반면 유종원의 문장을 논한 사람은 적었다. 그러므로 《오백가주음변유선생문집》의 '오백가(五百家)'란 《오백가주음변한창려선생문집》과 서로 맞추려고 쓴 말일 뿐이다.

제7절 원元 : 송학의 여운

원대(元代)의 학술은 양송(兩宋)을 계승하여, 경전 주석이 주희의 설을 재차 발명하거나 채침(蔡沈, 1167-1230)의 설을 고수하였다.

호일계(胡一桂, 1247-?)의 《역본의부록찬소(易本義附錄纂疏)》, 호병문(胡炳文, 1250-1333)의 《주역본의통석(周易本義通釋)》, 왕천여(王天與)의《상서찬전(尙書纂傳)》, 유근(劉瑾, ?-?)의《시전통석(詩傳通釋)》, 양익(梁益)의《시전방통(詩傳旁通)》, 주공천(朱公遷)의《시경소의(詩經疏義)》는 모두 주희의 학설을 종주로 한 것이다.

진력(陳櫟, 1252-1334)의《상서집전찬소(尙書集傳纂疏)》, 진사개(陳師凱)의 《서채전방통(書蔡傳旁通)》, 주조의(朱祖義)의 《상서구해(尙書句解)》는 모두 채침의 전(傳)을 종주로 한 것이다.

웅붕래(熊朋來, 1246-1323)의《오경설(五經說)》 역시 송유의 학설을 재차 발명한 것에 지나지 않는다.

황백가(黃百家, 1643-1709)는 다음과 같이 말하였다.

> 원나라의 학자로는 노재(魯齋)·정수(靜修)·초려(草廬) 세 사람 뿐이다. 초려 이후로 노재와 정수에 이르러, 원나라가 이들에 의지해 나라를 세웠다.
>
> 有元之學者, 魯齋、靜修、草廬三人耳. 草廬後, 至魯齋、靜修, 蓋元之所藉以立國者也.[161]

161 원주 :《송원학안(宋元學案)》 권91 〈정수학안(靜修學案)〉

노재(魯齋)는, 이름이 허형(許衡, 1209-1281)이고 자가 중평(仲平)이다. 세조(世祖) 때 국자감 좨주(國子監祭酒)·집현전 대학사(集賢殿大學士)가 되었다. '허형은 경과 전에 출입하고 불교와 노장에 두루 통하였으며, 아래로는 의약·복서·제자백가·병형·화식·수리·산술에 이르기까지 연구하지 않은 것이 없었다. 가는 곳마다 학자들이 한마음으로 그를 스승으로 받들었다. 〔(許衡)出入經傳, 泛濫釋、老, 下至醫、卜、諸子百家、兵刑、貨殖、水利、算數之類, 靡不硏究. 所至, 學者翕然師之.〕'[162] '수십 년 동안 성대하게 경재대부(卿材大夫)로 호칭된 자들이 모두 그의 문인이었다. 이에 국인들이 비로소 성현의 학문이 있다는 것을 알게 되었다.〔數十年彬彬號稱名卿材大夫者, 皆其門人. 於是國人始知有聖賢之學.〕'[163] 저술로는 《소학대의(小學大義)》·《독역사언(讀易私言)》·《맹자표제(孟子標題)》·《사잠설(四箴說)》·《중용설(中庸說)》·《어록(語錄)》이 있다.

정수(靜修)는, 이름이 유인(劉因, 1249-1293)이고 자가 몽길(夢吉)이다. 《사서집요정의(四書集要精義)》가 세상에 유행하였다.

초려(草廬)는, 이름이 오징(吳澄, 1249-1333)이다. 자는 유청(幼淸)이며 백청(伯淸)이라고도 한다. 호는 초려이다. 저서로 《서찬언(書纂言)》·《예기찬언(禮記纂言)》·《역찬언(易纂言)》·《춘추찬언(春秋纂言)》·《노자주(老子注)》 등이 있다. 또 교감에 정통하여 《황극경세서(皇極經世書)》·《노자》·《장자》·《태현경(太玄經)》·《악률(樂律)》·《팔진도(八陣圖)》와 곽박(郭璞)의 《장서(葬書)》를 교감하였다.

원대의 의리지학(義理之學)은 문장의 풍격과 어록체 말투가 모두 송나라 사람들과 같다.

162 원주 : 풍종오(馮從吾)의 《원유고략(元儒考略)》 〈허형전(許衡傳)〉

163 원주 : 《송원학안》 권91 〈정수학안〉

혹자가 물었다.

"마음속에 생각이 많으면 어찌해야 합니까?"

답하였다.

"생각하는 것이 무슨 일인지는 모르겠으나, 실로 알아야 할 것을 구한다면 생각이 아무리 많더라도 안 될 것이 없다. 인욕이 싹트면 즉시 베어 내야 하니, 스스로 그것을 알아야 한다. 인심은 허령하여 말라죽은 나무나 식은 재처럼 생각이 없을 리가 없으니 생각해야 할 곳을 잘 알아야 한다."

(……)

혹자가 물었다.

"이치를 궁구하여 천하 만물에 이르면 반드시 그렇게 된 이유와 당연한 법칙이 있습니다. 이것이 '이(理)'라고 하는 것입니까?"

답하였다.

"널리 배우고 자세히 묻고 신중히 생각하고 명확히 구분하는 것이 '궁(窮)' 자에 대한 해설이고, 그렇게 된 이유와 당연한 법칙은 '이'에 대한 해설이다. 그렇게 된 이유는 본원이고 당연한 법칙은 말류이며, 그렇게 된 이유는 명(命)이고 당연한 법칙은 의(義)이다. 하나의 일과 하나의 물(物)에는 반드시 각각의 그렇게 된 이유와 당연한 법칙이 존재한다."

或問："心中思慮多，奈何?" 曰："不知所思慮者何事，果求所當知，雖千思萬慮可也. 若人欲之萌，卽當斬去，在自知之耳. 人心虛靈，無槁木死灰不思之理，要當精於可思慮處."……或問[164]："窮理至於天下之物，必有所以然之故，與其所當然之則，所謂理也?" 曰："博學、審問、愼思、明辨，此解說個窮字. 其所以然與其所當然，此說個理字. 所以然者是本原也，所當然者是末流也；所以然者是命也，所

164 問 : 저본에는 '曰'로 되어 있는데, 《노재유서(魯齋遺書)》 권1에 근거하여 바로잡았다.

當然者是義也. 每一事, 每一物, 須有所以然與[165]所當然."[166]

의리를 중시하면 자주 허망(虛妄)한 쪽으로 흐르게 된다. 명인의 학술이 공소(空疎)하고 경학이 쇠퇴했던 것은 원대에 이미 단초가 드러났다.

> 문정공 허형이 죽은 뒤로 그를 맹목적으로 따르는 자들은 문장을 다듬어 의리를 천명하는 것을 완물(玩物)이라고 여겨 문장을 소홀히 하고, 의리를 변별하여 묻고 답하는 것을 엽등이라고 여겨 스승을 곤혹스럽게 하였으며, 계획하는 것이 없는 것을 덕성을 함양한다고 여겨 속마음을 감추고 낯빛이 두꺼운 것을 기질을 변화하는 것으로 여겼다.
>
> 이로써 밖으로는 천하의 이목을 멀게 하고 안으로는 학자의 마음을 혼미하게 하였으니, 비록 그 유폐가 그렇게 만든 것이기는 하나 또한 노재의 소견이었다. 단지 노재가 위대한 사적을 지녔기 때문에 한 시대가 휩쓸리듯 그를 따른 것이다.
>
> 文正(許衡)沒, 後之隨聲附影者, 謂修辭申義爲玩物而苟且於文章, 謂辨疑答問爲躐等而姑困其師長, 謂無所猷爲爲涵養德性, 謂深中厚貌爲變化氣質. 外以聾瞽天下之耳目, 內以蠱晦學者之心思, 雖其流弊使然, 亦是魯齋所見, 只具[167]粗迹, 故一世靡然而從之也.[168]

문화사에 있어, 원대에는 천문·수학·의학·방직 기술, 그중에서도 특히 희곡과 회화에 모두 성과가 있었다. 주석사에 있어서는 마단림(馬端臨,

165 與 : 저본에는 없는데, 《노재유서》 권1에 근거하여 보충하였다.

166 원주 : 《송원학안》 권90 〈노재학안(魯齋學案)〉에서 《노재유서》를 인용한 대목이다.

167 具 : 저본에는 '是'로 되어 있는데, 《송원학안》 권91에 근거하여 바로잡았다.

168 원주 : 《송원학안》 권91 〈정수학안(靜修學案)〉

1254?-1323)의 《문헌통고(文獻通考)》와 호삼성(胡三省, 1230-1302)의 《자치통감석문변오(資治通鑑釋文辨誤)》·《자치통감음주(資治通鑑音注)》가 상당한 가치가 있다.

마단림은, 자가 귀여(貴與)로 강서성 낙평(樂平) 사람이다. 송나라 때의 재상 마정란(馬廷鸞)의 아들이다. 원나라 초기에 자호서원(慈湖書院)과 가산서원(柯山書院)의 산장(山長)을 지냈다.

그는 20여 년간 공력을 들여 《문헌통고》 348권을 완성하였다. 이 책에는 전부고(田賦考)·전폐고(錢幣考)·호구고(戶口考)·직역고(職役考)·징각고(徵榷考)·시적고(市糴考)·토공고(土貢考)·국용고(國用考)·선거고(選擧考)·학교고(學校考)·직관고(職官考)·교사고(郊祀考)·종묘고(宗廟考)·왕례고(王禮考)·악고(樂考)·병고(兵考)·형고(刑考)·경적고(經籍考)[169]·제계고(帝系考)·봉건고(封建考)·상위고(象緯考)·물이고(物異考)·여지고(輿地考) 등 도합 24문(門)이 실려 있다.

그는 자서(自序)에서, 옛 경사(經史)를 인용한 것을 '문(文)'이라 하고, 당송 이래 신하들의 주소(奏疏)와 제유(諸儒)들의 의론을 참고한 것을 '헌(獻)'이라 하기 때문에 《문헌통고》라고 이름 지었다고 하였다. 《사고전서총목제요(四庫全書總目提要)》에서는 다음과 같이 말하고 있다.

> 이 책은 문류(門類)가 많고 권질이 많아서 다양성을 취하려다 요점을 놓치고 말았다. 그러나 조목별로 나누어 세세히 분석하여 옛일을 상고하는 사람이 유별로 살펴볼 수 있게 하였고, 또 기록된 송나라의 제도가 매우 상세하여 《송사》 각 지(志)에 없는 부분이 많으며, 안어(案語)도 고금을 하나로 관통하고 있고 절충이 매우 합당하다. 《통전》의 간엄(簡

169 원주 : 이상은 당(唐)나라 두우(杜佑, 735-812)의 《통전(通典)》을 저본〔藍本〕으로 하였다.

嚴)함에는 다소 못 미치지만 상세하고 풍부한 점은 실로 《통전》보다 낫다. 이는 정초의 《통지》가 도저히 따라올 수 없는 점이다.

(其書)門類既多, 卷繁帙重, 未免取彼失此. 然其條分縷析, 使稽古者可以案類而考, 又其所載宋制最詳, 多《宋史》各志所未備, 案語亦多能貫穿古今, 折衷至當. 雖稍遜《通典》之簡嚴, 而詳贍實爲過之, 非鄭樵《通志》所及也.

호삼성(胡三省)은, 자가 신지(身之)이다. 절강성(浙江省) 천태(天台) 사람이다. 저서로 《자치통감석문변오(資治通鑑釋文辨誤)》와 《자치통감음주(資治通鑑音注)》가 있다.

《자치통감》은 문장이 번잡하고 뜻이 넓어서 주석한 사람들도 의견이 분분하였다. 호삼성에 이르러 여러 책을 하나로 모아 오류를 수정하고 빠진 곳을 보충하는 등 30년의 공력을 들여 이 두 책을 완성하였다. '그가 변석한 대상은, 상위(象緯)[170]의 추측과 지형의 건치, 제도 연혁 등 여러 주요 분야에 대해 매우 두루 갖추었다.〔三省所釋, 於象緯推測, 地形建置, 制度沿革諸大端, 極爲賅備.〕' '《자치통감음주》에서 말한 음훈학(音訓學)은 글자를 통해 뜻을 드러내어 각각 합당한 바가 있으므로 어느 한쪽에 머물러서는 안 된다. 또 진·송·제·양·진의 강리(疆里)로는 당나라의 강리를 해석할 수 없다고 하였으니, 그의 말은 실로 오래도록 변치 않을 주석 방법이라 하겠다.〔所云音訓之學, 因文見義, 各有攸當, 不可滯於一隅. 又云晉、宋、齊、梁、陳之疆里, 不可以釋唐之疆里. 其言實足爲千古注書之法.〕'[171]

송 인종(宋仁宗) 황경(皇慶) 3년(1314)에 제도를 정하여 오로지 송유(宋儒)의 사서주(四書注)와 오경주(五經注)로만 시사(試士)하였는데, 송

170 상위(象緯) : 일(日)·월(月)·오성(五星)이다.

171 원주 : 《사고전서총목(四庫全書總目)》에 보인다.

학(宋學)은 한학(漢學)에서 대신 취한 것이다.

원대에 이루어진 작업은 당대(唐代)의 《오경정의(五經正義)》와 마찬가지로 송나라 때의 사서·오경의 주석에 대한 성질을 완성하였다.[172] 이 책의 장점은 독서인들이 준거로 삼을 책을 마련했다는 것이고, 폐단은 학술이 정체되었다는 점이다. 원대의 학술은 송대가 남긴 영향을 받은 것에 불과하기 때문에 후대에 학술의 원류를 논하는 자들은 따로 항목을 잡지 않고 원학(元學)을 송학(宋學)의 뒤에 겨우 붙여 놓았다.

전조망(全祖望, 1705-1755)은 "원나라는 나라를 세운 뒤로 거론할 만한 것이 없으나 학술만은 오히려 변하지 않았다. 위에서는 천시하였으나 아래에서 열심히 좇아갔으니, 이것은 정주학(程朱學 이학(理學))의 혜택 범위가 넓었기 때문이다.〔有元立國, 無可稱者, 惟學術尙未替. 上雖賤之, 下自趨之, 是則洛、閩之沾溉者宏也.〕"[173]라고 하였는데, 이 말이 타당하다.

172 성질을 완성하였다 : 원문은 '總其成性質'로 되어 있는데, 앞뒤의 의미가 통하지 않으므로 '總成其性質'로 바로잡아 번역하였다.

173 원주 : 《송원학안》 권91 〈정수학안(靜修學案)〉

제8절 명明 : 경전 주석의 쇠퇴

1 경전 주석의 쇠퇴

명대(明代)도 전대와 마찬가지로 송학(宋學)을 숭상하여 과거 시험으로 인재를 뽑을 적에 사서와 오경으로 고시의 범위를 정하였는데, 이때 사용한 주석은 원대(元代)와 기본적으로 같았다.

명 성조(明成祖) 영락(永樂) 12년(1414)에 이르러 한림원 학사(翰林院學士) 호광(胡廣, 1370-1418)과 한림원 시강(翰林院侍講) 양영(楊榮, 1371-1440)·김유자(金幼孜, 1368-1431) 등에게 《사서대전(四書大全)》과 《오경대전(五經大全)》[174]을 책임지고 수찬(修撰)하게 하였다. 이는 명대의 경전 주석이 또 원대의 주석 성과를 토대로 한 차례 통일한 작업이었다는 것을 말해 준다. 이들 몇몇 '대전'은 대부분이 원나라 사람들의 주석을 뒤섞어서 만들었는데, 《사고전서간명목록》에서 이에 대해 하나하나 비평하였다.

> 《주역대전(周易大全)》[175] 24권 : 이 책은 구성이 엉성한데, 동해(董楷, 1226-?)·동진경(董眞卿, ?-?)·호일계(胡一桂, 1247-?)·호병문(胡炳文) 등 4가의 책을 짜깁기하여 갖은 미사여구로 포장한 것일 뿐이다.
>
> 其書鹵莽而成, 僅割裂董楷、董眞卿、胡一桂、胡炳文四家之書, 餖飣成編.

174 원주 : 오경은 《주역》·《서경》·《시경》·《예기》·《춘추》이다.

175 주역대전(周易大全) : 원명은 《주역전의대전(周易傳義大全)》이다.

《서전대전(書傳大全)》[176] 10권 : 이 책도 진력(陳櫟, 1252-1334)의 《상서집전찬소》와 진사개(陳師凱, ?-?)의 《서채전방통》을 표절한 것이다. 그러나 진력의 책은 의리를 밝힌 장점이 있고 진사개의 책은 자세히 연구하고 고증하였으므로, 《오경대전》 중에서는 그래도 조금 낫다.
是書亦勦襲陳櫟《尙書集傳纂疏》、陳師凱《書蔡傳旁通》. 然櫟書義理爲長, 師凱書考核亦備, 故在《五經大全》之中, 尙爲差勝.

《시전대전(詩傳大全)》[177] 20권 : 이 책은 유근(劉瑾, ?-?)의 《시전통석》에서 자구만 약간 수정하면서, 그중에 '근안(瑾案)' 2자를 '유씨왈(劉氏曰)'로 고치고 또 각 편의 첫머리에 있던 소서들을 모아 별도의 권으로 만들었을 뿐이다.
是書卽劉瑾《詩傳通釋》, 稍爲點竄, 惟改其中[178]"瑾案"二字爲"劉氏曰", 又改其分冠篇首之小序, 幷爲一卷而已.

《예기대전(禮記大全)》 30권 : 채집한 여러 유자들의 학설이 모두 42가인데, 진호(陳澔, 1260-1341)의 《예기집설》을 위주로 하였다.
所采諸儒之說凡四十二家, 而以陳澔《集說》爲主.

《춘추대전(春秋大全)》 70권 : 왕극관의 《호전찬소》를 그대로 따르면서 자구만 약간 수정한 것이다.
大抵因汪克寬《胡傳纂疏》, 而稍點竄之.

176 서전대전(書傳大全) : 저본에는 '尙書大全'으로 되어 있는데, 《사고전서간명목록(四庫全書簡明目錄)》에 근거하여 바로잡았다.

177 시전대전(詩傳大全) : 저본에는 '詩集傳大全'으로 되어 있는데, 서명의 오기(誤記)이므로 '集'을 삭제하였다.

178 其中 : 저본에는 없는데, 《사고전서간명목록》에 근거하여 보충하였다.

조정에서 통일된 교재를 반포하면서 이미 완성된 저술을 취한 점은 크게 비난할 수 없을 것 같으나, 그것을 '대전'이라고 이름 붙인 것은 실상에 맞지 않는다.

《명사(明史)》〈유림전(儒林傳)〉에 다음과 같은 기록이 있다.

> 명나라 유자들은 정자의 이학을 확대하고 성명(性命)의 깊은 뜻을 탐구하면서 조금이라도 어긋나면 마침내 여러 갈래 길을 만들고 이런 오류를 답습하다 보니 원래의 의미와는 갈수록 멀어졌다. 전문적으로 경훈(經訓)에서 주고받은 원류는, 270여 년 동안 이것으로 이름을 얻은 학자를 들어 보지 못하였다. 경학은 한·당처럼 정밀하고 전일하지 않았으며, 성리학은 송·원의 찌꺼기만 답습했을 뿐이었다. 논자들은 과거가 성하자 유학이 쇠퇴했다고 했는데 맞는 말인 것 같다.
> 有明諸儒, 衍伊、雒之緒言, 探[179]性命之奧旨[180], 錙銖或爽, 遂啓岐趨, 襲謬承訛, 指歸彌遠. 至專門經訓授受源流, 則二百七十餘年間, 未聞以此名家者. 經學非漢唐之精專, 性理襲宋元之糟粕, 論者謂科擧盛而儒術微, 殆其然乎?

이것은 대단히 지나치게 비평한 것이다.

황종희(黃宗羲)는 《명유학안(明儒學案)》〈발범(發凡)〉에서 다음과 같이 말하였다.

> 명나라의 문장과 사업은 모두 전 시대만 못하였다. 그러나 이학만은 전

179 探 : 저본에는 없는데, 《명사(明史)》에 근거하여 보충하였다.
180 旨 : 저본에는 '指'로 되어 있는데, 위 자료에 근거하여 바로잡았다.

대가 명대에 못 미쳤다. 이때에는 사소한 것 하나도 명확히 분석하였으니, 참으로 선유들이 미처 발명하지 못한 것을 능히 발명한 것이다. 有明文章事功, 皆不及前代, 獨於理學, 前代之所不及也. 牛毛繭絲, 無不辨晰, 眞能發先儒之所未發.

이것은 비교적 공평하고 합당한 지론이다.

《춘추》를 예로 들면, 명나라 사람들의 주석 연구 성과는 매우 볼만하다. 장이령(張以寧)의 《춘왕정월고(春王正月考)》, 석광제(石光霽, ?-?)의 《춘추서법구현(春秋書法鉤玄)》, 동품(童品)의 《춘추경전변의(春秋經傳辨疑)》, 담약수(湛若水, 1466-1560)의 《춘추정전(春秋正傳)》, 육찬(陸粲, 1494-1551)의 《좌전부주(左傳附注)》와 《춘추호씨전변의(春秋胡氏傳辨疑)》, 웅과(熊過)의 《춘추명지록(春秋明志錄)》, 고공(高拱, 1513-1578)의 《춘추정지(春秋正旨)》, 왕초(王樵)의 《춘추집전(春秋輯[181]傳)》, 서학모(徐學謨, 1522-1593)의 《춘추억(春秋億)》, 강보(姜寶, 1514-1593)의 《춘추사의전고(春秋事義全考)》, 원인(袁仁)의 《춘추호전고오(春秋胡傳考誤)》, 부손(傅遜)의 《좌전촉사(左傳屬事)》, 풍시가(馮時可)의 《좌씨석(左氏釋)》, 양우정(楊于庭)의 《춘추질의(春秋質疑)》, 고반룡(高攀龍, 1562-1626)의 《춘추공의(春秋孔義)》, 탁이강(卓爾康)의 《춘추변의(春秋辨義)》, 주조영(朱朝瑛, 1605-1670)의 《독춘추략기(讀春秋略記)》, 왕개지(王介之, 1606-1686)의 《춘추사전질(春秋四傳質)》 등 가치 있는 저작이 적지 않고, 질의와 고변(考辨)이 특히 많았다.

명나라 황종희(黃宗羲)가 평한 "사소한 것 하나도 명확히 분석하였으니, 참으로 선유들이 미처 발명하지 못한 것을 능히 발명한 것이다.〔牛毛繭絲, 無不辨晰, 眞能發先儒之所未發.〕"라는 말이, 증거가 분명한 참말이라는

181 輯 : 저본에는 '集'으로 되어 있는데, 《사고전서총목》에 근거하여 바로잡았다.

것을 증명할 수 있다. 유사배(劉師培)도 "명유의 경학도 살펴볼 만한 점이 많다.〔明儒經學亦多有可觀.〕"[182]라고 하였다.

그러나 경훈(經訓) 발전의 전사(全史)에서 볼 때, 경전 주석의 쇠퇴기인 명대에 이르면 명인들은 학문이 공소(空疎)하여 주석사에서 비교적 매우 영향력 있는 명가(名家)가 나오지 않았다. 《명사》의 저자가 내린 비평은 일리가 있는 것이다.

2 《상서고이尙書考異》와 《모시고음고毛詩古音考》의 성과

위(魏)나라 왕숙(王肅)은 위서(僞書) 만들기를 좋아하였는데, 《고문상서》와 공안국전(孔安國傳)은 모두 그의 손에서 나온 것이다.

《수서》〈경적지(經籍志)〉와 당나라 공영달의 《상서정의(尙書正義)》에서 모두 이를 의심하였다.

송나라의 오역(吳棫[183], 1100-1154)과 주희에 이르러서는 의심이 더욱 많아졌다. 주희는 공안국전이 위서라고 분명히 말하기는 하였으나, 결코 경을 의심하지는 않았다.

명나라 말기 매작(梅鷟, ?-?)의 《상서고이》에 이르러서야 위공전(僞孔傳) 《고문상서》에 대한 의심이 실질성을 띤 근거 있는 연구로 들어서게 되었다. 매작은 《사기》·《한서》·《후한서》와 한대(漢代) 학자들의 주석에서 인증한 정황을 가지고 설명하였다. 즉 진(晉)나라 사람들이 말한 "복생(伏生)이 본 경전을 잃어버리자 공안국이 왕명을 받아 전(傳)을 지었다."라는 것은 모두 터무니없는 설이고, 동진의 매색(梅賾[184])이 바친 고본의 편수는

182 원주 : 《국학발미(國學發微)》

183 棫 : 저본에는 '域'으로 되어 있는데, 인명의 오기이므로 바로잡았다.

마융과 정현이 주를 단 《상서》의 편수와 일치하지 않기 때문에 매색의 책은 신빙할 수 없다는 것이다. 이와 동시에 또 문체와 문의(文義), 기타 방면에서 공전(孔傳) 《고문상서》의 믿을 수 없는 점을 지적하였다. 이는 곧 가장 중요한 몇 가지 방면에서 위(僞) 《고문상서》의 의심스러운 점을 들추어 낸 것이다.

매작은 결코 위서를 지은 사람에 대한 정확한 결론을 내지 못하였고 그의 고증도 완전하지 못한 점이 있었다. 그러나 그의 고석(考釋)은 청나라 사람 염약거(閻若璩, 1636-1704)의 《상서고문소증(尙書古文疏證)》, 최술(崔述, 1740-1816)의 《고문상서변위(古文尙書辨僞)》, 단옥재(段玉裁)의 《고문상서찬이(古文尙書撰異)》, 왕명성(王鳴盛)의 《상서후안(尙書後案)》, 정안(丁晏)의 《상서여론(尙書餘論)》 고석에 기초를 다져 줌으로써, 청나라 사람들로 하여금 반박할 수 없는 사실과 강력한 고증으로 공안국전 《고문상서》라는 것이 실은 왕숙이 만든 것임을 증명할 수 있게 하였다.

명대의 《시경》 주석에 대한 두드러진 성취는 《시경》의 운(韻)에 대한 고증이었다. 송나라 주희는 《시경》 주석을 해방(解放)하는 데에 매우 큰 공헌을 하였다. 그러나 주희가 송대의 독음으로 고문의 압운을 이해하여, 송나라 때 이미 압운되지 않는 시운 현상에 '협운설(叶韻說)'을 만든 것은, 옛 음을 모르고 만들어 낸 주관적인 추측이었다.

명대의 주석은 이 점에서 전보다 한 걸음 더 나아갔다. 진제(陳第, 1541-1617)가 지은 《모시고음고》에서는 송나라 사람들의 협운설을 완전히 뒤집어 명나라 말기에서 청나라에 이르는 고음운(古音韻)에 대한 연구를 계발하여, 음운학을 성과가 두드러진 청대의 한 독립적인 학과로 만들었다. 명대 사람들의 이러한 공적은 없앨 수 없다.

184 賾 : 저본에는 '頤'로 되어 있는데, 인명의 오기이므로 바로잡았다.

3 중약학中藥學 방면의 집대성 저작 : 《본초강목》의 주석학적 가치

명대에는 의학에 관한 저작이 매우 많았다. 성과가 두드러진 것은 예로부터의 경방(經方)을 집대성한 426권의 《보제방(普濟方)》이 있고, 의학의 대해(大海)라고 칭송되는 120권의 《증치준승(證治準繩)》[185]과 52권의 《본초강목(本草綱目)》[186]이 있다.

이시진(李時珍, 1518-1593)은, 자가 동벽(東壁)이고 호는 빈호(瀕湖)로, 기주(蘄州)[187] 사람이다. 그는 가학(家學)을 계승하여 심도 있게 실행하여 27년 만에 《본초강목》이라는 거작을 완성하였다.

《본초강목》은 신농(神農) 이하 제가들의 《본초》를 근거로, 번다하고 중복되는 것은 깎아 내고, 빠지고 잘못된 것들은 보충하고 정정하여, 모두 약물(藥物) 1882종을 수록하였다. 약물마다 먼저 정명(正名)을 쓰고, 다음에는 석명(釋名)·집해(集解)·정오(正誤)·변의(辨疑)를 하였으며, 다시 약물의 기미(氣味)·성능(性能)·주치(主治)·공효(功效)와 방제(方劑)를 소개함으로써, 중국의 16세기 이전에 존재하던 인민 군중들의 풍부한 약물 경험을 총결하여 후대의 약물학 발전에 중대한 공헌을 하였다.

《본초강목》은 의약학 전문서이면서 또 주석의 각종 요소를 지니고 있다. 이 책의 배열 층차와 이명(異名)·정명에 대한 정리는 또 사전으로 볼 수도 있다. 예를 들어 〈초부(草部)〉의 작약(芍藥) 조목을 보면, 먼저 음을 달고[188] 석명 조목 아래에 '장리(將離)'·'이식(梨[189]食)'·'백출(白术[190])'·'연

185 원주 : 왕긍당(王肯堂, 1549-1613) 찬

186 원주 : 이시진(李時珍, 1518-1593) 찬

187 원주 : 지금의 호북성 기춘현(蘄春縣)이다.

188 원주 : "'작(芍)'은, 음이 '작(杓)'이고 다른 음은 '작(勺)'이다.〔芍, 音杓, 又音勺〕"로 되어 있다.

189 梨 : 저본에는 '犁'로 되어 있는데, 《본초강목(本草綱目)》에 근거하여 바로잡았다.

(鋋[191])'·'여용(餘容[192])', '흰 것은 금작약[白者名金芍藥]', '붉은 것은 목작약[赤者名木芍藥]' 등의 이명을 나열하였다. 그리고 일일이 출처를 밝히고 해석을 곁들였다. 집해 조목에서는 제가들의 학설을 널리 인용한 뒤에 고증하였다. '기미'·'주치'·'발명(發明)'의 서술법도 위와 동일하다. '부방(附方)'에서는 15종의 병증과 방제를 열거하고 아울러 근거한 서적을 밝혔다.

《본초강목》이 약물의 정명을 확정하고 이명을 정리한 것은 주석학과 사전 편찬에 커다란 의의를 지니고 있다.

고금의 이언(異言), 각 지방의 특수어, 동물이명(同物異名), 동명이물(同名異物) 등에 관한 현상은 상고 시대에 벌써 매우 심각하였다. 이 현상은 물론 적극적인 면에서 언어의 풍부함과 다채로움의 반영이라고 볼 수 있지만, 소극적인 면에서는 언어가 통일되지 않고 규범화가 덜 된 표현으로 볼 수도 있다. 이러한 현상이 빚어낸 열독의 장애는 굳이 말할 것도 없다. 이 때문에 《이아》의 시대에 중국의 선민(先民)들은 벌써 이 문제에 주의하였고 아울러 이것을 해결하는 일에 착수하였다. 육기(陸璣)가 지은 《모시초목조수충어소(毛詩草木鳥獸蟲魚疏)》와 곽박이 주석한 《이아》에 이르러서야 명물사(名物詞) 연구, 특히 정명과 이명의 정리와 소통에 심오한 발전이 있게 되었다.

이시진의 《본초강목》은 약물학이라는 이 방면에서 근 2천 종이나 되는 약물의 정명을 확정하고 이명을 수집하여 열거하고 고증·변석하였는데, 이는 육기 이래의 명물사 연구를 계승·발전한 것이다. 이시진이 석명 조목의 정명·이명 다음에 쓴 고석(考釋)은 열거한 이명에 비해 훨씬 풍부하다.

190 木 : 저본에는 '芍'으로 되어 있는데, 《본초강목》에 근거하여 바로잡았다.
191 鋋 : 저본에는 '鋌'으로 되어 있는데, 위 자료에 근거하여 바로잡았다.
192 容 : 저본에는 '客'으로 되어 있는데, 위 자료에 근거하여 바로잡았다.

(나는 이렇게 생각한다) 작약(芍藥)은 작약(綽約)과 같으니, 작약은 아름다운 모양이다. 이 풀은 꽃의 자태가 곱고 아름다워서 그렇게 이름이 지어졌다. 나원(羅願)의 《이아익(爾雅翼)》에 "음식의 독을 다스리는 것으로 작(勺)보다 좋은 것이 없다. 그래서 약명을 얻은 것이다."라고 하였으니, 또한 통한다. 《시경》〈정풍〉에 "서로 농담하며 작약을 건네네."라고 하였고, 《한시외전》에 "작약(勺藥)은 이별할 때 주는 풀이다."라고 하였으며, 동중서는 "작약은 장리(將離)라고도 한다. 그래서 이별할 때 준다."라고 하였다.

일반적으로 꽃잎이 천 개인 것을 소목단(小牡丹)이라고 하고 꽃이 붉은 것을 목작약(木芍藥)이라고 하는데, 모란(牡丹)과 이름이 같다.

(時珍曰) 芍藥, 猶綽[193]約也. 綽[194]約, 美好貌. 此草花容綽[195]約, 故以爲名. 羅願《爾雅翼》言"制食之毒, 莫良于勺, 故得藥名", 亦通. 《鄭風》詩云"伊其相謔, 贈之以芍藥", 《韓詩外傳》云"勺藥, 離草也", 董子云"勺藥, 一名將離, 故將别贈之". 俗呼其花之千葉者爲小牡丹, 赤者爲木芍藥, 與牡丹同名也.

명명한 유래를 고석하는 두 가지 법은 모란의 부분 동명(同名) 현상과 인용한 문헌의 재료와 함께 모두 풍부하고 생생한 지식 정보를 제공한다. 《본초강목》은 가치가 매우 높은 약물에 관한 집주(集注)이며, 용광로에 주석·고증·사전을 녹인 의약학 저작이다. 이 책의 주석학적 가치와 약물학적 가치는 동등하게 중요한 의의를 갖는다.

193 綽 : 저본에는 '婥'으로 되어 있는데, 《본초강목》에 근거하여 바로잡았다.
194 綽 : 위의 주193 참조.
195 綽 : 위의 주193 참조.

제9절 청淸 : 경학의 부흥과 주석학 이론의 발전

1 경학의 부흥과 올바른 주석관

봉건 사회에서 중국의 경학은, 양한(兩漢)의 번영, 위진남북조의 분쟁, 수·당의 통일, 송대의 변화, 명대의 쇠퇴를 거친 뒤에, 청나라에 이르러서는 다시 부흥하였다. 이른바 경학의 발전과 쇠퇴와 부흥이란, 모두 경전 주석의 정황을 그 표지로 삼는다.

청나라 사람의 경학 저작은 완원(阮元, 1764-1849)이 도광(道光) 연간(1821-1850)에 편집한 명저만 해도 《황청경해(皇淸經解)》 180여 종이 있다.

왕선겸(王先謙, 1842-1917)이 광서(光緖) 연간(1875-1908)에, 건륭(乾隆)·가경(嘉慶) 이후의 경학 명저와 완원(阮元)의 《황청경해》에서 빠진 건륭·가경 연간 이전의 저작을 편집한 것으로는, 다시 《속황청경해(續皇淸經解)》 209부가 있다.

이 두 책은 모두 390여 부, 도합 2830권을 수록하였다. 이 저작들은 모두 경전의 언어·의리·조례를 연구 대상으로 삼았는데, 넓은 의미로 말하면 모두 주석학 저작이다. 청대 학자의 경전 주석은 풍부하기가 비길 데가 없으며, 그 경의(經義)와 언어에 대한 연구의 범위와 깊이 역시 전대에 견줄 만한 것이 없다.

청대의 가장 유명한 경전 주석은 다음과 같다.

《주역》

혜동(惠棟, 1697-1758)의 《주역술(周易述)》

장혜언(張惠言, 1761-1802)의 《주역우씨의(周易虞氏義)》

요배중(姚配中, 1792-1844)의 《주역요씨학(周易姚氏學)》

《상서》

강성(江聲, 1721-1799)의 《상서집주음소(尙書集注音疏)》

손성연(孫星衍, 1753-1818)의 《상서고금문주소(尙書古今文注疏)》

단옥재(段玉裁, 1735-1815)의 《고문상서찬이(古文尙書撰異)》

염약거(閻若璩, 1636-1704)의 《고문상서소증(古文尙書疏證)》

왕명성(王鳴盛, 1722-1797)의 《상서후안(尙書後案)》

《모시》

진환(陳奐, 1786-1863)의 《시모씨전소(詩毛氏傳疏)》

마서진(馬瑞辰, 1782-1853)의 《모시전전통석(毛詩傳箋通釋)》

호승공(胡承珙, 1776-1832)의 《모시후전(毛詩後箋)》

《주례》

손이양(孫詒讓, 1848-1908)의 《주례정의(周禮正義)》

《의례》

호승공(胡承珙, 1776-1832)의 《의례고금문소의(儀禮古今文[196]疏議)》

호배휘(胡培翬, 1782-1849)의 《의례정의(儀禮正義)》

《좌전》

유문기(劉文淇, 1789-1854)의 《춘추좌씨전구주소증(春秋左氏傳舊注疏證)》[197]

《논어》

유보남(劉寶楠, 1791-1855)의 《논어정의(論語正義)》

《효경》

피석서(皮錫瑞, 1850-1908)의 《효경정주소(孝經鄭注疏)》

196 文 : 저본에는 없는데, 《속황청경해(續皇淸經解)》에 근거하여 보충하였다.

197 춘추좌씨전구주소증(春秋左氏傳舊注疏證) : 저본에는 '春秋左氏傳正義'로 되어 있는데, 서명(書名)의 오기이므로 바로잡아 번역하였다.

《맹자》
초순(焦循, 1763-1820)의 《맹자정의(孟子正義)》

1) 고문경학

청나라 사람들의 경전에 대한 주석은 한결같이 고문경학을 주장하여 언어문자와 명물에 대한 탐구를 중시하였다. 이러한 유파로는 고염무(顧炎武)·대진(戴震)·혜동(惠棟)이 대표적이다.

고염무(顧炎武, 1613-1682)는 청초(淸初)의 뛰어난 사상가이자 언어학자이다. 처음 이름은 강(絳),[198] 자는 영인(寧人)으로, 곤산(昆山)[199] 사람이다. 정림진(亭林鎭)에서 살았기 때문에 배우는 자들이 정림(亭林) 선생이라고 불렀다. 높은 민족적 기개와 애국심을 지녔을 뿐만 아니라, 학식이 해박하여 국가의 전장·제도, 군읍(郡邑)의 장고(掌故), 천문과 의상(儀象),[200] 하조(河漕)·병농(兵農)에서부터 경학·사학·제자백가·음운학·훈고학에 이르기까지 그 시말(始末)을 탐구하지 않은 것이 없었다. 그는 '경세치용(經世致用)'을 경전 연구의 출발점으로 삼아 명나라 사람들의 공허한 이학(理學)을 극력 반대하였다. 그는 다음과 같이 말하였다.

> 지금의 공리공담은, 공(孔)·맹(孟)에 대해 이야기하는데 그 정수를 얻기 전에 이미 대략을 버리고 그 근본을 탐구하기 전에 먼저 말엽을 버리고 있다.
>
> 육예의 글을 익히지 않고 여러 왕들의 전적을 살피지 않으며 당대의 일을 종합하지 않는다. 그리하여 공 부자께서 학문이나 정치를 논한 대

198 강(絳) : 저본에는 '繹'으로 되어 있는데, 인명의 오기이므로 바로잡았다.
199 원주 : 지금의 강소성(江蘇省)에 속한다.
200 의상(儀象) : 측정 기구를 사용하여 천문을 관측하는 것이다.

체는 모두 일절 관심을 두지 않고, '일관(一貫)'이니 '무언(無言)'이니 하면서 '명심견성(明心見性)'의 헛된 말로 '수기치인(修己治人)'의 실학을 대신하였다.

그리하여 고굉지신(股肱之臣)이 태만하자 만사가 황폐해지고, 조아지신(爪牙之臣)이 없어지자 천하에 동란이 일어나서, 나라는 전복되고 종묘는 폐허가 되었다. 옛날 왕연이 죽을 때에 석륵에게 "우리들이 이전에 만일 허황된 것을 숭상하지 않고 온 힘을 다하여 천하를 바로잡았다면, 그래도 오늘 이 지경에 이르지는 않았을 것입니다."라고 하였다. 오늘날의 군자들은 이 말에 부끄럽지 않을 수 있겠는가!

今之淸談，談孔孟，未得其精而已遺其粗，未究其本而先辭其末．不習六藝之文，不考百王之典，不綜當代之務，擧夫子論學論政[201]之大端一切不問，而曰一貫，曰無言，以明心見性之空言，代修己治人之實學．股肱惰而萬事[202]荒，爪牙亡而四國亂．神州蕩覆，宗社丘墟．昔王衍將死云："吾曹[203]向若不祖尙浮虛，戮力以匡天下，猶可不至今日！" 今之君子，得不有媿乎其言．[204]

고염무는, 명나라의 패망이 견강부회하여 멋대로 이학을 말하는, 좋지 않은 학풍과 착실하고 견실하게 경학을 연구하지 않는 것과 매우 큰 관련이 있다고 예리하게 지적하였다. 이 때문에 그는 또 다음과 같이 말하였다.

201 論學論政 : 저본에는 '論政論學'으로 되어 있는데, 《일지록(日知錄)》에 근거하여 바로잡았다.

202 事 : 저본에는 '世'로 되어 있는데, 위 자료에 근거하여 바로잡았다.

203 昔王衍將死云吾曹 : 《일지록》에는 "昔王衍妙善玄言，自比子貢，及爲石勒所殺，將死，顧而言曰 : '嗚呼！ 吾曹雖不如古人'"으로 되어 있다.

204 원주 : 《일지록》 권7 〈성과 천도에 대한 공자의 말〔夫子之言性與天道〕〉

만년에는 육경 연구에 뜻을 더욱 독실하게 두었다. 예나 지금이나 어찌 이른바 별다른 이학이라는 것이 있겠는가. 경학이 곧 이학이다. 경학을 버리고 이학을 말하는 자가 있고부터 사설(邪說)이 일어났으니, 경학을 버린다면 소위 이학이라는 것은 선학(禪學)이라는 사실을 모르는 것이다. 晩益篤志六經, 謂古今安得所謂別有理學者, 經學卽理學也. 自有舍經學以言理學者, 而邪說以起, 不知舍經學, 則其所謂理學者禪學也.[205]

명 왕조의 멸망은 복잡한 계급 간의 모순과 민족 간의 갈등에 원인이 있지만, 학풍이 정치에 영향을 준 사실도 틀림없다. 고염무는 경적 자체의 연구를 강조하여 "구경을 읽으려면 문자를 연구하는 것부터 시작해야 하고 문자를 연구하려면 음운을 연구하는 것부터 시작해야 하니, 제자백가의 서책도 마찬가지다.〔讀九經自考文始, 考文自知音始, 以至諸子百家之書亦莫不然.〕"[206]라고 지적하였다. 그렇게 하여 문자·음운·훈고를 기초로 경적의 의리를 탐구하고 발견하여 근본적으로 주석학의 올바른 지침을 제시하였다.

청대의 학술적 절정은 건륭·가경 연간에 있었는데 건가학파(乾嘉學派)의 비조는 고염무이다. 고염무는 경학에서의 고증을 중시하여 건가학파의 발전을 조성하였다.

건가학파는 고문경학을 위주로 하였다. 대진(戴震, 1724-1777), 단옥재(段玉裁, 1735-1815), 왕염손(王念孫, 1744-1832), 왕인지(王引之, 1766-1834) 부자[207]는 언어문자의 훈고를 중시하여 새로운 뜻을 밝혀냈다. 이는 혜사기(惠士奇, 1671-1741)와 혜동(惠棟, 1697-1758) 부자[208]가 한·당의 연구 방법을 고

205 원주 : 전조망(全祖望)의 〈정림선생신도표(亭林先生神道表)〉

206 원주 : 〈답이자덕서(答李子德書)〉

역주 : 위의 글은 고염무의 문집인 《정림문집(亭林文集)》 권4에 실려 있다.

207 원주 : 이들은 환파(皖派)이다.

208 원주 : 이들은 오파(吳派)이다.

수한 것과는 또 차이가 있다. 혜동은 다음과 같이 말하였다.

> 한대에는 경전에 통달한 사람들이 가법을 세웠는데, 이 때문에 오경의 스승도 있었다.……오경이 공씨(孔氏)의 벽에서 나왔는데 옛날 문자와 언어가 많아서 경사가 아니면 판별할 수 없었다.……이런 까닭에 고훈은 바꿔서는 안 되고 경사는 두지 않아서는 안 된다.
> 漢人通經有家法, 故有五經師.……五經出於屋壁, 多古字古言, 非經師不能辨.……是故古訓不可改也, 經師不可廢也.[209]

왕인지는 다음과 같이 말하였다.

> 아버지는 또 말씀하셨다.
> "경을 강설하는 자는 경의 뜻을 터득하기를 기약할 뿐이다. 전인의 주석이 모두 다 경의에 맞는 것이 아니라면, 경의에 맞는 것을 선택하여 따라야 한다. 모두 맞지 않으면, 자신의 이해를 통해 경의 뜻을 추측하고 다른 경서를 참고하여 고증하고 풀이하되, 따로 설을 만들더라도 무방하다. 조금의 융통성도 없이 굳이 하나의 학설만을 고수하려 한다면, 공양학만 고수하다 정현에게서 공격을 받게 된 하휴처럼 될 것이다."
> 그래서 아버지의 경적 연구는, 여러 학설들이 나란히 있으면 옳은 것을 구하고, 문자는 가차가 있으면 그 독음을 바꾸었다. 아버지는 한학을 잘하셨지만 한학의 범위에 갇히지도 않으셨다.
> 大人又曰：說經者期於得經意而已, 前人傳注不皆合於經, 則擇其合經者從之, 其皆不合, 則以己意逆經義而參之他經, 證以成訓, 雖別爲之說, 亦無不可. 必欲專守一家, 無少出入, 則何邵公之墨守, 見伐

209 원주 :《구경고의수술(九經古義首述)》

> 於康成者矣. 故大人之治經也, 諸說並列, 則求其是; 字有假借, 則改其讀. 蓋孰(熟)於漢學之門戶, 而不囿於漢學之藩籬者也.[210]

왕인지는 혜동을 비평하여 다음과 같이 말했다.

> 혜동 선생은 고적을 부지런히 연구했지만 식견이 높지 않고 성격이 치밀하지 않아서, 지금 있는 것과 다르면 따라가서 대체로 시비를 따지지 않았다.
> 惠定宇先生考古雖勤, 而識不高, 心不細, 見異於今者則從之, 大都不論是非.[211]

고주(古注)에 대한 두 학파의 태도는 다르지만, 언어·문자·훈고를 중시한 점에서는 같다. 그래서 그들의 성취가 비록 수준의 차이는 있지만, 청대 경적 주석의 발전에 공헌했다는 점은 의심할 여지가 없으니, 이 점이 주석의 본보기가 된다.

2) 금문경학

도광(道光) 이후 금문 경학이 일어났는데, 대표적인 인물로는 장존여(莊存與, 1719-1788)·유봉록(劉逢祿, 1776-1829)·송상봉(宋翔鳳, 1777-1860)·위원(魏源, 1794-1857)·공자진(龔自珍, 1792-1841)·요평(廖平, 1852-1932)이 있고, 집대성한 자로 강유위(康有爲, 1858-1927)가 있다.

그들은 '경세치용(經世致用)'을 경전 연구의 목적으로 삼고 대진 등의 문자학·음운학·훈고학을 반대하여, '자질구레한 데에 힘을 써서 도리를 알지

210 원주 : 《경의술문(經義述聞)》〈서(序)〉
211 원주 : 《초씨총서(焦氏叢書)》 권1 〈왕백신수찰(王伯申手札)〉

못해〔務瑣碎不知道理〕' 공자의 '미언대의(微言大義)'를 사장시켰다고 여겼다. 이 학파의 학자들은 청 왕조에 대해 비판적인 태도를 지녔는데, 주석을 통해 자신들의 역사철학과 정치철학을 선전하였다.

사상사에서는 그들에게 일정한 지위를 부여해야 하며, 경적을 주석한 공로에 대해서도 모조리 말살해 버릴 수는 없다. 그러나 올바른 주석관과 방법론의 관점에서 본다면 취할 만한 학파가 아니다.

강유위가 《논어주(論語注)》에서 "공자는 말하였다. '배우고 때로 익히면 또한 즐겁지 않은가.'〔子曰 : '學而時習之, 不亦說乎!'〕"라는 구절에 대해 풀이한 것을 한번 보자.

> 마융(馬融, 79-166)은 "'자(子)'는 공자이다."라고 하고, 《백호통(白虎通)》에는 "학(學)은 깨침이다."라고 하였다. 학(學)이라는 글자는 효(爻)에서 의미를 취하였으니, 모든 사물은 덕을 함축하고 있어 서로 본받을 바가 있는데, 안과 밖을 포함하기도 하고, 남과 자신을 고루 돌보고, 행동과 인식을 결합하여 그 깨침을 이루는 것이다. 먼저 깨친 사람은 늦게 깨치는 사람을 깨우치고, 늦게 깨치는 사람은 먼저 깨친 사람을 본받는다. 이 때문에 사람의 차이는 깨친 것에 달려 있으며 지각의 차이는 공부한 것에 달려 있다.
>
> 하지만 시대가 다르면 배우는 것도 다르다. 난세에는 난세의 학문을 하고 태평성대에는 태평성대의 학문을 한다. 예(禮)는 때에 맞게 대처하는 것이 중요하다.
>
> 공자는 당시의 시성(時聖)으로, 학문의 종사(宗師)이다.
>
> '시(時)'는 몇 가지 의미를 함축한다. 날마다 익히고 달마다 잊지 않으면 순간순간이 공부가 되니, 해마다 이렇게 익혀 간다면 무슨 일이든 이루기 어려울 때가 없는 것이 또한 그러하다.
>
> '습(習)'은 새가 자주 난다는 뜻으로, 가차하여 '관(貫)'이 되니, 완

전히 익힌다는 말이다.

'열(說)'은 내재적인 즐거움이다. 무릇 학문이 완전히 익숙한 경지에 이르면 관(觀)이 멈추고 신(神)이 활동하여 순순히 이치가 맞게 되어 본원을 만나고 스스로 터득할 것이다. 더구나 성인의 학문은 하늘과 인간에 통하여 신명(神明)하고 정숙(精熟)하여, 열고 닫고 오고 가는 것이 모두 자유로우니 어찌 기쁘지 않을 수 있겠는가.

인도(人道)는, 어리석은 것은 천시하고 지혜로운 것을 귀히 여기기 때문에 물(物)과 다르고 야만을 경시하고 문명을 중시하기 때문에 만(蠻)과 다르다. 이는 자신을 수양할 때에 스스로 터득하는 것을 우선으로 해야지 명상에 잠겨 앉아서 시간을 낭비해서는 안 되며, 제때에 맞게 해야지 옛것을 고수하고 얽매여서는 안 된다는 말이다.

이는 머리말의 첫 번째 의미이므로 《논어》는 시(時)로 시작하고 시(時)로 끝을 맺어 공자의 도가 완전히 시(時)에 통달했음을 밝혔다. 학자는 반드시 살펴봐야 한다.

馬融曰："子, 孔子也."《白虎通》曰："學者, 覺也." 文從爻, 雜物撰德, 有所交效, 包內外, 兼人己, 合知行, 而成其覺者也. 先覺覺後覺, 後覺效先覺, 故人物之異全視所覺, 知覺之異全視所學. 但時勢不同, 則所學亦異. 時當亂世, 則爲亂世學; 時當昇平太平, 則爲昇平太平之學. 禮時爲大, 故學亦必隨時而後適. 孔子爲時聖, 學之宗師也. 時亦兼數義, 日知月無忘, 則時時爲學; 循年而進, 無時過而難成, 亦是也. 習, 鳥數飛也, 假借爲貫, 言熟習也. 說, 樂之內也. 凡學至熟習, 則觀止神行, 怡然理順, 逢源自得. 時況聖人之學通天人, 神明精熟, 闔闢往來莫不自在, 安得不欣喜懽愛耶? 人道賤愚而貴智, 所以異於物; 輕野而尙文, 所以異於蠻. 此言修己以自得爲先, 不得冥心坐廢; 以時爲中, 不得守舊泥古. 此爲開宗明義第一旨, 故上《論》一書以時始以時終, 以明孔子之道全達於時. 學者不可不察也.

강유위는 공학(孔學)을 공교(孔教)로, 공자를 교주로 삼고 "《논어》는 본래 금문경학에서 비롯하여 실제로 심오하고 미묘한 말이 많으며 그가 밝힌 대동의 도와 신명의 도는 매우 심오한 것도 있다.〔《論語》本出今學, 實多微言, 所發大同神明之道, 有極精奧者.〕"라고 하였다. 이 때문에 매우 간단한 한 구에서도 마침내 이렇게나 많은 '심오한 뜻〔精奧〕'을 찾아냈으니 정말 불가사의하다. 이처럼 장황한 의견은 한나라 사람의 번잡한 장구학(章句學)과 그가 비판한 고문경학의 몇몇 번잡한 고증과 마찬가지로 극단적이라고 할 수 있다.

2 고증학의 성과와 폐단

명나라 사람들의 공허한 학술과 청대의 고압적인 정치는 고증학의 발전을 조성하였다. 이학(理學)에서 고증으로 나아가는 추세는 청나라 초기에 이미 시작되었다. 고염무(顧炎武, 1613-1682)·황종희(黃宗羲, 1610-1695)·왕부지(王夫之, 1619-1692)·안원(顏元, 1635-1704)·방포(方苞, 1668-1749)·매문정(梅文鼎, 1633-1721)은 박학(樸學)[212]·사학·철학·교육학·문학·과학 등에서 각각 한 방면에 기치를 내걸고 문화학술의 지도자가 되었다. 이들은 각자의 학술을 통해 나라를 다스리는 이치를 찾아낼 수 있도록 실제에 힘쓰고 고증을 중시하였다. 청대 문화·학술의 발전이 순전히 정치적 탄압에 굴복당하지만은 않았던 것이다.

고증학은 건륭·가경 이후 한 시대를 풍미하였다. 경(經)과 전(傳)에 대하여는 한 글자 한 구절씩 정리하고 고증을 거듭하였다. 예를 들면 앞에 나열한 여러 책의 경우가 있다.

212 원주 : 경학(經學)을 이른다.

역사서의 경우에는 여러 책에 기술된 차이를 비교하여 그 진위를 변증하였는데, 예를 들면 다음과 같다.

조익(趙翼, 1727-1814)의 《입이사찰기(廿二史札記)》

왕명성(王鳴盛)의 《십칠사상각(十七史商榷)》

전대흔(錢大昕, 1728-1804)의 《입이사고이(廿二史考異)》[213]

홍이훤(洪頤煊, 1765-1833)의 《제사고이(諸史考異)》

혜동(惠棟)의 《후한서보주(後漢書補注)》

양옥승(梁玉繩, 1744-1819)의 《사기지의(史記志疑)》·《한서인표고(漢書人表考)》

전대흔(錢大昕)의 《한서변의(漢書辨疑)》·《후한서변의(後漢書辨疑)》

진봉형(陳逢衡[214], 1778-1855?)의 《일주서보주(逸周書補注)》

주우증(朱右曾)의 《일주서집훈교석(逸周書集訓校釋)》

홍양길(洪亮吉, 1746-1809)의 《국어주소(國語注疏)》

위서(僞書)의 경우에는 최선을 다해 진본을 가려내어[215] 진본과 위서로 판정한 책들이 신빙성을 갖도록 하였다. 예를 들면 다음과 같다.

염약거(閻若璩)의 《고문상서소증(古文尚書疏證)》

장혜언(張惠言)의 《역도조변(易圖條辨)》

호위(胡渭, 1633-1714)의 《역도명변(易圖明辨)》

요제항(姚際恒, 1647-1715)의 《고금위서고(古今僞書考)》[216]

청대 고증학의 업적은 주석사에 있어 중요한 지위를 차지한다. 고서의 본

213 입이사고이(廿二史考異) : 저본에는 '二十一史考異'로 되어 있는데, 서명의 오기(誤記)이므로 '二十一'을 '廿二'로 바로잡아 번역하였다.

214 衡 : 저본에는 '禄'으로 되어 있는데, 인명의 오기이므로 바로잡았다.

215 가려내어 : 저본에는 '發獲摘姦'으로 되어 있는데, 의미가 통하지 않으므로 '獲'을 '伏'으로 보고 번역하였다.

216 원주 : 부록으로 《보정(補正)》·《중고(重考)》·《고금위서고고석(古今僞書考考釋)》이 있다.

모습을 복원하고 고서를 정확하게 해석하는 것은, 바로 주석의 이상적인 경지이다. 이렇게 해야만 우리는 비로소 왜곡된 자료에 미혹되지 않고 역사유물주의와 변증유물주의의 사상과 방법으로 역사가 우리에게 남겨 준 문화유산을 연구하여 현대 과학 문화의 본보기로 삼을 수 있다.

많은 고증학 논저 중에서 염약거의 《고문상서소증》과 호위의 《우공추지(禹貢錐指)》는 가장 높은 평가를 받았다.

《고문상서소증》은 송·원대 학자들의 의심과 고증의 바탕 위에 정확한 사실과 충분한 증거, 엄밀한 논증을 통해 128개 조를 고증하고 변별하여 동진의 매색(梅賾[217])이 바친 《고문상서》가 왕숙(王肅)의 위조라는 것을 밝혔다.

《우공추지》는 널리 여러 책을 살펴서 구주(九州) 산천의 지형과 고금 군국의 변천을 변별하였는데, 고증이 매우 정밀하다. 즉 한·당 시대에 위조된 공안국(孔安國)·공영달(孔穎達)의 주소와 송나라 채침(蔡沈)이 지은 《서경집전(書經集傳)》의 오류에 대해 하나하나 정정하였다. 정학성(鄭鶴聲)과 정학춘(鄭鶴春)[218]은 "이 두 책의 출현은 마침내 경학에 있어 하나의 신기원을 열었다."라고 하였는데,[219] 이는 지나친 칭찬이 아니다.

청대 문화와 학술의 번창은 주석과 고증에 거의 대부분 영향을 주어서 '한우충동(汗牛充棟)'할 만큼 많은 저작이 나왔다. 그 폐단은 첫째, 고염무(顧炎武) 등의 소망과는 반대로 수많은 학자들이 종신토록 고서 더미에 몰두하고 국사에는 관심을 두지 않아서 사회의 진보와 발전에 도움이 되지 않았다는 것이다. 둘째, 금문학자들의 비판처럼 장황하고 자잘해서 지나치게 번잡하다는 것이다.

217 賾 : 저본에는 '頤'로 되어 있는데, 인명의 오기이므로 바로잡았다.

218 정학성(鄭鶴聲)과 정학춘(鄭鶴春) : 정학성(鄭鶴聲, 1901-1989)은 역사학자, 문헌학자이다. 원명은 송표(松表), 자는 악손(蕚蓀), 호는 학고(鶴皐)이다. 정학춘은 정학성의 동생이다.

219 원주 : 《중국문헌학개요(中國文獻學概要)》

학술은 심도 있는 고증으로 인해 발전할 수도 있고 고증의 성행으로 인해 생명력을 잃을 수도 있다. 이는 한나라 사람의 번잡한 장구학이나 주제와 동떨어진 '미언대의(微言大義)'에 대한 탐구가, 현학(玄學)과 심성의리학(心性義理學)으로까지 발전시킨 금문학자들이 모두 역사의 장구한 흐름 속에서 도태되었던 것과도 같은 것이다. 이러한 폐단은 우리가 지금 고적을 주석하고 연구하는 데 있어 하나의 교훈이 된다.

3 주석 이론과 주석 방법의 진보 및 기초 연구의 심화

청나라 학자의 학술적인 성취는, 그들이 학문을 연구하는 이론과 방법의 진보와 긴밀한 관련이 있다. 유사배(劉師培, 1884-1919)는 다음과 같이 총결하였다.

> 강영(江永)과 대진(戴震)의 학문은 안휘성 흡현(歙縣)에서 비롯되었다. 그들의 학문은 비교하여 교감하는 데 뛰어났는데, 광범위하게 자료를 수집하고 차례를 지켰으며 자신의 심득(心得)을 근거로 삼았다. 학문 연구의 순서를 살펴보면 예외 없이 모두 사례를 먼저 세워 대강을 과목으로 나눈 다음에 파악하고 같은 조로 연결하였으니 "증거가 없으면 믿지 않았다.〔無徵不信.〕"라고 할 수 있다.
>
> 가정(嘉定)의 전씨(錢氏) 세 사람[220]은 지리와 천문에 각각 뛰어났

220 가정(嘉定)의……사람 : 전대흔(錢大昕, 1728-1804)·전대소(錢大昭, 1744-1813) 형제 및 두 사람의 조카인 전점(錢坫, 1741-1806)이나 전역(錢繹, 1770-1855) 가운데 한 명이다. 전대소는 자가 회지(晦之)이며, 전대흔의 동생으로 형에게 학문을 배웠다. 저서로 《이아석문보(爾雅釋文補)》·《광아소의(廣雅疏義)》·《설문통석(說文統釋)》 등이 있다. 전점은 자가 헌지(獻之), 호는 소란(小蘭)·십란(十蘭)으로, 저서로는 《십

다. 이들은 여러 책들을 두루 참고하여 한 마디 말과 한 가지 일에도 반드시 근거를 찾았다. 단옥재 부자와 왕염손 부자의 학문은 대진에게서 비롯되었고 특히 훈고에 뛰어났다. 사서와 제자서에 대해 서로 증명하거나 하나의 사물에 대한 지식을 토대로 유추하고 적용하는 것을 잘하여 만나는 문제마다 말끔히 풀어냈다.

능정감(凌廷堪, 1755-1809)·정요전(程瑤田, 1725-1814)·호광충(胡匡衷)·호배휘(胡培翬)·호춘교(胡春喬)[221]는 전장(典章)을 정리하고 배열하거나 물류(物類)를 설명할 때에도 근거가 분명하고, 조리가 융화되고 일관되며 쉽게 믿는 것을 부끄러워하고 깊이 탐구하는 것을 매우 좋아했다. 실증학(實證學)은 이들에 와서 정점에 이르렀다.

江戴之學, 興於徽歙, 所學長於比勘, 博徵其材, 約守其例, 悉以心得爲憑. 且觀其治學之次第, 莫不先立科條, 使綱擧目張, 同條共貫, 可謂無徵不信者矣. 卽嘉定三錢於地輿天算, 各擅專長, 博極群書, 於一言一事, 必求其徵. 而段、王之學, 溯原戴君, 尤長訓故, 於史書諸子, 轉相證明, 或觸類而長, 所到氷釋. 卽凌、程[222]、三胡, 或條例典章, 或註釋物類, 亦復根據分明, 條理融貫, 恥於輕信而篤於深求. 徵

경문자통정서(十經文字通正書)》·《한서십표주(漢書十表注)》 등이 있다. 전역의 저서로는 《방언전소(方言箋疏)》 등이 있다.

221 호광충(胡匡衷)·호배휘(胡培翬)·호춘교(胡春喬) : 이들은 청대 건가(乾嘉) 시기 적계현(績溪縣)에서 활동하였는데, '삼호(三胡)'로 병칭된다. 모두 삼례(三禮)에 능하여 '삼호 예학(三胡禮學)'으로 일컬어진다. 호광충은, 자가 인성(寅成)이며 호가 박재(朴齋)이다. 저서로는 《삼례찰기(三禮札記)》·《주례정전도고(周禮井田圖考)》·《정전출부고(井田出賦考)》·《의례석관(儀禮釋官)》 등이 있다. 호배휘(胡培翬)는, 자가 재병(載屛)이고 호가 죽촌(竹村)으로, 호광충의 손자이다. 저서로는 《의례정의(儀禮正義)》가 있다. 호춘교는, 이름이 병건(秉虔)이고 호는 춘교며 자는 백경(伯敬)으로, 호광충의 조카이다. 저서로는 《승헌독경기(繩軒讀經記)》·《주역소지(周易小識)》 등이 있다.

222 程 : 저본에는 '陳'으로 되어 있는데, 〈근대한학변천기(近代漢學變遷記)〉에 근거하여 바로잡았다.

實之學，蓋至[223]是而達於極端矣.[224]

양계초(梁啓超, 1873-1929)는 왕염손·왕인지의 학문 연구 방법을 특히 칭찬하여 다음과 같이 말하였다.

> 그렇다면 이분들이 어떻게 이러한 학술 성취를 얻었는가? 한마디로 말하자면 과학적인 연구 방법을 사용했을 뿐이다. 왕씨 부자의 저작을 자세히 읽어 보면 이러한 정신을 특히 잘 표현해 내고 있다.
> 然則諸公曷能有此成績耶？ 一言以蔽之曰：用科學的研究方法而已. 試細讀王氏父子之著述，最能表現此等精神.[225]

청나라 학자들은 주석하거나 고증하는 데 종종 여러 관련 자료에 대해 색인식(索引式)의 정리를 하고 나서 하나하나 변별하고 분석하여 과학적인 판단을 내렸다. 이렇게 하여 얻은, 상세하고 확실한 1차 자료가 학문 연구의 기초가 되었다. 왕염손의 《독서잡지(讀書雜志)》·《광아소증(廣雅疏證)》, 왕인지의 《경의술문(經義述聞)》·《경전석사(經傳釋詞)》가 훈고학의 정점(頂點)이라고 칭찬받는 이유가 바로 여기에 있다. 이런 저술의 실례는 내가 이미 이 책의 관련 단원에서 논하였기에 여기에서 재차 사세히 설명하지는 않겠다.

만약, 청대 학자들의 주석 방법이 과학적인 것은 우선 그들이 전인의 많은 성과를 참고할 수 있었기 때문이고 또 그들이 다른 성과를 수용하고 보존하는 태도를 대부분 취할 수 있었기 때문에 칭찬받을 만한 것이라고 말한다면,

223 至 : 저본에는 '自'로 되어 있는데, 〈근대한학변천기〉에 근거하여 바로잡았다.
224 원주 : 〈근대한학변천기〉
225 원주 : 《청대학술개론(淸代學術槪論)》

그들의 이론상의 인식과 주석의 기초과학, 즉 언어학·문자학·음운학의 연구에 표현된 탐색과 실사구시 정신 및 그들이 얻은 뛰어난 성취야말로 칭찬할 만한 것이다.

주석의 목적은 고금을 소통하고, 의심스럽고 어려운 부분을 해결하고 의리를 밝히는 데에 있다. 언어문자가 유일한 매개체라는 것은, 허신(許愼)의 시대에 이미 이론상으로 이러한 점을 인식하고 있었다.

> 문자는 경적이 존재하는 기초이고 왕도정치를 실현하는 조건이다. 전인(前人)은 문자를 통해 뒷사람에게 문화를 전할 수 있고, 후인(後人)은 문자를 통해 옛날의 문화를 알 수 있다. 그래서 "근본을 세워야 도가 생길 수 있다."라고 하고 "천하의 진정한 도리를 알 수 있어야만 혼란스러워지지 않는다."라고 한 것이다.
> 蓋文字者, 經藝之本, 王政之始, 前人所以垂後, 後人所以識古. 故曰 "本立而道生", "知天下之至嘖而不可亂也."[226]

자각적으로 언어학·문자학·음운학에 대한 전면적인 이론 연구를 진행한 것은 청대에 이르러서였다. 고염무가 "구경(九經)을 읽으려면 문자를 연구하는 것부터 시작해야 하고, 문자를 연구하려면 음운을 연구하는 것부터 시작해야 하니, 제자백가의 서책도 마찬가지다."라고 말한 것은, 주석의 관점에서 문제를 분명하게 설명한 말이다. 왕염손과 완원(阮元, 1764-1849) 등도 이와 유사한 논술을 한 적이 있다.

226 원주 : 《설문해자》 〈서(敍)〉
역주 : 〈설문해자서〉의 '敍'가 저본에는 '序'로 되어 있는데, 《설문해자》에 근거하여 바로잡았다.

훈고와 음운에 밝으면 소학에 밝고, 소학에 밝으면 경학에 밝다.
訓詁聲音明而小學明, 小學明而經學明.[227]

완원은 주석의 오류가 생기는 원인을 "모두 성음·문자·가차·전주에 통달하지 못하기 때문이다.〔皆由於聲音、文字、假借、轉注未能通徹之故.〕"라고 분석하였다.[228]

전적을 주석하는 이론과 방법에는 유물론과 유심론이 있다. 왕력(王力, 1900-1986)은 훈고학 이론을 토론할 때 일찍이 '사상의 차원에서 이해할지 언어의 차원에서 설명할지'에 대해 예리하게 지적하였다.

그는 "우리는 단지 그의 지면상의 말만 가지고 그의 사상을 이해할 수 있을 뿐이고, 이와 반대로 먼저 주관적으로 그가 반드시 이러한 사상을 지녔다고 인식하여, 그가 이러한 사상을 가진 이상 그의 이 한마디 말은 단지 이렇게 해석할 수밖에 없다고 결론을 내려서는 안 된다."라고 지적하였다.

금문경학자의 미언대의를 탐구한 위(魏)·진(晉[229]) 시대의 현학자, 송·원·명대의 이학자 및 청나라 사람 강유위는 모두 이러한 병폐가 있었다. 청대의 박학(樸學)은 이런 면에서 유물론적이다. 이 때문에 거의 모든 주석학자가 언어학·문자학·음운학에 대해 모두 심오한 공부를 쌓아 탁월한 성과를 거둔 연구를 진행하였다.

청나라 학자들의 언어·문자·성음에 대한 연구는 《설문해자》·《이아》·《광아》와 고음(古音)의 연구를 중심으로 하였고, 동시에 허사에 대한 연구에 있어서 장족의 발전을 이루었다.

단옥재의 《설문해자주》, 계복(桂馥, 1736-1805)의 《설문의증(說文義證)》, 왕균(王筠, 1784-1854)의 《설문구두(說文句讀)》·《설문석례(說文釋例)》,

227 원주 : 단옥재의 《설문해자주(說文解字注)》에 붙인 왕염손의 서문

228 원주 : 《경의술문》에 붙인 완원의 서문

229 진(晉) : 저본에는 '惡'으로 되어 있는데, 앞뒤 문맥을 살펴 바로잡았다.

주준성(朱駿聲, 1788-1858)의 《설문통훈정성(說文通訓定聲)》, 소진함(邵晉涵, 1743-1796)의 《이아정의(爾雅正義)》, 학의행(郝懿行, 1755-1823)의 《이아의소(爾雅義疏)》, 왕염손의 《광아소증(廣雅疏証)》, 전역(錢繹)의 《방언전소(方言箋疏)》, 왕선겸(王先謙)의 《석명소증보(釋名疏証補)》, 왕인지의 《경전석사(經傳釋詞)》는 모두 매우 중요한 작품으로, 문적의 주석에 중요한 참고가 되기 때문에 주석가가 널리 채용하였다.

명나라 사람 진제(陳第, 1541-1617)의 《모시고음고(毛詩古音考)》·《굴송고음의(屈宋古音義)》를 계승하여 고염무가 지은 《음론(音論)》·《시본음(詩本音)》·《역음(易音)》·《고음표(古音表)》는 청대 음운학의 기초를 다졌다. 음운의 연구는 사의(詞義)의 변별·분석과 주석 연구의 심화를 촉진시켰다.

이러한 많은 연구 성과는 다음과 같이 주석 방법에 반영되었다.

첫째, 《설문해자》에 대한 연구는 어휘의 본의와 인신의에 대한 인식의 심화를 촉진시켰다. 이로 인해 글자의 특정한 언어 환경 속에서 표현된 의미에 대해 더욱 잘 파악할 수 있게 되었다.

둘째, 《설문해자》와 고음에 대한 연구는 가차에 대한 인식의 심화를 촉진시켰다. 이로 인해 문적 중에 본자(本字)가 있는데도 사용하지 않거나 음만 따오고 의미는 사용하지 않는 현상에 대해 더욱 자각적인 연구가 있게 되었다.

셋째, 《석명》 등에 대한 연구는 음과 의미의 관계와 동원자(同源字)에 대한 인식 수준을 높여, 소리에서 의미를 구하여 소리가 같거나 비슷한 것 중에서 동원자와 동의자(同義字)를 찾는 것을 촉진시켰다. 이로 인해 문적 가운데 해결하기 힘든 어휘의 의미에 대한 이해 능력을 높일 수 있게 되었다.

넷째, 《이아》와 《광아》에 대한 연구의 심화는 서로 연관된 단어와 명물자(名物字)에 대한 인식 수준을 높였다. 이로 인해 서로 관련되면서도 구별되는 단어의 개념, 명물자의 동물이명(同物異名)·동명이물(同名異物)·동속이종(同屬異種) 현상에 대해 비교하여 연구하고 체계적으로 정리하여 주석의 질을 높이는 데 보탬이 되었다.

다섯째, 허사에 대한 인식의 심화는 문적의 주석이 허사를 실사로 오인한 전인의 오류를 바로잡는 데 매우 중대한 역할을 하게 하였다.

여섯째, 왕염손·왕인지·주준성 등의 합성어에 대한 연구는 연면자(連綿字)[230]와 동의복합어의 이론과 주석 문제를 해결하였다. 이로 인해 전인이 연면어를 단음절어로 나눈 잘못된 주석 방법을 바로잡았다.

바로 이러한 주석의 기초적이고 과학적인 연구로 인하여, 청대에는 왕염손의 《독서잡지》·《광아소증》, 왕인지의 《경의술문》·《경전석사》와 같이 '분석하고 정리하며 빈틈없고 엄밀하여, 고의에서 구하되 자신의 이해로 판단하였으며〔分析條理, 縝密嚴瑮, 上溯古義, 而斷以己意.〕',[231] "(고우(高郵)의 왕씨는) 참으로 정현과 주희의 고개를 숙이게 할 수 있으니, 한·당 이래로 견줄 자가 없다.〔(高郵王氏)實足令鄭、朱俛首, 漢唐以來, 未有其比.〕"[232] 라고 한 이러한 유의 불후의 저작이 출현하게 되었다.

왕염손은 강소성 고우(高郵) 사람이다. 자는 회조(懷祖), 호는 석구(石臞)이다. 건륭 40년(1775)에 진사시에 합격하고 한림원 서길사(翰林院庶吉士)[233]로 선발되었다. 가경(嘉慶) 연간(1796-1820)에 벼슬이 영정하도

230 연면자(連綿字) : 연면어(連綿語)라고도 하는데, 두 음절(音節)이 서로 연결되어 뜻을 이루며, 분리되어서는 의미를 갖지 못하는 하나의 실질형태소로 이루어진 단어를 말한다. 예를 들어, 쌍성(雙聲)인 경우에는 '방불(仿佛, fǎngfú)', '영리(伶俐, línglì)', '참치(參差, cēncī)' 등이 있고, 첩운(疊韻)인 경우에는 '난간(闌干, lángān)', '소요(逍遙, xiāoyáo)', '황당(荒唐, huāngtáng)' 등이 있으며, 쌍성(雙聲)도 첩운(疊韻)도 아닌 경우에는 '담막(淡漠, dànmò)', '부용(芙蓉, fúróng)', '마노(瑪瑙, mǎnǎo)' 등이 있다.

231 원주 : 장병린의 《검론(檢論)》 〈청유(淸儒)〉

232 원주 : 방동수(方東樹)의 《한학상태(漢學商兌)》

233 한림원 서길사(翰林院庶吉士) : 청대(淸代)의 제도에 따르면 한림원에 서상관(庶常館)을 개설했는데, 여기에는 새로 들어온 진사 가운데 문학과 서예를 잘하는 사람들이 공부하러 들어갔다. 이들을 '서길사'라고 하였다.

(永定河道)에 이르렀다. 아들 왕인지는, 자는 백신(伯申)이고 호는 만경(曼卿)이다. 가경 4년(1799)에 진사시에 합격하고 편수(編修)에 제수되었다. 벼슬은 공부 상서(工部尙書)에 이르렀다. 부자가 모두 문자·음운·훈고의 대가로, 저술도 풍부하여 세상에서 '고우이왕(高郵二王)'이라고 불렀다.

청대의 학술에서 유월(兪樾, 1821-1907)·손이양(孫詒讓, 1848-1908) 이후에는 장태염(章太炎, 1869-1936)이 마지막 학자가 되었다. 그 이후는 바로 현대로 넘어간다.

후기

내가 있는 직장은 어언연구실(語言硏究室)을 고적정리연구소(古籍整理硏究所)로 개조한 것으로, 중국고전문헌학(中國古典文獻學)의 연구생(硏究生)을 아울러 모집하고 있다. 주조연(朱祖延) 교수, 서분(舒焚) 교수, 그리고 나까지 하나의 지도교수반을 이루어서, 주 선생은 문헌학을, 서 선생은 고대문화통론을 강의하고, 나는 훈고학과 고적 정리의 실천이라는 커리큘럼을 담당하고 있다.

이것은 나에게 이런 생각을 싹트게 하였다. 바로 훈고학과 고적 정리의 실천을 결합하여 하나의 새로운 커리큘럼, 즉 주석학을 개설해 보면 어떨까 하는 것이었다.

고적 정리와 연구의 범위는 매우 광범위하지만, 그 기초는 주석에 있다. 만일 고금의 학자들이 고적을 정리하면서 해 놓은 주석 작업을 이론 면에서 탐구하고, 비교적 체계적인 관련 지식을 소개하자마자 그 내부 규칙을 제시할 수 있다면, 이러한 작업에 종사하는 동료들이나, (고문이나 금문을 막론하고) 고등 어문과 중등 어문 및 역사문헌학 동지들, 그리고 대학의 중문과나 역사과 학생들에게 유용한 참고서를 제공하는 것이어서 어쩌면 의미 있는 작업이 될 수 있을 것이다.

중국은 역사적으로 볼 때 비교적 정치가 안정되고 경제가 발달한 왕조에서는 고적 정리 방면에 모두 유익한 일들을 하였다. 한대(漢代)에 육예(六藝)를 널리 찾아서 여러 경전들에 두루 주석을 단 것은 매우 칭송할 만한 일이었으며, 청대에 고적을 정리한 것은 또 절정이었다.

최근 10년 이래 중국은 이 방면으로 대대적인 작업을 하였다. 중요 전적의 출판, 24사(史)의 재차 교점(交點), 전국 규모의 고적 정리 전개, 이와 짝을 이룬 대형 공구서의 편찬[1] 등은 모두 사람의 마음을 고무시키는 것들이었다. 사회주의 경제건설이 한창 일어나는 분위기에 발맞추어 사회주의 문화건설의 발흥 시기가 이미 도래하였기에, 《주석학개론》이라는 책을 쓸 결심을 하게 되었다. 개인적인 바람이라면, 고적 정리에 미력하나마 힘이 되기를 희망한다.

고적 정리와 고서의 주석은 광범위한 내용이 관련되어 있다. 과거에 훈고학을 말하거나 교감학·판본목록학을 말할 때, 더 나아가 문자학·음운학까지도 모두 고서의 주석과 연관되어 있다. 그렇다면 이러한 기본 내용들을 모두 주석학 속에 넣을 수 있지 않을까?

또 '번역'의 경우, 문헌학에서 말하는 번역이란 수·당까지는 인도의 불경을 번역하는 것이며, 명·청 시대에는 유럽의 과학을 번역하는 것이다. 그리고 고한어(古漢語 문언)와 금한어(今漢語 백화)의 차이는, 구추백(瞿秋白, 1899-1935)이 말한 것처럼 '사실 라틴어와 프랑스어의 차이와 같다.'

사실 고대어를 현대어로 번역하는 것은 사마천의 《사기》에도 적잖은 사례가 있으며, 문언을 백화로 번역하는 것도 벌써 수십 년의 경험이 있다. 과거에 《고문관지(古文觀止)》와 《추수헌척독(秋水軒尺牘)》은 모두 번역된 적이 있으며, 현대의 문호 곽말약(郭沫若, 1892-1978)도 젊은 시절 굴원(屈原)의 부(賦)를 번역하였다. 고문의 금역은 이미 현대의 고서 주석의 한 방법이 되었으며 하나의 단계가 되었다. 그렇다면 금역을 위해 전문적인 장(章)을 하나 만들어 토론할 수도 있지 않을까?

또 문장의 구조와 같은 것은, 문장작법류의 저술들에서 이야기된 것이 매우 많은데, 이는 구상과 배치의 계획 면에서 얘기할 문제이다. 고서의 주석은 《모시고훈전(毛詩故訓傳)》 이전에는 장구에 치중하였다. 《모시》는 매

1 원주 : 예를 들면 《한어대자전(漢語大字典)》·《한어대사전(漢語大詞典)》 및 각 전문 사서(辭書) 같은 것을 이른다.

편의 시 뒤에 모두 장(章)의 수(數)와 매 장에 들어 있는 구(句)의 수에 관한 모공(毛公)과 정현의 설명이 있으며, '장구'라는 이름을 가진 서적도 매우 많다. 이것은 고적의 정리와 고서의 주석에 있어서도 토론해 보아야 할 문제이다.

이런 점들에 대한 고려가 나로 하여금 커다란 잡채나 비빔밥 같은 방식을 채택하여 고적 정리나 고서 주석과 관련된 지식을 얘기하게 만들었고, 결국 이렇게 해서 이 책의 새로운 목차와 체계가 형성되었다.

이 책은 이왕 혼합하는 방식을 쓰기로 구상하였기 때문에 소재를 취하는 것 역시 각 영역의 관련 논저 중에서 최대한 찾아 참고하되, 고금의 대가의 저작들은 인용할 수 있는 것은 반드시 인용하였다. 노신(魯迅, 1881-1936)의 말을 빌리자면, 바로 '나래주의(拿來主義)'[2]라는 것이다. 이른바 "다른 산의 돌로 자기 옥돌의 흠을 갈 수 있다.〔他山之石, 可以攻錯.〕"라는 것으로, 다른 사람의 연구 성과를 흡수하여 자신의 체계를 세우고, 사이사이 자신의 견해를 펴는 것이다. 이것은 학술계에서도 옛날부터 있어 온 것이다.

황간(黃侃, 1886-1935)의 《문심조룡찰기(文心雕龍札記)》〈장구(章句)〉의 찰기(札記) 5 〈고서의 문구 가운데 특이한 사례를 간략하게 논하다〔約論古書文句異例〕〉에서는 청나라 학자들의 사례를 장장 8쪽에 이르도록 대거 인용하고 있는데, 다음과 같이 말하고 있다.

> 구두를 문법에 맞게 하는 경우, 다만 글자의 뜻을 변별하고 그 의미만 알 수 있으면 그 구절의 뜻을 확연히 알 수 있으며, 간혹 오로지 문법으

2 나래주의(拿來主義) : 외부 사물의 장점을 흡수하여 나의 필요에 따라 쓰는 것을 이른다. 노신의 《차개정잡문(且介亭雜文)》〈나래주의〉에 "나는 단지 우리가 다시 한번 좀 더 인색해지기를 고취시키고 싶다. '보내버리는 것' 외에 또한 '가져오는 것'도 해야만 한다고. 이것이 바로 '나래주의'라는 것이다.〔我只想鼓吹我們再吝嗇一點. '送去'之外, 還得'拿來', 是爲'拿來主義'.〕"라고 하였다.

로만 이를 분석한다 해도 마찬가지로 어긋나지 않을 수 있다. 다만 고서의 문구는 한데 뒤섞이고 이상한 것이 많은데, 일일이 그 사례를 다 들 수는 없으나 그 의미를 제대로 알지 못하면 문법을 말하는 것은 여기에서 또 돌아볼 겨를이 없게 된다.

다행히 돌아보면 왕염손(王念孫)·유월(兪樾) 등 제군의 저서가 있다. 여기에서는 그 요점만 취하여 5과(科)로 구분하고 과마다 세목(細目)을 둔 뒤 구문(舊文)을 들어 이를 밝히고 있는데, 모두 문구를 분변하고 살피는 일이다. 글자의 뜻을 바로잡거나 와문(訛文)을 바로잡는 것과 같은 일은, 비록 문구에 관련된다고는 하나 성사(成辭)의 질에는 늘거나 줄어드는 것이 없으며, 비록 조례가 있다고는 하나 여기에서는 함부로 들여 넣지 않았다.

恒文句讀, 但能辨解字誼, 悉其意恉, 卽可憭然無疑, 或專以文法剖判之, 亦可以無差忒. 惟古書文句駁犖奇侅者衆, 不悉其例, 不能得其義恉, 言文法者, 於此又有所未暇也. 幸顧、王、兪諸君, 有成書在, 玆刪取其要, 分爲五科, 科有細目, 擧舊文以明之, 皆辨審文句之事. 若夫訂字誼, 正訛文, 雖有關於文句, 然於成辭之質無所增省, 雖有條例, 不闌入於此云.

이렇게 기존의 예(例)를 이용하고 과(科)와 목(目)을 구분하는 것도 바로 이 책의 기술 방법 중의 하나이다.

이 책에는 일부 중복된 부분이 있다.

예를 들면 제1장의 개설과 이하의 각 장(章)과 같은 경우이다.

또 제2장 〈주석의 이명(異名)과 석명(釋名)〉에는 '장구(章句)'라는 이름이 있는데, 분류에 또 '장구류(章句類)'라는 것이 있다.

또 제10장은 〈장구(章句) : 단락 구분과 구조 분석〉이다.

이름은 하나인데 세 곳에서 언급한 것은, 소개하고 토론한 각도가 다른 것뿐이어서 마찬가지로 하나의 장으로 합칠 수 있는 것들이다.

고서에 주석을 달 때에는 의당 원서와 좋은 주석본을 진지하게 읽는 것을 기초로 삼아야 하며, 절대로 주석의 원칙과 방법만 알면 바로 고서에 주석을 달 수 있다고 생각해서는 안 된다. 감성적이고 실천적인 기초가 없으면 이론은 쓸데없는 것이 된다.

이 책을 쓰기까지는 주조연 선생님의 관심과 고적정리연구소의 지지가 있었으며, 어문출판사의 책임편집자 풍서생(馮瑞生) 선생과 전수생(田樹生) 선생, 그리고 총괄편집자 이행건(李行健) 선생이 이 책의 체계와 수정에 관하여 앞뒤로 귀한 의견을 내주셨다. 《중국어문(中國語文)》의 부주편(副主編) 왕백희(王伯熙) 선생은 또 이를 위해 성심성의껏 정독해 주셨다. 삼가 이 자리를 빌려 심심한 감사를 표하는 바이다.

1986년 9월 21일
호북대학(湖北大學) 우소(寓所)에서
왕요남(汪耀楠)

재판 후기

7월 초에 풍서생(馮瑞生) 선생이 북경에서 나에게 전화를 걸어 알려 주기를, 《주석학강요(注釋學綱要)》의 재판을 찍으려고 하니 책 전체를 통독한 뒤 다시 한 번 교감을 하라고 하였다. 그리고 신화서점(新華書店) 체계상 예약 수량이 또 3천 부라고 하였다.

나는 이 저작에 대한 어문출판사(語文出版社)의 사랑과 지지에 매우 감사드린다. 첫 인쇄에 3천 부를 인쇄한 것은 학술 저작에 있어서는 적지 않은 수량이다. 단지 경제적인 이익만 생각한다면, 졸저의 출판에 이미 원고료가 적잖게 들어갔는데 또 판매를 통째로 맡기지도 않았으니 3천 부는 밑지는 장사였음이 분명하다. 그런데 이제 또 재판을 찍는다는 결정이 나니, 어찌되었든 내 마음은 조금이나마 위로가 된다.

《주석학강요》라는 이 책이 1991년 출판된 이후 나는 다음과 같은 소식을 전해 들었다. 1993년 3기 《고한어연구(古漢語研究)》에 예성(銳聲)의 '통합성과 개창성의 추구 - 《주석학강요》 서평'이라는 글이 발표되었는데, '개창성', '여러 가지 학문을 종합하였다는 점', '이론과 실제 작업의 동일성'이라는 3개 방면에서 평론을 전개하였다. 이것은 정곡을 찌르는 서평으로, 이제 작자의 동의를 얻어 이 글을 대서(代序) 형식으로 책 앞에 두었다.

이번 재판에서는 문자의 교감 외에도 조판 인쇄 과정에서 발생한 오류들을 개정하고 내용 면에서도 일부 수정을 하였다. 원래는 몇 장(章)을 더 증보하여 주석 중의 의리 문제와 고증 문제, 그리고 사전의 사용 문제 등을 전문적으로 다룰 생각이었다. 그러나 내가 최근 몇 년 동안 사회 활동이 많아서 시간을 낼 수 없었기 때문에 할 수 없이 후일을 기약할 수밖에 없다.

어떤 장절(章節)은 예전에 간행물에 발표한 적이 있는 내용이다. 이 책에 실린 다수의 장절은 모두 단편 논문의 방식을 취하여 쓰는 것을 최대한 고려하였으며, 또한 일부 장절은 수정 뒤에 논문으로도 발표할 계획이다. 이렇게 하면 독자층을 확대할 수 있어 의견을 더 많이 들을 수 있다.

졸저가 비록 재판이 나온다고는 하지만, 다시 한번 읽으면 여전히 엉성하다는 느낌이 든다. 어떤 부분은 그저 스쳐 지나가는 그림자처럼 여전히 깊이가 부족하다. 어렵게 뗀 첫걸음에 여러 동료들과 많은 독자 여러분의 비평과 질정을 간절히 바라는 바이다.

세월은 유수와 같다더니, 눈 깜짝할 사이에 지난번 후기를 쓴 때로부터 벌써 꼬박 10년이 되었다.

1996년 9월 21일
호북대학(湖北大學) 우소(寓所)에서
왕요남(汪耀楠)

가규(賈逵, 30-101) 자는 경백(景伯)이며, 부풍(扶風) 평릉(平陵) 사람으로, 가의(賈誼)의 9세손이다. 유흠(劉歆)에게 《좌전》·《모시》 등을 배운 아버지 가휘(賈徽)에게 가학을 전수받았다. 《좌씨전해고(左氏傳解詁)》·《국어해고(國語解詁)》·《주관해고(周官解故)》 외에도 《주역가씨역(周易賈氏易)》을 지었다.

가의(賈誼, 기원전 200-기원전 168) 낙양(洛陽) 사람으로, 서한 때의 정론가(政論家)·문장가이다. 〈복조부(鵩鳥賦)〉는, 문제(文帝) 6년(기원전 174) 조정에서 쫓겨나 장사왕(長沙王)의 태부(太傅)로 임명되어 떠날 때 지은 작품으로, 그가 최초로 쓴 부이다. 쫓겨 가던 도중에 자신을 굴원(屈原)에 비유하고 〈이소(離騷)〉를 모방하여 〈조굴원부(弔屈原賦)〉를 지었다. 그의 핍박받는, 고립된 생활은 자살을 했던 굴원에 비해 더욱 괴로운 상황이었다. 그의 정치적 견해는 《신서(新書)》에 수록되어 있으나, 그가 쓴 저서인지는 확실하지 않다.

가창조(賈昌朝, 998-1065) 자는 자명(子明)이며, 진정(眞定) 획록(獲鹿) 사람으로, 위국공(魏國公)에 봉해졌다. 경력(慶曆) 연간(1041-1048)에 동중서문하평장사(同中書門下平章事)를 지냈으며, 문장과 글씨에 능했다. 시호는 문공(文公)이다.

간문제(簡文帝, 503-551) 남조 양(梁)나라 2대 황제이다. 성명은 소강(蕭綱), 자는 세찬(世纘)으로, 남난릉(南蘭陵) 사람이다. 무제(武帝)의 3남이며, 《문선(文選)》의 편찬자인 소명태자(昭明太子)의 아우이다. 역대 제왕 중 뛰어난 문재(文才)로 알려져 있는데, 그의 시는 염려(艶麗)한 것이 많으며, 궁체(宮體)라고 불린다.

간보(干寶, 283-351) 자는 영승(令升)으로, 하남(河南) 신채(新蔡) 사람이다. 원제(元帝) 때 저작좌랑(著作佐郎)이 되었으며, 후에 사도좌장사(司徒左長史)·산기상시(散騎常侍) 등을 역임하였다. 경학에 능통해 역학(易學)으로 일가를 이루었으며, 저서로 《주역주(周易注)》·《주역종도(周易宗塗)》·《주역현품(周易玄品)》·《주역효의(周易爻義)》·《춘추좌씨전의(春秋左氏傳義)》 등이 있다.

갈홍(葛洪, 283-343) 자는 치천(稚川), 호는 포박자(抱朴子)로, 단양(丹陽) 구용(句容) 사람이다. 동진(東晉) 때의 도사(道士)이다. 부친의 종조부(從祖父)인 갈현(葛玄)의 제자 정은(鄭隱)에게 선도(仙道)를 배웠다. 303년에 일어난 석빙(石冰)의 난 때 공을 세워 관내후(關內侯)가 되었다. 후에 나부산(羅浮山)에 은거하면서 저술에 힘썼다. 《본초주(本草注)》 외에도 저서로 《포박자(抱朴子)》·《신선전(神仙傳)》 등이 있다.

강보(姜寶, 1514-1593) 자는 정선(廷善)으로, 단양(丹陽) 장야(蔣墅) 사람이다. 어려서 당순지(唐順之)에게 학문을 배웠으며, 가정(嘉定) 32년(1553) 진사가 되어 편수(編修)·국자감 좨주(國子監祭酒) 등을 역임하여 관직이 이부 상서(吏部尙書)에 이르렀다. 《춘추사의전고(春秋事義全考)》 외에도 저서로 《주역전의보의(周易傳義補疑)》·《동아문집(東阿文集)》 등이 있다.

강성(江聲, 1721-1799) 자는 악도(鱷濤), 호는 간정(艮庭)으로, 강소(江蘇) 상숙(常熟) 사람이다. 혜동(惠棟)·염약거(閻若璩)의 영향을 받아 매색(梅賾)이 바친 《고문상서》를 위서(僞書)라고 생각했으므로, 한유(漢儒)의 학설을 수집하고 자기의 의견을 참고하여 《상서집주음소(尙書集注音疏)》를 지었다.

강양부(姜亮夫, 1902-1995) 본명은 인청(寅淸)으로, 양부는 자인데 흔히 자로 알려졌다. 운남(雲南) 소통(昭通) 사람으로, 초사학(楚辭學)·돈황학(敦煌學)·음운학·문헌학 등을 연구한 학자이다. 1926년 청화대학(淸華大學)에 입학하여 왕국유(王國維)·양계초(梁啓超)·진인각(陳寅恪)을 사사하였다. 이후 복단대학

(復旦大學)·하남대학(河南大學)·항주대학(杭州大學) 등의 교수를 역임하였다. 《초사금역강록(楚辭今繹講錄)》 외에도 저서에 《굴원부교주(屈原賦校注)》·《초사학논문집(楚辭學論文集)》·《돈황학논문집(敦煌學論文集)》·《돈황학개론(敦煌學概論)》 등이 있다.

강영(江永, 1681-1762) 자는 신수(愼修)로, 강서(江西) 무원(婺源) 사람이다. 환파(皖派)의 창시자로 평생 동안 벼슬을 하지 않고 연구에 몰두했으며, 대진(戴震)의 스승이다. 저서로 《근사록집해(近思錄集解)》·《주례의의거요(周禮疑義擧要)》·《고운표준(古韻標準)》 등이 있다.

강유고(江有誥, ?-1851) 자는 진삼(晉三), 호는 고우(古愚)로, 안휘(安徽) 흡현(歙縣) 사람이다. 강영(江永)·단옥재(段玉裁)·공광삼(孔廣森)의 저서를 보고 영향을 받았다. 그의 저서인 《시경운독(詩經韻讀)》·《초사운독(楚辭韻讀)》 등이 《음학십서(音學十書)》에 수록되었다.

강유위(康有爲, 1858-1927) 자는 광하(廣廈), 호는 장소(長素)·명이(明夷)·서초산인(西樵山人)이다. 광동(廣東) 남해(南海) 사람이므로 강 남해(康南海)로도 부르며, 정치가·사상가·서예가 등으로 명성을 떨쳤다. 《논어주(論語注)》 외에도 저서에 《춘추동씨학(春秋董氏學)》·《공자개제고(孔子改制考)》·《신학위경고(新學僞經考)》·《대동서(大同書)》·《중용주(中庸注)》·《맹자미(孟子微)》·《예운주(禮運注)》 등이 있다.

경방(京房, 기원전 77-기원전 37) 본성(本姓)은 이씨(李氏), 자는 군명(君明)으로, 동군(東郡) 돈구(頓丘) 사람이다. 원제(元帝) 초원(初元) 4년(기원전 45) 효렴(孝廉)으로 천거되어 벼슬이 위군 태수(魏郡太守)에 이르렀다. 금문역학(今文易學)인 경씨학(京氏學)을 개창하였다. 《경씨역전(京氏易傳)》 외에도 《주역장구(周易章句)》·《주역점사(周易占事)》 등을 지었다.

계복(桂馥, 1736-1805) 자는 동훼(冬卉), 호는 미곡(未谷)·우문(雩門)·숙연산외사(肅然山外史)로, 산동(山東) 곡부(曲阜) 사람이다. 《설문해자》 연구에 전심하여 《설문해자의증(說文解字義證)》을 지었으며, 금석문에도 밝았다. 저서로 《역대석경고략(歷代石經考略)》·《설문주초(說文注鈔)》·《무전분운(繆篆分韻)》·《속삼십오거(續三十五擧)》·《만학집(晚學集)》 등이 있다.

고공(高拱, 1513-1578) 자는 숙경(肅卿), 호는 중현(中玄)으로, 하남(河南) 신정(新鄭) 사람이다. 가정(嘉靖) 20년(1541) 진사에 급제한 후 예부 상서(禮部尙書)·문연각 대학사(文淵閣大學士) 등을 역임하였다. 실용적인 학문을 주장하던 그는 주자학에 대하여 비판적인 태도를 보였다. 《춘추정지(春秋正旨)》 외에도 《문변록(問辨錄)》·《일진직강(日進直講)》 등을 지었다.

고광기(顧廣圻, 1770-1839) 자는 천리(千里), 호는 간빈(澗薲)·사적거사(思適居士)로, 강소(江蘇) 원화(元和) 사람이다. 가경(嘉慶) 연간(1796-1820)에 제생(諸生)이 되었으며, 《상서(尙書)》의 전문가인 강성(江聲)을 사사하였다. 박학다식하고 교감에 탁월했는데, 사람들은 그를 '만권(萬卷) 선생'이라 불렀다.

고반룡(高攀龍, 1562-1626) 자는 운종(雲從)·존지(存之), 호는 경일(景逸)로, 무석(無錫) 사람이다. 명대의 문학가·정치가로, 고헌성(顧憲成) 등과 함께 무석의 동림서원(東林書院)을 중건하고 강학하여 '고고(高顧)'로 병칭되었다. 벼슬은 도찰원 좌도어사(都察院左都御史)에까지 이르렀다. 《춘추공의(春秋孔義)》 외에도 저서에 《고자유서(高子遺書)》·《주역이간설(周易易簡說)》·《춘추공의(春秋孔義)》 등이 있다.

고상(高相, 서한) 패(沛) 사람으로, 자신의 학문이 경제(景帝) 때의 장군인 정관(丁寬)에 연원을 두고 있다 하였으나 확실하지 않다. 장구(章句)를 배제하고 오로지 음양(陰陽)·재이(災異)로만 《역》을 연구했는데, 스스로 자신의 학문이 전하(田何)의 문인 정관(丁寬)에서 나왔다고 하나, 확실치 않다. 그의 학문은 학관에 채택되지 못하고 민간에 유전되었다.

고염무(顧炎武, 1613-1682) 초명은 강(絳), 자는 충청(忠淸)이었으나, 명나라 멸망 후 염무(炎武)로 개명하고 자도 영인(寧人)으로 고쳤다. 소주(蘇州) 곤산(昆山) 사람이며, 정림진(亭林鎭)에서 살았기 때문에 '정림(亭林) 선생'이라 불렸다. 《일지록(日知錄)》·《음학오서(音學五書)》·《시본음(詩本音)》·《역음(易音)》·《구경오자(九經誤字)》 외에도 《천하군국이병서(天下郡國利病書)》·《조역지(肇域志)》 등 40여 종에 달하는 저서를 남겼다.

고유(高誘, 동한) 탁현(涿縣) 사람이다. 어려서 같은 현에 사는 노식(盧植)에게 수학하였는데, 영제(靈帝)·헌제(獻帝) 때에 활동하였다. 《전국책주(戰國策注)》·《여씨춘추주(呂氏春秋注)》·《회남자주(淮南子注)》 외에도 《맹자고씨장구(孟子高氏章句)》·《효경주(孝經注)》 등을 지었다.

고학힐(顧學頡, 1913-1999) 자는 조창(肇倉), 호는 감재(坎齋)로, 고전문학을 연구한 학자이다. 국립북평사범대학(國立北平師範大學)을 졸업한 후 국립서북대학(國立西北大學)·민국대학(民國大學) 등에서 교수를 역임하였다. 왕학기(王學奇)와 공저한 《원곡석사(元曲釋詞)》 외에도 저서에 《원인잡극선(元人雜劇選)》·《감재시사록(坎齋詩詞錄)》 등이 있다.

고형(高亨, 1900-1986) 초명은 선교(仙翹), 자는 진생(晉生)으로, 길림(吉林) 쌍양현(雙陽縣) 사람이다. 초년에 청화국학연구원(淸華國學硏究院)에서 왕국유(王國維)·양계초(梁啓超)에게 배우고 《주역》의 경(經)과 전(傳)을 분리하여 해석하는 의리파(義理派)의 연구 방법을 창도하여 《주역》 연구의 신경지를 개척했다. 《시경금주(詩經今注)》 외에도 저서로 《주역고경금주(周易古經今注)》·《주역대전금주(周易大傳今注)》·《갑골금석문자통전(甲骨金石文字通箋)》·《문자형의학개론(文字形義學槪論)》·《고자통가회전(古字通假會典)》 등이 있다.

공분(孔奮, 동한) 자는 군어(君魚)로, 부풍(扶風) 무릉(茂陵) 사람이다. 젊었을 때 유흠(劉歆, ?-23)에게 《좌전》을 배웠으며, 《좌씨설(左氏說)》 외에도 《춘추좌씨산(春秋左氏刪)》을 지었다.

공손라(公孫羅, 당대) 강도(江都) 사람으로, 패왕부 참군(沛王府參軍)·무석현승(無錫縣丞)을 역임하였다. 저서로《문선주(文選注)》·《문선음의(文選音義)》가 있다.

공안국(孔安國, 서한) 자는 자국(子國)으로, 노(魯) 사람이다. 공자의 11대손으로 공충(孔忠)의 아들이다. 신배공(申培公)에게는 노시(魯詩)를, 복생(伏生)에게는《상서(尙書)》를 배웠다. 노 공왕(魯共王)이 공자의 옛집을 헐다가 과두문자(蝌蚪文字)로 된《고문상서(古文尙書)》·《논어》·《효경》 등을 발견하였다. 아무도 이들을 읽지 못했는데, 공안국이 금문(今文)과 대조하여 해독하고 주석을 달았다.

공영달(孔穎達, 574-648) 자는 충원(沖遠)·중달(仲達)이며, 기주(冀州) 형수(衡水) 사람이다. 수 양제(隋煬帝) 때 명경(明經)의 시험에 급제하여 태학 조교(太學助教)가 되었다. 당나라 초 문학관 학사(文學館學士)에서 국자 박사(國子博士), 국자 좨주(國子祭酒)를 거쳐 정관(貞觀) 17년(643) 동궁(東宮)의 시강(侍講)이 되었다. 칙명으로《오경정의(五經正義)》를 찬정(撰定)하고,《수서(隋書)》의 편찬에도 참여하였다.

공자진(龔自珍, 1792-1841) 자는 슬인(瑟人)·백정(伯定), 호는 정암(定庵)·정암(定盦)으로, 절강(浙江) 인화(仁和) 사람이다. 저서로는《국어주보(國語注補)》·《예도고(禮圖考)》·《양한서질의(兩漢書質疑)》 등이 있으며, 시문집으로는《정암문집(定庵文集)》·《기해잡시(己亥雜詩)》가 있다.

공조(孔晁, 전국 진(秦)) 진(秦)나라 초기에 오경박사(五經博士)가 되었다. 저서로《일주서주(逸周書注)》가 있다.

곽말약(郭沫若, 1892-1978) 원명은 개정(開貞), 자는 정당(鼎堂), 호는 상무(尙武)로, 말약은 필명이다. 사천(四川) 낙산(樂山) 사람으로, 중국 근·현대의 문학가·고고학자·역사학자이다. 1914년 일본에 유학하여 일본 동경제국대학(東京帝國大學) 의과(醫科)를 졸업하였다. 1927년 중국공산당(中國共産黨)의 남창기의(南昌起義)에 참가했다가 1928년 2월 일본으로 도피하였다. 1937년 항일 전쟁이 일어나자 귀국하여 항일 전쟁 및 공산 혁명에 참가했다. 중국과학원원장(中國科學院院長)·중국공산당중앙위원(中國共産黨中央委員) 등을 역임하였다. 《중국사고(中國史稿)》·《갑골문합집(甲骨文合集)》을 주편(主編)하였으며, 《관자집교(管子集校)》·《굴원부금역(屈原賦今譯)》 외에도 저서에 《중국고대사회연구(中國古代社會硏究)》·《갑골문자연구(甲骨文字硏究)》 등이 있다.

곽박(**郭璞**, 276-324) 자는 경순(景純)으로, 문희(聞喜) 출신이다. 서진(西晉) 말엽에 강남에 가서, 오행과 천문·점술로 이름을 떨치고, 동진(東晉) 초에 나라의 운명과 길흉화복을 예언하였다고 한다. 《산해경(山海經)》이나 《목천자전(穆天子傳)》의 주석에서는 괴이(怪異)한 것에 대한 관심을, 《이아》나 삼창(三蒼)의 주석에서는 고문기자(古文奇字)에 대한 그의 관심을 엿볼 수 있다. 이 외에 《방언》·《초사》 등에도 주석을 달았다.

곽상(**郭象**, 252?-312) 자는 자현(子玄)으로, 하남(河南) 낙양(洛陽) 사람이다. 신도가(新道家)의 사상가로, 도가의 가장 기본적인 책 가운데 하나인 《장자》의 유명한 주석서 《장자주(莊子注)》를 지었다고 알려졌다. 《장자주》는 상수(向秀)가 시작한 것을 그가 죽은 뒤 곽상이 계속하여 통합시킨 것으로 짐작된다. 이러한 이유로 《장자주》를 '곽상주석'이라고 부르기도 한다. 그 외에 《논어체략(論語體略)》을 지었으나, 그 일부가 황간(皇侃)의 《논어의소(論語義疏)》에 산현(散見)한다.

곽지달(**郭知達**, 송대) 일생은 자세하지 않으나, 사천(四川) 성도(成都) 사람으로 알려졌다. 주로 효종(孝宗) 때 활동하였으며, 부순(富順)에서 벼슬을 지낸 적이 있다. 저서에 《구가집주두시(九家集注杜詩)》가 있다.

곽화약(郭化若, 1904-1995) 본명은 가빈(可彬)으로, 준영(俊英)·화옥(化玉)·화우(化羽) 등의 이름을 사용한 적이 있다. 복건 복주 사람으로, 1925년 황포군교(黃埔軍校)에 입학하면서 중국공산당(中國共産黨)에 가입하였다. 1932년 모함으로 당적(黨籍)에서 삭제되었다가 1938년 복권된 뒤에는 군사학원 교육장(軍事學院教育長)·포병학교 교장(炮兵學校校長) 등을 역임하였다. 《손자역주(孫子譯注)》 외에도, 교직에 몸담았던 시기에는 군사 이론 및 군사 교육법을 연구하여 《군사변증법(軍事辯證法)》·《팔로군군사이론(八路軍軍事理論)》 등을 저술하였다.

구마라습(鳩摩羅什, 344-413) 인도의 승려로, 구마라시바(鳩摩羅時婆)·구마라기바(拘摩羅耆婆), 줄여서 나습(羅什)·습(什), 중국식으로 의역하여 동수(童壽)라고도 한다. 삼론(三論) 중관(中觀)을 확립하여 삼론종(三論宗)의 조사(祖師)로 불리기도 한다. 그는 서명각(西明閣)과 소요원(逍遙園) 등에 있으면서 많은 경전을 번역하여, 《성실론(成實論)》·《십송률(十誦律)》·《대품반야경(大品般若經)》·《묘법연화경(妙法蓮華經)》·《아미타경(阿彌陀經)》·《중론(中論)》·《십주비바사론(十住毘婆沙論)》 등을 펴냈다.

구양고(歐陽高, 서한) 자가 자양(子陽)으로, 증조부와 같이 구양생(歐陽生)으로도 불린다. 구양씨의 《상서》를 전수하여 박사가 되고, 태학의 학관(學官)이 되었다.

구양생(歐陽生, 서한) 이름은 미상이며, 자는 화백(和伯)으로, 천승군(千乘郡) 사람이다. 복생(伏生, 기원전 264-기원전 170)에게 《상서》를 배웠으며, 아들 이후 대대로 상서학(尙書學)을 전수하고 증손 구양고(歐陽高) 이후 8대가 모두 박사를 지냈다. 《상서구양장구(尙書歐陽章句)》·《구양설의(歐陽說義)》를 지었으나 현전(現傳)하지 않는다.

구양수(歐陽脩, 1007-1072) 자는 영숙(永叔), 호는 취옹(醉翁)·육일거사(六一居士)로, 여릉(廬陵) 사람이다. 벼슬은 한림학사(翰林學士)를 거쳐 추밀부사

(樞密副使)·참지정사(參知政事)에 이르렀다. 《신당서(新唐書)》·《신오대사(新五代史)》의 편찬을 주관했다. 《모시본의(毛詩本義)》 외에도 저서에 《역동자문(易童子問)》·《집고록(集古錄)》·《귀전록(歸田錄)》·《육일시화(六一詩話)》 등이 있으며, 문집으로는 《구양문충집(歐陽文忠集)》이 있다.

구조오(仇兆鰲, 1638-1717) 자는 창주(滄柱)로, 은현(鄞縣) 사람이다. 어려서 황종희(黃宗羲)에게 수학하였으며, 강희(康熙) 연간(1662-1722)에 진사가 되어 이부 우시랑(吏部右侍郞)을 지냈다. 저서에 《두시상주(杜詩詳注)》·《사서설약(四書說約)》이 있다.

구추백(瞿秋白, 1899-1935) 본명은 아쌍(阿雙)으로, 후에 상(爽)·상(霜)·추백(秋白) 등으로 개명하였다. 강소(江蘇) 상주(常州) 사람으로, 산문 작가이자 번역가이다. 중국공산당 초기의 지도자 가운데 한 사람으로, 사상적으로는 마르크스주의에 경도되었으며, 중국의 혁명문학사업에 중요한 전기를 마련하였다. 상해대학(上海大學)의 사회학계 주임(社會學系主任)을 역임하였다. 톨스토이의 소설을 번역하기도 하였으며, 작품으로는 《적도심사(赤都心史)》·《아향기정(餓鄕紀程)》·《다여적화(多餘的話)》 등이 있다.

기윤(紀昀, 1724-1805) 자는 효람(曉嵐)·춘범(春帆), 호는 석운(石雲)이다. 건륭(乾隆) 38년(1773) 칙명으로 《사고전서》 편찬 사업의 총찬수관(總纂修官)으로 10여 년간 종사하였다. 이때 많은 학자의 협력을 얻어 《사고전서총목제요(四庫全書總目提要)》를 집필하였다. 저서에 《열미초당필기(閱微草堂筆記)》 등이 있으며, 문집으로는 《기문달공유집(紀文達公遺集)》이 있다.

길장(吉藏, 549-623) 속성은 안씨(安氏)로, 금릉(金陵)에서 태어났다. 안식국(安息國) 사람이자 안세고(安世高)의 후손으로, 가상대사(嘉祥大師)라고도 한다. 13세에 출가하여 흥황사(興皇寺)의 법랑(法郞)에게 《백론(百論)》을 배웠다. 그 후 가상사(嘉祥寺)에 있으면서 《중론(中論)》·《백론》·《십이문론(十二

門論)》 등에 주석을 달았다. 《중관론소(中觀論疏)》·《백론소(百論疏)》·《십이문론소(十二門論疏)》·《삼론현의(三論玄義)》 외에도 《유마경의소(維摩經義疏)》·《대승현론(大乘玄論)》 등을 지었다.

김유자(金幼孜, 1368-1431) 이름은 선(善)이며, 유자는 자이다. 호는 퇴암(退闇)이다. 영락제(永樂帝) 때 한림원 검토(翰林院檢討)가 되었으며, 황명으로 호광(胡廣)·양영(楊榮) 등과 함께 《사서대전》·《오경대전》·《성리대전》 등을 찬수하였다. 저서로 《춘추직지(春秋直旨)》·《춘추요지(春秋要旨)》 등이 있다.

김이상(金履祥, 1232-1303) 이명(異名)은 상(祥)·개상(開祥)이며, 자는 길보(吉父), 호는 차농(次農)으로, 절강(浙江) 난계(蘭谿) 사람이다. 주돈이(周敦頤)·정호(程顥)의 학문을 조종으로 삼았으며, 공자의 산시설(刪詩說)을 부정하고 《고문상서》를 위작이라 주장했다. 《논어집주고증(論語集注考證)》·《맹자집주고증(孟子集注考證)》 외에도 《상서주(尚書注)》·《상서표주(尚書表注)》·《대학장구소의(大學章句疏義)》 등을 지었다. 시호는 문안(文安)이다.

내신하(來新夏, 1923-) 절강(浙江) 소산(蕭山) 사람으로, 항주(杭州)에서 태어났다. 저명한 목록학자로, 1946년 보인대학(輔仁大學) 역사학계를 졸업한 후 남개대학(南開大學) 역사학계 교수·도서관 관장 등을 역임하였다. 《고전목록학천설(古典目錄學淺說)》 외에도 저서에 《고전목록학(古典目錄學)》·《방지학개론(方志學概論)》·《중국고대도서사업사(中國古代圖書事業史)》 등이 있다.

노문초(盧文弨, 1717-1795) 자는 소궁(紹弓), 호는 기어(磯漁)로, 절강(浙江) 인화(仁和) 사람이다. 그의 서재를 포경당(抱經堂)이라 하였다. 건륭(乾隆) 17년(1752) 진사가 되어 관직이 시독학사(侍讀學士)에 이르렀다. 귀향 후에는 종산서원(鍾山書院)·숭문서원(崇文書院) 등에서 강의를 하였다. 교감학(校勘學)의 대가로, 교감 저작인 《군서습보(群書拾補)》를 지었으며 《포경당총서(抱經堂叢書)》를 간행했다. 저서에 《종산찰기(鍾山札記)》·《용성찰기(龍城札記)》·《광아주(廣雅注)》 등이 있으며, 문집으로는 《포경당문집(抱經堂文集)》이 있다.

노식(盧植, ?-192) 자는 자간(子幹)이며, 탁군(涿郡) 사람이다. 젊어서 정현(鄭玄)과 함께 마융(馬融)에게 배워 고문학(古文學)·금문학(今文學)에 통달하였고, 고문경학을 숭상하여 학관에 세울 것을 주장하였다. 저술로 《상서장구(尙書章句)》·《삼례해고(三禮解詁)》가 있었으나 현전하지 않고, 《소대례기주(小戴禮記注)》만 전한다.

노신(魯迅, 1881-1936) 본래의 성명은 주수인(周樹人)으로, 노신은 대표적인 필명이다. 자는 예재(豫才)로, 절강성(浙江省) 소흥(紹興)에서 태어났다. 1898년 남경(南京)의 강남수사학당(江南水師學堂)에 입학하여 신학문의 영향을 많이 받았다. 졸업 후에는 일본으로 유학을 떠나 1904년 선대의학전문학교(仙臺醫學專門學校)에 입학하였다가 문학의 중요성을 절감하고는 의학 공부를 그만두었다. 동생 주작인(周作人)과 함께 유럽의 피압박민족 및 슬라브계 작품을 번역하기도 하였으며, 귀국 후 1911년에 신해혁명이 일어나자, 신정부의 교육부원으로 근무하면서 금석탁본(金石拓本)을 수집하거나 고서(古書)를 연구하는 일에 심취하기도 하였다. 대표작으로는 《광인일기(狂人日記)》·《아큐정전(阿Q正傳)》·《공을기(孔乙己)》 등이 있으며, 이들을 포함한 14편의 소설 작품들이 《눌함(吶喊)》에 수록되었다.

노유개(魯有開, 송대) 노개(魯開)라고도 한다. 자는 원한(元翰)·주한(周翰)으로, 초(譙) 사람이다. 노종안(魯宗顔)의 아들이며, 인종(仁宗) 황우(皇祐) 5년(1053) 진사가 되어 확산 현령(確山縣令)을 역임하였다. 예학(禮學)을 좋아했고 《좌전》에 정통했다.

노이위(盧以緯, 원대) 자는 윤무(允武)로, 절강(浙江) 동가(東嘉) 사람이다. 그의 대표작인 《조어사(助語辭)》는 중국에서 최초로 허사의 용법을 설명한 전문서적으로, 후인들의 중시를 받았다. 《주석학개론》에 주석을 달았던 왕극중(王克仲)에 따르면, 이 책은 늦어도 태정(泰定) 원년(1324) 이전에 지어졌다고 한다.

노필(盧弼, 1876-1967) 자는 신지(愼之), 호는 신원(愼園)으로, 호북(湖北) 면양(沔陽) 사람이다. 이른 나이에 경심서원(經心書院)·양호서원(兩湖書院)에서 학업을 닦았으며, 양수경(楊守敬)·추대균(鄒代鈞)에게 가르침을 받았다. 후에 일본으로 유학을 떠나 정치경제학을 전공하였다. 귀국 후에는 국무원 비서(國務院秘書) 등 요직을 역임하였다. 《삼국지집해(三國志集解)》 외에도 저서에 《삼국지집주보(三國志集注補)》·《삼국지인서목(三國志引書目)》·《삼국지직관록(三國志職官錄)》·《삼국지지리금석(三國志地理今釋)》 등이 있다.

능정감(凌廷堪, 1755-1809) 자는 중자(仲子)·차중(次仲)으로, 안휘(安徽) 흡현(歙縣) 사람이다. 학문이 해박했으며, 특히 예학(禮學)에 능했다. 저서로 《예경석례(禮經釋例)》·《연악고원(燕樂考原)》 등이 있으며, 문집으로는 《교례당문집(校禮堂文集)》이 있다.

단옥재(段玉裁, 1735-1815) 자는 약응(若膺), 호는 무당(懋堂)으로, 강소(江蘇) 상주(常州) 금단(金壇) 사람이다. 소학에 정통하고 특히 《설문해자》 연구에 뛰어났다. 대진(戴震)의 제자로, 왕염손(王念孫)과 더불어 '단왕이가(段王二家)'라고 불린다. 대표작인 《설문해자주(說文解字注)》·《고문상서찬이(古文尚書撰異)》 외에도 저서에 《육서음운표(六書音韻表)》·《시경소학록(詩經小學錄)》·《대동원연보(戴東原年譜)》 등이 있으며, 문집에 《경운루집(經韻樓集)》이 있다.

담계보(譚戒甫, 1887-1974) 본명은 작민(作民), 자는 개부(介夫)이다. 후에 명(銘)으로 개명하면서 자도 계보(戒甫)로 바꾸었다. 호남성(湖南省) 연원현(漣源縣) 사람으로, 제자백가(諸子百家)·《초사(楚辭)》·금문(金文) 등을 연구한 학자이다. 무한대학(武漢大學)·서북대학(西北大學)·귀주대학(貴州大學) 등에서 교직에 있었다. 《묵경분류역주(墨經分類譯注)》 외에도 저서에 《묵변발미(墨辯發微)》·《공손룡자형명발미(公孫龍子形名發微)》·《장자천하편교석(莊子天下篇校釋)》 등이 있다.

담약수(湛若水, 1466-1560) 자는 원명(元明), 호는 감천(甘泉)으로, 광동(廣東) 증성(增城)에서 태어났다. 40세에 진사가 된 후 남경국자감 좨주(南京國子監祭酒)·예부 시랑(禮部侍郎)·병부 상서(兵部尙書) 등을 역임하였다. 진헌장(陳獻章)의 영향을 받아 왕양명(王陽明)의 치양지설(致良知說)에 대립하였다. 《춘추정전(春秋正傳)》 외에도 저술에 《심성도설(心性圖說)》·《격물통(格物通)》·《준도록(遵道錄)》 등이 있으며, 문집으로는 《감천집(甘泉集)》이 있다.

담조(啖助, 724-770) 자는 숙좌(叔佐)로, 하북(河北) 조주(趙州) 사람이다. 천보(天寶) 연간(742-756)에 임청위(臨淸尉)·단양 주부(丹陽主簿)를 지냈다. 《춘추》에 달통하여 삼전(三傳)의 동이·장단을 연구했다. 대표작인 《춘추집전(春秋集傳)》·《춘추통례(春秋統例)》가 《옥함산방집일서》에 수록되었다.

담천(曇遷, 541-607) 수나라 때의 승려로, 박릉(博陵) 요양(饒陽) 사람이며, 속성은 왕씨(王氏)였다. 21세 때 정주(定州) 가화사(賈和寺)에서 출가하였다. 후에 정국사(淨國寺)에 은거하면서 《화엄경(華嚴經)》·《능가경(楞伽經)》·《유마경(維摩經)》 등을 연구하였다. 《섭론(攝論)》·《능가(楞伽)》·《기신(起信)》·《유식(唯識)》 등의 논(論)에 대해 소(疏)를 지었으며, 이 외에도 《화엄명난품현해(華嚴明難品玄解)》를 지었다.

당직번(唐作藩, 1927-) 약범(若凡)이라는 필명을 사용한 적이 있으며, 호남(湖南) 동구현(洞口縣) 사람이다. 1953년 중산대(中山大) 어언학계(語言學系)를 졸업한 후 모교의 교수를 지냈으며, 이후 북경대(北京大) 중문계 교수가 되었다. 고대한어·음운학·한어사(漢語史) 등을 연구하였으며, 저서에 《한어음운학상식(漢語音韻學常識)》·《상고음수책(上古音手冊)》 등이 있다.

대망(戴望, 1837-1873) 자는 자고(子高)로, 절강(浙江) 덕청(德淸) 사람이다. 안원(顔元)의 학문을 좋아하였으며, 진환(陳奐)과 송상봉(宋翔鳳)을 사사하였다. 《관자교정(管子校正)》 외에도 《논어주(論語注)》·《안씨학기(顔氏學記)》 등을 지었다.

대진(戴震, 1724-1777) 자는 신수(愼修), 호는 동원(東原)으로, 휴령(休寧) 융부(隆阜) 사람이다. 경학뿐만 아니라 산학(算學)·천문(天文)·지리(地理)·성운(聲韻)·훈고(訓詁)·고증(考證) 등 다양한 방면에 저술을 남겼다. 고증학의 대가로 문자 훈고의 연구보다 경서를 해명하는 방법을 제창하였다. 진사에는 합격하지 못했으나, 학자로서의 명성 때문에 건륭(乾隆) 38년(1773) 황제의 부름을 받아 사고전서관(四庫全書館)의 찬수관(贊修官)으로 임명되기도 하였다. 《맹자자의소증(孟子字義疏證)》·《굴원부주(屈原賦注)》 외에도 저서에 《모정시고정(毛鄭詩考正)》·《고공기도주(考工記圖注)》·《성운고(聲韻考)》·《성류표(聲類表)》·《방언소증(方言疏證)》 등이 있고, 문집으로는 《대동원집(戴東原集)》이 있다.

도세(道世, ?-683) 자는 현운(玄惲), 속성은 한씨(韓氏)로, 그의 선조는 이궐(伊闕) 사람이다. 12세에 청룡사(青龍寺)에서 출가하였고, 당 태종(唐太宗) 정관(貞觀, 627-649) 말엽부터 고종(高宗) 현경(顯慶) 연간(656-660)까지 현장(玄奘)이 자은사(慈恩寺)에서 서역(西域) 불경의 번역 사업을 진행할 때 황제에 의해 발탁되어 역경(譯經) 사업에 참여하기도 하였다. 후에 서명사(西明寺)로 초빙되어 중국 율종(律宗)의 시조인 도선율사(道宣律師)와 함께 기거하였다. 《금강경집주(金剛經集注)》 외에도 저술에 《사분율토요(四分律討要)》·《사분율니초(四分律尼鈔)》·《법원주림(法苑珠林)》 등이 있다.

도안(道安, 314-385) 속성은 위씨(衛氏)로, 상산(常山) 부류(扶柳) 사람이다. 12세에 출가한 후, 법제(法濟)·지담(支曇) 등에게 배웠다. 후에 양양(襄陽)에서 불법을 전하다가 전진의 부견이 쳐들어오자 장안(長安)의 오중사(五重寺)에 머물면서 경전을 강론하고 번역하였다. 불교의 경전을 서분(序分)·정종분(正宗分)·유통분(流通分)으로 나누어 해석하였으며, 승려들의 성(姓)을 석씨(釋氏)로 통일하였다.

동수유(董守諭, 명대) 자는 차공(次公)으로, 은현(鄞縣) 사람이다. 천계(天啓)

4년(1624) 거인(擧人)이 된 후 호부 주사(戶部主事)를 역임하였다. 청나라 군대가 장강을 넘어오자, 두문불출하며 저술에 몰두하였다. 《괘변고략(卦變考略)》 외에도 저술로 《역운보유(易韻補遺)》 등이 있다.

동종열(童宗說, 송대) 자는 몽필(夢弼)로, 남성(南城) 사람이다. 고종(高宗) 소흥(紹興) 21년(1151) 진사가 되어 원주 교수(袁州教授)가 되었다. 저서로 《우강지(盱江志)》·《유문음주(柳文音注)》가 있었으나 지금은 일실되었다.

동중서(董仲舒, 기원전 179-기원전 104) 하북(河北) 광천현(廣川縣) 사람으로, 서한 때의 유학자이다. 일찍부터 《공양전》을 익혔으며 경제(景帝) 때는 박사가 되었다. 무제(武帝)가 즉위하여 크게 인재를 구할 때 현량대책(賢良對策)을 올려 인정받았다. 오경박사(五經博士)를 두고 국가 문교의 중심이 유가(儒家)에 통일된 것은 그의 영향이 크다. 저서에 《춘추번로(春秋繁露)》가 있으며, 문집으로는 《동자문집(董子文集)》이 있다.

동진경(董眞卿, 송말 원초) 자는 계진(季眞)이며, 파양(鄱陽) 사람이다. 《효경대의(孝經大義)》의 저자인 동정(董鼎)의 아들이며 호일계(胡一桂)를 사사하였다. 저술로 《주역회통(周易會通)》이 있다.

동품(童品, 명대) 자는 정식(廷式), 호는 신재(愼齋)로, 절강(浙江) 난계(蘭溪) 사람이다. 홍치(弘治) 9년(1496) 진사가 된 뒤 병부 원외랑(兵部員外郎)이 되었다가, 후에 고향으로 돌아와서는 저술에 힘썼다. 《춘추경전변의(春秋經傳辨疑)》 외에도 저술로 《주역익의(周易翼義)》·《예기대지(禮記大旨)》 등이 있다.

동해(董楷, 1226-?) 자는 정숙(正叔), 호는 극재(克齋)이며, 태주(台州) 임해(臨海) 사람이다. 이종(理宗) 보우(寶祐) 4년(1256) 진사가 되어 벼슬이 이부낭중(吏部郎中)에 이르렀다. 주희의 문하생 진식(陳埴)을 사사하였다. 저술로 《주역전의부록(周易傳義附錄)》·《정주역해(程朱易解)》 등이 있다.

두림(杜林, ?-47) 자는 백산(伯山)으로, 부풍(扶風) 무릉(茂陵) 사람이다. 동한 때의 경학가로, 두업(杜鄴)의 아들이다. 서하(西河)에서 칠서(漆書) 《고문상서(古文尙書)》를 얻었는데, 이것이 두림본(杜林本) 《고문상서》이다. 현재 우리가 볼 수 있는 《상서》는 《금문상서》·《고문상서》·《위고문상서(僞古文尙書)》 세 종류이다. 《금문상서》는 복생(伏生)에게서 나온 것으로, 동한 초에 복생이 조조(鼂錯)에게 구전하고 조조가 이를 당시 통행하던 예서(隸書)로 기록한 것이며, 모두 28편이다. 《고문상서》는 소전(小篆)의 주문(籀文)으로 쓰인 것으로, 선진(先秦) 때의 본이다. 서한 이후로 몇 차례 발견되었는데, 공벽본(孔壁本)·하간헌왕본(河間獻王本)·두림본(杜林本) 등이 있다. 《위고문상서》는 '위공본(僞孔本)'이라고도 하는데, 후대에 가장 많이 통행되는 본이다.

두보(杜甫, 712-770) 자는 자미(子美), 호는 소릉야로(少陵野老)로, 원적(原籍)은 양양(襄陽)이나 공현(鞏縣)이다. 두예(杜預)의 후손이자 두심언(杜審言)의 손자이다. 7세부터 시를 잘 지었으며, 성년이 된 뒤에는 각지를 방랑하다가 이백(李白) ·고적(高適) 등과 알게 되었다. 안녹산(安祿山)의 난이 일어난 후에 좌습유(左拾遺)를 지냈으며, 숙종(肅宗) 때 직간하다가 폄적된 뒤에는 벼슬을 버리고 성도(成都)로 이주하여 초당을 짓고 살았다. 이후 공부 원외랑(工部員外郎)을 지내기도 하였으나, 만년에는 가솔들을 데리고 촉(蜀) 지역을 떠나 빈곤하게 떠돌다가 객사하였다. 우국애민의 심정이 충만하고 사회의 부조리를 고발하는 시로 유명하여, 그의 작품은 '시사(詩史)', 두보 자신은 '시성(詩聖)'으로 불린다. 대표작으로는 〈춘망(春望)〉·삼리(三吏)·삼별(三別)·〈병거행(兵車行)〉 등이 있으며, 시문집으로는 왕수(王洙)가 편집한 《두공부집(杜工部集)》이 있다.

두예(杜預, 222-284) 자는 원개(元凱)로, 경조(京兆) 두릉(杜陵) 사람이다. 명문가 출신으로 하남윤(河南尹)·진주 자사(秦州刺史) 등을 지냈으며, 진남대장군(鎭南大將軍)에 이르렀다. 만년에는 학문과 저술에 힘을 쏟았다. 《춘추》의 경문(經文)과 《좌전》을 한 권의 책으로 정리하여, 경문에 대응하도록 《좌전》의 문장을 분류하여 춘추의례설(春秋義例說)을 확립하고, 춘추학(春秋學)으로서의

좌씨학(左氏學)을 집대성하였다. 대표작인 《춘추좌씨경전집해(春秋左氏經傳集解)》 외에도 《춘추석례(春秋釋例)》를 지었다.

두자춘(杜子春, 기원전 30?-58) 하남(河南) 구지(緱氏) 사람이다. 서한 말에 유흠(劉歆)에게서 《주례(周禮)》를 전수받았다. 혼란한 세상이 이어져 유흠의 제자가 모두 죽고 그만이 명제(明帝) 영평(永平) 연간(58-75) 초까지 90세로 살아 있었다. 동한의 정중(鄭衆)·가규(賈逵)가 모두 그에게 배웠는데, 이로부터 《주례》가 전해지기 시작하였다.

두전(杜田, 송대) 자는 시가(時可)·여경(汝耕), 호는 저수(樗叟)로, 촉(蜀) 사람이다. 대읍현승(大邑縣丞)을 역임하였다. 두보 시를 연구한 저작으로 《주두시보유정류(註杜詩補遺正謬)》·《두시박의(杜詩博議)》가 있다.

등백고(鄧伯羔, 명대) 자는 유효(孺孝)로, 강소(江蘇) 상주(常州) 사람이다. 《금역전(今易詮)》 외에도 《고역전(古易詮)》·《예구(藝彀)》 등을 지었다.

라디슬라브 즈고스타(Ladislav Zgusta, 1924-2007) 역사(통시)언어학자이며, 체코 최초의 사전편찬자이다. 미국 일리노이대학(University of Illinois)에서 언어학과 고전학 분야의 교수를 지냈다.

마건충(馬建忠, 1845-1900) 자는 미숙(眉叔)으로, 강소(江蘇) 단도현(丹徒縣) 사람이다. 광서(光緒) 원년(1875) 프랑스로 유학 갔으며, 이후 인도와 조선 등지에서 외교 교섭에 종사하였다. 《마씨문통(馬氏文通)》 외에도 《적가재기언기행(適可齋記言記行)》 등을 지었다.

마국한(馬國翰, 1794-1857) 자는 사계(詞溪), 호는 죽오(竹吾)로, 역성현(歷城縣) 남권부장(南權府莊) 사람이다. 집일서인 《옥함산방집일서(玉函山房輯佚書)》 외에 저서로는 독서찰기(讀書札記)인 《목경첩(目耕帖)》이 있으며, 시문집으로는 《옥함산방문집(玉函山房文集)》·《옥함산방시집(玉函山房詩集)》이 있다.

마기창(馬其昶, 1855-1930) 자는 통백(通白) 또는 통백(通伯), 만호(晩號)는 포윤옹(抱潤翁), 실명은 포윤헌(抱潤軒)으로, 안휘(安徽) 동성(桐城) 사람이다. 청대 말에 학부 주사(學部主事)를 지냈으며, 1911년 신해혁명 이후에는 안휘고등학당 감독(安徽高等學堂監督)·청사관 총찬(淸史館總纂) 등을 역임하였다. 《굴부미(屈賦微)》 외에도 《모시학(毛詩學)》 등을 지었으며, 문집으로는 《포윤헌문집(抱潤軒文集)》이 있다.

마단림(馬端臨, 1254?-1323) 자는 귀여(貴與), 호는 죽주(竹洲)로, 요주(饒州) 낙평(樂平) 사람이다. 남송 말의 승상 마정란(馬廷鸞)의 아들로, 음서를 통해 승사랑(承事郞)이 되었으나 남송이 멸망한 후에는 원나라의 조정에 출사하지 않고 자호서원(慈湖書院)과 가산서원(柯山書院)의 산장(山長)을 지냈으며 이후 태주로 교수(台州路教授)가 되었다. 《문헌통고(文獻通考)》 외에도 《다식록(多識錄)》·《의근수묵(義根守墨)》·《대학집전(大學集傳)》 등을 지었다.

마비백(馬非百, 1896-1984) 호남(湖南) 융회(隆回) 영고진(永固鎭) 사람으로, 선진사(先秦史)를 연구한 학자이다. 중국역사박물관(中國歷史博物館)의 연구원 겸 판공실(辦公室)의 주임이었는데 1957년 문화대혁명 당시 실각하였다가 뒤에 중화서국(中華書局)에서 편집을 담당하였다. 《염철론집주장편(鹽鐵論集注長編)》·《염철론간주(鹽鐵論簡注)》 외에도 저서에 《진시황제전(秦始皇帝傳)》·《진집사(秦集史)》·《진사강요(秦史綱要)》·《상홍양연보(桑弘羊年譜)》·《관자경중편신전(管子輕重篇新詮)》 등이 있다.

마서진(馬瑞辰, 1782-1853) 자는 원백(元伯)·헌생(獻生)으로, 안휘(安徽) 동성(桐城) 사람이다. 마종련(馬宗璉)의 아들로, 《시경》에 정밀했다. 그의 대표작인 《모시전전통석(毛詩傳箋通釋)》은 왕익오(王益吾)가 《속청경해(續淸經解)》에 포함시켰다.

마융(馬融, 79-166) 자는 계장(季長)으로, 우부풍(右扶風) 무릉(茂陵) 사람이다. 노식(盧植)·정현(鄭玄) 등의 스승으로, 고문경학에 능하였다. 《효경》·《논어》·《시경》·《상서》·《주역》 등에 주석을 달았으나 일실되었는데, 《옥함산방집일서(玉函山房輯佚書)》·《한학당총서(漢學堂叢書)》 등에 일부가 집일되어 있다. 이 외에도 《춘추삼전이동설(春秋三傳異同說)》을 지었다.

마징린(馬徵麐, 청대) 자는 종산(鍾山), 항녕(恒寧) 사람이다. 《초사(楚辭)》에 음주(音注)를 단 《초사음(楚辭音)》을 지었다.

매문정(梅文鼎, 1633-1721) 자는 정구(定九), 호는 물암(勿庵)으로, 안휘(安徽) 선성(宣城) 사람이다. 청대의 저명한 천문학자·수학자로, 고금의 수학 서적들을 정밀하게 연구하였으며, 명나라 말에 수입된 서양의 수학도 겸하여 통달하여 '역산제일명가(曆算第一名家)'이자 '개산지조(開山之祖)'로 칭하는 인물이다. 사후 역법(曆法)·수학(數學)과 관련된 그의 저작은 《매씨총서(梅氏叢書)》에 수록되어 있다.

매색(梅賾, 동진) 문헌에 따라 매색(枚賾)·매이(枚頤)라고도 한다. 자는 중진(仲眞)으로, 여남(汝南) 사람이다. 예장 내사(豫章內史)를 역임했으며, 조정의 군신들이 그가 바친 《위고문상서(僞古文尙書)》와 《위상서공씨전(僞尙書孔氏傳)》을 믿어서 학관(學官)에 세웠다. 송대의 오역(吳棫)·주희(朱熹), 원대의 조맹부(趙孟頫)·오징(吳澄), 명대의 매작(梅鷟) 등은 이들을 모두 의심하거나 반대했는데, 청대에 이르러 염약거(閻若璩)는 《고문상서소증(古文尙書疏證)》에서, 혜동(惠棟)은 《고문상서고(古文尙書考)》에서 이들을 완전히 위서라고 증명하였다.

매작(梅鷟, 명대) 자는 치재(致齋)로, 영국부(寧國府) 정덕(旌德) 사람이다. 무종(武宗) 정덕(正德) 8년(1513) 거인(擧人)이 되어 남경국자감 조교(南京國子監助敎)·염과사 제거(鹽課司提擧) 등을 역임했다. 《고문상서》를 위서로 의심하고 의문점을 지적하여 경학에 공헌한 바가 있다. 《상서고이(尙書考異)》 외에도 저서에 《상서보(尙書譜)》·《고역고원(古易考原)》·《춘추지요(春秋指要)》 등이 있다.

모세금(牟世金, 1928-1989) 사천(四川) 충현(忠縣) 사람으로, 《문심조룡(文心雕龍)》 및 고대문학이론(古代文學理論)을 연구한 학자이다. 1960년 산동대학(山東大學) 중문계(中文系)를 졸업한 후, 모교의 교수를 지냈다. 육간여(陸侃如)와 공저한 《문심조룡역주(文心雕龍譯注)》 외에도 저서에 《유협연보휘고(劉勰年譜彙考)》·《문학예술민족특색시탐(文學藝術民族特色試探)》 등이 있다.

모순(茅盾, 1896-1981) 본명은 심덕홍(沈德鴻)으로, 모순은 필명이다. 자는 안빙(雁冰)으로, 절강(浙江) 동향(桐鄕) 사람이다. 북경대(北京大)를 중퇴하였고, 1927년 그가 지은 장편소설 《식(蝕)》이 혁명문학파로부터 격렬한 비판을 받자 1928년 일본으로 망명하였다. 1930년 귀국 후에는 좌익작가연맹에 가입하여 지도적인 역할을 하였다. 중국 공산당 정부가 수립된 뒤에는 문화부장으로서 문예계를 지도하였으며, 문화대혁명 때에는 그의 소설 《임상점(林商店)》이 비판을 받았다. 다른 작품으로는 《자야(子夜)》·《창조(創造)》·《임가포자(林家鋪子)》 등이 있다.

모자(牟子, 동한) 이름은 융(融)으로, 창오군(蒼梧郡) 광신(廣信) 사람이다. 환제(桓帝)·영제(靈帝) 때 불교를 선전하였다. 유학의 입장에서 불교를 해석한 저작인 《이혹론(理惑論)》을 지었는데, 유(儒)·불(佛)·도(道)의 조화를 추구한 책으로 알려졌다. 이 책을 《모자(牟子)》라고도 한다.

모진(毛晉, 1599-1659) 자는 자진(子晉), 호는 잠재(潛在)로, 상숙(常熟) 사람이다. 부유한 대지주 집안 출신으로, 평생 벼슬하지 않고 수재(秀才)라는 신분으로 집안의 재산에 의지하여 장서와 서적의 간행에 매진하였다.

모택동(毛澤東, 1893-1976) 자는 윤지(潤之)로, 호남성(湖南省) 상담현(湘潭縣) 소산(韶山)에서 출생하였다. 중국 현대의 정치가·사상가이며, 중화인민공화국을 수립하였다. 1921년 중국공산당 창립대회에 참가하였으며, 호남성의 대표로서 중국공산당 제1차 전국대표대회에 참석하였다. 이후 중국공산당 중앙농민부장·공농홍군(工農紅軍) 정치위원·중국 공농혁명위원회 주석 등을 거쳐 1931년 인민위원회 주석이 되었다. 국공합작이 성공하자 항일민족통일전선을 수립하고, 홍군(紅軍)을 팔로군(八路軍)으로 개편하여 일본군에 대항하였다. 1950년 임시 국가수반을 거쳐 1954년부터 1959년까지 초대 중화인민공화국 국가 주석으로 재직하였다. 이 시기에 제2차 오개년계획(五個年計劃)과 삼면홍기운동(三面紅旗運動)이 실패하자 국가 주석을 사임하였다가 1966년 문화대혁명을 통해 다시 집권하였다. 저술로는 〈지구전론(持久戰論)〉·〈신단계론(新段階論)〉·〈신민주주의론(新民主主義論)〉 등이 있으며, 그가 했던 명언은 《모택동어록(毛澤東語錄)》으로 편집되었다.

모형(毛亨, 서한) 고문경학인 모시학(毛詩學)의 개창자이다. 순황(荀況)에게 《시경》을 배웠으며, 대모공(大毛公)으로 불렸다. 후일 그의 학문은 모장(毛萇)에게 전해졌는데, 모장을 세칭 '소모공(小毛公)'이라 한다. 저서로 《모시고훈전(毛詩詁訓傳)》이 있는데, 현전하는 《시경》 주석 가운데 완정되었으면서도 가장 이른 시기의 저작이다.

무억(武億, 1745-1799) 자는 허곡(虛谷)·소석(小石)이며, 호는 수당(授堂)·반석산인(半石山人)으로, 하남(河南) 언사(偃師) 사람이다. 건륭(乾隆) 45년(1780) 진사가 되어 박산 현령(博山縣令)을 역임하였다. 저서로는 《경독고이(經讀考異)》·《군경의증(群經義證)》·《죽서기년보주(竹書紀年補注)》 등이 있다.

무전손(繆荃孫, 1844-1919) 자는 담지(炎之)·소산(筱珊), 호는 예풍(藝風)으로, 강소(江蘇) 강음(江陰) 사람이다. 중국 근대의 장서가·교감가·교육자·목록학자·사학자·금석학자이다. 광서(光緒) 2년(1876) 진사에 합격하였다. 저서에 《예풍당장서기(藝風堂藏書記)》·《예풍당금석문자목(藝風堂金石文字目)》·《예풍당문집(藝風堂文集)》 등이 있다.

문일다(聞一多, 1899-1946) 본명은 가화(家驊)이며, 일다는 필명이다. 자는 우삼(友三)·우산(友山)으로 호북(湖北) 희수(浠水) 사람이다. 청화대(清華大)를 졸업하고 1922년 미국으로 가서 미술과 문학을 공부하였다. 1925년 귀국하여 중일전쟁 기간에는 곤명(昆明)의 서남연합대학(西南聯合大學)의 교수를 지냈다. 《주역》·《시경》·《장자》·《초사》·당시(唐詩) 등 고대 문학과 신화를 학술적으로 연구하여 높은 성과를 거두었다. 1946년 7월 국민당 특수공작원에 의해 암살당했다. 저서로 《역림경지(易林瓊枝)》·《악부시전(樂府詩箋)》·《시경신의(詩經新義)》 등이 있으며, 그의 주요 저작은 주자청(朱自清) 등이 《문일다전집(聞一多全集)》으로 편집하였다.

미불(米芾, 1051-1107) 자는 원장(元章), 호는 양양만사(襄陽漫士)·해악외사(海岳外史)·녹문거사(鹿門居士)이다. 조적(祖籍)은 산서(山西) 태원(太原)이지만, 양양(襄陽)에서 태어났다. 교서랑(校書郎)·서화박사(書畫博士)·예부 원외랑(禮部員外郎) 등을 역임하였다. 시문·서화에 능하였으며, 소식(蘇軾)·황정견(黃庭堅) 등과 교유하였다. 《화사(畫史)》·《서사(書史)》·《연사(硯史)》 외에도 저서로 《보장대방록(寶章待訪錄)》·《해악명언(海岳名言)》 등이 있고, 서예 작품으로는 〈촉소첩(蜀素帖)〉·〈초서구첩(草書九帖)〉·〈다경루시첩(多景樓詩帖)〉 등이 유명하다.

반고(班固, 32-92) 자는 맹견(孟堅)으로, 부풍(扶風) 안릉(安陵) 사람이다. 부친 반표(班彪)의 역사 연구를 계승하여 《한서(漢書)》를 완성하였는데, 이 책은 이후 기전체(紀傳體) 역사서의 모범이 되었다. 장제(章帝) 때 여러 학자들이 백호관(白虎觀)에서 오경(五經)의 이동(異同)을 토론할 때, 황명을 받아 《백호통의(白虎通義)》를 편집하였다.

방석추(龐石帚, 1895-1964) 이름은 준(俊)으로, 석추는 자이다. 실명(室名)은 양청실(養晴室)로, 사천(四川) 기강현(綦江縣) 사람이다. 사천대학(四川大學)·화서대학(華西大學) 등의 교수를 역임하였다. 《국고논형소증(國故論衡疏證)》 외에도, 저서에 그의 시사(詩詞)를 그의 학생들이 편집한 《양청실시록(養晴室詩錄)》·《양청실사록(養晴室詞錄)》 등이 있다.

방숭경(方崧卿, 1135-1194) 자는 계신(季伸)으로, 보전(莆田) 성관(城關) 사람이다. 장서가이며 교감가(校勘家)이다. 1163년 진사가 되어 지상요현(知上饒縣)·명주 통판(明州通判)을 역임하였다. 일찍이 《한창려문집(韓昌黎文集)》을 교정하여 《한집거정(韓集擧正)》·《외집거정(外集擧正)》을 지었다.

방포(方苞, 1668-1749) 자는 영고(靈皐)·봉구(鳳九), 호는 망계(望溪)이다. 조적(祖籍)은 안휘(安徽) 동성(桐城)이나, 강소(江蘇) 육합현(六合縣) 유가촌(留稼村)에서 태어났다. 동성파(桐城派)의 창시자로, 요내(姚鼐)·유대괴(劉大櫆)와 같이 동성삼조(桐城三祖)로 일컬어진다.

방현령(房玄齡, 578-648) 이름은 교(喬)이며, 현령은 자이다. 일설에는 현령이 이름이고 자가 교송(喬松)이라고도 한다. 산동(山東) 임치(臨淄) 출신으로 대대로 북조(北朝)를 섬기고, 18세에 수나라의 진사가 되었다. 당나라가 건국되자 태종의 세력에 가담, 측근으로 활약하였다. 태종 즉위 후 중서령(中書令)·상서좌복야(尙書左僕射)를 역임하였으며, 양국공(梁國公)에 봉해졌다. 정치에 밝고, 공평한 태도로 일관하였기 때문에 두여회(杜如晦)와 더불어 현상(賢相)이라는 칭송을 받았으며, 정관지치(貞觀之治)는 그들에게 힘입은 바가 컸다. 저수량(褚遂良)과 함께 《진서(晉書)》를 편찬하였다.

배송지(裴松之, 372-451) 자는 세기(世期)로, 하동(河東) 문희(聞喜) 사람이다. 일찍이 국자감 박사(國子監博士)·영가 태수(永嘉太守) 등의 직임을 맡았고, 후에는 중서 시랑(中書侍郎)이 되었다. 송 문제(宋文帝)의 명을 받고 진수

(陳壽)의 《삼국지(三國志)》에 주를 달았다. 그 밖에 저서로 《진기(晉記)》·《송원가기거주(宋元嘉起居注)》·《배씨가전(裴氏家傳)》·《집주상복경전(集注喪服經傳)》 등이 있다.

배위(裴頠, 267-300) 자는 일민(逸民)으로, 하동 문희에서 태어났다. 서진(西晉) 때의 철학자이며, 세족(世族) 출신으로 지리학자 배수(裴秀)의 아들이다. 관직은 상서좌복야(尙書左僕射)에 이르렀다. 34세 때 조왕(趙王) 사마륜(司馬倫)에게 살해되었다. 나라가 어지러워 풍습이 방탕해지고 유학이 존중되지 않는 것을 개탄하여 〈숭유론(崇有論)〉을 지어 하안(何晏)과 왕필(王弼)의 '귀무론(貴無論)'에 반대했다. 이 글이 《진서(晉書)》 본전(本傳)에 남아 있다.

배인(裴駰, 서진) 자는 용구(龍駒)로, 하동 문희 사람이다. 배송지(裴松之)의 아들로, 관직은 남중랑참군(南中郎參軍)에 이르렀다. 박학다재하였으며 대표작으로는 《사기집해(史記集解)》가 있다. 당시에는 사학(史學)이 새롭게 발전하여 사서(史書)에 대한 주석이 성행하였다. 부친을 계승하여 사료에 대한 보충을 위주로 《삼국지(三國志)》를 주석하여, 사서(史書) 주석의 내용과 형식을 새로 만들고 여러 학설을 모은 것을 특징으로 하는 집해(集解)와 집주(集注)의 형식을 출현시켰다.

배학해(裴學海, 1899-1970) 배회천(裴會川)이라는 이름을 사용한 적이 있으며, 하북성(河北省) 난현(灤縣) 사람이다. 1928년 북경청화국학연구원(北京清華國學研究院)에 들어가 양계초(梁啓超)·진인각(陳寅恪)·조원임(趙元任) 등에게 수학하였다. 후에 하북대학(河北大學)에서 중문계고한어교연실 주임(中文系古漢語教研室主任)을 역임하였다. 대표작인 《고서허자집석(古書虛字集釋)》 외에도 저서에 《음운고원(音韻考原)》·《속음운고원(續音韻考原)》 등이 있다.

범녕(范寧, 339-401) 자는 무자(武子)로, 순양(順陽) 사람이다. 동진(東晉)의 경학가로, 당시 성행하던 왕필(王弼)·하안(何晏)의 현학(玄學)에 반대했다. 임회 태수(臨淮太守)·중서 시랑(中書侍郎)을 역임하였으며, 재임 중에 학교를 세우고 유교를 현양하였다. 평소 《곡량전》에 좋은 주석이 없는 것을 유감으로 여겨 《춘추곡량전집해(春秋穀梁傳集解)》를 지었다.

범문란(范文瀾, 1893-1969) 자는 중운(仲雲)으로, 절강(浙江) 소흥(紹興) 사람이다. 북경대(北京大)를 졸업한 후 일본에 유학을 다녀왔다. 귀국 후에는 남개대(南開大)·북경대·북경사범대(北京師範大)·중국대(中國大) 등에서 교수를 역임하였다. 《중국통사간편(中國通史簡編)》을 편찬할 때 주편(主編)을 맡기도 하였으며, 대표작인 《문심조룡주(文心雕龍注)》 외에도 저서에 《군경개론(群經概論)》·《중국근대사(中國近代史)》 등이 있다.

범처의(范處義, 송대) 자는 자유(子由), 호는 일재(逸齋)로, 절강(浙江) 난계(蘭溪) 사람이다. 범단신(范端臣)의 문인으로, 고종(高宗) 소흥(紹興) 24년(1154) 진사가 되어 비서감(秘書監)·전중시어사(殿中侍御史) 등을 역임하였다. 《시경》을 정밀하게 연구하였는데, 《시보전(詩補傳)》 외에도 《시학(詩學)》·《해이신어(解頤新語)》 등을 지었다.

복건(服虔, 동한) 초명은 중(重)이며, 지(祇)로 개명했다가 다시 건(虔)으로 개명했다. 자는 자신(子愼)이며, 하남(河南) 형양(滎陽) 사람이다. 고문경학을 숭상하여 금문경학가 하휴(何休)의 설을 비판했다. 태학에서 수학하였으며, 효렴으로 천거되어 구강 태수(九江太守)를 역임하였다. 저술로는 《옥함산방집일서》에 수록된 《춘추좌씨전해의(春秋左氏傳解誼)》와 《춘추성장설(春秋成長說)》 등이 있다.

복생(伏生, 기원전 264-기원전 170) 복승(伏勝)이라고도 한다. 자는 자천(子賤)이며, 산동(山東) 제남(濟南) 사람으로, 공문제자(孔門弟子)인 자천(子賤)의 후예이다. 저서로 《상서대전(尙書大傳)》이 있는데, 제자인 장생(張生)·구양생(歐陽生) 등이 들은 것을 기록한 것이라는 설도 있다. 진 시황의 분서(焚書)로

《서경》을 벽 속에 감추어 두었다가 한나라가 건국된 후에 제(齊)·노(魯)의 학자들에게 가르쳐 후세에 전하였다고 한다.

부손(傅遜, 명대) 자는 사개(士凱)로, 태창(太倉) 사람이다. 일찍이 귀유광(歸有光)의 문하에서 공부하였다. 만년에는 건창 훈도(建昌訓導)에 제수되었다. 원추(袁樞)가 지은 《통감기사본말(通鑑紀事本末)》의 체제를 본떠서 지은 《좌전촉사(左傳屬事)》 외에도 저서로 《좌전주해변오(左傳注解辨誤)》가 있다.

부사년(傅斯年, 1896-1950) 자는 맹진(孟眞)으로, 산동(山東) 요성(聊城) 사람이다. 저명한 역사학자이자 5·4운동(五四運動)의 지도자 가운데 한 사람이다. 호적(胡適)에 호응하여 백화문(白話文)을 제창하였으며, 북경대학 대리교장(北京大學代理校長)·국립대만대학 교장(國立臺灣大學校長) 등을 역임하였다. 저서에 《성명고훈변증(性命古訓辨證)》·《고대문학사(古代文學史)》 등이 있다.

브라우닝 부인(Elizabeth Barrett Browning, 1806-1861) 영국의 대표적인 여류 시인이다. 39세 때 연하의 시인 R.브라우닝과 결혼하였는데, 그 이전부터 몇 권의 시집을 냈다. 《포르투갈인으로부터의 소네트》는 역시(譯詩)를 가탁하여 남편에 대한 애정을 노래한 작품이다. 장편 서사시 《오로라 리》는 사회·여성 문제를, 《캐서귀디의 창》은 이탈리아의 독립에 대한 동정을 노래한 시이다.

비직(費直, 서한) 자는 장옹(長翁)으로, 동래(東萊) 사람이다. 고문역학(古文易學)인 비씨학(費氏學)의 개창자이며, 단보령(單父令)을 지냈다. 괘서(卦筮)에 능하였으며 장구(章句) 없이 〈단(彖)〉·〈상(象)〉·〈계사(繫辭)〉·〈문언(文言)〉으로 《주역》의 경문을 해설하였다. 처음에는 민간에 유전되다가 동한 때에는 정중(鄭衆)·마융(馬融)·정현(鄭玄) 등이 그의 학문을 익혔으며, 위(魏)나라의 왕필(王弼)도 그의 설을 채용하였다. 《옥함산방집일서》에 그의 저서인 《비씨역(費氏易)》·《비씨역림(費氏易林)》·《주역분야(周易分野)》 등이 수록되어 있다.

사마광(司馬光, 1019-1086) 자는 군실(君實), 호는 우수(迂叟)로, 섬주(陝州) 하현(夏縣) 사람이다. 왕안석이 집권하자, 1071년부터 낙양에 물러나 있으면서 오로지 사서(史書) 편수에만 힘썼으며, 원풍(元豐) 7년(1084) 《자치통감(資治通鑑)》을 완성했다. 시호는 문정(文正)이며, 함순(咸淳) 연간(1265-1274)에 문묘에 종사되었다. 《자치통감고이(資治通鑑考異)》·《통감석례(通鑑釋例)》·《자치통감목록(資治通鑑目錄)》 외에도 《고문효경주(古文孝經注)》·《서의(書儀)》·《역설(易說)》·《대학중용의(大學中庸義)》·《계고록(稽古錄)》 등을 지었고, 문집으로는 《온국문정공문집(溫國文正公文集)》이 있다.

사마상여(司馬相如, 기원전 179-기원전 117) 자는 장경(長卿)으로, 촉군(蜀郡) 성도(成都) 사람이다. 경제(景帝) 때 무기상시(武騎常侍)를 지냈으며, 그의 작품인 〈자허부(子虛賦)〉·〈상림부(上林賦)〉가 무제(武帝)의 마음에 들어 낭(郎)으로 기용되었다. 아이들에게 글자를 가르칠 목적으로 지은 《범장편(凡將篇)》 외에도 문학 작품에 〈유파촉격(喩巴蜀檄)〉·〈상서간렵(上書諫獵)〉 등이 유명하다.

사마정(司馬貞, 당대) 자는 자정(子正)으로, 하내(河內) 사람이다. 사학자이며, 조령(詔令)을 찬술·기초하기도 하였다. 현종(玄宗) 때 국자 박사(國子博士)·홍문관 학사(弘文館學士) 등을 역임하였다. 저서 《사기색은(史記索隱)》으로 인해, 세상에서 소사마(小司馬)로 불렸다. 또한 《사기》에 없던 〈삼황본기(三皇本紀)〉를 보충하여 짓기도 하였다.

사마표(司馬彪, ?-306?) 자는 소통(紹統)으로, 하내 사람이다. 진(晉)나라의 종실(宗室)로, 비서랑(秘書郎)·산기시랑(散騎侍郎) 등을 역임하였다. 《후한서(後漢書)》의 〈지(志)〉 30권을 저술하였는데, 송 진종(宋眞宗) 이후로는 《후한서》의 기(紀)·전(傳)과 합각(合刻)되어 전해졌다. 이 외에 《구주춘추(九州春秋)》·《장자주(莊子注)》·《속한서(續漢書)》 등을 지었다.

사영운(謝靈運, 385-433) 회계(會稽) 사람으로, 동진(東晉)·남조 송(南朝宋) 때의 시인이다. 귀족 가문 출신으로, 동진과 남조 송에서 벼슬하여 영가 태수(永嘉太守), 임천 내사(臨川內史)를 역임하였다. 간쟁으로 인하여 자주 면직당하다가 결국 유배 중에 사형당했다.

사유(史游, 서한) 원제(元帝) 때 황문령(黃門令)을 지냈으며, 일생은 상세하지 않다. 자학(字學)에 정밀하고 서법(書法)에 뛰어났다. 기원전 40년경에 《급취편(急就篇)》을 지었다.

사유보(史維堡, 명대) 자는 심전(心傳)으로, 강소(江蘇) 금단(金壇) 사람이다. 만력(萬曆) 44년(1616)에 진사가 되어 공부 낭중(工部郎中)을 지냈다. 저서로 《상서만정(尙書晚訂)》이 있다.

사윤(師尹, ?-1152) 자는 민첨(民瞻)으로, 팽산(彭山) 사람이다. 벼슬은 기주 통판(夔州通判)에 이르렀다. 두보(杜甫)의 시 외에 소식(蘇軾)의 시에도 주석을 달았는데, 저술로 《두시상주(杜詩詳註)》가 있다.

상수(向秀, 227?-272) 자는 자기(子期)로, 하내(河內) 회(懷) 사람이다. 황문시랑(黃門侍郎)·산기상시(散騎常侍) 등을 역임하였으며, 죽림칠현(竹林七賢) 중의 한 명이다. 《장자》에 조예가 깊어 《장자주해(莊子注解)》를 지었으며, 이 외에 《주역주(周易注)》를 지었다.

서개(徐鍇, 920-974) 자는 초금(楚金)으로, 양주(揚州) 광릉(廣陵) 사람이다. 오대(五代)와 송초(宋初)의 문자·훈고학자로, 평생의 저술이 매우 많았으나 지금은 《설문해자계전(說文解字系傳)》·《설문해자운보(說文解字韻譜)》·《설문해자전운보(說文解字篆韻譜)》만 남아 있다. 이 중에 특히 《설문해자계전》은 한(漢)·위(魏) 시대 이후 가장 오래된, 계통적이고 비교적 상세한 《설문해자》의 주해서로서 가치가 높다.

서건학(徐乾學, 1631-1694) 자는 원일(原一), 호는 건암(健庵)으로, 강소(江蘇) 곤산(崑山) 사람이다. 고염무(顧炎武)의 생질로 박학다식하였으며 전서루(傳書樓)라는 서고를 소유했다. 《명사(明史)》·《청회전(淸會典)》·《대청일통지(大淸一統志)》 편찬에 관여했으며, 《통지당경해(通志堂經解)》를 편찬했다. 《독례통고(讀禮通考)》 외에도 저서에 《감고집람(鑑古輯覽)》·《고문연감(古文淵鑒)》 등이 있다. 시호는 문공(文恭)이다.

서광계(徐光啓, 1562-1633) 자는 자선(子先), 호는 현호(玄扈)로, 송강부(松江府) 상해(上海) 사람이다. 《시경》에 정통하여 《모시육첩강의(毛詩六帖講義)》·《시경육첩중정(詩經六帖重訂)》 등을 지었으며, 천문과 역산(曆算)에 통달하여 《농정전서(農政全書)》·《숭정역서(崇禎曆書)》 등을 지었다.

서기(徐畸, 송대) 자는 남부(南夫), 호는 천민(天民)으로, 절강(浙江) 난계(蘭溪) 사람이다. 주진(朱震)에게 《주역》을 배웠으며 강학으로 일생을 마쳤다. 저서에 《주역해미(周易解微)》가 있다.

서막(徐邈, 344-397) 자는 선민(仙民)으로, 본래 동관(東莞) 고막(姑幕) 사람이나 조부 때 경구(京口)로 이주했다. 《모시음(毛詩音)》 외에도 《고문상서음(古文尙書音)》·《주역서씨음(周易徐氏音)》·《춘추서씨음(春秋徐氏音)》 등을 지었다.

서문정(徐文靖, 1667-1756) 자는 위산(位山), 호는 우존(禺尊)으로, 안휘(安徽) 당도(當塗) 사람이다. 고증에 뛰어났으며 특정한 일가의 설만 취하지 않았다. 《우공회전(禹貢會箋)》 외에도 《관성석기(管城碩記)》·《죽서기년통전(竹書紀年統箋)》·《황극경세고(皇極經世考)》 등을 지었다.

서방(徐放, 1921-2011) 요령(遼寧) 요양(遼陽) 등탑(燈塔) 사람이다. 중국 현대의 시인으로, 고전문학 작품들을 번역하기도 하였다. 동북대학(東北大學) 중국어언문학계(中國語言文學系)를 졸업한 후, 동북대학·동북사범대학(東北師範大學)·합이빈사범대학(哈爾濱師範大學)·호북대학(湖北大學) 등에서 교수를 역임하였다. 또한 강남시사학회(江南詩詞學會) 명예 회장·강남서화원(江南書畫院) 명예 원장·요해시사(遼海詩社) 명예 사장을 맡기도 하였다. 《당시금역(唐詩今譯)》·《송시금역(宋詩今譯)》·《두시금역(杜詩今譯)》 외에도 고전 번역서로는 《육유시금역(陸遊詩今譯)》·《당시절구선역(唐詩絶句選譯)》·《송시절구선역(宋詩絶句選譯)》이 있고, 시집으로는 《남성초(南城草)》·《야랑만(野狼灣)》·《서방시선(徐放詩選)》·《풍우창상집(風雨滄桑集)》 등이 있다.

서언(徐彥, 미상) 당대(唐代)의 인물이라고도 하고, 북위(北魏)의 서준명(徐遵明)이라고도 하나 확실하지는 않다. 《십삼경주소(十三經注疏)》에 포함된 《춘추공양전소(春秋公羊傳疏)》의 저자이다.

석광제(石光霽, 명대) 자는 중렴(仲濂)이며, 강소(江蘇) 태주(泰州) 사람이다. 홍무(洪武) 13년(1380) 명경(明經)으로 천거되어 국자 학정(國子學正)·국자박사(國子博士) 등을 역임하였다. 장이령(張以寧)에게 수학하였으며, 저서에 《춘추서법구현(春秋書法鉤玄)》이 있다.

설계선(薛季宣, 1134-1173) 자는 사룡(士龍)·사륭(士隆), 호는 간재(艮齋)로, 영가(永嘉) 사람이다. 영가학파(永嘉學派)의 창시자로, 학자들은 그를 상주(常州) 선생이라 불렀으며, 학문에 있어 사공(事功)을 중시하였다. 《서고문훈(書古文訓)》 외에도 《상서예고정경문(尙書隷古定經文)》·《춘추경해지요(春秋經解指要)》 등을 지었다.

설몽부(薛夢符, 송대) 이름은 창서(蒼舒)로, 몽부는 자이다. 하동(河東) 사람으로, 한림학사(翰林學士)를 지냈다. 《초계어은총화(苕溪漁隱叢話)》·《송사(宋史)》〈예문지(藝文志)〉에 따르면, 저서로 《보주두공부집(補注杜工部集)》·《두시간오(杜詩刊誤)》·《두시보유(杜詩補遺)》·《속주보유(續注補遺)》 등이 있다.

설한(薛漢, 동한) 자는 자공(子公)으로, 회양(淮陽) 사람이며, 대대로 《한시(韓詩)》를 수학하였다. 광무제(光武帝) 건무(建武) 연간(25-56) 초에 박사(博士)가 되어 칙명으로 도참(圖讖)을 교정(校定)하였다.

섭덕휘(葉德輝, 1864-1927) 자는 환빈(奐彬), 호는 직산(直山)·해원(郋園)으로, 호남(湖南) 상담(湘潭) 사람이다. 광서(光緒) 18년(1892)에 진사에 급제하였으며, 1911년 신해혁명 이후에는 호남교육회(湖南教育會) 회장을 역임하였다. 경학에 능하고 목록학·판본학 등에 정밀하여 《서림청화(書林淸話)》를 저술하고 《관고당서목총각(觀古堂書目叢刻)》·《고금하시표(古今夏時表)》를 펴냈으며, 《원조비사(元朝秘史)》를 교간(校刊)하였다. 이 외에도 저서에 《장서십약(藏書十約)》·《육서고미(六書古微)》 등이 있으며, 일군의 저작들이 《해원총서(郋園叢書)》 등으로 편찬되었다.

섭몽득(葉夢得, 1077-1148) 자는 소온(少蘊)으로, 소주(蘇州) 오현(吳縣) 사람이다. 만년에 호주(湖州)의 석림(石林)에서 은거하였기 때문에 석림거사(石林居士)로 불렸다. 한림학사(翰林學士)·호부 상서(戶部尙書) 등을 역임하였다. 저서에 《석림연어(石林燕語)》·《석림시화(石林詩話)》 등이 있다.

셰익스피어(William Shakespeare, 1564-1616) 영국의 극작가·시인으로, 작품이 영어로 된 작품 가운데 최고라는 찬사를 받는다. 그러나 신상에 대한 자료는 불충분한 편이다. 희·비극을 포함하여 30여 편의 희곡과 시집 다수가 있다. 주요 작품으로는 《로미오와 줄리엣》·《베니스의 상인》·《햄릿》·《맥베스》 등이 있다.

소진함(邵晉涵, 1743-1796) 자는 여동(與桐)·이운(二雲), 호는 남강(南江)으로, 절강(浙江) 여요(餘姚) 사람이다. 청대의 저명한 경학가·사학자로, 속삼통(續三通)·《팔기통지(八旗通志)》의 편찬에 참여했다. 대표작인 《이아정의(爾雅正義)》 외에도 《맹자술의(孟子述義)》·《곡량정의(穀梁正義)》·《한시내전고(韓詩內傳考)》 등을 지었다.

소통(蕭統, 501-531) 자는 덕시(德施)로, 양 무제(梁武帝) 소연(蕭衍)의 장남이다. 천감(天監) 연간 초에 태자가 되었으나, 즉위하기 전에 사망하였다. 진(秦)·한(漢) 이후 제(齊)·양(梁)까지의 대표적인 시문들을 모아《문선(文選)》을 편찬하였다. 시호를 따서 '소명태자(昭明太子)'라고도 하며, 문집으로는《소명태자집(昭明太子集)》이 있다.

소해(蕭該, 남조 양(梁)) 양 무제(梁武帝)의 손자이다. 성품이 독학(篤學)하여《시》·《서》·《춘추》 등 여러 경서에 통달하였으며, 특히《한서(漢書)》에 힘을 쏟았다. 수나라 때에는 산음현공(山陰縣公)에 봉해지고, 국자 박사(國子博士)가 되었다.《한서음의(漢書音義)》와《문선음의(文選音義)》를 편찬하였다.

손덕겸(孫德謙, 1869-1935) 자는 수지(受之)·수지(壽芝), 호는 익암(益葊)·애감(隘堪)으로, 강소(江蘇) 원화(元和) 사람이다. 어려서부터 경학·소학을 연구하고 왕염손·왕인지의 학문을 좋아하였다. 청나라가 망한 후에는 동오대(東吳大)·대하대(大夏大) 등에서 교수를 역임하였다.《고서독법약례(古書讀法略例)》외에도 저서에《제자통고(諸子通考)》·《태사공서의법(太史公書義法)》·《한서예문지거례(漢書藝文志擧例)》 등이 있다.

손복(孫復, 992-1057) 자는 명복(明復), 호는 부춘(富春)·태산(泰山)으로, 진주(晉州) 평양(平陽) 사람이다. 태산(泰山)에 은거하며 강학하였으며, 학문은 육순(陸淳)을 계승하고 후대의 호안국(胡安國)에게 영향을 미쳤다. 대표작인《춘추존왕발미(春秋尊王發微)》 외에 문집으로는《손명복소집(孫明復小集)》이 있다.

손석(孫奭, 962-1033) 자는 종고(宗古)로, 박주(博州) 박평(博平) 사람이다. 칙명으로 형병(邢昺)·두호(杜鎬) 등과 함께 여러 경전들의 정의(正義)를 교정하고,《상서》·《효경》·《논어》·《이아》 등을 고정(考正)하였다. 저술로《경전휘언(經典徽言)》·《오경절해(五經節解)》 등이 있으나 현전하지 않는다. 그 외에도《맹자음의(孟子音義)》·《맹자소(孟子疏)》를 지었다고 전해지는데, 주희(朱熹)는《맹자소》가 그의 저술이 아님을 고증하였다.

손성연(孫星衍, 1753-1818) 자는 연화(淵和), 호는 백연(伯淵)으로, 양호(陽湖) 사람이다. 대표작인《상서고금문주소(尙書今古文注疏)》외에도 저서에《환우방비록(寰宇訪碑錄)》·《주역집해(周易集解)》·《고주춘추별전(考注春秋別典)》·《안자춘추음의(晏子春秋音義)》·《금석췌편(金石萃編)》·《사기천관서고증(史記天官書考證)》등이 있다.

손수(孫洙, 1711-1778) 자는 임서(臨西)·금서(芩西), 호는 형당퇴사(蘅塘退士)로, 강소(江蘇) 무석(無錫) 사람이다.《당시삼백수(唐詩三百首)》를 편찬한 외에도 저서에《형당만고(蘅塘漫稿)》·《이문록(異聞錄)》등이 있다.

손염(孫炎, 삼국 위(魏)) 자는 숙연(叔然)이며, 낙안(樂安) 사람이다. 정현(鄭玄)의 재전제자(再傳弟子)이며, '동주대유(東州大儒)'로 일컬어졌다. 비서감(秘書監)에 제수되었으나 나아가지 않았다. 그의 책은 대부분 전하지 않고《옥함산방집일서》에 일부만 남아 있다.

손이양(孫詒讓, 1848-1908) 자는 중송(仲頌)·충용(衝容), 호는 주경(籀廎)으로, 절강(浙江) 서안(瑞安) 사람이다. 대표작인《주례정의(周禮正義)》외에도 저서에 《묵자한고(墨子閒詁)》·《찰이(札迻)》·《고주습유(古籀拾遺)》·《계문거례(契文擧例)》·《주경술림(籀廎述林)》등이 있다.

송기(宋祁, 998-1061) 자는 자경(子京)으로, 안주(安州) 안륙(安陸) 사람이며, 철종(哲宗) 때 재상인 송상(宋庠)의 동생이다.《광업기(廣業記)》·《적전기(籍田記)》·《집운(集韻)》등의 편찬에 참여했다. 황우(皇祐) 원년(1049) 한림시독학사(翰林侍讀學士)로 있으면서《신당서》의 간수관(刊修官)을 맡았고, 황우 3년(1051)에는 지박주(知亳州)가 되어 부임하고 나서도《신당서》를 편수했다.《신당서》의 〈두보전(杜甫傳)〉을 지었으며, 두보의 시를 베껴 쓴 《수초두시(手抄杜詩)》를 지었다. 문집으로는 청대에 편찬된 《송경문공집(宋景文公集)》이 있으며, 시호는 경문(景文)이다.

송상봉(宋翔鳳, 1777-1860) 자는 우정(虞廷)·우정(于庭)으로, 강소(江蘇) 장주(長洲) 사람이다. 금문경학가이자 상주학파(常州學派)의 저명한 학자이다. 저서에 《논어의(論語義)》·《과정록(過庭錄)》 등이 있다.

순상(荀爽, 128-190) 이름을 서(諝)라고도 하며, 자는 자명(慈明)으로, 영천(潁川) 영음(潁陰) 사람이다. 저술로 《역전(易傳)》·《시전(詩傳)》·《예전(禮傳)》 등이 있으나, 현재는 비직(費直)의 고문역(古文易)을 연구한 《주역순씨주(周易荀氏注)》가 《옥함산방집일서》 등에 전할 뿐이다.

스탈린(Iosif Vissarionovich Stalin, 1878-1953) 소련의 정치가로, 레닌의 후계자이다. 〈마르크스주의와 민족문제〉라는 논문을 통해 인정받아 1912년 소련공산당 당중앙위원이 되었다. 1919년부터 1922년까지 국가통제위원이 되었다가 이어서 초대 당서기장이 된 후에는 종신토록 그 자리에 있으면서 반세기 가까이 독재적으로 전 소련을 통치하였다. 1945년 대원수가 되어 그 명성이 레닌을 능가하였다. 동구권(東歐圈) 나라들에 대해 헤게모니를 잡고 미국과 대항하여 냉전의 중심인물이 되었다. 국내적으로는 반대자에 대한 탄압을 계속하였다.

신도방(信都芳, 북제(北齊)) 자는 옥림(玉琳)으로, 하간(河間) 사람이다. 수학자이자 천문학자로, 조부지(祖部之)의 아들에게 수학과 천문 지식을 배웠고, 혼천(渾天)·지동(地動)·누각(漏刻) 등의 의기(儀器)를 그림으로 그려 《기준도(器準圖)》를 편찬하였다. 저서로 《악서(樂書)》·《사술주비종(四術周髀宗)》 등이 있다.

신전희일랑(神田喜一郎, 1897-1984) 호는 창암(鬯盦)으로, 교토[京都]에서 출

생하였다. 소화(昭和, 1926-1988) 시대에 활동했던 중국학자로, 중국사·중국문학·서지학 분야에 업적을 남겼다. 오타니대학〔大谷大學〕·오사카시립대학〔大坂市立大學〕 등의 교수를 역임하였다. 《고천리연보(顧千里年譜)》 외에도 저서에 《돈황학오십년(敦煌學五十年)》·《전적차기(典籍箚記)》 등이 있으며, 일군의 저서들이 《신전희일랑전집(神田喜一郎全集)》으로 출간되었다.

심동(沈彤, 1688-1752) 자는 관운(冠雲), 호는 과당(果堂)으로, 본적은 강소(江蘇) 오강(吳江)이다. 건륭(乾隆) 원년(1736)에 박학홍사(博學鴻詞)로 천거되었다. 《일통지(一統志)》 편수에 참여하여 책이 완성되자 9품관에 제수되었다. 경학에 조예가 깊었는데 특히 삼례(三禮)에 정통하였다. 저서로 《주관녹전고(周官祿田考)》·《의례소소(儀禮小疏)》·《춘추좌씨전소소(春秋左氏傳小疏)》 등이 있으며, 문집으로는 《과당집(果堂集)》이 있다.

심옥성(沈玉成, 1932-1995) 강소(江蘇) 강음(江陰) 사람이다. 1955년 북경대학 중문계(中文系)를 졸업한 뒤, 중화서국(中華書局)·문물출판사(文物出版社)의 편집 등을 역임하였다. 《좌전역문(左傳譯文)》 외에도 저서에 《좌전선주선역(左傳選注選譯)》·《심옥성문존(沈玉成文存)》 등이 있다.

심흠한(沈欽韓, 1775-1832) 자는 문기(文起), 호는 소완(小宛)으로, 절강(浙江) 오흥(吳興) 사람이다. 집이 가난하여 남에게 책을 빌렸다가 돌려주면 그 내용을 외울 정도로 총명했으며, 훈고와 고증에 뛰어났다. 《한서소증(漢書疏證)》 외에도 《삼국지보주(三國志補注)》·《좌전보주(左傳補注)》 등을 지었으며, 문집에 《유학당문집(幼學堂文集)》이 있다.

악가(岳珂, 1183-1234) 자는 숙지(肅之), 호는 권옹(倦翁)·역재(亦齋)·동기(東幾)이다. 하남(河南) 탕음(湯陰) 사람이다. 조부인 악비(岳飛)를 진회(秦檜)가 모함한 것에 대해 한스럽게 여겨 《금타수편(金陀粹編)》·《우천변무집(吁天辯誣集)》·《천정록(天定錄)》 등을 지어 변무(辯誣)하기도 하였다. 대표작으로 알려진 《구경삼전연혁례(九經三傳沿革例)》 외에도 저서에 《괴담록(愧郯錄)》·《옥저집(玉楮集)》 등이 있다.

안사고(顏師古, 581-645) 이름은 주(籀)이며, 사고는 자이다. 옹주(雍州) 만년(萬年) 사람으로, 당(唐)나라의 경학가이다. 안지추(顏之推)의 손자이자 안사로(顏思魯)의 아들로 가학을 전수받았다. 당 태종의 명을 받아 오경의 문자를 고정하여 《오경정본(五經定本)》을 찬정하였으며, 공영달 등과 《오경정의(五經正義)》를 찬정하였다.

안원(顏元, 1635-1704) 자는 이직(易直)·혼연(渾然), 호는 습재(習齋)로, 직례(直隸) 박야현(博野縣) 북양촌(北楊村) 사람이다. 유물주의 사상가이자 교육자이며, 저술로 《총론제유강학(總論諸儒講學)》·《성리평(性理評)》 등이 있다.

안지추(顏之推, 531-590) 자는 개(介)로, 원적(原籍)은 낭야(琅邪) 임기(臨沂)이다. 조상 대대로 건강(建康)에서 살았으며, 남조 양(梁)나라에서 좌상시(左常侍)·산기시랑(散騎侍郎) 등을 지내다가 554년 양나라가 서위(西魏)에 의해 멸망하자 생포되어 장안(長安)으로 끌려갔다. 그 후 장안을 탈출하여 북제(北齊)로 달아나 평원 태수(平原太守)·황문시랑(黃門侍郎) 등을 역임하였다. 577년 북제(北齊)가 북주(北周)에 의해 멸망된 후에는 북주에서 어사상사(御史上士)를 지냈다. 얼마 후 북주가 망하고 수나라가 건국되자, 수나라에 협력하여 위담(魏澹)·신덕원(辛德源) 등과 함께 위수(魏收)의 《위서(魏書)》를 개찬하였으며, 태자에 의해 학사(學士)에 임명되었다. 저서로 《안씨가훈(顏氏家訓)》·《원혼기(冤魂記)》 등이 있다.

양경(楊倞, 당대) 홍농(弘農) 사람으로, 원진(元稹)·백거이(白居易)와 동시대 사람이다. 헌종(憲宗) 원화(元和) 13년(818)에 지은 《순자주(荀子注)》는 현존하는 최초의 《순자》 주석서이다.

양계초(梁啓超, 1873-1929) 자는 탁여(卓如), 호는 임공(任公)·음빙실주인(飮氷室主人)으로, 광동(廣東) 신회(新會) 사람이다. 청말 민국 초의 계몽 사상가이자 문학가로, 번역, 신문·잡지의 발행, 정치 학교의 개설 등 혁신 운동을 했으며, 변법자강운동에 힘쓰기도 했다. 계몽적인 잡지를 발간해 신사상을 소개하고 애국주의를 고취해 중국의 개화에 공헌했다. 저서로 《음빙실전집(飮氷室全集)》·《청대학술개론(淸代學術槪論)》·《중국근삼백년학술사(中國近三百年學術史)》·《중국역사연구법(中國歷史硏究法)》 등이 있으며, 일군의 저서들이 《음빙실총서(飮氷室叢書)》로 편찬되었다.

양백준(楊伯峻, 1909-1992) 원명(原名)은 덕숭(德崇)으로, 호남(湖南) 장사(長沙) 사람이다. 1932년 북경대학(北京大學) 중문계(中文系)를 졸업하고 북경대학 중문계 부교수, 중화서국(中華書局) 편집, 중국어언학회(中國語言學會)의 이사(理事) 등을 역임하였다. 고한어(古漢語) 어법과 허사의 연구 및 고적 정리와 역주 등 언어·문자학의 발전에 크게 공헌하였다. 《논어역주(論語譯注)》 외에도 저서에 《문언어법(文言語法)》·《문언문법(文言文法)》·《문언허사(文言虛詞)》·《고한어허사(古漢語虛詞)》·《춘추좌전사전(春秋左傳詞典)》·《열자집해(列子集解)》·《맹자역주(孟子譯注)》·《춘추좌전주(春秋左傳注)》 등이 있다.

양사훈(楊士勛, 당대) 생애는 자세하지 않다. 《좌전정의(左傳正義)》의 서문에 따르면, 그를 '사문박사(四門博士)'라고 하였다. 저서에 《춘추곡량전소(春秋穀梁傳疏)》가 있다.

양수달(楊樹達, 1885-1956) 자는 우부(遇夫), 호는 적미옹(積微翁)으로, 호남성(湖南省) 장사(長沙) 사람이다. 1897년 시무학당(時務學堂)에 들어갔고, 1905년부터 1911년까지 일본에서 유학하였다. 이후 북경국립사범대학(北京國立師範大學)·청화대학(淸華大學)·중국대학(中國大學) 등에서 교수를 지냈다. 《사전(詞詮)》 외에도 저서에 《중국수사학(中國修辭學)》·《논어소증(論語疏證)》·《고서의의거례속보(古書疑義擧例續補)》 등이 있다.

양영(楊榮, 1371-1440) 초명(初名)은 자영(子榮), 자는 면인(勉仁)으로, 건안(建安) 사람이다. 문연각(文淵閣)에서 40년 가까이 근무하였다. 《사서대전》·《오경대전》의 편찬에 참여하였으며, 저서로 《훈자편(訓子編)》·《북정기(北征記)》 등이 있다.

양옥승(梁玉繩, 1744-1819) 자는 요북(曜北), 호는 간암(諫庵)으로, 절강(浙江) 전당(錢塘) 사람이다. 《사기지의(史記志疑)》·《한서고금인표고(漢書古今人表考)》 외에 저서로 《여자교보(呂子校補)》·《원호략(元號略)》 등이 있다.

양우정(楊于庭, 명대) 자는 도행(道行)으로, 전초(全椒) 사람이다. 만력(萬曆) 8년(1580) 진사에 급제한 후, 관직이 병부직방사 낭중(兵部職方司郎中)에 이르렀다. 대표작인 《춘추질의(春秋質疑)》 외에도 문집으로는 《양도행집(楊道行集)》이 있다.

양웅(揚雄, 기원전 53-18) 자는 자운(子雲)으로, 성도(成都) 사람이다. 양장(楊莊)이 그를 추천하여 성제(成帝) 때 황문랑(黃門郎)이 되었다. 젊어서는 시부(詩賦)로 명성을 떨쳤으나, 중년 이후로는 경학에도 힘을 쏟았다. 그의 대표작인 《방언(方言)》·《훈찬편(訓纂編)》·《태현경(太玄經)》·《법언(法言)》 외에 〈감천부(甘泉賦)〉·〈하동부(河東賦)〉·〈우렵부(羽獵賦)〉·〈장양부(長楊賦)〉 등의 작품도 유명하다.

양익(梁益, 원대) 자는 우직(友直)·유직(有直), 호는 용재(庸齋)로, 강소(江蘇) 강음(江陰) 사람이다. 벼슬에 뜻을 두지 않고 향리의 자제들을 가르쳤다. 《시전방통(詩傳旁通)》 외에도 저서에 《삼산고(三山稿)》·《시서여(詩緖餘)》·《사전성씨찬(史傳姓氏纂)》 등이 있다.

양장거(梁章鉅, 1775-1849) 자는 굉중(閎中)·지림(芷林), 호는 퇴암(退庵)으로, 복건(福建) 장락(長樂) 사람이다. 가경(嘉慶) 7년(1802) 진사가 되어 예부 원외랑(禮部員外郎)·강소 순무(江蘇巡撫) 등을 역임하였다. 남포서원(南浦書院)의 주강을 지냈으며 양주(揚州)·포성(浦城)·온주(溫州) 등지에 살면서 저술에 힘썼다. 대표작인 《문선방증(文選旁證)》 외에도 《논어집주방증(論語集注旁證)》·《맹자집주방증(孟子集注旁證)》·《국조명신언행기(國朝名臣言行記)》·《칭위록(稱謂錄)》 등을 지었다.

엄복(嚴復, 1854-1921) 초명은 전초(傳初)로, 후에 종광(宗光)으로 개명하였다가 다시 복(復)으로 바꾸었다. 자는 우릉(又陵)·기도(幾道)로, 복건(福建) 후관(侯官) 사람이다. 양무운동(洋務運動)의 일환으로 세워진 복주선정학당(福州船定學堂)에서 공부하고 영국에서 유학하였다. 이 시기에 서유럽의 학술과 사상에 큰 관심을 보였다. 귀국 후에는 북양수사학당(北洋水師學堂)의 총교습(總教習)으로 근무하면서 동성파(桐城派)의 문인 오여륜(吳汝綸)에게 문장을 배웠다. 청일전쟁 이후 서유럽의 학술·사상 서적들을 번역하고 소개하여 변법운동(變法運動) 등 청말(淸末)의 개혁 운동에 많은 영향을 끼쳤다. 번역서로는 《천연론(天演論)》·《법의(法意)》 등이 있으며, 이 외에도 헉슬리의 《진화와 윤리》, 애덤 스미스의 《국부론》을 번역하기도 하였다.

엄학군(嚴學窘, 1910-1991) 호는 자군(子君)으로, 강서(江西) 분의현(分宜縣) 사람이다. 1937년 북경대학연구원(北京大學研究院) 문과연구소(文科研究所)를 졸업한 후, 중산대(中山大)·화중사범학원(華中師範學院)의 교수를 역임하였다. 저서에 《순의정음(循義定音), 순음통형(循音統形)-석자요칙(釋字要則)》·《아국전통어언학적연구여계승(我國傳統語言學的研究與繼承)》 등이 있다.

여관영(余冠英, 1906-1995) 자는 소생(紹生)으로, 강소(江蘇) 양주(揚州) 출신이다. 중국 고전문학의 전문가로, 1952년 중국과학원(中國科學院) 문학연구소(文學研究所) 연구원으로 임용되고 뒤에 문학연구소 부소장, 학술위원회 주임이 되었고, 잡지 《문학유산(文學遺產)》의 주편(主編)을 역임했다. 《시경》에 관한 저서로 《시경선(詩經選)》·《시경선역(詩經選譯)》 등이 있으며, 《당시선(唐詩選)》을 주편(主編)하기도 하였다.

여금희(黎錦熙, 1890-1978) 자는 소서(劭西)로, 호남(湖南) 상담(湘潭) 사람이다. 북경대(北京大)·연경대(燕京大)·호남대(湖南大) 등에서 교수를 역임하였으며, 《국어사전(國語辭典)》·《신부수색인국음자전(新部首索引國音字典)》·《중화신운(中華新韻)》 등을 편찬할 때 주편을 맡았다. 저서로는 《중국문자여어언(中國文字與語言)》·《한어규범화논총(漢語規範化論叢)》 등이 있다.

여사면(呂思勉, 1884-1957) 자는 성지(誠之)로, 강소(江蘇) 상주(常州) 사람이다. 중국 근대의 저명한 사학자이자 문자학자이다. 소주동오대학(蘇州東吳大學)·강소성립제일사범전수과(江蘇省立第一師範專修科) 등에서 교편을 잡고, 상해광화대학(上海光華大學)의 국문계(國文系)·역사계(歷史系)의 교수를 역임하였다. 《문자학사종(文字學四種)》 외에도 저서에 《선진학술개론(先秦學術概論)》·《중국통사(中國通史)》 등이 있다.

여숙상(呂叔湘, 1904-1998) 강소(江蘇) 단양(丹陽) 사람이다. 1926년 동남대학(東南大學) 외국어문계(外國語文系)를 졸업한 후, 1936년부터 1938년까지 영국의 런던대학 등에서 유학 생활을 하였다. 귀국 후에는 운남대학(雲南大學)·중앙대학(中央大學)·청화대학(清華大學) 등에서 교수를 역임하였다. 《문언허자(文言虛字)》 외에도 저서에 《중국문법요략(中國文法要略)》·《어법수사강화(語法修辭講話)》·《한어어법논문집(漢語語法論文集)》 등이 있다.

여조겸(呂祖謙, 1137-1181) 자는 백공(伯恭), 호는 '동래(東萊) 선생'으로, 무주(婺州) 사람이다. 주희(朱熹)·장식(張栻)과 더불어 명성을 떨쳤으며, 당시에 동남 삼현(東南三賢)으로 불렸다. 저서로 《여씨가숙독서기(呂氏家塾讀書記)》·《동래좌전박의(東萊左傳博議)》 등이 있으며, 문집으로는 《동래집(東萊集)》이 있다.

여중요(余重耀, 1876-1954) 별호는 둔려(遁廬)로, 절강(浙江) 사람이다. 경사(經史)·백가(百家)를 박람(博覽)했으며 강유위(康有爲)·장태염(章太炎)·양계초(梁啓超) 등과 교유하였다. 《함아려시문고(函雅廬詩文稿)》·《불학총저(佛學叢著)》·《송유이학(宋儒理學)》 등을 간행하였으며, 저서로 《둔례총고(遁廬叢稿)》가 있다.

역도원(酈道元, 469-527) 자는 선장(善長)으로 범양(范陽) 사람이다. 북위(北魏)의 지리학자로, 북방 지역을 널리 여행하면서 물길·산세 등의 지리적 형세를 자세히 관찰하여 《수경주(水經注)》를 지었다. 부친의 작위를 세습하여 영녕백(永寧伯)에 봉해졌으며, 태부연(太傅掾)·형주 자사(荊州刺史)·어사중위(御史中尉) 등을 역임하였다.

염약거(閻若璩, 1636-1704) 자는 백시(百詩), 호는 잠구(潛丘)로, 산서(山西) 태원(太原) 사람이다. 청대의 한학(漢學) 발생기(發生期)에 있어 가장 중요한 인물 중 한 사람이다. 《고문상서소증(古文尚書疏證)》 외에도 저서로 《맹자생졸연월고(孟子生卒年月考)》·《잠구찰기(潛丘札記)》·《중교곤학기문(重校困學紀聞)》·《주자상서고문의(朱子尚書古文疑)》·《권서당고문백편(眷西堂古文百篇)》 등이 있다.

영유(靈裕, 518-605) 수나라 때의 승려로, 정주(定州) 곡양(曲陽) 사람이며, 속성(俗姓)은 조씨(趙氏)이다. 18세에 조군(趙郡) 응각사(應覺寺)에서 출가하였다. 《십지소(十地疏)》·《유마소(維摩疏)》·《열반소(涅槃疏)》·《반야소(般若疏)》·《화엄소(華嚴疏)》·《대집소(大集疏)》·《사분율소(四分律疏)》·《대승의장(大乘義章)》·《성적기(聖跡記)》 등을 지었다.

오계삼(吳桂森, 명대) 자는 숙미(叔美)로, 무석(無錫) 사람이다. 일찍이 고헌성(顧憲成)·고반룡(高攀龍)을 따라 동림서원(東林書院)에서 강학하였다. 만력(萬曆) 44년(1616) 공생(貢生)이 되었다. 《주역상술(周易象述)》 외에도 《주역상상술(周易像象述)》·《서경설(書經說)》·《곡례설(曲禮說)》 등을 지었다.

오사도(吳師道, 1283-1344) 자는 정전(正傳)으로, 무주(婺州) 난계(蘭溪) 사람이다. 학문은 한결같이 주희(朱熹)를 존숭하고 허겸(許謙)에게 수학하였다. 《전국책교주(戰國策校注)》 외에도 저서에 《예부집(禮部集)》·《경향록(敬鄉錄)》 등이 있다.

오세상(吳世尙, 청대) 자는 육서(六書)로, 귀지(貴池) 사람이다. 저서에 《초사소(楚辭疏)》·《역경주해(易經注解)》·《춘추의소(春秋義疏)》·《노자종지(老子宗指)》·《장자해(莊子解)》 등이 있다.

오원(吳源, 송대) 자는 덕신(德信)으로, 안휘(安徽) 휴령현(休寧縣) 봉산(鳳山) 사람이다. 의술에 종사했으며 시문에 뛰어났다. 문집으로 《남훈시집(南熏詩集)》이 있다.

오진(吳縝, 송대) 자는 정진(廷珍)으로, 성도(成都) 사람이며, 오사맹(吳師孟, 1021-1110)의 아들이다. 조산랑(朝散郎)으로서 촉주(蜀州)를 다스렸는데, 다른 고을을 다스릴 때에도 모두 선정을 베풀었다. 평생 학문에 힘써 고금에 널리 정통했다. 《신당서규류(新唐書糾繆)》 외에 저서로 《오대사찬오(五代史纂誤)》가 있다.

오징(吳澄, 1249-1333) 자는 유청(幼淸)·백청(伯淸), 호는 초려(草廬)로, 무주(撫州) 숭인(崇仁) 사람이다. 정약용(程若鏞)에게 배웠으며 주희(朱熹)의 사전제자(四傳弟子)로 주(朱)·육(陸)의 합일을 주장했다. 저서로 《오경찬언(五經纂言)》·《의례일경전(儀禮逸經傳)》이 있다. 시호는 문정(文正)이다.

오칙우(吳則虞, 1913-1977) 자는 포경(蒲庼)으로, 경현(涇縣) 무림(茂林) 사람이다. 저명한 문헌학자로, 중국철학사·중국문학사·중국장서사(中國藏書史)·사학(詞學) 등을 연구하였다. 국학대사(國學大師) 장태염(章太炎)의 제자로, 장태염의 국학강습회(國學講習會)에 가입하여 문학·음운학·훈고학 등을 전공하였다. 《안자춘추집석(晏子春秋集釋)》 외에도 저서에 《대대례기주소(大戴禮記注疏)》·《예기술요(禮記述要)》 등이 있다.

완원(阮元, 1764-1849) 자는 백원(伯元), 호는 운대(芸臺)·뇌당암주(雷塘庵主)·이성노인(怡性老人)이다. 벼슬은 체인각 대학사(體仁閣大學士)에 이르렀다. 경학·지방지·금석학 및 시사(詩詞)에 높은 수준을 이루었으며, 특히 음운학·훈고학에 능했다. 《황청경해(皇淸經解)》 등을 편집했으며, 문집으로는 《연경실집(揅經室集)》이 있다.

완효서(阮孝緖, 479-536) 자는 사종(士宗)으로, 진류(陳留) 위지(尉氏) 사람이다. 양 무제(梁武帝) 때 남조 송(宋)·제(齊) 이후 서적들에 관한 기록을 광범위하게 수집해서 《칠록(七錄)》을 저술하여, 이전 시대 목록학의 성과를 총결하였다. 그 밖에도 《고은전(高隱傳)》·《정사삭번(正史削繁)》 등을 지었다.

왕개운(王闓運, 1833-1916) 자는 인추(紉秋)·임추(壬秋), 호는 상기(湘綺)로, 호남(湖南) 상담(湘潭) 사람이다. 50세 이후에는 임보(壬甫)로 개명하였다. 태평천국의 난 때에는 증국번(曾國藩)의 막하에 있었으며, 후에는 사천(四川)·호남(湖南)·강서(江西) 등지에서 강학하였다. 《시경》·《춘추》 등을 연구하였으며, 《공양전》을 종주로 삼았다. 저서에 《초사석(楚辭釋)》·《상군지(湘軍志)》·《상기루일기(湘綺樓日記)》 등이 있다.

왕개지(王介之, 1606-1686) 자는 석자(石子)·석애(石崖)로, 형양(衡陽) 사람이다. 왕부지(王夫之)의 형으로, 명나라가 멸망하자 은거하면서 학문에 몰두하였다. 《춘추사전질(春秋四傳質)》 외에도 《주역본의질(周易本義質)》·《시경존서(詩經尊序)》 등을 지었다.

왕검(王儉, 452-489) 자는 중보(仲寶)로, 낭야(琅邪) 임기(臨沂) 사람이다. 남조 송(宋)나라에서는 비서랑(秘書郎)·비서승(秘書丞)을, 남조 제(齊)나라에서는 상서우복야(尙書右僕射)·중서감(中書監) 등을 지냈다. 전적들을 교감하면서 유흠의 《칠략(七略)》에 따라 《칠지(七志)》를 지었으며, 그 밖에도 《원휘사부서목(元徽四部書目)》을 지었다. 문집으로는 《왕검집(王儉集)》이 있었으나, 일실되었다.

왕국유(王國維, 1877-1927) 자는 백우(伯隅)·정안(靜安), 호는 관당(觀堂)·영관(永觀)으로, 절강(浙江) 해령(海寧) 염관진(鹽官鎭) 사람이다. 소학·갑골문 연구에 치중했다가 후에 경사(經史)에 진력했다. 그가 지은 《주서고명예징(周書顧命禮徵)》·《악시고략(樂詩考略)》 등이 《관당집림(觀堂集林)》에 있다.

왕균(王筠, 1784-1854) 자는 관산(貫山), 호는 녹우(籙友)로, 산동(山東) 안구(安丘) 사람이다. 경사(經史)를 두루 섭렵하였는데, 특히 《설문해자》를 깊이 연구했다. 대표작인 《설문구두(說文句讀)》·《설문석례(說文釋例)》 외에도 《문자몽구(文字蒙求)》·《설문운보교(說文韻譜校)》·《설문속(說文屬)》 등을 지었다.

왕극관(汪克寬, 1304-1372) 자는 덕보(德輔)·덕일(德一), 호는 환곡(環谷)으로, 안휘(安徽) 기문(祁門) 사람이다. 회시(會試)에 낙방한 후에는 과거 공부를 포기하고 경학에 몰두하였으며, 선주(宣州)·흡주(歙州) 등지에서 강학하였다. 학문은 정주학을 위주로 하였으며, 학파로는 황간(黃幹)·요로(饒魯)의 계통에 속한다. 《호전찬소(胡傳纂疏)》 외에도 《경례보일(經禮補逸)》·《시전음의회통(詩傳音義會通)》 등을 지었다.

왕녕(王寧, 1936-) 1958년 북경사범대(北京師範大) 중문계(中文系)를 졸업하고 현재 모교의 문학원(文學院) 교수로 재임 중이다. 그녀의 스승인 육종달(陸宗達)과 《고한어사의답문(古漢語詞義答問)》·《훈고여훈고학(訓詁與訓詁學)》 등을 공저했으며, 이 외의 저술로 《설문해자여한자학(說文解字與漢字學)》·《훈고학원리(訓詁學原理)》 등이 있다.

왕력(王力, 1900-1986) 자는 요일(了一)이며, 광서장족자치구(廣西壯族自治區) 박백현(博白縣) 출신이다. 1926년 청화대학연구원(淸華大學硏究院)에 입학하여 양계초(梁啓超), 조원임(趙元任) 등을 사사했다. 1927년 파리대학 문학박사를 취득하고, 이후 청화대·중산대(中山大)·북경대(北京大) 등의 교수를 역임했다. 중국과학원철학사회과학부위원(中國科學院哲學社會科學部委員), 중국언어학회(中國言語學會) 명예 회장 등을 맡았다. 한어어법학(漢語語法學)·음운학(音韻學)·사휘학(詞彙學)·한어사(漢語史)·어언학사(語言學史) 등의 방면에 40여 종의 저서와 200편의 논문을 발표했다. 《시경운독(詩經韻讀)》 외에도 저서에 《한어시율학(漢語詩律學)》·《한어어음사(漢語語音史)》·《고대한어(古代漢語)》·《한어사고(漢語史稿)》 등이 있다.

왕명성(王鳴盛, 1722-1797) 자는 봉개(鳳喈), 호는 서장(西莊)·예당(禮堂)·서지(西沚)로, 강소(江蘇) 가정(嘉定) 사람이다. 벼슬은 한림원 수찬(翰林院修撰)·광록시 경(光祿寺卿) 등을 지냈다. 《상서후안(尙書後案)》·《십칠사상각(十七史商榷)》 외에도 저서에 《주례군부설(周禮軍賦說)》이 있다.

왕모(王謨, 청대) 자는 인포(仁圃)·여상(汝上)으로, 강서(江西) 금계(金溪) 사람이다. 집일서인 《한위유서초(漢魏遺書鈔)》 외에도 저서로 《강서통지(江西通志)》·《강우고고록(江右考古錄)》·《예장십대문헌략(豫章十代文獻略)》 등이 있다.

왕방채(王邦采, 청대) 자는 이육(貽六)으로, 무석(無錫) 사람이다. 강희(康熙) 연간(1662-1722)에 제생(諸生)이 되었다가 중년 이후에는 과거 응시를 포기하고 경사(經史)를 연구하였다. 《이소휘정(離騷彙訂)》 외에도 《굴자잡문전략(屈子雜文箋略)》을 지었으며, 이 둘은 《초삼려대부부(楚三閭大夫賦)》로 합쳐졌다.

왕부지(王夫之, 1619-1692) 자는 이농(而農), 호는 강재(薑齋)·선산노농(船山老農)으로, 호남(湖南) 형양(衡陽) 사람이다. 숭정(崇禎) 15년(1642) 거인(擧

人)이 되었으나, 명·청 교체기의 혼란으로 인하여 강산(薑山)·선산(船山) 등지에 은거하면서 저술에 힘썼다. 정주학에 대하여 비판적인 태도를 지녔으나, 양명학에 대해서는 배격하였다. 《초사통석(楚辭通釋)》 외에도 저서에 《독사서대전설(讀四書大全說)》·《장자정몽주(張子正蒙注)》·《독통감론(讀通鑑論)》·《송론(宋論)》 등이 있다.

왕선겸(王先謙, 1842-1917) 자는 익오(益吾), 호는 규원(葵園)으로, 호남(湖南) 장사(長沙) 사람이다. 증국번(曾國藩)을 사사했으며 강유위(康有爲)와 금문경학에 비판적이었다. 악록서원(岳麓書院)의 원장 등을 역임하였던 그는 일찍이 문인들을 불러 모아 고적(古籍)과 역사 문헌의 편집·간행 작업에 종사했다. 그의 학문은 한학(漢學)과 송학(宋學)을 종합하고 고거(考據)와 교감(校勘)을 중시하였다. 저서에 《한서보주(漢書補注)》·《수경주합전(水經注合箋)》·《후한서집해(後漢書集解)》·《순자집해(荀子集解)》·《장자집해(莊子集解)》·《시삼가의집소(詩三家義集疏)》·《석명소증보(釋名疏證補)》·《황청경해속편(皇淸經解續編)》·《상서공전참정(尙書孔傳參正)》·《시삼가의집소(詩三家義集疏)》 등이 있다.

왕수(王洙, 997-1057) 자는 원숙(原叔)으로, 응천부(應天府) 송성(宋城) 사람이다. 천성(天聖) 2년(1024) 진사에 급제하여 지제고(知制誥)·한림학사(翰林學士)·시독학사(侍讀學士) 등을 역임하였다. 《두공부집(杜工部集)》을 편차(編次)하고 주석을 달았다.

왕숙(王肅, 195-256) 자는 자옹(子雍)으로, 동해(東海) 담(郯) 사람이다. 아버지 왕랑(王朗)에게 금문학(今文學)을 배웠으나 고문가인 가규(賈逵)·마융(馬融)을 존숭하고 정현(鄭玄)의 금문설 채용을 논박했다. 저술로 〈성증론(聖證論)〉·《논어왕씨주(論語王氏注)》·《주역주(周易注)》 등이 있으며, 시호는 경후(景侯)이다.

왕안석(王安石, 1021-1086) 자는 개보(介甫), 호는 반산(半山)으로, 무주(撫州) 임천(臨川) 사람이다. 당송팔대가의 한 사람으로 꼽힐 만큼 시문에 능했다. 송 인종(宋仁宗) 경력(慶曆) 2년(1042) 진사가 된 후, 한림학사·관문전 대학사(觀文殿大學士) 등을 역임하였다. 《춘추》 삼전(三傳)을 불신하였으며, 《주례》·《상서》·《시경》에 새로운 주석을 단 《삼경신의(三經新義)》를 지었다. 이 외에도 《자설(字說)》·《시의구침(詩義鉤沈)》 등을 지었으며, 문집으로는 《왕임천선생집(王臨川先生集)》이 있다. 형국공(荊國公)으로 봉해졌으며, 시호는 문(文)이다.

왕여지(王與之, 송대) 자는 차점(次點)으로, 절강(浙江) 낙청(樂清) 사람이다. 송계(松溪) 진씨(陳氏)에게 《주례》를 전수받았으며, 빈주 문학(賓州文學)·사주 통판(泗州通判) 등을 역임하였다. 저서로 《주례정의(周禮訂義)》가 있다.

왕염손(王念孫, 1744-1832) 자는 회조(懷祖), 호는 석구(石臞)로, 강소(江蘇) 고우(高郵) 사람이다. 왕인지(王引之)의 아버지로, 아버지 왕안국(王安國)에게 학문을 배웠다. 단옥재(段玉裁)와 함께 대진(戴震)의 제자로서 학문적 성취를 이루었고, 고증학파 중 환파(皖派)를 대표하는 인물로 꼽힌다. 대표작인 《독서잡지(讀書雜志)》·《광아소증(廣雅疏證)》 외에도 《방언소증보(方言疏證補)》·《석대(釋大)》·《모시군경초사고운보(毛詩群經楚辭古韻譜)》 등을 지었다.

왕원(汪瑗, ?-1564) 자는 옥경(玉卿)으로, 신안(新安) 사람이다. 일찍이 동생 왕가(汪珂)와 함께 귀유광(歸有光)에게 학문을 배웠다. 시를 잘 지었으며, 왕세정(王世貞)·이반룡(李攀龍) 등과 친하게 지냈다. 이백(李白)·두보(杜甫)의 시와 《장자》에 주석을 달았으며, 저서에 《초사집해(楚辭集解)》·《손록초당시집(巽麓草堂詩集)》 등이 있다.

왕유(王維, 701-761) 자는 마힐(摩詰)로, 조적(祖籍)은 태원(太原) 기(祁)이며, 포주(蒲州)에서 출생하였다. 시·서·화와 음률에 재능이 있었다. 개원(開元)

9년(721) 진사에 급제한 뒤 우습유(右拾遺)·감찰어사(監察御史) 등을 거쳐 벼슬이 상서우승(尙書右丞)에 이르렀다. 그의 시에는 산수 간에 은거하는 생활을 그린 것이 많으며, 불교의 영향이 많아 '시불(詩佛)'로도 불린다. 〈위성곡(渭城曲)〉·〈귀망천작(歸輞川作)〉 외에도 대표작으로는 〈상사(相思)〉·〈죽리관(竹里館)〉·〈9월9일억산동형제(九月九日憶山東兄弟)〉 등이 있으며, 문집으로는 《왕우승집(王右丞集)》이 있다.

왕응린(王應麟, 1223-1296) 자는 백후(伯厚), 호는 심녕거사(深寧居士)·후재(厚齋)로, 은현(鄞縣) 사람이다. 예부 상서(禮部尙書)를 지냈으며, 귀향한 후에는 저술에 힘썼다. 경사(經史)·백가(百家)·천문·지리·전고·전장·제도에 밝고 고증에 능했다. 《곤학기문(困學紀聞)》·《옥해(玉海)》·《시고(詩考)》·《한예문지고증(漢藝文志考證)》 외에도 《시지리고(詩地理考)》 등을 지었으며, 《주역정강성주(周易鄭康成注)》·《상서정강성주(尙書鄭康成注)》 등을 집성했다.

왕인지(王引之, 1766-1834) 자는 백신(伯申), 호는 만경(曼卿)으로, 강소(江蘇) 고우(高郵) 사람이며, 왕염손(王念孫)의 아들이다. 이들 부자는 대진(戴震)·단옥재(段玉裁)와 함께 '대단이왕(戴段二王)'으로 불렸는데, 왕인지는 가학을 이어 자학(字學)의 명저인 《경전석사(經傳釋辭)》와 교감학의 명저인 《경의술문(經義述聞)》을 저술하였다.

왕일(王逸, 89?-158?) 자는 숙사(叔師)로, 남군(南郡) 의성(宜城) 사람이다. 안제(安帝) 때 교서랑(校書郎)이 되었는데, 대략 이 시기에 《초사장구(楚辭章句)》를 지은 것으로 보인다. 또한 《동관한기(東觀漢紀)》를 편수하는 데 참여했다. 그의 문학작품은 후인이 《왕일집(王逸集)》으로 정리했으나 망일된 것이 많으며, 《초사장구》만이 온전하게 후세에 전해졌다. 문집으로는 명대에 집일한 《왕숙사집(王叔師集)》이 있다.

왕정상(王廷相, 1474-1544) 자는 자형(子衡), 호는 준천(浚川)·평애(平厓)로,

의봉(儀封) 사람이다. 순자의 학설을 계승하였으며 정주학에 반대하였다. 저술로 《왕씨가장집(王氏家藏集)》·《횡거이기변(橫渠理氣辯)》·《상례비찬(喪禮備纂)》 등이 있다. 시호는 숙민(肅敏)이다.

왕중(汪中, 1744-1794) 자는 용보(容甫)로, 강도(江都) 사람이다. 고염무(顧炎武)를 사숙하여 경세치용의 학문 방법으로 철학·사학·문학 방면에서 모두 일정한 성취를 이룩하였으며, 변려문을 잘 지었다. 저서로 《술학(述學)》·《광릉통전(廣陵通典)》·《용보유시(容甫遺詩)》 등이 있다.

왕질(王質, 1135-1189) 자는 경문(景文), 호는 설산(雪山)이다. 선조는 운주(鄆州) 출신이나, 후에 흥국군(興國軍)으로 이거(移去)하였다. 고종(高宗) 소흥(紹興) 30년(1160)에 진사가 되어 칙령소 산정관(敕令所刪定官)·추밀원 편수관(樞密院編修官) 등을 지냈다. 저서에 《시총문(詩總文)》·《설산집(雪山集)》·《소도록(紹陶錄)》 등이 있다.

왕천여(王天與, 원대) 자는 입대(立大), 호는 매포(梅浦)로, 길안(吉安) 사람이다. 원 성종(元成宗) 대덕(大德) 2년(1298) 장몽해(臧夢解)의 천거로 임강로 유학교수(臨江路儒學教授)가 되었다. 대표작인 《상서찬전(尙書纂傳)》에서는 주희(朱熹)와 진덕수(眞德秀)의 학설을 위주로 하면서 공안국(孔安國)·공영달(孔穎達) 등 제가의 설을 수용하기도 하였다.

왕초(王樵, 1521-1599) 자는 명원(明遠), 호는 방록(方麓)으로, 강소(江蘇) 금단(金壇) 사람이다. 가정(嘉靖) 21년(1542) 진사가 된 이후 형부 원외랑(刑部員外郎)·남경 형부 우시랑(南京刑部右侍郎)·우도어사(右都御史) 등을 역임하였다. 《춘추집전(春秋輯傳)》 외에도 《주역사록(周易私錄)》·《상서일기(尙書日記)》 등을 지었다. 시호는 공간(恭簡)이며, 태자소보(太子少保)에 추증되었다.

왕필(王弼, 226-249) 자는 보사(輔嗣)로, 산양(山陽) 고평(高平) 사람이다. 하안(何晏)의 천거로 상서랑(尙書郎)에 등용되었고, 하안을 비롯하여 노장학(老莊學)에 조예가 있는 사람들과 교유하였다. 《주역주(周易注)》·《주역궁미론(周易窮微論)》 외에도 《노자주(老子注)》·《노자지략(老子指略)》·《논어석의(論語釋疑)》 등을 지었다.

왕학기(王學奇, 1920-) 북경(北京) 밀운(密雲) 사람으로, 1946년 북경사범대학(北京師範大學) 국문계(國文系)를 졸업하였다. 동북공학원(東北工學院)·동북사범대학(東北師範大學)·중앙음악학원(中央音樂學院) 등에서 교수를 지냈으며, 중국관한경연구회(中國關漢卿研究會) 회장·하북성원곡연구회(河北省元曲研究會) 회장 등을 맡기도 하였다. 고학힐(顧學頡)과 공저한 《원곡석사(元曲釋詞)》 외에도 저서에 《관한경전집교주(關漢卿全集校注)》·《원곡선교주(元曲選校注)》·《송금원명청곡사통석(宋金元明清曲辭通釋)》 등이 있다.

왕휘조(汪輝祖, 1730-1807) 자는 환증(煥曾), 호는 용장(龍莊)·귀려(歸廬)로, 절강(浙江) 소흥(紹興) 사람이다. 《원사본증(元史本證)》 외에 저술로 《이십사사동성명록(二十四史同姓名錄)》·《학치억설(學治臆說)》·《좌치약언(佐治藥言)》 등을 지었다.

요굉(姚宏, 송대) 자는 영성(令聲)으로, 월주(越州) 승현(嵊縣) 사람이다. 휘종(徽宗) 선화(宣和) 연간(1119-1125)에는 태학에 있다가 남송 때에는 구주(衢州) 강산현(江山縣)을 다스리기도 하였다. 《전국책(戰國策)》에 주석을 달았다.

요배중(姚配中, 1792-1844) 자는 중우(仲虞)로, 안휘(安徽) 정덕(旌德) 사람이다. 《주역》을 정밀하게 연구하였으며, 《주역요씨학(周易姚氏學)》 외에도 저서로 《금학(琴學)》·《서학습유(書學拾遺)》 등이 있다.

요제항(姚際恆, 1647-1715?) 자는 입방(立方)·수원(首源), 호는 선부(善夫)이

다. 안휘(安徽) 휴령(休寧) 사람이다. 대표작인 《고금위서고(古今僞書考)》 외에도 《구경통론(九經通論)》·《호고당서목(好古堂書目)》 등을 지었다.

요평(廖平, 1852-1932) 본명은 등정(登廷)이며, 자는 욱해(旭陔)·계평(季平), 호는 사익(四益)·사역(四譯)·육역(六譯)으로, 사천(四川) 정연현(井研縣) 청양향(靑陽鄕) 염정만(鹽井灣) 사람이다. 금문경학가이며, 평생의 저작은 대부분 《육역관총서(六譯館叢書)》로 편집되었다.

요합(姚合, 당대) 자는 미상이며, 섬주(陝州) 협석(硤石) 출신으로, 요숭(姚崇)의 손자이다. 원화(元和) 11년(816)에 진사가 되어 무공 주부(武功主簿)·비서 소감(秘書少監)·형주 자사(荊州刺史)·항주 자사(杭州刺史)를 지냈다. 시로 유명했던 그의 작품에서는 대부분 사람의 일상생활과 자연환경을 묘사하였는데, 시풍이 가도(賈島)와 유사하여 '가요(賈姚)'로 병칭되었다. 문집에 《요소감시집(姚少監詩集)》·《극현집(極玄集)》이 있다.

우번(虞翻, 164-233) 자는 중상(仲翔)으로, 회계(會稽) 여요(餘姚) 사람이다. 정현(鄭玄)·순상(荀爽)과 함께 역학삼가(易學三家)로 불린다. 《논어》·《국어》에 훈주(訓注)를 냈다. 《역주(易注)》를 지었으나 일실되고, 이정조(李鼎祚)의 《주역집해(周易集解)》, 황석(黃奭)의 《한학당총서(漢學堂叢書)》 등에 저술의 일부가 산현할 뿐이다.

우성오(于省吾, 1896-1984) 자는 사박(思泊), 호는 쌍검치주인(雙劍誃主人)·택라거사(澤螺居士)·숙흥수(夙興叟)로, 요령(遼寧) 해성현(海城縣) 사람이다. 1919년 심양국립고등사범(沈陽國立高等師範)을 졸업하고 보인대(輔仁大)·북경대(北京大)·연경대(燕京大) 등에서 교수를 역임하였다. 저서로 《쌍검치상서신증(雙劍誃尙書新證)》·《쌍검치시경신증(雙劍誃詩經新證)》·《택라호거초사신증(澤螺號居楚辭新證)》 등이 있다.

웅과(熊過, 명대) 자는 숙인(叔仁), 호는 남사자(南沙子)로, 사천(四川) 부순(富順) 사람이다. 가정(嘉靖) 8년(1529) 진사가 된 후, 한림원 서길사(翰林院庶吉士)·예부 사제낭중(禮部祠祭郎中) 등을 역임하였다. 《춘추명지록(春秋明志錄)》 외에도 《주역상지(周易象旨)》를 지었다.

웅붕래(熊朋來, 1246-1323) 자는 여자(與字)로, 예장(豫章) 사람이다. 1274년에 진사가 되었으나 은거하고 학자들에게 삼례(三禮)를 가르쳤다. 《오경설(五經說)》 외에도 저서에 《소학표주(小學標注)》·《슬보(瑟譜)》 등이 있다.

원행충(元行冲, 653-729) 이름은 담(澹)으로, 행충은 자이다. 하남(河南) 사람이다. 진사에 급제한 후, 태자빈객(太子賓客)·국자 좨주(國子祭酒) 등을 역임하였다. 당 현종(唐玄宗)이 주석을 단 《효경》에 소(疏)를 지었다. 상산군공(常山郡公)에 봉해졌으며, 시호는 헌(獻)이다.

위굉(衛宏, 동한) 자는 경중(敬仲)으로, 동해(東海) 사람이다. 주요 활동 시기는 대체로 광무제(光武帝) 때이다. 구강(九江)의 사만경(謝曼卿)에게 《모시》를 배웠으며, 후에는 대사공(大司空) 두림(杜林)에게 《고문상서》를 배웠다. 《한구의(漢舊儀)》를 편집했으며 부(賦)·송(頌)·뇌문(誄文) 7수가 현전한다.

위소(韋昭, 204-273) 자는 홍사(弘嗣)이며, 오군(吳郡) 운양(雲陽) 사람으로, 오(吳)나라의 학자이다. 《국어주(國語注)》 외에도 《효경해찬(孝經解讚)》·《변석명(辨釋名)》·《모시답잡문(毛詩答雜問)》 등을 지었으나 산일되었다.

위요옹(魏了翁, 1178-1237) 자는 화보(華父), 호는 학산(鶴山)으로, 공주(邛州) 포강(蒲江) 사람이다. 처음에는 주희(朱熹)·장식(張栻)을 사숙했다가 후에는 육구연(陸九淵)의 심학(心學)을 존신하였다. 《춘추좌전요의(春秋左傳要義)》 외에도 저술에 《구경요의(九經要義)》·《역거우(易擧隅)》·《학산전집(鶴山全集)》 등이 있다. 시호는 문정(文靖)이다.

위원(魏源, 1794-1857) 본명은 원달(遠達), 자는 묵심(默深)이다. 초년에는 송학(宋學)과 한학(漢學)을 존숭하였으나, 유봉록(劉逢祿)에게 《공양전》을 배운 뒤에는 금문경학을 위주로 하여 송학과 한학에 반대하였다. 저서에는 《해국도지(海國圖志)》·《서고미(書古微)》·《시고미(詩古微)》·《효경집전(孝經集傳)》·《공자연표(孔子年表)》·《맹자연표(孟子年表)》·《손자집주(孫子集注)》 등이 있으며, 문집으로는 《고미당시문집(古微堂詩文集)》이 있다.

위포(衛包, 당대) 경조(京兆) 사람으로, 서예가이다. 벼슬은 상서랑(尙書郎)에 이르렀다. 팔분소전(八分小篆)을 잘 썼고 자학(字學)에 능했다. 천보(天寶) 3년(744) 조서(詔書)를 받들어 《고문상서》를 금문(今文)으로 고쳐 썼다.

위현(韋賢, 기원전 144-기원전 62) 자는 장유(長孺), 노국(魯國) 추(鄒) 사람으로, 부양후(扶陽侯)에 봉해졌다. 노시위씨학(魯詩韋氏學)의 개창자이며 《시경》·《예경》·《상서》에 정통하여 추로대유(鄒魯大儒)라 불렸다. 시호는 절후(節侯)이다.

유국은(游國恩, 1899-1978) 자는 택승(澤承)으로, 강서(江西) 임천(臨川) 사람이다. 1926년 북경대학(北京大學)을 졸업한 후, 무한대학(武漢大學)·청도대학(青島大學)·산동대학(山東大學) 등에서 교수를 역임하였다. 저명한 초사학(楚辭學) 전문가로, 《이소찬의(離騷纂義)》·《천문찬의(天文纂義)》 외에도 저서에 《초사개론(楚辭概論)》·《독소논미초집(讀騷論微初集)》·《굴원(屈原)》 등이 있다.

유근(劉瑾, 원대) 자는 공근(公瑾)으로, 강서(江西) 안복(安福) 사람이다. 평생 은거하면서 학문에 힘썼다. 그의 학문적인 연원은 주희(朱熹)에게 있었기 때문에 그가 지은 《시전통석(詩傳通釋)》도 그 대지(大旨)는 《시집전(詩集傳)》의 뜻을 발명한 것에 불과하다고 평가된다.

유묘(劉杳, 487-536) 자는 사심(士深)으로, 평원(平原) 사람이다. 유회위(劉懷慰)의 둘째 아들이다. 감진령(監津令) 시절에 고협(顧協) 등 5인과 《편략(編略)》을 지었는데 완성하지 못했다. 비각 저작랑(秘閣著作郎) 시절에는 《고금사부서지(古今四部書止)》를 지었으나, 지금은 일실되었다.

유문기(劉文淇, 1789-1854) 자는 맹첨(孟瞻)으로, 강소(江蘇) 의징(儀徵) 사람이다. 대표작인 《춘추좌씨전구주소증(春秋左氏傳舊注疏證)》 외에도 저서로 《설문오경이의(說文五經異義)》·《초한제후강역지(楚漢諸侯疆域志)》 등이 있다.

유방(劉芳, 453-513) 자는 백문(伯文), 호는 석경(石經)으로, 팽성(彭城) 총정(叢亭) 사람이다. 음훈(音訓)에 뛰어났다. 《모시전음증(毛詩箋音證)》 외에도 《주관의례음(周官儀禮音)》·《공양음(公羊音)》·《곡량음(穀梁音)》·《주관의증(周官義證)》·《의례의증(儀禮義證)》 등을 지었다. 시호는 문정(文貞)이다.

유번(劉璠, 미상) 《수서》 〈경적지〉에 따르면 위(魏)나라의 비서랑(秘書郎)을 지냈으며, 《모시의(毛詩義)》 외에도 《모시전전시비(毛詩箋傳是非)》를 지었다.

유보남(劉寶楠, 1791-1855) 자는 초정(楚楨), 호는 염루(念樓)로, 강소(江蘇) 보응(寶應) 사람이다. 양주학파(揚州學派)의 대표적인 인물이며, 《논어정의(論語正義)》 외에도 저서에 《석곡(釋穀)》·《순양록(殉揚錄)》·《보응도경(寶應圖經)》 등이 있다.

유봉록(劉逢祿, 1776-1829) 자는 신수(申受)·신보(申甫)이며, 호는 사오거사(思誤居士)이다. 강소(江蘇) 무진(武進) 사람으로, 장존여(莊存與)의 외손이다. 저서로는 《상서금고문집해(尙書今古文集解)》·《서서술문(書序述聞)》·《좌씨춘추고증(左氏春秋考證)》·《논어술하(論語述何)》 등을 지었다.

유사배(劉師培, 1884-1919) 자는 신숙(申叔)·무외(無畏)·소보(少甫), 호는 좌암(左盦)으로, 강소(江蘇) 의징(儀徵) 사람이다. 유문기(劉文淇)의 증손자이자

유육숭(劉毓崧)의 손자로, 가학을 이어받아 고문경학을 숭상했다. 《초사고이(楚辭考異)》·《국학발미(國學發微)》·《고서의의거례보(古書疑義擧例補)》 외에도 《춘추좌씨전략(春秋左氏傳略)》·《경학교과서(經學教科書)》·《주례고주집소(周禮古注集疏)》 등을 지었다.

유안(劉安, 기원전 179?-기원전 122) 유방(劉邦)의 손자이자 회남 여왕(淮南厲王) 유장(劉長)의 아들로, 한 문제(漢文帝) 때 회남왕(淮南王)에 봉해졌다. 사상적으로는 노장(老莊)을 주축으로 여러 파의 사상을 통합하려 하였으며, 도가사상에 의거한 통일된 이론으로 당시 유교 중심의 이론과 대항하려 했다. 〈이소(離騷)〉에 주석을 단 이외에도, 그의 대표작으로는 빈객들과 함께 저술한 《회남자(淮南子)》가 있다.

유영제(劉永濟, 1887-1966) 자는 홍도(弘度)·굉도(宏度), 호는 송추(誦帚)·지추옹(知秋翁), 실명(室名)은 이간재(易簡齋)로, 호남(湖南) 신녕현(新寧縣) 사람이다. 1916년 청화대(清華大) 어문계(語文系)를 졸업하고 절강대(浙江大)·호남대(湖南大)·무한대(武漢大) 등에서 교수를 지냈다. 중국 고전문학의 시(詩)·사(詞)·곡(曲) 및 문론(文論) 등 다방면에 걸쳐 연구하였으며, 굴부(屈賦)와 《문심조룡》에 대한 연구 성과가 특히 뛰어났다. 《초사통전(楚辭通箋)》·《굴부음주상해(屈賦音注詳解)》 외에도 저서에 《문학론(文學論)》·《십사조문학요략(十四朝文學要略)》·《문심조룡교석(文心雕龍校釋)》·《굴부석조(屈賦釋調)》 등이 있다.

유월(兪樾, 1821-1907) 자는 음보(蔭甫), 호는 곡원(曲園)으로, 절강(浙江) 덕청(德清) 사람이다. 유평백(兪平伯)의 증조이자 장태염(章太炎)의 스승이다. 소주(蘇州) 자양서원(紫陽書院)·상해(上海) 구지서원(求志書院) 등의 주강(主講)을 역임했으며, 학문은 왕염손(王念孫)·왕인지(王引之)를 추존했다. 저서로 전집인 《춘재당전서(春在堂全書)》가 있으며, 《군경평의(群經平議)》·《고서의의거례(古書疑義擧例)》 등이 유명하다.

유인(劉因, 1249-1293) 이름을 인(駰)이라고도 한다. 자는 몽길(夢吉)·몽기(夢驥), 호는 정수(靜修)로, 웅주(雄州) 용성(龍城) 사람이다. 허형(許衡)·오징(吳澄) 등과 함께 원대(元代) 3대 학자로 일컬어진다. 조복(趙復)으로부터 정주학을 배웠으나, 육구연(陸九淵)의 학설도 수용하는 유연성을 보였다. 벼슬은 승덕랑(承德郎)·우찬선대부(右贊善大夫) 등을 역임하였다. 《사서집요정의(四書集要精義)》 외에도 저술로 《역계사설(易繫辭說)》·《사서어록(四書語錄)》 등이 있으며, 문집으로는 《정수선생문집(靜修先生文集)》이 있다. 시호는 문정(文靖)이다.

유조(劉兆, 서진) 자는 연세(延世)이며, 제남(濟南) 동평(東平) 사람이다. 진 무제(晉武帝) 때 조정에서 여러 번 불렀으나 나아가지 않고 학문과 저술에 힘썼다. 박학다식하고 사람들을 잘 계도하여 그를 따라 학업을 전수받은 이가 수천 명이었다. 《주역훈주(周易訓注)》 외에도 저서로 《좌전》의 주해인 《전종(全綜)》·《춘추조인(春秋調人)》 등이 있다.

유향(劉向, 기원전 77?-기원전 6) 본명은 갱생(更生), 자는 자정(子政)이다. 서한 때의 경학가·목록학자·문학자이다. 한 원제(漢元帝) 때 음양재이설(陰陽災異說)을 가지고 정치적인 상황의 득실을 추론했으며, 외척과 환관의 전횡을 탄핵하다가 두 차례의 옥고를 치렀다. 성제(成帝)가 즉위한 후 다시 등용되어 이름을 향(向)이라 바꾸었다. 여러 서적을 교열하여 《별록(別錄)》을 완성하였다. 작품으로는 〈구탄(九嘆)〉 등의 사(辭)·부(賦) 33편이 있으나 대부분 유실되었다. 현존하는 저작으로는 《홍범오행전(洪範五行傳)》·《신서(新序)》·《설원(說苑)》·《열녀전(列女傳)》 등이 있다.

유헌정(劉獻廷, 1648-1695) 자는 군현(君賢)·계장(繼莊), 호는 광양자(廣陽子)이다. 선조는 강소(江蘇) 오현(吳縣) 사람이었으나, 부친 대에 와서 순천부(順天府) 대흥(大興)에 거주하게 되었다. 불경(佛經) 연구를 좋아하여 범어·몽골어 등을 연구한 끝에 사성(四聲)의 변화를 발견하고 《신운보(新韻譜)》를 지었다. 그 밖에도 《이소경강록(離騷經講錄)》을 지었으나 일실되었다.

유협(劉勰, 465?-520) 자는 언화(彦和)로, 동관(東莞) 거현(莒縣) 사람이다. 사문(沙門) 승우(僧祐)에게 귀의하여 10여 년 동안 경론(經論)을 공부하다가 양 무제(梁武帝) 때 이후로 벼슬살이를 하면서 봉조청(奉朝請)·동궁통사사인(東宮通事舍人)·보병교위(步兵校尉) 등을 역임하였다. 소명태자(昭明太子) 소통(蕭統)과 심약(沈約)의 중시를 받았으며, 만년에 출가하여 법명을 혜지(慧地)라 하였다. 정림사(定林寺)에서 경장(經藏)을 정리하였으며, 문학이론서인 《문심조룡(文心雕龍)》을 저술하였다.

유흠(劉歆, ?-23) 자는 자준(子駿)인데, 후에 수(秀)로 개명하고 자를 영숙(穎叔)으로 고쳤다. 유향(劉向)의 아들로, 서한 말기 고문경학파(古文經學派)의 창시자이자 목록학자·천문학자이다. 원제(元帝) 하평(河平) 3년(기원전 26)에 부친 유향이 조정의 장서(藏書)를 교감하라는 명을 받았는데, 그도 함께 참여하여 유향의 《별록(別錄)》을 계승하고, 《칠략(七略)》을 편찬했다. 이 책은 집략(輯略)·육예략(六藝略)·제자략(諸子略)·시부략(詩賦略)·병서략(兵書略)·수술략(數術略)·방기략(方技略)을 포괄하고 있다. 주요 내용은 《한서》〈예문지〉에 보존되어 있으며, 중국 목록학을 창시하는 데 공헌하였다. 저서로는 《삼통력보(三統曆譜)》가 있으며, 원주형의 표준측량기를 만들었다. 측량기에 새겨진 명문(銘文)의 계산에 근거하면 사용된 원주율은 3.1547이었는데, 세칭 '유흠률(劉歆律)'이라고 한다.

유희(劉熙, 동한) 자는 성국(成國)으로, 북해(北海) 사람이다. 환제(桓帝)·영제(靈帝) 무렵에 태어나 관직이 남안 태수(南安太守)에 이르렀다. 오(吳)의 정병(程秉)·설종(薛綜), 촉(蜀)의 허자(許慈) 등이 모두 그에게 학문을 배웠다. 대표작인 《석명(釋名)》 외에도 《맹자주(孟子注)》를 지었으나 현전하지 않는다.

육간여(陸侃如, 1903-1978) 본명은 간(侃), 자는 연려(衍廬)로, 조적(祖籍)은 강소(江蘇) 태창(太倉)이다. 평생 동안 중국 고대문학을 연구한 학자이다. 1924년 북경대학(北京大學) 중문계(中文系)를 졸업한 뒤, 상해중국공학(上海中國

公學)·복단대학(復旦大學)·기남대학(暨南大學) 등에서 교편을 잡았다. 모세금(牟世金)과 공저한 《문심조룡역주(文心雕龍譯注)》 외에도 저서에 《중국고전문학간사(中國古典文學簡史)》와 부인 풍원군(馮沅君)과 공저한 《중국시사(中國詩史)》 등이 있다.

육기(陸璣, 삼국 오(吳)) 자는 원각(元恪)으로, 오군(吳郡) 사람이다. 오나라에서 태자중서자(太子中庶子)·오정령(烏程令)을 지냈다. 당대(唐代) 공영달(孔穎達)의 《모시정의(毛詩正義)》부터 청대(淸代) 진계원(陳啓源)의 《모시계고편(毛詩稽古編)》에 이르기까지, 그의 저서 《모시초목충어소(毛詩草木蟲魚疏)》를 많이 인용하였다.

육덕명(陸德明, 550?-630) 이름은 원랑(元朗)이며, 덕명은 자이다. 소주(蘇州) 출신으로, 당시 유명한 학자 주홍정(周弘正)에게 수학하였다. 처음에 수나라를 섬겼으나, 당 고조의 초빙으로 태학 박사(太學博士)·국자 박사(國子博士)가 되었다. 그가 편찬한 《경전석문(經典釋文)》은 경학 원전 정리의 효시로 불린다. 이 외에 《역소(易疏)》·《노자소(老子疏)》 등을 지었다.

육순(陸淳, ?-806?) 자는 백충(伯沖)으로, 오군(吳郡) 사람이다. 당 헌종(唐憲宗 : 이순(李淳)) 때문에 나중에 질(質)로 개명하였다. 담조(啖助)·조광(趙匡)을 사사하여 《춘추》를 배웠으며, 《춘추미지(春秋微旨)》 외에도 《춘추집전찬례(春秋集傳纂例)》·《춘추집전변의(春秋集傳辯疑)》 등을 지었다. 사시(私諡)는 문통(文通)이다.

육유(陸游, 1125-1210) 자는 무관(務觀), 호는 방옹(放翁)으로, 월주(越州) 산음(山陰) 사람이다. 관료 집안에서 태어나 효종(孝宗) 융흥(隆興) 원년(1163)에 진사가 되어 관직이 보장각 대제(寶章閣待制)에 이르렀다. 금(金)나라에 대하여 철저히 항전주의로 일관하였으며, 만년에는 벼슬에서 물러나 고향에서 살았다. 〈증연(贈燕)〉 외에도 대표적인 시들로는 〈시아(示兒)〉·〈서분(書憤)〉 등이 있으며, 〈소충정(訴衷情)〉·〈채두봉(釵頭鳳)〉 등과 같은 사(詞) 작품도 유명하다. 또한 저서에 《노학암필기(老學庵筆記)》가 유명하며, 시문집으로는 《검남시고(劍南詩稿)》·《위남문집(渭南文集)》 등이 있다.

육종달(陸宗達, 1905-1988) 자는 영민(穎民)·영명(穎明)으로, 절강(浙江) 자계(慈溪) 사람이다. 황간(黃侃)을 사사하여 《설문해자》와 훈고학·음운학 연구에 뛰어났다. 민국대학(民國大學)·북경사범대학(北京師範大學)·기남대학(暨南大學)·보인대학(輔仁大學) 교수를 역임하였다. 《훈고방법론(訓詁方法論)》·《훈고간론(訓詁簡論)》 외에도 저서에 《훈고여훈고학(訓詁與訓詁學)》·《훈고천담(訓詁淺談)》·《설문해자통론(說文解字通論)》·《현대한어어법(現代漢語語法)》 등이 있다.

육찬(陸粲, 1494-1551) 자는 자여(子餘)·준명(浚明)으로, 소주(蘇州) 장주(長洲) 사람이다. 가정(嘉靖) 5년(1526) 진사에 급제한 뒤 귀주 도진역승(貴州都鎭驛丞)·영신 지현(永新知縣) 등을 역임하였다. 경사에 잠심하여 박학다식하였고 《좌전부주(左傳附注)》·《춘추호씨전변의(春秋胡氏傳辨疑)》 외에도 《좌씨춘추전(左氏春秋鐫)》을 지었으며, 문집으로는 《육자여집(陸子餘集)》이 있다.

응소(應劭, 동한) 자는 중원(仲遠)이다. 영제(靈帝) 때 효렴(孝廉)으로 천거되어 영릉령(營陵令)·태산 태수(泰山太守) 등을 역임하였다. 박학다식하여 《한서집해음의(漢書集解音義)》 외에도 평생 동안 11종 136권을 저술하였는데, 그중 《한관의(漢官儀)》·《풍속통의(風俗通義)》 등이 유명하다.

이광파(李光坡, 1651-1723) 자는 사경(耜卿)·무숙(茂叔), 호는 고헌(皐軒)으로, 복건(福建) 안계(安溪) 사람이다. 이광지(李光地, 1642-1718)의 동생으로 정주학을 위주로 하였으며 삼례(三禮) 연구에 있어서는 정현(鄭玄)을 위주로 하였다. 《주례술주(周禮述注)》·《의례술주(儀禮述注)》·《예기술주(禮記述注)》 외에도 《성론(性論)》을 지었다.

이계(李誡, ?-1110) 자는 명중(明仲)으로, 정주(鄭州) 사람이다. 송 철종(宋哲宗) 원우(元祐) 7년(1092) 장작감(將作監)으로 들어가 주부(主簿)·감승(監丞)·소감(少監)·감(監) 등을 역임하였다. 용덕궁(龍德宮)·벽옹(辟雍)·태묘(太廟) 등 대규모의 토목공사를 여러 차례 맡았으며, 건축뿐만 아니라 서화에도 조예가 깊었다. 《영조법식(營造法式)》 외에도 《속산해경(續山海經)》·《속동성명록(續同姓名錄)》·《마경(馬經)》·《육박경(六博經)》 등을 지었다.

이고(李翶, 772-841) 자는 습지(習之), 농서(隴西) 사람이다. 덕종(德宗) 정원(貞元) 14년(798) 진사에 급제한 후, 국자 박사(國子博士)·여주 자사(廬州刺史)·중서 사인(中書舍人) 등을 역임하였다. 한유(韓愈)에게 고문(古文)을 배웠으나, 한유가 불교를 배척했던 것과는 달리, 불교 사상을 수용하여 인간의 심성(心性) 문제에 대한 새로운 견해를 제시하였다. 대표작인 〈복성서(復性書)〉 외에도 《역전(易詮)》·《맹자주(孟子注)》 등을 지었으며, 문집으로는 《이문공집(李文公集)》이 있다. 시호는 문공(文公)이다.

이명복(李明復, 송대) 자는 백용(伯勇)으로, 섬서(陝西) 합양(合陽) 사람이다. 뒤에 유(兪)로 개명하였다. 가정(嘉定) 연간(1208-1224)에 태학생이 되었다. 일생을 《춘추》 연구에 바쳤다. 정주학파의 학설을 모아 《춘추집의(春秋集義)》를 지었으며, 그 외에 《춘추강령(春秋綱領)》을 지었다.

이백(李白, 701-762) 자는 태백(太白), 호는 청련거사(青蓮居士)로, 조적(祖籍)은 농서(隴西) 성기(成紀)이다. 어렸을 때 부친을 따라 면주(綿州) 청련향(青蓮鄕)에 살다가, 25세 이후에는 각 지역을 유람하며 두보를 비롯한 많은 명사들과 교유하였다. 천보(天寶) 원년(742) 현종(玄宗)의 부름을 받고 한림공봉(翰林供奉)이 되었으며, 안녹산의 난 이후에는 영왕(英王) 이린(李璘)의 막부에서 일하다가 이린이 패배한 죄에 연좌된 것을 계기로 야랑(夜郎)에 유배되었다. 만년에는 일족인 이양빙(李陽冰)에게 의탁하여 안휘(安徽) 당도(當塗)에서 일생을 마쳤다. 〈월하독작(月下獨酌)〉 외에도 〈행로난(行路難)〉·〈장진주(將

進酒)〉·〈조발백제성(早發白帝城)〉 등의 시가 유명하며, 시문집으로는 《이태백집(李太白集)》 등이 있다.

이부(李涪, 당대) 소종(昭宗) 때 사람으로, 금부 낭중(金部郎中)·하남 소윤(河南少尹)·국자 좨주(國子祭酒) 등을 지냈다. 전고(典故)를 연구하였으며, 저서에 《간오(刊誤)》가 있다.

이사(李斯, 기원전 280-기원전 208) 전국 시대 초(楚)나라 상채(上蔡) 사람이다. 순자(荀子)에게 학문을 배운 뒤, 진(秦)나라로 가서 승상 여불위(呂不韋)에게 발탁되어 사인(舍人)·장사(長史)·객경(客卿) 등을 역임하였다. 시황제(始皇帝)의 천하 통일 이후에는 군현제(郡縣制) 시행을 진언하여 정위(廷尉)에서 승상이 되었다. 《창힐편(蒼頡篇)》을 지었으며, 그 외의 작품으로 〈간축객서(諫逐客書)〉·《태산각석(泰山刻石)》·《낭야각석(琅琊刻石)》 등이 유명하다.

이선(李善, 630?-689) 강도(江都) 사람으로, 당(唐)나라의 학자이다. 하란민지(賀蘭敏之)의 추천으로 숭현관 학사(崇賢館學士)가 되고, 난대랑(蘭臺郎)을 지냈다. 하란민지가 세력을 잃자, 이선 또한 유배를 갔다가 사면되었다. 조헌(曹憲)에게 《문선(文選)》을 배웠고, 이후 《문선》에 주석을 단 《문선주(文選注)》를 편찬하였다.

이시진(李時珍, 1518-1593) 자는 동벽(東壁), 호는 빈호산인(瀕湖山人)으로, 호북(湖北) 기주(蘄州) 사람이다. 의술에 종사했던 조부와 부친의 가학을 이어 본초(本草)를 중시하였다. 대표작인 《본초강목(本草綱目)》 외에도 《빈호맥학(瀕湖脈學)》을 지었다.

이수용(李壽蓉, 1825-1894) 자는 황선(篁仙), 호는 천영암거사(天影庵居士)로, 호남(湖南) 망성현(望城縣) 성성진(星城鎮) 사람이다. 담사동(譚嗣同, 1865-1898)의 장인이며, 시문에 뛰어났다. 《이소음운(離騷音韻)》 외에도 저술로 《천영암시집(天影庵詩集)》·《천영암연어(天影庵聯語)》 등이 있다.

이연수(李延壽, 당대) 자는 하령(遐齡)으로, 하남(河南) 상주(相州) 사람이다. 정관(貞觀) 연간(627-649)에 태자전선승(太子典膳丞), 숭문관 학사(崇文館學士), 부새랑 겸 수국사(符璽郎兼修國史) 등을 역임하였다. 《진서(晉書)》·《수서(隋書)》 등의 편수에 참여하였으며, 남북조 시대의 사서(史書)들을 정선하여 《남사(南史)》와 《북사(北史)》를 편찬하였다.

이조락(李兆洛, 1769-1841) 자는 신기(申耆)이며, 호는 양일노인(養一老人)이다. 글씨를 잘 썼으며 행초(行草)에 능하였다. 저서로 《양일재문집(養一齋文集)》이 있으며, 편집한 책으로 《황조문전(皇朝文典)》·《대청일통여지전도(大淸一統輿地全圖)》·《변체문초(駢體文鈔)》 등이 있다.

이주한(李周翰, 당대) 당 현종(唐玄宗) 개원(開元) 연간(713-741)에 활동했던 처사(處士)이다. 여연제(呂延濟)·유량(劉良)·여향(呂向)·장선(張銑) 다섯 사람이 함께 《문선》에 주를 달아, 6년 뒤에 진상하였다. 세상에서 이 주석본을 《오신주문선(五臣注文選)》이라고 부른다.

이진옥(李陳玉, 명말 청초) 자는 석수(石守), 호는 겸암(謙庵)으로, 길양(吉陽) 사람이다. 숭정제(崇禎帝) 때 경학과 문장으로 유명하고, 무당령(武塘令)·시어사(侍御史) 등을 역임하였다. 명나라가 망하자, 오월(吳越) 지역에 은거하면서 평생 저술에 힘썼다. 《시경》·《서경》 등에 주석을 달았으며, 《초사전주(楚辭箋注)》를 지었다.

이청조(李淸照, 1084-1155) 호는 이안거사(易安居士)·수옥(漱玉)으로, 제남(濟南) 장구(章丘) 사람이다. 금석학자인 조명성(趙明誠)의 아내로, 남편을 도와 《금석록(金石錄)》을 완성하였다. 북송(北宋) 말에 전란을 겪으면서 남편과 사별하고 절강(浙江) 각지를 유랑하였다. 사(詞) 작가로 유명하고 이욱(李煜)·진관(秦觀) 등으로 이어지는 완약파(婉約派)에 속한다. 시문집으로는 《역안거사문집(易安居士文集)》·《수옥사(漱玉詞)》 등이 있다.

이현(李賢, 651?-684) 자는 명윤(明允)이며, 장회태자(章懷太子)라고 한다. 당 고종(唐高宗)의 여섯째 아들로, 측천무후(則天武后)의 소생이다. 황태자의 자리에 올랐을 때 여러 유자(儒者)들을 불러 모아 《후한서(後漢書)》에 주를 달았다.

임계운(任啓運, 1670-1744) 자는 익성(翼聖), 호는 조대(釣臺)로, 의흥(宜興) 사람이다. 학문은 주희를 종주로 삼았으며, 주희가 《예경(禮經)》에 주석이 없다고 했다 하여 《사헌관궤식례(肆獻祼饋食禮)》를 지었다. 그 밖에 《예기장구(禮記章句)》·《주역세심(周易洗心)》·《맹자시사고(孟子時事考)》 등을 지었다.

임계유(任繼愈, 1916-2009) 자는 우지(又之)로, 산동(山東) 평원(平原) 사람이다. 중국 철학사·불교사·역사학 등을 연구한 학자이다. 1938년 북경대학(北京大學) 철학계(哲學系)를 졸업한 후, 모교에서 교수를 역임하였다. 《중국철학사(中國哲學史)》·《중국불교사(中國佛敎史)》 등을 편찬할 때 주편(主編)을 맡았으며, 《노자전역(老子全譯)》·《노자역독(老子繹讀)》 외에도 저서에 《한당불교사상론집(漢唐佛教思想論集)》·《중국철학사론(中國哲學史論)》 등이 있다.

임서(林紓, 1852-1924) 자는 금남(琴南), 호는 외려(畏廬)로, 복건(福建) 민현(閩縣) 사람이다. 중국 근대의 저명한 문학가이자 번역가이다. 1893년 프랑스에서 귀국한 친구로부터 뒤마(Dumas, Alexandre)의 《춘희(椿姬)》에 대한 이야기를 듣고, 이를 《파리다화녀유사(巴黎茶花女遺事)》라는 이름으로 출판하였다. 이를 기점으로 셰익스피어·데포·스위프트·디킨스·위고 등의 작품들을 번역하였는데, 서양의 근대 문학작품을 중국에 소개한 공로는 크게 평가받고 있다.

임운명(林雲銘, 1628-1697) 자는 도소(道昭), 호는 서중(西仲), 후관(侯官) 사람이다. 순치(順治) 5년(1648) 진사에 급제한 후 휘주부 통판(徽州府通判)을 역임하였다. 저서로 《장자인(莊子因)》·《초사등(楚辭燈)》·《한문기(韓文起)》 등이 있다.

임태보(林泰輔, 1854-1922) 자는 호경(浩卿), 호는 진재(進齋)로, 명치(明治, 1867-1912) 시대와 대정(大正, 1912-1926) 시대에 활동했던 역사학자이다. 동경제국대학(東京帝國大學)·동경고등사범학교(東京高等師範學校) 등의 교수를 지냈다. 《논어연보(論語年譜)》 외에도 《조선사(朝鮮史)》 등을 지었으며, 《주공과 그 시대〔周公と其時代〕》로 학술원은사상(學術院恩賜賞)을 받기도 하였다.

장덕순(張德純, 청대) 자는 능일(能一), 호는 송남(松南)으로, 장주(長洲) 사람이다. 강희(康熙) 39년(1700) 진사가 된 후, 상산령(常山令)을 역임하였다. 하작(何焯)·주이준(朱彝尊)과 종유하였다. 저서로 《이소절해(離騷節解)》·《좌수(左繡)》·《역서(易緖)》 등이 있다.

장백잠(蔣伯潛, 1892-1956) 이름은 기룡(起龍)·윤경(尹耕)으로, 백잠은 자이다. 부양(富陽) 신관향(新關鄕) 사람이다. 1920년 북경고등사범대학(北京高等師範大學) 국문계(國文系)에 들어가 전현동(錢玄同)·호적(胡適)·노신(魯迅) 등의 훈도를 받았다. 5·4운동에 적극 참여하였고, 《신청년(新青年)》·《동방잡지(東方雜志)》 등에 문장을 발표하였다. 경학과 문학에 조예가 깊었으며, 주요 저작으로《경여경학(經與經學)》·《십삼경개론(十三經槪論)》·《경학찬요(經學纂要)》 등이 있다.

장보(張溥, 1602-1641) 자는 천여(天如), 호는 서명(西銘)으로, 소주(蘇州) 태창(太倉) 사람이다. 《한위육조백삼가집(漢魏六朝百三家集)》을 편집한 외에도 저서에 《칠록재집(七錄齋集)》이 있다.

장상(張相, 1877-1945) 본명은 정상(廷相), 자는 헌지(獻之)로, 절강(浙江) 항주(杭州) 사람이다. 항주의 안정학당(安定學堂) 등에서 교직을 역임하였으며, 상해중화서국(上海中華書局)의 초빙을 받아 편집(編輯)을 맡기도 하였다. 1936년 서신성(舒新城) 등과 함께 《사해(辭海)》를 주편하였으며, 그 후 대표작인 《시사곡어사휘석(詩詞曲語詞彙釋)》을 지었다. 그 외의 저서로 《고금문종(古今文綜)》·《용춘집시문고(舂春集詩文稿)》 등이 있다.

장수절(張守節, 당대) 측천무후(則天武后) 집권기에 살았던 것으로 짐작되나 자세한 생평은 미상이다. 수십 년 동안 《사기》에 잠심하였다고 전해지며, 저서에 《사기정의(史記正義)》가 있다.

장순휘(張舜徽, 1911-1992) 호남(湖南) 원강현(沅江縣) 출신으로, 저명한 역사학자이자 문헌학자이다. 1979년에 중국역사문헌연구소를 주도하여 창립하였으며, 아울러 10년간 회장을 맡았다. 후에 다시 화중사범대학(華中師範大學)에 역사문헌연구소(歷史文獻學研究所)를 창립하여 10년간 소장을 맡았다. 그의 주요 저서는 이미 주국림(周國林)에 의해 《장순휘집(張舜徽集)》으로 출간되었는데, 화중사범대학출판사(華中師範大學出版社)에서 2004년부터 처음으로 연속적으로 출판하였다. 주요 저서에 《중국문헌학(中國文獻學)》·《한서예문지통석(漢書藝文志通釋)》·《광교수략(廣校讎略)》·《설문해자약주(說文解字約注)》·《정학총저(鄭學叢著)》·《주진도론발미(周秦道論發微)》·《청인문집별록(清人文集別錄)》·《청인필기조변(清人筆記條辨)》·《사학삼서평의(史學三書平議)》·《청유학기(清儒學記)》 등이 있다.

장예홍(蔣禮鴻, 1916-1995) 자는 운종(雲從)으로, 절강(浙江) 가흥(嘉興) 사람이다. 항주대학(杭州大學) 중문계(中文系) 교수, 중국어언학회(中國語言學會) 이사(理事), 《한어대사전(漢語大詞典)》의 부주편(副主編) 등을 역임하였다. 대표작인 《돈황변문자의통석(敦煌變文字義通釋)》 외에도 저서에 《의부속초(義府續貂)》·《상군서추지(商君書錐指)》·《고한어통론(古漢語通論)》 등이 있다.

장우(張禹, ?-기원전 5) 자는 자문(子文)으로, 하내(河內) 지(軹) 사람이며 안창후(安昌侯)에 봉해졌다. 패군(沛郡)의 시수(施讎)에게 《역》을 배웠고, 낭야(琅邪)의 왕양(王陽)·교동(膠東)의 용생(庸生)에게 《논어》를 배웠다. 《논어노안창후설(論語魯安昌侯說)》·《효경안창후설(孝經安昌侯說)》 등을 지었으나 산일되었다. 시호는 절후(節侯)이다.

장읍(張揖, 삼국 위(魏)) 자는 치양(稚讓)이다. 위 명제(魏明帝) 태화(太和) 연간(227-229)에 박사(博士)가 되었다. 《이아》의 구목(舊目)을 따라 《광아(廣雅)》를 지었다.

장존여(莊存與, 1719-1788) 자는 방경(方耕), 호는 양염(養恬)으로, 강소(江蘇) 무진(武進) 사람이다. 상주학파(常州學派)의 창시자이며, 저서로는 《춘추정사(春秋正辭)》·《상서설(尙書說)》·《모시설(毛詩說)》·《주관설(周官說)》·《악설(樂說)》·《사서설(四書說)》 등이 있다.

장지동(張之洞, 1837-1909) 자는 효달(孝達), 호는 향도(香濤)·향암(香巖)·무경거사(無竟居士)로, 직례(直隷) 남피(南皮) 사람이다. 동치(同治) 2년(1863) 진사에 합격한 후, 한림원 편수(翰林院編修)·호북 학정(湖北學政)·양광 총독(兩廣總督)·호광 총독(湖廣總督) 등을 거쳐 광서(光緖) 32년(1906) 군기대신(軍機大臣)에 올랐다. 그가 지은 《권학편(勸學篇)》에서 중체서용(中體西用)을 주창한 것으로 유명하며, 대표작인 《서목답문(書目答問)》 외에도 저서에 《유헌어(輶軒語)》가 있다. 문집으로는 《장문양공전집(張文襄公全集)》이 있으며, 시호는 문양(文襄)이다.

장태염(章太炎, 1869-1936) 장병린(章炳麟)으로, 태염은 호이다. 초명은 학승(學乘), 자는 매숙(枚叔)이며, 뒤에 강(絳)으로 개명하였다. 절강(浙江) 여항(餘杭) 사람으로, 청말 민초(清末民初)의 민주혁명가·사상가이자 중국 근대의 저명한 학자이다. 문자학·역사·철학·정치 등의 방면을 두루 연구하였다. 저서로 《신방언(新方言)》·《문시(文始)》·《소학답문(小學答問)》·《유술신론(儒術新論)》·《정공(訂孔)》 등이 있는데, 일군의 저서들이 《장씨총서(章氏叢書)》·《장씨총서속편(章氏叢書續編)》·《장씨총서삼편(章氏叢書三編)》 등으로 간행되었다.

장학성(章學誠, 1738-1801) 자는 실재(實齋), 호는 소암(少巖)으로, 소흥(紹興) 사람이다. 역사학자로, 황종희 학통의 절동학파(浙東學派)를 대성시켰다. 고증학의 전성시대에 독자적 역사 이론을 전개했고, 지방지 작성에도 식견을 발휘하였다. 대표작으로는 《문사통의(文史通義)》·《교수통의(校讎通義)》 등이 있다.

장혜언(張惠言, 1761-1802) 원명은 일명(一鳴)이며, 자는 고문(皐文)으로, 무진(武進) 사람이다. 역학(易學)과 예학(禮學)에 밝았으며 사(詞)를 잘 지었다. 《주역우씨의(周易虞氏義)》·《역도조변(易圖條辨)》 외에도 저서에 《명가문편(茗柯文編)》이 있다.

장화(張華, 232-300) 자는 무선(茂先)이며, 범양(范陽) 방성(方城) 사람으로, 유후(留侯) 장량(張良)의 16세손이다. 관직이 사공(司空)에 이르렀으며, 장무군공(壯武郡公)에 봉해졌다. 저서에 《박물지(博物志)》가 있다.

저소손(褚少孫, 서한) 영천(穎川) 사람으로, 사학자이자 금문경학가이다. 《사기》에 〈골계열전(滑稽列傳)〉·〈효무본기(孝武本紀)〉 등을 보입(補入)하였다. 장안세(張安世)·당장빈(唐長賓)과 함께 신배공(申培公)의 재전제자인 왕식(王式)에게 《노시(魯詩)》를 배웠다. 문집으로는 명대의 장보(張溥)가 펴낸 《저선생집(褚先生集)》이 있다.

전고지(錢杲之, 송대) 진릉(晉陵) 사람이다. 《이아》·《산해경》·《회남자》 등의 서적을 인용하여 《초사》에 주석을 단 《초사집전(楚辭集傳)》을 지었다.

전대소(錢大昭, 1744-1813) 자는 회지(晦之)이며, 강소(江蘇) 가정(嘉定) 사람으로, 전대흔(錢大昕)의 아우이다. 경사(經史)에 조예가 깊었으며 양한(兩漢)의 역사에 정통하였다. 《한서변의(漢書辨疑)》 외에도 저서에 《후한서변의(後漢書辨疑)》·《후한서보표(後漢書補表)》·《후한군국영장고(後漢郡國令長考)》·《보속한서예문지(補續漢書藝文志)》·《삼국지변의(三國志辨疑)》·《이아석문보(爾雅釋文補)》·《광아소의(廣雅疏義)》·《설문통석(說文統釋)》·《시고훈(詩古訓)》·《경설(經說)》·《이언(邇言)》 등이 있다.

전대흔(錢大昕, 1728-1804) 자는 효징(曉徵)·신미(辛楣), 호는 죽정(竹汀)으로, 강소(江蘇) 가정(嘉定) 사람이다. 1751년 건륭제(乾隆帝)가 남방을 순행할 때 부(賦)를 바치고, 소시(召試)에서 거인(擧人)을 하사받았으며, 내각 중서(內閣中書)로 임용되었다. 이듬해 북경으로 가 서양의 측량과 삼각함수를 배우고 중국의 고산서(古算書)를 연구하여 《삼통술연(三統術衍)》을 저술했으며, 이후 한림원(翰林院) 관직을 지냈다. 《열하지(熱河志)》·《속문헌통고(續文獻通考)》·《청일통지(淸一統志)》 등의 편찬에 참여했다. 대표작인 《입이사고이(廿二史考異)》·《한서고이(漢書考異)》 외에도 저서에 《십가재양신록(十駕齋養新錄)》·《한서변의(漢書辨疑)》·《후한서변의(後漢書辨疑)》·《경전문자고이(經傳文字考異)》·《당석경고이(唐石經考異)》 등이 있으며, 문집으로는 《잠연당문집(潛研堂文集)》이 있다.

전역(錢繹, 1770-1855) 초명은 동용(東鏞), 자는 이성(以成)·소려(小廬)로, 강소(江蘇) 가정(嘉定) 사람이다. 전대소(錢大昭)의 차남이자 전대흔(錢大昕)의 조카이다. 가학을 계승하여 경사(經史)와 소학(小學)을 연구하였으며, 서법(書法)에 능했다. 《방언전소(方言箋疏)》 외에도 저서로 《훈고유찬(訓詁類纂)》·《이아소증(爾雅疏證)》·《십삼경한학구두(十三經漢學句讀)》 등이 있다.

전일본(錢一本, 1539-1610) 자는 국서(國瑞), 호는 계신(啓新)으로, 강소(江蘇) 무진(武進) 사람이다. 왕수인(王守仁)의 재전제자로, 고헌성(顧憲成)과 함께 동림서원(東林書院)에서 동림팔군자(東林八君子)의 한 사람이 되었다. 저서로 《사성일심록(四聖一心錄)》·《돈세편(遯世編)》 등이 있다.

전조망(全祖望, 1705-1755) 자는 소의(紹衣), 호는 사산(謝山)이다. 《송원학안(宋元學案)》을 집보(輯補)하였으며, 저서로는 《한서지리지계의(漢書地理志稽疑)》·《전교수경주(全校水經注)》, 문집으로 《길기정집(鮚埼亭集)》이 있다.

전태길(錢泰吉, 1791-1863) 자는 보의(輔宜), 호는 경석(警石)으로, 절강(浙

江) 가흥(嘉興) 사람이다. 종형 전의길(錢儀吉)과 더불어 학문으로 이름이 높았으며, 해령 훈도(海寧訓導)·안란서원(安瀾書院)의 주강 등을 지냈다. 《폭서잡기(曝書雜記)》 외에도 《학직(學職)》·《화인고(禾人考)》 등을 지었다.

전현동(錢玄同, 1887-1939) 본명은 하(夏), 후에 현동으로 개명하였다. 자는 중계(中季), 호는 덕잠(德潛)·철헌(掇獻)·의고(疑古)로, 절강(浙江) 오흥(吳興) 사람이다. 1908년 노신(魯迅)·황간(黃侃) 등과 함께 장태염(章太炎)에게 국학(國學)을 배우면서 음운·훈고 등을 연구하였으며, 이후 북경대(北京大)·청화대(清華大)·연경대(燕京大) 등에서 강의를 하였다. 저서에 《문자학음편(文字學音篇)》·《설문부수금독(說文部首今讀)》 등이 있다.

정대창(程大昌, 1123-1195) 자는 태지(泰之)로, 휘주(徽州) 휴령(休寧) 사람이다. 송대의 경학가로, 1151년 진사가 되어 저작좌랑(著作佐郎)·용도각 학사(龍圖閣學士) 등을 역임하였다. 저술로 《역원(易原)》·《시론(詩論)》 등이 있다. 시호는 문간(文簡)이다.

정섭(鄭燮, 1693-1765) 자는 극유(克柔), 호는 판교(板橋)로, 청대의 화가·서예가·문장가이다. 강희제 때 수재(秀才)가 되었고, 옹정제 때 거인(擧人)이 되었으며, 건륭제 때 진사(進士)가 되었다.

정수덕(程樹德, 1877-1944) 자는 욱정(郁庭)으로, 복건(福建) 복주(福州) 사람이다. 중국의 법률사(法律史)를 연구했던 근대의 학자이다. 일본의 법정대학(法政大學)으로 유학을 떠나 법률을 공부하였으며, 귀국 후에는 북양정부참정원(北洋政府參政院)의 참정(參政), 국무원법제국(國務院法制局)의 참사(參事) 등을 역임하였다. 북경대학(北京大學)·북평대학법학원(北平大學法學院)·청화대학(清華大學) 등에서 교수를 역임하였다. 대표작인 《논어집석(論語集釋)》 외에도 저서에 《구조율고(九朝律考)》·《중국법제사(中國法制史)》·《한율고(漢律考)》 등이 있다.

정안(丁晏, 1794-1875) 자는 검경(儉卿), 호는 자당(柘堂)으로, 강소(江蘇) 산양(山陽) 사람이다. 평생 정현의 학문을 좋아하고 한학(漢學)과 송학(宋學)의 융합을 주장하였다. 《상서여론(尙書餘論)》 외에도 저서로 《모정시석(毛鄭詩釋)》·《시고보주(詩考補注)》 등이 있다.

정요전(程瑤田, 1725-1814) 자는 이전(易田)·이주(易疇), 호는 양당(讓堂)으로, 안휘(安徽) 흡현(歙縣) 사람이다. 휘파(徽派) 박학(樸學)의 대표적인 인물 중 하나로, 대진(戴震)과 같이 강영(江永)에게 배웠다. 훈고에 능하였으며, 실물(實物)을 사용하여 사료(史料)를 정리해야 한다고 주장하여 전통 사료학(史料學)과 박물(博物)·고고(考古)를 결합하는 연구 방법을 창안하였다. 저서로 《우공삼강고(禹貢三江考)》·《주비용구법(周髀用矩法)》·《고공창물소기(考工創物小記)》·《경절고의(磬折古義)》 등이 있다.

정이(程頤, 1033-1107) 자는 정숙(正叔), 호는 이천(伊川)으로, 하남(河南) 낙양(洛陽) 사람이다. 정호(程顥)의 동생으로, 형제가 함께 주돈이(周敦頤)에게 수학하였으며 낙양에서 강학하였으므로, 그들의 학문을 낙학(洛學)이라 한다. 태학에서 수학한 뒤 비서성 교서랑(秘書省校書郞)·숭정전 설서(崇政殿說書) 등을 역임하였으며, 왕안석(王安石)의 신법에 반대하였다. 저서에 《역전(易傳)》 등이 있으며, 일군의 저서들이 정호의 저술과 함께 《이정전서(二程全書)》로 편찬되었다. 시호는 정공(正公)이다.

정중(鄭衆, ?-83) 자는 중사(仲師)이며, 하남(河南) 개봉(開封) 사람으로, 정흥(鄭興)의 아들이다. 부친의 좌씨학을 계승하였고 《주역》·《시경》·《주례》 등에 밝았다. 저서로 《주례정사농해고(周禮鄭司農解詁)》·《주역정사농주(周易鄭司農注)》 등이 있다.

정지동(鄭知同, 1831-1890) 자는 백경(伯更)으로, 귀주(貴州) 준의현(遵義縣) 사람이다. 아버지 정진(鄭珍)의 가학을 잇고 요언시(姚彦時)에게 수학했는데,

소학(小學)에서 성취가 높았다. 광서(光緖) 13년(1887)에는 광아서국(廣雅書局)의 총찬(總纂)을 역임하였다. 《초사고변(楚辭考辨)》 외에도 저서로 《설문본경답부(說文本經答部)》·《경의신사편(經義愼思篇)》·《예석정문(隸釋訂文)》 등이 있다.

정초(鄭樵, 1104-1162) 자는 어중(漁仲)이며, '협제(夾漈) 선생'으로 불렸다. 남송의 역사가로, 상고 시대부터 당대(唐代)까지 역대 제도의 변천을 다룬 《통지(通志)》를 지었다. 이 외의 저서로 《이아주(爾雅注)》·《시변망(詩辨妄)》·《육경오론(六經奧論)》·《계성악보(系聲樂譜)》 등을 지었으며, 문집으로 《협제유고(夾漈遺稿)》가 있다.

정현(鄭玄, 127-200) 자는 강성(康成)으로, 북해(北海) 고밀(高密) 사람이다. 태학에 들어가 제오원선(第五元先)에게 경씨역학(京氏易學)과 《공양전》 등 금문경학을 배웠으며, 그 밖에도 마융(馬融)·장공조(張恭祖)·노식(盧植) 등을 사사하면서 고문경전과 금문경전을 배웠다. 《모시》에 전(箋)을, 삼례(三禮)에 주석을 달았다. 그 밖에도 《육예론(六藝論)》·《발공양묵수(發公羊墨守)》·《기곡량폐질(起穀梁廢疾)》·《침좌씨고황(鍼左氏膏肓)》 등을 지었다.

정호(程顥, 1032-1085) 자는 백순(伯淳), 호는 명도(明道)로, 하남(河南) 낙양(洛陽) 사람이다. 동생 정이(程頤)와 함께 주돈이에게 수학하여 송대 이학의 기초를 마련하였다. 인종(仁宗) 가우(嘉祐) 3년(1058) 진사가 된 후 상원현 주부(上元縣主簿)·태자중윤(太子中允) 등을 역임하였다. 정이의 저술과 함께 편집된 《이정전서(二程全書)》 외에도 이들 형제의 저작들이 주희가 편집한 《이정유서(二程遺書)》·《이정외서(二程外書)》, 양시(楊時)가 편집한 《이정수언(二程粹言)》 등에 수록되어 있다. 시호는 순공(純公)이다.

정흥(鄭興, 동한) 자는 소공(少贛)으로, 하남(河南) 개봉(開封) 사람이다. 젊어서 《공양전》을 배웠고, 후에 경학박사 김자엄(金子嚴)에게 《좌전》을 배웠다.

명유(名儒) 가규(賈逵)와 함께 '정가지학(鄭賈之學)'으로 병칭되기도 하였으며, 학문은 아들 정중(鄭衆)에게 전해졌다. 광무제(光武帝) 때 간의대부(諫議大夫)를 지냈고, 건무(建武) 6년(30)에 태중대부(太中大夫)가 되었다. 저서인《주례정대부해고(周禮鄭大夫解詁)》가《옥함산방집일서》에 전한다.

제패용(齊佩瑢, 1911-1961) 하북(河北) 정형현(井陘縣) 사람으로, 1930년대에 북경대(北京大) 중문계(中文系)를 졸업하고 북경대에서 교편을 잡으며 훈고(訓詁)·문자(文字) 방면의 연구에 종사하였다.

조경(曹冏, 삼국 위(魏)) 자는 원수(元首)로, 패국(沛國) 사람이다. 당시 위(魏)나라 소제(少帝 : 제왕(齊王) 조방(曹芳))가 막 즉위하여 나이가 어렸기 때문에 조상(曹爽)이 집정하였는데, 조경이《육대론(六代論)》을 짓자 조상에게 미움을 받아 중앙에서 등용되지 못하고 홍농 태수(弘農太守)가 되었다.

조광(趙匡, 당대) 자는 백순(伯循)으로, 하동(河東) 사람이다. 대력(大曆) 연간(766- 779)에 활동한 학자이다. 육순(陸淳)과 함께 담조(啖助)에게《춘추》를 배웠다. 담조의《춘추집전(春秋集傳)》·《춘추통례(春秋統例)》를 보정(補訂)했으며, 저술로《춘추천미찬류의소(春秋闡微纂類義疏)》를 지었으나 산일되었다.

조남성(趙南星, 1550-1627) 자는 몽백(夢白), 호는 제학(儕鶴)·청도산객(清都散客)으로, 하북(河北) 고읍(高邑) 사람이다. 1574년 진사가 되어 이부 상서(吏部尚書)를 지냈으며, 저서에《대학중용정설(大學中庸正說)》·《사운(史韻)》 등이 있다.

조명성(趙明誠, 1081-1129) 자는 덕보(德甫)로, 밀주(密州) 제성(諸城) 사람이다. 저명한 금석학가(金石學家)로, 부친은 재상 조정지(趙挺之)이다. 부인 이청조(李清照)의 도움으로《금석록(金石錄)》을 지어 삼대(三代)부터 수·당·오대까지 금석 탁본 총 2000종을 수록하였다.

조방(趙汸, 1319-1369) 자는 자상(子常), 호는 동산(東山)으로, 휴령(休寧) 사람이다. 황택(黃澤)을 사사하여 역상(易象)과 《춘추》를 배웠다. 《원사(元史)》 편찬에 참여했으며, 저서로 《동산존고(東山存稿)》·《춘추집전(春秋集傳)》 등이 있다.

조보좌(曹輔佐, 동진(東晉)) 이름은 비(毗)로, 보좌는 자이다. 초국(譙國) 사람이다. 저작랑(著作郎), 구장령(句章令), 태학 박사(太學博士), 상서랑(尙書郎), 하비 태수(下邳太守) 등을 역임하였다. 그가 지은 〈섭강부(涉江賦)〉·〈추흥부(秋興賦)〉·〈공후부(箜篌賦)〉 등이 《예문유취(藝文類聚)》와 《초학기(初學記)》에 실려 있으며, 문집으로 《진광록훈조비집(晉光祿勳曹毗集)》이 있었다.

조언재(趙彥材, 송대) 자는 차공(次公)으로, 촉(蜀) 사람이다. 존칭하여 조수(趙傁)라고도 한다. 두보의 시를 교정하고 주석을 달아 《조차공집주두시(趙次公集註杜詩)》를 지었으며, 또 《신정두공부고근체시선후병해(新定杜工部古近體詩先後幷解)》를 지었다.

조원임(趙元任, 1892-1982) 자는 선중(宣仲)으로, 강소(江蘇) 상주(常州) 사람이며, 천진(天津)에서 태어났다. 중국 현대의 저명한 언어학자이다. 1910년 미국으로 유학을 떠난 뒤, 하버드대학에서 철학 박사 학위를 취득하였다. 하버드대학·청화대학(淸華大學) 등에서 교수를 역임하였다. 저서에 《현대오어적연구(現代吳語的研究)》·《중국화적문법(中國話的文法)》·《어언문제(語言問題)》·《중국사회어언학면면관(中國社會語言學面面觀)》 등이 있다.

조익(趙翼, 1727-1814) 자는 운숭(雲崧)·운송(耘松), 호는 구북(甌北)으로, 양호(陽湖) 사람이다. 대표작인 《입이사찰기(廿二史札記)》 외에도 저서로 《해여총고(陔餘叢考)》·《첨폭잡기(簷曝雜記)》 등이 있다.

조조(晁錯, 기원전 200-기원전 154) 영천(潁川) 사람이다. 처음에는 법가의 학술을 배웠으며, 후에는 복생(伏生)으로부터 《상서》를 전수받았다. 문제(文帝) 때 태상장고(太常掌故)가 되었으며, 이후 태자사인(太子舍人)·박사(博士)·어사대부(御史大夫) 등을 역임하였다. 제후왕들의 영지를 삭감하는 삭번책(削藩策)을 주장하여 경제(景帝)가 이를 채택했다가 오초칠국(吳楚七國)의 난이 일어나자, 제후왕들을 회유하려는 목적으로, 처형되었다. 경제에게 올린 상소 가운데 〈논귀속소(論貴粟疏)〉·〈수변권농소(守邊勸農疏)〉·〈언태자의지술수소(言太子宜知術數疏)〉 등이 유명하다.

조조(曹操, 155-220) 자는 맹덕(孟德)으로, 패국(沛國) 초(譙) 사람이다. 묘호(廟號)는 태조(太祖), 시호는 무황제(武皇帝)이다. 황건적의 난을 평정하는 데 공을 세웠으며, 동탁(董卓)이 죽은 후에는 헌제(獻帝)를 끼고 천하를 호령하였다. 건안(建安) 13년(208)에는 승상(丞相), 건안 18년(213) 위공(魏公)을 거쳐 건안 21년(216)에는 위왕(魏王)에 올랐다. 병법에 조예가 있어 《손자약해(孫子略解)》를 짓기도 하였으며, 아들인 조비(曹丕)·조식(曹植) 등과 더불어 '삼조(三曹)'로 불릴 만큼 문학적 재능도 뛰어났다. 〈단가행(短歌行)〉 외에도 문학작품으로는 〈귀수수(龜雖壽)〉·〈관창해(觀滄海)〉 등이 유명하며, 문집으로는 《위무제집(魏武帝集)》이 있다.

조충지(祖冲之, 429-500) 자는 문원(文遠)으로, 범양(范陽) 주현(遒縣) 사람이다. 남조 송나라 효무제(孝武帝) 때 장수교위(長水校尉)·알자복야(謁者僕射) 등을 역임하였다. 《구장산술의주(九章算術義注)》를 지을 만큼 수학에 능했으며, 《대명력(大明曆)》을 만들었다. 경학에도 조예가 깊어 《논어》와 《효경》에 주석을 달기도 하였다.

조환광(趙宧光, 1559-1625) 자는 범부(凡夫)·수신(水臣), 호는 광평(廣平)으로, 태창(太倉) 사람이다. 자학(字學)을 정밀히 연구했으며 전각(篆刻)에도 능했다. 《설문장전(說文長箋)》 외에도 저서로 《육서장전(六書長箋)》·《한산추담(寒山帚談)》 등이 있다.

주기(朱冀, 청대) 자는 천한(天閑), 호는 회암(悔庵)으로, 오현(吳縣) 사람이다. 그의 저작인《이소변(離騷辯)》에서는 주희(朱熹)와 임운명(林雲銘)의 설을 인용하면서 내용에 따라 이들을 부연하거나 반박하였다.

주기봉(朱起鳳, 1874-1948) 자는 단구(丹九)로, 해령(海寧) 원화(袁花) 출신이다. 17세에 해염(海鹽)의 명유 서인석(徐麟石)을 사사하였으며, 협석미업학당(硤石米業學堂)과 국학전수관(國學專修館)의 교원, 협석도서관(硤石圖書館)의 관장을 지냈다. 1911년 동맹회(同盟會)에 가입하였으며, 신해혁명 때 남경을 점령하자 철도전문가 서유량(徐騮良)이 철로를 수리하는 철도대대(鐵道大隊)를 조직하였는데, 혁명군을 따라 북상하면서 대대비서(大隊秘書)와 진포철로남국비서(津浦鐵路南局秘書)를 맡았다. 2차 혁명이 실패하게 되자 고향으로 돌아와 평생 문자학과 훈고학을 연구하였다. 이후로 교육부 국어통일주비위원회(國語統一籌備委員會)의 편찬위원을 지냈으며,《사통(辭通)》을 지은 것 외에도《사해(辭海)》를 편찬하는 데 참여하기도 하였다.

주계해(朱季海, 1916-2011) 이름은 학호(學浩)이며, 계해는 자이다. 삼림향(三林鄉) 사람으로, 16세에 장병린(章炳麟)을 사사했는데, 그의 문하생 중 가장 어렸다. 소주중학(蘇州中學)·소주철도사범학원(蘇州鐵道師範學院) 등에서 강의했으며, 저서에《장자고언(莊子故言)》·《남제서교의(南齊書校議)》 등이 있다.

주공천(朱公遷, 원대) 자는 극승(克升)으로, 강서(江西) 낙평(樂平) 사람이다. 순제(順帝) 지정(至正) 연간(1341-1367) 초에 한림직학사(翰林直學士)가 되었으며, 처주(處州)와 무주(婺州)의 교수를 지냈다. 서재 이름을 따서 학자들이 '명소(明所) 선생'이라고 불렀다. 주희의《시집전(詩集傳)》을 발명하기 위해《시경소의(詩經疏義)》를 지었으며, 이 외의 저서로《여력고(餘力稿)》·《사서약설(四書約說)》 등이 있다.

주대박(周大璞, 1909-1993) 1937년 무한대학(武漢大學) 중문계를 졸업하고 어문학·한어사(漢語史)·훈고학(訓詁學)을 전공하였다. 이후 무한대학 중문계 교수를 지냈고, 고적정리연구소(古籍整理研究所)의 회장을 역임했으며, 중국훈고학회(中國訓詁學會)와 호북성어언학회(湖北省語言學會) 부회장을 역임하였다. 유우창(劉禹昌)·왕계흥(王啓興)과 공역한 《고문관지주역(古文觀止注譯)》 외에도 저서에 《어언학개론(語言學概論)》·《한어어법사요략(漢語語法史要略)》·《훈고학요략(訓詁學要略)》 등이 있다.

주돈이(周敦頤, 1017-1073) 자는 무숙(茂叔), 호는 염계(濂溪)로, 도주(道州) 영도(營道) 사람이다. 염학(濂學)을 창시한 학자로, 정호·정이·소옹(邵雍)·장재(張載) 등과 함께 북송오자(北宋五子)로 일컬어진다. 진박(陳摶)의 〈무극도(無極圖)〉를 참고하여 세계의 본체 및 형성과 발전을 도식화한 〈태극도(太極圖)〉를 만들었다. 대표작으로 〈태극도설(太極圖說)〉·《통서(通書)》 등이 있으며, 청대(淸代)에 와서 일군의 저작들이 《주자전서(周子全書)》로 편집되었다. 시호는 원공(元公)이다.

주생렬(周生烈, 삼국 위(魏)) 자는 알려져 있지 않으며, 돈황(敦煌) 사람이다. 생몰년은 미상이나, 대략 220년 전후로 생존하였다. 저서로 《주생자요론(周生子要論)》을 지었다 하나 전해지지 않으며, 《주생렬자(周生烈子)》의 일부가 《태평어람(太平御覽)》에 남아 있다.

주우(朱右, 1314-1376) 자는 백현(伯賢)·서현(序賢), 호는 추양자(鄒陽子)로, 절강(浙江) 임해(臨海) 사람이다. 진덕영(陳德永)에게 수학했으며 《홍무정운(洪武正韻)》 편수에 참여했다. 저서로 《춘추유편(春秋類編)》·《심의고오(深衣考誤)》·《진한문형(秦漢文衡)》 등이 있다.

주우증(朱右曾, 청대) 자는 존로(尊魯)·양보(亮甫)로, 강소(江蘇) 가정(嘉定) 사람이다. 도광(道光) 18년(1838) 진사에 합격하였으며, 훈고·여지(輿地)에 능통했다. 《일주서집훈교석(逸周書集訓校釋)》 외에도 저서로 《좌씨전해의(左氏傳

解誼)》·《춘추좌전지리증(春秋左傳地理證)》·《시지리증(詩地理證)》 등이 있다.

주자청(朱自清, 1898-1948) 본명은 자화(自華)로, 나중에 자청으로 개명하였다. 자는 패현(佩弦), 호는 추실(秋實)로, 절강(浙江) 소흥(紹興) 사람이다. 중국 현대의 산문가·시인·학자이다. 《시언지변(詩言志辨)》 외에도 작품과 저서에 《설조(雪朝)》·《춘(春)》·《정독지도거우(精讀指導擧隅)》·《국문교학(國文教學)》 등이 있다.

주조연(朱祖延, 1922-2011) 강소(江蘇) 보응(寶應) 사람이다. 1947년 중앙대학(中央大學) 중국문학계(中國文學系)를 졸업한 후, 무한사범학원(武漢師範學院) 중문계(中文系) 교수·중국수사학회(中國修辭學會) 부회장·중국훈고학회(中國訓詁學會) 상무이사 등을 역임하였다. 《한어성어대사전(漢語成語大詞典)》·《이아고림(爾雅詁林)》 등을 편찬할 때 주편(主編)을 맡았으며, 저서로는 《고한어수사예화(古漢語修辭例話)》 외에도 《북위일서고(北魏佚書考)》가 있다.

주준성(朱駿聲, 1788-1858) 자는 풍기(豐芑), 호(號)는 윤천(允倩)·석은(石隱)으로, 강소(江蘇) 오현(吳縣) 사람이다. 박학해서 많은 책을 섭렵하였고, 경사(經史)에 능했으며 시부(詩賦)·사장(詞章)에 재주가 있었다. 저작이 매우 많았으나 판각된 것은 《설문통훈정성(說文通訓定聲)》과 《전경당문집(傳經堂文集)》뿐이다. 주기봉(朱起鳳)이 편찬한 《사통(辭通)》에 호적(胡適)이 서문을 쓰면서 "《설문통훈정성》은 독창적인 책이다."라고 평하였다.

주학령(朱鶴齡, 1606-1683) 자는 장유(長孺), 호는 우암(愚庵)으로, 강소(江蘇) 오강(吳江) 사람이다. 명대 말에 제생(諸生)으로 있다가 청대 이후에는 은거하며 경학에 몰두했다. 저서로 《춘추집설(春秋集說)》·《시경통의(詩經通義)》·《상서비전(尙書埤傳)》 등이 있다.

주희(朱熹, 1130-1200) 자는 원회(元晦)·중회(仲晦), 호는 회암(晦庵)·회옹

(晦翁)·운곡산인(雲谷山人)·창주병수(滄洲病叟)·돈옹(遯翁)으로, 휘주(徽州) 무원(婺源) 사람이다. 그의 《초사집주(楚辭集注)》는 왕일(王逸)과 홍흥조(洪興祖)의 연구 성과를 흡수하는 동시에 그들의 오류도 지적해 내어 많은 새로운 설을 제기하였다. 이 외에 주석서로 《사서집주(四書集注)》·《태극도설해(太極圖說解)》·《통서해(通書解)》·《서명해(西銘解)》·《주역본의(周易本義)》 등을 지었으며, 다른 저작으로는 《자치통감강목(資治通鑑綱目)》·《사서혹문(四書或問)》 등이 있다. 문집으로는 《주자대전(朱子大全)》이 있으며, 그가 생전에 했던 말들은 《주자어류(朱子語類)》로 편집되었다. 시호는 문공(文公)이다.

지겸(支謙, 삼국 오(吳)) 자는 공명(恭明)으로, 월지(月支) 사람이다. 불경 번역가로, 한 헌제(漢獻帝) 말엽에 오나라로 피신하였는데, 손권(孫權)으로부터 박사(博士)에 임명되어 태자 손등(孫登)을 보좌하였다. 번역서에 《유마경(維摩經)》·《법구경(法句經)》 등이 있다.

지념(志念, 535-608) 수나라 때의 승려로, 신도(信都) 사람이며, 속성은 진씨(陳氏)이다. 개황(開皇) 17년(597) 대흥국사(大興國寺)에서 강의할 때 사방의 인사들이 운집하였다. 《가연잡심론소(迦延雜心論疏)》 외에도 《광초(廣鈔)》를 지었다.

지위성(支偉成, 1899-?) 자는 무기(懋祺)로, 강소(江蘇) 진강(鎭江) 사람이다. 상해성립상업학교(上海省立商業學校) 및 대동대학(大同大學)을 졸업하고 국립동남대학(國立東南大學)에서 박사과정을 마쳤다. 1925년 강소성립제일도서관 주임(江蘇省立第一圖書館主任)을 지냈으며, 국립제사중산대학(國立第四中山大學) 중국문학과 교수를 지냈다. 편서로 《청대박학대사열전(淸代樸學大師列傳)》·《묵자종석(墨子綜釋)》·《장자교석(莊子校釋)》·《국학용서유술(國學用書類述)》·《초사지연구(楚辭之硏究)》 등이 있다.

지의(智顗, 538-597) 남조 진(陳), 수(隋)나라 때의 승려로, 자는 덕안(德安)이며, 형주(荊州) 화용(華容) 사람이다. 속성은 진씨(陳氏)로, 상주(湘州) 과원사(果願寺)에서 출가하였다. 《법화문구(法華文句)》·《법화현의(法華玄義)》 외에도 《마하지관(摩訶止觀)》·《유마경소(維摩經疏)》 등을 지었다.

진교역(陳橋驛, 1923-) 본명은 경균(慶均)으로, 절강(浙江) 소흥(紹興) 사람이다. 역사지리학자로, 《수경주(水經注)》를 전문적으로 연구하였다. 항주대학(杭州大學) 지리계(地理系) 교수를 역임하고, 절강대학(浙江大學) 지구과학계(地球科學系)의 종신교수이다. 《수경주문헌록(水經注文獻錄)》 외에도 저서에 《수경주교석(水經注校釋)》·《수경주교증(水經注校證)》·《수경주연구(水經注研究)》 등이 있다.

진교종(陳喬樅, 1809-1869) 자는 박원(樸園)·수자(樹滋)로, 민현(閩縣) 사람이다. 정주학(程朱學)만 추숭하는 데 반대하고 한학(漢學)을 강조하였다. 아버지 진수기(陳壽祺)의 유업을 계승하여 《금문상서경설고(今文尚書經說考)》·《예기정독고(禮記鄭讀考)》 등을 지었으며, 그 밖에 《모시정전개자고(毛詩鄭箋改字考)》·《예당경설(禮堂經說)》·《시위집증(詩緯集證)》 등을 지었다.

진군(陳群, ?-236) 자는 장문(長文)으로, 영천(潁川) 사람이며 태구장(太丘長) 진식(陳寔)의 손자이다. 조조(曹操)부터 위 명제(魏明帝)에 이르기까지 조위(曹魏) 정권의 예제(禮制)와 정치제도 건설에 공헌하였다.

진기유(陳奇猷, 1917-2006) 광동(廣東) 소관(韶關)에서 출생하였으며, 문헌학자인 손인화(孫人和)를 사사하여 큰 영향을 받았다. 《한비자》와 《여씨춘추》의 연구에 일생을 바쳤다. 주요 저서로는 《한비자집석(韓非子集釋)》·《여씨춘추교석(呂氏春秋校釋)》·《한비자신교주(韓非子新校注)》·《여씨춘추신교석(呂氏春秋新校釋)》 등이 있다.

진망도(陳望道, 1891-1977) 본명은 참일(參一)·융(融), 필명으로는 진불돌(陳

佛突)·진설범(陳雪帆)·남산(南山)·장화(張華) 등이 있으며, 절강(浙江) 의오(義烏) 사람이다. 수사학(修辭學)·어법학(語法學)을 연구하였다. 1915년 일본으로 유학을 떠나 동양대학(東洋大學)·와세다대학에서 공부하였다. 1919년 귀국한 뒤 상해대(上海大)·복단대(復旦大)·안휘대(安徽大) 등에서 교수를 역임하였다. 대표작인 《수사학발범(修辭學發凡)》 외에도 저서에 《작문법강의(作文法講義)》·《진망도어문논집(陳望道語文論集)》·《진망도수사논집(陳望道修辭論集)》 등이 있다.

진법(陳法, 청대) 자는 세수(世垂)·성천(聖泉), 호는 정재(定齋)로, 귀주(貴州) 안평(安平) 사람이다. 강희(康熙) 52년(1713) 진사에 급제한 후 한림원 서길사(翰林院庶吉士)·형부 낭중(刑部郎中)을 역임하였다. 지방관으로 재임하면서 치수(治水)를 연구하는 데 힘썼고, 후에는 학문을 연구하며 귀산서원(貴山書院)에서 20년간 강의했다. 저서로 《명변록(明辨錄)》·《성심록(醒心錄)》 등이 있다.

진봉형(陳逢衡, 1778-1855?) 자는 이장(履長), 호는 목당(穆堂)으로, 강소(江蘇) 강도(江都) 사람이다. 《일주서보주(逸周書補注)》 외에도 저서로 《죽서기년집증(竹書紀年集證)》·《목천자전주보정(穆天子傳注補正)》 등이 있다.

진사개(陳師凱, 원대) 자는 도용(道勇)으로, 남강(南康) 사람이다. 여산(廬山) 동회택(東匯澤)에 은거하면서 저술에 진력하였다. 대표작으로 《서채전방통(書蔡傳旁通)》을 지었다.

진수기(陳壽祺, 1771-1834) 자는 공보(恭甫), 호는 좌해(左海)·은병산인(隱屛山人)으로, 민현(閩縣) 사람이다. 벼슬은 한림원 편수(翰林院編修)를 지냈다. 경학에 있어 한(漢)·당(唐)의 대의를 터득하고 시문은 육조(六朝)·삼당(三唐)의 풍격이 있으며, 오봉서원(鼇峯書院)에서 강학하였다. 《오경이의소증(五經異義疏證)》 외에도 저술에 《좌해전집(左海全集)》이 있다.

진력(陳櫟, 1252-1334) 자는 수옹(壽翁), 호는 정우(定宇)·동부노인(東阜老人)으로, 안휘(安徽) 휴령(休寧) 사람이다. 송말 원초의 경학가로 주희의 학문을 숭상하였는데, 송나라가 망하자 은거하여 학문과 제자 양성에 힘썼다. 주희 및 제가의 설을 채집하고 자신의 견해를 덧붙여 《상서집전찬소(尙書集傳纂疏)》를 저술하였다. 그 밖에도 《사서발명(四書發明)》·《예기집의(禮記集義)》 등을 지었다.

진원(陳垣, 1880-1971) 자는 원암(援庵)·원암(圓庵)으로, 광동(廣東) 신회(新會) 사람이다. 원국(援國)이라는 이름을 사용하기도 하였으며, 서재 이름이 여운서옥(勵耘書屋)이므로 여운주인(勵耘主人)·여운옹(勵耘翁)으로도 불린다. 어려서부터 《서목답문(書目答問)》·《사고전서간명목록(四庫全書簡明目錄)》을 비롯하여 군서(群書)들을 탐독하였다. 역사학·종교학 등을 연구하였으며, 사교법(四校法)을 제창하는 등 교감학에 대해서도 업적을 남겼다. 《교감학석례(校勘學釋例)》 외에도 저서에 《사휘거례(史諱擧例)》·《중국불교사적개론(中國佛教史籍槪論)》·《통감호주표미(通鑑胡注表微)》 등이 있으며, 일군의 저서들이 《여운서옥총각(勵耘書屋叢刻)》으로 정리되었다.

진자전(陳子展, 1898-1990) 원명은 병곤(炳堃)이며, 자전(子展)은 그의 자이다. 호남(湖南) 장사(長沙) 사람으로, 1933년 복단대(復旦大)의 교수를 역임했다. 다수의 잡문과 시가, 문예 평론을 발표했으며, 이후에는 오랫동안 《시경》·《초사》 연구에 종사했다. 저서와 역서에 《중국근대문학지변천(中國近代文學之變遷)》·《최근삼십년중국문학(最近三十年中國文學)》·《국풍선역(國風選譯)》·《시경직해(詩經直解)》·《초사직해(楚辭直解)》 등이 있다.

진제(陳第, 1541-1617) 자는 계립(季立), 호는 일재(一齋)·온마산농(溫麻山農)으로, 복건(福建) 연강(連江) 사람이다. 《모시고음고(毛詩古音考)》 외에도 저서로 《독시졸언(讀詩拙言)》·《굴송고음의(屈宋古音義)》 등이 있다.

진직(陳直, 1901-1980) 원명은 방직(邦直)이며 자는 진환(進宦), 호는 모려(摹廬)·농와옹(弄瓦翁)이다. 진한사(秦漢史) 연구가로, 《한서신증(漢書新證)》 외에도 저서에 《사기신증(史記新證)》·《사한문답(史漢問答)》·《주진제자술략(周秦諸子述略)》·《모려금석록(摹廬金石錄)》 등이 있다.

진태교(陳泰交, 명대) 아명은 원간(元侃)이며, 자는 치부(稺孚)·동천(同倩), 호는 접해(鰈海)로, 가흥(嘉興) 사람이다. 대략 1624년 전후로 생존했으며 만력(萬曆) 연간(1573-1620)에 국자감생(國子監生)이 되었다. 문집으로는 《재지재집(齋志齋集)》이 있다.

진풍(陳澧, 1810-1882) 자는 난보(蘭甫), 호는 동숙(東塾)으로, 광동(廣東) 번우(番禺) 사람이다. 도광(道光) 12년(1832) 거인이 된 후 하원현 훈도(河源縣訓導)·학해당 학장(學海堂學長) 등을 역임하였고, 만년에는 국파정사(菊坡精舍)의 주강(主講)이 되었다. 한학(漢學)과 송학(宋學)을 모두 존중했고 경학과 소학에 조예가 깊었으며 경세치용의 학문을 주장하였다. 《동숙독서기(東塾讀書記)》 외에도 저서에 《한유통의(漢儒通義)》·《성률통고(聲律通考)》·《절운고(切韻考)》 등이 있다.

진호(陳澔, 1260-1341) 자는 가대(可大), 호는 운주(雲住)·북산수(北山叟)로, 남강부(南康府) 도창현(都昌縣) 사람이다. '경귀(經歸) 선생'으로도 부르는데, 그가 세운 운주서원(雲住書院)을 경귀서원(經歸書院)이라고도 한다. 학문에 잠심하였으며, 원나라가 들어섰음에도 벼슬하지 않았다. 대표작으로는 《예기집설(禮記集說)》이 있다.

진환(陳奐, 1786-1863) 자는 석보(碩甫), 호는 사죽(師竹)·남원노인(南園老人)으로, 강소(江蘇) 장주(長州) 사람이다. 함풍(咸豐) 원년(1851)에 효렴방정(孝廉方正)으로 천거되었다. 단옥재(段玉裁)를 사사하였으며, 왕염손(王念孫)·왕인지(王引之) 부자와 종유하였다. 《시경》을 정밀하게 연구하여 《시모씨전소(詩毛氏傳疏)》 외에도 《모시설(毛詩說)》·《모시음(毛詩音)》·《시의류(詩義類)》·《정씨전고증(鄭氏箋考證)》 등을 지었다.

채옹(蔡邕, 132-192) 자는 백개(伯喈)로, 진류(陳留) 어현(圉縣) 출신이다. 건녕(建寧) 3년(170) 영제(靈帝)의 낭중(郎中)이 되어 동관(東觀)에서 서적 교정에 종사하였으며, 189년 동탁(董卓)에게 발탁되었으나 동탁이 죽음을 당한 후 투옥되어 옥중에서 사망하였다. 태학(太學)의 문 밖에 희평석경(熹平石經)을 세운 것으로 유명하다. 저서에 《독단(獨斷)》이 있으며, 문집으로는 《채중랑집(蔡中郎集)》이 있다.

채원배(蔡元培, 1868-1940) 자는 학경(鶴卿)·민우(民友)로, 절강(浙江) 소흥(紹興) 사람이다. 중국 근대의 교육자이자 정치가이다. 광서(光緖) 15년(1889) 거인이 된 후 한림원 서길사(翰林院庶吉士)·한림원 편수(翰林院編修) 등을 지냈으며, 광서 24년(1898) 무술정변(戊戌政變)을 계기로 관직을 떠나 신교육에 의한 중국 혁신에 뜻을 두었다. 1902년 중국 교육회를 조직하였으며, 1907년 독일로 유학을 떠나 철학과 윤리학을 공부하였다. 귀국한 후 청(淸) 정부의 탄압에 의해 일본으로 망명하여, 손문(孫文)을 비롯한 혁명 지사들과 교유하였다. 1912년 중화민국이 성립한 후에는 초대 교육총장이 되었으며, 1916년에는 북경대학(北京大學)의 학장이 되어 진독수(陳獨秀)·호적(胡適) 등을 교수로 채용하여 새로운 기풍을 진작시켰다. 저서에 《중국윤리학사(中國倫理學史)》·《채원배자술(蔡元培自述)》 등이 있다.

채침(蔡沈, 1167-1230) 자는 중묵(仲默), 호는 구봉(九峰)으로, 건주(建州) 건양(建陽) 사람이다. 채원정(蔡元定)의 아들로, 주희(朱熹)에게 수학하였다. 주희는 만년에 채침에게 《서집전(書集傳)》을 완성하라고 당부하였다. 《홍범황극(洪範皇極)》·《채구봉서법(蔡九峰筮法)》 등을 지었다.

초순(焦循, 1763-1820) 자는 이당(理堂)으로, 강소(江蘇) 감천(甘泉) 사람이

다. 가경(嘉慶) 6년(1801) 거인(擧人)이 되었으나, 과거에 낙방한 후에는 저술에 힘썼다. 대표작인 《맹자정의(孟子正義)》 외에도 《논어통석(論語通釋)》·《역장구(易章句)》·《육경보소(六經補疏)》 등을 지었다.

최술(**崔述**, 1740-1816) 자는 무승(武承), 호는 동벽(東壁)이며, 하북(河北) 대명(大名) 사람이다. 복건(福建)의 지현(知縣)을 지낸 뒤, 향리로 돌아와 저술에만 전념하였다. 고증학자였으나 독자적이고 합리적인 정신으로 경서에 관한 한유(漢儒)의 주해를 믿지 않았고, 또 경서 전반을 비판적으로 다루었다. 특히 《예기》는 성인의 경(經)이 아니며 《주례》를 잡서라고 하는 등, 대담한 방법으로 고대의 역사 사실에 대한 재검토를 단행하였다. 그의 학설은 당시 거의 외면당하였으나 근래에 재평가가 이루어졌다. 《고문상서변위(古文尙書辨僞)》 외에도 저서에 《고신록(考信錄)》이 있다.

축덕린(**祝德麟**, 1742-1798) 자는 지당(趾堂), 호는 지당(芷塘)으로, 절강(浙江) 해령(海寧) 원화(袁花) 사람이다. 관직생활이 맞지 않아 내쫓긴 뒤로는 운간서원(雲間書院)에서 강의하였다. 《오인걸이소초목소변증(吳人傑離騷草木疏辨證)》 외에도 시문집으로 《열친루시집(悅親樓詩集)》·《외집(外集)》·《갱운초집(賡雲初集)》 등이 있다.

포기룡(**浦起龍**, 1679-1762) 자는 이전(二田), 호는 해선(孩禪)·삼산창부(三山傖父)로, 무석(無錫) 사람이다. 옹정(雍正) 8년(1730)에 진사가 된 후, 소주부학 교수(蘇州府學敎授)와 자양서원(紫陽書院)의 주지(主持)를 역임하였다. 저명한 학자 왕창(王昶)·전대흔(錢大昕)·왕명성(王鳴盛) 등이 그의 문하에서 수업을 받았다. 송대에서 청대에 이르기까지 제가(諸家)의 주석을 참고하여 《독두심해(讀杜心解)》를 지었으며, 《좌전》·《국어》·《전국책》·《초사》·《문선》·《문원영화(文苑英華)》 등에도 주석이나 교감 작업을 진행하였다. 편저에 《사통통석(史通通釋)》·《양밀집(釀蜜集)》 등이 있다.

포표(鮑彪, 송대) 자는 문호(文虎)로, 처주(處州) 용천(龍泉) 사람이다. 학문을 독실하게 하고 사학(史學)에 정밀했다. 건염(建炎) 2년(1128) 진사가 되어 태학박사(太學博士)를 역임하였으며, 고종(高宗) 소흥(紹興) 연간(1131-1162)에 사봉원외랑(司封員外郎)을 지냈다. 《전국책주(戰國策注)》 외에도 저서에 《두시주(杜詩注)》·《서해(書海)》·《전국책주(戰國策注)》 등이 있다.

포함(包咸, 기원전 6-65) 자는 자량(子良)으로, 회계(會稽) 곡아(曲阿) 사람이다. 동한의 경학가로, 어려서 제생(諸生)이 되어 장안에서 수업하며 경학박사 우사세군(右師細君)을 사사하여, 《노시(魯詩)》·《논어》를 익혔다. 왕망(王莽) 말년에 향리로 돌아갔다가 건무(建武) 연간(25-56)에 돌아와 황태자에게 《논어》를 가르쳤다. 《논어》에 주석을 달았다.

풍몽정(馮夢禎, 1548-1605?) 자는 개지(開之), 호는 구구(具區)·진실거사(眞實居士)로, 절강(浙江) 수수(秀水) 사람이다. 만력(萬曆) 5년(1577) 진사가 된 후, 편수(編修)·남경국자감 좨주(南京國子監祭酒) 등을 역임하였다. 왕희지의 〈쾌설시청첩(快雪時晴帖)〉을 소장한 뒤에는 당호를 쾌설(快雪)이라 하였다. 소설 〈두생전(竇生傳)〉의 저자이기도 하다. 그 외에 《쾌설당만록(快雪堂漫錄)》·《역대공거지(歷代貢擧志)》 등을 지었으며, 문집으로는 《쾌설당집(快雪堂集)》이 있다.

풍시가(馮時可, 명대) 자는 민경(敏卿), 호는 원성(元成)으로, 화정(華亭) 사람이다. 융경(隆慶) 5년(1571) 진사가 되어 벼슬이 호광포정사 참정(湖廣布政司參政)에 이르렀다. 본래 《좌씨토(左氏討)》·《좌씨론(左氏論)》을 하나로 합친 《좌씨석(左氏釋)》 외에도 저서에 《상지잡설(上池雜說)》·《우항잡록(雨航雜錄)》 등이 있다.

피석서(皮錫瑞, 1850-1908) 자는 녹문(鹿門)·녹운(麓雲)으로, 호남(湖南) 선화(善化) 사람이다. 광서(光緖) 8년(1882) 거인(擧人)이 되었으나 예부시(禮

部試)에 거듭 낙방한 뒤 강학과 저술에 몰두하였다. 대표작인 《경학역사(經學歷史)》·《오경통론(五經通論)》 외에도 《효경정주소(孝經鄭注疏)》·《상서대전소증(尙書大傳疏證)》·《육예론소증(六藝論疏證)》·《구경천설(九經淺說)》 등을 지었다.

필원(畢沅, 1730-1797) 자는 양형(纕蘅)·추범(秋帆), 호는 영암산인(靈巖山人)으로, 태창주(太倉州) 진양현(鎭洋縣) 사람이다. 건륭(乾隆) 25년(1760) 진사가 된 후, 한림원 편수(翰林院編修)·하남 순무(河南巡撫)·호광 총독(湖廣總督) 등을 역임하였다. 학문적으로는 경사(經史)·소학(小學)·금석(金石)·지리(地理) 등에 정통하였다. 《묵자교주(墨子校注)》 외에도 저서에 《속자치통감(續資治通鑑)》·《설문해자구음(說文解字舊音)》·《석명소증(釋名疏證)》 등이 있다.

하관(賀寬, 청대) 자는 첨도(瞻度), 호는 자암(柘菴)으로, 강소(江蘇) 단양(丹陽) 사람이다. 순치(順治) 9년(1652) 진사가 되어 대리시 평사(大理寺評事)·조주 사리(潮州司李) 등을 지냈다. 저서에 《이소전석(離騷箋釋)》이 있다.

하안(何晏, 193?-249) 자는 평숙(平叔)으로, 남양(南陽) 완(宛) 사람이다. 하진(何進)의 손자로, 조조(曹操)에 의해 양육되었으며, 후에 위(魏)나라의 조상(曹爽)이 집권했을 때 산기상시(散騎常侍)·시중상서(侍中尙書)를 역임하였다. 사상적으로는 노(老)·장(莊)을 선호하고 현학(玄學)을 창도하였다. 《논어집해(論語集解)》 외에도 〈도덕론(道德論)〉·〈무명론(無名論)〉 등을 지었다.

하윤(何胤, 446-531) 자는 자계(子季)로, 여강(廬江) 잠(灊) 사람이다. 유환(劉瓛)에게 《역》·《예기》·《모시》를 배웠으며, 《모시총집(毛詩總集)》·《예기은의(禮記隱義)》·《예문답(禮答問)》 등을 지었다.

하후건(夏侯建, 동한) 자는 장경(長卿)으로, 산동(山東) 동평(東平) 사람이다. 하후승(夏侯勝)·구양고(歐陽高)를 사사하여 《상서》를 배웠으며, 기원전 51년에 있었던 석거각회의(石渠閣會議)에 참석하여 경전을 토론했다. 벼슬은 태자소부(太子少傅)에 이르렀다.

하후승(夏侯勝, 기원전 152-기원전 61) 자는 장공(長公)이며, 산동 동평 사람이다. 하후시창(夏侯始昌)에게 《상서》·《홍범오행전(洪範五行傳)》을 배웠으며 《상서대소하후장구(尙書大小夏侯章句)》·《논어노하후설(論語魯夏侯說)》 등을 지었으나 현전하지 않는다.

하휴(何休, 129-182) 자는 소공(邵公)으로, 임성(任城) 번(樊) 사람이다. 양필(羊弼)에게 《공양전》을 배워 동중서의 사전제자(四傳弟子)가 되었고 금문경학을 집대성했다. 저서에 《춘추공양전해고(春秋公羊傳解詁)》·《관례약제(冠禮約制)》 등이 있다.

학의행(郝懿行, 1755-1823) 자는 순구(恂九), 호는 난고(蘭皐)이며, 산동 서하현(棲霞縣) 사람이다. 가경(嘉慶) 4년(1799) 진사가 되었으나 학문과 저술에만 전념했는데, 해박한 지식으로 경사(經史)·지리(地理)·농학(農學) 등의 분야에서 저서를 남겼다. 대표작인 《이아의소(爾雅義疏)》 외에도 《춘추설략(春秋說略)》·《역설(易說)》·《서설(書說)》·《산해경전소(山海經箋疏)》·《보송서형법지(補宋書刑法志)》·《죽서기년교정(竹書紀年校正)》 등을 지었다.

한강백(韓康伯, 332-380) 이름은 백(伯)이며, 강백은 자이다. 영천(潁川) 장사(長社) 사람으로, 하안(何晏)·왕필(王弼)의 영향을 받았으며, 왕필의 《주역주(周易注)》를 이어 〈계사(繫辭)〉·〈설괘(說卦)〉·〈서괘(序卦)〉·〈잡괘(雜卦)〉 등에 주석을 달았다.

한영(韓嬰, 서한) 한생(韓生)이라고도 한다. 연(燕) 땅 사람으로, 문제(文帝) 때 박사(博士)를 역임하고 경제(景帝) 때 상산왕(常山王)의 태부(太傅)를 지냈다. 《시경》과 《주역》을 깊이 연구했다. 저서인 《한시고(韓詩故)》·《한시내전

(韓詩內傳)》·《한시설(韓詩說)》 등이 《옥함산방집일서(玉函山房輯佚書)》에 집록되어 있다.

한유(韓愈, 768-824) 자는 퇴지(退之)로, 하양(河陽) 사람이며, 일설에는 하내(河內) 남양(南陽) 사람이라고도 한다. 그의 선대가 창려(昌黎)에 거주한 적이 있어, 한 창려(韓昌黎)라고도 한다. 어려서부터 고학(苦學)을 하다가 덕종(德宗) 정원(貞元) 연간(785-805)에 진사가 된 후 국자 박사(國子博士)·국자 좨주(國子祭酒) 등을 역임하였다. 원화(元和) 14년(819) 헌종(憲宗)에게 〈불골표(佛骨表)〉를 올렸다가 조주 자사(潮州刺史)로 좌천되었다. 후에 다시 조정으로 돌아와 경조윤(京兆尹)·이부 시랑(吏部侍郎) 등을 지냈다. 〈진학해(進學解)〉·〈백이송(伯夷頌)〉 외에도 〈원도(原道)〉·〈사설(師說)〉 등 산문 명작이 많으며, 문집으로는 《창려선생집(昌黎先生集)》 등이 있다. 시호는 문공(文公)이다.

한창(韓昶, 799-855) 자는 유지(有之)로, 한유(韓愈)의 아들이다. 벼슬은 좌습유(左拾遺)·국자 박사(國子博士)·검교예부시랑(檢校禮部侍郎) 등을 지냈다.

해녹이(奚祿詒, 청대) 자는 소령(蘇嶺)·극생(克生)으로, 호북(湖北) 황주(黃州) 사람이다. 순치(順治) 16년(1659) 진사에 합격하여 벼슬이 상주부 동지(常州府同知)에 이르렀다. 《황주부지(黃州府志)》 편찬에 참여하기도 하였으며, 저술로는 《초사상해(楚辭詳解)》, 문집으로는 《지진당집(知津堂集)》이 있다.

허신(許愼, 58-147?) 자는 숙중(叔重)으로, 여남(汝南) 소릉(召陵) 사람이다. 고문경학가인 가규(賈逵)를 사사하였으며, 마융(馬融)의 추앙을 받았다. 《설문해자(說文解字)》를 지어 한자의 구조와 의미를 논하고 경학의 훈고를 집대성하였으며, 고문경학과 금문경학의 차이를 논한 《오경이의(五經異義)》를 지었다.

허청기(許淸奇, 청대) 자는 상부(賞夫)로, 복건(福建) 장주(漳州) 사람이다. 저서에 《초사정주(楚辭訂注)》가 있다.

허형(許衡, 1209-1281) 자는 중평(仲平), 호는 노재(魯齋)로, 하내(河內) 사람이다. 국자감 좨주(國子監祭酒)·집현전 대학사(集賢殿大學士)·영태사원사(領太史院事) 등을 역임하였다. 주희의《사서집주》가 과거 시험에 채택되도록 하는 데 기여하였다. 저술로는《독역사언(讀易私言)》·《노재심법(魯齋心法)》, 문집으로는《허노재집(許魯齋集)》이 있다.

현장(玄奘, 602-664) 당나라 때의 승려로, 속성은 진씨(陳氏), 속명은 위(褘)로, 하남(河南) 언사(偃師) 사람이다. 13세에 낙양(洛陽) 정토사(淨土寺)에 들어가 대승경(大乘經)·논(論)을 익혔으며, 무덕(武德) 5년(622) 구족계를 받았다. 불전(佛典)들에 대해 문제의식을 갖고 정관(貞觀) 3년(629) 인도로 떠났다가 정관 19년(645) 귀국하였다. 태종(太宗)의 후원하에 75부(部) 1335권(卷)에 달하는 불전을 한역한 이외에도,《대당서역기(大唐西域記)》를 지었다.

형병(邢昺, 932-1010) 자는 숙명(叔明)으로, 조주(曹州) 제음(濟陰) 사람이다. 두호(杜鎬)·손석(孫奭) 등과《효경》·《논어》·《이아》 등의 의소(義疏)를 교정하였다. 저술로는《논어정의(論語正義)》·《이아정의(爾雅正義)》·《이아의소(爾雅義疏)》·《효경정의(孝經正義)》 등이 있다.

혜관(慧觀, 남조 송(宋)) 속성은 최씨(崔氏)이며, 청하(淸河) 사람이다. 구마라습(鳩摩羅什)이 관중(關中)에 들어왔다는 소식을 듣고 그를 섬겼다. 그가 지은《법화종요(法華宗要)》를 보고 구마라습이 매우 칭찬했다고 한다. 만년에는 도장사(道場寺)에 기거하였으며, 원가(元嘉) 연간(424-453)에 71세로 입적하였다.

혜광(慧光, 468-537) 북제(北齊)의 승려로, 속성은 양씨(楊氏)이며, 정주(定州) 사람이다. 13세에 숭산(嵩山) 소림사(少林寺)에서 체발(剃髮)하였다.《승만경(勝鬘經)》·《유교경(遺教經)》·《온실경(溫室經)》·《인왕경(仁王經)》·《반야경(般若經)》 등에 주석을 단 외에도《재조사분율소(再造四分律疏)》·《대승의장(大乘義章)》을 지었다.

혜동(惠棟, 1697-1758) 자는 정우(定宇), 호는 송애(松崖)로, 강소(江蘇) 오현(吳縣) 사람이다. 조부 혜주척(惠周惕)과 아버지 혜사기(惠士奇)의 가학(家學)을 계승하여 오파경학(吳派經學)을 확립하였는데 한유(漢儒)를 종주로 삼았다. 또한 염약거(閻若璩)의 의견에 따라 《고문상서》를 진대(晉代)의 위작이라고 변증한 《고문상서고(古文尙書考)》를 지었으며, 《주역》에 대해서는 한유들의 설을 참고하여 《주역술(周易述)》·《역한학(易漢學)》·《역례(易例)》를 지었다. 이 외에도 《후한서보주(後漢書補注)》·《구경고의(九經古義)》·《산해경훈찬(山海經訓纂)》 등을 지었다.

혜사기(惠士奇, 1671-1741) 자는 천목(天牧)·중유(仲孺), 호는 반농(半農)·'홍두(紅豆) 선생'이며, 강소(江蘇) 오현(吳縣) 사람으로, 혜동(惠棟)의 아버지이다. 저서로는 《역설(易說)》·《예설(禮說)》·《춘추설(春秋說)》·《대학설(大學說)》·《금적이수고(琴笛理數考)》 등이 있다.

호광(胡廣, 1370-1418) 일명 정(靖)이라고도 한다. 자는 광대(光大), 호는 문암(文庵)으로, 강서(江西) 길수(吉水) 사람이다. 건문(建文) 2년(1400) 진사가 되어 한림원 수찬(翰林院修撰)·문연각 대학사(文淵閣大學士) 등을 지냈다. 영락(永樂) 12년(1414) 황명을 받들어 《사서대전(四書大全)》·《오경대전(五經大全)》 등의 편수를 주관하였다. 문집으로는 《호문목집(胡文穆集)》이 있으며, 시호는 문목(文穆)이다.

호문영(胡文英, 청대) 자는 질여(質餘), 호는 승애(繩崖)로, 상주(常州) 무진(武進) 사람이다. 고증학자이며, 《모시》에 정밀하였다. 저서에 《굴소지장(屈騷指掌)》·《시경봉원(詩經逢源)》·《모시통의(毛詩通義)》·《시소보유(詩疏補遺)》·《시의의석(詩疑義釋)》 등이 있다.

호배휘(胡培翬, 1782-1849) 자는 재병(載屛), 호는 죽촌(竹村)으로, 호광충(胡匡衷)의 손자이다. 대표작인 《의례정의(儀禮正義)》 외에도 저서에 《연침고(燕寢考)》·《체협답문(禘祫答問)》 등이 있다.

호병문(胡炳文, 1250-1333) 자는 중호(仲虎), 호는 운봉(雲峰)으로, 휘주(徽州) 무원(婺源) 사람이다. 원대의 경학가로 주희의 종손에게 《주역》 등을 배웠으며, 강녕 교유(江寧教諭) 등을 지냈다. 저술로 《주역본의통석(周易本義通釋)》·《사서통(四書通)》 등이 있다.

호삼성(胡三省, 1230-1302) 자는 신지(身之)·원로(元魯), 호는 매간(梅磵)으로, 절강(浙江) 천태(天台) 사람이다. 관직이 조봉랑(朝奉郎)에 이르렀는데, 송나라가 망하자 관직에 나아가지 않았다. 《자치통감음주(資治通鑑音注)》를 지었는데, 원나라의 침공으로 잃어버리고 나서 다시 《통감주(通鑑注)》를 지었다. 또한 《자치통감석문변오(資治通鑑釋文辨誤)》 외에도 저서에 《죽소원고(竹素園稿)》가 있다.

호승공(胡承珙, 1776-1832) 자는 경맹(景孟), 호는 묵장(墨莊)으로, 안휘(安徽) 경현(涇縣) 사람이다. 《모시》를 정밀하게 연구하였으며, 《모시후전(毛詩後箋)》·《의례고금문소의(儀禮古今文疏義)》 외에도 저서에 《소이아의증(小爾雅義證)》·《이아고의(爾雅古義)》 등이 있다.

호위(胡渭, 1633-1714) 초명은 위생(渭生)이며, 자는 비명(朏明), 호는 동초(東樵)로, 절강(浙江) 덕청(德清) 사람이다. 태학에서 공부하였으나 과거를 단념하고 학문에 매진하였다. 대표작인 《우공추지(禹貢錐指)》·《역도명변(易圖明辨)》 외에도 《홍범정론(洪範正論)》·《대학익진(大學翼眞)》 등을 지었다.

호일계(胡一桂, 1247-?) 자는 정방(庭芳), 호는 쌍호(雙湖)로, 휘주(徽州) 무원(婺源) 사람이다. 송말 원초의 경학가로 호방평(胡方平)의 아들이다. 아버지에게서 《주역》을 배웠고, 주희를 학문의 종주로 삼았다. 1264년 과거에 낙방한 뒤로 향리에서 강학에 전념하였다. 저술로 《주역본의부록찬소(周易本義附錄纂疏)》 등이 있다.

호적(胡適, 1891-1962) 본명은 홍마신(洪馬辛)·사미(嗣糜), 자는 희강(希疆)·적지(適之)로, 안휘(安徽) 적계(績溪) 사람이다. 1910년 미국으로 유학을 떠나 콜롬비아대학에서 철학 박사 학위를 취득하였다. 북경대학의 교수, 북경대학문학원(北京大學文學院)의 원장 등을 역임하였다. 진독수(陳獨秀)와 함께 백화문운동(白話文運動)을 제창하였으며, 신문화운동을 이끌었다. 제2차 세계대전 후 공산군이 북경에 입성하자, 1948년 미국으로 망명하였고, 대만과 미국에서 활동하였다. 음운학과 어법학 등에서 업적을 남겼으며, 저서로는《중국철학사대강(中國哲學史大綱)》·《백화문학사(白話文學史)》·《국어문학사(國語文學史)》·《국문어법개론(國文語法概論)》 등이 있다.

홍괄(洪适, 1117-1184) 자는 경백(景伯), 호는 반주(盤洲)로, 요주(饒州) 파양(鄱陽) 사람이다. 홍호(洪皓)의 장남으로, 홍매(洪邁)의 형이다. 한림학사(翰林學士)·참지정사(參知政事)·중서 사인(中書舍人) 등을 역임하여 관직이 동중서문하평장사 겸 추밀사(同中書門下平章事兼樞密使)에 이르렀다. 금석학에 뜻을 두어《예석(隸釋)》·《예속(隸續)》 등을 지었으며, 여러 차례 수정한 끝에 한 책으로 엮었다. 이 외에 동생 홍매와 함께《당서보과(唐書補過)》를 저술하기도 하였으며, 문집으로는《반주집(盤洲集)》이 있다. 시호는 문혜(文惠)이다.

홍매(洪邁, 1123-1202) 자는 경로(景盧), 호는 용재(容齋)·야처(野處)로, 요주 파양 사람이다. 홍호의 아들로, 홍괄의 동생이다. 비서성 교서랑(秘書省校書郎)·이부 원외랑(吏部員外郎)·한림학사(翰林學士) 등을 역임하고 단명전 학사(端明殿學士)를 끝으로 치사(致仕)하였다.《이견지(夷堅志)》 외에도 저서에《용재수필(容齋隨筆)》·《만수당인절구(萬首唐人絶句)》 등이 있으며, 문집으로는《야처유고(野處類稿)》가 있다.

홍법대사(弘法大師, 774-835) 공해(公海)를 가리키며, 홍법대사는 시호이다. 당나라 때 일본의 승려로, 속성은 좌백씨(佐伯氏)이다. 20세에 화천국(貨泉國) 전미산사(槇尾山寺)에서 출가하였다. 중국에 들어가 불법(佛法)을 구하겠다고 결심한 뒤 정원(貞元) 20년(804) 장안(長安)으로 와서 여러 불전(佛典)들을 초록하였다. 원화(元和) 원년(806) 귀국하여 진언종(眞言宗)을 창시하였다. 편찬한 《문경비부론(文鏡秘府論)》 외에도 저서에 《즉신성불의(卽身成佛義)》·《변현밀이교론(辯顯密二敎論)》·《십주심론(十住心論)》 등이 있다.

홍양길(洪亮吉, 1746-1809) 자는 군직(君直)·치존(稚存), 호는 북강(北江)·갱생거사(更生居士)로, 강소(江蘇) 양호(陽湖) 사람이다. 《국어위소주소(國語韋昭注疏)》·《춘추좌전고(春秋左傳詁)》 외에 저서로 《북강시화(北江詩話)》, 시문집으로는 《권시각집(卷施閣集)》·《갱생재집(更生齋集)》 등이 있다.

홍이훤(洪頤煊, 1765-1833) 자는 정현(旌賢), 호는 균헌(筠軒)·권방노인(倦舫老人)이며, 절강(浙江) 임해(臨海) 사람으로, 홍곤훤(洪坤煊)의 동생이다. 손성연(孫星衍)에게 수학하였으며, 완원(阮元)과 학문을 토론하였다. 《제사고이(諸史考異)》 외에도 《상서홍범오행전론집본(尙書洪範五行傳論輯本)》·《예경궁실답문(禮經宮室答問)》·《한지수도소증(漢志水道疏證)》 등을 지었다.

홍흥조(洪興祖, 1090-1155) 자는 경선(慶善), 호는 연당(練塘)으로, 진강(鎭江) 단양(丹陽) 사람이다. 비서성 정자(秘書省正字), 태상 박사(太常博士)를 역임하고, 두루 지방관을 역임하며 선정을 베풀었다. 저서에 《주역통의(周易通義)》·《계사요지(繫辭要旨)》·《좌씨통해(左氏通解)》·《초사고이(楚辭考異)》 등이 있다.

환담(桓譚, 기원전 24?-56) 자는 군산(君山)으로, 패국(沛國) 상(相) 사람이다. 고문경학을 좋아해 유흠(劉歆)·양웅(揚雄)에게 배웠고, 사상은 후대 왕충(王充) 등에게 전해졌다. 저술로 《신론(新論)》이 있었으나 일실되었고, 〈형신(形神)〉 1편만 《홍명집(弘明集)》에 전한다.

황간(皇侃, 488-545) '황간(皇偘)'이라고도 하며 오군(吳郡) 사람이다. 삼례(三

禮)·《효경》·《논어》에 밝았고 대표작인 《논어의소(論語義疏)》를 위시하여 《예기의소(禮記義疏)》·《예기강소(禮記講疏)》·《효경강소(孝經義疏)》 등을 지었다.

황계강(黃季剛, 1886-1935) 이름은 간(侃), 계강은 자이다. 초명은 교내(喬鼐)이며, 교형(喬馨)으로 개명했다가 맨 나중에는 간(侃)으로 개명하였다. 또 다른 자는 계자(季子)이며, 호는 양수거사(量守居士)로, 호북(湖北) 기춘현(蘄春縣) 사람이며 성도(成都)에서 태어났다. 1905년 일본 유학 중 도쿄에서 장태염(章太炎)을 사사하여 소학과 경학을 배웠다. 저서에 《문심조룡찰기(文心雕龍札記)》·《일지록교기(日知錄校記)》 등이 있으며, 《이아의소(爾雅義疏)》에 비주(批注)를 달았다.

황백가(黃百家, 1643-1709) 본명은 백학(百學)이며, 자는 주일(主一), 호는 불실(不失)·뇌사(耒史)·황죽농가(黃竹農家)이다. 절강(浙江) 여요(餘姚) 사람으로, 황종희(黃宗羲)의 아들이다. 명말 청초의 술수가·역법학가·경학가·무술가이다. 《송원학안(宋元學案)》에 안어(案語)를 달았으며, 저서로 《내가권법(內家拳法)》·《체독시초(體獨詩鈔)》·《이마두전(利瑪竇傳)》·《왕류이동(王劉異同)》 등이 있다.

황비열(黃丕烈, 1763-1825) 자는 소무(紹武), 호는 요포(蕘圃)·복옹(復翁)·영송거사(佞宋居士)로, 강소(江蘇) 오현(吳縣) 사람이다. 건륭(乾隆) 53년(1788) 거인(擧人)이 된 후, 분부주사(分部主事)를 지냈다. 교감에 뛰어났고, 장서(藏書)를 좋아하여 송간본(宋刊本) 100여 종을 모았는데, 이들이 보관된 서실을 '백송일전(百宋一廛)'이라 하였으며 이들을 《사례거총서(士禮居叢書)》로 간행하였다. 저서로는 《요언(蕘言)》·《사례거시초(士禮居詩鈔)》·《이마두전(利瑪竇傳)》·《백송일전부주(百宋一廛賦注)》 등이 있다.

황생(黃生, 1622-1696) 원명은 관(琯), 자는 부맹(扶孟), 호는 백산(白山)·황백산초(黃白山樵)·냉옹(冷翁)으로, 휘주(徽州) 흡현(歙縣) 사람이다. 명나라 말에는 제생(諸生 : 학생)이었다가, 청나라 때에는 벼슬하지 않고 산림에 은거한 채 학문에 몰두하였다. 시문을 잘 짓고 서화에 능했으며, 《자고(字詁)》 외에도 《의부(義府)》·《두시설(杜詩說)》 등을 지었다.

황윤옥(黃潤玉, 1389-1477) 자는 맹청(孟淸)으로, 은(鄞) 사람이다. 학문은 정주학을 종주로 했으며, 학자들은 그를 '남산(南山) 선생'으로 불렀다. 저서로 《의례기부주(儀禮記附注)》·《대례기부주(戴禮記附注)》·《서경보주(書經補注)》 등이 있다.

황이주(黃以周, 1828-1899) 자는 경찬(經纂), 호는 경계(儆季)·재생(哉生)으로, 절강(浙江) 정해(定海) 사람이다. 삼례에 뛰어났던 황식삼(黃式三)의 아들로, 정주학을 종주로 삼았다. 동치(同治) 9년(1870) 거인이 된 후, 분수현 훈도(分水縣訓導)를 역임하였다. 《경계잡저(儆季雜著)》 외에도 《예서통고(禮書通故)》·《경훈비의(經訓比義)》·《황제내경집주(黃帝內經集注)》 등을 지었다.

황작(黃焯, 1902-1984) 자는 요선(耀先)·적지(迪之)이며, 호북(湖北) 기춘현(蘄春縣) 사람으로, 황간(黃侃)의 조카이다. 무한대학(武漢大學) 중문계 교수, 중국어언학회(中國語言學會)의 이사(理事) 등을 역임하였다. 저서에 《경전석문휘교(經典釋文彙校)》·《모시정전평의(毛詩鄭箋平議)》 등이 있다.

황정견(黃庭堅, 1045-1105) 자는 노직(魯直), 호는 산곡(山谷)·부옹(涪翁)으로, 홍주(洪州) 분녕(分寧) 사람이다. 국자감 교수(國子監敎授)·교서랑(校書郎) 등을 역임하였으며, 왕안석(王安石)의 신법당(新法黨)에 비판적이었다. 스승 소식(蘇軾)과 함께 시사(詩詞)로 명성이 높았으며, 서예에도 뛰어났다. 두보 시에 주석을 단 《두시전(杜詩箋)》을 지었고, 문집으로는 《예장황선생문집(豫章黃先生文集)》이 있다.

황조영(黃朝英, 송대) 자는 사준(士俊)으로, 건안(建安) 사람이다. 철종(哲宗)

과 휘종(徽宗) 때의 사람으로 왕안석(王安石)의 학설을 주장하였다. 저서에 《정강상소잡기(靖康緗素雜記)》가 있다.

황종희(黃宗羲, 1610-1695) 자는 태충(太沖), 호는 남뢰(南雷)·이주(梨洲)로, 절강(浙江) 여요(餘姚) 사람이다. 명나라 때 감찰어사(監察御使)·좌부도어사(左副都御史) 등을 지냈으며, 세충영(世忠營)을 조직하여 청나라 세력에 대항하였다. 유종주(劉宗周)에게 수학하였으며, 왕양명의 심학(心學)을 중시하였다. 《심의고(深衣考)》·《명유학안(明儒學案)》 외에도 저서에 《송원학안(宋元學案)》·《명이대방록(明夷待訪錄)》·《맹자사설(孟子師說)》·《역학상수론(易學象數論)》 등이 있다.

황중송(黃中松, 청대) 자는 중엄(仲嚴)으로, 강소(江蘇) 상해(上海) 사람이다. 경학가로서 고증(考證)과 명물(名物)에 조예가 깊었는데, 특히 《시경》 연구에 뛰어났다. 저서에 《시의변증(詩疑辨證)》이 있다.

황진성(黃鎭成, 1288-1362) 자는 원진(元鎭), 호는 자운산인(紫雲山人)·존재(存齋)·존존자(存存子)로, 복건(福建) 소무(邵武) 사람이다. 벼슬에 나아가지 않고 학문에 힘썼다. 《상서통고(尙書通考)》 외에도 저서로 《주역통의(周易通義)》·《중용장지(中庸章旨)》 등이 있다. 시호는 정문(貞文)이다.

황택(黃澤, 1260-1346) 자는 초망(楚望)으로, 강서로(江西路) 구강(九江) 사람이다. 경성서원(景星書院)·동호서원(東湖書院)의 산장(山長)을 역임하였다. 학문에 있어 고주소(古注疏)에 정통하면서도 정주학을 존숭하였다. 저서로 《역학남상(易學濫觴)》·《춘추지요(春秋指要)》 등이 있다.

《강희자전(康熙字典)》 청 강희제(清康熙帝)의 명에 따라 진정경(陳廷敬)·장옥서(張玉書) 등 30여 명의 학자가 5년 이상의 세월에 걸쳐 편찬한 책으로, 강희 55년(1716)에 완성되었다. 《설문해자》와 《옥편(玉篇)》을 기본으로 하여 역대의 자전을 집대성한 것으로, 모두 42권 12집 119부에 4만 9030자를 수록하였다.

《경의술문(經義述聞)》 총 32권으로, 청(淸)나라 왕인지가 지었다. 《주역》·《상서》·《모시》·《주례》·《의례》·《대대례기(大戴禮記)》·《소대례기(小戴禮記)》·《좌전》·《공양전》·《곡량전》·《국어》 등 여러 서적에 대해 훈석(訓釋)을 하고, 구두(句讀)·오자(誤字)·연문(衍文)·탈문(脫文)을 고찰하여 바로잡았다. 훈석이 대부분 아버지 왕염손의 설을 찬술한 것이기 때문에 '경의술문'이라고 이름 지었다. 훈고학과 문자학의 중요 참고서이다.

《경전석사(經傳釋辭)》 총 10권으로, 청(淸)나라 왕인지가 편찬하였다. 주(周)·진(秦)·서한(西漢)의 고적에 있는 허사(虛辭) 160개를 수집하여 성모(聲母)의 편차에 따라 안배하여 소리를 가지고 뜻을 찾기에 편리하게 하였다. 뜻에 대한 해석은 먼저 각 글자의 용법을 서술하고 뒤에 사례를 인용하고 증명하여 글자 원래의 뜻을 찾고 뜻이 변화해 가는 과정을 밝혔다. 고한어 허사 연구의 주요 참고서이다.

《경적찬고(經籍纂詁)》 총 106권이다. 청(淸)나라 완원(阮元)이 편찬을 총지휘하였다. 장용당(臧鏞堂)·장예당(臧禮堂) 형제를 비롯한 40여 명을 동원하여 찬교(纂校)해 만든 자전으로, 가경(嘉慶) 3년(1798)에 간행되었다.

《관윤자(關尹子)》 총 1권으로, 주(周)나라 관령(關令) 윤희(尹喜)라는 사람의 저작이라고 하나, 당말 오대(唐末五代)의 두광정(杜光庭)의 위작으로 본다. 《장자》·《열자》 같이 신선(神仙), 방술(方術), 불교 교리를 혼합한 것을 내용으로 하고, 문장은 불전(佛典)을 모방하였다. 《한서》 〈예문지〉에는 9편, 《송사》 〈예문지〉에는 9권으로 되어 있으며, 통행본은 서장자례(徐藏子禮)가 영가(永嘉)의 손정(孫定)에게서 얻은 것으로 되어 있다. 이 책에는 머리에 유향(劉向)의 서(序)가 있고, 말미(末尾)에 갈홍(葛洪)의 서가 있다.

《광아(廣雅)》 위(魏)나라 장읍(張揖)이 지었다. 원래 상·중·하 3권이었는데, 당나라 때 10권으로 나누었다. 《이아》의 미비한 내용을 보충하였고, 주(周)·진(秦)·서한(西漢)의 전주(箋注) 가운데 참고할 가치가 있는 것을 모두 수록하였다. 편목의 분류는 모두 《이아》를 따랐다.

《광아소증(廣雅疏證)》 총 10권으로, 청(淸)나라 왕염손이 지었다. 위(魏)나라 장읍(張揖)이 저술한 《광아(廣雅)》의 오류와 착오를 바로잡고 아울러 오류와 착오가 발생하게 된 원인을 상세히 밝혔다.

《독서잡지(讀書雜志)》 총 82권으로, 청(淸)나라 왕염손이 지었다. 독서찰기(讀書札記)의 형식으로 교감한 《일주서(逸周書)》·《전국책》·《사기》·《한서》·《관자》·《순자》·《안자춘추》·《묵자》·《회남자》 등 18종의 고적 및 한대(漢代)의 비문(碑文) 자료를 수록하고, 음훈(音訓)의 이동(異同) 및 구두의 착란(錯亂)에 대하여 상세히 분별하여 바로잡았다. 교감학과 훈고학의 중요 참고서이다.

《모시고훈전(毛詩古訓傳)》 일명 모전(毛傳)으로, 총 30권이다. 작자와 연원에는 여러 설이 있으나, 현재 일반적으로 정현(鄭玄)의 《시보(詩譜)》와 육기(陸璣)의 《모시초목조수충어소(毛詩草木鳥獸蟲魚疏)》에서는 노나라 모형(毛亨), 즉 대모공(大毛公)의 작품으로 보았다. 《모시고훈전》은 현존하는 최고의 완정한 《시경》 주석본으로, 자의(字義) 해석이 위주이고 장구와 훈고는 선진 시대 여러 서적에서 취하여 많은 옛 뜻들이 보존되어 있다. 동한(東漢) 말에 정현이 전(箋)

을 짓고, 당나라 공영달이 모전(毛傳)과 정전(鄭箋)에 대해 진일보한 소(疏)로 풀이하여 《모시정의(毛詩正義)》를 지었다.

《문경비부론(文鏡秘府論)》 일본 헤이안(平安) 시대의 고승인 공해대사(空海大師), 일명 홍법대사(弘法大師)가 지은 일본 한시학(漢詩學) 저작이다.

《문심조룡(文心雕龍)》 총 10권 50편이다. 중국에서 가장 오래된 시문평서(詩文評書)로, 양(梁)나라 유협(劉勰)이 지었다. 전반 25편에서는 문학의 근본 원리를 논술하고, 각 문체에 관한 논의를 폈다. 후반 25편에서는 문장 작법과 창작론에 관하여 논술하였다. 종영(鍾嶸)의 《시품(詩品)》 및 소명태자(昭明太子)의 《문선》과 함께 중국 문학론 연구에 중요한 원전이다.

《문자(文子)》 문자(文子)의 저서이다. 문자는 성이 문(文)인데 이름과 본적은 자세히 알 수 없다. 높여서 문자라고 부른다. 노자(老子)에게 수업하였으며 저술한 12편이 《문자》이다.

《방언(方言)》 서한(西漢) 양웅(揚雄)이 지었다. 원래는 15권이었으나 현존하는 것은 13권이다. 완칭은 《유헌사자절대어석별국방언(輶軒使者絶代語釋別國方言)》으로, 중국 최초의 방언학 저작이다. 《이아》의 체례를 모방하여 동일한 뜻을 지닌 고금 각지의 언어를 유별로 수집하여 당시의 통용어로 풀이하였다. 이 책에 대한 최초의 주석은 진(晉)나라 곽박(郭璞)에 의해 이루어졌고, 청(淸)나라에는 교주(校注)를 단 학자들이 매우 많았다. 대진(戴震)의 《방언소증(方言疏證)》, 전역(錢繹)의 《방지전소(方志箋疏)》, 왕염손의 《방언소증보(方言疏證補)》 등이 유명하다. 한(漢)나라의 언어 분포 현황을 파악하고 고대의 언어를 연구하는 중요한 자료이다.

《백호통(白虎通)》 총 4권으로, 《백호통의(白虎通義)》·《백호통덕론(白虎通德論)》이라고 한다. 동한 장제(東漢章帝) 건초(建初) 4년(79) 조정에서는 백호관

회의(白虎觀會議)를 열고 태상(太常)·대부(大夫)·박사(博士)·의랑(議郎) 및 제유(諸儒) 등에게 금문경학과 고문경학의 차이를 보충하기 위하여 의견을 발표하게 했다. 이 회의의 성과물로 반고(班固)가 《백호통》을 지었는데, 《백호통》에서는 금문경학을 기초로 삼아 초보적으로 경학의 통일을 이루었다.

《사성보(四聲譜)》 남조 양(梁)나라 심약(沈約)이 지은 것으로, 사성(四聲)은 평성·상성·거성·입성이다. 평성은 30운(韻)으로 나누어지고 상성은 29운, 거성은 30운, 입성은 17운이니 오늘날 전해 오는 시운(詩韻)이 그것이며, 사성의 독법(讀法)에 대해 옛사람들의 가결(歌訣)이 있으니 '平聲平道莫低昂, 上聲高呼猛烈强, 去聲分明哀遠道, 入聲短促急收藏.'이 그것이다.

《사통(辭通)》 원래 서명은 《신독서통(新讀書通)》이었으나, 1934년 개명서점(開明書店)에서 출판할 때 《사통(辭通)》으로 개명하였으며, 모두 24권으로 편찬하였다. 약 300여만 단어를 수록하였는데, 동성 가차(同聲假借) 등의 방법으로 정리하였으며 폭넓게 예제를 들어 논증하였다. 또한 용법과 출처를 설명해 놓았고 매 조목 아래 고증을 덧붙였다. 단어의, 오랜 세월 동안 형·음·의가 변화된 양상을 논하여, 고문을 읽거나 연구할 때 참고할 만한 가치가 있다. 《사통》이 개명서점에서 출판된 후 국내외 학술계의 평가가 매우 높았으며 《사원(辭源)》·《사해(辭海)》와 더불어 중국의 3대 사전으로 일컬어지고 있다. 《사원》·《사해》는 많은 사람들이 모여 오랜 시간을 들여 완성한 데 비해 《사통》은 주기봉이 홀로 편찬한 사전으로, 이는 중국 사전역사상 보기 드문 예에 속한다.

《사해(辭海)》 1937년 중국의 서신성(舒新城)·장상(張相)·심의(沈蘙) 등이 편찬한 사전으로, 서명은 '해납백천(海納百川)'의 뜻에서 따왔다고 한다. 《사원(辭源)》에 대항하여 중화서국에서 간행하였으며, 어휘의 수록 범위를 송·원대의 희곡과 소설까지 확대하고 그 출전을 밝혔다.

《삼창(三倉)》 '삼창(三蒼)'이라고도 한다. 진·한 시대 초의 자서(字書)로, 이사

(李斯)의 《창힐편(倉頡篇)》 7장, 조고(趙高)의 《원력편(爰歷篇)》 6장, 호무경(胡毋敬)의 《박학편(博學篇)》 7장을 가리킨다. 모두 대전체(大篆體)로 기록되었으며 3300자가 수록되었다.

《석명(釋名)》 한(漢)나라의 유희(劉熙)가 편찬한 훈고서이다. 《이아》의 체재를 본떠서 〈석천(釋天)〉·〈석지(釋地)〉·〈석산(釋山)〉·〈석수(釋水)〉 등 27개 부문으로 나누어 일상 사물의 명칭의 유래와 함의를 밝혔다.

《석명소증보(釋名疏證補)》 집해(集解) 성격을 띤 저작으로, 왕선겸(王先謙)이 편집하였다. 필원(畢沅)의 《석명소증(釋名疏證)》에 포함된 내용을 이미 포괄하고 또 동시대 사람들의 성과를 흡수하여 보정(補正)하였다.

《설문해자(說文解字)》 동한(東漢)의 허신(許愼)이 편찬한 자서로, 설문은 독체자(獨體字)를 풀이한다는 뜻이고, 해자는 합체자(合體字)를 쪼개어 분석한다는 뜻이다. 지사·상형·형성·회의·전주·가차의 여섯 가지 분류에 따라 글자를 분석하였다.

《소이아(小爾雅)》 훈고서로, 《한서》 〈예문지〉에 일실되었다고 기록되어 있다. 금본(今本)은 《공총자(孔叢子)》 11편에서 나왔는데, 《공총자》가 위서(僞書)인 만큼 《소이아》 금본도 후대 사람이 엮은 것으로, 위(魏)·진(晉) 시기의 작품으로 추정되고 있다. 모두 1권 13장인데, 앞의 10장은 《이아》를 보충한 내용이고, 그 뒤에 '도(度)'·'양(量)'·'형(衡)' 3장이 더 있다. 이 책에 실린 고어(古語)와 고훈(古訓)은 《이아》의 미비점을 보완해 주기 때문에 역대 훈고가들이 늘 인용하여 왔으며, 청(淸)나라 호승공(胡承珙)과 호세기(胡世琦)의 《소이아의증(小爾雅義證)》 등 주석서도 많이 나왔다.

《시모씨전소(詩毛氏傳疏)》 총 30권으로, 청(淸)나라 진환(陳奐)이 지은 《시경》 연구 저작이다. 《모시전소(毛詩傳疏)》라고도 한다. 진환은 일찍이 단옥재

(段玉裁)에게 《모시》와 《설문해자》를 배웠고, 후에 또 왕염손(王念孫)·왕인지(王引之) 부자에게 배웠다.

《신화자전(新華字典)》 1953년 상무인서관(商務印書館)에서 초판이 나왔다. 신중국 성립 후에 출판된 사전 중 백화(白話)로 뜻을 풀이하고 백화의 용례를 들어 놓은 첫 번째 사전이다. 또한 지금까지 가장 영향력이 있으며 가장 권위적인 소형 자전이며, 소형 한어사전의 전범이라고 말할 수 있다.

《영추경(靈樞經)》 진·한 시대에 편찬된 《황제내경(皇帝內經)》은 〈소문(素問)〉 9권과 〈영추(靈樞)〉 9권으로 나누어지는데, 《영추경》은 바로 〈영추〉만을 뽑아 단권으로 만든 책이다. 원서는 총 9권으로 81편이며, 침경(鍼經) 혹은 구권(九卷)이라고도 불린다. 〈소문〉에서 논술한 내용과 비슷하며, 특히 경락과 침구에 대해 자세히 설명되어 있다.

《옥편(玉篇)》 남조 양(梁)나라 고야왕(顧野王)이 편찬한 자서이다. 《설문해자》의 체례를 수용하여 542개의 부수(部首)에 따라 글자를 배열하여, 본의(本義)와 음(音)을 기입했다. 후에 당(唐)나라 손강(孫康)이 증보하고 송(宋)나라 진팽년(陳彭年)이 중수하였다. 1만 6917자가 수록되었다.

《옥함산방집일서(玉函山房輯佚書)》 제남(濟南)의 고증학자 마국한(馬國翰)이 유문(遺文)과 일서(佚書)를 집일한 총서로, 옥함산방은 마국한의 서재 이름이다. 주(周)·진(秦)에서 수(隋)·당(唐)까지의 일서 594종을 경(經)·사(史)·자(子)의 3편으로 분류하고 매 종(種)의 편 머리에 서록(序錄)을 실었다. 총 708권이며, 속보(續補)는 14권이다. 총 594종을 집일한 책으로, 집일사상 가장 거대한 저작이다.

《옥해(玉海)》 총 200권으로, 남송(南宋) 왕응린(王應麟)이 찬집하였다. 천문(天文)·지리(地理)·관제(官制)·식화(食貨) 등 21문(門)으로 나누어져 있다.

송대의 역사 사실에 대해 대부분 실록(實錄)과《국사일력(國史日曆)》을 참고하여 높은 사료적 가치를 지닌다. 권말에 부록으로《사학지남(辭學指南)》4권과 함께《시고(詩考)》및《시지리고(詩地理考)》등 13종이 있다.

《옹유한평(甕牖閑評)》총 8권으로, 송(宋)나라 원문(袁文)이 편찬한 필기(筆記)이다. 일실되었다가 청대에《사고전서》를 찬수할 때《영락대전(永樂大典)》에서 집일하였다. 고정(考訂)을 위주로 경사(經史)·천문(天文)·지리(地理)·인사(人事)·소학(小學)·시사(詩詞)·서화(書畫)·의식(衣食)·기용(器用)·석도(釋道)·방기(方技)·물산(物產) 등으로 분류하였다. 인용된 것 중 상당 부분이 다른 곳에는 없는 내용이다. 상무인서관(商務印書館)《총서집성초편(叢書集成初編)》본이 있다.

《원전장(元典章)》완칭은《대원성정국조전장(大元聖政國朝典章)》이다. 원(元)나라의 법령 문서를 초록한 것으로, 내용은 원 세조(元世祖) 중통(中統) 연간(1260-1263)부터 영종(英宗) 지치(至治) 연간(1321-1323)까지 약 60년간의 정치·경제·군사·법률 등 다양한 분야에 걸쳐 있으며,《원사》에 실리지 않은 내용이 대다수이다.

《유편(類篇)》송(宋)나라 왕수(王洙)·호숙(胡宿)·장차립(張次立)·범진(范鎭)·사마광(司馬光) 등이 편찬한 자서이다.《설문해자》의 체례를 모방하여 15편 540부수로 배열하였다. 매 부수의 앞에는 해당 부수에 대한《설문해자》의 전체 해석을 열거하고, 뒤에는 본부(本部) 중의 문자에 대해서 해설하였다. 글자마다 반절(反切)로 주음(注音)하고, 그다음에 뜻을 해석하였다. 3만 1319자가 수록되었다.

《이문공집(李文公集)》이고(李翱)의 문집이다. 18권 104편으로 구성되었다. 이고는 당나라의 문인으로 자는 습지(習之)이다. 당송십육가(唐宋十六家)의 한 사람으로, 한유(韓愈)에게 고문의 문체를 배우고 사상적으로도 깊은 영향을 받았다. 그가 지은 〈복성서(復性書)〉는 성리학의 선구가 되었다.

《이물지(異物志)》 한(漢)·당(唐) 사이에 주변 지역과 국가의 새로운 물산들에 대해 기록한 책이다. 저자는 양부(楊孚)로, 자는 효원(孝元)·효선(孝先)으로 알려졌다. 모두 망실되었는데 후인들의 집본에 제한적으로 일문(佚文)으로 남아 있다.

《이아(爾雅)》 어휘의 의미를 풀이하고 고대의 명물(名物)을 고증한, 중국 최초의 전문 서적이다. 총 19편으로, 〈석고(釋詁)〉·〈석언(釋言)〉·〈석훈(釋訓)〉은 어휘의 의미를 풀이한 것이고, 그 나머지 〈석친(釋親)〉·〈석궁(釋宮)〉·〈석기(釋器)〉 등은 각종 명물을 해석한 것이다.

《일주서(逸周書)》《급총주서(汲冢周書)》를 말한다. 이 책은 진(晉)나라 때 급군(汲郡) 사람 부준(不準)이 위 양왕(魏襄王)의 무덤을 파서 얻었다는 선진 시대의 고서이다. 안사고(顔師古)가 《한서》 〈예문지〉의 '《주서(周書)》 71편'에 '공자가 산서(刪書)한 나머지'라고 주석했기 때문에, 뒤에 《일주서》라고 일컫게 된 것이다.

《일체경음의(一切經音義)》 첫 번째 판본은 당(唐)나라 현응(玄應)이 지은 것으로, 《대당중경음의(大唐衆經音義)》라고 하며, 모두 25권이다. 두 번째 판본은 혜림(慧琳)이 지은 것으로, 《혜림음의(慧琳音義)》라고 하고, 모두 100권이다. 모두 문자학의 명저이자 당나라 때 가장 큰 가치를 지닌 훈고서이다. 《혜림음의》는 불경(佛經)의 음의(音義)를 집대성한 것으로, 자서(字書)·운서(韻書) 및 고대의 사서(辭書)를 참고하였다. 혜림이 인도어(印度語)와 중국의 문자·음운·훈고에 정통했기 때문에 자형(字形)을 분석하고 자음(字音)을 판단하고 자의(字義)를 해석할 때에 구체적인 근거를 갖출 수 있었다. 희린(希麟)이 저술한 《속일체경음의(續一切經音義)》 10권이 있다.

《자림(字林)》 진(晉)나라 여침(呂忱)이 지은 자서(字書)로, 1만 2824자가 수록되어 있다. 《설문해자》를 본떠서 지었는데, 《설문해자》에 비해 3000자가 더 많으며, 이체자까지 수록하였다.

《자휘(字彙)》 1615년 명(明)나라 매응조(梅膺祚)가 편찬한 자서로, 3만 3179자가 수록되어 있다.

《제승(齊乘)》 총 6권으로, 원(元)나라 우흠(于欽)이 편찬한 지방지(地方志)이다.

《주비(周髀)》 상·하 2권으로, 저자 미상이다. 중요 부분은 동한 무렵 편찬되어 송대에 간인되었다. 후한·삼국 시대의 조군경(趙君卿), 북주(北周)의 견란(甄鸞), 당나라의 이순풍(李淳風) 등의 주석이 가해졌다. 책명은 주대(周代)에 비(髀)라고 하는 8자(尺)의 막대에 의하여 천지를 측정하고 산출한 데에서 연유한 것이다. 원주율을 3으로 하는 등 수학적인 내용도 포함하지만 구(句)·고(股)·현(弦)의 법을 기초로 하여 혼천설(渾天說)과 함께 중국의 대표적인 우주관이라고 하는 개천설(蓋天說)을 뒷받침한다.

《집운(集韻)》 송 인종(宋仁宗) 때 정도(丁度)·계숙(季淑) 등이 황제의 명에 따라 편찬한 음운서로, 정도의 사후에 사마광(司馬光)이 계승하여 1066년에 완성하였다. 절운계(切韻系) 운서의 체재를 따랐으며 206운(韻)으로 나뉘고 자수(字數)는 5만 3525자이다.

《창힐편(蒼頡篇)》 두 가지가 있다. 하나는 진(秦)나라 때 이사(李斯)가 아동에게 글자를 가르치기 위해 소전(小篆)으로 기록한 자서(字書) 1편이고, 또 하나는 한(漢)나라 때, 《창힐편》·《원력편》·《박학편》을 아울러 60자(字)마다 1장(章)으로 하여 55장으로 엮은 자서이다.

《초사(楚辭)》 본래는 초(楚)나라의 가요(歌謠)로, 굴원(屈原)이 이 가요를 바탕으로 〈이소(離騷)〉 등의 명편을 지었다. 후대인들이 이를 모방해 지어 일종의 특정한 문체가 되면서 '초사'라고 통칭하게 되었다. 초사류의 작품은 일반적으로 서정성과 낭만성이 풍부하고, 편폭 및 자구가 비교적 길며, 형식이 비교적 자유롭고, 어조사 '兮' 자를 많이 사용하였다. 또한 초나라의 문학 양식 및 방언을 많이 사용하고, 초나라의 풍토 및 산물 등을 묘사하여 지방 색채가 농후한 것이 그 특징이기도 하다. 한 성제(漢成帝) 때 유향(劉向)이 고적을 정리하면서 굴원과 송옥(宋玉)의 작품 및 이 문체를 본떠서 지은 한(漢)나라 사람의 작품을 모아 《초사》라는 서명을 붙여 16권으로 편찬하였다. 이로부터 《초사》는 총집(總集) 명칭의 하나가 되었다.

《초사보주(楚辭補注)》 총 17권으로, 송(宋)나라 홍흥조(洪興祖, 1070-1155)가 지었다. 홍흥조의 자는 경선(慶善)이며 단양(丹陽) 사람이다. 남송 초에 비서성정자(秘書省正字)를 지냈다. 이 책은 왕일(王逸)의 《초사장구(楚辭章句)》를 보정(補正)하기 위해 지은 것이다. 체례(體例)는 우선 왕일의 주를 앞에 놓고 다시 '보왈(補曰)'을 표시하여 자신의 견해를 기술하였다. 왕일이 밝히지 못한 것을 보충하고 아울러 왕일의 오류를 바로잡았다. 보주 가운데는 명물에 대한 훈고를 제외하고 많은 역사·전설·신화·고사를 매우 자세하게 인용하였다.

《태현경(太玄經)》 서한의 양웅(揚雄)이 《주역》을 모방하여 지은 철학서이다. 금본은 10권 81장으로 되어 있다. 대표적인 주석서로는 사마광(司馬光)의 집주가 있다.

《통속문(通俗文)》 동한 말에 복건(服虔)이 지은 중국 고대 속어 사전으로, 문자학의 중요 저작이지만 일찍 망실되었다.

《풍속통의(風俗通義)》 동한 말의 학자 응소(應劭)가 편찬한 저서로, 당시 일반인들의 유속(流俗)에 대한, 잘못된 인식을 바로잡기 위해 사물을 고증하고 논술한 것이다. 원서는 23권이나, 현존하는 것은 10권과 부록 1권이다.

《한어대자전(漢語大字典)》 1975년 중국 국가출판사업관리국이 《한어대사전》 편찬 계획을 수립한 이후 저명한 학자 서중서(徐中舒)가 주편을 맡아 사천(四川)과 호북(湖北) 두 성의 300여 명의 전문 학자와 교사들이 10여 년의 노력을 들여

1984년 초고를 완성하였고 1990년 전 8권을 출판하였다. 한자의 형·음·의를 해석하는 것을 목적으로 편찬된 대형 한어 전문 공구서로, 모두 5만 6000자를 수록하고 있다.

《현대한어사전(現代漢語辭典)》 중국사회과학원(中國社會科學院) 어언연구소(語言硏究所) 사전편집실(詞典編輯室)에서 편찬하였으며 상무인서관에서 출판하였다. 1978년 초판본이 나와 1983년과 1996년에 수정본을 출판하였으며, 2002년 증보본을 출판하였다.

글을 써서 기록으로 남기는 것은 본시 의사소통이 목적이다. 그러나 오랜 세월이 흐르면서 문자(文字)와 어휘(語彙), 문법체계, 제도(制度), 물명(物名) 등의 변화로 소통에 장애가 발생한다. 고전적(古典籍)의 이본(異本)을 교감(校勘)하여 올바른 원문(原文)을 확정하고, 문장의 독해가 쉽도록 표점(標點)을 찍고, 난해한 부분에 주석(註釋)을 달고, 읽기 쉽게 현대문장으로 번역하는 것은 이러한 소통의 장애를 줄이려는 노력의 일환이다.

오늘날 우리가 동양의 고전인 사서오경(四書五經)을 비롯한 《사기(史記)》, 《한서(漢書)》, 《장자(莊子)》, 《초사(楚辭)》, 《당송팔대가문초(唐宋八大家文鈔)》 등을 강독하거나 번역본을 통하여 쉽게 접할 수 있게 된 것도 소통을 위한 이러한 노력이 있어서 가능한 것이다. 교감, 표점, 주석 또는 번역이 없어서 고전을 백문(白文)으로 읽는다면, 제대로 이해할 수 있는 사람은 아마도 소수에 불과할 것이다.

동양의 오래된 고전의 경우는 그래도 연구의 역사가 장구한 관계로 많은 수의 교감본(校勘本), 표점본(標點本), 주석본(註釋本), 번역본(飜譯本) 등이 존재한다. 그러나 중국에서도 20세기 이후 어문정책의 변화로 일반인은 물론 학자들까지도 고문(古文)의 독해에서 완전히 자유롭지 못한 상황이다. 이것이 국가적 차원에서 대대적으로 고전적 정리사업(古典籍整理事業)을 추진하고 있는 이유이다.

한국에서 20세기 이전에 생산된 전적은 정확한 통계는 없지만, 대략적으로 전체의 팔구 할이 한문으로 기록된 것이라는 게 학계의 중설(衆說)이다. 제도권에서 한문교육을 제대로 하지 않은 것이 반세기에 이르는 오늘날, 번역을 포함하여 일부 정리된 것을 제외하고는 서적 대부분이 정리를 기다리고 있다.

정부의 지원으로 번역을 위시한 한국 고전적 정리작업을 본격적으로 시작한 것은 지금부터 50여 년 전인 1960년대 중반이다. 몇 분의 한학계(漢學界) 원로들이 한편으로는 번역하면서 한편으로는 후속 세대 양성에 착수하였는데, 이때 양성된 학생들이 지금은 육칠십 대의 원로가 되었다. 전적 조사와 분류, 목록, 해제, 표점, 교감, 주석 등의 정리 단계를 거칠 겨를도 없이, 당시의 수요에 답하여 번역이 그 사업의 중심에 있었다. 물론 당시에는 변변한 사전도 없던 시기여서 원로들의 지식에 기대어 번역하는 경우가 많았다. 그 후 지속적인 정부의 지원을 받아 학계와 관련 분야 전문가들의 노력으로 《조선왕조실록(朝鮮王朝實錄)》, 《승정원일기(承政院日記)》, 《일성록(日省錄)》, 《비변사등록(備邊司謄錄)》, 한국문집총간(韓國文集叢刊), 팔만대장경(八萬大藏經) 등 방대한 전적을 대상으로 한 번역과 편찬, 정보화를 완료하는 큰 성과가 있었다. 이러한 토대 위에서 2007년에는 관련 사업의 구심체로 민족문화추진회(民族文化推進會)를 모태로 한 한국고전번역원(韓國古典飜譯院)이 설립되었다.

대규모 고전적 정보화는 다양한 전적의 검색이 가능한 환경을 만들었고, 이러한 변화는 종전에 이룩한 내용을 되돌아볼 수 있는 계기가 되었다. 30년을 주기로 세대를 달리하면서 사용하는 언어와 문장에도 적지 않은 차이가 나게 마련이다. 따라서 지난 반세기에 걸쳐 번역하고 정리한 고전적도 새롭게 다듬어서 이 시대에 맞게 새롭게 재가공하여야 할 때가 된 것이다. 사전을 비롯한 검색 도구가 턱없이 부족한 황무지에서 작업한 주석의 경우가 특히 그러하다.

2006년 한국고전번역원 설립을 추진할 때 내가 책임을 맡았던 정책연구팀의 과제명은 〈국학진흥(國學振興)을 위한 기획조사연구:한국고전번역원 및 한국고전번역대학원 설립방안연구〉였다. 번역이 제구실을 하려면 이론과 실천이 양 날개가 되어 함께 발전할 때에만 가능하다는 뜻에서였다. 그러나 추진과정에서 아쉽게도 번역대학원 설립은 학계 여론의 불일치로 좌절되고 말았다. 다행히 국회 심의과정에서 원안의 뜻을 살릴 수 있는 대책 강구를 촉구하였고, 그 결과 교육인적자원부의 수도권 특성화 사업에 '한문고전번역분야 전문인력 양성사업'이 포함되었다. 대학원에 한문고전번역을 전공하는 과정의 설치가 가능해진 것이다. 2007년 7월, 성균관대학교는 민족문화추진회와 MOU를 체결하고 함께 응모하여 고전번역 교육기관으로 선정되었다. 그리고 2007년 11월, 한국고전번역원이 정부출연 기관으로 설립되었다.

내가 고전번역전공 과정의 준비 책임을 맡아 한 학기 동안 교과과정을 마련하고, 2008년 1학기에 학생을 모집하여 개강하였다. 고전번역으로 학위를 준다고 할 때 내건 명제(命題)는 '학술적 가치를 갖는 수준의 번역을 할 인재를 양성한다'는 것이었다. 무거운 책임감을 느꼈다. 생각 끝에 얻은 결론이 고전적 정리사업의 단계별 과정에 맞추어 교과과정을 구성하는 것이었다. 번역학·문헌학·문화콘텐츠학의 세 분야로 나누어 56개 과목을 개설하기로 하였다. 이때 내가 담당할 과목으로 새롭게 도입된 교과의 하나가 '주석학연구(註釋學研究)'였다.

막상 번역의 수준을 높이기 위한 방법의 하나로 주석학을 교육하겠다고는 했지만 방법이 문제였다. 이때 떠오른 것이 중국 호북대학(湖北大學) 왕요남(汪耀楠) 교수가 쓴 《주석학강요(註釋學綱要)》였다. 왕 교수의 저서는 주석의 문제를 고전석 정리라는 실제적인 문제와 관련하여 논하고 있다는 점이 특징이다. 이 점이 우리의 목표에 도움을 줄 수 있다고 판단하였다. 고전적 정리는 판본학(板本學)에서 시작하여 교감과 표점, 어휘의 주석, 번역에 이르는 여러 단계가 유기적으로 연결되어 이루어지는 작업이라는 그의 인식은 매우 경험적이며 실제적이다. 이 책은 그러한 인식하에, 고전적 정리의 단계를 다루고, 통시적(通時的) 이해를 위하여 각 시대 주석의 성쇠(盛衰)와 그 대상 및 특징을 다룬 중국고대주석사(中國古代註釋史)의 순서로 서술하고 있다. 특히 당시만 해도 주석을 전제로 한 단행본이 별로 없었다는 점이 이 책을 교재로 택하게 된 이유이기도 하다.

2009년에 개설한 주석학연구 수업에 참여한 고전번역대학원생은 강민정·박재영·소잠·이기찬·이봉순·이상아·이정욱·이정원·장희성·조준호·하현주(이상 1기 입학생)와 노경희·박회신·안현·장성덕(이상 2기) 모두 15명이다. 1기생들은 2008년도에 개설한 교감학연구(校勘學硏究) 수업에 참가하여 북경대학(北京大學) 예기심(倪其心) 교수의 《교감학대강(校勘學大綱)》(2013년 한국고전번역원에서 《교감학개론》으로 간행)을 함께 읽은 경험이 있어서 강독의 진행과 분위기에 틀이 잡혀 있는 상태였다. 방식은 《교감학대강》을 강독할 때와 같았다. 교재를 발표자별로 분담 번역하여 초고(草稿)를 작성한 후, 수업 참여자 전원에게 사전에 배부하고, 지정된 토론자도 질의를 서면으로 작성하여 당일의 수업 시간에 토론하도록 하였다. 지정 토론이 끝나면 참여자 전원이 토론에 참여하고, 마지막으로 내가 나서서 문제를 지적하고 보충하는 발언으로 끝이 났다.

이 수업을 준비하는 데에는 많은 시간과 노력이 필요하여 수업에 대한 스트레스가 매우 컸다. 모두 나를 원망하며 한 학기를 보냈다는 말을 후일에 전해 들었다. 석박사통합과정에 입학한 고전번역대학원생과 이 과정의 미래를 위하여, 그리고 특별히 예산을 지원한 당국과 학교의 기대에 부응하기 위하여 우리는 강독한 원고를 정리해 책으로 간행하기로 하였다. 하지만 여럿이 작성한 원고를 검토해 보니 부족한 점이 너무 많았다. 특히 용어나 문체의 통일 및 주석의 문제가 컸다. 더구나 원고가 4,500매에 달하는 방대한 분량이라 한 사람이 정리하기에는 어려움이 있으므로 이상아의 책임하에 조준호와 장성덕이 협력하여 다시 수정하고 보완하는 과정을 거쳤다. 이렇듯 이중 삼중의 노력을 했어도 번역문과 주석에 잘못 옮기거나 부족한 부분이 없지 않을 것이다. 이는 모두 제대로 살피지 못한 나의 책임이다. 강호제현의 애정 어린 질정을 부탁한다.

국내에서 주석학(註釋學)이라는 이름으로 책이 간행되는 것은 이번이 처음일 것이다. 이 책의 간행을 계기로 국내 관련 분야의 전문가와 동학, 후배들이 번역에서의 주석 문제를 심도 있게 다루게 되기를 기대한다. 그리고 이 토대 위에서 한국의 문헌을 대상으로 하는 우리의 주석학 전저(專著)가 속히 나오기를 대망(待望)한다.

이 책을 번역하도록 허락한 저자 왕요남 교수님께 사의를 표한다. 아울러 이 책의 출간을 맡아 주신 한국고전번역원의 이명학 원장님과 원서의 판권 문제를 해결하고 늦어지는 일정을 참고 기다리며 꼼꼼하게 내용을 다듬어 준 출판부 관계자 여러분의 노력에 역자를 대표하여 감사를 표한다.

끝으로, 본인의 수업에 참여하여 겪었던 어려움과 원고의 정리단계에서 있었던 여러 문제를 시종일관 잘 감내해 준 젊은 동학들에게 고마움을 전한다. 또한 이 책이 미래의 유능한 역자로 발돋움하는 데 작은 씨알이 되기를 바란다.

2014년 7월 28일

성균관대학교 동아시아학술원 연구실에서

신승운(辛承云)

지은이

왕요남(汪耀楠)

1936년 중국 호북성(湖北城) 송자현(松滋縣)에서 태어났다. 일찍이 그가 쓴 〈왕력의 사전학 사상을 논함〔試論王力的詞典學思想〕〉이라는 글을 읽은 왕력(王力)에게 극찬을 받기도 하였다. 현재 호북대학(湖北大學) 고적연구소(古籍研究所) 교수이자 사서연구실(辭書研究室) 주임(主任)으로 있다. 1975년 10월에 《한어대자전(漢語大字典)》 편찬에 참여하였으며, 이후 관련 논문 수십 편을 발표하여 학술계의 주목을 받았다. 주석학과 관련한 글로 〈고대주석사초탐(古代注釋史初探)〉 등이 있으며, 저서로 《국제표준한자사전(國際標准漢字詞典)》, 《주석학(注釋學)》, 《한어성어사전(漢語成語詞典)》 등이 있다.

옮긴이

신승운 성균관대학교 문과대학 문헌정보학과(書誌學), 일반대학원 한문고전번역 석박사통합과정 교수. 성균관대 부설 동아시아학술원장 겸 대동문화연구원장을 맡고 있다. 성균관대학교에 부임하기 전 18년 동안 민족문화추진회 전문위원, 국역연구부장, 편찬실장, 교무처장, 국역연수원 부교수를 지냈다. 재직 당시 한국고전번역 활성화방안을 입안, 추진한 실무책임자였으며, 한국문집총간을 기획하고 간행하는 임무를 주관하였다. 한국고전번역원 설립준비위원 및 초대와 2대 이사를 지냈고, 한국서지학회장과 국가문화재 전문위원, 문화재위원을 역임하였다. 현재 한국고전번역위원회 위원, 한국고전번역학회장, 유네스코한국위원회 위원과 전통문화연구회 부회장을 맡고 있다. 〈성종조의 문사양성과 문집편간〉, 〈유교사회의 출판문화〉 등 30여 편의 논문을 발표했다. 번역서로 《군서표기》, 《예기집설대전》, 《교감학개론》 등 20여 종이 있으며, 편서로 《명종실록색인》, 《송자대전색인》 등이 있다.

강민정 서울대학교 지구과학교육과를 졸업하고, 성균관대학교 한문고전번역 석박사통합과정을 수료하였다. 민족문화추진회 국역연수원 연수부와 상임연구부 과정을 마쳤고, 한국고전번역원 연구원을 거쳐 성균관대학교 대동문화연구원 수석연구원으로 재직 중이다. 번역서로 《농암집》, 《설수외사》, 《승정원일기》, 《무명자집》 등이 있다.

노경희 성균관대학교 한문교육과를 졸업하고, 같은 대학교 한문고전번역 석박사통합과정을 수료하였다.

박재영 서울대학교 인류학과를 졸업하고, 성균관대학교 한문고전번역 석박사통합과정을 수료하였다. 민족문화추진회 국역연수원 연수부와 상임연구부 과정을 마쳤고, 한국고전번역원 문집번역실장으로 재직 중이다. 번역서로 《승정원일기》, 《일성록》, 《청성잡기》, 《설수외사》 등이 있다.

박회신 순천대학교 중어중문학과를 졸업하고, 성균관대학교 한문고전번역 석박사통합과정을 수료하였다. 민족문화추진회 국역연수원 연수부와 상임연구부 과정을 마쳤고, 한국고전번역원 번역위원으로 《일성록》 번역에 참여하고 있다.

소잠 중국약과대학교를 졸업하고, 북경사범대학교 중국고대문학학과 석사 학위를 받았으며, 성균관대학교 한문고전번역 석박사통합과정을 수료하였다.

안현 안동대학교 한문학과를 졸업하고, 성균관대학교 한문고전번역 석박사통합과정을 수료하였다.

이기찬 성균관대학교 국문학과를 졸업하고, 같은 대학교 한문고전번역 석박사통합과정을 수료하였다. 민족문화추진회 국역연수원 연수부와 상임연구부 과정을 마쳤고, 한국고전번역원 역사문헌번역실장으로 재직 중이다. 번역서로 《매천집》, 《명재유고》, 《성호전집》, 《승정원일기》, 《일성록》 등이 있다.

이봉순 덕성여자대학교 국어국문학과를 졸업하고, 중국 북경사범대학에서 문학 석사 학위를 받았으며, 성균관대학교 한문고전번역 석박사통합과정을 수료하였다. 민족문화추진회 국역연수원 연수부와 상임연구부 과정을 마쳤고, 한국고전번역원 번역위원이다. 논문으로 〈論婉約詞派的代表秦觀與李清照〉, 〈益齋 李齊賢 詞의 譯註〉가 있고, 번역서로 《승정원일기》, 《백거이 한적시선》, 《설수외사》 등이 있다.

이상아 공주사범대학 중국어교육과를 졸업하고, 성균관대학교 한문고전번역 석박사통합과정을 수료하였다. 민족문화추진회 국역연수원 연수부와 상임연구부 과정을 마쳤고, 성균관대학교 대동문화연구원 책임연구원으로 재직 중이다. 논문으로 〈茶山 丁若鏞의 『嘉禮酌儀』 譯註〉가 있고, 번역서로 《기언》, 《무명자집》, 《일성록》 등이 있다.

이정욱 성균관대학교 한문교육과를 졸업하고, 같은 대학교 한문고전번역 석박사통합과정을 수료하였다. 민족문화추진회 국역연수원 연수부와 일반연구부 과정을 마쳤고, 한국고전번역원 특수고전번역실장으로 재직 중이다. 《승정원일기》 교점 작업에 참여하였으며, 현재 《북여요선》의 교점·번역 작업에 참여하고 있다.

이정원 성균관대학교 한문학과를 졸업하고, 같은 대학교 대학원에서 석사 학위를 받았으며, 같은 대학교 한문고전번역 석박사통합과정을 수료하였다. 민족문화추진회 국역연수원 연수부와 상임연구부 과정을 마쳤고, 한국고전번역원 기획예산실장으로 재직 중이다. 번역서로 《명재유고》, 《우담전집》, 《대산집》, 《설수외사》, 《승정원일기》 등이 있다.

장성덕 충남대학교 중어중문학과를 졸업하고, 경상대학교 대학원에서 한문학 석사 학위를 받았으며, 성균관대학교 한문고전번역 석박사통합과정을 수료하였다. 한국고전번역원 번역전문위원을 역임하였고, 성균관대학교 대동문화연구원 거점연구소 연구원으로 재직 중이다.

장희성 명지대학교 사학과를 졸업하고, 성균관대학교 한문고전번역 석박사통합과정을 수료하였다. 한국고전번역원 고전번역교육원 연수과정을 마쳤고, 한국고전번역원에 재직 중이다. 《제정집》 등의 교점 작업에 참여하였다.

조준호 성균관대학교 한문학과를 졸업하고, 같은 대학교 한문고전번역 석박사통합과정을 수료하였다. 성균관 한림원 한림계제를 수료하였고, 한국고전번역원 번역위원이다. 번역서로 《승정원일기》 등이 있다.

하현주 성균관대학교 한문학과를 졸업하고, 같은 대학교 한문고전번역 석박사통합과정을 수료하였다. 민족문화추진회 국역연수원 연수부와 상임연구부 과정을 마쳤고, 한국고전번역원 선임연구원으로 재직 중이다. 《승정원일기》 교점 작업에 참여하였으며, 번역서로 《기언》, 《설수외사》, 《일성록》 등이 있다.

주석학개론 2

왕요남(汪耀楠) 지음 | 신승운 외 옮김

2014년 8월 30일 초판 1쇄 발행 | 값 20,000원

편집・발행 한국고전번역원 | 등록 2008. 3. 12. 제300-2008-22호

주소 (110-804) 서울시 종로구 비봉길 1

전화 02-6263-0464 | 팩스 02-6339-0724 | 홈페이지 www.itkc.or.kr

책임편집 강옥순 | 편집진행 박정열 | 편집교정 유정님

조판 김지현 | 제작 김형석

디자인 황재성 이가영 | 인쇄 다원디자인프린팅

ISBN 978-89-284-0218-2 94010
978-89-284-0215-1 (세트)

* 이 책은 2014년도 교육부 고전번역사업비로 출간한 것임.